国家哲学社会科学基金重大课题

收入分配与财政支出结构

丛树海｜等著

人民出版社

目　录

第三篇
财政支出利益归宿的可计算一般均衡分析

前　言

经过三十年多的努力，我国收入分配体制改革取得了巨大的成就，已逐步建立起了以按劳分配为主、多种分配方式并存，按劳分配与按生产要素分配相结合的收入分配体制。但我国收入分配也存在许多问题，导致当前居民收入差距不断扩大，在一定程度上影响了人们生产的积极性，对构建我国和谐社会带来了一些不和谐的因素。因此，党的十七大报告指出，要坚持和完善按劳分配为主体、多种分配方式并存的分配制度，健全劳动、资本、技术、管理等生产要素按贡献参与分配的制度。十七届三中全会也明确要求调整国民收入分配格局，使广大农民共享改革发展成果。党的十八大则要求，"调整国民收入分配格局，加大再分配调节力度，着力解决收入分配差距较大问题，使发展成果更多更公平惠及全体人民，朝共同富裕方向稳步前进。"十八届三中全会进一步明确要求，"规范收入分配秩序，完善收入分配调控体制机制和政策体系"，"努力缩小城乡、区域、行业收入分配差距，逐步形成橄榄型分配格局。"

财政支出是影响国民收入分配格局的重要手段，其支出结构体现了政府的政策导向和目标意图。通过调整财政支出结构来影响收入分配格局，其直接的作用表现为政府通过财政支出直接改变初次分配的格局，起到再次分配的效果，其间接作用表现为政府可以通过调整支出结构改变资源配置格局，从而影响下一轮市场初次分配的结果。如何充分利用好财政支出对国民收入分配的这种直接和间接的作用，通过调整财政支出结构来实现调整国民收入分配格局的目的，使广大劳动者更多地分享经济发展的利益和改革开放的成果，正是笔者力图回答的问题。

　　本书共分为三篇。第一篇为"我国国民收入分配的现状、趋势及目标模式"，分别对我国国民收入分配格局的现状、我国收入分配结构的发展与演进因素、我国国民收入分配的发展趋势以及我国国民收入分配的优化目标模式进行描述与分析，为调整我国国民收入分配格局描绘了一个理想目标。第二篇为"财政支出利益归宿的实证研究"，从利益归宿视角对我国财政支出的经济建设支出、行政支出和民生支出等各大项目逐个展开分析，剖析地区间、城乡间以及不同收入阶层间的财政支出受益程度，为调整财政支出结构以实现调整收入分配结构的目标提供了理论与实证依据。第三篇为"财政支出利益归宿的可计算一般均衡分析"，该篇构建了可计算一般均衡模型，对财政民生支出结构调整对居民收入及总产出的影响、政府消费与投资调整对居民收入及总产出的影响、四万亿投资对劳动报酬等利益归宿的影响、科技投资支出对劳动报酬及产业结构的影响等财政支出项目进行了量化分析，为实现收入分配和财政支出结构调整的目标提出了实施途径，将优化收入分配格局与调整财政支出结构很好地结合起来。

一、我国国民收入分配的现状与问题

　　自改革开放以来我国经历了三十多年经济持续高速增长，但同时城乡收入分配格局呈现差距扩大的趋势，虽然进入 21 世纪此差距扩大的势头有所缓解，但仍然维持在高差距的水平上。总体而言，我国国民收入分配差距不断扩大以及与此相伴随的社会公众对收入分配公平性认同感下降，成为我国国民收入分配的两个基本特征。

　　城镇与农村之间的收入分配，体现出城镇大于农村的态势。城乡分割是我国社会经济二元结构的重要特征，这导致了我国城乡居民收入差距长期居高不下，并成为全国居民收入分配不均的重要原因。20 世纪 90 年代后期以来，城乡收入差距扩大趋势有所缓解，但仍处于差距大的状态。城镇居民人均可支配收入为农村居民人均纯收入 3 倍以上，城乡人均消费比率在 3.5 倍左右。

　　我国不同收入阶层的收入差距也同样呈现不断扩大的趋势，尤其是最高收入阶层与最低收入阶层之间的收入差距最为明显；近年来我国中等收入阶层的份额总体变化不大，是均衡贫富差距的一股重要力量；城镇和农村内部的收入分配格局均呈现差距扩大化的倾向，虽然某些年份城镇内部收入差距要大于农村，但长期的城镇内部收入差距却要小于农村。

　　政府、居民和企业三者在国民收入中的配置状况体现出较明显的阶段性特征。2000 年之前，政府收入配比基本呈下降趋势，而企业和居民的收入配比则呈上升势头；2000 年之后，政府收入与居民收入的配比则出现与 2000 年前完全相反的发展趋势，政府收入占比直线上升，居民收入配比直线下降，企业收入配比出现起伏波动状态。

　　就省际的国民收入差异而言，1990 年之前呈缩小态势，1990 年之后出现扩大趋势；东部、中部与西部三地区之间的收入水平的差异也非常明显。东部地区城乡人均收入明显高于全国平均水平，其中农村人均纯收入高出全国平均水平 41%，城镇人均可支配收入高出全国平均水平 23%。中部农村人均纯收入相当于全国平均水平的 93%，城镇人均可支配收入相当于全国平均水平的 84%。西部农村人均纯收入相当于全国平均水平的 73%，城镇人均可支配收入相当于全国平均水平的 82%。

　　劳动收入配比，改革开放至 20 世纪 90 年代初期呈现上升趋势，之后出现长期持续的下降趋势，其中，劳动者报酬占 GDP 比重 1996 年为 53.4%，2007 年为 39.7%，直到 2009 年方开始回升。资本收入配比，从资本投资角度考察的收益配比自改革开放以来一直呈现稳定提升的状态。这是由于，基于资本短缺状态，经济和公共政策倾向于通过压低劳动报配以提高资本收益，从而达到引资的目的。

　　我国行业间的收入分配差异主要体现在垄断行业与竞争性行业，2008 年之前差异较小，2008 年之后差异逐步扩大，金融业与制造业的收入差异尤其明显。

二、财政支出利益归宿实证分析

（一）行政管理支出的利益归宿

在对行政管理支出的合理规模作出理论估计的基础上，就我国 1978 年至 2006 年 29 年间的行政管理支出的利益归宿情况作出了经验估算。估算结果表明，我国行政支出的利益归宿可以分为三个阶段：

第一个阶段是 1978 年至 1983 年。在这 6 年当中，由于行政支出的实际规模均低于合理的规模，行政支出的利益基本上可以被认为是无差别地归属于社会一般的民众，政府公职人员从整体上来说并没有从中获得特别的利益。

第二个阶段是 1984 年至 1998 年。在这 15 年中，行政支出的利益归宿主要是社会公众，行政支出归宿于政府公职人员和社会普通公众的比例分别大致为 15% 和 85%。虽然行政支出给政府公职人员也带来了特殊的利益，但这一比例并不是很高，即使是在最高的年份 1989 年，这一比例也只有 25% 左右。

第三个阶段是 1999 年至 2006 年。在这 8 年中，行政支出归宿于政府公职人员的比重日益提升，行政支出利益中归宿于政府公职人员的比例超过 50%，而归属于社会普通公众的部分则不足一半。

（二）经济建设支出的利益归宿

经济建设支出是指用于发展生产和扩大再生产的支出。由于在经济发展的初期和中期阶段私人部门无力或不愿投资建设，政府作为市场失灵的平衡力量，担当起了提供这一投资建设责任，因而政府经济建设支出在经济发展的初期和中期阶段一般都呈增长趋势。随着市场经济的发展进入成熟时期，私人经济的成长和强大，政府将逐渐退出原有的经济活动领域，相应经济建设支出比重开始下降，让位于教育、文化和社会保障等民生支出。我国改革开放以来的经验数据基本验证了这种规律。

从地区间的比较分析来看，越是发达的地区中央投入的经济建设支出越多；或者，中央投入越多的地区，收入水平越高。这说明经济建设支出的受益者是经济发达地区而非经济落后地区。

从城乡间的比较分析来看，城乡经济建设支出长期存在极大差异是城乡收入差距产生并且不断扩大的一个重要原因。城乡固定资产投资差距加速扩大之际，也是城乡人均收入差距加速拉大之时。因此，经济建设支出的受益者更多的是城镇居民而非农村居民。

从行业间的比较分析来看，虽然经济建设支出与行业人均收入之间不存在明显的相关关系，但从中央固定资产投资看，投资与收入之间的紧密度在增强，中央固定资产投资越多的行业其行业人均收入越高；反之，则越低。

（三）　主要民生支出的利益归宿

1. 教育

义务教育地区间差异依然存在，东部地区享受的义务教育支出的利益要高于中西部地区；义务教育生均教育经费在东部地区和中西部地区之间的差距一直在持续扩大，且出现了中部塌陷现象；义务教育支出的利益更多地偏向了城镇，城乡差距不仅存在还有不断扩大的趋势。

高等教育发展的地区差距进一步拉大。表现在高等学校分布及规模上和招生计划分配的地区差异上，也表现在生均经费的地区不均衡和办学条件的地区差距之上。教育资源好的重点院校城市学生的比例高于农村学生的比例，教育资源较差的地方性院校，农村学生的比例高于城市学生的比例。低收入阶层的子女获得高等教育的机会存在明显的劣势。

2. 农业

财政支农支出对农民增收的影响力度较小，农民真正获得的利益并不大。一是大量的财政支出用于农林水利事业费以养活庞大的农业政府机关，使得农民真正得到的极少；二是一些具有外部性的支出所占的比例较大，受益对象不仅是农村、农业和农民，也包括城市、工业和城镇居民；三是财政支出呈现中部塌陷的态势，中部地区无论从总额还是人均数来看都要低于东部与西部地区。但粮食补贴和财政扶贫支出大致能达到其使低收入者获益的预期目的。

3. 基本养老保险

目前我国基本养老保险制度被分割成机关事业养老保险制度、城镇企业职工基本养老保险制度、新农村社会养老保险制度以及城镇居民社会养老保险制度。"碎片化"的养老保险制度造成地区分割、人群分割、代际分割，使得财政对社保补助的流向不明、政府责任不清，社保的收入再分配功能难以实现。

4. 卫生

卫生总费用增长中政府支出增长不如个人，个人卫生支出负担较重；以医疗服务和医疗保障支出为主的卫生财政支出总规模增长较快，地方政府比例较大；省市卫生财政支出差距不大，东中西部地区间医疗保障筹资差距较大；城乡居民之间卫生财政支出的差距仍然较大，城市居民是农村居民的3—4倍，差距呈扩大趋势。

国家对卫生机构的财政补贴，国有和集体所有卫生机构占比较大，私营和其他卫生机构较小；政府办卫生机构占比较大，社会办卫生机构较小，个人办卫生机构微不足道；中央所属综合医院占比较大，省属次之，地级市属、县级市属较小、县属最低，中央所属获得的财政补助收入是县属综合医院的28倍，一定程度上表明财政支出更多归属于公职人员和富有阶层。

5. 社会救助

医疗救助支出更多地由农村居民受益，农村医疗救助支出的总数始终高于城市医疗救助支出；但从人均医疗救助支出来看，城市高于农村。在最低生活保障支出方面，最低生活保障支出更多地被西部和中部地区享受，低保人数占人口比重在东、中、西三区域分别为0.53、1.07、1.60，这说明我国低保人数更多地归宿到了不发达地区；但从资金总量上来看，城市居民享受的最低生活保障支出的利益更大一些，虽然我国农村地区拥有最低生活保障的人数占 64.84%，但是城市人口却享受了 63.2% 的低保资金。不过，从增长变化趋势来看，随着政府对农村的贫困问题越来越重视，农村受益于社会救助的相对比重逐年上升，并呈加快趋势。

三、基于 CGE 模型的财政支出
若干项目利益归宿分析

关注的第一个项目是四万亿财政投资对于以劳动报酬为指标的民生归宿的影响。2008 年底，由美国次贷危机引起的经济危机在全球蔓延，为了防止经济危机向我国的迅速扩散，有效地拉动内需，促进经济增长，国务院适时果断地作出了四万亿投资计划。其主要思想是以政府和社会投资拉动内需，保证经济稳定增长。四万亿投资在经济危机时取得了很好的效果。这些经济刺激计划临危受命，缓冲了经济危机对我国的影响，确保我国经济在危机时期快速增长，优化了我国产业结构，使得我国在抢占产业制高点上取得了一定的优势地位。但是匆忙出台的投资计划，也给社会带来了很大的问题，例如资源浪费、通货膨胀、劳动报酬比重降低等。

关注的第二个项目是行政管理支出的利益归宿问题。我国劳动报酬占比逐年下降已经是不争的事实。有学者对劳动报酬占 GDP 的比重进行了测算，长期以来一直处于下降的趋势。从横向的国际对比来看，我国的劳动报酬占比也是偏低的。对于劳动报酬占比下降的原因解释有很多。例如国际化的影响、资本和劳动的相对地位（强势资本）、技术进步、产业结构、经济发展水平、民营化、劳动者谈判地位以及劳动法律法规影响等角度。国内外学者们对此有非常深入的研究。近年来，财政支出中行政管理支出上升较快，2007 年的行政管理支出达到 15657 亿元，相比 2002 年和 1997 年的 10297 亿元和 4491 亿元，分别是 2.29 倍和 3.49 倍。但是，行政管理支出的利益归宿却受到质疑，尤其是行政管理部门的劳动报酬，一直处于迅速上升的状态。2007 年行政管理部门的劳动报酬是 1997 年的 4.54 倍，而同期的第一、二、三产业则只是1.86、2.88、3.15倍，行政管理部门的劳动报酬上涨的幅度远远大于其他的产业部门。财政支出的目的在于提供服务，行政管理支出是向社会提供服务而归宿于普通大众，行政管理部门的劳动报酬以与其他部门较大差别的速度上升给我们提出了一个值得研究的问题：增长的行政管理支出是否以劳动报酬的形式归宿于行政管理部门进而侵蚀到了其他部门的劳动报酬？遏制行政管理支出、增加财政民生项目支出是否能缩小这样的差距？

关注的第三个项目是财政科技支出的问题，观察财政支出对于劳动报酬、就业等利益指标的影响，同时分析财政科技对产业结构调整的影响。我国劳动报酬影响因素的研究视角大多在资本的过度深化、产业结构不合理、技术进步弱化了劳动、二元经济的无限劳动力供给、劳动保障的法律和政策措施相对匮乏等原因。我国政府也在寻找提高劳动报酬的政策。我国政府对于经济的控制力很强，过去对于经济的干预重点往往在于政府参与市场的角色，例如政府参与投资，由央企代替行使经济主体角色等。同时应该看到，我国政府虽然有强大的财政能力，但是在科技等方面的支出是相对薄弱的。政府提出"创新驱动，实施科教兴国战略和人才强国战略"，将科技、人才及教育放在较高的战略位置，这是创新型国家的内涵所在。科教兴国战略必将对我国经济产生重要的影响。对产业结构调整和劳动报酬占比也将产生重要的影响。财政科技支出作为科教兴国战略重要的实施措施，分析其对劳动报酬、产业结构的影响具有重要的意义。按照发达国家的一般数据，要达到创新型国家的标准，财政科技支出占GDP比重一般在是2%左右，我国目前只有0.8%。如前所述，为应对全球性的经济危机，我国出台了大规模的投资计划，但是其后果在计划实施的2—3年后逐渐显现，通货膨胀、劳动报酬进一步下降等负效应逐步浮出水面。大规模的投资计划进一步强化了资本的地位，可能使得劳动报酬比重进一步下降。那么如何在现实情况下提高劳动报酬？研究者期望从财政支出结构的另一个角度来分析政策的效果。期望找到另一个答案，即财政科技支出是否能够对劳动报酬等民生归宿指标产生影响。

四、优化我国国民收入分配的政策建议

（一）收入分配的具体目标

我国国民收入分配的总目标是缩小国民收入差距，建立健康的收入形成机制，保障国民收入分配体制与经济增长和经济转型相适应，具体目标体现在四个方面。

1. 缩小居民收入差距

缩小居民收入差距的目标具体体现在三个方面：

缩小城乡居民收入差距。缩小城乡居民收入差距关键在于提高农村居民的收入水平，即要增加农村居民就业机会与就业能力、提高农业生产效率、增加农村居民与城镇居民的财产性收入。

缓解居民内部的收入两极分化。缓解居民内部的收入两极分化根本上在于提高城乡居民的收入水平，尤其是扩大中等收入阶层，实现"橄榄球"状的收入分配格局。提高居民就业能力、充分发挥个人所得税制的收入分配功能、遏制非法收入增长。

缩小居民收入的地区差异。缩小居民收入的地区差距与改善区域经济发展不平衡的步伐必须体现一致性，要实现地区间教育、卫生等基本公共服务均等化，大力发展落后地区的经济以增加就业机会、完善各种就业政策以保障劳动力流动性等。

2. 合理调整政府、企业、居民三者利益结构

合理调整政府、企业与居民三者间的利益结构是优化国民收入分配结构的主要任务之一。首先，清楚并合理界定政府与市场边界是基本前提；其次，政府预算规模应当与政府职能相匹配，要切实控制政府的行政成本；最后，充分发挥税收、财政支出和社会保障制度的再分配功能。政府再分配政策应当以提高企业经营效率、增加居民收入为目标，因此，以再分配为目标的税制改革、财政支出结构调整、社会保障体系完善是必要

手段。

3. 优化行业间收入分配结构

优化行业间收入分配结构关键在于尽量打破企业垄断状态；同时要对垄断企业的员工雇佣机制、劳动报酬决定机制进行严格的监管，将劳动力市场的竞争机制引入垄断企业的劳动力要素配置。

4. 调整生产要素间的分配格局

通过经济发展战略调整提高劳动要素占收入分配比重，适当降低资本要素的报酬，同时要加大对劳动密集产业、民族特色产业的政策支持、鼓励中小企业发展以扩大就业机会吸纳更多的劳动力，还要通过相关税收政策降低劳动报酬税负或增加资本报酬税负，以达到调整资本与劳动生产要素间的收入分配格局之目的。

（二）调整和完善我国财政支出结构的政策建议

1. 进一步调整财政支出结构，需要适度控制和逐步压缩行政支出的比重与规模。

2. 在改变政府以经济增长水平为政绩考核标准的基础上，进一步降低政府经济建设支出比重，适度控制政府投资规模，通过构建有效竞争的市场机制和不断完善的社会保障制度框架，拉动内需，让市场真正发挥"决定性作用"。

3. 在压缩行政开支和减少经济建设投入的基础上，继续提高民生支出比重并适时调整民生支出的内部结构，增加低收入阶层能直接受益的支出比重而降低间接受益的支出比重。与此同时，要完善财政监管体制和加强对财政支出的绩效管理，确保财政支出真正落到实处并用于民生。

4. 惠农政策由"授之以鱼"更多地转向"授之以渔"。要形成大致相同的城乡基本公共服务水平，这是稳定农业产业、提高农民收入、吸引青壮年农民从事农业的有效手段。要扩大对"三农"支持和保护力度，考虑加大对农民的农业生产过程的直接补贴额度，来增加农民收入，稳定农业产业。要实施"新一代农民培育工程"，确定培育有文化、有技术、有头脑的新一代农民的具体方案，统筹教育培训、技术支持、经营辅导、资金援助、市场导入等一系列工作，使新一代农民真正能够在农业中发挥作用，成为未来中国农业的主力军。

（三）完善相关配套政策的建议

财政支出结构的调整无疑是调整国民收入结构的一个重要手段与工具，但在其作用受到一定局限的情况下，我们的思维或许应该有所拓展，将我们的目光放到整个国民收入分配体系中去。

1. 适度稳定和控制政府财政规模

改变我国收入分配现有格局，让劳动者更多地分享经济发展成果，除在经济结构调整环节通过调整产业结构、在国民收入初次分配领域通过不断提高劳动者最低工资和平均工资水平来实现外，还应在国民收入分配的宏观领域，通过转变政府职能，进一步明确政府与市场的合理分工，在基本稳定政府收入规模情况下，给劳动者以更多享有经济增长成果的权利和机会，正如十八届三中全会所要求的"着重保护劳动所得，努力实现劳动报酬增长和劳动生产率提高同步"，使得在经济进一步增长过程中，劳动者能够获得更多的利益增量、能够更大程度地提高物质和文化生活水平、能够更多地享有社会主义福利制度，企业能够得到更多的投资回报从而提高投资积极性、能够提取更多的研发基金从而提高企业自主创新能力、能够形成更多的发展基金从而增强发展能力和动力，都具有十分重要的现实意义。

2. 建立透明、公正、可预见、成熟稳定的市场和法律环境

残缺不全的市场规则和不成熟的法律环境必将形成严重的收入悬殊现象，还会形成不良的社会风气并激发社会矛盾。我国应加快完善和深化金融、价格、生产要素分配、社会保障等各项政策以及推进政府管理体制、国有企业改革，在行业准入、企业融资、项目审批、价格管制、劳动者权益保护等方面制定出更多的更公平、更大透明度、更加平等机会的制度，形成规则公平，为形成良好的收入分配秩序提供制度保证。党的十八届三

中全会明确要求，"大幅度减少政府对资源的直接配置，推动资源配置依据市场规则、市场价格、市场竞争实现效益最大化和效率最优化。"

3. 强化税收体系的收入再分配功能

财政活动要发挥调节收入分配差距的效果，其基本原理简而言之就是向富人征税再转移给穷人。然而，目前我国的流转税占到税收的近70%，所得税比重很低，向穷人征收的税比富人更多。因此，调整财政支出结构的同时需要关注调整收入结构，避免支出调整"单兵突进"。具体而言，应增加直接税比重并降低间接税比重，使税收不仅做到"取之于民而用之于民"，更应做到"取之于富而用之于贫"。如此，方能保证财政支出结构的调整能发挥调节国民收入差距的功效。

第一篇

我国国民收入分配的现状、
趋势及目标模式

第一章
我国国民收入分配结构的现状描述与分析

一、收入差距的总体变动特征

在我国经济转型与经济发展过程中，收入分配一直被视为对经济主体形成有效的激励与约束机制从而促进经济效率提高的重要途径。收入分配体制变迁以及分配格局的演变相伴于我国经济转型与经济发展的始终。一方面，通过适当的收入分配机制形成有效的激励与约束机制从而推动经济转型与发展进程；另一方面，经济转型与发展过程也不断地调整各经济主体的利益格局。在经济体制改革过程中，收入分配制度始终居于至关重要的地位。这不仅表现在以农村分配关系调整为基本特征的家庭联产承包责任制成为经济体制改革的起点；同时表现在经济体制改革过程中，收入分配制度的不断变革，并成为推动改革的重要动力；经济改革过程中收入分配状况的变动也成为促进收入分配制度调整的现实动因。

改革前，尽管也存在着许多不均等的因素和分配方式（赵人伟，1985），总体而言，平均主义盛行仍构成改革前收入分配状况的基本特征。改革前夕或改革初期阶段，我国居民收入分配的基尼系数总体上一直维持在较低的水平上。城镇居民的基尼系数在 0.2 以下，而农村居民的基尼系数也在 0.21—0.24 之间。这种高度平均化的分配方式在较大程度上与当时的社会制度相关联，如生产资料的单一公有制形式、以社会公平为基本的政策目标以及在平均主义观念制约下所形成的一系列经济政策都强化了收入分配的均等化程度。这种平均主义分配倾向所导致的一个重要结果便是长期经济增长的迟缓以及经济效率的低下。

在经济改革过程中，收入差距的不断扩张使得我国在较短时期内由一个平均主义盛行的国家转变为收入差距较高的国家。根据世界银行的估计，1982 年全国的基尼系数为 0.3。但到 2002 年，北京师范大学中国居民收入分配课题组估计的全国基尼系数达 0.454；2007 年达 0.47。[①]

图 1-1a 和图 1-1b 根据瑞樊林和陈（Ravallion and Chen，2007）以及联合国世界发展经济学研究院（UNU-WIDER）对我国居民收入基尼系数历年的估计结果，描绘了我国改革过程中居民收入差距的变化趋势，基本是明显上升的。基尼系数从 20 世纪 80 年代初期的 0.3 左右上升到了 2004 年的 0.45 以上。从不同时期的变化特征来看，1982 年到 1994 年期间，全国基尼系数从 0.28 上升到了 0.43，12 年期间上升了 15 个百分点，每年增

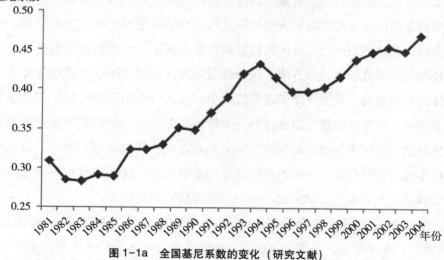

图 1-1a　全国基尼系数的变化（研究文献）

资料来源：2002 年以前数据来自 Ravallion, Chen, "China's (Uneven) Progress against Poverty", *Journal of Development Economics*, 2007, 82, pp. 1-42；2002 年以后的数据来自 WIDER 数据库。

---

① 基尼系数值的大小与收入的核算口径、实践中的样本选择偏差、权重调整等密切相关，具体讨论可参见李实、罗楚亮：《中国收入差距究竟有多大》，《经济研究》2010 年第 4 期。

长 1 个百分点以上；而在 1996 年到 2002 年期间，基尼系数从 0.4 上升到
0.454，每年大约上升 1 个百分点；估计，2002 年到 2007 年期间全国基尼
系数每年上升大约 0.4 个百分点。因此，在收入差距总体趋势不断上升的
过程中，收入差距的扩大速度也有逐渐下降的趋势。这一变化特征体现在
国家统计局的小康社会监测报告中所给出的历年基尼系数中。

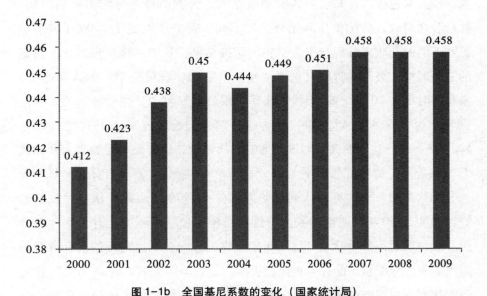

图 1-1b 全国基尼系数的变化（国家统计局）
资料来源：国家统计局统计科学研究所课题组：《中国全面建设小康社会进程监测》。

在收入差距不断扩大的过程中，人们经常讨论的一个问题是，收入差
距不断扩大的这种趋势究竟是否是公平的？尽管对于收入差距是否公平的
判断可能在较大程度上受到作为结果意义上的收入分布不均等程度高低的
影响，但影响收入分配公平性的更为主要的因素可能还是在于造成不同人
群之间收入差距的原因。收入差距公平与否，更为关键的是收入分配的过
程是否公正合理。在我国经济发展过程中，导致收入差距扩大的因素错综
复杂，既有公众认可的，也有公众不认可的。总体而言，社会公众对于收
入差距公平性的认同感不高。根据住户调查，2002 年只有 12% 的被调查者
认为当时的收入分配状况是公平的，2006 年 22% 的被调查者认为当时的收

入分配状况是公平的，显然收入分配公平性的总体认同感程度比较低。值得注意的是，人们对于收入分配公正性的质疑并不完全是由于收入差距结果造成的，而在于收入形成机制与社会公众的公正标准相背离。2006年调查中，2/3以上的被调查者认为平均主义的分配方式并不公平。由于收入分配方式的多元化以及收入分配过程的不透明，加上收入差距的不断扩大，以及灰色收入、非法收入、腐败收入、公款消费等分配不公的问题，社会公众对收入分配秩序和结果强烈不满。表1-1给出了2006年城镇居民对不同时期收入分配状态公平感的调查结果，从中不难发现，在所设定的三个时期，公平感程度（选择"很公平"和"比较公平"的人群比重）最高的时期为20世纪80年代，选择"很公平"与"比较公平"的人群比例分别为7.60%和45.17%，认为这一时期分配公平的人群比例合计达52.77%。这一比例要高于对改革前时期的评价，认为改革前的收入分配状态"很公平"或"比较公平"的分别为9.00%和38.77%，对这一时期收入分配状态的公平性具有认同感的人群为47.77%。因此，从事后评价来看，20世纪80年代时期的收入分配状态使得公平感程度上升了5个百分点。这种事后评价中对20世纪80年代收入分配公平感程度的上升可能与对当前收入分配状态的评价也是相关的。从表1-1来看，对"当前"收入分配状态公平程度的评价是最低的，认为"很公平"与"比较公平"的分别仅为2.27%和19.90%，两者之和也仅为22.17%，远不及前两个时期的一半；与此相反的是，认为当前收入分配状态"很不公平"的比例则高达28.3%，而认为改革前和20世纪80年代收入分配状态很不公平的，分别只有6.67%、5.57%，其上升幅度也是颇为惊人的。尽管不同的人对于收入分配是否公平会有不同的价值评价准则，也无法详尽地列举出收入分配不具有公平性的种种表现与原因，但这些调查结果至少给出了对于收入分配状态价值评价的一种社会心态及其变化趋势，伴随着收入差距的上升，收入分配的公平感在不断下降。这种下降既与作为结果意义的收入差距状况不断扩张有关，也与分配过程中不公正因素的日益显现存在密切的关联。

表 1-1　人们对不同时期收入分配状态的公平感（2006 年）

调查问题	很公平		比较公平		不太公平		很不公平		不知道	
	N	%	N	%	N	%	N	%	N	%
您觉得改革前的收入分配状态公平吗？	270	9.00	1163	38.77	939	31.30	200	6.67	428	14.27
您觉得 20 世纪 80 年代的收入分配状态公平吗？	228	7.60	1355	45.17	830	27.67	167	5.57	420	14.00
您觉得目前的收入分配状态公平吗？	68	2.27	597	19.90	1346	44.87	849	28.30	140	4.67

总体而言，收入差距不断扩大，与此相伴随，社会公众对收入分配公平性认同感的下降构是成当前我国收入分配的两个基本特征。

二、城乡分配格局

城乡分割是我国社会经济二元结构的重要特征，这也导致了我国城乡居民之间的收入差距长期居高不下，并成为全国居民收入分配不均等的重要原因。按照城镇居民人均可支配收入和农村居民人均纯收入口径，利用住户调查数据，根据 Theil 指数分解，城乡之间的居民收入差距在总体居民收入差距中所占比重在 1995 年为 37.41%①，而到 2002 年、2007 年，这一比重处于 40% 左右。城乡之间收入差距在总体收入差距中所占份额在

---

①　罗楚亮：《城乡居民收入差距的动态演变：1988—2002 年》，《财经研究》2006 年第 9 期。史泰丽等人的计算表明城乡之间收入差距在总体差距中所占比重在 1995 年和 2002 年分别为 41% 和 45%，见史泰丽、岳希明、别雍·古斯塔夫森、李实：《中国城乡之间收入差距分析》，载李实、史泰丽、别雍·古斯塔夫森主编：《中国居民收入分配研究 III》，北京师范大学出版社 2008 年版，第 120—166 页。

1995 年到 2002 年期间表现出了上升趋向，而在 2002 年以来，这一比重基本稳定在较高的水平。

图 1-2 给出了我国城乡人均收入水平差距的长期变动趋势。从中可以看出，城乡居民之间的收入差距一直处于较高的水平，这也是我国收入分配的一个重要特点。应当指出的是，即便在改革之初，城乡差距也是相对较高的。而在改革初期，由于农村经济体制改革先于城镇，因此这一阶段农民收入以高于城镇居民的速度增长，导致了这一时期中城乡居民收入差距的暂时性下降。但从 20 世纪 80 年代中期开始，城乡收入差距逐步上升，除了个别年份外，城乡差距总体上表现出了非常强劲的上升势头。

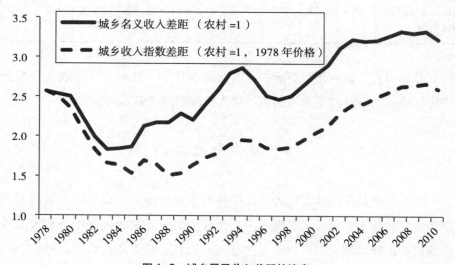

图 1-2　城乡居民收入差距的演变

进入 21 世纪后，城镇居民人均可支配收入已经达到农村居民人均纯收入的 3 倍以上，并持续处在高度的不均等状态。20 世纪 90 年代以来城乡差距的不断扩大构成这一时期以来的基本趋势性特征，尽管在某些年份中也有过下降的趋向，但这并没有改变城乡差距逐步扩大的总趋势。应当注意的是，自从 2002 年城乡差距（城镇居民人均可支配收入与农村居民人均纯收入之比）达到 3.11 倍以来，城乡差距就一直维持在 3 倍以上。2003

年，城乡差距达到 3.23 倍，随后的 2004 年、2005 年也基本上维持在这一水平，大体上处在 3.2 倍左右。2008 年城乡居民人均收入分别为 15781 元与 4761 元，城镇居民人均可支配收入相当于农村居民人均纯收入的 3.31 倍。

相对于 1983—1992 年、1995—2002 年两个时期城乡差距的急剧扩大状况而言，尽管 2002 年以来的城乡差距变动已经没有表现出明显的上升趋势，但仍一直处于非常高的水平，持续居高不下。

在对城乡居民收入差距的讨论中，通常所关注的是城乡居民人均收入水平的比较。衡量城乡居民福利差异的另一个重要指标是居民消费①，并且在我国现有的统计体系中，也只给出了城乡居民消费总量的分布结构，图 1-3 和图 1-4 从居民消费的角度讨论了城乡居民的福利差距。

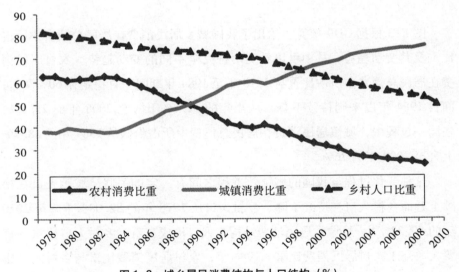

图 1-3　城乡居民消费结构与人口结构（%）

---

①　也有一些研究认为，居民消费水平在一定程度上度量了居民持久性收入水平。在我国统计年鉴中，国民经济核算和基于住户调查资料的"人民生活"统计给出了居民消费的两种不同统计结果，并且存有较大差异。本部分居民消费的城消费水平差异讨论是基于国民经济核算的结果，国民经济核算的居民消费中也给出了城乡居民消费的总量结构。

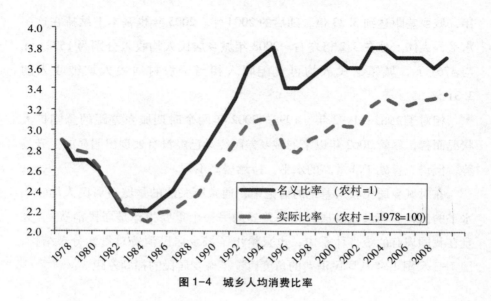

图 1-4 城乡人均消费比率

图 1-3 根据 GDP 核算，给出了我国城乡居民消费在居民总消费中所占比重及其变动趋势，从中可以看到两种完全不同的变动趋势。农村居民消费在居民总消费中所占比重自 1978 年至 1984 年期间一直稳定在 60%左右；而自 1984 年以来则持续下降，从当年的 61.8%下降至 2008 年的 25.1%；在同一过程中，城镇居民消费在居民总消费中所占份额从 1984 年的 38.2%上升至 2009 年的 76%。

这种变化过程与我国的城镇化进程之间有一定的关联，城镇人口在持续上升而乡村人口在持续下降，乡村人口从 1978 年的 82.08%下降至 2010 年的 50.32%①。从城乡居民消费结构与人口构成来看，乡村人口比重一直要大大高于农村居民消费比重。1984 年，农村居民消费比重与乡村人口比重之间的差额最低，但也高达 15 个百分点，占总人口 76.99%的乡村人口中的居民消费总量所占份额只有 61.8%。更为值得注意的是，在随后的几年中，这两者之间的差额在不断扩大。也就是说，与乡村人口份额下降相比，农村居民消费所占份额的下降速度要更快一些。而自 1997 年以来，这

① 见《中国统计年鉴 2009》。

两个份额之间的差额基本稳定。这一特征也表现在图 1-4 中。1984 年之前，城乡人均消费之间的差距有所缩小；而在 1984 年至 1995 年期间，人均消费的差距急剧扩大。1995 年城镇居民人均消费相当于农村居民消费的 3.8 倍，这一差距甚至高于城乡居民人均收入比率。而自 1995 年以来，城乡人均消费差距一直处于高位徘徊，城乡人均消费比率在 3.4—3.8 倍之间。扣除价格效应，人均消费实际比率也具有相同的变动趋势。

　　因此，无论是从收入还是消费的角度，城乡差距都在急剧扩张。自 20 世纪 90 年代后期以来，城乡差距虽然没有继续扩张，但持续处在非常高的水平。城乡差距的存在及其变化特征，主要与城乡分割的社会经济制度环境有关。事实上，无论是改革前还是改革后，经济发展的城乡分而治之、经济政策的城市偏向型思维模式在实践中一直存在。在劳动力流动方面，这既包括曾长期实施的以户籍为基础形成的对农村劳动力向城镇转移的显性制度障碍，也包括通过社会保障体系和公共服务体系的城乡分割性阻碍农村劳动力融入城镇生活，从而形成间接阻碍农村劳动力转移的隐性制度障碍。

　　社会保障等福利的城乡差距则基本上是由制度性分割所引致的。我国社会保障等福利制度在城乡居民之间是完全不同的，基于户口的身份特征差异成为社会保障、社会保险和社会福利制度是城乡分割的基础性原因之一。因此如果从福祉的角度来考察城乡居民的差异性，则不能仅仅局限于货币收入，还应同时考虑福利制度的城乡差距。尽管在近些年来，各级政府都在加大农村社会福利体系建设的力度①，但农村社会福利体系发展相对滞后的状态并未根本改变，大多数的农村居民所能享有的社会保险、社会保障和社会福利都极为有限。就总体而言，农村居民各项社会保障等福利制度的覆盖范围与保障程度都仍大大低于城镇居民。表 1-2 大体匡算了 2005 年城乡居民的福利规模。从中不难发现，城镇居民中各项福利保障的收入与支出无论从总量还是从人均量上都要大大高于农村居民。人均福利

① 农村社会养老保险体系的推进、新型农村合作医疗制度在全国范围内的逐步实施以及农村义务教育经费的减免等使得覆盖农村居民的社会福利体系在不断完善。

的城乡差异也远远高于货币收入。因此，许多学者表示，如果考虑到城乡居民所享有的实际福利差异，城乡差距会更高。

表1-2　城乡福利规模总量比较（2005年）

单位：亿元

	城镇				农村			
	收入		支出		收入		支出	
	总量	结构（%）	总量	结构（%）	总量	结构（%）	总量	结构（%）
养老	9369.61	53.60	8316.61	57.20	46.00	2.15	21.00	1.01
医疗	2193.05	12.55	1821.95	12.53	98.53	4.59	67.45	3.23
义务教育	1594.86	9.12	1594.86	10.97	1938.66	90.41	1938.66	92.83
最低生活保障	191.90	1.10	191.90	1.32	61.18	2.85	61.18	2.93
住房	3746.02	21.43	2379.92	16.37				
就业	340.30	1.95	207.00	1.42				
生育	43.80	0.25	27.00	0.19				
合计	17479.54	100	14539.24	100	2144.37	100	2088.29	100
占GDP的份额	9.55%		7.94%		1.17%		1.14%	
人均量（元）	3112.62		2589.03		287.95		280.42	
人均福利相当于人均收入的比重	29.66%		24.67%		8.85%		8.62%	

注：2005年全国GDP为183084.8亿元；总税收为28778.54亿元；城镇总人口为56157万人；农村总人口为74471万人；城镇人均可支配收入为10493元；农村人均纯收入为3254.9元。

资料来源：以上数据均来自于《中国统计年鉴（2006）》。转引自罗楚亮、李实：《城乡福利差异分析》，改革基金会背景报告。

从城乡内部差距来看，改革以来，无论是农村还是城镇，其内部收入差距一直不断上升。从城乡居民收入的基尼系数的变化来看，图1-5显示除了个别年份所出现的暂时性波动外，城乡内部居民收入的基尼系数都在快速上升。农村内部居民收入基尼系数从 1978 年的 0.21 上升到 2007 年的 0.37，2005 年曾一度达到 0.38；而城镇居民收入基尼系数也相应地从 1978 年的 0.16 上升到 2007 年的 0.34，上升了一倍以上。农村居民内部的收入差距程度一直都高于城镇居民，农村经济发展具有更强的非匀质性，农村不同地区之间的资源禀赋、经济发展程度具有更强的差异性；自 20 世纪 90 年代中期以来，城镇居民内部收入差距的上升速度要快于农村内部，城乡基尼系数之间的差异在缩小。在这一段时期中，城镇采取了更为激进的改革措施，产生了大量的失业下岗人群，这些人群由于失去就业机会而被排除在经济增长过程之外，也不能充分地分享经济发展成果；这些改革措施的另一个后果则是使得某些部门的垄断性得以强化，并逐步成为经济发展过程中的既得利益集团。这两方面的因素导致了城镇居民内部基尼系数的不断上升。在最近几年中，农村内部基尼系数较为稳定，而城镇基尼系数仍有所上升。因此，城镇内部人均收入水平高于农村内部，而农村内部收入差距也高于城镇内部。

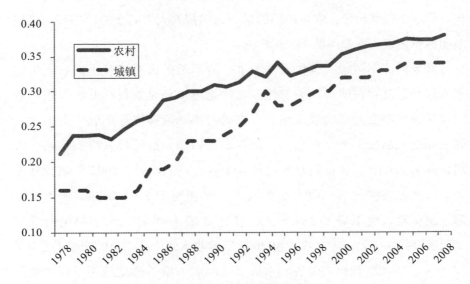

图 1-5　城乡内部居民收入基尼系数

三、不同收入阶层之间的分配格局

（一）城乡内部不同收入阶层的分配格局

根据现有的官方统计资料，城乡内部不同收入阶层居民的收入水平以及不同收入阶层之间的收入差距可见表 1-3。从收入五等分组来看，自 2000 年以来城镇内部的最高与最低收入组之间的人均可支配收入比率在不断上升，由 2000 年的 3.61 倍上升到 2008 年的 5.71 倍。图 1-6 给出了 1985 年以来城镇收入最高和最低 20% 以及最高和最低 10% 人群的收入比率的长期变动趋势。收入比率的总体变动趋势是不断扩张的，也就是说，收入分布的高端与低端之间的差距越来越大。这种比率的变化也具有一定的阶段性特征。20 世纪 90 年代中期以前，各年份中这一比率的上升幅度是较为缓慢的；但在 90 年代中期以来，上升的速度在不断加快，特别是 2001 年以后出现了大幅度的跃升，并在较高的水平上继续攀升。农村内部的最高与最低收入组之间比率总体趋势也是不断上升的，2008 年达到 7.53 倍。但对于任意年份，农村内部的这一比率都要大大高于城镇内部，这也表明城镇内部收入差距低于农村内部。

城乡内部不同收入组收入差距水平的不断扩大意味着不同收入组的收入增长速度存在明显的差异性。无论是城镇还是农村，低收入组的收入增长速度都要低于高收入组。在农村内部，最高比最低收入组的收入增长速度只高出 1.8 个百分点，但在城镇内部，最低收入组的平均收入增长率为 7.64%，比最高收入组低 6 个百分点。此外，2002 年城镇样本中，最低收入组与第二收入组的收入水平相对于 2001 年都有所绝对下降。最低收入组下降了 287.6 元，且其 2003 年的收入水平仍绝对低于 2001 年的 24.3 元；第二收入组 2002 年的收入水平比 2001 年绝对减少了 32.6 元。因此，城镇内部各收入阶层之间收入增长速度的不平衡性要远远高于农村地区。

表 1-3　不同收入组（五等分组）的收入水平

	最低收入组	第二收入组	第三收入组	第四收入组	最高收入组	最高/最低
城镇						
2000 年	3132	4623.5	5897.9	7487.4	11299	3.61
2001 年	3319.7	4946.6	6366.2	8164.2	12662.6	3.81
2002 年	3032.1	4932	6656.8	8869.5	15459.5	5.1
2003 年	3295.4	5377.3	7278.8	9763.4	17471.8	5.3
2004 年	3642.2	6024.1	8166.5	11050.9	20101.6	5.52
2005 年	4017.3	6710.6	9190.1	12603.4	22902.3	5.7
2006 年	4567.1	7554.2	10269.7	14049.2	25410.8	5.56
2007 年	5346.3	8900.5	12042.2	16385.8	29478.9	5.51
2008 年	6074.9	10195.6	13984.2	19254.1	34667.8	5.71
2009 年	6725.2	11243.6	15399.9	21018	37433.9	5.57
2010 年	7605.2	12702.1	17224	23188.9	41158	5.41
平均增长率（%）	8.40	9.62	10.23	10.82	12.47	
农村						
2000 年	802	1440	2004	2767	5190	6.47
2001 年	818	1491	2081	2891	5534	6.77
2002 年	857	1548	2164	3031	5903	6.89
2003 年	866	1607	2273	3207	6347	7.33
2004 年	1007	1842	2579	3608	6931	6.88
2005 年	1067	2018	2851	4003	7747	7.26
2006 年	1182	2222	3149	4447	8475	7.17
2007 年	1347	2582	3659	5130	9791	7.27
2008 年	1500	2935	4203	5929	11290	7.53
2009 年	1549	3110	4502	6468	12319	7.95
2010 年	1870	3621	5222	7441	14050	7.51
平均增长率（%）	8.00	8.74	9.10	9.41	9.48	

　　资料来源：城乡人均收入水平来源于《中国统计摘要》、《中国统计年鉴》相关年份；"城乡人均收入比率"与"最高/最低"比率由笔者计算得到。

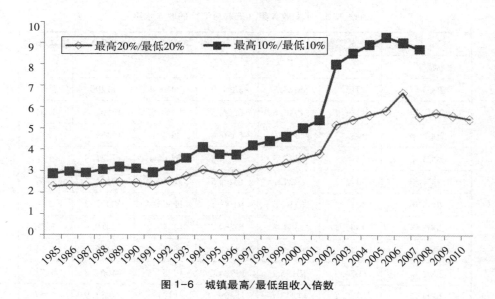

图 1-6　城镇最高/最低组收入倍数

图 1-7 和图 1-8 分别给出了城镇和农村内部不同收入组的收入增长。由于 2000 年以前的农村居民收入汇总数据并不是按照收入等分组给出的，农村内部不同收入组的增长只给出了 2000 年以来的状况。图 1-7 显示，

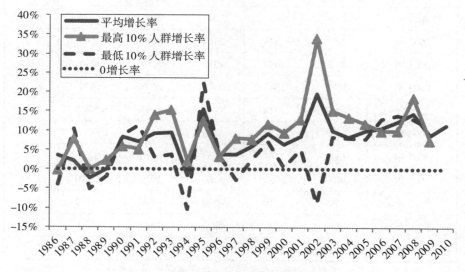

图 1-7　城镇不同收入组的年度收入增长率比较

20世纪90年代中期以后，城镇低收入组的收入增长速度一直低于高收入组；但在此之前两者之间的关系则不那么确定。从图1-8所显示的农村内部不同收入组的收入增长来看，尽管在2005年以来，高收入组与低收入组之间收入增长率之间的差异在缩小，低收入组中各年的收入增长率具有较强的波动性，而高收入组历年的收入增长率则通常较为平稳。

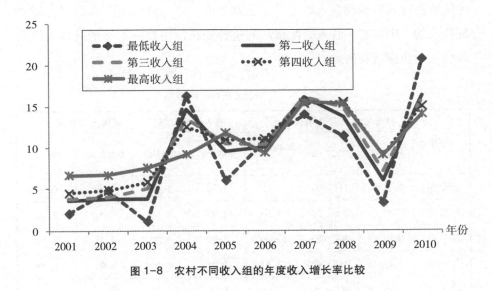

图1-8　农村不同收入组的年度收入增长率比较

（二）城乡合并的不同收入阶层的分配格局

在公开的数据来源中，通常难以直接得到不同阶层的分配格局特征。根据2002年和2007年城乡住户调查数据，表1-4给出了不同收入组的收入分配格局。根据表1-4中所给出的各收入组的收入水平，最高10%人群与最低10%人群的平均收入比率从2002年的18.13上升到2007年的23.84，也就是说最高10%人群的人均收入水平在2002年相当于收入最低10%人群的18.13倍，并进而上升到2007年的23.84倍。就收入增长率而言，表1-4的结果显示出，越是高收入组则收入增长率越高。根据城乡合并样本的收入十等分组，最低组的年均收入增长率为9.23%，最高组为15.38%，两者约相差6个百分点。高收入组的收入增长率更高，这将继续拉大居民收入差距①，高收入人群在全部人口的收入份额进一步上升，而低收入人群的收入份额则有所下降。收入最低的 60% 人群中，所占收入份额略有下降；而在第七组至第九组人群中，所占收入份额虽略有上升，但幅度仍不明显；收入最高 10% 人群所占收入份额从 31.99% 上升到了 33.86%，上升了将近 2 个百分点；值得注意的是，收入最高 20% 人群在两年间所占收入份额都在 50% 左右。也就是说，收入最低 80% 人群只占有全部收入的一半左右。收入分配格局的这种变化，主要是由于最高收入组人群收入的快速增长所致。

表 1-4　不同收入组的分配格局

组别	两年收入水平及增长（元）			收入份额（%）		城镇人口比重（%）	
	2002 年	2007 年	年均增长率（%）	2002 年	2007 年	2002 年	2007 年
最低组	769.94	1197.09	9.23	1.77	1.42	0.89	0.98
第二组	1289.01	2255.53	11.84	2.95	2.68	2.51	2.26
第三组	1699.63	3030.23	12.26	3.90	3.59	4.54	5.16
第四组	2143.23	3869.43	12.54	4.91	4.59	8.01	8.43
第五组	2655.24	4901.88	13.05	6.09	5.81	16.36	17.64
第六组	3342.39	6251.05	13.34	7.66	7.41	30.53	28.75
第七组	4295.58	8173.04	13.73	9.85	9.69	48.06	49.48
第八组	5690.61	10922.64	13.93	13.04	12.96	67.63	71.82
第九组	7793.18	15166.66	14.24	17.86	17.99	83.20	85.33
最高组	13958.55	28542.37	15.38	31.99	33.86	90.39	93.23

注：收入增长率的计算方式为 $\left(\dfrac{y_{2007}}{y_{2002}}\right)^{1/5}-1$。

资料来源：笔者根据住户调查资料计算得到。

---

① 这里的收入概念，农村采用的是人均纯收入，城镇采用的是可支配收入。根据本部分所使用的住户调查数据，2002 年和 2007 年全国收入基尼系数分别为 0.447 和 0.473。

　　在城乡合并的样本中，不同收入阶层之间的分配格局同时也受到或体现着城乡之间居民收入差距的影响。在低收入人群中，城镇人口在该组全部人口所占比重越低，也即农村人口所占比重更高。在全部人口收入最低10%的人群中，城镇人口所占份额不到1%，而在收入最高的10%人群中，城镇人口所占比重在90%以上，并且从2002年的90.39%上升到2007年的93.23%，增加了近3个百分点。

　　从收入分布的阶层结构来看，收入分配制度改革的基本目标是提高中等收入者比重。通常认为，中产阶级的规模对于维护社会稳定具有非常重要的意义。目前关于"中等收入阶层"有多种不同的理解，在关于这一人群特征的多数界定中，通常强调的是资产拥有数量、收入水平，将划定标准绝对化；而这一概念本来的意义则在于强调相对收入的分布特征，即集中在收入分布中端位置的人群，更应该强调其相对意义。从收入分布来看，所谓两极分化，通常所指的是收入分布中端位置人群比重的不断下降，底端与高端人群比重逐渐上升的趋势。在两极分化状态下，收入差距通常也会更大。

　　通常将收入水平落在中位数收入的0.75—1.25倍[①]的人群视为中等收入者。从表1-5中可以看到，从1988年到2007年期间，这一人群的比重持续下降。从全国来看，中等收入者的人群比重从24.06%下降到18.97%，农村中从37.11%下降到30.13%，而中位数0.75倍以下和中位数1.25倍以上人群的上升百分比基本相当，都为3—4个百分点。变化最为明显的是城镇居民，中等收入者的比重从1988年的52.43%下降到2007年的33.16%，下降了近20个百分点，而中位数0.75倍以下和中位数1.25倍以上的人群比重则各自上升了10个百分点左右。在城镇人群中，收入分布表现出了明显的两极分化特征，中间收入层人群比重持续表现出明显下降趋势，高端和底端收入层人群比重明显上升。

---

　　①　米兰诺维奇：《世界的分化》，北京师范大学出版社2007年版。

表 1-5　收入分布区间的人口份额

	中位数 0.75 倍以下	中位数收入 0.75—1.25 倍	中位数 1.25 倍以上
农村 1988 年	29.67	37.11	33.21
农村 1995 年	32.26	30.87	36.87
农村 2002 年	32.56	32.19	35.25
农村 2007 年	33.32	30.13	36.55
城镇 1988 年	21.15	52.43	26.42
城镇 1995 年	26.94	40.75	32.31
城镇 2002 年	31.57	34.57	33.86
城镇 2007 年	31.39	33.16	35.45
全国 1988 年	44.15	24.06	31.79
全国 1995 年	43.90	21.20	34.90
全国 2002 年	35.08	21.37	43.55
全国 2007 年	33.83	18.97	47.19

中等收入者应当占多大的比重，目前仍缺乏系统的论述，也缺乏详细的国际比较资料。根据米兰诺维奇（2007）的简单描述，在最为缺乏中产阶级的巴西和智利中，中等收入者的比重分别为 20.7% 和 21.5%，OECD 国家中等收入者比重通常在总人口的 35% 到 40% 之间。从表 1-5 来看，总体而言，我国收入分布中处于中等收入阶层的人群比重不断下降，并且已经降至非常低的水平；分别从城乡内部来看，中等收入阶层的比重一直在下降，略低于 OECD 国家的下限水平。对于我国来说，提高中等收入者比中关键仍在于提高农村居民收入水平，缩小城乡差距；阻止城镇居民收入分配的两极分化态势。

四、政府、企业、居民之间的分配格局

政府、企业与居民三者之间的分配格局越来越引起社会公众的普遍关

注。表1-6显示，在政府、企业和居民三者收入分配关系中，政府所占份额上升，居民所占份额下降的状态仍在持续。

表1-6 政府、企业和居民三者分配关系

年份	初次分配总收入结构（%）			可支配总收入结构（%）		
	政府	企业	居民	政府	企业	居民
1994	17.1	18.0	64.9	18.6	14.7	66.7
1995	15.2	19.7	65.1	16.6	16.3	67.1
1996	16.5	16.0	67.5	17.7	12.8	69.5
1997	17.0	16.7	66.3	18.3	12.9	68.8
1998	17.6	15.8	66.6	18.0	13.0	69.0
1999	16.9	17.1	66.0	17.9	13.9	68.2
2000	17.4	17.9	64.7	18.9	15.6	65.5
2001	16.7	20.1	63.2	18.7	17.4	63.9
2002	17.3	20.0	62.7	19.2	17.7	63.1
2003	16.9	20.7	62.4	19.6	18.0	62.4
2004	17.3	22.9	59.8	19.9	20.3	59.8
2005	17.5	22.9	59.6	20.6	20.0	59.4
2006	18.6	22.4	59.0	22.8	18.5	58.7
2007	19.5	22.6	57.9	24.1	18.4	57.5
2008	17.5	25.3	57.2	21.3	21.6	57.1

资料来源：2000—2005年数据来自张东生主编：《中国居民收入分配年度报告（2008）》，经济科学出版社2008年版；2006—2008年数据由笔者根据《中国统计年鉴2009》资金流量表计算得到。

在改革过程中，曾经一度出现过收入分配格局向个人倾斜的状况。但从1996年以来，收入分配格局基本变动趋势表现为政府和企业所占份额逐步上升。表1-6给出了2000年以来政府、企业和居民三者的分配关系。其中所显示的问题主要表现为：第一，居民收入所占份额逐步下降，在2000年到2008年期间，初次分配结构中居民收入所占份额下降7.7个百分点，可支配总收入结构中居民收入所占份额下降9.6个百分点。与此对应的是，政府和企业收入所占份额上升。第二，收入再分配存在向政府倾斜的现象。2004年以来，居民收入份额经过再分配后所占份额低于初次分配，政府收入份额经过再分配后所占份额高于初次分配。居民由再分配中的净得益方转变为净损失方。

从政府预算角度观察，同样得到完全一致的分配格局结论。2000年至2008年，我国财政收入和城镇居民收入占GDP比重呈现出不甚协调的现象。首先观察财政和居民的收入比指标，财政收入比共增长了近7个百分点，而城镇居民收入比仅增长了0.7个百分点，二者差距近10倍；其次观察收入比增长率差距指标，非常明显，连年呈现财政收入比高于城镇居民收入比的增长（除2008年外），其增幅差距最高达到近11个百分点（2001年比2007年）；最后考察财政和居民收入比的波动情况，财政收入比连续8年保持正增长，呈现刚性增长态势，而城镇居民收入比则只有4个年度正增长，2个年度零增长，还有2个年度出现负增长（见表1-7）。在市场经济中政府预算与企业的发展应当是一种共存共荣的关系，但是在现实中却经常出现一些相悖的现象（见表1-8）。具体表现在：第一，二者收入增长不同步。经济学原理告诉我们，预算收入来自于经济，因此预算收入的增长必然是建立在企业收入增长的基础之上，可是在2001年和2008年却出现预算收入高于企业利润增长的情况。第二，从分配角度观察，预算收入和企业利润在GDP中占比的变动也应当相互匹配，然而现实情况并非如此。2000年至2008年我国规模以上工业企业利润占GDP的比重有升有降，涨幅有高有低，预算收入占比的变化也应当大体与此相适应，但是我国政府预算收入占比却连续8年增长，而企业利润占比则与市场经济发展相对应呈波动状（2001年和2008年其占比均有下降）。

表 1-7 政府与城镇居民的收入配置比较

单位:%

指标 年份	GDP (亿元)	预算收入比		居民收入比	
		收入/GDP (增幅)	预算收入 增长率	收入/GDP (增幅)	收入增长率 (增长率比较)
2000	99214.6	13.5 (—)	17.0	11.0 (—)	7.9 (-9.1)
2001	109655.2	14.9 (1.4)	22.3	10.0 (-1.0)	11.4 (-10.9)
2002	120332.7	15.7 (0.8)	15.4	11.3 (1.3)	11.7 (-3.7)
2003	135822.8	16.0 (0.3)	14.9	11.3 (0.0)	12.4 (-2.5)
2004	159878.3	16.5 (0.5)	21.6	10.2 (-1.3)	14.9 (-6.7)
2005	183217.4	17.3 (0.8)	19.9	11.3 (1.1)	17.1 (-2.8)
2006	211923.5	18.4 (1.1)	22.5	11.5 (0.2)	17.6 (-4.9)
2007	257305.6	20.0 (1.6)	32.4	11.5 (0.0)	21.5 (-10.9)
2008	300670.0	20.4 (0.4)	19.5	11.7 (0.2)	19.7 (0.2)

资料来源：根据《中国统计年鉴2009》、《中国经济景气月报》2010年第8期的相关数据整理获得。

表 1-8 政府与规模以上工业企业的收入配置比较

单位:%

指标 年份	GDP (亿元)	预算收入比		工业企业利润比	
		收入/GDP (增幅)	预算收入 增长率	利润/GDP (增幅)	利润增长率 (增长率比较)
2000	99214.6	13.5 (—)	17.0	4.4 (—)	92.0 (75.0)
2001	109655.2	14.9 (1.4)	22.3	4.3 (-0.1)	7.7 (-14.6)
2002	120332.7	15.7 (0.8)	15.4	4.8 (0.5)	22.2 (6.8)
2003	135822.8	16.0 (0.3)	14.9	6.1 (1.3)	44.1 (29.2)
2004	159878.3	16.5 (0.5)	21.6	7.5 (1.4)	43.1 (21.5)
2005	183217.4	17.3 (0.8)	19.9	8.1 (0.6)	24.1 (4.2)
2006	211923.5	18.4 (1.1)	22.5	9.2 (1.1)	31.8 (9.3)
2007	257305.6	20.0 (1.6)	32.4	10.6 (1.4)	39.2 (6.8)
2008	300670.0	20.4 (0.4)	19.5	10.2 (-0.4)	12.5 (-7.0)

资料来源：根据《中国统计年鉴2009》、《中国经济景气月报》2010年第8期的相关数据整理获得。

五、区域之间的分配格局

图 1-9 给出了改革以来省份之间的人均 GDP、不同省份城镇与农村居民人均收入水平的差距变化特征，所使用的指标为变异系数。从人均 GDP 来看，省份之间的差异性表现出了一个 U 型变化过程，20 世纪 90 年代以前，省份之间的人均 GDP 变异系数表现出明显的下降趋势，但此后，这一指标则逐步上升。也就是说，从人均 GDP 来看，省份之间的差距经历了一个逐步缩小而后扩大的过程。

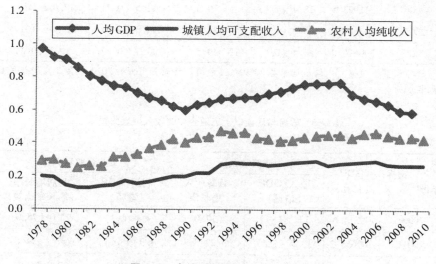

图 1-9　省份之间差距（变异系数）

首先是 1990 年以前所表现出的省际人均 GDP 差距的缩小倾向。这在较大程度上是由于区域发展机制的转换以及区域发展优先次序的改变造成的。改革过程中所强调的沿海沿边沿江优先发展、向腹地延伸的策略与计划体制下所形成的区域经济格局①几乎是反道而行的，这就导致了一定时期中，改革政策下优先发展区域的快速发展，从而出现了区域差距的缩小

---

① 如基于备战思路下的经济布局使得内地获得了更多的经济资源和发展机会。

倾向。

其次是 1990 年以后所表现出的地区差距扩大，但收入差距的扩张程度始终低于改革初期，而变化的趋势也更为平缓。一方面改革政策以及市场机制促成了经济发达地区更为快速的发展，同时，社会经济整体的市场化倾向逐步降低了生产要素的流动障碍，生产要素在不同地区之间的流动性将有助于区域经济发展的收敛性。从这个意义上说，市场化改革所促成的生产要素自由流动构成制约收入差距过度扩张的内生机制。而在经济发展的过程中，经济发达地区所逐渐形成的对生产要素的集聚功能也在逐渐增强，经济发展的优势条件不断地被强化，使得地区之间经济发展差异化程度也表现出上升倾向。

由表 1-9 可知，东、中、西三大地区之间收入水平的差异性也非常明显。2009 年，东部地区的城乡人均收入水平都要高于全国平均水平，其中农村人均纯收入的超出幅度为 21%、城镇人均可支配收入的超出幅度为 9%。而中部与西部地区的城乡人均收入水平都要严重低于全国的平均水平，其中就农村人均纯收入来说，中部地区也高于西部地区，但仍只相当于全国平均水平的 81% 左右，而西部则只相当于全国平均水平的 64%；中部与西部的城镇人均可支配收入差距并不明显，分别相当于全国平均水平的 75%、74% 左右。比较而言，西部农村的发展程度相对要落后得多。东北地区的农村人均纯收入略高于全国平均水平，但城镇人均可支配收入则与中西部大体相当。

表 1-9　不同地区的人均收入水平及其与全国的比较（2009 年）

项目	东部地区	中部地区	西部地区	东北地区
农村人均纯收入	7155.53	4792.75	3816.47	5456.59
相当于全国水平（全国=100）	120.89	80.97	64.48	92.19
城镇人均可支配收入	20953.21	14367.11	14213.47	14324.34
相当于全国水平（全国=100）	109.65	75.18	74.38	74.96

资料来源：《中国统计年鉴 2010》。

　　从图 1-10 所描述的结果来看，在 2000 年至 2007 年期间，尽管西部城镇与农村地区的人均收入水平绝对量都有轻微的上升，但其相对于全国水平的落后状态并没有得到明显改善。就西部城镇地区来说，人均可支配收入相对于全国总体平均水平的百分比甚至在 2000 年以来有显著的下降，也就是说，西部城镇地区相对落后的状态不仅没有改善，相反仍有所强化；而西部农村人均纯收入相对于全国总体平均水平的百分比在 20 世纪 90 年代初出现了明显下降，此后则较为稳定。相对于西部城镇地区，西部农村居民人均收入的增长也是极为缓慢的。

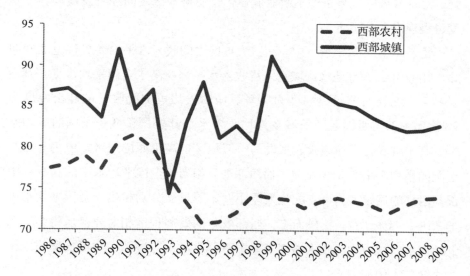

图 1-10　西部地区人均收入水平与全国的比较
资料来源：历年《中国统计年鉴》。

六、生产要素间的分配格局

　　要素分配或功能分配格局是研究收入分配特征的另一个重要角度。图 1-11 给出了改革以来我国功能分配的基本格局变化。1994 年以前的功能收入分配格局指的是相关要素收入占 GNP 的比重①，1995 年以后则是根据各省的 GDP 项目构成汇总得到。尽管在 1978 年到 20 世纪 90 年代前期，劳动报酬的比重有了一定程度的上升，但劳动报酬在功能收入分配中的比重最高值也只有 53%，从国际比较来看这是相对比较低的。然而劳动报酬比重较低，并不完全是改革过程中的问题，改革初期劳动报酬的比重本身也不高。在 20 世纪 90 年代中期以前，劳动报酬的上升对应着企业盈余份额的下降，也就是说，这一时期的收入分配着重调整的是劳动者个人与企业之间的利益分割问题。不过在 20 世纪 90 年代中期以后，劳动者报酬比重有所下降，特别是在进入 21 世纪以来，劳动者报酬比重下降特征更为明显。不过这一时期，不仅企业营业盈余表现出相反的调整方向，而且生产税净额的比重在 2003 年以前也是在上升的。

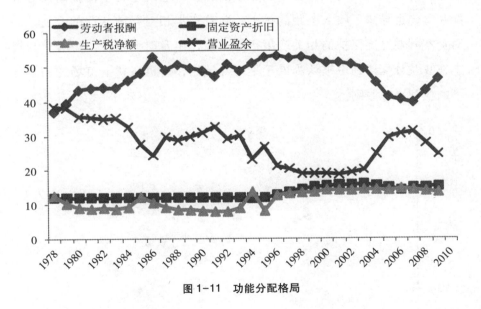

图 1-11 功能分配格局

经济转型与发展过程中，劳动者报酬在 GDP 中所占比重的下降趋势已经引起社会的广泛关注。自 1996 年以来，劳动者报酬在 GDP 中所占比重

_____

① 1994 年以前的功能分配格局数据根据向书坚：《我国功能收入分配格局分析》，《统计研究》1997 年第 6 期计算得到。

逐渐从 53.4% 下降至 2007 年的 39.7%，11 年时间下降了将近 14 个百分点。2009 年的结果则显示，劳动报酬的比重略有回升。

　　图 1-12 根据 2009 年各省份的 GDP 总量与劳动者报酬，描述了劳动者报酬比重与 GDP（对数）的关系，两者之间表现出了非常强的负相关性。这种功能分配格局意味着，经济发展程度提高，劳动力相对收益份额处于下降状态。在经济发展过程中，劳动者报酬的走低趋势在较大程度上表现为经济发展战略的选择问题。尽管我国是一个资本稀缺型国家，但较长时期内的经济发展模式却表现出了比较强烈的资本密集型特征。在改革过程中，基于资本短缺的状况，现实中的某些政策也倾向于通过压低劳动报酬以提高资本收益，从而达到引资的目的。基于这样的发展思路，劳动的权利与收益得不到有效的保护，这既违背了传统的按劳分配观念，也导致了收入差距的扩大。随着资本相对稀缺状况的改变，而对资本利益过度保护的相关政策行为未能作出及时调整，使得劳动与资本在收益分配谈判中被认为处于不对等地位，这也违背了市场经济条件下的权利平等原则。

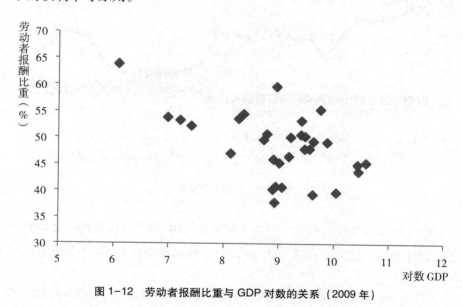

图 1-12　劳动者报酬比重与 GDP 对数的关系（2009 年）

七、行业间收入分配格局

城镇内部不同行业之间的收入差距，特别是垄断行业所获得的高收入，已成为收入分配领域讨论的重要热点问题。但多数讨论存在着两类倾向，一是公众讨论通常基于某些特例，因此对行业之间收入差距的估计可能因预定的情绪而出现一定程度的高估；二是统计年鉴上的现有数据通常是根据行业门类划分的，分类口径相对较粗，据此计算的行业差距可能存在低估的可能。图 1-13 给出了不同行业之间职工平均工资的不均等指数，从中不难发现，行业之间职工平均工资不均等性的总体变化趋势是在逐年扩大。2003 年行业分类更为细致①，由此导致行业收入差距扩大也更为明显。

图 1-13 显示的行业之间收入差距的变动特征与省际差距可能有较大的差异性，主要表现在 1988 年以前。尽管以行业之间平均工资的变异系数所度量的行业差距略呈下降趋势，但这一变化过程总体说来是非常平缓的，即便有所下降，幅度也非常小；而 1988 年以后，变异系数的上升趋势却是非常强劲的。行业间收入差距的持续扩张已经成为当前收入分配的一个突出问题。

图 1-14 和图 1-15 给出了按门类划分部分行业（水电煤气、交通运输、金融、房地产）与竞争性行业（制造业）之间收入水平的比较以及最高与最低收入行业收入水平的比率。从中可以看出，金融业与制造业之间

---

① 2002 年以前的行业分类包括 16 个行业，分别为：农林牧渔业、采掘业、制造业、电力煤气及水的生产和供应业、建筑业、地质勘查业水利管理业、交通运输仓储和邮电通信业、批发零售贸易和餐饮业、金融保险业、房地产业、社会服务业、卫生体育和社会福利业、教育文化艺术和广播电影电视业、科学研究和综合技术服务业、国家机关政党机关和社会团体、其他。2003 年以来的数据中包括 19 个行业，分别为：农林牧渔业、采矿业、制造业、电力燃气及水的生产和供应业、建筑业、交通运输仓储和邮政业、信息传输计算机服务和软件业、批发和零售业、住宿和餐饮业、金融业、房地产业、租赁和商业服务业、科学研究技术服务和地质勘查业、水利环境和公共设施管理业、居民服务和其他服务业、教育、卫生社会保障和社会福利业、文化体育和娱乐业、公共管理和社会组织。

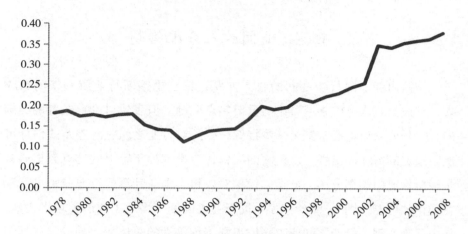

图 1-13　行业之间平均工资的变异系数

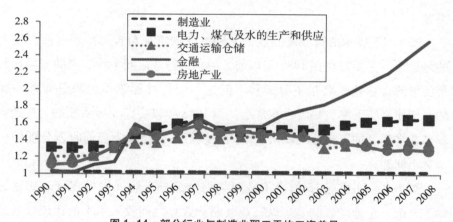

图 1-14　部分行业与制造业职工平均工资差异

资料来源：根据《中国统计年鉴 2006》、《中国统计年鉴 2008》计算得到。

的收入差距处于不断扩大的状态，这一扩大趋势在 2000 年以来尤其明显，扩大势头更为强劲。最高与最低收入行业之间收入比率的总体变动趋势也是在稳定上升的，这种上升倾向在 2002 年以来出现了急剧跳跃。从基于行业门类的计算结果来看，2005 年，最高收入行业职工水平相当于最低收入行业职工工资的 5 倍左右，此后一直在较高的倍数上波动。值得指出的是，这里所讨论的只是职工的工资水平，并没有包括各类福利补贴等其他收入形式，而后者在不同行业之间分布的不均等性程度通常要大大高于前者。

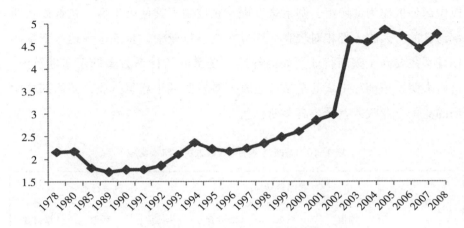

图 1-15　最高/最低行业收入倍数

　　行业之间收入差距的总体趋势在不断扩大，行业差距在总体收入差距中所占份额也在不断上升。根据 2005 年人口抽样调查数据，不同行业之间收入差距占总体收入差距的 10% 以上。[①] 在通常对行业收入差距的讨论中，人们更加关注垄断性行业与竞争性行业之间的收入水平与收入决定机制差异，以此判断行业之间的收入差距是否合理。

　　就收入决定机制而言，从表 1-10 中不难发现，竞争行业中，男性比女性的收入水平更高，因此，在竞争性行业中，收入决定机制中的性别差异更加明显。垄断行业中，年龄的估计系数要高于竞争性行业，这就意味着垄断行业的收入决定机制中更加强调资历因素。两类行业中各教育变量的估计系数差异值得注意，对于大学专科及以下教育程度，在垄断行业的收入函数中能够获得更高的回报；而对于大学本科、研究生及以上教育程度，则在竞争行业的收入函数中的估计系数要略微高一些。因此，尽管在两类收入函数中，教育程度较高者都能获得相对较高的收入水平，但在垄断行业中，受教育程度较低者获得了相对较高的收入水平。从这个意义上

---

　　① 李实等：《缩小收入差距，建立公平的分配制度》，2005 年全国 1% 人口抽样调查委托课题报告。

说，竞争行业收入决定中更加强调人力资本的回报。在地区因素中，如果以中部地区作为参照组，则不难发现，在控制了其他因素后，东部以及西部地区的个人收入都相对较高，不过在竞争行业中，东部这一地区变量的估计系数要高于垄断行业，而西部这一变量的估计系数要低于垄断行业。这就表明，东部与中部的垄断行业收入差异要低于竞争行业，而西部与中部的竞争行业收入差异要高垄断行业。

表1-10　垄断与竞争行业收入决定机制比较

项目	垄断行业			竞争行业		
	均值	系数	t 统计量	均值	系数	t 统计量
男性	0.584	0.1128	15.79***	0.525	0.2278	65.24***
年龄	36.194	0.0424	14.06***	35.885	0.0177	14.05***
年龄平方/100	13.834	−0.0397	−9.90***	13.8	−0.0219	−12.86***
小学	0.012	0.2161	1.97**	0.039	0.1501	4.47***
初中	0.145	0.4140	3.92***	0.343	0.2643	8.09***
高中	0.381	0.6257	5.94***	0.404	0.4559	13.95***
大学专科	0.296	0.8364	7.94***	0.141	0.8064	24.50***
大学本科	0.151	1.1482	10.87***	0.064	1.1917	35.67***
研究生及以上	0.015	1.7365	15.74***	0.005	1.8312	43.47***
东部地区	0.501	0.3433	42.46***	0.622	0.3728	91.92***
西部地区	0.25	0.0898	9.61***	0.177	0.0676	12.99***
常数项	1	5.0850	42.73***	1	5.5454	141.43***
样本量		21393			91450	
F 统计量		748.21			3885.71	
调整 R²		0.2776			0.3185	

注：垄断行业中包括石油和天然气开采业；烟草制品业；石油加工、炼焦及核燃料加工业；电力、燃气及水的生产和供应业；电信和其他信息传输服务业；金融业。竞争行业包括烟草制品业和电力、燃气及水的生产和供应业以外的制造业、批发和零售业、住宿和餐饮业、居民服务和其他服务业。***、**、* 分别表示置信度水平为1%、5%和10%下显著。

在垄断与竞争行业收入决定机制的基础上，表 1-11 对垄断与竞争行业之间的平均收入差异根据 Oaxaca-Blinder 分解方法进行了因素分析。这一分解表明，尽管教育程度对于两类行业之间收入差异具有非常强的解释作用（40%—50%），但总体说来，垄断力量仍是造成两类行业收入差异的最主要因素，由于垄断造成的两类行业之间的收入差异占总差异的 60% 左右①。这意味着，即使竞争性行业的从业者与垄断行业从业者具有完全相同的个人特征，但仅仅由于就业的行业性质不同，则前者的收入仍要比后者低 60%。由这一因素所造成的收入差异，通常被认为是不合理的。

表 1-11　垄断因素的 Oaxaca-Blinder 分解结果

单位:%

项目	标准分解	逆向分解	（标准分解+逆向分解）/2
被解释部分	35.8	43.8	39.8
性别	2	3.6	2.8
年龄	3.4	1.1	2.25
教育	40.2	50.3	45.25
地区	−9.8	−11.2	−10.5
未被解释部分（歧视因素）	64.2	56.2	60.2
合计	100	100	100

注：标准分解指讨论系数差异时以低收入人群的变量特征为参照，讨论变量差异时以高收入人群的系数特征为参照；而逆向分解则刚好相反，讨论系数差异时以高收入人群的变量特征为参照，讨论变量差异时以低收入人群的系数特征为参照。

八、国民收入分配总体格局概况及其分析

（一）国民收入分配总体格局概况

关于城乡收入分配格局。自改革开放以来基本呈现差距扩大的趋势，

---

①　笔者也尝试了其他常用的分解方法。根据 Juhn-Murphy-Pierce 分解，也发现垄断因素造成的收入差异在 60% 左右。

虽然自 21 世纪始此差距扩大的势头有所缓解，但仍然维持在高差距的水平上；城镇与农村之间的收入分配差距变化，体现出城镇大于农村的态势。

关于不同收入阶层分配格局。总体而言，我国不同收入阶层的收入差距呈现不断扩大的趋势，尤其是最高收入阶层与最低收入阶层之间的收入差距最为明显，体现出明显贫富悬殊特征；近年来我国中等收入阶层的份额总体变化不大，是均衡贫富差距的一股重要力量；城镇和农村内部的收入分配格局均呈现差距扩大化的倾向，虽然某些年份城镇内部收入差距要大于农村，但长期的城镇内部收入差距却要小于农村。

关于政府、居民、企业间的收入分配格局。政府、居民和企业三者在国民收入中的配置状况体现出较明显的阶段性特征。2000 年之前，政府收入配比基本呈下降趋势，而企业和居民的收入配比则呈上升势头；2000 年之后，政府收入与居民收入的配比则出现与 2000 年前完全相反的发展趋势，政府收入配比直线上升，居民收入配比直线下降，企业收入配比出现起伏波动状态。

关于区域收入分配格局。就省际的国民收入差异而言，1990 年之前的呈缩小态势，2009 年之后出现扩大趋势；东部、中部与西部三地区之间的收入水平的差异也非常明显。

关于生产要素间的收入分配格局。劳动收入配比，改革开放至 20 世纪 90 年代初期呈现上升趋势，之后出现长期持续的下降趋势，直到 2009 年方开始回升；资本收入配比，从资本投资角度考察的收益配比自改革开放以来一直呈现稳定提升的状态。

关于行业收入分配格局。我国行业间的收入分配差异主要体现在垄断行业与竞争性行业，2008 年之前差异较小，2008 年之后差异逐步扩大，金融业与制造业的收入差异尤其明显。

（二）基于公平和效率角度的分析

经济发展与转型过程中，收入分配格局的基本变化态势表现为居民收入差距的全方位扩张。这种变化特征源自于特定的经济发展模式、收入分配理念以及所采取的相关政策措施。而这些因素又取决于经济转型初始状态下的两个最为显著的基本特点：平均主义的分配方式以及资本稀缺、劳动力过剩的要素禀赋特征。

由于原有的分配方式是平均主义的，个人的经济行为与经济结果（或经济报酬）之间缺乏直接有效的关联，而在平均主义的分配方式下又产生了非常低下的经济效率，造成国民经济长期处于不发达状态和人们生活水平的低下。为了促进经济效率的提高，一定时期中所推行的改革措施都强调通过差异化的收入分配政策来强化个人经济行为与经济结果的联系，以此形成有效的激励与约束。这一时期收入分配政策的基本思路，就是"让一部分人先富起来"，拉开收入差距。这一思路成为改革开放以来中国居民收入分配格局变迁的主导思想，也成为国民经济摆脱贫困状态、实现"共同富裕"的基本手段。城乡所实施的一系列改革措施的共同特征都在于通过差异化的收入分配结果，拉开收入差距，通过收入差距来形成对个人行为的有效激励和约束，从而推动效率提升和经济增长。在当时的社会背景下，收入分配方式的这种转变既是公平的，也促进了效率的提高。从表1-1中可以看出，人们对20世纪80年代收入分配状态的公平感程度要高于改革前，公平感程度有所提高；另外，这一时期的经济增长速度也有了快速提高，人们生活水平获得了较大改善。但在这一过程的实践中，收入形成和收入分配机制的公正性与合理性以及面对收入差距不断扩张的政策取向不明朗，缺乏相应的政策工具也长期影响着我国收入分配格局的变动状况。

资本稀缺和劳动力过剩的要素禀赋特征使得经济政策的关键并不在于如何增加参与经济增长过程中的劳动力数量，而是在于如何对已经参与经济增长过程的劳动力进行有效的激励与约束以促成经济效率的提升。恰恰相反，在某些时期的政策实践中，更加强调对经济部门中冗员的裁撤、分流以促进管理的改善和效率的提高。而在更为宏观的层面中，鼓励投资促进就业的政策实践并未能够形成足够的劳动力需求。因此，从劳动力要素的角度来看，这种经济增长模式不具有包容性，而是以一部分人群被排斥在经济增长过程为基本手段的。另外，资本要素的稀缺使得相关政策措施在处理资本与劳动力要素报酬分配时，更加偏向于资本而非劳动力，从而经济发展过程中劳动者利益未能得到有效保护，而对资本利益过度保护，资本和劳动在收益的分配中未能处于平等的地位，从而资本收益压制劳动报酬。这种格局虽然在一定时期中能提高经济效率，但从长期来看，与公众的公平观念不相容。更为重要的是，居民储蓄存款和外汇储备不断增长似乎表明，资本稀缺的生产要素禀赋特征正在被逐步改变。在这一背景下，对资本收益的过度保护更多地表现为社会强势群体主导利益分配过程，弱势人群更加缺乏维护其利益分配的手段，既扩大了收入差距，也降低了人们对于收入分配公正性的认同感。

在市场化转型过程中，收入分配更加向生产性要素倾斜，劳动贡献、资本、能力等生产性要素获得更为充分的回报，这也不可避免地造成收入差距的扩大，因为在个体层面上，这些要素禀赋的初始分配是存在差异的。但收入差距的这种变化有利于形成有效的生产性激励，因而与公平和效率可以同时兼容。

在政策措施上，市场环境被扭曲，社会保障体制和收入再分配机制的长期缺位加剧了收入差距的扩张过程。由此造成收入差距的变动既有不公平的因素，也是不利于效率提升的。

在我国的市场化转型过程中，市场机制在某些方面也受到了较为严重的扭曲。行业垄断、城乡差距等与市场原则相违背的制度约束仍然存在。垄断行业不仅在产品市场上具有垄断地位，通过操控价格攫取消费者剩余，而且其所面临的劳动力市场也是非竞争性的。由于劳动力市场的分割，垄断行业的从业者免于劳动力市场的竞争压力，并分享企业利润，由此获得高于由市场竞争决定的均衡工资水平。竞争行业中对劳动者利益的忽略以及垄断行业的高工资加剧了收入分配的不公平性。而从城乡差距来看，虽然一方面劳动力流动的显性障碍已经被逐步消除，农村劳动力的转移规模越来越大，劳动力市场上的户口歧视特征逐渐下降，[1] 但另一方面，

---

① 参见邢春冰、罗楚亮：《农民工与城镇职工的收入差距——基于半参数方法的分析》，《数量经济技术经济研究》2009 年第 10 期。

教育和社会保障等公共服务的身份限制和身份分割依然存在，进入城镇地区的农村人口依然由于户口身份的限制而无法与城镇居民享受同等的公共服务。因此尽管城乡劳动力流动的障碍在缩小，但非劳动力流动的障碍依然严重，并最终成为劳动力流动的不利因素。农村劳动力向城镇地区流动的受阻，使得城乡差距依然居高不下。由市场垄断和市场分割所造成的生产要素不能自由流动，要素收益脱离市场机制的作用，正是市场机制被扭曲的重要体现，既违背了社会的公正观念，也不利于经济效率的提高。

在收入分配格局的演变过程中，收入再分配的调控机制长期处于缺位状态。对于收入分配的认识，人们所能达成共识的或许仅仅在于收入差距全方位地不断扩张这一基本事实，而对于这一趋势所应持有的价值评判则大相迥异。在收入差距不断扩张的背景下，收入分配的政策重点究竟应当是继续拉大收入差距还是缩小差距这类价值判断在一定程度上也缺乏共识。大量现金化的交易形式，收入来源多样化、收入信息缺乏透明度、灰色以及非法收入的大量出现，一方面收入信息对于个人的隐私性越来越强，另一方面又普遍认为对个人收入分配的调节将侵犯个人的财产权利。对隐私和所谓财产权利的过度保护，使得收入分配的调控缺乏适当的基础。而事实上，包括市场机制健全的世界各国，都会通过税收和社会保障对个人收入差距进行适当调节，而个人收入至少对于税务等公共部门应当是透明的。因此，从再分配环节对收入差距进行干预是普遍存在的。

再分配机制不仅包括通过税收制度对个人收入的调节，还包括通过社会保障和公共财政向社会公众均等化地提供基本的公共物品和公共服务。社会保障和公共服务均等化不仅可以调节结果意义上的公平性，也从收入形成机制角度保障了机会均等。增强教育和医疗等公共服务对于社会各群体具有同等的可及性，这也将构成人力资本形成的重要途径，从而促进经济效率的提升。

因此，从效率和公平的角度看，现有的收入分配格局中既有促进效率的因素，也有不利于效率提高的因素；既有与社会公平观念相容的因素，也有违背社会公平观念的因素。

第二章
我国收入分配结构的发展与演进因素分析

一、经济发展因素分析

（一）经济增长、增长模式与收入差距变动

在经济发展与收入分配关系的讨论中，库兹涅茨的倒 U 型假说通常构成讨论的出发点。这一假说认为，在经济增长的初期，收入差距会扩大；而当经济增长达到一定阶段后，收入差距会出现缩小的趋势。大量讨论收入差距变动趋势的文献都以此作为检验的对象。人们倾向于认为，如果这种假说关系是成立的，则在一定程度上意味着收入差距的扩大是特定发展阶段为实现经济增长所必须付出的代价。而相关的经验研究结论并不具有一致性。20 世纪 60 年代出现的一些经验研究成果在很大程度上是支持库兹涅茨倒 U 型假说的，[①] 而这些研究基本上是建立在发达国家和发展中国家混合样本的基础上的。从 20 世纪 80 年代开始，随着发展中国家数据质量的提高和数据收集工作的加强，一些学者纷纷利用获得的发展中国家数据对库兹涅茨假说进行重新的经验验证，他们的研究结果并不能支持这一假说，至少表明存在某些不满足这一假说的情形。

在收入差距不断扩大的过程中，我国的一些学者也在寻找收入差距与

---

① 相关文献可参见陈宗胜（1994）的总结。

经济发展之间关系的经验证据。如卡恩等（Khan，1994）根据1988年课题组的农村调查数据计算了分省的基尼系数与人均可支配收入，两者之间并没有表现出规律性的联系。李实（1993）以县为单位，也没有发现农村人均收入与基尼系数之间的显著相关性。李实等（1999）利用不同年份各省份的人均纯收入与基尼系数，仍没有找到收入分配与经济增长之间的经验证据。王小鲁（2005）采用分省面板数据进行了检验，城镇和农村基尼系数变动趋势只在数学形式上具有库兹涅茨曲线的特征，[①] 而城乡收入差距变动趋势则一直是上升的。因此，根据我国经济发展过程中的收入差距变动特征，目前仍不能找到库兹涅茨曲线的经验证据。这一关系也体现在表2-1中。表2-1根据中国居民收入分配课题组的城乡住户调查数据，计算了各省份城镇、农村内部以及城乡合并的基尼系数和人均收入，然后分别作逐年回归以及根据面板数据进行历年合并估计，得到的估计系数在多数情形下都是不显著的；在1995年城镇以及历年城乡合并估计中，尽管估计系数是显著的，但所揭示的并不是倒U型的关系，而是U型的关系。[②]这种关系意味着，较高的基尼系数既可能出现在收入水平较低的阶段，也可能出现在收入水平较高的阶段。从拟合结果来看，R^2和F统计量表明，在多数情形下，人均收入水平对基尼系数的解释程度是比较低的。因此，根据我国的经济发展过程，从表2-1的估计结果中可以看出，库兹涅茨假说并不能得到有效的验证，并且经济增长对基尼系数的解释作用通常也是非常有限的。

　　如果不拘泥于库兹涅茨曲线的设定形式，图2-1给出了城乡混合样本的基尼系数与人均收入之间关系的散点图。从中可以看到，对于单个年份来说，基尼系数与人均收入之间存在着反向关系，即人均收入水平较高省份的基尼系数可能会较低；但历年合并的结果中，这一关系不明显。因此，从经验数据来看，我国的经济增长和收入差距变动过程并不具有库兹

---

　　① 根据二次项和一次项系数之间的关系，基尼系数在人均GDP达到2万元后才可能下降，并且模型拟合的R^2也不高。

　　② 如果不考虑收入的二次项，则基尼系数与人均收入对数之间的关系显著为正。

涅茨所描述的倒 U 型特征。

表 2-1　人均收入水平与基尼系数的变动关系估计（省份样本）

项目	分年估计				历年合并（面板数据）估计	
	1988 年	1995 年	2002 年	2007 年	固定效应	随机效应
农村样本						
人均收入对数	1.1148	−0.0024	−1.0680	−0.4025	−0.0146	−0.0355
t 统计量	[1.17]	[0.00]	[−1.38]	[−0.57]	[−0.15]	[−0.39]
人均收入对数平方	−0.0866	0.0019	0.0706	0.0249	0.0021	0.0036
t 统计量	[−1.17]	[0.02]	[1.45]	[0.60]	[0.32]	[0.58]
常数项	−3.288	0.2249	4.3387	1.9483	0.2977	0.3689
t 统计量	[−1.07]	[0.04]	[1.42]	[0.65]	[0.86]	[1.14]
样本数	29	19	22	16	86	86
F 统计量	0.69	0.22	4.29	0.65	3.64	10.25
Prob>F	0.5112	0.8013	0.0291	0.5381	0.0330	0.0060
R^2	0.0503	0.0273	0.3109	0.0909	0.1129	0.1139
	1988 年	1995 年	2002 年	2007 年	固定效应	随机效应
城镇样本						
人均收入对数	−8.0184	−2.9871	0.6524	−0.3509	0.0382	0.0784
t 统计量	[−0.67]	[−1.99]*	[0.16]	[−0.12]	[0.36]	[0.80]
人均收入对数平方	0.5543	0.1765	−0.0355	0.0195	0.0004	−0.0020
t 统计量	[0.68]	[2.00]*	[−0.16]	[0.13]	[0.06]	[−0.34]
常数项	29.1829	12.8604	−2.7034	1.8744	−0.1000	−0.2676
t 统计量	[0.67]	[2.01]*	[−0.14]	[0.14]	[−0.22]	[−0.64]
样本数	10	11	12	16	49	49
F 统计量	0.37	2.29	0.02	0.41	37.40	82.18
Prob>F	0.7005	0.1638	0.9798	0.6695	0.0000	0.0000
R^2	0.00967	0.3638	0.0045	0.0599	0.5753	0.5783
	1988 年	1995 年	2002 年	2007 年	固定效应	随机效应

续表

项目	分年估计				历年合并（面板数据）估计	
	1988 年	1995 年	2002 年	2007 年	固定效应	随机效应
城乡合并						
人均收入对数	3.0526	0.7990	0.6381	0.4747	-0.2782	-0.2045
t 统计量	[0.37]	[0.37]	[0.43]	[0.37]	[-2.89]***	[-1.97]**
人均收入对数平方	-0.2270	-0.0537	-0.0406	-0.0290	0.0212	0.0165
t 统计量	[-0.38]	[-0.40]	[-0.48]	[-0.41]	[3.54]***	[2.55]**
常数项	-9.9092	-2.5808	-2.0763	-1.4733	1.2294	0.9470
t 统计量	[-0.34]	[-0.29]	[-0.32]	[-0.25]	[3.21]***	[2.29]**
样本数	10	11	12	15	48	48
F 统计量	0.93	1.94	3.68	2.32	87.67	136.18
Prob>F	0.4373	0.2051	0.0681	0.1411	0.0000	0.0000
R^2	0.2105	0.3270	0.4496	0.2785	0.2456	0.2560

注：***、**、*分别表示估计量在1%、5%和10%的水平下显著。面板数据估计中，R^2指整体回归结果。

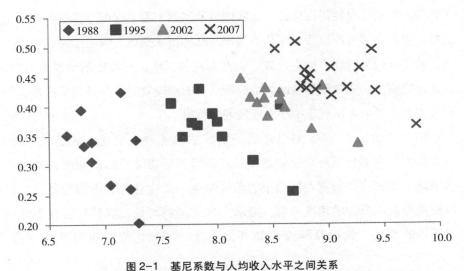

图2-1　基尼系数与人均收入水平之间关系

注：横轴为人均收入对数，纵轴为基尼系数。人均收入和基尼系数都根据城乡合并样本计算得到。

　　从更为深层的原因和机制来看，对于我国经济增长过程中的收入差距变动，并不能够简单地套用库兹涅茨假说。就作用机制来说，库兹涅茨假说是建立在经济发展过程中产业部门转换以及劳动力跨部门转移的基础上。而中国的经济发展过程不仅伴随着经济部门的结构转换，更重要的是与经济转型密切相关，而且通过经济转型来促成经济发展绩效的提高，收入差距扩大又成为推动经济转型的重要手段。因此我国收入差距变动趋势中缺乏库兹涅茨假说起作用的机制。另外，经济增长过程中的收入差距变动趋势可能更主要地受到经济增长模式的影响（李实、罗楚亮，2008）。经济增长和缩小差距应成为经济政策所力图实现的两个目标，更为有意义的问题在于，哪种经济增长模式更有利于缩小收入差距。在日本、韩国和中国台湾这些经济体中，高速经济增长过程中出现了收入差距缩小或基本稳定，表明特定的经济增长模式有可能实现高增长、低差距，各社会群体较为均等化地参与经济增长、分享经济增长的成果。而这种增长模式首先应当是有利于就业增加的，不断吸收劳动力参与经济增长过程从而分享经济增长成果。对于劳动力要素禀赋丰富的国家来说，这种增长模式的基本特征在于实现劳动密集型的增长方式和发展中小企业，从而增强经济增长过程中的劳动力需求，使得经济增长对于低端人群的受益性得以增强。从我国政策实践来看，这两方面都存有不足之处，生产方式强调以资本深化为基本特征的技术变革，倾向于通过资本投入的改善以提高劳动力的生产效率，并由此实现生产过程中的劳动力节约；在企业规模上，通常更加强调大企业所具有的规模效应，并且相应的投融资环境也存在着诸多不利于中小企业发展的障碍。①

　　图 2-2 给出了 1995 年以来经济增长的就业弹性变化。从趋势上看，就业弹性系数明显下降。也就是说，经济增长所能带动的就业增长能力明显下降。尽管一些研究者从效率的角度对这一变化趋势有不同的解读，但从就业和收入分配的角度来看，劳动力参与经济增长过程的程度在下降则是不争的事实，这也意味着劳动者分享经济增长成果的可能性在下降。

---

　　① 可参见刘民权、俞建拖：《金融结构、中小企业发展与收入分配关系研究》，载林毅夫等主编：《以共享式增长促进社会和谐》，中国计划出版社 2008 年版。

图 2-3给出了相同时期中劳均固定资本投资的变化，其趋势性特征刚好相反，劳均固定资本数量持续上升，特别是在 2002 年以来，上升趋势更为强劲，而这一时期也恰恰是就业弹性系数急剧下降的过程。劳均固定资本投资的增加从一定程度上反映了资本深化的特征，也就是说生产过程更加偏向于使用资本而非劳动力以推动经济增长。因此，图 2-2 和图 2-3 大体上

图2-2　经济增长的就业弹性

注：纵轴为就业弹性，计算方式为就业增长率/GDP 增长率；横轴为年份。

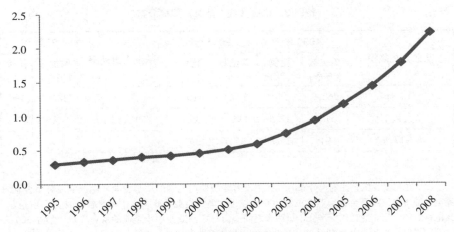

图2-3　劳均固定资本投资

注：纵轴为劳均固定资本投资数量，单位为万元；横轴为年份。

反映了我国经济增长方式不断偏向于资本密集型的特征。在劳动力禀赋充裕的经济体中，资本密集型的生产方式一方面将增加资本需求，从而提高资本收益，另一方面将减少劳动需求，从而减少就业机会，不利于劳动者报酬提升。这就使得居民由于就业机会差异而造成收入差距的扩大以及功能收入分配格局中劳动者报酬的下降。

表 2-2 给出了企业规模的分布状况。① 从企业法人单位的相对数量构成来看，从业人员规模在 500 人以下的企业法人单位所占比重从 1996 年的 98% 上升到 2004 年的 98.7%。但从营业收入规模来看，营业收入在 100 万以下的企业法人单位比重则不断下降，从 1996 年的 65.3% 下降到 2001 年的 60.5%，2004 年进一步降至 49.4%。从图 2-4 所描述的个体工商户增长情况来看，1994 年以来个体工商户的数量增长率逐年下降，2000 年至 2003 年期间转入了负增长。在 1999 年到 2004 年期间，个体工商户数量从 3160 万户下降到 2350 万户，6 年间减少 810 万户。尽管从官方正式的文件中可以看到，已经越来越重视促进中小企业发展以增加社会就业机会，但总体的经济环境依然不利于中小企业的发展，中小企业在市场竞争、投融资渠道等方面仍处于劣势地位。

表 2-2 企业（法人单位）规模分布

从业人员规模	1996 年		2004 年		从业人员规模	2001 年	
	单位数（万个）	比例（%）	单位数（万个）	比例（%）		单位数（万个）	比例（%）
总　计	262.8	100	324.9	100	总　计	302.6	100
7 人以下	51.2	19.5	115.0	35.4	50 人以下	248.5	82.1
8—19 人	91	34.6	95.1	29.3			

① 在讨论我国企业规模分布时，文中没有笼统使用通常的中小企业概念。中国对小企业的界定标准为批发零售企业从业人员数 100 人以下、建筑企业 600 人以下的都被统计为小型企业，其他行业的小型企业认定标准介于这两者之间。而日本制造业中小企业的从业人员一般在 300 人以下，零售和服务业中为 50 人以下。意大利对中小企业的定义标准主要是员工数目，以 500 人为限，其中 100—500 人为中型企业，但绝大多数（95% 以上）仍然集中在 100 人以下。美国的中小企业的界定标准为从业人数低于 500 人。

续表

从业人员规模	1996 年		2004 年		从业人员规模	2001 年	
	单位数（万个）	比例（%）	单位数（万个）	比例（%）		单位数（万个）	比例（%）
20—49 人	60.2	22.9	61.0	18.8			
50—99 人	28.3	10.8	26.3	8.1	50—99 人	26	8.6
100—299 人	22.5	8.5	14.2	4.4	100—999 人	26.2	8.7
300—499 人	4.5	1.7	8.8	2.7			
500—999 人	3.1	1.2	2.7	0.8			
1000—4999 人	1.9	0.7	1.8	0.5	1000 人以上	1.9	0.6
5000 人以上	0.1847	0.07	0.1524	0.047			

营业收入规模	1996 年		2004 年		营业收入规模	2001 年	
	单位数（万个）	比例（%）	单位数（万个）	比例（%）		单位数（万个）	比例（%）
总　计	262.8	100	324.9	100	总　计	302.6	100
50 万元以下	137.5	52.3	127.4	39.2	100 万元以下	183.1	60.5
50 万—100 万元	34	13	33.1	10.2	100 万—1000 万元	93.7	31
100 万—500 万元	58.2	22.1	104.2	32.1	1000 万—1 亿元	22.6	7.5
500 万—1000 万元	14	5.3	21.2	6.5	1 亿元以上	3.2	1
1000 万—5000 万元	14.7	5.6	27.9	8.6			
5000 万元以上	4.3	1.6	11.2	3.4			

资料来源：1996 年和 2001 年数据分别来自第一次和第二次全国基本单位普查公报，2004 年数据来自于全国经济普查年鉴。

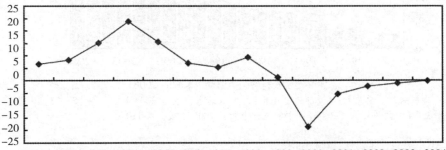

图 2-4　全国个体工商户数量年增长率（%）

资料来源：赵世勇：《我国个体工商户为何 5 年减少 810 万》，中国社科院经济所网站。

（二）农村劳动力转移

由于农村集聚了大量的劳动力，在经济发展过程中，农村劳动力向城镇地区转移成为我国经济发展的一个重要现象。从图 2-5 中可以看出，20 世纪 90 年代中后期以来，农村外出劳动力数量在快速增长，外出劳动力在 2006 年已占到农村全部劳动力的 30%左右，大约 1.2 亿。[①] 农村劳动力的大量外出一方面成为农民收入增长的重要来源，另一方面外出机会和外出能力的不均等又将成为农村居民收入不均等的重要来源。外出打工机会的增长以及劳动力流动障碍的不断减少，在外出劳动力工资水平长期基本稳定的过程中，低收入人群的外出可能性逐渐增加，从而使得外出越来越有利于农村的低收入人群，这也在一定程度上改善了收入分配特征。在最近几年中，外出劳动力工资增长不仅增加了外出劳动力的收入，也带动了流出地的非农就业工资水平，使得当地工资收入也在增长。

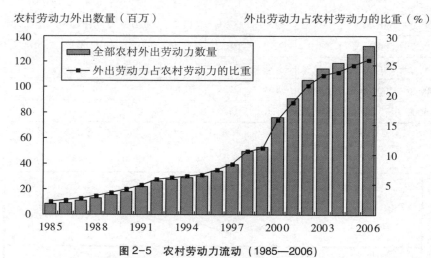

图 2-5　农村劳动力流动（1985—2006）

资料来源：盛来运：《流动还是迁移》，上海远东出版社 2008 年版，第 72—73 页；国家统计局：《中国统计摘要 2006》，中国统计出版社 2006 年版，第 110 页。

---

① 根据国家统计局农民工统计监测调查，截至 2008 年 12 月 31 日，全国农民工总量为 22542 万人。

表 2-3 将总收入分解成 7 个分项来源，并给出了各分项收入的数量以及在两个年份中的增长状况。就名义收入而言，2007 年人均收入比 2002 年增加了 2457.79 元，收入增长主要来源于常住人口外出打工收入、当地工资性收入（或当地的非农就业收入）和农业经营收入，各占两个年份期间收入增长总量的 21% 左右，成为农村居民收入增长的主要来源。从绝对增量来看，当地工资收入增长了 525.34 元，成为增长绝对幅度最高的收入来源。除此而外，常住人口外出打工收入增长了 513.62 元，比 2002 年增长了一倍以上。从宏观层面来看，这一期间农民工工资有较大幅度的增长，这不仅提高了常住人口外出打工收入，同时也由于劳动力外出规模的增长，使得来源地的工资水平也在上升。外出打工成为农村居民收入增长的重要来源。农业经营收入仍是农村居民收入的主要来源，从相对比重来看，2002 年占总收入的 41.5%，2007 年下降到 32%，绝对增长数量也达到 507 元，占收入增长总量的 21%。

表 2-3　分项收入构成与增长

项目	2002 年	2007 年	增长数量	增长份额（%）
常住人口外出打工收入	311.53	825.15	513.62	20.90
当地工资收入	665.68	1191.02	525.34	21.37
农业经营收入	1141.99	1649.48	507.49	20.65
非农经营收入	335.17	555.21	220.04	8.95
财产收入	118.94	164.14	45.20	1.84
转移收入	18.52	234.19	215.66	8.77
自有住房估算租金	159.16	589.60	430.44	17.51
合计	2750.99	5208.78	2457.79	100

根据基尼系数的性质，表 2-4 将 2002 年和 2007 年农村居民收入按照来源进行分解。从中可以看出，外出打工收入占总收入的比重从 2002 年的 11.32% 上升到了 2007 年的 15.84%。但外出打工收入的分项基尼系数有所下降，与总收入之间的基尼相关性基本稳定，因此外出打工收入的集中率

有所下降。由于在总收入中份额的上升，外出打工收入对总收入基尼系数的解释份额从 9.43% 上升到 11.72%。尤为值得注意的是，外出打工收入具有收入均等化效应，并且收入均等化效应有所增强。如果所有人的外出打工收入增长 1%，在 2002 年将使得总收入基尼系数下降 1.89 个百分点，而 2007 年总收入基尼系数则会大致下降 4.12 个百分点。在这些特征与当地工资收入有所不同。当地工资收入则一直具有扩大收入差距的效应，尽管这种扩大效应在此期间有所下降。

表 2-4　收入不均等性的分项构成

来源	份额	分项基尼系数	基尼相关系数	占基尼系数的份额	变化 1% 的效应
2002 年					
常住人口外出打工收入	0.1132	0.8198	0.3698	0.0943	-0.0189
当地工资收入	0.2420	0.7732	0.6689	0.3439	0.1019
农业经营收入	0.4151	0.5055	0.4518	0.2605	-0.1546
非农经营收入	0.1218	1.0026	0.5552	0.1864	0.0646
财产收入	0.0432	0.9076	0.4506	0.0486	0.0054
转移收入	0.0067	1.0025	0.7412	0.0138	0.0070
自有住房估算租金	0.0579	0.5289	0.6243	0.0525	-0.0054
2007 年					
常住人口外出打工收入	0.1584	0.7574	0.3690	0.1172	-0.0412
当地工资收入	0.2287	0.7440	0.6463	0.2912	0.0625
农业经营收入	0.3167	0.5612	0.4349	0.2046	-0.1120
非农经营收入	0.1066	0.9627	0.6133	0.1666	0.0601
财产收入	0.0315	0.9579	0.6695	0.0535	0.0220
转移收入	0.0450	0.8339	0.4777	0.0474	0.0025
自有住房估算租金	0.1132	0.5727	0.6956	0.1194	0.0062

经济学的基本原理表明，商品的自由流动是实现价格趋同的重要因素。农村劳动力的流动也改变了农村内部收入差距的分配格局，最为典型的特点之一在于改变了地区农村居民收入差距的地区特征。如果把总体不

均等首先分解为县内差距与县际差距，根据 Theil 指数分解，县内差距在
总体差距中所占份额基本上是稳定的；而根据 MLD 分解，无论是否调整地
区间 PPP，县内差距的解释份额都有所上升，上升幅度最高达 3 个百分点。
并且县内差距居于主导性的地位，对总体差距的解释份额在 55%—62% 之
间，也就是说，从地区角度来看，收入差距主要是由于县内差距造成的。
如果将县际差距分解为省内差距与省际差距，则省内（县际）差距的相对
份额基本稳定，略有上升；而省际差距对总体差距的解释份额则表现出下
降倾向。而东中西部的组内与组间差距相对贡献大小则取决于样本省份的
选择。如果两个年份中都使用全部样本，则组内差距下降，而组间差距上
升；当把样本省份限定在两个年份中都涵盖的相同省份时，多数情形则恰
好相反，组内差距贡献份额上升而组间差距贡献份额下降。从表 2-5 的分
解结果中，可以看到农村内部地区差距形式的改变，总体而言，地区内部
差距程度在上升，而地区之间的差距份额在下降。

表 2-5　农村内部的地区差距

项目		未调整地区间 PPP				调整地区间 PPP			
		全部样本		相同省份		全部样本		相同省份	
		2002 年	2007 年	2002 年	2007 年	2002 年	2007 年	2002 年	2007 年
Theil 指数									
总体不均等		0.23846	0.25428	0.23889	0.25821	0.22941	0.23828	0.221	0.24057
		［100］	［100］	［100］	［100］	［100］	［100］	［100］	［100］
东中西部：组内		0.03226	0.02303	0.02087	0.02362	0.0302	0.02273	0.02021	0.0243
		［13.53］	［9.66］	［8.75］	［9.15］	［13.16］	［9.54］	［9.14］	［10.10］
	组间	0.03782	0.04844	0.05049	0.05289	0.03272	0.03494	0.03616	0.03699
		［15.86］	［19.05］	［21.14］	［20.48］	［14.26］	［14.66］	［16.36］	［15.38］
省份：　组内		0.03011	0.03924	0.03345	0.03965	0.02995	0.03703	0.03321	0.03726
		［12.63］	［15.43］	［14.00］	［15.36］	［13.16］	［15.54］	［15.03］	［15.49］
	组间	0.07008	0.07147	0.07136	0.07651	0.06292	0.05767	0.05637	0.06129
		［29.39］	［28.11］	［29.87］	［29.63］	［27.43］	［24.20］	［25.51］	［25.48］

项目		未调整地区间 PPP				调整地区间 PPP			
		全部样本		相同省份		全部样本		相同省份	
		2002 年	2007 年	2002 年	2007 年	2002 年	2007 年	2002 年	2007 年
县:	组内	0.13828	0.14356	0.13407	0.14205	0.13654	0.14358	0.1314	0.14202
		[57.99]	[56.46]	[56.12]	[55.01]	[59.52]	[60.26]	[59.46]	[59.03]
	组间	0.10019	0.11071	0.10481	0.11616	0.09287	0.0947	0.08959	0.09855
		[42.02]	[43.54]	[43.87]	[44.99]	[40.48]	[39.74]	[40.54]	[40.97]
MLD 指数									
总体不均等		0.22908	0.26706	0.22945	0.26776	0.22652	0.25823	0.21755	0.25797
		[100]	[100]	[100]	[100]	[100]	[100]	[100]	[100]
东中西部:	组内	0.02818	0.01898	0.01779	0.01933	0.02984	0.02423	0.02002	0.02566
		[12.30]	[7.11]	[7.75]	[7.22]	[13.17]	[9.38]	[9.20]	[9.95]
	组间	0.03789	0.04949	0.05036	0.05316	0.03368	0.03582	0.03622	0.03741
		[16.54]	[18.53]	[21.95]	[19.85]	[14.87]	[13.87]	[16.65]	[14.50]
省份:	组内	0.0286	0.03781	0.03364	0.03816	0.0286	0.03781	0.03364	0.03816
		[12.48]	[14.16]	[14.66]	[14.25]	[12.63]	[14.64]	[15.46]	[14.79]
	组间	0.06607	0.06847	0.06815	0.07249	0.06352	0.06005	0.05624	0.06307
		[28.84]	[25.64]	[29.70]	[27.07]	[28.04]	[23.25]	[25.85]	[24.45]
县:	组内	0.13441	0.16078	0.12766	0.15711	0.13441	0.16037	0.12767	0.15673
		[58.67]	[60.20]	[55.64]	[58.68]	[59.34]	[62.10]	[58.69]	[60.76]
	组间	0.09467	0.10628	0.10179	0.11065	0.09211	0.09786	0.08988	0.10124
		[41.33]	[39.80]	[44.36]	[41.32]	[40.66]	[37.90]	[41.31]	[39.24]

注:[ ]内为贡献份额百分比。

(三) 财产累计效应

在经济转型和经济发展过程中,居民财产积累的速度在加快,财产分布的不均等性也在急速扩张。财产差距的扩大一方面是收入差距不断扩大的结果,另一方面也将逐渐成为居民收入差距扩大的原因。

财产积累是自改革以来才开始的,财产分布的差距也随着居民财产的逐步积累而不断扩大。1988 年农村居民人均收入与人均总财产的基尼系数分别为 0.34 和 0.31（见表 2-6），总财产分布的不均等程度小于收入分布的不均等性。1995 年，城镇财产分布的不均等性高于收入，基尼系数分别为 0.52 和 0.33，但由于农村居民中财产分布的不均等性远远低于收入分配的不均等，基尼系数分别为 0.33 和 0.42，因此全国的总财产净值的基尼系数仍比收入基尼系数低出 5 个百分点。财产差距与收入差距的关系在 2002 年被彻底扭转，从 2006 年的结果来看，这一关系被进一步强化。2002 年城乡居民总财产净值的基尼系数都分别高于城乡居民收入的基尼系数，全国居民总财产净值的基尼系数已经超出全国居民收入基尼系数 10 个百分点。2006 年财产分布的基尼系数来自于两个途径，全国数据来自于李培林等（2008）；城镇数据由笔者根据补充调查数据计算得到。不过这两个来源的数据都表明，全国或城镇居民的财产分布不均等性都要高于收入不均等程度，并且幅度也有更大程度的上升。从十等分组的财产份额来看（见表 2-7），财富最高 10% 人群所占总财产净值份额从 1995 年的 30.8% 上升至 2002 年的 41.4%，七年间上升了 10 个百分点。金融资产的分布更为不均等。金融资产最多的 10% 人群所占金融资产份额从 50.9% 上升到 59.2%。

表 2-6　人均财产与收入的基尼系数

年份	总财产净值			金融资产			收入		
	全国	城镇	农村	全国	城镇	农村	全国	城镇	农村
1988			0.31			0.50	0.382	0.233	0.338
1995	0.40	0.52	0.33	0.67	0.604	0.62	0.452	0.332	0.416
2002	0.55	0.48	0.40	0.74	0.596	0.68	0.450	0.318	0.375
2006	0.686*	0.45			0.581		0.536*	0.342	

资料来源：人均财产分布的基尼系数来自于李实、魏众、丁赛：《中国居民财产分布不均等及其原因的经验分析》，《经济研究》2005 年第 6 期；赵人伟、丁赛：《中国居民财产分布研究》，载李实、史泰丽、别雍·古斯塔夫森主编：《中国居民收入分配研究Ⅲ》，北京师范大学出版社 2008 年版，第 255—285 页；人均收入分布的基尼系数来自于卡恩、李思勤（Kahn and Riskin）：《中国居民收入增长与分配》，载李实、史泰丽、别雍·古斯塔夫森主编：《中国居民收入分配研究Ⅲ》，北京师范大学出版社 2008 年版，第 34—60 页。*表示该数据来自李培林等：《中国社会和谐稳定研究报告》，2008 年，第 67、68 页。

表2-7 城乡居民财产十等分组的财产份额（%）

收入组	1	2	3	4	5	6	7	8	9	10	最高5%
总财产净值											
1995	2.0	3.8	5.0	6.1	7.2	8.4	9.8	11.8	15.2	30.8	21.5
2002	0.7	2.1	3.0	3.8	4.8	6.2	8.3	11.8	17.9	41.4	28.5
金融资产											
1995	0.1	0.6	1.2	2.1	3.3	4.9	7.3	11.0	19.0	50.6	35.2
2002	0.0	0.2	0.6	1.1	1.9	3.1	5.0	9.6	19.2	59.2	41.7

资料来源：李实、魏众、丁赛：《中国居民财产分布不均等及其原因的经验分析》，《经济研究》2005年第6期；赵人伟、丁赛：《中国居民财产分布研究》，载李实、史泰丽、别雍·古斯塔夫森主编：《中国居民收入分配研究Ⅲ》，北京师范大学出版社2008年版，第255—285页。

　　财产分布不均等将成为居民收入不均等的来源之一。这也从收入差距的构成来源中可以得到说明。根据住户调查数据，从表2-4中可以看出，财产收入对农村居民总收入基尼系数的解释份额在2002年和2007年分别为4.86%和5.35%；类似地，财产收入对城镇居民总收入基尼系数的解释份额在2002年和2007年分别为1.69%和3.34%。如果以总收入排序，农村居民中财产收入的集中率从2002年的0.409上升到2007年的0.599；城镇居民中财产收入的集中率从2002年的0.5048上升到2007年的0.7288。换而言之，财产收入更加向高收入人群集中，成为扩大收入差距的因素。

　　从表2-8中可以看出，我国城乡居民财产性收入在2002年以来以较高速度持续增长，而此前的增长幅度相对较低并具有较大的波动性。2002年以来，城乡居民之间的人均财产性收入水平的差距也在上升，城镇居民财产性收入的增长速度高于农村居民。一个值得注意的现象是，在城乡各省份之间人均收入水平的基尼系数中，财产性收入差距所占份额也在不断上升。省份之间居民财产性收入的差距在省际人均收入差距（基尼系数）中所占份额，2002年城镇为1.6%，而2008年则上升到4.13%；而农村居民自1997年以来就一直表现出较强的上升趋势，到2008年已经占到8.11%。

表2-8 城乡居民财产收入状况

年份	人均财产性收入水平（元）			人均财产收入增长速度（%）		占人均收入①比重（%）		省际财产收入差距占人均收入差距的份额（%）	
	城镇	农村	城乡差距（农村=1）	城镇	农村	城镇	农村	城镇	农村
1997	124.39	23.61	5.27	—	—	2.41	1.13	3.28	2.45
1998	132.87	30.37	4.38	6.82	28.63	2.45	1.40	2.99	2.62
1999	128.65	31.55	4.08	-3.18	3.89	2.20	1.43	2.00	2.58
2000	128.38	45.04	2.85	-0.21	42.76	2.04	2.00	1.82	2.47
2001	134.62	46.97	2.87	4.86	4.29	1.96	1.98	2.03	2.73
2002	102.12	50.68	2.01	-24.14	7.90	1.33	2.05	1.60	3.96
2003	134.98	65.75	2.05	32.18	29.74	1.59	2.51	2.60	4.48
2004	161.15	76.61	2.10	19.39	16.52	1.59	2.61	2.65	5.02
2005	192.91	88.45	2.18	19.71	15.45	1.84	2.72	3.38	5.66
2006	244.01	100.50	2.43	26.49	13.62	2.08	2.80	3.92	5.94
2007	348.53	128.22	2.72	42.83	27.58	2.53	3.10	4.61	6.69
2008	387.02	148.08	2.61	11.04	15.49	3.44	3.11	4.13	8.11
2009	431.84	167.20	2.58	11.58	12.91	2.51	3.24	4.62	8.02

资料来源：根据相关各年《中国统计年鉴》计算得到。

二、经济转型因素分析

（一）教育回报的上升

经济转型过程中，市场机制对收入分配的调节作用在增强，也越来越强调教育等要素的生产性功能所应获得的回报。传统分配体制下所具有的平均主义分配倾向无疑也将导致不同受教育程度者之间收入差距的

① 城镇居民为人均财产性收入占人均可支配收入的比重，农村居民为人均财产性收入占人均纯收入的比重。

缩小。根据 1950—1994 年之间的回顾性数据，费雷谢尔和王（Fleisher and Wang，2005）的研究表明，在"文化大革命"以前的教育收益是趋于下降的，"文化大革命"期间较低的教育收益直到 20 世纪 90 年代中期才逐渐恢复。[1]改革初期城镇职工工资普调也导致了个人收益率的下降（李实、李文彬，1994）。[2]

　　20 世纪 90 年代以来，教育在收入分配中的影响作用变得越来越重要。一方面，教育收益率表明了劳动力市场对个人受教育程度回报的大小，另一方面，教育收益率越高意味着不同文化程度人群之间的收入差距也就越大。图 2-6 给出了 20 世纪 80 年代末以来城镇居民个人教育收益率的变动情况。不难看出，城镇个人教育收益率的上升趋势是非常明显的，从 1990 年的 2.4% 上升到 1995 年的近 5%，又进一步上升到 2002 年的近 8%。[3] 更需要指出的是，城镇个人教育收益率存在着显著的递增性，而且其递增幅度是不断上升的，也就是说，高等教育的收益率要明显高于中等教育和初等教育的收益率，而且其差别变得越来越大。[4] 这表明大学及大学以上文化程度人群组与其他文化程度人群之间的收入差距出现了不断拉大的趋势。

　　另外，建立在城镇个人收入函数估计结果基础上的不平等指数的分解结果也同样表明，个人受教育水平的差异成为导致个人收入差距的越来越重要的因素。从 1988 年、1995 年和 2002 年的数据分析结果来看，在个人特征变量能够解释的个人收入差异中，教育变量所解释的份额分别为

---

　　[1]　Fleisher, Belton M., and Wang, Xiaojun, "Returns to Schooling in China under Planning and Reform", *Journal of Comparative Economics*, 2005, Vol. 33, pp. 265-277.

　　[2]　李实、李文彬：《中国居民教育投资的个人收益率的估计》，载赵人伟等主编：《中国居民收入分配研究》，中国社会科学出版社 2007 年重印本。

　　[3]　基于 2005 年全国 1% 人口抽样调查数据，城镇内部教育收益率达 12%（参见李实等：《缩小收入差距，建立公平的分配制度》，研究报告，2007 年）。

　　[4]　参见李实、丁赛：《中国城镇教育收益率的长期变动趋势》，《中国社会科学》2003 年第 6 期。Zhang, Junsen and Zhao, Yaohui, Albert Park, and Song Xiaoqing, "Economic Returns to Schooling in Urban China, 1988 to 2001", *Journal of Comparative Economics*, 2005, Vol. 33, pp. 730-752.

教育收益率（%）

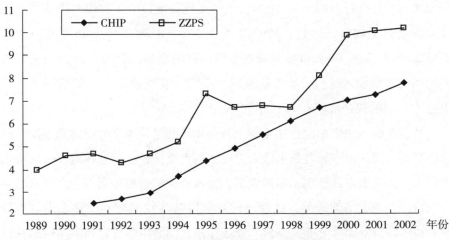

图 2-6　教育收益率的长期变动趋势

注：CHIP 结果来自于李实、赵人伟:《市场化改革与收入差距扩大》。ZZPS 来自于 Zhang, Junsen and Zhao, Yaohui, Albert Park, and Song Xiaoqing, "Economic Returns to Schooling in Urban China, 1988 to 2001", *Journal of Comparative Economics*, 2005, Vol. 33, pp. 730-752.

3.8%、6.7%和 15.6%（邓曲恒等，2005）。[①] 教育水平的差异不仅在解释城镇居民的收入差距方面变得越来越重要，而且对于城乡居民的收入差异具有更强的解释力。另一项研究利用同样的基于收入函数估计结果的不平等指数的分解方法，对全国收入差距的影响因素进行了分解。其结果表明，家庭中劳动力的文化程度差异解释了全国基尼系数的近 20 个百分点（Yue et al.，2005）。[②] 正是由于受教育水平或者说人力资本因素在个人收入决定中的作用变得越来越重要，随着教育收益率的不断提高，不同文化程度人群组之间的收入差距也变得越来越明显。中国居民收入分配课题组于 1995 年和 2002 年两次住户调查数据表明，城镇居民中大学及大学文化

---

① 邓曲恒、李实、岳希明、魏众:《中国城镇职工工资收入差异：基于回归方程的分解分析》，课题组研究报告。

② Yue, Ximing, Terry Sicular, Li Shi and Björn Gustafsson, "Explaining Incomes and Inequality in China", Project Paper, 2005.

程度以上人群组与初中文化程度人群组的平均收入之比，1995 年为 1. 42：1，2002 年上升为 1. 89：1；大学及大学文化程度以上人群组与小学文化程度人群组的平均收入之比，1995 年为 1. 53：1，2002 年上升为 2. 21：1。根据 2005 年全国 1% 人口抽样调查数据，利用泰尔指数对不同受教育程度者之间的工薪收入进行分解分析发现，不同教育程度者收入的组间差距对于总体差距的解释程度在 22% 左右。①

教育在收入决定中的作用不断上升是传统的平均主义分配体制不断被打破的重要表现。由于教育是形成人力资本的重要途径，这意味着，收入决定机制中，人力资本的作用不断被强调。收入分配机制更加强调生产要素的生产性特征和生产中的贡献。这样一种分配机制的转型对于增强人力资本投资、增进经济效率具有非常重要的促进作用；同时也与社会技术结构的变迁相关，技术进步导致了对受教育程度较高的劳动力的需求增加。因此，尽管不同受教育程度者之间的收入差距有较大幅度的上升，但通常说来，社会公众也能够接受并在较大程度上期待着收入分配格局的这种演变特征。

（二） 就业与就业稳定性

在经济转型过程中，城镇劳动力市场的竞争程度在不断增强。特别是20 世纪 90 年代中后期以来，国有企业采取了激进式的改革方式，导致了大规模的失业下岗。基于住户调查数据，表 2-9 给出了 1988 年、1995 年、2002 年和 2007 年的失业状况以及有无失业成员对家庭人均收入的影响。值得注意的是，这里的失业率不同于通常所公布的登记失业率，而是调查失业率。从表 2-9 中可以看出，1995 年以后，失业形势要更为严峻得多，尤其是在 2002 年，根据住户调查得到的失业率高达 12.77%，在积极就业政策的推动下 2007 年下降了 5 个百分点。与此同时，有失业成员的家庭比率在 2002 年和 2007 年也分别达到 19. 14% 和 10. 43%。在有无失业成员的两类家庭之间，人均收入的差距也越来越大。1988 年有失业成员家庭人均

---

① 李实等：《缩小收入差距，建立公平的分配制度》，研究报告。

收入相当于无失业成员家庭的 96.46%，也就是两者相差无几，但这一比率在逐渐下降，2007 年降至 64.98%。失业与非失业家庭间的收入差距在逐渐扩大。面对严峻的就业形势，各级政府大力推行积极的就业政策，创造更加有利的创业条件和扩展就业渠道，在较大程度上缓解了失业对于居民收入差距的不利影响。比较 1995 年、2002 年和 2007 年家庭成员中就业比例和失业比例对于收入差距的影响可以发现，在 1995—2002 年期间家庭成员就业状况可以解释基尼系数变动的 6%，而在 2002—2007 年期间的解释份额为 -1.5%。在后一个时期中，就业对于缩小收入差距的效应在一定程度上表明了积极的就业政策的成效，因为这一时期中就业比例有了一定幅度的增长，失业人口比重也有了较大幅度的下降。因此积极的就业政策对于缩小收入差距具有显著的影响。

表 2-9　失业与收入状况

单位：%

年份	失业率	有失业成员家庭比率	有失业成员家庭人均收入(元)	无失业家庭人均收入(元)	两类家庭收入比率(无失业=100)
1988	1.55	2.82	1455.71	1404.22	96.46
1995	3.26	5.44	4647.16	3166.11	68.13
2002	12.77	19.14	8680.94	5779.97	66.58
2007	7.43	10.43	19107.22	11116.35	64.98

注：收入变量都折算为 1988 年价格。

　　一些研究在讨论家庭收入决定时通常会考虑到家庭成员就业状况的影响。在基于中国居民收入分配课题组的住户调查数据的相关研究表明，城镇失业率高低与城镇内部基尼系数大小呈明显的正相关性，对城镇收入差距的影响程度不断上升。在 1988 年它解释了城镇基尼系数的 1% 左右，到 1999 年它解释了城镇基尼系数的 9%，而且最近两年的解释力度又有所上升。而对不同时期的基尼系数变动中，1988—1995 年期间城镇内部基尼系数上升的 6% 可由失业来解释，而失业对 1995—1999 年期间城镇内部基尼系数上升的解释份额高达 78.7%。

　　图 2-7 根据 1988 年、1995 年、2002 年和 2007 年城镇住户调查数据，计算了各省份的失业率与基尼系数之间的关系。从中可以发现两者存在明显的正相关性，即失业率越高，则基尼系数越高，即收入分配不均等程度越大。为了揭示失业率与基尼系数之间的数量关系，表 2-10 根据不同年份、不同省份的基尼系数和失业率进行了回归分析，结果表明失业率对基尼系数具有显著的正向影响。如果不控制人均收入水平，也就是经济发展程度的差异，失业率对基尼系数的估计系数为 0.7798，也就是说，失业率每上升 1 个百分点，基尼系数可能上升到 0.7798 个百分点；在控制人均收入水平的情形下，失业率的估计系数仍高达 0.5379。从表 2-9 可知，2002—2007 年期间失业率下降了 5 个百分点，根据表 2-10 的估计系数，如果其他因素保持不变，失业率下降可以导致基尼系数下降 2.7—3.9 个百分点。

　　国企改革和失业下岗导致了劳动力市场的转型。增强劳动力市场的灵活性也成为经济改革的重要内容。传统经济体制下，就业通常都具有非常强的稳定性，经济改革过程中则在不断打破这种稳定性。特别是 20 世纪 90 年代中后期开始的国有经济部门的激进式改革以来，大量的失业下岗人

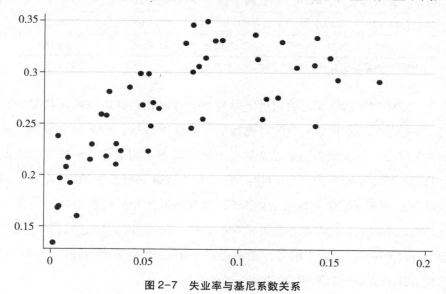

图 2-7　失业率与基尼系数关系

表 2-10　失业率与基尼系数的关系估计

项目	系数	t 统计量	系数	t 统计量
失业率	0.7798	6.73***	0.5379	5.37***
人均收入对数			0.0466	5.59***
常数项	0.2125	22.49***	-0.1419	-2.22**
样本数	49		49	
调整 R^2	0.4801		0.6836	

注：***、**、*分别表示统计量在1%、5%、10%的水平下显著。被解释变量为基尼系数。

员尽管逐步实现再就业，但大多通常被排除在稳定就业形式之外。如果我们将稳定就业包括固定职工和长期合同工，而其他就业形式被归结为非稳定就业，在1995—2002年期间，就业稳定性有了很大的变化。固定职工的比重从1995年的75.06%下降到2002年的52.51%，长期合同工从19.02%上升到21.95%。其他就业形式（临时工、短期合同工等）所占比重则大幅增长。在就业人员中，稳定就业在1995—2002年期间下降了近20个百分点。

　　与就业稳定性下降相联系，不同就业类型的相对收入水平与分配特征也发生了较大的变化。稳定就业与非稳定就业之间的收入差距在扩大。1995年非稳定就业的收入水平大体上相当于稳定就业者的82%，而2002年则下降至65%，7年期间下降了17个百分点。非稳定就业人群中，不仅收入平均水平相对较低，收入的分布特征也显得更为不均等。以基尼系数为例，1995年稳定就业者工资收入基尼系数为0.29250，而非稳定就业者为0.38769，后者比前者高出9个百分点（见表2-11）；在随后的年份中，两类人群的收入不均等指数都在增长。此外，如果利用平均对数离差GE（0），将工资收入的总体不均等程度分解为组内差距和组间差距，则组间差距所占份额由1995年的0.6%上升到2002年的7.3%。总体而言，就业稳定形式的改变成为收入差距扩大的影响因素之一。

表 2-11 稳定就业与非稳定就业的工资收入水平与分配

项目	1995 年		2002 年	
	稳定就业	非稳定就业	稳定就业	非稳定就业
均值	6276.92	5138.95	12648.36	8162.70
标准差	3739.21	4248.31	7851.56	7344.11
相对收入	100	81.87	100	64.54
相对平均离差	0.20366	0.27318	0.21810	0.28879
变异系数	0.59571	0.82669	0.62076	0.89972
对数标准差	0.63045	0.88704	0.63250	0.91746
基尼系数	0.29250	0.38769	0.31050	0.40579

三、经济政策因素分析

从理论上讲，大多数的政府经济政策和公共政策都会对收入分配产生直接或间接的效应，这些效应既可以是积极的，也可以是消极的，既可能扩大收入差距，有可能缩小收入差距。公共政策本身可以构成收入再分配的直接手段，也可以借助于与其他政策的相互作用，或者通过鼓励或限制特定的经济行为而调整各经济主体的利益格局。特别是在过去几年中，我国政府出台了一系列关注民生的政策措施，努力改善中低收入人群的生存和生活条件，促进经济发展成果的共享性，这对于减缓收入差距扩大的速度起到了不可忽视的作用。尤其是针对促进农村发展，提高农民收入而采取的多项惠农政策，对于缓解农村贫困，抑制城乡之间收入差距和农村内部收入差距的进一步扩大无疑起到了至关重要的作用。

（一）最低生活保障制度

城市居民最低生活保障制度是为缓解城市贫困而出台的一项重要的收入再分配政策；在最近几年中，农村最低生活保障制度也不断完善。根据2007 年住户调查数据，研究发现低保政策能改善低收入人群的生活状况，对缓解城市贫困具有明显的作用，但对于缩小收入差距的作用则不明显。同样，低保对于解决农村绝对贫困具有重要的作用。接受低保救济的 4000 多万农村贫困人口基本解决了生存问题，缓解了他们的贫困程度。然而，城乡低保政策在缩小收入差距方面的作用甚微，主要原因并不在于低保政策的执行偏差，而在于制度设计本身，低保标准过低、覆盖面狭窄所致。此外，由于城乡采取不同的低保标准，各地采取了不同的低保标准，实际执行方式也存在差异性，因此低保政策对于缩小城乡收入差距和缩小地区之间的收入差距作用甚微。在未来一段时期内，完善农村低保制度应该成为主要的考虑，特别是提高农村低保标准和扩大低保覆盖面。同时考虑实行全国统筹考虑的低保标准，以缩小城乡之间和地区之间低保标准过大差异，从而增加低保政策的收入再分配功能。

（二）社会保障制度

近些年来，我国社会保障制度建设有了很大的进展，养老制度改革、医疗制度改革等社会保险制度改革都取得了显著的成效。这些制度改革的基本特点是提高覆盖面，将少部分人群的社会保障努力扩展为全社会成员的社会保障。应该说，社会保障覆盖面的扩展有助于缩小收入差距，发挥收入再分配的功能。众所周知，我们现行的社会保障和福利体系还存在这样那样的问题，其中社会保障成为少部分人的"特权"，无疑会拉大全社会的收入差距，带来收入分配不公的问题。因为享受社会保障就是享有部分社会资源，这些资源的分配无疑影响到社会成员之间实际收入分配的结果。

21 世纪初期城市居民人均享有的社会保障的货币价值相当于城镇可支配收入的 53%，相当于农村居民人均纯收入的 1.65 倍，因此这部分货币价值增加到城镇居民收入上去，会使得城乡之间收入差距进一步扩大到 4.5 倍以上，会使得全国收入分配的基尼系数上升 10% 左右。所以，将社会保障不仅扩展到城镇所有居民，而且扩展到农村所有居民，无疑会有助于缩小城镇内部的收入差距、城乡之间的收入差距以至全国的收入差距。

（三） 农业税减免与惠农政策

一般说来，税收，特别是个人所得税，通过"劫富济贫"成为调节收入差距的常规手段。然而，长期以来我国税收制度所具有的收入再分配调节功能非常有限，特别是曾长期实施的农村税收，不仅不具有缩小收入差距的作用，在一定程度上具有逆向调节作用。一些相关研究证实，农村税费具有扩大收入差距的效应，不仅扩大了农村内部收入差距的作用，而且拉大了城乡之间的收入差距。这意味着，近几年逐步完成的农业税减免政策无疑对于缩小农村内部收入差距和稳定城乡之间收入差距起到了积极作用。

在农业税费减免的同时，国家增加了对农村地区的转移支付，不仅包括针对农业生产的直接补贴，也增加了农村公共服务中的财政支付力度。2003 年以来，我国政府推行了一系列惠农政策，旨在提高农民收入和缩小城乡收入差距。这些政策在很大程度上起到积极的影响。如大幅度增加国家对农村基础设施建设和社会事业发展的投入，特别是中西部地区农村公益性建设项目的投入；增加对种粮农民直接补贴，包括种粮补贴和购买农机具补贴；提高粮食最低收购价；等等。这些政策不仅促进了农民收入的提高，使得过去 5 年中农民收入保持较高的收入增长水平，而且抑制了城乡之间收入差距不断扩大的势头。另外，增加教育、公共卫生方面的投资，免除义务教育经费，大力推进农村新型合作医疗制度、医疗救助制度建设对于促进农村人力资本的形成具有重要意义，从而也在长期中增强了农村居民获取收入的能力，提高了低收入人群摆脱困境的可能性。

（四） 个人所得税

城镇居民中，尽管个人所得税对城镇内部收入差距并不具有类似农村那么强烈的逆向再分配效应，但总体而言，对缩小收入差距的效应并不特别明显。其主要原因是高收入人群缴纳的个人所得税与其收入不成比例。值得注意的是，个人所得税通常是政府调节居民收入差距的重要政策工具，而目前的状况表明，个人所得税的收入再分配功能并没有得到充分发挥。因此，对高收入人群的收入加以监管，并为他们制定更加有效和有针对性的纳税程序是需要加以考虑的；需要对现行的所得税制度进行改革，以增强个人所得税的收入再分配效应。

个人所得税对于收入分配调节功能的不显著，在很大程度上与我国税制的基本结构有关。针对流转环节的间接税仍是我国的主体税种，而所得税在总体税收中只占有相当微弱的比重。而在间接税中，由于拉姆齐规则的效应，使得征税更加倾向于需求弹性低的商品，而需求弹性低的商品通常以生活必需品为主，在低收入人群的支出构成中通常占有较高的份额，因此间接税为主导的税制对于低收入人群的福利改进具有更为不利的影响。这也使得整个税收制度对于收入分配缺乏有效的调节作用，尽管这种税制在组织税收收入来源上通常会更为有效率一些。因此，税制结构的改革应该成为构造调节收入分配政策工具手段的基本途径。

（五）农村扶贫政策的效果

在我国经济高速增长的过程中，农村贫困快速减少，甚至为加快全世界的减贫进程作出了重要贡献。从宏观层面来看，贫困状况变化的同时受到经济增长和收入分配变化两方面的影响。大多数的研究表明，我国农村贫困程度下降主要是靠经济增长带来的，而收入差距的扩大对于减贫过程具有不利的影响，甚至在一定程度上抵消了经济增长的减贫效应。为此，各级政府采取了一系列针对于贫困人口的措施，并取得了积极的减贫效应。2001 年，国务院制定并颁布了《中国农村扶贫开发纲要（2001—2010年）》。过去近十年中我国各级政府采取了更加有力、有效的扶贫政策，如整村推进、扶贫到户、开发式与救济式扶贫措施齐头并进等等。这些新措施进一步缓解了我国贫困状况，较大幅度减少了农村贫困人口，降低了贫困发生率，而且缩小了贫困地区内部收入差距。同时，新的扶贫战略的成功实施对于抑制农村内部收入差距的扩大也起到一定的积极作用。

第三章
我国国民收入分配的发展趋势分析

我国经济转型与经济增长过程中，国民收入分配结构发生了深刻改变。这种改变同时表现在居民收入差距的不断扩大以及国民收入分配格局的不断变化，既包括不同经济部门之间收入份额的变化也包括各种生产要素收入份额的改变。由于这种改变与经济体制的市场化转型过程具有时间上的同步性，因此人们通常也倾向于将收入分配的这些变化特征归结为市场化过程的基本结果。为描述国民收入分配在市场化过程中的趋势性特征，首先根据已经完成工业化和市场化转型的发达国家为依据，试图概括出民收入分配发展变化的典型事实特征。基于我国收入分配中所表现出的突出问题，本章对国民收入分配发展趋势的讨论从三个角度展开：规模收入分配格局、功能收入分配格局以及机构部门分配格局。

一、规模收入分配格局的变动趋势

库兹涅茨关于经济发展过程中收入差距变动趋势的假说成为讨论规模收入分配格局变动趋势的起点，也成为各种经验验证和争论的基础。在库兹涅茨假说中，收入差距的变动特征是与经济发展过程中的经济结构变迁相关联的。

根据库兹涅茨的观点，工业化时期是收入差距急剧上升时期。英国从1780年到1850年；美国从1840年到1890年，特别是1870年以后，成为收入差距扩大的早期阶段（库兹涅茨，1955）。林德特（2009）大体认同了这种变动趋势，认为在美国最初的150年期间，收入和财富的不均等都是在加剧的；而英国的收入和财富不均等主要发生在1875年之前，尤其是在1740—1810年间、1688—1911年间不均等高于其他任何时候（见图3-1）。早期的收入分配数据通常都比较缺乏。林德特根据财产分配、工资率的变化以及健康状况，推定美国的收入差距上升"一定发生在1774—1860年、1913年、1929年"中的某个时期。根据少数的研究，英格兰和威尔士在1688年、1759年和1801年税前个人收入基尼系数分别为0.556、0.552、0.593，这一水平通常高于随后的多数年份。而此后收入差距则表现出缩小的变化趋势。不仅收入的基尼系数开始下降，最富有1%和5%人群所占有的财产份额也逐渐下降。从图3-2和图3-3中可以看出，从20世纪40年代到70年代末期，英美两国的收入基尼系数都相对处于较低的水平。自20世纪70年代末期以来，收入基尼系数再次趋于上升。

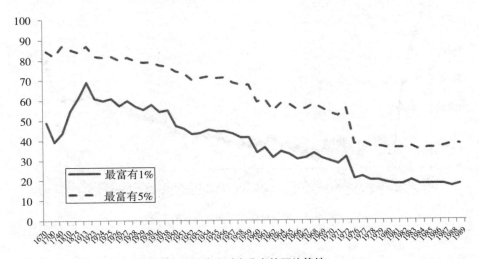

图3-1　英国财产分布的不均等性

值得注意的是，这里的收入分配状况变动是以税前收入为基础的，因此主导收入基尼系数变动趋势的主要力量并不来自于政府的再分配作用，通常的解释因素包括人口结构转变（包括移民）、劳动力技能的增长、技

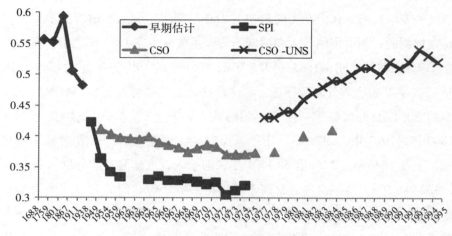

图 3-2 英国税前收入基尼系数的变化

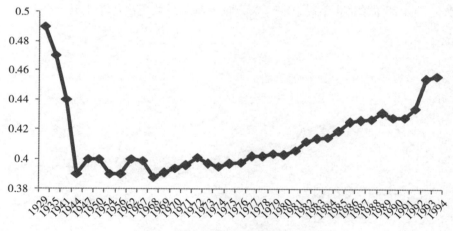

图 3-3 美国税前收入基尼系数的变化

术变化、国内外产品需求变化以及工会等劳动力市场制度等。收入分布的变动总体上与工资等要素收益率不均等性的变动特征相一致。收入差距的缩小过程中，不同行业之间的报酬差异也在缩小，不同地区的收入差异也逐渐趋同。在收入差距的变动过程中，研究者对于技术的作用通常更为强调，无论是揭示收入差距的缩小还是随后的扩张阶段，都认为技术进步是更为主导的因素。应当说，英美两国经济发展过程中的收入分配模式并不符合库兹涅茨假说的预测。尽管在经济起飞或工业化阶段，出现了较大的收入差距；但在工业化过程中，收入差距则是逐步缩小的。而自 20 世纪 70 年代以来，在技术变迁和国际贸易的作用下，收入差距进一步扩张。总体趋势并没有呈现出倒 U 型的过程，而是 U 型曲线。部分欧洲国家在工业化过程中收入分配的阶段性特征如表 3-1 的总结。除了英美外，瑞典、荷兰、日本、法国等国收入差距变动也大体如 U 型曲线，并且大多在 20 世纪 70 年代末或 80 年代初，收入差距又都逐渐有所上升（见图 3-4）。

表 3-1　部分国家收入差距变化的阶段性特征

国家	收入差距变化特征
丹麦	1870 年到 20 世纪初期，收入不平等显著下降
挪威	1907—1948 年，城市和农村最富裕 5% 人口所占收入比例几乎下降了一半
瑞典	1750—1850 年：农村与城市内部收入不平等都在增加；1850—1914 年：不平等上升；1914 年—20 世纪 70 年代：收入不平等快速下降，尤其是 1930 年以来
芬兰	收入不平等在 19 世纪末上升，两次世界大战期间开始急剧下降
荷兰	1914 年以来收入差距急剧下降
德国	1913—1926 年期间收入差距下降；纳粹政府以及第二次世界大战期间，收入差距加剧；第二次世界大战后，收入差距缩小
法国	1789 年以前，非常不平等；大革命废除封建特权和"什一税"引起收入差距下降；1820—1870 年，工业化和城市化明显地引起了不平等的提高；1920 年左右大幅下降

从规模收入分配的变动特征中可以看到，工业化过程中，收入差距总体上呈下降趋势。多数情形下，这种下降是由于经济发展过程中所出现的不同部门之间以及不同地区之间的要素收益率、收入差距的缩小所造成的，这在较大程度上得益于限制竞争的特权体系的消除。当然，政府所推行的相关政策也会在一定程度上影响收入分配的走向，如纳粹政府推行有利于资本收益的分配政策使得当时的德国收入差距扩大，而法国收入差距的缩小则主要是由大革命等政治性因素所致。

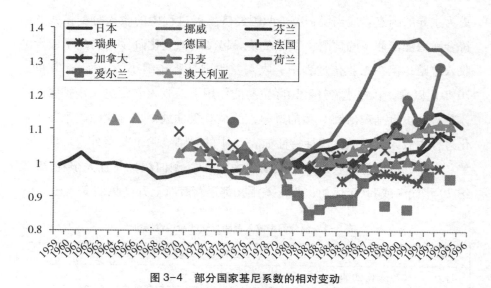

图 3-4　部分国家基尼系数的相对变动

二、功能收入分配格局的变动趋势

　　在经济发展的不同阶段，对各种生产要素的依赖程度是不一样的，这将导致生产要素价格比率的变动，从而导致功能收入分配格局的改变。在我国收入分配研究中，人们也倾向于认为，功能分配结构中劳动者报酬所占比重下降，资本收入侵占劳动者报酬从而导致机构部门分配结构中居民收入分配比重的下降，成为我国居民收入分配结构中的突出问题之一。本节只给出劳动者报酬比重的变化特征。

　　基于发达国家的经济增长实践，卡尔多曾概括性地指出，经济增长过程中劳动和资本所得份额基本稳定。这也成为功能收入分配格局研究的出发点。对于长期的功能收入分配格局变动趋势，经验结果也并没有对卡尔多的概括提供一致性的证据。如一些欧洲大陆国家在 20 世纪 80 年代开始出现了资本收入份额的上升，劳动收入份额的下降（Blanchard，1997）；也有很多发达国家的劳动收入份额在长期中仅仅略有波动。最有意思的是，哈瑞森（Harrison，2002）的发现认为，劳动收入份额在穷国有下降趋势而在富国有上升趋势，李稻葵等（2009）也与此类似，认为劳动收入份额在经济发展过程中呈 U 型变动趋势。事实上，从图 3-5 来看，不同国家劳动者报酬比重的变动趋势可能也不具有一致性的关系。对于功能收入分配格局变动趋势的解释，人们通常强调的因素包括统计方法[①]、技术变迁、市场结构、经济全球化等（罗长远，2008）。因此，功能性收入分配格局或劳动者报酬所占份额变动趋势不能一概而论。

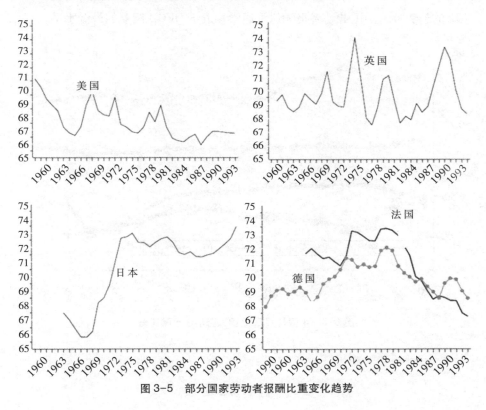

图 3-5　部分国家劳动者报酬比重变化趋势

图 3-6 给出了中国劳动者报酬比重与 OECD 国家总体状况之间的比

[①]　白重恩和钱振杰（2009）认为统计核算方法调整是我国劳动报酬比重下降的重要因素。针对其他国家，也有大量的类似研究，即如何准确地度量劳动报酬的真实份额。

较。[①]就整体而言，OECD 国家在 1993 年到 2008 年期间，劳动者报酬份额的平均值是非常稳定的，稳定在 0.6 到 0.7 之间。并且劳动者报酬比重的最大值略有下降倾向，而最小值则具有较大的波动性，在 2006 年以来有所上升。但对于不同国家劳动者报酬比重是否趋于收敛，目前研究文献并无支持性的结论。与此比较可以看到的是，中国的劳动者报酬比重从 20 世纪 90 年代中期以来则是趋于下降的，1996—2007 年期间下降了 13 个百分点。除了持续下降的趋势外，中国劳动者报酬比重通常接近于 OECD 国家的最低水平。

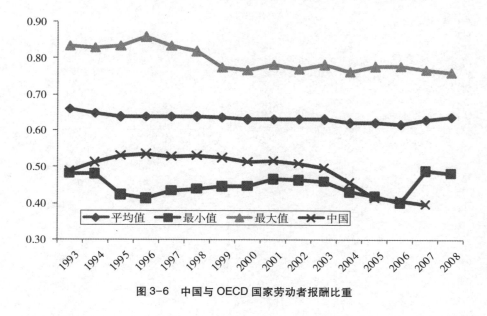

图 3-6　中国与 OECD 国家劳动者报酬比重

三、再分配效应

大多数国家收入差距在 1929 年经济大萧条之后都有所缩小。这在一定程度上也与当时国家通过再分配手段干预收入分配过程有关。尽管前面所

---

①　跨国比较中需要考虑到各国统计制度的差异，因此这里的比较只具有参考意义，并且更多的是强调趋势性特征。

讨论的收入分配格局变得都是以初次分配为主要对象，但国家对收入分配的适当干预方式以及再分配功能的增强无疑加剧了收入差距的缩小过程。图3-7给出了英国在1977年至1995年期间，也就是其原始收入差距不断上升期间，原始收入与可支配收入基尼系数的变化。尽管原始收入的基尼系数一直在0.43以上，而可支配收入的基尼系数最高也只有0.36，可支配收入基尼系数通常只相当于原始收入基尼系数的60%左右。

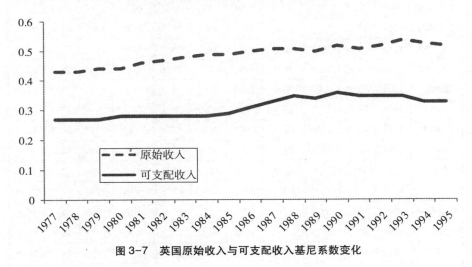

图 3-7　英国原始收入与可支配收入基尼系数变化

表3-2给出了部分国家（地区）要素收入与可支配收入的基尼系数，其中可支配收入是要素收入经过税收和社会保障转移支付等的调节。从中不难发现，在大多数情形下，可支配收入的基尼系数比要素收入要低得多。即便是对于那些收入分配均等化程度较高的国家，其初次分配（要素收入）的结果仍具有非常高的不均等性。这里的要素收入不包括养老金。如果包括养老金，要素收入的基尼系数会有大幅度下降，但即便如此，税收和财政转移支付等因素通常也会造成基尼系数下降3—4个百分点。在中国城镇居民收入分配中，如果将要素收入只定义为工资收入、经营收入和财产收入，2002年和2007年的基尼系数分别为0.4和0.44；如果加入养老金收入，基尼系数将下降至0.32和0.34；但税收和转移支付对于基尼系数的进一步下降几乎没有影响。而在农村地区，有关研究表明，曾经长

期实施的农村税费甚至具有累退性。

表 3-2　部分国家（地区）要素收入与可支配收入的基尼系数（%）

国家或地区	年份	要素收入	可支配收入	国家或地区	年份	要素收入	可支配收入	国家或地区	年份	要素收入	可支配收入
澳大利亚	1981	46	33.4	荷兰	1987	49.7	32.7	瑞典	1967	47.9	35.4
澳大利亚	1985	47.7	34.3	荷兰	1991	46.9	32.9	瑞典	1975	45.6	25.5
澳大利亚	1989	48.5	35	荷兰	1994	45	33.8	瑞典	1981	46.3	24.2
澳大利亚	1994	51.6	36.6	挪威	1979	43.2	28.5	瑞典	1987	47.5	25.5
比利时	1985	54.6	26.7	挪威	1986	39.5	25.5	瑞典	1992	51.3	26.4
比利时	1988	50	26.9	挪威	1991	41.6	26.1	瑞典	1995	50.4	26.2
比利时	1992	50.4	26	挪威	1995	44.3	26.7	瑞士	1982	44.8	37.7
加拿大	1975	43.8	34.8	波兰	1986	39.9	29.1	英国	1969	43.8	34.9
加拿大	1981	42.9	33.9	波兰	1992	45.9	33.8	英国	1974	39.3	31.1
加拿大	1987	44.2	33.3	波兰	1995	60.6	38.8	英国	1979	44.6	30.1
加拿大	1991	45.5	32.6	捷克	1992	43.7	21.7	英国	1986	52.6	34.3
加拿大	1994	47	32.9	俄罗斯	1992	56	45.2	英国	1991	52.5	37.5
斯洛伐克	1992	43	20.9	俄罗斯	1995	62	48.8	英国	1995	54.7	38.1
爱尔兰	1987	55.6	37.7	卢森堡	1985	41.7	27.9	美国	1974	46.8	37.8
西班牙	1980	45.9	35.7	卢森堡	1991	41.9	28.3	美国	1979	46.4	36.4
西班牙	1990	46	33.7	卢森堡	1994	44	28	美国	1986	48.7	39.2
中国台湾	1981	31.6	31.1	芬兰	1979	36.4	23.3	美国	1991	49.7	39.5
中国台湾	1986	31.4	30.8	芬兰	1981	36.6	23.9	美国	1994	52.4	41.7
中国台湾	1991	31.9	31	芬兰	1984	42.1	25.5	美国	1997	52.6	42.2
中国台湾	1995	32.9	31	西德	1973	40.3	31.1	法国	1979	42.8	34.6
匈牙利	1991	52	30.3	西德	1978	43.2	29.8	法国	1981	39.3	32.7
以色列	1979	47.5	37.7	西德	1981	44.1	29.4	法国	1984	42.3	34.4
以色列	1986	50.7	37.8	西德	1983	42.7	29.5	法国	1989	42.1	34.2
以色列	1992	49.4	36.8	西德	1984	47.9	29.3	荷兰	1983	50.5	34
意大利	1986	46.1	33.7	西德	1989	47.2	29.1	丹麦	1987	44.3	27.8
意大利	1991	44.9	32.4					丹麦	1992	47.2	26
意大利	1995	51.3	37.6								

资料来源：Branko Milanovic，"Do More Unequal Countries Redistribute More? Does the Median Voter Hypothesis Hold?"，World Bank Policy Research Working Paper 2264.

四、我国国民收入分配的走向

我国居民收入差距不断扩张、居高不下，这也强化了人们对于我国未来收入分配变动走向进行估计和预测的动机。然而，值得指出的是，收入分配结构的调整在较大程度上是与相关的政策取向相关联的。政策措施不仅可能成为再分配的重要途径，也将影响各群体的经济机会以及生产要素的相对价格等。对收入差距的走向只能在给定的经济结构和政策框架下进行，或者同时考虑到经济结构和政策参数的变迁，本节则只结合我国现状讨论影响收入差距变化的各种不同因素。

自 2006 年《中共中央关于构建社会主义和谐社会若干重大问题的决定》中强调收入分配应"更加注重社会公平"以来，收入分配的政策理念已经有了重大调整。从强调拉开收入差距，强化个体之间的收入差距从而提高经济效率转向了社会公平。在实践中，收入分配试图实现差距的适度缩小以及分配机制的相对公正。在这种政策理念的指引下，出台了一系列改善民生的相关政策措施，试图缓解收入差距的持续攀升态势，实现社会公平正义。对收入差距问题讨论的重点也有所调整，从强调收入差距对于效率提升、促进经济增长的激励效应转向收入差距应当符合社会公平正义原则、有助于实现社会和谐与全面小康；从强调打破平均主义转向共享经济发展成果。基于"收入分配差距拉大趋势还未根本扭转"的现实，党的十七大将收入分配体制改革提到了新的高度，对收入分配的看法和评价也有了新的突破，将合理的收入分配制度作为社会公平的主要体现；在效率和公平的关系上，强调初次分配与再分配都要处理好效率和公平的关系，再分配更加注重公平；在功能分配格局上，指出应逐步提高劳动报酬在初次分配中的比重；对于低收入人群，要求"着力提高低收入者收入，逐步提高扶贫标准和最低工资标准，建立企业职工工资正常增长机制和支付保障机制"；在收入来源上，"创造条件让更多群众拥有财产性收入，保护合法收入，调节过高收入，取缔非法收入"；通过"扩大转移支付，强化税收调节，打破经营垄断，创造机会公平，整顿分配秩序"等途径"逐步扭转收入分配差距扩大趋势"。

调节收入分配，是"十一五"规划纲要的重要内容之一。改善民生、规范收入分配秩序已经成为近年来政府工作的重点。这些努力主要包括：

（1）改善农民工进城务工环境，逐步消除城乡劳动力流动障碍。切实解决农民工工资拖欠，加强农民工劳动合同管理，健全农民工工资支付制度；努力推进城镇义务教育、医疗等公共服务和社会保障项目覆盖农民工群体。

（2）以新农村建设促进农村经济增长和社会发展。大力推进社会保障体制建设，改善低收入人群的生活境况，实现社会和谐；进行农村税费改革，取消农业税，加大对农村的转移支付、基础设施的投资力度等。这些措施有力地推动了农村经济发展和农民收入增长。通过农村免费义务教育、农村合作医疗、农村最低生活保障、新型农村养老保障等制度建设促进城乡公共服务和社会保障的均等化。

（3）实施扩大就业的发展战略，通过积极的就业政策增加就业机会。

（4）对垄断行业、公务员、事业单位等部门的工资制度改革逐步启动。

（5）加大反腐败力度，努力规范收入分配秩序。

这些政策对于改善民生、扭转收入差距不断扩张的势头无疑是极为重要的。同时在实践中也遏制了收入差距急剧攀升的势头，农村内部收入差距也基本稳定。但总体而言收入分配不均等程度仍然较高，收入差距依然比较大。收入差距的长期变动趋势以及当前状况表明，从影响因素来看，各种导致收入差距扩大的力量总体上没有减弱的迹象。城乡差距虽然在近年来没有表现出明显的上升态势，但长期处在非常高的水平，且农村居民收入内生增长能力仍显不足；地区差距、行业差距的扩张态势仍在继续。收入分配格局具有渐趋僵化的迹象。不同收入阶层之间的流动性下降，机会不公对收入分配的影响越来越强，收入差距的代际传递越来越强。

公共服务与社会保障缺失导致进一步的机会不均等。在收入决定机制中，教育等人力资本的作用越来越重要。医疗、教育等相关费用的上升一方面成为居民的支出压力，另一方面也强化了相关支出受到收入水平的制约，与收入水平之间的联系更加密切。不同收入等级之间的支付能力差异将转化为人力资本投资水平的差异性。这种人力资本投资差异，一方面是收入差距的结果，另一方面也成为收入差距进一步扩大以及收入差距代际传递的原因。

行业间收入差距扩大，特别是垄断与竞争行业之间收入差距的不断扩大，表明垄断部门劳动力资源配置的竞争性越来越差，就业机会的不公平性日益突出。因为在就业公平、劳动力充分流动的状态，行业租金将难以导致工资差异。

在收入分配格局渐趋僵化的背景下，强势人群更容易通过市场机制获益，而弱势人群在竞争中处于更加不利地位。因此，社会普遍寄希望于政府干预以实现收入差距的缩小和收入分配机制的公正性。在实践中更加忽略我国收入分配制度结构上的两个特殊现象：一是收入分配是在一种不完善乃至扭曲的市场环境下进行的，因此收入差距的变化既是市场化本身的因素，也是被扭曲的市场化机制作用的结果；二是经济转型时期，社会保障体制和收入再分配机制的缺位，使得居民收入分配及收入差距的演化处于一种近乎失控的状态，收入分配与收入差距没有得到合理、有效的调节。强化政府干预，忽略健全市场机制，可能对收入差距的走向产生双重影响。

第四章
我国国民收入分配的优化目标模式

一、国民收入分配结构优化的原则与思路

（一）优化原则

长期以来，收入分配制度的基本思想是通过个人之间的收入差异来提高经济效率，这也就是人们所常说的"让一部分人先富起来"、"效率优先、兼顾公平"。自构建和谐社会的构想提出以来，收入分配制度的基本思想即"更加注重社会公平"，并要求提高劳动者报酬和居民收入在收入分配中的比重，通过"提高低收入者收入水平，扩大中等收入者比重，有效调节过高收入，取缔非法收入"实现收入差距的缩小。

从我国居民收入差距的变化过程可以看到，缩小收入差距，建立公平的收入分配秩序，理顺收入分配关系成为我国收入分配体制改革所力图实现的基本目标。收入分配结构的变动同时受到多种因素的作用。按照收入分配体制改革的基本原则，应当坚持以市场为基础，国家有效调控，通过增强税收的再分配功能、完善社会保障制度建设，加强公共服务提供力度健全政府对收入分配调控体系的建设，加强对拟出台的经济政策分配效应的事前分析和对收入差距变动趋势的跟踪监测，实现对收入分配的及时、有效调控。

（二）优化思路

实现收入分配结构的优化思路是：初次分配讲效率、再分配重公平、公平中显层次。因此，应当着重关注以下几个方面的关系：

1. 效率与公平的关系

在我国关于效率与公平关系的讨论中，人们对公平的理解存在着一定程度的混乱，经常将价值判断意义上的收入分配合理性问题与实际的收入分配结果所导致的收入差距大小混为一谈。在后一种理解中，公平的意义实际上等同于平均主义。应该说，这两种理解之间是存在着较大的差异性的。一般说来，价值判断意义上的公平往往并不仅仅是针对收入分配的结果，在某种意义上，应当是收入形成的原因或收入分配机制，即获取收入的手段与途径等。例如，在集中统一的计划经济下，人们的工资水平差距尽管很小，但由于工资水平与人们的实际贡献无关，因此也有很多人并不认为这一分配模式是公平的。因此，就价值判断意义上的公平而言，分配结果的平均主义及差距过大都可能是不公平的，只有当收入决定机制与社会所认同的伦理道德观念相一致时，收入分配才具有价值判断意义上的公平。而这种意义上的公平与效率之间可能会具有直接的正相关性，即如果收入分配体制为社会的主流价值观念所认同，从而在社会范围内认为它是一种公平的分配体制，那么就可能有利于调动一切积极因素，推动社会经济的进步；相反，如果相应的收入分配体制被社会认为是不公平的，则意味着激励机制的扭曲，将有损于社会进步与经济发展。而分配结果均等化意义上的公平可能与效率之间存在一种非线性的关系。在一个平均主义盛行的社会中，一方面，社会经济的发展将会因缺乏对社会成员的有效激励而处于相对迟缓状态；另一方面，在一个收入分配高度不均等的社会中，极少数人占有社会的大部分财富，不仅容易导致社会动荡，并且既得利益集团也将倾向于推行限制社会竞争的政策以稳固自己的相对优势地位，从而也将对社会经济发展产生不利影响。总之，强调收入分配在价值判断上的公平性对于提高效率应该具有积极的促进作用；但对分配结果本身的调整，使之趋向于均等化的分配格局则与效率之间并不存在简单的相关性，可能是协调的，也可能是冲突的。

2. 市场与政府的关系

收入分配政策中政府与市场的行为边界可能是最易引发争议的焦点，决定着政府是否应当对收入分配进行干预以及收入分配政策的基本走向。在收入分配政策思路中存在两种极端化的倾向：排斥政府调控的必要性，放任市场机制的结果；否定市场机制的正当性，过度迷恋政府调控。从理论和政策上厘清政府与市场的行为边界，是相关收入分配政策能够得以顺利推行的思想基础。

在完善的市场经济体制下，居民收入水平最终是由相应经济活动的市场回报决定的，而市场回报是基于相应行为的经济价值的，因此市场机制作为资源配置的基础性机制以及居民收入形成机制，其正当性与合理性应予以肯定。这也决定了收入分配政策中，市场机制依然起着基础性的作用。

政府对收入分配的有效调控，既包括对作为结果意义的收入差距进行调控，目的在于缩小全社会的收入差距；更应注重对收入形成过程、收入决定机制进行调控，目的在于实现分配过程的公正性。对收入差距的结果调控主要以社会保障和所得税为主要手段，对居民收入进行再分配调节来实现；对收入形成机制的调控则主要通过完善市场机制，维护机会公平，促进竞争从而为初次分配塑造公平的竞争环境而间接实现。

3. 初次分配与再分配的关系

再分配机制的不健全和缺乏有效性，成为我国收入分配体制中所存在的一个重要问题。但这并不意味着初次分配关系就是有效的、公平的；也并不意味着改善目前收入分配格局的主要工作应该是如何完善再分配体制。事实上，初次分配和再分配都有待于进一步完善。完善初次分配制度的思路主要在于：以体现效率为主线、充分维护公平与正义，所以需要进一步完善市场机制、采取包容性的经济增长模式，保障市场机会均等。完善再分配的思路主要体现在：以凸显公平为宗旨，保障市场效率与社会和谐，所以需要通过税收制度、社会保障以及财政转移支付政策等手段，缩小收入分配差距，最大限度地保障弱势人群和低收入群体的利益，增加人民群众的货币与财产性收入以形成改革开放成果的共享机制。

二、中长期国民收入分配的重点与目标

（一）收入分配的重点

我国国民收入分配格局既是我国经济发展与经济转型的必然结果，又会反过来制约我国经济发展模式转变与经济转型。因此，从长远来看，国民收入分配的长期目标是促进经济快速、健康发展，进而推动政治民主化进程，提高人们的精神文明，实现社会和谐、人民安定。具体来讲，我国国民收入分配的长期目标是缩小国民收入差距，建立健康的收入形成机制，保障国民收入分配体制与经济增长和经济转型相适应，实现共同富裕目标。

党的十七大提出要提高两个比重，即逐步提高居民收入在国民收入分配中的比重和提高劳动报酬在初次分配中的比重，为我国国民收入分配结构的优化指引了方向，解决居民占收入分配比重较低、劳动要素报酬低、行业间收入分配不均、城乡间或地区间收入分配不均等重要问题是我国优化国民收入分配结构的紧急任务。因此，具体来讲，国民收入分配的中期目标应以民生为重点，以社会公平正义为目标，以经济稳定、均衡发展作为保障，并在同时加强环境环保的基础上，实现城乡一体化，消除城乡二元结构，达到要素优化组合，最终保障和改善民生，完善社会体制，使公共服务均等化，健全社会管理，实现社会公平正义，使全体人民学有所教、劳有所得、病有所医、老有所养、住有所居的和谐社会。

自从我国提出建设全面小康社会以来，人们试图根据全面小康的含义去构造相应的衡量和评价指标。在国家统计局发布的《全面建设小康社会统计监测指标体系》中，从社会和谐的角度出发，在收入分配方面提出了

两个监测指标，要求在 2020 年基尼系数不超过 0.4，城乡居民收入比率不超过 2.8。据称，这些指标值是根据当前世界中等收入国家有关指标的平均水平来确定的。而将基尼系数值确定为不超过 0.4，或许与所谓的警戒线不无关系。

表 4-1 给出了世界上部分国家在不同时期的基尼系数均值，基础数据主要有两个来源。一是卢森堡收入调查中心所搜集的数据库，这一数据库所涵盖国家以欧美等较为发达的经济体为主；另一个来源是 UNDP 发布的 2010 年人类发展报告，尽管这一来源原则上应涵盖世界上所有国家，但事实上一些经济上欠发达经济体所占份额要高一些。从表 4-1 可以看出，发达经济体中，基尼系数均值通常在 0.3 左右，并且基尼系数具有轻微的上升趋势。而在人类发展报告中，基尼系数均值通常略高于 0.4。因此，从数据分布来看，基尼系数的合理区间可设定在 0.33（发达经济体的均值）和 0.43（世界各国均值）之间。从我国的经济发展历程来看，大体上相当于 20 世纪 80 年代末至 90 年代初这一时期的收入分布不均等程度。[①]

表 4-1　世界相关国家基尼系数均值

时间	基尼系数均值	观测样本数量	时间	基尼系数均值	观测样本数量
1980 年以前	0.2784	15	1990 年	0.4917	10
1980—1990 年	0.2817	36	2000 年	0.3907	42
1991—1995 年	0.2954	48	2005 年	0.4139	40
1996—2000 年	0.3077	41	2006 年	0.4616	22
2000 年以来	0.3330	36	2007 年	0.4224	25
			2005—2007 年	0.4284	87
来源：根据 Luxembourg Income Study 数据库整理。			来源：根据《人类发展报告 2010》整理得到。		

---

① 根据中国居民收入分配课题组的研究，1988 年全国的基尼系数为 0.382。

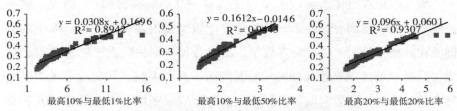

图 4-1　基尼系数与最高、最低收入组比率之间的关系

资料来源：根据卢森堡收入调查中心数据库整理得到。

表 4-2　最高、最低收入组比率分布

项目	样本数	平均值	最小值	最大值
最高 10% 与最低 10% 比率	176	4.2936	2.2510	15.3770
最高 10% 与最低 50% 比率	176	1.9628	1.4860	3.3940
最高 20% 与最低 20% 比率	176	2.5179	1.6790	5.9020

资料来源：根据卢森堡收入调查中心数据库整理得到。

　　最高与最低收入组的收入比率也是衡量居民收入差距的重要指标，而且从我国现有的公开统计数据来看，通常也比基尼系数等指标更加容易获得。图 4-1 给出了基尼系数与最高最低收入组比率之间的关系，表 4-2 根据卢森堡收入调查中心数据计算了相关国家在不同时期收入组比率的分布概况。根据图 4-1 所给出的关系，当最高 10% 与最低 10% 人群收入比率、最高 10% 与最低 50% 人群收入比率、最高 20% 与最低 20% 人群收入比率分别在 7.5[①]、2.5、6.5 倍时，基尼系数值大体上处在 0.4 左右，可视为最高最低收入组人群收入比率的取值参照。尽管对照表 4-1 可以看出，最高最低收入组人群收入比率的上述取值相对而言都已经处在较高的水平，但若将最高最低收入组人群收入比率能控制在上述范围内，我国居民收入差距状况将大为改善，并且这些指标通常也更容易理解和接受。

---

　　①　2009 年，中国城镇居民收入分布中，这一比率就已经达到 8.9 倍。如果城乡合并计算，这一比率就会更加高得多。

　　城乡差距在整体居民收入差距中具有较高的解释份额①。因此，城乡差距是否能够得到有效缩小，可能是整体居民收入差距能否得以缩小的关键所在。根据最新的住户调查数据，2007 年城乡居民收入比率为 3.31，如果按照《全面建设小康社会统计监测指标体系》中城乡居民收入比率不超过 2.8 的要求，并假定城乡内部收入差距不变，则城乡合并的基尼系数会从原来的 0.381 变化到 0.456。按照类似的方式进行模拟估算，如果城乡内部收入分布特征不发生改变，城乡居民收入比率在 2 倍的时候，城乡合并的基尼系数将下降至 0.408。因此，原来设定的城乡居民收入比率可能仍然偏高，城乡居民收入比率宜降至 2 倍左右，至少不应高于 2.5 倍（改革初期的水平）。事实上，即便在改革前，城乡居民因各种制度障碍仍存在非常大的收入差距。如何有效地缩小城乡差距，应被作为我国收入分配政策的重点。

　　城镇内部不同行业之间的收入差距已经引起越来越多的关注。从图 4-2 中可以看出，我国行业大类之间职工平均工资差距最大时接近 5 倍，相对于其他国家处在比较高的水平。我国的行业差距在较大程度上与行业分割、行业垄断等市场机会不公具有非常密切的联系。减少行业间收入差距，更多地应该依靠维护公平竞争的市场环境来实现。在市场机制较为发达的国家，行业间工资收入差距大多在 2 倍左右（见图 4-2）。因此，我国的行业之间收入差距以不超过 3.5 倍为宜。

　　居民收入在国民收入中所占比重以及劳动报酬在 GDP 中所占比重是近年来讨论的非常多的话题。如何提高这两个比重已经成为使经济增长惠及民生的重要举措。然而，对于两个比重应该居于怎样的水平，则通常缺乏论述。从国际比较来看，居民可支配收入占国民收入的比重通常都在 65% 以上；除部分转型国家外，大部分国家的劳动者报酬在 GDP 中所占份额通常在 50% 以上。这也应当成为我国收入分配中两个比重所应努力实现的重

---

　　① 根据笔者的最新研究，按照 GE（0）和 GE（1）指数分解，2007 年城乡差距占总体居民收入差距的 50% 左右，即使考虑到地区之间的货币购买力差异，这一份额仍在 40% 以上。可参见 Li Shi, Luo Chuliang, Terry Sicular, "Income Inequality and Poverty in China, 2002-2007"。

点目标。

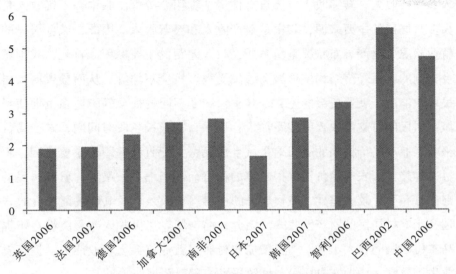

图4-2　行业收入差距（最高/最低）的国际比较
资料来源：根据中改院课题组《国民收入分配格局国际比较》。

（二）收入分配的目标

1. 缩小居民收入差距

缩小居民收入差距是优化我国国民收入分配结构的重点目标。随着我国经济发展与经济转型，我国城乡二元经济结构、区域经济发展不平衡、社会保障体系不完善、税收政策调节收入分配的力度有限等因素造成了居民收入分配差距增大，体现在城镇居民人均可支配收入与农村居民人均纯收入间差距迅速增大、城乡居民间的消费水平差距加大、城镇（农村）居民内部高收入阶层与低收入阶层差距拉大呈两极分化状态、中东西各地区间的居民收入水平差异较大等。

缩小居民收入差距的目标具体体现在三个方面：

第一，缩小城乡居民收入差距。在我国收入分配体系中，城镇居民的收入来源包括工资收入、财产收入、经营收入和转移性收入；农村居民的收入来源包括外出打工收入、当地工资收入、农业经营收入、非农经营收入、财产收入、转移收入以及自有住房估算租金等等。其中，工资收入是大多数居民的主要来源，其次是财产收入和经营收入。因此，城乡居民的就业状况、财产分布状况是城乡居民收入差距的主要原因。首先，我国城乡分割的二元经济结构使得城乡居民受教育机会不均等，从而导致城乡居民就业能力、就业机会的差异；其次，城乡不同的社会保障体系也促使了城乡居民间可支配收入的差距加大；再次，在很长一段时间内，农产品价格与工业产品价格间的剪刀差是城乡居民可支配收入差距的主要原因，不过这种趋势因农产品价格保护政策的执行而逐渐缩小；最后，城乡居民的财产分布存在较大差异，城镇居民的住房出租收入以及其他的财产性收入远高于农村居民的财产性收入。因此，缩小城乡居民收入差距关键在于提高农村居民的收入水平，即要增加农村居民就业机会与就业能力、提高农业生产效率、增加农村居民与城镇居民的财产性收入。

第二，缓解居民内部的收入两极分化。我国目前的收入分配格局中，高收入人群的收入增长高于低收入人群的收入增长使得城乡居民内部的收入两极分化现象日渐严重。在城镇居民内部，财产分布、居民就业能力等因素是城镇居民收入差距加大的主要原因。此外，我国目前的个人所得税政策具有累退效应，高收入人群的税收负担与其收入不成比例，使得税收政策没能发挥调节收入分配的功能。最后，大量灰色收入或者非法收入也助长了城镇居民内部收入两极分化。在农村居民内部，农村居民当地工资收入、财产收入差距是农村居民收入差距的主要来源。也即是说，农村居民内部各阶层收入差距加大的主要原因也是居民的就业能力与财产分布状况。因此，从整体来看，我国中等收入阶层的比重日益下降，居民收入分配呈两极分化状态。缓解居民内部的收入两极分化根本上在于提高城乡居民的收入水平，尤其是扩大中等收入阶层，实现"橄榄球"状的收入分配格局。可见，提高居民就业能力、充分发挥个人所得税制收入分配功能、遏制非法收入增长是目前最迫切的任务。

第三，缩小居民收入地区差异。从确立市场经济体制以来，我国经济发展的基本指导思想是"先富带动后富"，沿海地区依靠地理、人才优势迅速发展贸易、工业制造，成为我国的经济发达地区，中西部地区则相对落后；随后国家出台西部大开发、中部崛起等区域发展战略，在一定程度上缓解了区域发展不平衡。从总体来说，区域经济发展不平衡是我国经济增长与经济发展的一大主要特征，经济发达地区的人均国民生产总值高于落后地区使得经济发达地区拥有更多的就业机会，能够吸引大量劳动力；同时，伴随着较高素质的劳动力往经济发达地区集聚，技术进步与管理创新能够促进人力资本的回报，更能吸引劳动力流入。一方面，各地区劳动力流动能够缩小居民收入地区差距；另一方面，大量的劳动力流动改善了我国各地劳动力供求状况，也能在一定程度上促使劳动力的边际收入趋同，降低由地区不均衡发展带来的劳动力报酬不均衡。最后，各地区间居民的就业能力差异、财产收入差异也成为居民收入地区差距差异的重要来源。可见，缩小居民收入地区差距与改善区域经济发展不平衡的步伐一致，缩小居民收入差距要求发展落后地区的经济以增加就业机会、完善各种就业政策以保障劳动力流动性等。

2. 合理调整国家、企业、居民三者利益结构

按照经济主体所属的部门来看，国民收入在国家、企业和居民/家庭之间进行分配，既包括以市场主导的初次分配，又包括政府主导的再分配。我国收入分配格局中，政府占收入分配份额持续上升，企业所占份额呈变动且稍微下降趋势，居民所占份额呈持续下降状态。这一趋势主要体现在两个方面：第一，初次分配到再分配过程中，政府所占份额上升而居民所占份额下降；第二，政府预算收入在国民收入中的增长弹性远远高于企业、居民的收入增长。由此可见，我国的国民收入再分配政策向政府倾斜，使得政府在整个经济体中所占的比重逐渐增加，而居民和企业则在国民收入分配中处于弱势地位。①

目前政府、企业与居民间的收入分配格局与我国公有制经济制度以及

---

① 若将政府部门的预算外收支、制度外收支都列入财政预算，放松统计口径后将更能反映出我国政府在国民收入分配所占份额过大这一事实。

相应的财政体制密切相关。在公有制经济制度下，我国国有企业控制着资源、通信、运输、军事等关系国计民生的命脉。国有企业通过上缴所得税和利润的形式参与国民收入分配。另外，经济增长带动我国财政收入不断增长，成为政府在收入分配中比重提高的主要原因。相反，居民劳动报酬增长缓慢，企业承担较重的税收负担使得居民和企业在收入分配中的比重下降。居民与企业在国民收入分配中份额下降将造成消费、投资不足，从而阻碍经济增长。

由此，合理调整政府、企业与居民三者间的利益结构是优化国民收入分配结构的主要任务之一。首先，清楚并合理界定政府与市场边界是基本前提。维护市场秩序，包括初次分配秩序，是政府的基本职能之一，但并非意味着政府应当直接干预初次分配。其次，政府预算是政府参加收入分配的直接手段，预算规模应当与政府职能相匹配。政府财政收入的急速上涨应当与相应水平的公共服务为依据。最后，充分发挥税收、财政支出和社会保障制度的再分配功能。政府再分配政策应当以提高企业经营效率、增加居民收入为目标，因此，以再分配为目标的税制改革、财政支出结构调整、社会保障体系完善是必要手段。

3. 优化行业间收入分配结构

我国各行业间收入分配不协调体现在各行业职工平均工资差距日益增大，尤其是垄断行业与竞争行业间职工收入差距悬殊是近年来国民收入分配领域的热点话题，垄断力量是造成竞争性行业与垄断性行业收入差异的最主要因素。此外，就各行业职工收入分配形成机制来看，竞争行业职工的工资更多地取决于职工接受的教育水平，而垄断行业职工的工资则更多地取决于年龄（即资历）。垄断行业的职工劳动报酬高于竞争行业的职工报酬，因此，居民进入垄断行业的就业机会不同，其劳动报酬高低不同，收入水平不同。

这种差距反映了我国劳动力面临同工不同酬的就业状况。这种由垄断造成的而非市场竞争结果形成的同工不同酬会扭曲劳动力要素市场的资源配置。居民为争取进入垄断行业而进行寻租活动，造成社会资源的浪费；

同时，垄断行业的就业稳定性会成为企业技术创新的阻力，垄断行业的劳动力报酬决定机制将降低企业的经营利润；另外，垄断行业与竞争行业收入分配差距将给社会稳定带来隐患。因此，优化行业间收入分配结构关键在于打破企业垄断状态。其次，对垄断企业的员工雇佣机制、劳动报酬决定机制进行严格的监管，将劳动力市场的竞争机制引入垄断企业的劳动力要素配置。

4. 调整生产要素间的分配格局

国内对生产要素分配格局的研究主要集中在劳动要素报酬与资本要素报酬的对比。长期以来，支持资本密集型产业的经济发展战略，使得我国生产要素间的收入分配格局呈降低劳动报酬以提高资本收益的状况。劳动者报酬与国内生产总值的长期负相关趋势显示，如果不及时调整生产要素间的分配格局，劳动者报酬所占份额将会随经济增长而持续降低。居民工资收入为主要收入来源，持续走低的劳动报酬将导致居民收入水平下降，消费能力不足，居民收入占国民收入分配的份额也会持续下降，还将拉大占居民较大比重的劳动要素供给者与资本供给者间的收入差距。

经济学理论告诉我们，资本收益与劳动报酬分别取决于资本要素市场与劳动要素市场的供求状况。我国资本稀缺的资源禀赋意味着资本供给较少，发展资本密集产业的战略意味着资本需求增加，从而形成了较高的资本收益；相反，劳动力丰富的资源禀赋与对劳动力密集型产业的不够重视是劳动力报酬较低的根本原因。

党的十七大提出要提高劳动报酬占初次分配比重的目标，对我国生产要素间分配格局的调整提出了要求，即通过经济发展战略调整提高劳动要素占收入分配比重，适当降低资本要素的报酬。加大对劳动密集产业的政策支持，鼓励中小企业发展以扩大就业机会吸纳更多的劳动力，通过相关税收政策降低劳动报酬税负或增加资本报酬税负以调整资本与劳动生产要素间的收入分配格局。

（三）政策目标分析

收入分配目标的实现必须通过制定一系列的政策予以落实，而政策目标的确定则是在完善市场机制前提下如何优化国民收入初次分配和再分配的行动指针。

1. 增加就业机会

以就业作为缩小收入差距和消除贫困的基本政策。低收入人群以及贫困人口的收入水平低、收入增长缓慢，通常都是由于就业机会缺乏引起的。只有获得了就业机会，人们才有可能获得分享经济增长成果的可能。因此，应努力创造就业岗位和扩大就业面，把尽可能多的人口吸引到经济发展过程中，使尽可能多的人群分享经济增长的成果。

增加就业，一方面要大力发展劳动力密集型产业。在我国当前的发展阶段，除少数产业外，应当降低资本和技术对劳动力的替代程度，不宜以追求技术赶超作为主要的政策目标。通过大力发展劳动力密集型产业，增加劳动者的就业机会，创造更多的就业岗位。另一方面要促进中小企业的成长和发展，为鼓励创业提供良好的环境，加快发展第三产业，积极发展各种形式的非正规就业。中小企业和非正规就业已经逐步成为我国解决就业的主要途径，并将有助于增加低收入人群的就业机会。已有研究表明，现有的大银行体制不利于满足中小企业的贷款需求，应考虑改革金融体系，放松银行业的准入限制，积极引导发展地方中小银行，改革完善城市和农村信用合作社，努力解决中小企业融资问题。

2. 促进劳动力流动

从根本上说，劳动力的自由流动是缩小城乡差距、地区差距以及行业差距的前提。因此应努力消除劳动力流动的制度性障碍。劳动力流动的制度性障碍主要表现在两个方面：一是劳动力市场的分割性，二是公共服务的歧视性。前者主要表现在城镇内部不同行业之间，后者主要发生于进城农民工群体中。

城镇内部不同行业之间的劳动力市场分割，主要表现在高收入行业的工作岗位不具有竞争性，从业人员在免于竞争压力的状态下获取超出市场均衡水平的高额报酬。因此，缩小行业、岗位之间收入差距的首要之点在于增强不同行业、不同岗位工作机会的竞争性，打破劳动力市场的分割。

　　随着城镇低端劳动力市场竞争程度的提高，农民工在这类市场中寻求工作机会已经不再直接受到户口分割的影响，与城镇居民具有大体相当的竞争机会。一些研究也表明，对于已经获得工作机会的农民工来说，基于户口制度的歧视效应已有较大程度的减缓。因此限制农村劳动力转移，农村劳动力获得就业机会的制约因素主要表现为城镇公共服务的歧视性，突出表现在城镇公共教育体系将农民工学龄子女排除在外，住房租赁市场以及城镇住房保障体系不利于农村劳动力的自由流动。这些公共服务仍然基于不同户口类型而具有较强的歧视性，成为新的阻碍劳动力流动的重要因素。因此，促进农村劳动力的转移，一方面，要让城镇公共教育体制接纳流动劳动力子女；另一方面，为进城农村劳动力提供适当的住房租赁市场。

　　3. 增强劳动保护

　　我国经济发展过程中，由于长期认为资本与技术构成最为主要的制约因素，因此在一些地方的政策实践中，倾向于压低劳动力成本以吸引投资、促进当地经济发展，这导致了劳动力收益受到损害，也不利于以劳动收入为主要收入来源的低收入人群的收入改善。因此，改善收入分配结构，需要加强对劳动力的保护，从政策上支持维护劳动者获取报酬的权益，逐步改变过度压低劳动力成本吸引投资、促进发展的政策取向。应当看到，我国的生产要素禀赋特征也正在发生改变，居民储蓄的大幅度增长以及外资的大量进入表明，资本要素的稀缺状态正在改变，支持维护劳动者获取报酬的权益，也符合当前社会的生产要素禀赋特征。

　　增强劳动保护，需要推动工资集体协商和工资支付保障制度建设，落实最低工资制度。现阶段已经形成工资集体协商、工资支付保障以及最低工资制度的基本框架，但仍缺乏有效的落实。特别是工资集体协商和工资支付保障制度，不能寄希望于企业的自动实施，劳动者本身缺乏有效的组织能力，因此在建立过程中，需要由政府推动实施。而最低工资制度中，不仅存在执行的问题，还突出表现在最低工资设定的标准过低。一般认为最低工资标准应在社会平均工资水平的40%—60%，我国各省份的最低工资都没有达到这一标准，最低工资标准与社会平均工资的比率最高的也只达到31%。因此，推行最低工资制度的关键在于确定合理的最低工资标准，规范各地最低工资确定的方法。

增强劳动保护，需要加强工资水平和就业岗位的信息引导。劳动者自身是自己利益的最好看护者，劳动力看护自己利益的最好方式是寻求更高报酬的工作机会。在缺乏市场工资水平和就业岗位信息的状态下，劳动力无法作出有利的就业选择。因此，增强市场工资水平和就业岗位信息的发布，将有利于劳动者通过自主选择的市场方式维护自身利益。

4. 规范分配秩序

在初次分配领域，规范收入分配秩序的基本出发点是：通过保障机会均等，以市场机制为基础，实现各主体获得与贡献对应的报酬，从而实现合理的分配结果。规范收入分配秩序，主要应强调以下几个方面：

第一，在垄断行业中逐步引入竞争机制。打破行业垄断，一方面，放宽市场准入领域，对垄断部门进行适当拆分，引入竞争机制；另一方面，改革垄断行业的劳动力市场，促进垄断行业用工体制的市场化，使得垄断部门与竞争部门的收入差距通过劳动力市场的竞争机制来消除。

第二，对垄断行业的价格管制和收入分配管制。改革过程中，通常并没有考虑到垄断行业特殊性，这也导致了垄断企业的定价行为以及分配政策缺乏有效监管和约束，甚至根据市场经济的一般原则忽略监管与约束的正当性。事实上，企业自主定价以及相应的分配原则目标在于实现利润最大化。而垄断企业通常关涉民生福利，或提供公共产品与服务，经济利润不应成为其经营的主要目标，因此其定价行为与内部分配机制也不应成为追求利润最大化的手段。在我国居民收入差距不断扩大，并且垄断行业高收入成为不合理收入差距重要来源的背景下，应当参照市场工资水平及其决定机制确定垄断行业的工资水平；参照垄断行业经营成本确定垄断行业价格；抑制垄断部门工资的过快增长，加强对垄断行业收入分配的调控和监管，对自然垄断行业的工资和收入要进行外部监管，建立有效的工资增长机制，整顿规范分配秩序。

第三，简化收入形式，增强收入决定及其来源的透明度。收入分配秩序混乱的重要缘由在于，收入形式和来源的多样化，并且将收入视为个人隐私过度保护，各种补贴和工资外收入既成为相关职位特别是公共部门贪腐的隐患，同时也使得收入监管与调控无法实施。因此，应当改革现有的薪酬体制，简化薪酬构成。在此基础上，才可能增强收入来源的透明度。

对公共部门的工资水平和增长幅度要加以制度化和规范化，应该建立专门的委员会对公共部门的工资及其增长加以评估。加快政府体制转型步伐，消除权力和腐败带来的社会分配不公问题。严格规范公共部门的工资外的货币收入和非货币收入，坚决惩处腐败行为。

第四，取缔和打击非法收入。在经济转型过程中，由于制度、政策的不完善，通过侵吞公有财产和公共资源、偷税漏税、走私受贿、权钱交易、制售假冒伪劣等破坏市场秩序的非法行为成为牟取暴利的手段，应强化法制监管，坚决取缔、打击。

5. 保障机会公平

加强弱势人群的能力建设，增强其就业机会、提供必要的教育补贴、医疗保障以及其他社会保护措施，增强他们参与市场活动的能力。家庭的经济状况将制约着家庭成员的人力资本形成，教育、医疗和培训是人力资本形成的重要途径，因此应当加大对教育、医疗以及培训等方面的公共支出，使得不同经济状态的家庭具有相当的人力资本投资机会，从而具有较为平等的市场参与机会。

更为重要的是，在30余年的改革过程中，收入差距表现出了持续扩张趋势，这已经相当于一代人的时间。目前需要考虑的一个问题是收入分配的不均等性是否会具有代际传递性？尽管无法避免由于人力资本继承造成的收入分配不均等性的代际传递，但应当也可能调节基于财产和收入的直接代际转移造成的分配不公。我国具有非常强烈的代际财产传承的传统观念，目前财产不均等程度也已经达到较高状态，因此迫切需要通过遗产税等调节代际财产转移的政策。这既可以防止收入差距的持续扩张，也是保障社会成员具有公平的竞争起点所必需的，同时还有助于提高社会经济的运行效率。

三、国民收入分配结构优化的一般手段分析

优化国民收入分配结构的手段很多，包括公共管制、税收制度、社会保障以及财政支出等手段。相比较而言，显然财政支出手段不仅是最具影响力而且是最具直接效应的配置工具。

（一）公共管制

公共管制可分为行政规制与价格管制两类。行政规制是通过政府发布行政性指令，对国民收入分配中所产生的问题进行及时的干预与调节。例如：政府通过制定最低工资制度，以保障低收入阶层的基本利益；政府通过制定市场准入规则，以公平资源配置。但是由于该手段的行政性特征，所以其实施领域应当有所限制。价格管制是相关职能部门通过价格工具，对社会生产及消费过程的调节。例如：对生活必需品的公共定价，以保障低收入阶层的最低生活保障；对战略产品或短缺物资的公共定价，以保护公平交易与国家基本利益；对垄断产品的限价，以保护市场机制的完整与有效。由于市场经济体制的自身规律要求价格具备竞争性，所以该手段不可以替代市场价格，其应用范围必须局限在弥补市场缺陷的相关领域之内。

（二）税收制度

税收制度的国民收入分配调节功能主要体现于初次分配领域，在国民收入再分配领域的调节作用具有一定的局限性。

我国目前的税收结构以流转税为主，这在总体上不仅不利于收入差距的缩小，反而有加剧收入差距的可能性。第一，对需求弹性小的生活必需品（商品或劳务）普遍征收增值税、营业税，对需求弹性大的商品选择性地征收消费税，容易导致税负在高收入人群与低收入人群间的分配不公

平。第二，分类征收的个人所得税没有考虑居民家庭的整体收入水平、劳动要素报酬承担了较重的所得税税负，税负累进作用不明显，不利于刺激居民就业和增加居民收入。第三，缺乏针对遗产继承、财产收入征税使得大量富人免于税负，加剧了居民内部收入分配差距。

由此可见，通过优化我国国民收入分配格局的税收制度调整存在较大的改革空间。从经济学理论出发，流转税的收入分配调节功能不如所得税，这是由于所得税政策是调整各利益主体收入分配的直接手段，因此，这些复杂的利益关系将会阻碍以个人所得税为代表的所得税税制改革。当然在短时间内我国以流转税为主体的税制格局不可能发生大的变化，可以通过较大幅度提高所得税在税收结构中的比重，改革个人所得税的征管方式，如将分类征收改为综合征收或分类综合相结合，改革所得税的累进税制设计，以缓解收入分配的差距。另外，通过一些财产税及行为税改革可以有针对性地调整不同人群以及不同行业之间的收入差距。例如：遗产赠与税与房产税的开征，可以较好地控制高收入群体的收入过快增长；资源税制度的完善与改革，可以改变资源垄断部门凭借资源占用和资源价格的上涨而将本应归属于国家的租金转化为部门利益的状况；扩大对中小企业的税收优惠，制定鼓励行业竞争的税收政策，有利于市场机制的完善，同时可以减轻生活必需品的税收负担。

（三）社会保障体系

税收调节的主要目标是对高收入阶层税负的"调高"，社会保障的主要目标是对低收入阶层基本生计的"保低"。目前我国城乡之间、各地区之间的社会保障差异造成了居民实际可支配收入水平的差异，因此急需建立与经济发展水平相适应的、覆盖全国范围的多层次的社会保障体系，以形成高低收入人群的可支配收入均等化趋势。

社会保障制度在缩小收入差距中的作用主要体现在：第一，扩大社会保障的覆盖面，逐步建立覆盖城乡所有劳动者的社会保障体系，特别是对于养老保险、医疗保障和最低生活保障，应逐步实现全民覆盖。第二，增强社会保障覆盖群体内部受益的均等性，逐步建立起统一的保障标准。在实施社会保障措施过程中，应当根据物价水平和经济增长逐步调整基本养老金和城乡最低生活保障标准，使保障水平与经济发展阶段相适应；在失业保险中，加大培训和再就业扶助力度，增强失业者的再就业能力和机会；提高对生活困难人群的救助水平，解决他们社会保障问题，特别是看病难的问题。

（四）财政支出制度

财政支出是政府履行参与资源配置、调节收入分配职能的手段之一。从国民收入分配的两个阶段来看，财政支出的主要作用是通过改变再分配过程调节收入分配结果，部分财政支出项目可以通过影响初次分配过程而改善国民收入分配的形成机制。具体而言，通过政府预算加大地方公共服务投入，可以直接实现基本公共服务均等化；转移支付和财政补贴则主要是对收入分配的结果调节，目的是对初次分配欠公平与公正现象的纠偏。所以说，财政支出制度不仅是调整与优化国民收入分配结构的直接而有效的手段，而且是国民收入分配的最终调节手段。

四、国民收入分配结构优化的财政支出手段分析

（一）背景分析

世界上大部分国家都面临优化国民收入分配结构的任务，只是对不同国家而言，社会经济所处的发展阶段不同、经济政治环境不同，所采用的优化手段不同而已。在中国，通过财政支出结构调整进而优化国民收入分配结构的可行方案，需要与我国的政治、经济体制以及财政体制相适应。在当前中国的体制背景下，财政支出政策与国民收入分配的关联性呈现以下特征：

随着我国政府财政收入在国民收入分配所占的比重逐渐增大，能够满

足经济增长对公共服务需求的增长，基本能够根据实际需求调整预算支出结构，将政府支出重点用于支持民生发展；同时，中央与地方分权的财政体制，可以逐步实现部分地方公共服务的有效供给，对于欠发达地区，中央可以通过转移支付调整国民收入分配、缩小地区间差异。

我国的行政体制以中央集权为基本特点，意味着中央政府有较大的权力制定收入分配政策，调节地区差异。此外，随着我国政治民主化进程的加快，百姓对规范市场初次分配秩序与缩小收入分配差距的呼声越来越高，这将通过预算的倾斜以实现财政支出结构的优化。

"西部大开发"、"中部崛起"、"振兴老工业基地"等区域发展的国家战略，有利于引导社会资本投资、引导劳动力流动，从而带动经济欠发达地区发展。这些规划与战略，将会促进落后地区加大基础设施建设，提高公共服务水平，有利于缩小收入分配差距。

过去30年的经济快速增长为我国居民带来了较大的物质财富，随之而来的是人们对劳动价值观的转变，如对教育的重视程度大大提高，这既要求政府加大对基础教育投入，同时也要求政府保障市场初次分配秩序，加大对人力资本的回报。不过，随之而来的也包括居民间收入差距日益加剧这一事实，人们对收入分配认同感的下降表明政府应当加紧收入分配调节的步伐。

（二）财政支出调节收入分配的具体手段

1. 政府预算

政府预算中的预算支出计划是调节收入再分配的主要手段，重点是通过加大基本公共服务投入以直接或间接地实现国民收入分配的优化配置，因此合理的政府预算支出结构安排可以起到缩小收入分配差距、调节收入分配结构的作用。

第一，教育支出。我国居民收入分配差距加大的一大主要原因是居民就业机会和就业能力的差异，而就业机会与就业能力主要受居民的教育水平影响。因此，加大政府支出对教育的投入，是提高居民在劳动力市场的竞争力，增加其就业机会与劳动报酬的重要手段，也是缩小居民收入差距的主要手段。

一方面，在我国，城乡居民受教育的机会与质量存在较大差异，城镇居民比农村拥有更好的基础教育设施和师资力量等教育资源，城镇孩子比农村孩子有更多的机会接触社会、积累知识，因此，财政支出对基础教育的投入应当更加向农村居民、城镇农民工、外地劳动力的教育及其子女教育倾斜。另一方面，各地区间居民接受教育的机会与质量不同，这主要体现在人力资本回报较高的高等教育阶段。由于各地高等教育资源分布不均，居民受户籍制度限制而面临不同的教育机遇与就业机遇。这也需要通过财政对高等教育的投入促进教育资源分布均衡。

第二，医疗卫生支出。我国居民收入分配差距加大的另一重要原因是城乡间以及地区间的社会保障体系存在较大差异。平均来讲，低收入群体比高收入群体更容易面临健康威胁，更容易削弱其就业能力因而导致贫困加剧。因此，增大对农村居民以及城镇贫困居民卫生医疗的财政投入，能够减轻弱势群体的经济负担，提高其可支配收入水平。

第三，基础设施建设。基础设施落后是限制地区经济发展的重要因素。加大对落后地区的基础建设支出，不仅可以直接通过公共项目建设吸纳当地劳动力，还可以通过财政投资的乘数效应推动当地经济发展以创造更多的就业机会。城乡公共交通、农村基础水利设施以及各种文化娱乐中心等等，都属于基础设施建设的重点关注范围。

第四，其他基本公共服务。除了上述医疗卫生、文化教育、基础设施等公共服务项目外，公共安全、公共救济体制等也是缓解社会矛盾、维持社会稳定、促进地区经济发展的重要保障。

可见，通过加大对基本公共服务项目的投入，在全国逐步实现基本公共服务均等化，是保障居民就业机会与提高居民就业能力的重要措施。增加对农村地区、落后地区的公共服务建设投入，可以缩小城乡间与地区间的差距，从而提高农村居民、落后地区的居民获得收入的能力，缩小居民收入分配的差距。

2. 政府间转移支付

我国转移支付体系包括中央对地方的转移支付以及省级以下的转移支付。其中，前者主要以弥补地方财力差距造成的公共服务水平差异为目标，后者重点在于提高公共服务水平与增加居民收入。从财政支出的利益归宿来看，公共服务水平的提高与均等化，可以促进地方居民就业以增加居民收入；对贫困弱势地区的转移支付则可以缩小居民收入差距。

从我国目前转移支付实践来看，存在两个方面的问题：首先，中央财权集中、地方事权集中的财政分权现状要求中央政府加大对地方政府的转移支付；其次，专项转移支付过多、一般性转移支付占比较小，导致了转移支付体制没有实现各地基本公共服务均等化的目标，反而因配套较多的转移支付项目增加了地方政府的财政负担。因此，中央政府应加大对地方政府一般性转移支付支出，以提高地方基本教育、基本医疗卫生服务、增加地方基础设施建设。

目前我国的理论界与实践界大都集中关注中央对地方的转移支付，忽视了省级以下的转移支付政策落实情况，使得转移支付资金的实际使用效益成为我国转移支付体制的"黑箱"。通常情况，地方政府的转移支付既可以用于提供地方公共服务，也可以直接用于补助地方居民，构成居民的转移性收入。加大地方政府的转移支付支出，既有利于直接提高居民收入水平，也可以通过地方公共服务项目使得居民受惠。

3. 财政补贴

政府对产业或居民进行财政补贴，可以看成是调节政府、企业与居民收入分配格局的一种手段。对居民而言，财政补贴能够缩小居民收入分配差距；对企业产业而言，财政补贴能够在一定程度上降低其生产成本或者提高经营利润，增加企业营利水平进而增强产业的国际竞争能力。

财政补贴的一般政策目标包括：①加大对农村居民的财政补贴，如粮食补贴、农产品价格补贴、农村居民的子女教育补贴以及就业补贴等等，不仅可以提高农民收入以缩小城乡差别，而且有利于农业产业的发展；②对城镇贫困居民的财政补贴，如下岗职工工资补贴、就业培训补贴等等，不仅可以缩小城镇居民的收入差距，而且有利于充分就业；③对中小企业进行财政补贴，不仅可以优化我国的产业组织结构，而且通过鼓励其吸纳就业以缓解就业压力；④对劳动力密集型行业进行融资补贴，有利于吸纳大批下岗职工以及农业过剩人口；⑤对于落后地区的财政补贴，不仅可以通过促进当地经济以缩小收入差距，而且可以缩小区域经济社会发展的差异。

总而言之，财政补贴不仅直接改变了政府、企业与居民间的收入分配结果，还能通过劳动力市场、产品市场等影响初次分配过程，以及有利于区域均衡发展以及产业结构的优化。

（三）财政支出优化目标实现的可行性分析

1. 缩小居民收入差距的可行性分析

缩小居民收入分配的差距，是优化国民收入分配结构最重要的目标。政府通过加大对农村居民或城镇低收入居民的财政补贴，可以直接缩小城乡居民之间、各地居民收入差距。但是这种通过调整收入分配结果的缩小收入分配差距的手段，因财政补贴总量有限且其低效率的特征，不能从根源上解决收入差距过大的问题，并且不具有长期效应。所以，财政补贴手段可以是"拾遗补缺"的有效工具，但不是最有效可行的优化手段。

从居民收入形成过程来看，提高居民收入、缩小收入差距的关键在于提高居民就业以及劳动报酬。在财政支出项目中，加大对居民的教育投入，尤其是落后地区的基础教育，是提高劳动力就业能力与就业机会的重要手段。此外，加大医疗卫生、基础设施等基本公共服务项目的投入，实现各地公共服务均等化也是消除地区间收入分配差距的重要手段。该类财政支出手段通过影响居民收入的形成过程，为居民创造就业机会提供了强力支持，能够从根本上改善居民收入分配的形成机制，是长期有效的措施。

通过优化财政支出结构来缩小居民收入分配差距的缩小，其重点在提高低收入人群的收入水平。由于高收入人群的收入增长快于低收入人群的收入增长，加大财政支出只能遏制低收入分配差距加剧的速度。因此，需要通过改革税收制度、打击非法收入等手段，调节高收入阶层的不合理收入，以形成与财政支出政策相互配合的政策调节机制。

2. 调整政府、企业、居民三者利益结构的可行性分析

在我国国民收入的初次分配和再分配两个阶段，政府所占比重长期呈增长趋势，而企业与居民比重则不断下降，尤其是居民收入相对比率的下降幅度更甚。这种趋势意味着政府职能的不断扩张，政府对市场的干预不断加强。从财政支出角度来说，财政支出不断增长意味着政府提供公共服务水平不断提高，可是城乡居民的真实获取并非同比例得到提高，存在财政公共服务支出一定程度的"水分"与"浮肿"现象。所以，合理界定私人需求与公共需求，是调整政府、企业与居民利益结构的前提条件。

我国目前的财政实践中，调整财政支出结构，不能改变政府与企业、政府与居民间的收入分配格局，但可以在一定程度上改变企业与居民间的收入分配格局。对财政支出进行总量控制，是调整政府与企业、政府与居民间收入分配的重要手段，如减税政策。

3. 行业间收入分配结构的可行性分析

行业间收入分配差距的主要原因是行业垄断。垄断企业因资源、政策、成本优势而享受较多的垄断利润，从而导致垄断行业职工与竞争行业职工的收入差距逐渐加大。优化行业间收入分配结构的主要手段是通过行政指令打破行业垄断，将竞争机制引入垄断企业，在垄断企业内部建立合理的工资分配机制。

从财政支出角度看，对竞争性企业的财政补贴、对居民的教育投入，能够一定程度上缩小垄断行业与竞争行业间的收入分配差距，但效果甚微。

4. 生产要素间分配格局的可行性分析

我国目前的生产要素分配格局为：劳动报酬低，资本收益高。改变劳动力与资本的供求关系是调整生产要素间分配格局的基本思路。

从财政支出角度看，政府预算对教育的投入是提高劳动力素质的基本

手段，居民受教育年限越长，人力资本回报越高，劳动报酬越高。另外，各地区基础设施建设是影响劳动与资本供求的市场条件，加大对落后地区基础设施建设可以引起资本与劳动从经济发达地区向经济欠发达地区转移，从而改变各地的资本、劳动供求关系，改变资本收益与劳动报酬的收入分配。由于财政支出对教育回报、要素供求不产生直接影响，而且通过财政支出调整生产要素间收入分配格局的效果时滞较长，并受到我国中长期的区域发展战略和经济发展模式影响，因此，应当制定相应的配套措施，保证财政支出政策落到实处，真正实现国民收入分配结构的优化目标。

第二篇

财政支出利益归宿的实证研究

第五章
财政支出利益归宿研究概述

一、财政支出利益归宿研究的背景、作用和意义

财政支出归宿研究试图通过分析财政支出利益在人际间、地区间、行业间或城乡间的归属来测定财政支出政策对收入分配的影响，从而发挥其作为支出政策评价工具的积极作用。

现实中，许多国家希望通过政府财政支出手段，如提供免费教育、卫生保健、住房保障等来改善低收入人群的福利，达到收入再分配的目的。然而，政府的良好愿望到底能否实现，这些旨在改善低收入者的财政支出能否有效、公平地配置到这些人口之中，是提高还是降低了以收入或财富衡量的不平等程度，是否那些被认为有利于贫困阶层的支出实际上却有利于较高收入阶层，这些问题都需要借助一定的分析工具来作出回答，而支出归宿分析是其中一项重要且被广泛使用的分析方法。

客观上，财政支出归宿分析不能判断在公共项目公平与不公平问题的争论中谁是正确的，但它至少能够减少对财政支出利益分配事实不一致的看法（至于其中的原委，这要归功于对财政支出利益归宿的分析有助于公众得到一个清晰的政府支出利益归宿效应），进而这也有助于政府更好地利用支出政策进行收入再分配。现代政府需要分析各种不同的财政支出配置对贫穷阶层所产生的影响，以便使支出组合有助于实现缓解贫困的目

标（普拉丹，2000）。因而，对财政支出利益归宿的研究通过描绘出公共项目利益的归宿而成为公共政策分析的一个重要组成部分。

就我国而言，改革开放以来，随着市场经济制度的确立，经济的高速增长总体上大幅提高了人民的生活水准，但收入分配差距也在不断地扩大，问题的严重程度引起了各方的关注，并成为当前事关和谐社会建设的重大课题。当前，党和政府已将缩小收入差距、实现社会公平的目标纳入国家的发展战略，而财政支出是实现这一目标的主要政策措施之一，所以，研究财政支出对收入分配的影响是不能绕过的关键问题。财政支出的规模、结构、受益范围和对象不同，对收入分配的影响也不同。在各级政府强调加大民生支出的情况下，财政支出到底使得哪些人获益，对各收入阶层的福利影响到底如何，是否改善了收入差距扩大的状况，这些问题都涉及对我们目前财政支出情况的评价和今后支出政策的改进，而财政支出归宿研究能够为此提供有力的分析工具。

二、财政支出归宿研究的问题和目标

在公共经济学中，"归宿"一词最早是用于描述税收归宿（tax incidence），指的是"谁纳税"或"谁承担税负"的问题。与此相对应，支出归宿（expenditure incidence）意指在财政支出中"谁受益"的问题（Watts，1998）。因此，财政支出归宿研究的主要问题是"谁从财政支出中获得利益以及获得多少利益"，其目标是在此基础上分析评价不同财政支出计划（项目）对收入分配（对个体或家庭福利）的影响。

具体而言，财政支出归宿要解决"谁受益"和"受益多少"的问题，并得出对收入分配影响的结论，必须解决如下三个层次的问题：

（一）如何确定财政支出的受益人

有些财政支出具有明确的受益对象，而有些财政支出所形成公共产品或服务的具体受益对象不容易确定，前者如住房补贴，后者如治安和公路。在下面的分析中，还将看到，受益人的确定不仅是确定分析单位，还牵涉财政支出对收入分配直接影响和间接影响的区分。不仅涉及具体的个人，还涉及不同的行业、地区或是城乡间的利益差异问题。

（二）如何确定财政支出的利益并分配这些支出利益

要选取量化指标衡量这些利益，并将利益进行人际间的分配，从而测定财政支出对受益者福利的影响程度。由于财政支出所提供的大部分产品和服务缺乏市场的定价，无法准确获知其产生利益的真正价值，也就很难将接受者所获得的利益具体量化并与接受者原有的私人利益进行加总。这是支出归宿研究的重点和难点，也是在研究中最具争议性的内容。特别是在我国现阶段，由于政府信息公开刚起步不久，在后面的工作中我们很可能面临缺乏足够的数据材料来支撑这项研究的困境。

（三）如何评价财政支出对收入分配影响

从支出归宿研究的结果，选取一定的指标进行评价，判断财政支出对收入分配的影响状况。

而在对我国财政支出归宿的研究中，本篇还要解决的研究问题是选择适合我国实际情况的支出归宿研究方法，并将其细化为可操作的步骤，用于具体的财政支出项目的利益归宿研究。

三、财政支出归宿研究的内容框架

在国民收入调整的目标明确之后，要通过优化调整财政支出结构来实现这一目标，只有详尽了解了财政支出是如何影响国民收入分配格局的，才有可能清楚如何调整财政支出结构去达到调整国民收入分配的目标。对于了解财政支出是如何影响国民收入分配格局的，选择了从财政支出利益归宿的这个视角进行研究。因为只有在弄清楚钱花出去后究竟谁最后获得好处以后，才能了解财政支出对国民收入分配格局的影响。

本篇研究内容分为两部分：

第一部分是财政支出利益归宿研究概述，简单对本篇的研究做一个大致的描述。

第二部分是有关财政支出利益归宿的具体研究。根据我国现行财政支出的功能分类，对财政支出利益归宿的分析，按行政管理支出、经济建设支出和民生支出这三大类别展开。特别地，根据笔者确定的国民收入调整目标，专门针对民生支出的具体构成项目分别就教育支出、社会保障支出、医疗卫生支出、"三农"支出、科技文化支出、环境保护支出逐项进行利益归宿的分析，以说明它们是否真正属于民生支出项目，是否真正起到了使收入分配格局趋向合理的作用。其中，每一类民生支出的利益归宿从城乡之间、地区之间以及不同收入阶层之间等视角，借助实证分析的有关方法和工具展开研究；具体选择的视角视不同研究对象的数据可获得性而有所不同。

第六章
行政支出的利益归宿研究

一、行政支出利益归宿问题的提出

在公共支出利益归宿的探索方面，鉴于行政支出其实是社会为购买一般公共服务而向政府及其所属的公职人员所支付的"价格"，[①] 简单地基于公共支出利益归宿分析的"现金流"方法而认为支出的利益全部归属于作为现金获得者的政府公职人员是不恰当的，[②] 毕竟，政府公职人员对于现金的获得往往以公共服务的提供为前提条件，而非无偿的馈赠接受；同时，一般公共服务的最终受益者是社会普通公众而不是特殊意义上的政府公职人员。[③] 但另一方面，由于一般公共服务往往是由政府垄断生产并加

---

① 行政支出在经济性质上主要包括人员经费（如工资、福利费、离退休人员费等）与公用经费（如公务费、招待费、修缮费、社会购置费等），因此，这里的"价格"是由两部分组成的：一部分是直接的工资支付，另一方面是业务费的开销。

② 伍尔夫（Wulf, 1975）将分析公共支出利益归宿的方法归纳为三种类型：基于货币流向的"现金流"方法、基于实物享有的"受益"方法以及考虑支出影响的效应分析方法。"现金流"方法侧重于政府支出直接支付的获益者（斯洛德格雷斯称之为间接受益者）而不考虑公共支出最终的获益。例如，学校教师是教育支出的接受者。而"受益"方法，强调的是由公共支出所提供的服务以及从服务中获益的个体，在这样的思路下，学生或他们的家庭，而不是教师，被认为是教育支出的获益者。第三种方法考虑的是购买力从私人部门向公共部门的转移对于经济中支出模式的改变，比如说，如何影响要素和产出等等。

③ 由于公职人员同时也是社会公众的一部分，因此，这里的两类人并不是要把人群完全分开，而仅仅是为了讨论的需要。

以提供的，在社会范围内并不存在类似于市场竞争的机制来对公共服务的定价行为加以限制，政府及其工作人员为其所提供的公共服务而向社会"索要"的价格可能会高于社会合理的价格水准，因此，直接基于公共支出利益归宿分析的"受益"方法而认为行政支出的利益全部归宿于社会普通公众也是有问题的：从逻辑上来说，一旦社会所支付的"价格"高于合理的标准，政府公职人员就会从行政支出的增长中获得实实在在的、基于货币收入增长和（或）实物享受提升的利益。也就是说，一般地，行政支出的利益往往是由社会普通公众和政府公职人员所混合享有，而不是由其中的一方所独占的（除非社会为获得一般公共服务而向政府公职人员所支付的价格完全是按照社会合理的标准来给付的）。

既然在一般层面，行政支出的利益不是由社会普通公众和政府公职人员这两类群体中的某一群体所独占，这在理论上就引申出一个问题，一个有关行政支出在这两类利益主体之间的利益归宿问题：对于特定的行政支出，比如，我国 2006 年的行政支出（其规模为 7571 亿），[①] 其中有多大的规模是通过公共服务的提供而归社会普通公众所获得？而有多少则基于"超额"公共服务价格的方式归属了政府公职人员这一特殊的利益群体？应该说，就行政支出在这两类群体间的利益归宿情况作出估计所具有的价值和意义是不言而喻的：由于行政支出归宿于政府公职人员的部分其实是一种垄断租金，是超出社会合理价格的部分，研究行政支出的利益归宿能就行政支出规模的控制——维持其合理部分而削除其超额部分——提供直接的建议，进而有利于协调社会普通公众与政府公职人员之间的利益关系。这一点对于我国来说尤为如此，因为自改革开放以来，由于我国的行政支出以 19.4% 的年平均增长率高速增长，行政支出占 GDP 的比重与行政支出占政府总支出的比重已分别由 1978 年的 1.45% 和 4.71% 提升到 2006

---

① 在我国，有关行政支出的统计口径有广义和狭义两种：广义口径的行政支出包括行政开支、公检法、武警、外事外交等四大类；而狭义口径的行政支出则包括党、政、人大、民主党派以及工、青、妇女等社团组织的行政开支（杨宇立，2009）。由于广义口径的开支与国际的口径相对比较接近，本书采用第一种口径。

年的 3.50% 和 18.73%，行政支出的规模已经大大超出了合理的规模，而与行政支出增长密切相关的"三公"消费问题——公款吃喝、公车私用与公费出国——更是受到社会各界的广泛诟病。

然而，与其本身的现实价值和意义不太相匹配的是，有关行政支出在政府公职人员与社会普通公众间的利益归宿问题在很大程度上被人们给忽视了：其一，同理论界就公共教育、卫生、医疗、住房与交通等支出的利益归宿问题所给予的广泛关注大相径庭，[①] 国内外很少有文献就行政支出的利益归宿问题作出专题研究。其二，有少数的文献尽管在名义上涉及行政支出利益归宿问题，比如支出利益在高收入阶层与低收入阶层的归宿情况，但实际上并非如此：相关研究所研究的其实是影响地方行政支出差异的因素，如刘穷志（2007）的研究。其三，对于那些在真正意义上涉及行政支出利益归宿问题的研究，往往是在一般理论层面——公共产品利益归宿的理论层面——而不是行政支出利益归宿的特别层面展开，而且研究所关注的是支出利益在公共服务的享受者（即这里的社会普通公众）之间的归宿问题，并没有考察这里所提出的有关行政支出利益在政府公职人员与社会普通公众中的利益分配情况。[②] 特别地，由于公共产品支出的受益是普遍的，利益归宿的重点是如何评价公共产品对于个体的价值方面：个体所获得的价值究竟应该如何来评估，是如阿龙和麦圭尔（Aaron & McGuire，1970）所认为的那样，个体从公共产品所获得的价值由其边际价值决定，还是如布伦南（Brennan，

[①] 国外学者对公共支出利益归宿的研究可参见刘穷志（2007）与王志涛（2007）所做的初步性的文献回顾。在国内，蒋洪等（2000）基于全国 31 个省份的经验调查，研究了我国高等教育支出的利益归宿问题；赵海利（2007）则研究了我国初等教育的利益归宿情况。

[②] 至于已有的研究为何又侧重于后面一个层次的问题，这是有原因的。在经济学家看来，当政府筹集收入而为其支出融资时，往往被假定是向共同体提供特定服务的，而不在于通过工资的支付而维持一定数目的公务员，也不在于向特定的合同者付款，因为相关的支付都只是中间形式的而非最后的目的和产出，因此，有关分配问题的分析应该侧重于所提供的服务的分配而不是现金流的分配，尽管后者并非是毫无意义的（伍尔夫，1975）。

1976）所持有的"所有个体均获得了全部的价值"？①

考虑到问题本身的重要性，同时也是鉴于国内外已有的研究对于问题分析所存在的不足，本章将就行政支出在政府公职人员与社会普通公众之间的利益归宿问题作出理论上的分析。本章的结构安排如下：首先，第二节在理论实证层面给出了分析行政支出利益归宿的一般经济原理；其次，第三节基于所给出的经济原理，在方法论上研究了行政支出利益归宿的分析方法问题；再次，第四节讨论了用于问题分析的模型结构的选择与设定问题；第五节则以理论原理为基础，采用所给出的方法和模型，在经验层面，就我国1978—2006年这29年的行政支出利益的静态归宿以及动态演变情况作出了经验估计；最后的第六节则是基于实证研究的结论而就行政支出改革所给出的政策建议。

二、有关行政支出利益归宿的经济理论

众所周知，在公共预算利益归宿的经济理论研究方面，对于税收的归宿问题，现代财政学、税收学已经形成了一套较为完善的、有关税负在社会各个利益单位之间如何分配的理论：对于直接税，纳税人就是负税人，税收的法定归宿与经济归宿是一致的，税收的负担全部由纳税主体承担；而对于间接税，由于纳税人可能通过价格变化的方式而将税收的负担转移给市场范围内其他的利益主体，税收的法定归宿与经济归宿往往存在分歧。至于税收转嫁之后税负归宿的具体情况，这由无税环境下市场的均衡价格水平与征税之后的市场价格情况来决定。其中，对于市场上商品和要

---

① 实际上，就行政支出在各个群体间的利益归宿问题来说，由于支出类型本身的特殊性，问题是否需要研究都是值得讨论的：一方面，由于行政支出所提供的是真正具有联合生产特征且高度具有萨缪尔森所提及的非竞争性和非排斥性的公共产品，此类公共支出是符合布坎南（2000）所提出的"普遍性"原则的，是公平的，既然支出始终满足社会的规范标准，研究的结论意义不大；另一方面，在技术上，由于公共产品的利益归宿依赖于个体的偏好和效用，当理论家试图就利益的大小进行评估时，必须要就个体效用函数作出某种假设，这不仅会面临个体偏好假设的武断性问题，同时会陷入基数效用论就个体效用进行比较的方法论的尴尬或者如何来确定利益归宿大小的方法论问题。

素的提供者来说，他们所承担的单位税收份额就是征税之前市场的均衡价格与征税之后自己所得到的价格（扣除税收之后）之间的差额；相应地，商品与要素的需求方所承担的单位税收部分则等于税后的价格（包含税收部分）与无税环境下市场均衡价格之间的差额。而正是以上述税负归宿理论为基础，经济学家发展了一系列就税负归宿进行经验分析的理论方法。然而，令人感到奇怪的是，与就税收归宿问题所做的研究存在不同，尽管经济学家也在使用各种各样的方法——如伍尔夫（1975）所归纳总结的"现金流"方法与"受益"方法等等——在就公共支出的利益归宿问题进行经验研究，但并没有什么专门的研究从理论实证的角度来论及政府支出的利益归宿问题，至于行政支出利益归宿的理论原理则更少了。因此，作为行政支出利益归宿研究的一部分，并成为经验分析的理论基础，先从一般原理的角度来探究行政支出的利益归宿情况：对于特定的行政支出，在理论上，可以认为其中的哪一部分是归甲群体所有，哪一部分则应该归宿于乙抑或丙群体。

　　应该说，关于行政支出理论上的利益归宿问题，如果行政支出是一种面向政府公职人员的、无条件的转移支付，那么，理论解是比较简单的，因为可以直接将税收归宿的一般原理"逆向"地应用到支出的归宿上来：对于直接的转移支付，利益直接归宿于获得现金或实物的单位和个体（这对应着税收归宿分析中的直接税）；而对于间接的补贴性支出，支出的利益归宿则依赖于补贴所引起的市场价格的变化情况（这对应于税收归宿分析中的间接税）。但现在的问题是，行政支出并非我们通常意义上的转移支付，而是购买性支出，在这样的情况下，"逆向"使用税收归宿原理来探究支出归宿就存在问题了：购买支出的利益归宿问题并不是一个有关购买支出如何影响市场均衡价格的问题，从某种意义上来说与购买支出对于市场均衡价格的影响无关，因为政府购买某种商品使得商品价格提升并不能认为利益归宿了货物的提供者。既然如此，那购买支出的利益归宿情况如何呢？如何来测定作为购买支出特定类型的行政支出其利益在各个群体之间的理论分配值呢？关于政府购买支出的利益归宿问题，尽管我们不能如转移支出那样"逆向"套用有关税负归宿的一般理论和原理，但其思想是可以借鉴的，尤其是其中以价格为核心的理论方法。从逻辑上来说，关于公共购买支出，其所涉及的利益主体主要有两大类：商品和服务的生产者以及商品和服务的最终享受者。对于前一类主体而言，由于他们所获得的利益是基于市场交换来获得的，如果交易的价格是合理的，那就不能说他们是支出利益的归宿主体（即便政府购买引起了市场价格的上涨），此时，政府支出利益的归宿主体只能是公共商品和服务的最终享受者；言下之意，如果要说生产者从购买支出中获得特殊利益，那就只有在其所获得的价格高于合理的价格部分时才出现。也正是在这个意义上，对于政府购买支出，归宿于商品和服务提供者的利益部分为其价格高于市场竞争价格的部分（在价格合理时，归宿于该主体的利益量等于零）；而支出的其他部分则为公共服务的最终享受者所占有。

可以将一般性购买支出的利益归宿原理应用到作为购买支出特定类型的、行政支出的利益归宿上来。在理论上，鉴于行政支出的经济性质，不能基于支出的货币流向而认为行政支出的利益全部归属于公共服务提供者——政府公职人员（因为政府公职人员在获得工资、津贴和其他报酬时，他们本身为社会提供了服务，行政支出是社会为获得一般公共服务而向政府公职人员支付的"价格"，而不是无条件的、直接的转移支付），同时，也不能如已有的研究那样简单地基于公共产品理论而认为行政支出所带来的全部好处均由一般的社会民众所占有，否则，不管行政机关如何增加支出类型，也不管增加的水平如何，人们均会认为支出的受益者是普通的公众。① 即在一般理论层面，行政支出的利益是由政府公职人员与社会普通民众所共享的。至于共享利益中各自所获得的比例，基于购买支出利益归宿的一般原理，这依赖于一般公共服务合理的价格水准以及社会为此

---

① 据相关报道，广东省财政 2004 年拨款 3600 万元给省直属的 5 个机关幼儿园作为行政事业费，2005 年广东省政府办公厅 177 名在岗员工共拥有 172 辆公务车；河南省驻马店市公安局购买了市价达 80 万元的宝马作为警车。如果认为行政支出的利益全部归属于社会公众，我们均会认为其中的利益均归宿于普通的公众，显然，这是有问题的。

所支付的现实价格水平。一般地，对于特定财政年度中特定质量和水平下的公共服务，若令：①社会为公共服务所实际支付的代价（可以由现实的行政支出规模来表示）以及社会应该为公共服务而支付的合理价格（即理论上合理的支出规模水平）分别为 x 和 x^*；②行政支出利益归宿于社会一般公众和政府公职人员的部分分别为 π^p 和 π^g，那么，行政支出利益归宿的一般原理可以表示如下：

若 $x > x^*$，π^p 与 π^g 分别为 x^* 和 $x - x^*$；

若 $x \leqslant x^*$，则 π^p 等于 x，而 π^g 则等于零。

特别地，由于 π^p、π^g 所考虑的是利益归宿的绝对量，为了考虑社会普通公众与政府公职人员各自所获得的利益比例，可以定义行政支出利益归宿于政府行政人员的利益比例部分：

$$s = \pi^g / x \tag{6-1}$$

显然，由于 $\pi^g \leqslant x$，$s \in [0, 1]$。根据定义，s 越大，说明行政支出利益归宿于政府公职人员的比例越大，而归宿于社会普通公众的部分则越少。特别地，由于 π^g 所代表的其实是政府公职人员所获得的"价格"超过合理价格的部分，在规范评价层面，s 其实也是反映行政支出利益归宿不合理状况的指数：s 越大，说明行政支出的利益归宿越不合理。

三、分析行政支出利益归宿的基本方法

在给出了行政支出利益归宿的理论原理之后，接下来的工作就是考察就支出归宿进行估计的具体方法：如何就行政支出归宿于社会一般公众的利益部分（π^p）与归宿于政府公职人员的利益部分（π^g）作出具体估计。关于方法问题，基于上面的理论原理可知：行政支出在两类人群间的利益归宿结果完全依赖于行政支出的现实规模（x）与合理规模（x^*）这两个变量的取值。其中，行政支出的现实规模（x）是客观的和既定的，这业已由历史的统计数据所给出，确定支出利益归宿的关键是确定支出的合理规模（x^*）：对于特定的财政年度，在该年度所具有的特定的经

济状况下，行政支出究竟在多大规模上是比较合适的？由于并不存在可以直接观察得到的合理规模水平，同就间接税的利益归宿研究需要就无税环境下的市场均衡价格作出计算相似，研究行政支出的利益归属需要我们在理论上去计算行政支出的合理规模（x^*）。反过来，一旦合理规模（x^*）得以确定，可以基于上面所给出的经济原理来就支出的归宿情况作出估计，并就其合理性作出规范评价。

那么，行政支出的合理规模应该如何来确定呢？从已有的理论研究来看，关于行政支出理论上的合理规模究竟如何的问题，由于行政支出是政府履行其职能的财力基础，它的存在对于社会安定与人们生存条件的改善具有非常重要的意义，是一项具有高度非竞争性和非排斥性的、公共产品性质的支出。因此，理论上确定性行政支出适当规模的"自然"方法是萨缪尔森（Samuelson，1954，1955）所提出的公共产品最优配置的规范模型：公共产品的合理规模由纵向加总的需求曲线与供给曲线的交点决定，进而行政支出的合理规模平就是最优公共服务数量与最优数量下提供公共服务的平均成本的乘积。[①] 比如在图 6-1 中，横轴代表行政支出所提供的公共产品（服务）的数量，纵轴代表社会个体对于公共产品的边际评价。现在，假设：社会由个体 1 和 2 这两个人组成，个体对于公共产品（服务）的边际评价曲线分别为 d_1 和 d_2；社会提供公共产品（服务）的边际成本等于平均成本，均为 c。在这样的情况下，由于行政支出所提供的是具有非竞争性的公共产品（服务），社会所有个体均能从中获益，因此，社会对于公共产品的边际评价曲线是所有个体需求曲线的纵向加总（令加总的需求曲线为图 6-1 中的 d^*），于是，公共产品（服务）的合理规模就由加总的需求曲线与边际成本曲线的交点决定（此时社会从公共产品所获得的总的边际收益等于边际成本），即图 6-1 中的 q^*。而与此相对应的、为公共产品筹资的行政支出的最优规模则是最优数量 q^* 与 q^* 规模水平下社会提供公共产品平均成本 c 的乘积。由于假设边际成本等于平均成本，

---

① 在最优数量水平上，如果生产公共产品（服务）的平均成本曲线在边际成本曲线的上方，按平均成本来确定支出的合理规模，会使得生产者存在亏损；反之，则存在预算的盈余。

这里的最优支出规模为 cq^*，即图 6-1 中 $OPHq^*$ 所代表的面积水平。[1]

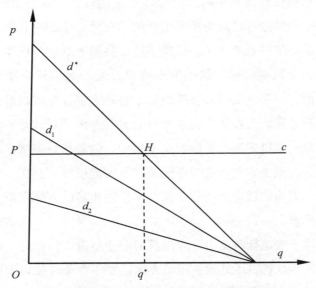

图 6-1　确定行政支出合理规模的萨缪尔森模型

很显然，就上述方法而言，尽管可以按照这样的思路，在理论上就行政支出的合理规模以及进一步的行政支出利益归宿情况作出测定，但它所存在的问题是很明显的：该方法在经验估计的操作层面不太可行。由于此时行政支出合理规模的确定要以掌握完整的社会偏好信息为基础，而个体的偏好信息往往是一个无法被外人所知晓的"黑箱"，加总的社会边际评价曲线很难为外界观察者所知晓，并且，在社会范围内很难找到一种适当的机制能够促使个体真实地显示其对于公共产品的偏好（Samuelson，1955），进而行政支出合理规模的确定会存在难以克服的信息障碍。而也正是因为这一点，就是主张基于上述模型来就公共产品合理规模作出界定的学者，也往往对模型的现实可实用性保持高度的谨慎，甚至对此基本上

---

① 另外还存在与此具有相似性但在外在形式上又存在不同的方法，比如说，认为最优的规模由"公共产品—私人产品"空间内，生产可能性边界与无差异曲线的相切点所对应的公共产品规模（丛树海，1994）。

不抱什么希望（Aaron & McGuire，1970）。实际上，当采用上述模型来对行政支出合理规模作出确定时，问题还不止这一点，甚至主要不在于此：一方面，由于公共服务是政府垄断生产的，在社会范围内并不存在一个就生产成本作出评价的竞争市场，提供一般公共服务的边际成本函数往往是难以确定的，而以现实的供给函数来确定合适的规模只会使研究误入歧途；另一方面，对于一般公共服务数量 q 的确定也存在难以解决的技术困难——究竟应该采取怎样的指标来衡量公共服务的数量规模？相反，对于个体偏好信息的获得问题，在最近几十年中，随着信息经济学的发展，尤其是克拉克等人就偏好显示机制理论问题所做的研究，这在一定程度上已经得到解决，因为在理论上已经存在一些激励相容的、能促使个体真实显示其偏好的机制。

当然，除了确定行政支出合理规模的萨缪尔森方法之外，已有的理论研究还或明或暗地提供了其他类型的方法。鉴于改革开放以来我国行政支出的不断增长，有大量的文献对行政支出的合理性问题作出了分析。具体包括：①以行政支出的历史水平（主要是改革开放初期的行政支出水平）来就目前支出的合理性作出评价（徐小刚，2000；尹利军与龙新民，2007）；②基于各种公共支出经费比例相对的变化幅度来就行政支出的规模作出评价（李鹏，1997；樊丽明与王东妮，2001；张馨，2009；杨宇立，2009），或通过引入行政支出弹性[①]方面的指标来评价，认为合理的行政支出增长应该使得行政管理支出的弹性在 0 至 1 之间（尹利军与龙新民，2007）；③通过与其他国家行政支出的规模水平进行比较来分析（于长革，2004；杨宇立，2009）。[②] 就这样一些研究而言，在就行政支出的问题作出分析时，由于牵涉规模合理性的评价问题，相关研究所使用的方法中就暗含着这样或那样的有关确定行政支出合理性的规范标准（比如说，

---

① 行政支出弹性在数学上等于行政支出增长率与财政支出增长率的比重，它所反映的是财政支出每增加一个百分点时行政支出所增加的百分点数。

② 与此具有一定的相似性，在研究一般公共支出的合适规模时，还有的研究则选择影响支出规模的因素，利用各个国家的数据进行回归，通过理论预期值和现实值的比较来评价（张馨与郝联峰，1997）。

当以历史的情况来就目前支出的合理性作出评价时，这其实就是假设历史上某个时期的支出规模是合理的支出规模），进而意味着可以基于这样的标准来就行政支出的合理规模作出理论上测定。

　　然而，就相关研究所隐含的行政支出合理规模的确定方法而言，它们虽然具有一定的可操作性，但均缺乏合理的理论基础（这同萨缪尔森方法逻辑上可行但不具有操作性相反），基于这些方法来确定行政支出的合理规模缺乏应有的逻辑支撑。其一，基于行政支出的历史水平来确定支出的合理规模显然是有问题的：一方面，并没有什么根据能够表明历史时序中作为参照标准的那一支出规模是合理的；另一方面，即使参照系能够确定，也没有什么理论告诉我们，行政支出的合理规模在历史时序中是不变的。实际上，在现实的政策操作中，为了改善工作条件与提高公职人员的素质，不可避免地需要购置电话、电脑与传真等办公设备，需要补充掌握现代化知识的年轻人进入公职岗位，并对冗员进行政策性的"赎买"以使他们进入"二政府机构"和"临时性机构"，这毫无疑问会增加一定的行政经费。[①] 其二，基于某种稳定的比例结构来确定行政支出的合理规模也存在问题，因为公共支出结构的历史起点本身可能存在问题，此时，为了使得公共支出结构更能适应社会经济发展的需要，特定支出的超常增长或者显著下降可能并不意味着现实规模对于合理规模的偏离，而是对于合理规模的"回归"。比如，就我国1978年以来公共支出结构的变化来说，在这30多年中，经济建设支出的增长幅度是最低的（杨宇立，2009），经济建设支出的比重整体上是下降的，而这种变化其实是由指令性计划直接配置社会资源向由市场主导资源配置转型的需要，是多元投资体制构建的需要，而并不意味着对于合理规模的偏离。其三，至于以其他国家的行政支出规模作为我国行政支出合理性的评价尺度问题，在萨霍塔（Sahota）看来，尽管对于公共部门和私人部门之间以及公共部门之间的最优配置结构知之甚少，但国际的横向比较能够为特定国家的最优政府支出提供一种标

---

　　① 实际上，适度节俭的行政经费是政府机构存在并为市场提供公共服务的基础条件。如果行政经费原本不足，增加行政支出自然是无可非议的（张馨，2009）。

杆。但实际的情况是：某个国家与国际样本在使用公共资金上具有一致性时，这仅仅表明它们具有相似性，这并不能提供有关资源配置是否有效的信息（伍尔夫，1975）。实际上，如果比较方法在逻辑上是可行的，那意味着其他国家同样能够以我国的支出规模作为评价尺度，这实际上就意味着无所谓谁是规范尺度的问题。

既然已有理论所涉及的估计方法均存在这样或那样的问题，那是否意味着在理论上确定行政支出的合理规模是不可能的呢？实际上并非如此。在学术研究上，我们知道：自阿罗和库尔茨（Arrow & Kurz，1970）在新古典框架下将政府支出纳入经济增长分析框架下以来，并经过后来的巴罗（Barro，1990）等人的内生经济增长理论的发展，政府支出对于经济增长的贡献已经被理论上所强调了：公共支出不仅会影响经济的临时增长率，同时也会对稳态增长率产生影响。[①] 因此，遵循这样的理论逻辑，如果我们能够基于历史的数据就作为公共支出组成部分的行政支出的规模与经济发展水平（令它为 y）之间的函数关系作出恰当的计量估计，就可以基于巴罗（Barro，1990）与卡拉斯（Karrs，1996）等人所提出的有关最优政府规模的规范法则——合理规模的"自然效率"条件——来就行政支出的合理规模作出估计：由于支出所带来的社会边际收益就是支出的边际产出，而边际成本，由于 1 元就是 1 元，行政支出的边际成本为常数 1，[②] 因此，行政支出的合理规模水平就是边际产出等于 1 时所对应的规模水平。

可以基于图 6-2 来就上述理论方法做一直观的说明。在图 6-2 中，横轴为行政支出的规模（x），纵轴代表支出的边际产出（φ），假设行政支出的边际产出由曲线 FEH 来表示。特定经济状况下行政支出的适当规模就

---

① 当然，目前还是有学者认为政府的消费性支出全部是非生产性的。在这些学者看来，政府增加公共消费意味着更多的资源用于非生产性领域，这必将挤占公共投资，从而降低经济增长率（于长革，2004）。

② 有学者可能会说，这里面还存在一个支出成本额外的问题：由于支出是来自于税收，而税收往往存在扭曲，单位支出的边际成本并不等于 1，而是大于 1，以至于有的研究在确定最优条件时是以不存在扭曲性税收为假设前提的（马树才、孙长清，2005）。但在我们看来，这一假设也许是不需要的，因为税收的扭曲效应已经囊括在社会产出函数的结构中。

是 φ 等于 1 时的支出水平，即图中 x^* 所对应的支出规模。特别地，一旦特定经济状况下行政支出的合理规模水平 x^* 得以确定，根据前面的基本原理，特定支出水平的利益归属情况就很容易得以确定，如果实际支出对应的边际产出大于 1，比如图 6-2 中的 x_1 所代表的情形，可以认为政府公职人员并未从行政支出中获得特殊的利益，行政支出的利益完全归属于社会普通民众；相反，如果边际产出小于 1（包括边际产出为负的情况），如 x_2 所对应的情形，那么，行政支出在一般公众与政府公职人员间的利益归宿情况是：两者的获益分别为 x^* 和 $x_2 - x^*$。显然，就这样的方法来说，它不仅有理论基础作为支撑（主要是现代经济增长理论与经济学的经典的成本效益法则），同时也具有现实的可操作性（因为社会产出函数及其所对应的边际产出函数是可以基于经验数据而得以估计的，而以行政支出数作为投入则撇开了公共服务数量的度量问题，传统理论模型的方法论缺陷得以合理的克服）。因此，下面也就基于此方法来就我国行政支出的合理规模以及进一步的利益归宿问题作出研究。

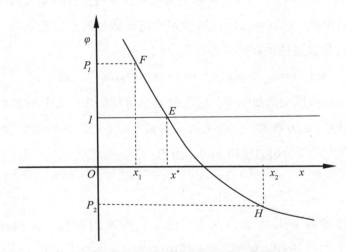

图 6-2　确定行政支出合理规模的新模型

四、经济模型的选择与设定

一旦选择基于包括行政支出变量在内的社会产出函数及对应的边际产出函数来分析行政支出的利益归宿，那接下来的关键问题是，应该具体采用何种模型来就相关的函数作出估计呢？关于模型结构的选择问题，从已有的研究来看，相关的分析在就公共支出的合理规模作出估计时，它们所选择的生产函数大多是以经典的柯布—道格拉斯型社会生产函数为基础的，如格罗斯曼（Grossman，1987）、达瓦拉杰恩、斯瓦鲁普和邹（Devarajan，Swaroop & Zou，1996）与马树才和孙长清（2005）的研究。比如设社会产出函数的结构为：

$$y = Ax^{\alpha}k^{\beta}l^{\gamma} \tag{6-2}$$

其中，y 为社会产出，比如说，GDP 水平；x 为与政府支出有关的变量，比如说公共支出的规模；[①] k 与 l 分别为私人投资与社会劳动力；A、α、β、γ 为相应的参数。与（6-2）式所给出产出函数相对应，就函数进行估计的代表性计量模型往往被设定为：

$$\ln(y) = \alpha_0 + \alpha\ln(x) + \beta\ln(k) + \gamma\ln(t) + \delta z + \varepsilon \tag{6-3}$$

其中，α_0 为模型的截距项，它在数学上为（6-2）式中的 $\ln A$；z 为其他方面的变量；ε 为残差；其他方面的参数与（6-2）式的参数设定相同。而就（6-3）式所给出的模型来说，由于：

$$\frac{d\ln(y)}{d\ln(x)} = \frac{dy}{dx} \cdot \frac{x}{y} \tag{6-4}$$

这说明参数 α 其实是公共支出（x）的产出弹性。特别地，由于（6-4）式右边的 dy/dx 为公共支出的边际产出（令它为 φ），x/y 为政府支出占 GDP 的比重（令比重由 τ 表示），那么，在计量模型的相关参数得以

---

① 当然，如果考虑支出结构，正如达瓦拉杰思、斯瓦鲁普和邹（1996）的研究那样，x 相应地转化成一个政府支出向量。

估计之后，由（6-4）式我们就可以得到：

$$\tau = \alpha / \varphi \qquad\qquad (6\text{-}5)$$

就（6-5）式来说，由于 φ 为公共支出的边际产出，根据巴罗（1990）和卡拉斯（1996）所给出的有关公共支出规模的"自然效率"条件，它应该等于1。这也就意味着：公共支出的合理比重应该等于计量模型所估计的公共支出的产出弹性 α，或者说，参数 α 所代表的其实就是公共支出的合理规模水平：公共支出占 GDP 的最优比例。

就基于模型（6-2）和（6-3）来估计最优公共支出的方法来说，从表面上来看，这似乎是正确无误的。特别地，若参数 α 得以估计且其估计值为正，由（6-5）式可以得知：

$$\varphi = \alpha / \tau \qquad\qquad (6\text{-}6)$$

即公共支出的边际产出 φ 与公共支出的相对规模 τ 成反比，这完全符合经济学的一般原理，（6-2）式所给出的模型结构似乎根本就没有什么问题，进而可以直接设定类似的社会产出函数及计量模型来就行政支出的合理规模作出估计。

但实际上，通过更加深入的理性思考可以发现，实际的情况并非如此：（6-2）式和（6-3）式所给出的模型结构其实存在内生性的缺陷，即该模型所隐含的假设与经济学的基本原理存在冲突。首先，是财政合理规模问题。从逻辑上来说，合理规模来是有其时间性的，应该根据时期的具体情况得出当时的最佳规模（张馨和郝联峰，1997）；同时，财政合理支出规模也应该是有横向差异性的，不同的政治单位其财政的合理规模应该不同。但是，当我们基于上述模型、利用时间序列数据就某一政治单位的合理财政规模作出估计时，如马树才与孙长清（2005）、刘洋（2009）等人的研究，及如斯库利（Scully，1998，2003）与孙群力（2006）的研究那样利用横截面数据或面板数据来就多个政治单位的合理规模作出分析时，模型就隐性地假定单一政治单位的合理规模在历史的各个阶段都是不变的，而各个政治单位的合理规模则是相同的。①

其次，是边际产出的设定问题。关于模型（6-2）和（6-3）所对应的边际产出函数，从逻辑上来说，不管采用什么方法来就模型中的相关参数作出估计，也不管所使用的经验数据如何，参数 α 的估计值的符号是一定的：它要么为正，要么为负。这意味着，如果基于（6-2）式和（6-3）式所表示模型就合理支出规模进行估计，那就隐含地假设：不管支出规模 τ 的大小如何，公共支出边际产出 φ 的符号是不变的，永远为正或者永远为负，而不会变换符号。显然，这也不符合经济学的一般原理，因为理论上的情况应该是：在公共支出规模 τ 不大时，公共支出的边际产出 φ 应该是正的，而当 τ 超过一定水平之后，由于税收扭曲等因素的存在，φ 可能会成为负值（经济学中有关最优支出规模的 Armey 曲线其实在一定程度上表明了这一点）。② 因此，如果现实中的公共支出水平同时存在正的边际产出与负的边际产出，那以模型（6-2）和（6-3）来对生产函数作出估计就会存在结构上的偏差。

既然已有的理论模型存在结构上的问题，因此，在估计行政支出的合理规模时，就不能直接套用已有的模型结构而有必要就模型作出结构上的修正。考虑到（6-2）式、（6-3）式所给出的模型所存在的主要问题在于：其一，它不允许支出的合理规模随经济的发展而变化；其二，模型不能适合同时存在边际产出为负和为正的情形。因此，模型的修正主要针对这两方面的问题加以展开。至于模型结构修正的具体方式，所给出的思路主要是将产出函数与计量模型中的固定参数 α 用一个有关公共支出比重 τ

---

① 结构性偏差问题也出现在其他估计公共支出合理规模的模型中。除了上述模型之外，威德与盖洛维（Vedder & Gallaway）、斯库利（Scully）、配文森与戴维斯（Pevcin & Davies）等国外学者所做的研究（Chobanov & Mladenova，2009）以及钟正生与饶晓辉（2006）等国内学者所做的研究在探讨政府支出合理规模时就考虑了如下计量方程：

$$g = \alpha + \beta_1 \tau + \beta_2 \tau^2 \mu$$

其中，g 为 GDP 的增长率，τ 为政府支出占 GDP 的比重，即政府的规模。由于是二次函数，最优规模 τ^* 应该为 $-0.5\beta_1/\beta_2$。在这里，最优支出规模也被假设是一个常数。

② 新制度经济学中的"诺斯悖论"（国家的存在是社会经济发展的关键因素，同时，国家的存在又是社会经济衰退的根源）从另一方面表明了行政支出扩张所引致的负面效应。

的函数来替代，比如说：

$$a = b_2 + b_2\tau \tag{6-7}$$

或

$$a = b_1 + b_2\tau^{1/2} \tag{6-8}$$

其中，b_1、b_2 为参数。一般地，b_1 的预期值为正，b_2 的预期值则为负。可以看出，模型（6-2）和（6-3）其实是修正后模型的特殊情形——b_2 等于零的情形。特别地，在修正后的函数结构下，如果依旧将变换后的 a 视为公共支出的边际产出弹性，那么，根据（6-6）式，此时公共支出的边际产出可以表示为：[①]

$$\varphi = b_1/\tau + b_2 \tag{6-9}$$

或

$$\varphi = b_1/\tau + b_2/\sqrt{\tau} \tag{6-10}$$

很显然，就（6-9）式和（6-10）式而言，由于参数 b_1 为正、b_2 为负，公共支出的边际产出与支出的规模 τ 成反比，这与已有的模型结构一样，即修正后的模型保持了原有模型结构的合理性部分。但另一方面，修正后的模型则能克服原有模型的不足。一方面，考虑到 τ 的取值范围在 0 至 1 之间，在公共部门的规模较小时，（6-9）式和（6-10）式均意味着此时支出的边际产出会为正值，而当规模比较大时，则可能为负值，这在理论上克服了原有模型结构无法兼顾负边际产出与正边际产出同时出现的问题。另一方面，正如接下来由（6-13）式和（6-14）式严格给出的边际产出函数所表明的，在不同的财政年度下，由于经济状况不一样，最优的财政支出规模——不管是绝对量还是相对量——也是存在差异的，即模型结构的变化也能够兼顾合理规模随经济状况而相应调整的需求。也正因为如此，在就行政支出合理规模作出分析时，就上述方法、通过对参数 α 进行调整来就原有模型作出结构性的修正。特别地，由于这里所考察的主要是行政支出，而行政支出只是公共支出的一部分，正如达瓦拉杰恩、斯瓦

[①]　当然，由于修正后的模型右边同样包含有因变量 y，正如接下来的分析所表明的，从严格意义上来说，（6-9）式和（6-10）式所给出的不是严格意义上的边际产出函数。

鲁普和邹（1996）在就公共支出进行分类的基础上考虑支出结构一样，将公共支出进行分类：将支出分为行政支出与非行政支出两部分。这就意味着，行政支出和非行政支出的 α 参数都有两种可能表述，在其他方面保持不变时，根据排列组合，一共有 4 个可能的模型结构。当然，就这 4 个模型来说，如果基于（6-10）式来就非行政支出的参数 α 作出修正，模型估计的效果不是很理想，这使得最终所估计的计量模型只有两个，分别令它们为模型 I 和模型 II。其中，模型 I 的结构具体为：

$$\ln(y) = a_0 + b_2\ln(x) + b_2\tau_x\ln(x) + b_3\ln(e) +$$
$$b_4\tau_e\ln(e) + a_4\ln(k) + a_5\ln(l) + D + \varepsilon \qquad (6-11)$$

至于模型 II，其结构则为：

$$\ln(y) = a_0 + b_2\ln(x) + b_2\tau_x^{1/2}\ln(x) + b_3\ln(e)$$
$$+ b_4\tau_e\ln(e) + a_4\ln(k) + a_5\ln(l) + D + \varepsilon \qquad (6-12)$$

其中，y 为基于支出法计算的国内生产总值 GDP；x 为行政支出规模；τ_x 为行政支出占 GDP 的比重；e 为行政支出之外的其他公共支出；τ_e 为其他公共支出占 GDP 的比重；k 为私人投资；l 为劳动力；D 为有关年份的虚拟变量（变量在 1978 年至 1994 年的取值为零，而在 1995 至 2006 年的取值则为 1）；ε 为随机变量；而其他的则为待估计的参数。通过比较可以看出，模型 I 和模型 II 同（6-3）式所给出的模型类型相比，修正后的两个模型的右边增加了 $b_2\tau_x\ln(x)$（或 $b_2\tau_x^{1/2}\ln(x)$ 和 $b_4\tau_e\ln(e)$ 等项。这也就使得修正后的模型结构发生了很大的变化。

当然，值得注意的是，由于边际产出弹性的含义是在其他因素不变情况下，x 变动所引起的 y 变动，但模型 I 和模型 II 右边 τ_x 和 τ_y 是由 y 来定义的，从严格意义上来说，在估计弹性时假设 τ_x 和 τ_y 不变是不恰当的，因此，（6-7）式和（6-8）式其实只是行政支出边际产出弹性函数非常不严格的近似表示，而边际产出函数也不能简单地由（6-9）式和（6-10）式来给出。从严格意义上来说，既然修正后的模型 I 和模型 II 两边均含有 y，即此时的模型其实是一个隐函数而不是一般意义上的显函数。因此，在非行政支出与私人投资等保持不变的情况下，为获得行政支出的边际产出函数，先就模型Ⅰ和模型Ⅱ两边关于 x 就求导数，通过变换整理来确定最终的边际产出函数。其中，就模型Ⅰ来说，严格意义上的行政支出的边际产出函数为：

$$\frac{\mathrm{d}y}{\mathrm{d}x} = \frac{b_1 y^2 + b_2 x(\ln x + 1)y}{xy + b_2 x^2 \ln x + b_4 x e \ln e} \tag{6-13}$$

而模型Ⅱ所对应的行政支出的边际产出函数则为：

$$\frac{\mathrm{d}y}{\mathrm{d}x} = \frac{b_1 y^2 + b_2 x^{1/2}(0.5\ln x + 1)y^{3/2}}{xy + 0.5 b_2 x^{3/2} y^{1/2} \ln x + b_4 x e \ln e} \tag{6-14}$$

显然，（6-13）式和（6-14）式对于这里的分析是非常重要的。因为在 b_1、b_2 和 b_4 等参数通过计量模型得以估计之后，可以将各年的 GDP 水平（y）代入这两个式子中，通过令行政支出的边际产出 $\mathrm{d}y/\mathrm{d}x$ 等于 1 而将合理支出规模 x^* 解出来。当然，就这样一个解来说，可以看出，当基于（6-13）式和（6-14）式来求解行政支出的合理规模时，是在 y 得以给定的情况下来计算的。但是，在其他因素得以给定的情况下，当我们将合理支出规模 x^* 代入模型Ⅰ和模型Ⅱ时，预期的 $\hat{y}$ 可能会与实际的 y 不相等，这意味着直接所求解的合理规模并非均衡的合理规模。如果要考虑均衡状态下的合理规模，那不仅要求该规模水平下的边际产出为 1，同时也要求在该规模水平下，预期的 $\hat{y}$ 与（6-13）式和（6-14）式中所使用的 y 恰好相等。至于均衡解的求解方式，可以采用反复迭代求解的方式：首先，基于（6-13）式和（6-14）式，令 $\mathrm{d}y/\mathrm{d}x$ 等于 1，求解初次的行政支出的合理规模 x_1^*；然后，基于求解的 x_1^*，利用（6-11）式和（6-12）式所估计的模型，通过令预期的 $\hat{y}$ 与模型中所使用的 y 相等来求解均衡的 y，令其为 y_1；接下来再在给定的 y_2 下，基于（6-13）式和（6-14）式，令行政支出的边际产出等于 1，来就合理的行政支出规模进行求解，不断反复，直到寻找到某一个 x^{**} 和 y^{**}，它们不仅能使得（6-11）式和（6-12）式所给出所对应的函数成立，同时也使得此时行政支出的边际产出等于 1，那么，它们就是均衡状态下的行政支出的合理水平以及相对应的均衡经济水平。

五、经验估计及其主要结论

在行政支出利益归宿的一般原理及具体的估计方法和思路得以确定之后，接下来的工作就是基于经验数据、利用上述原理和方法来作出经验的估计。当然，关于行政支出，由于问题的特殊性，有两点值得说明：其一，在时间跨度方面，考虑到我国在 2007 年进行了政府收支分类科目改革，此次改革前后政府收支的统计科目发生了巨大的变化，改革后政府所公布的统计数据中并没有与改革前口径相一致的行政支出的信息，而且口径一致的信息又很难基于所公布的相关政府支出信息测算出来，因此，就行政支出利益归宿的研究也仅仅局限在 1978—2006 年这一历史时段。其二，行政支出的口径。在我国，行政支出除了预算内的支出外，还有预算外支出与由企业承担的隐性支出，并且这两部分的支出往往还比较高。从严格意义上来说，后两类支出应该纳入进来统一分析，但是，由于预算外的行政事业费存在与口径调整有关的前后不可比的问题，而隐性的支出则无法获得这样的数据，因此，这里的行政支出仅仅局限于预算内的支出部分。预算内行政支出与其他相关的数据具体由表 6-1 给出。

基于表 6-1 所给出的数据，利用模型 I 和模型 II 对社会产出函数作出了估计。当然，在进行计量估计之前，为了消除价格上涨因素的影响，笔者首先采用 GDP 平减指数（以 1978 年为 100）对 GDP、行政支出、非行政支出与私人投资等 4 类数据进行了平减处理。[①] 然后再采用普通最小二乘估计方法（OLS）就模型 I 和模型 II 的参数进行估计，估计的结果由表

---

① 由于政府公开出版物并没有明确给出 GDP 的平减指数而只是给出了各年的 GDP 指数（以 1978 年为 100），因此，GDP 平减指数需要我们基于 GDP 指数和 GDP 方面的数据来计算。计算所使用的公式如下：

$$I_t = \frac{y_t * 100}{y_{1978} * \bar{I}_t}$$

其中，I_t 为第 t 年的 GDP 平减指数（以 1978 年为 100），而 y_t、y_{1978} 与 $\bar{I}_t$ 则分别为第 t 年和 1978 年名义的 GDP 水平以及第 t 年的 GDP 指数（以 1978 年为 100）。

6-2 给出。从模型估计的结果来看，模型拟合的效果整体上比较好：一方面，参数不仅整体上均显著不为零，同时，绝大部分变量的系数均在5%或1%的水平上显著不为零；另一方面，虽然这里所构建的是时间序列模型，但 DW 统计量均比较接近于2，说明在统计上并没有存在明显的序列相关问题。因此，也不需要通过引入一阶自回归过程等来对模型做技术性的修正。①

表 6-1　经验分析的基础数据

年份	GDP	GDP 指数	行政支出	非行政支出	私人投资	就业人员
1978	3645.2	100.0	52.90	1069.19	988.70	4.015
1979	4062.6	107.6	63.07	1218.72	1077.30	4.102
1980	4545.6	116.0	75.53	1153.30	1298.30	4.236
1981	4891.6	122.1	82.63	1055.78	1360.40	4.373
1982	5323.4	133.1	90.84	1139.14	1504.90	4.530
1983	5962.7	147.6	103.08	1306.44	1699.30	4.644
1984	7208.1	170.0	139.80	1561.22	2094.10	4.820
1985	9016	192.9	171.06	1833.19	3049.70	4.987
1986	10275.2	210.0	220.04	1984.87	3486.30	5.128
1987	12058.6	234.3	228.20	2033.98	3965.40	5.278
1988	15042.8	260.7	271.60	2219.61	5268.20	5.433
1989	16992.3	271.3	386.26	2437.52	5966.60	5.533
1990	18667.8	281.7	414.56	2669.03	6354.00	6.475
1991	21781.5	307.6	414.01	2972.61	7488.00	6.549
1992	26923.5	351.4	463.41	3278.79	9738.80	6.615
1993	35333.9	400.4	634.26	4008.04	15234.00	6.681
1994	48197.9	452.8	847.68	4944.94	19811.50	6.746
1995	60793.7	502.3	996.54	5827.18	24849.00	6.807
1996	71176.6	552.6	1185.28	6752.27	28159.00	6.895

---

① 在统计上，序列相关并不影响普通最小二乘回归估计量的无偏性和一致性，只会影响它们的有效性。因此，即便存在序列相关问题，对于所研究的问题的影响不是很大。

续表

年份	GDP	GDP 指数	行政支出	非行政支出	私人投资	就业人员
1997	78973.0	603.9	1358.85	7874.71	29271.30	6.982
1998	84402.3	651.2	1600.27	9197.91	30116.80	7.064
1999	89677.1	700.9	2020.60	11167.07	31099.40	7.139
2000	99214.6	759.9	2768.22	13118.28	32733.40	7.209
2001	109655.2	823.0	3512.49	15390.09	37223.00	7.303
2002	120332.7	897.8	4101.32	17951.83	42404.00	7.374
2003	135822.8	987.8	4691.26	19958.69	53275.20	7.443
2004	159878.3	1087.4	5521.98	22964.91	65913.50	7.520
2005	183217.4	1200.8	6512.34	27417.94	76492.00	7.583
2006	211923.5	1340.7	7571.05	32851.68	89730.00	7.640

注：①表中的 GDP、行政支出、非行政支出与私人投资的单位为亿元，劳动力的单位为亿人；②表中的非行政支出不包括债务支出；③表中的私人资本，基于社会投资总数减去预算内固定资产投资得到。

资料来源：表中的数据均来源于《中国统计年鉴》与《中国财政年鉴》等官方出版物，或基于其中的数据计算得到。

表 6-2　模型估计结果

变量	模型 I	模型 II
常数项	2.020** (6.288)	2.169** (6.881)
$\ln(x)$	0.150 (1.304)	0.314* (2.154)
$\tau_x \ln(x)$	-1.387* (-2.241)	
$\tau_x^{1/2} \ln(x)$		-0.640** (-2.868)
$\ln(e)$	0.533** (4.018)	0.475** (3.654)
$\tau_e \ln(e)$	-0.251* (-2.657)	-0.209* (-2.267)
$\ln(k)$	0.296** (7.202)	0.266** (6.419)
$\ln(l)$	0.295* (2.791)	0.257* (2.510)

变量	模型Ⅰ	模型Ⅱ
D	0.080** (4.514)	0.070** (3.917)
R^2 – adj.	0.999	0.999
DW	1.831	1.683
F	7496.3	8419.3

注：①表中括号内的数字为 t 值；②** 与 * 分别代表系数在1%和5%的水平上显著。

　　利用表6-2所给出的模型参数，结合（6-13）式、（6-14）式以及相关的历史数据，在就我国1978—2006年这29年间每年政府行政支出的合理规模作出理论估计的基础上，就行政支出利益归宿情况作出了经验的估计。估计的结果由表6-3和表6-4给出。从两表所给出的结果来看：无论是非均衡解还是均衡解，模型Ⅰ和模型Ⅱ所估计的利益归宿结果虽然存在一定的差异，但整体的相对差异不是很大，这在归宿于政府公职人员利益比例的部分（ s ）那里得到了体现。因此，为分析方便起见，笔者以两个模型所估计的利益归宿比例简单平均值来作为利益归宿比例的最终估计，估计的结果由两表中反映政府公职人员利益获得比例的指标 $\bar{s}$ 定义。而从两表中的 $\bar{s}$ 来看，从1978至2006年这29年间，我国行政支出的利益归宿呈现典型的阶段性特征。可以分为三个阶段：①阶段Ⅰ（1978年至1983年），在这6年当中，由于行政支出的实际规模均低于合理的规模，行政支出的利益基本上可以被认为是归属于社会一般的民众，政府公职人员从整体上来说并没有从中获得特别的利益；②阶段Ⅱ（1984年至1998年），在这15年中，行政支出的利益归宿主要是社会公众，虽然行政支出给政府公职人员也带来了特殊的利益，但这一比例并不是很高，即使是在最高的年份（1989年），均衡解与非均衡解所估计的行政支出归属政府公职人员的比例分别为25.8%和24.9%；③阶段Ⅲ（1999年至2006年），在这8年中，行政支出归宿于政府公职人员的比重日益提升，且比例非常高，甚至比归宿于社会普通公众的比重还要大。至于在各个时段行政支出归宿于政府公务人员与普通民众的平均比例具体如何，表6-5基于表6-3和表6-4的数据作出了进一步的计算。表6-5所给出的计算结果表明：自改革开放以来29年中，按可比价格计算，行政支出归宿于社会普通公众的利益与归宿于政府公职人员的利益比例分别约为55%和45%。其中，在1978年至1983年的6年中，行政支出的利益主要归属于普通公众，政府公职人员整体上并未从中获得特殊的利益；而在1984年至1998年的15年间，行政支出归宿于政府公职人员和社会普通公众的比例分别大致为15%和85%；但在1999年至2006年间，行政支出利益中归宿于政府公职人员的比例超过50%，而归属于社会普通公众的部分则不足一半。

表6-3　改革开放以来我国行政支出的利益归宿：非均衡解

年份	$\bar{s}$	模型 I				模型 II			
		x^*	π^p	π^g	s	x^*	π^p	π^g	s
1978	0.000	71.24	52.90	0.00	0.000	81.36	52.90	0.00	0.000
1979	0.000	75.97	60.89	0.00	0.000	86.25	60.89	0.00	0.000
1980	0.000	80.19	70.26	0.00	0.000	90.71	70.26	0.00	0.000
1981	0.000	83.13	75.18	0.00	0.000	93.81	75.18	0.00	0.000
1982	0.000	89.51	82.81	0.00	0.000	100.36	82.81	0.00	0.000
1983	0.000	97.95	93.04	0.00	0.000	108.95	93.04	0.00	0.000
1984	0.040	110.58	110.58	9.61	0.080	121.68	120.19	0.00	0.000
1985	0.039	123.01	123.01	10.40	0.078	134.16	133.41	0.00	0.000
1986	0.160	132.15	132.15	31.80	0.194	143.27	143.27	20.69	0.126
1987	0.071	144.58	144.58	17.05	0.105	155.63	155.63	6.00	0.037
1988	0.048	157.97	157.97	13.61	0.079	168.85	168.85	2.73	0.016
1989	0.249	163.42	163.42	61.38	0.273	174.18	174.18	50.62	0.225
1990	0.236	168.85	168.85	59.19	0.260	179.47	179.47	48.57	0.213
1991	0.122	182.08	182.08	31.04	0.146	192.31	192.31	20.81	0.098
1992	0.053	203.95	203.95	16.52	0.075	213.43	213.43	7.04	0.032
1993	0.113	228.29	228.29	33.70	0.129	236.66	236.66	25.34	0.097
1994	0.114	253.77	253.77	36.52	0.126	260.81	260.81	29.48	0.102

续表

年份	$\bar{s}$	模型Ⅰ				模型Ⅱ			
		x^*	π^p	π^g	s	x^*	π^p	π^g	s
1995	0.066	277.63	277.63	22.51	0.075	283.24	283.24	16.90	0.056
1996	0.094	301.90	301.90	33.54	0.100	305.83	305.83	29.61	0.088
1997	0.135	326.77	326.77	52.00	0.137	328.76	328.76	50.02	0.132
1998	0.223	349.90	349.90	100.17	0.223	349.85	349.85	100.21	0.223
1999	0.352	374.51	374.51	201.17	0.349	372.11	372.11	203.56	0.354
2000	0.482	402.84	402.84	370.01	0.479	397.69	397.69	375.16	0.485
2001	0.554	433.04	433.04	527.93	0.549	424.75	424.75	536.22	0.558
2002	0.585	468.57	468.57	646.85	0.580	456.39	456.39	659.04	0.591
2003	0.597	509.78	509.78	733.89	0.590	493.09	493.09	750.59	0.604
2004	0.603	554.81	554.81	814.21	0.595	532.95	532.95	836.07	0.611
2005	0.619	606.69	606.69	949.14	0.610	578.34	578.34	977.49	0.628
2006	0.627	670.00	670.00	1075.95	0.616	633.27	633.27	1112.67	0.637

注：表中所使用的数据均为平减后的数据。

表6-4　改革开放以来我国行政支出的利益归宿：均衡解

年份	$\bar{s}$	模型Ⅰ				模型Ⅱ			
		x^{**}	π^p	π^g	s	x^{**}	π^p	π^g	s
1978	0.000	71.02	52.90	0.00	0.000	82.27	52.90	0.00	0.000
1979	0.000	73.83	60.89	0.00	0.000	85.70	60.89	0.00	0.000
1980	0.000	82.28	70.26	0.00	0.000	93.18	70.26	0.00	0.000
1981	0.000	83.01	75.18	0.00	0.000	93.50	75.18	0.00	0.000
1982	0.000	90.17	82.81	0.00	0.000	100.82	82.81	0.00	0.000
1983	0.000	98.95	93.04	0.00	0.000	109.91	93.04	0.00	0.000
1984	0.035	111.95	111.95	8.24	0.069	123.13	120.19	0.00	0.000
1985	0.006	131.85	131.85	1.56	0.012	142.54	133.41	0.00	0.000
1986	0.112	140.28	140.28	23.67	0.144	150.84	150.84	13.11	0.080
1987	0.065	145.91	145.91	15.72	0.097	156.34	156.34	5.28	0.033
1988	0.054	157.29	157.29	14.29	0.083	167.26	167.26	4.32	0.025

续表

年份	$\bar{s}$	模型Ⅰ				模型Ⅱ			
		x^{**}	π^p	π^g	s	x^{**}	π^p	π^g	s
1989	0.258	161.91	161.91	62.89	0.280	171.73	171.73	53.07	0.236
1990	0.213	175.07	175.07	52.97	0.232	184.13	184.13	43.91	0.193
1991	0.109	185.69	185.69	27.43	0.129	194.47	194.47	18.66	0.088
1992	0.066	201.93	201.93	18.54	0.084	210.11	210.11	10.36	0.047
1993	0.096	233.41	233.41	28.59	0.109	240.17	240.17	21.82	0.083
1994	0.151	243.26	243.26	47.03	0.162	249.69	249.69	40.60	0.140
1995	0.048	284.10	284.10	16.04	0.053	287.47	287.47	12.67	0.042
1996	0.094	302.99	302.99	32.45	0.097	305.39	305.39	30.05	0.090
1997	0.139	325.72	325.72	53.05	0.140	326.90	326.90	51.87	0.137
1998	0.212	355.03	355.03	95.03	0.211	354.64	354.64	95.42	0.212
1999	0.318	393.97	393.97	181.70	0.316	391.53	391.53	184.14	0.320
2000	0.457	422.33	422.33	350.52	0.454	418.47	418.47	354.38	0.459
2001	0.518	467.36	467.36	493.60	0.514	460.72	460.72	500.24	0.521
2002	0.538	521.44	521.44	593.98	0.533	511.35	511.35	604.07	0.542
2003	0.534	587.51	587.51	656.17	0.528	571.86	571.86	671.82	0.540
2004	0.537	644.61	644.61	724.41	0.529	624.04	624.04	744.98	0.544
2005	0.550	713.77	713.77	842.06	0.541	688.05	688.05	867.78	0.558
2006	0.554	795.56	795.56	950.39	0.544	763.60	763.60	982.35	0.563

注：表中所使用数据均为平减后的数据。

表 6-5　我国行政支出的利益归宿：1978—2006 年

时段	行政支出的实际规模	非均衡解		均衡解	
		π^p	π^g	π^p	π^g
1978—1983 年	435.1	435.1 (100.0)	0 (0.0)	435.1 (100.0)	0 (0.0)
1984—1998 年	3653.9	3124.8 (85.5)	529.0 (14.5)	3156.4 (86.4)	497.5 (13.6)
1999—2006 年	9339.4	4042.2 (43.0)	5319.1 (57.0)	4546.6 (48.7)	4792.8 (51.3)
整体	13428.3	7145.1 (53.2)	6283.3 (46.8)	7702.9 (57.4)	5725.4 (42.6)

注：表中所使用数据均为平减后的数据。表中括号内的数为比例数。

六、基本结论及其规范意蕴

本章的主要目的是就我们国家改革开放以来各年行政支出的利益归宿（包括其态演进特征）作出分析。研究表明，自改革开放以来，尽管行政支出的利益整体上是以一般公共服务的提供而归宿于社会普通的公众，但归宿于政府公职人员的比例也比较大，接近50%，这说明有将近一半的行政支出其实是通过公共服务"提价"的方式转嫁给了作为特定利益群体的政府公职人员。与此同时，从归宿的动态演变特征来看，我国行政支出的利益归宿呈现出明显的阶段性特征：从主要归宿于社会普通公众到主要归宿于政府公职人员转变，行政支出利益归宿的合理性状况日益恶化。特别是在进入21世纪以来，行政支出有一半多的利益通过"提价"的形式从社会公众那里"转嫁"到政府公职人员手中。也正因为如此，有关行政支出改革的政策建议非常简单：从短期来说，以2006年的状况为考察对象，行政支出至少应该削减1/2。至于从长期的角度来看，行政支出究竟应该如何改革，图6-3给出了由模型Ⅰ和模型Ⅱ所得到的均衡路径下的合理规模的曲线（均衡解 x^{**} 占与之对应的均衡产出 y^* 的比重）。图中的曲线表明，合理的规模水平是逐年下降的，因此，从利益归宿合理化的角度来说，在长期范围内，应该使得行政支出的相对规模逐年缩小（至少不应该上升），[①] 只是行政支出相对规模下降的幅度应该是比较缓慢的。但就我国的情况来说，行政支出的发展趋势则基本上是与此相反的，这在1999年之后，与合理规模的分歧更是明显。

---

① 有意思的是，根据统计规律，各国的人均收入水平与行政管理支出水平呈现明显的反比关系（杨宇立，2009）。

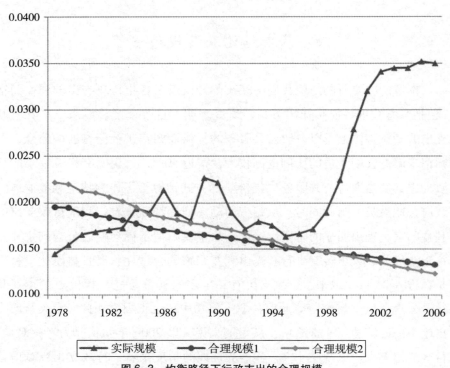

图 6-3　均衡路径下行政支出的合理规模

第七章
经济建设支出的利益归宿研究

一、经济建设支出概述

经济性服务是政府除了维持性服务和社会性服务之外的另一重要职能，由此，经济支出成为财政支出的重要组成部分。从公共支出结构发展演变的历史看，政府作为市场经济的补充和保障力量，其经济支出在经济发展的初期和中期阶段都呈增长趋势，因为在经济发展的初期和中期阶段，市场经济的发展需要良好的基础设施等物质投资环境，而私人部门则无力或不愿投资建设，政府则作为市场失灵的平衡力量，担当着为市场经济发展提供物质投资环境的责任。但随着市场经济的发展进入成熟时期，私人经济逐渐成长并日益强壮，政府则逐渐退出原有的经济活动领域，相应地，经济支出在全部财政支出和 GDP 中的比重开始下降，让位于教育、文化发展和社会保障等社会性支出。

改革开放以来，我国政府的经济建设支出在财政支出中的相对份额虽然经历了逐渐下降的趋势，由 1978 年的 64%下降到 2006 年的 27%，但其仍然是我国政府财政支出中最大的支出项目，如表 7-1 所示。

表 7-1   1978—2006 年间各项支出在财政总支出中所占比重变化趋势

单位:%

年份	经济建设支出	行政管理费	社会文教费	国防费	其他
1978	64	5	13	15	3
1980	58	6	16	16	4
1985	56	9	20	10	5
1990	44	13	24	9	9
1991	42	12	25	10	11
1992	43	12	26	10	8
1993	39	14	25	9	12
1994	41	15	27	10	9
1995	42	15	26	9	8
1996	41	15	26	9	9
1997	40	15	27	9	10
1998	39	15	27	9	11
1999	38	15	28	8	11
2000	36	17	28	8	11
2001	34	19	28	8	12
2002	30	19	27	8	17
2003	28	19	26	8	19
2004	27	19	26	8	19
2005	27	19	26	7	20
2006	27	19	27	7	21

资料来源:《中国统计年鉴 2007》。

    每年财政资金中有如此巨大的份额用于经济建设支出,这不仅使人很自然地关注这一资金的使用效率,而且关心与资金的使用效率同等重要的资金使用的公平问题。经济建设资金使用的公平问题研究的核心问题是,在资金使用效率一定的条件下,经济支出的受益者是谁。这一问题研究的重要性在于能够拨开经济建设政策和支出的层层迷雾,追究其最终影响,为政策制定者调整政策提供依据,也有助于公共资金的提供者和立法者了解公共资金的使用结果。

　　本章按以下思路展开。首先，对经济建设支出的含义进行界定，并对本章采用的经济建设支出数据与经济建设支出的一般界定含义的区别进行说明。其次，分别从地区、城乡、行业及国有企业发展四个角度对经济建设支出的利益归宿进行分析。

二、经济建设支出的含义界定

　　政府的财政支出按其是否具有直接生产性可分为经济建设支出与非经济建设支出。经济建设支出是指用于发展生产和扩大再生产的支出。这些支出或者是与社会公共需求有关，或者与宏观调控有关。经济建设支出在不同经济制度下和不同经济发展阶段上具有不同的范围和内容。公有制为主要经济制度的国家其财政性经济建设支出范围要比市场经济国家宽广得多；而经济发展初期阶段与中期和成熟阶段的经济建设支出的内容也不相同。

　　我国在 1956 年完成了社会主义改造后直至改革开放前，公有制为主导的经济体制使政府的经济建设支出几乎囊括了我国全部经济活动的范围和内容。改革开放以后，随着市场经济的发展，政府从事的经济建设范围有所减小，经济建设支出占 GDP 和财政总支出的份额也在逐步下降。

　　1978—2006 年间，我国财政性经济建设支出主要包括以下项目：基本建设支出、国有企业挖潜改造资金、增拨企业流动资金、科技三项费用、支援农村生产支出、城市维护费、地质勘探费、支援经济不发达地区发展资金、环境保护支出、简易建筑费、国家物资储备支出等。

　　2006 年我国进行了政府收支科目分类改革。从统计数据上看，2006 年以后无法找到与上述 2006 年以前的项目相对应的支出数据。能够判断为经济建设支出的项目只大致地反映在"农林水事务支出"、"交通运输支出"、"工业商业金融等事务支出"中。

　　因此，对我国改革开放 30 年以来经济建设支出受益的分析分为两个阶段进行：1978—2006 年间以及 2007—2009 年间。

虽然上述对经济建设支出的含义进行了界定，但这种界定只对研究具有一般指导意义，即在数据采用上并未完全按照上述定义进行。原因如下：①采用多角度而非单一角度对经济建设支出的利益归宿进行分析研究，因而不同角度需要不同的经济建设支出数据，如地区之间的比较需要各地区的数据，行业比较则需要各行业数据，城乡比较则需要城乡数据。虽然各种数据的选取符合经济建设支出的含义，但并不完全与定义相吻合，没有统一的数据可以使用。②无法获得公开的清晰界定的符合项目研究要求的经济建设支出数据。为此，研究选取了一些最具有财政经济建设支出特征的数据，如固定资产投资中的"中央投资项目"，而不是全部财政性固定资产投资，因为该数据无法系统全面地获得。

三、经济建设支出受益的地区分析

（一）数据来源

进行实证研究的困难之一是 31 个省区市"经济建设支出"数据的获得。从国家统计局公布的数据看，1978—2006 年间，财政功能支出分类中确实有"经济建设支出"项及其支出总额，但有关 31 个省区市的财政用于经济建设支出方面的数据则难觅踪影，从而无法利用这一数据进行经济建设支出地区受益分析。为研究目的，分以下情况选取数据：

1993—2003 年的经济建设支出数据采用国家统计年鉴中的"按资金来源和隶属关系分的基本建设投资"项目下的"按隶属关系分的中央项目"。

2004—2006 年该支出的数据采用国家统计年鉴中"按资金来源和隶属关系划分城镇固定资产投资"项目下的"按隶属关系划分的中央项目"。这是因为上述三年的统计科目发生了变化，原有的"按资金来源和隶属关系划分的基本建设投资"已取消。

之所以选取"按资金来源和隶属关系分的基本建设投资"项目下的

"按隶属关系分的中央项目"和"按资金来源和隶属关系划分城镇固定资产投资"项目下的"按隶属关系划分的中央项目",是因为这两项下的支出既属于经济建设支出,又属于财政支出,符合主题要求,虽然这一数据并没有包括所有的财政性经济建设支出。

研究的思路是将中央对各省区市的经济建设支出与各省市的人均 GDP 相比较,以期从中发现中央以财政资金进行的经济建设投资的地区受益规律。

(二) 研究发现

通过将 31 个省市人均 GDP 与其接受的中央经济建设投资额相比较发现,人均 GDP 较高的省市也是中央经济建设投资较多的省市。从表 7-2 中可以看出,自 1993—2006 年 14 年间,中央经济建设投资支出数额最高的 10 个省市中,有一半以上是人均 GDP 排名前 10 位的省市,有 7—9 个处于人均 GDP 排名前 15 位的省区市范围内(见表 7-3)。而且,这一投资格局非常稳定。

不仅如此,中央对获得投资排名前 10 名的省市投资总额在全部投资总额中占有相当高的份额。1993—2006 年间,中央经济建设投资占前 10 位的省市的投资总额占中央全部投资总额的比重,除了 2002 年为 38.21%,低于 40% 以外,其他 13 年均超过 40%(见表 7-4)。也就是说,获得中央经济建设投资排名前 10 位的省市获得了中央将近一半的经济建设投资。而其中的大部分省市属于经济发达地区,如北京、上海、江苏、山东、辽宁、广东(见表 7-5)。其中全国经济最发达、人均 GDP 一直名列 31 个省区市前两名的北京与上海每年都在获得中央经济建设投资的前 10 名之列。

而人均 GDP 在 31 个省份中居后 15 位的省份中只有 3 个省,即四川、湖北与河南的中央经济建设投资能够排进前 10 名。

由此得出的结论是:越发达的地区,中央投入的经济建设支出越多;或者,中央投入越多的地区,收入水平越高。我国政府经济建设支出的受益者是发达地区。

表7-2　全国31个省区市中央经济建设投资排名与人均GDP排名

	1993年		1994年		1995年		1996年		1997年		1998年		1999年		2000年		2001年		2002年		2003年		2004年		2005年		2006年	
	人均GDP排名	中央投入排名	人均GDP排名	中央投入排名	人均GDP排名	中央投入排名	人均GDP排名	中央投入排名	人均GDP排名	中央投入排名	人均GDP排名	中央投入排名	人均GDP排名	中央投入排名	人均GDP排名	中央投入排名	人均GDP排名	中央投入排名	人均GDP排名	中央投入排名	人均GDP排名	中央投入排名	人均GDP排名	中央投入排名	人均GDP排名	中央投入排名	人均GDP排名	中央投入排名
	上海	7	上海	8	上海	4	上海	1	上海	1	上海	4	上海	6	上海	9	上海	13	上海	9	上海	10	上海	2	上海	5	上海	3
	北京	4	北京	2	北京	3	北京	3	北京	2	北京	2	北京	2	北京	6	北京	6	北京	6	北京	6	北京	10	北京	6	北京	6
	天津	19	天津	22	天津	18	天津	17	天津	17	天津	16	天津	13	天津	13	天津	14	天津	11	天津	11	天津	17	天津	17	天津	15
	广东	2	广东	1	浙江	16	浙江	15	浙江	12	浙江	5	浙江	5	浙江	5	浙江	4	浙江	5	浙江	5	浙江	8	浙江	7	浙江	10
	辽宁	3	浙江	21	广东	1	广东	4	广东	13	广东	8	广东	9	广东	12	广东	9	广东	7	广东	4	广东	6	江苏	9	江苏	12
	浙江	21	辽宁	6	江苏	12	江苏	11	江苏	6	江苏	7	江苏	12	江苏	8	江苏	7	江苏	3	江苏	2	江苏	4	广东	3	广东	5
	江苏	9	江苏	12	辽宁	6	辽宁	7	福建	22	福建	18	福建	22	福建	25	辽宁	10	辽宁	13	福建	30	福建	26	山东	13	山东	8
	海南	28	福建	20	福建	22	福建	24	辽宁	7	辽宁	10	辽宁	8	辽宁	11	福建	27	福建	29	辽宁	13	山东	7	辽宁	2	辽宁	2

续表

年份	指标						
2006年	人均GDP排名	福建	内蒙古	河北	黑龙江	吉林	新疆
	中央投入排名	23	9	14	4	17	1
2005年	人均GDP排名	福建	内蒙古	河北	黑龙江	吉林	新疆
	中央投入排名	25	14	10	4	15	1
2004年	人均GDP排名	辽宁	内蒙古	河北	黑龙江	吉林	新疆
	中央投入排名	3	20	18	9	14	1
2003年	人均GDP排名	山东	黑龙江	河北	内蒙古	吉林	新疆
	中央投入排名	8	7	16	20	23	1
2002年	人均GDP排名	山东	黑龙江	河北	吉林	新疆	内蒙古
	中央投入排名	4	8	14	19	2	23
2001年	人均GDP排名	山东	黑龙江	河北	新疆	吉林	海南
	中央投入排名	3	8	12	2	18	29
2000年	人均GDP排名	山东	黑龙江	河北	新疆	吉林	海南
	中央投入排名	4	15		2	20	29
1999年	人均GDP排名	山东	黑龙江	河北	新疆	吉林	海南
	中央投入排名	7	17	11	4	19	28
1998年	人均GDP排名	山东	黑龙江	河北	新疆	吉林	海南
	中央投入排名	9	13	12	3	20	29
1997年	人均GDP排名	山东	黑龙江	河北	新疆	吉林	海南
	中央投入排名	9	4	8	10	18	29
1996年	人均GDP排名	山东	黑龙江	海南	河北	吉林	新疆
	中央投入排名	6	13	29	10	12	9
1995年	人均GDP排名	山东	黑龙江	海南	新疆	河北	吉林
	中央投入排名	7	10	28	8	11	19
1994年	人均GDP排名	海南	山东	黑龙江	新疆	吉林	河北
	中央投入排名	28	7	13	3	17	10
1993年	人均GDP排名	福建	黑龙江	山东	新疆	吉林	河北
	中央投入排名	22	13	6	1	15	10

续表

年		1	2	3	4	5	6	7	8
2006 年	人均 GDP 排名	山西	河南	湖北	海南	陕西	湖南	宁夏	青海
	中央投入排名	20	18	7	30	16	22	28	27
2005 年	人均 GDP 排名	山西	湖北	河南	海南	湖南	宁夏	陕西	青海
	中央投入排名	20	8	18	27	21	30	19	28
2004 年	人均 GDP 排名	山西	海南	湖北	河南	宁夏	湖南	青海	陕西
	中央投入排名	15	30	5	12	29	19	27	22
2003 年	人均 GDP 排名	海南	山西	湖北	宁夏	湖南	河南	青海	陕西
	中央投入排名	28	14	3	26	24	12	25	19
2002 年	人均 GDP 排名	海南	湖北	山西	湖南	宁夏	河南	青海	陕西
	中央投入排名	30	1	17	22	27	10	26	16
2001 年	人均 GDP 排名	内蒙古	湖北	山西	湖南	宁夏	河南	青海	陕西
	中央投入排名	28	1	15	17	30	5	26	21
2000 年	人均 GDP 排名	内蒙古	湖北	山西	河南	湖南	宁夏	青海	陕西
	中央投入排名	27	1	16	3	14	28	24	19
1999 年	人均 GDP 排名	内蒙古	湖北	湖南	宁夏	河南	青海	山西	四川
	中央投入排名	25	1	15	29	3	26	14	10
1998 年	人均 GDP 排名	内蒙古	湖北	山西	湖南	河南	宁夏	青海	云南
	中央投入排名	21	1	14	17	11	28	25	23
1997 年	人均 GDP 排名	内蒙古	湖北	山西	湖南	河南	宁夏	青海	云南
	中央投入排名	16	3	14	15	11	28	24	26
1996 年	人均 GDP 排名	内蒙古	湖北	河南	山西	湖南	宁夏	青海	云南
	中央投入排名	19	2	8	20	14	28	26	25
1995 年	人均 GDP 排名	内蒙古	湖北	山西	青海	宁夏	湖南	广西	河南
	中央投入排名	15	2	20	27	29	13	21	9
1994 年	人均 GDP 排名	内蒙古	湖北	青海	宁夏	广西	山西	湖南	安徽
	中央投入排名	15	5	27	29	19	11	14	16
1993 年	人均 GDP 排名	内蒙古	青海	湖北	山西	宁夏	云南	湖南	广西
	中央投入排名	14	27	12	8	29	24	17	20

续表

	1993年		1994年		1995年		1996年		1997年		1998年		1999年		2000年		2001年		2002年		2003年		2004年		2005年		2006年	
	人均GDP排名	中央投入排名	人均GDP排名	中央投入排名	人均GDP排名	中央投入排名	人均GDP排名	中央投入排名	人均GDP排名	中央投入排名	人均GDP排名	中央投入排名	人均GDP排名	中央投入排名	人均GDP排名	中央投入排名	人均GDP排名	中央投入排名	人均GDP排名	中央投入排名	人均GDP排名	中央投入排名	人均GDP排名	中央投入排名	人均GDP排名	中央投入排名	人均GDP排名	中央投入排名
	陕西	16	云南	24	安徽	14	广西	23	四川	5	广西	27	安徽	18	四川	10	四川	11	西藏	21	西藏	17	西藏	24	江西	29	江西	29
	河南	11	四川	4	云南	25	四川	5	安徽	21	四川	6	云南	21	江西	21	西藏	23	四川	20	江西	27	江西	28	西藏	26	四川	11
	四川	5	河南	9	四川	5	安徽	16	广西	27	安徽	22	广西	24	安徽	23	安徽	25	江西	28	四川	18	四川	11	四川	12	西藏	26
	安徽	18	陕西	18	陕西	17	江西	22	江西	25	江西	24	陕西	16	广西	18	江西	24	安徽	25	安徽	29	安徽	25	广西	24	广西	24
	江西	23	江西	23	江西	24	陕西	21	陕西	20	陕西	15	江西	23	云南	17	广西	20	广西	15	广西	15	广西	23	安徽	22	安徽	21
	西藏	30	西藏	30	西藏	30	甘肃	18	甘肃	19	西藏	30	西藏	30	西藏	30	云南	16	云南	18	云南	21	云南	16	云南	11	云南	13
	甘肃	25	甘肃	25	甘肃	23	西藏	30	西藏	30	甘肃	19	甘肃	20	甘肃	22	甘肃	22	甘肃	24	甘肃	22	甘肃	21	甘肃	23	甘肃	25
	贵州	26	贵州	26	贵州	26	贵州	27	贵州	23	贵州	26	贵州	27	贵州	26	贵州	19	贵州	12	贵州	9	贵州	13	贵州	16	贵州	19

资料来源：根据各省 1993—2006 年统计年鉴（河北省数据来源于《河北经济年鉴》，甘肃省数据来源于《甘肃年鉴》）数据计算获得。

表 7-3　中央经济建设支出排名前 10 名的省市分布情况

年份	1993	1994	1995	1996	1997	1998	1999	2000	2001	2002	2003	2004	2005	2006
在人均GDP排名前10名省市中的数量	5	5	5	5	6	7	6	5	7	7	7	7	6	7
在人均GDP排名前15名省市中的数量	8	7	7	7	8	8	7	7	8	8	8	9	9	9

表 7-4　中央经济建设投资前 10 名省市获得的投资总额在全部中央投资中的比重

年份	1993	1994	1995	1996	1997	1998	1999	2000	2001	2002	2003	2004	2005	2006
份额(%)	44.65	45.36	49.96	47.48	46.97	45.98	47.25	43.65	40.79	38.21	43.45	44.4	42.78	42.6

表 7-5　经济发达省份获得中央经济建设投资排名前 10 名的次数

省市	总次数	北京	上海	广东	山东	辽宁	江苏
次数	14	14	14	12	12	11	9

资料来源：根据国家统计年鉴提供的 1993—2006 年各省人均 GDP 和"中央项目"数据计算获得。

　　耶鲁大学的陈志武教授的研究也得出了相同的结论。根据他的研究，中国各地区 GDP 增长跟固定资产投资间的相关度超过 90%。而固定资产投资中的 80% 来自于公共投资，只有 20% 来自于私人投资。固定资产投资的标准既不是效率，也非公平。在 1978—2003 年间，北京、上海、天津三大城市的人均 GDP 净增长 34751 元，沿海省为 15443 元，东北地区为 7228 元，中部省为 7356 元，西南省为 5347 元。从公平原则上看，收入越低的省市越应该成为投资的重点。但从各区每年的人均固定资产投资看，大城市得到的人均固定资产投资最多，为 5459 元。沿海省次之，为 1693 元。中部省倒数第二，为 750 元，而西南省份的人均固定资产投资最少，为

682 元。越富裕的地区得到的固定资产投资越多,这种投资格局严重违反地区公平原则,尤其是在大量投资为公共投资的情况下。

不仅如此,从 1978 年到 2002 年,全国固定资产投资平均每元能为第二年增加约 0.59 元的 GDP,也就是说,固定资产投资回报率是 59.16%。从效率角度看,投资回报率越低的地区,投资额应越少。但实际情况却是,固定资产投资回报率最低的北京、上海和天津三大城市(平均为 40.54%,低于全国平均水平)却是人均固定资产投资以及投资比率最高的地方。而其他地区的投资回报率都较三大城市为高。沿海省份为 65.6%,中部省份地区为 66.32%,西南省份为 64.59%。但它们获得的投资比率及人均固定资产投资比率都低于三大城市。尤其是投资回报最高的中部省份得到的投资比率最低。[①]

四、经济建设支出受益的城乡分析

我国的城乡收入差距存在且不断扩大是一个不争的事实。从表 7-6 中可以清楚地看到这一点。自 1978—2008 年间,城乡人均收入差别由相差 2 倍左右扩大到相差 3 倍以上。

表 7-6　1978—2008 年间城乡居民人均收入差别

单位:倍

年份	城乡人均收入差别
1978	2.57
1980	2.50
1985	1.86
1990	2.20
1991	2.40

① 陈志武:《国有制和政府管制真的能促进平衡发展吗?》,见 http://chenzhiwu.blog.sohu.com/647149.html。

续表

年份	城乡人均收入差别
1992	2.58
1993	2.80
1994	2.86
1995	2.71
1996	2.51
1997	2.47
1998	2.51
1999	2.65
2000	2.79
2001	2.90
2002	3.11
2003	3.23
2004	3.21
2005	3.22
2006	3.29
2007	3.33
2008	3.31

资料来源:《中国统计年鉴 2009》。

　　我国城乡收入差距由来已久，但差距快速扩大是新中国成立以后的事情。重工业发展的赶超战略以及为保证此目标实行的城乡不同的发展政策和户籍制度导致城乡差距迅速扩大，形成我国特有的二元经济结构。改革开放以来，虽然农村得到了快速发展，农民生活水平获得了极大改善，但城乡发展水平的差距和城乡居民收入水平的差距，却明显拉大了。近 30 年来，城乡居民收入差距经历了由迅速缩小到逐渐扩大，由逐渐扩大到逐渐缩小，再由逐渐缩小到加速扩大的发展过程。1978 年城乡居民收入比为2.57：1（以农村居民收入为 1），1985 年达到历史最低点，为 1.86：1；

1994 年达到一个高点，为 2.86∶1，超过了改革开放前的水平。1997 年达到新的谷底，城乡居民人均收入比为 2.47∶1，小于改革开放前的水平。1997 年后城乡居民收入差距开始加速扩大，2001 年突破历史最高点，城乡居民收入比扩大到 2.90∶1；2002 年继续扩大到 3.11∶1；2003 年扩大到 3.24∶1，呈持续扩大态势。2007 年，城乡居民收入比扩大到 3.33∶1，绝对差距达到 9646 元，是改革开放以来差距最大的一年。[①]

　　中国社会科学院经济研究所收入分配课题组分别于 1988 年、1995 年、2002 年展开三次全国范围的住户调查，在最近完成的调查报告中得出如下结论：中国城乡之间的收入差距，从 20 世纪 90 年代以来出现一个先上升后扩大的过程。按照国家统计局的个人收入概念计算，从 1994 年开始，城乡之间收入差距出现了下降的趋势，从 1997 年起又逐步扩大，2001 年城镇居民的人均收入几乎是农村居民的三倍。但这个结论，还不能真实地反映城乡之间的实际收入差别。城镇居民的可支配收入没有涵盖城市居民所享有的各种各样的实物性补贴。如果把城市居民所享有的各种各样的实物性补贴（医疗、教育、养老金保障、失业保险、最低生活费救济等等）考虑进去，城乡收入差距可能要达到四倍、五倍，甚至是六倍。[②]

　　造成我国城乡居民人均收入的巨大差距有历史和制度方面的原因，但从经济建设投资的角度看，城乡经济建设投资长期存在极大差异不能不说是原因之一。

　　文中所采用的城乡固定资产投资数据来自于中国统计年鉴自 1995 年以来的城乡固定资产投资额。虽然数据有由于包括非财政性投入以及没有完全覆盖城乡的经济建设投资的瑕疵，但在缺乏完全精确的符合研究目的的数据的情况下，由于我国的固定资产投资主要为财政所为，而固定资产投资又主要是经济性的，因而以这种方式采集的数据也大致能够反映我国城乡经济建设投资的基本情况。

---

　　① 农业部部长孙政才 2008 年 8 月 28 日下午在十一届全国人大常委会第四次会议第三次全体会议上做关于促进农民稳定增收情况的报告，见 http://npc.people.com.cn/GB/7801028.html。

　　② 颜克芬：《我国城乡居民收入差距探析》，见 http://www.lunwenda.com/jingjixue200804/3672/。

从表 7-7 中可以看出，1995—2006 年间我国固定资产投资的城乡差距逐渐扩大。1995 年城乡固定投资相差 3.58 倍（以农村固定资产投资为 1），1996 年稍有缩小，为 3.30 倍。此后差距逐年加速扩大。2001 年相差 4 倍多，2004 年相差 5 倍多，到 2008 年相差 6 倍多。最初投资差距增长 1 倍需要 6—7 年时间。2001 年后，投资差距增长 1 倍只需要 2—3 年时间。相应地，城乡固定资产投资差距加速扩大之时，也是城乡人均收入差距加速扩大之时（见图 7-1）。由此，从城乡分析的角度看，我国的经济建设支出的受益者更多的是城镇居民而非农村居民。

表 7-7　1995—2006 年间城乡固定资产投资及居民人均收入

年份	对城镇的投资（亿元）	对农村的投资（亿元）	城乡投资差别（倍）	城镇居民家庭人均可支配收入（元）	农村居民家庭人均纯收入（元）	城乡收入差别（倍）
1995	15643.7	4375.6	3.58	4283.0	1577.7	2.71
1996	(17627.7) 17567.2	(5346.3) 5346.3	(3.30) 3.29	4838.9	1926.1	2.51
1997	19194.2	5746.9	3.34	5160.3	2090.1	2.47
1998	22491.4	5914.8	3.80	5425.1	2162.0	2.51
1999	23732.0	6122.7	3.88	5854.0	2210.3	2.65
2000	26221.8	6695.9	3.92	6280.0	2253.4	2.79
2001	30001.2	7212.3	4.16	6859.6	2366.4	2.90
2002	35488.8	8011.1	4.43	7702.8	2475.6	3.11
2003	45811.7	9754.9	4.70	8472.2	2622.2	3.23
2004	59028.2	11449.3	5.16	9421.6	2936.4	3.21
2005	75095.1	13678.5	5.49	10493.0	3254.9	3.22
2006	93368.7	16629.5	5.61	11759.5	3587.0	3.29
2007	117464.5	19859.5	5.91	13785.8	4140.4	3.33
2008	148738.3	24090.1	6.17	15780.8	4760.6	3.31

资料来源：国家统计局网站，见 http://data.stats.gov.cn/workspace/index?m=hgnd。

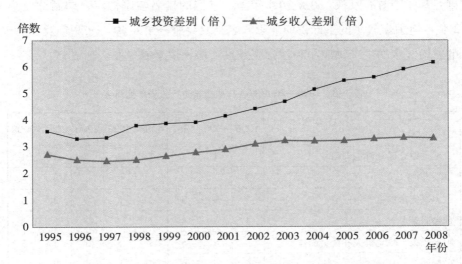

图 7-1　1995—2008 年间城乡居民人均收入差距与固定资产投资差距比较

五、经济建设支出受益的行业分析

（一）各行业固定资产投资分析

由于 2003 年我国进行了行业调整，且统计口径不同，因此对各行业在这一时期的经济建设投资分为两部分计算和分析：1995—2003 年间以及 2004—2008 年间。

由于没有直接可用的"行业经济建设投资支出"数据，因而以"行业固定资产投资支出"数据代替。

自 1995—2003 年 9 年间，各行业固定资产投资绝对数均呈增长态势，但行业之间投资不平衡（见表 7-8 和表 7-9）。投资一直处于前 5 位的是交通运输仓储和邮电通信业，制造业，电力燃气水的生产供应业，社会服务业，国家机关、政党机关和社会团体。它们属于第一阵列。其中交通运输业和国家机关、政党机关和社会团体排名 9 年不变，前者一直名列前茅，后者一直排在第五位。制造业，电力燃气水的生产供应业，社会服务业的排名 9 年中时有互换。在最初 4 年里，它们的排名顺序稳定，即制造业第 2 名，电力燃气水的生产供应业第 3 名，社会服务第 4 名。1999 年及以后，电力燃气水的生产供应业和社会服务投资增长快于制造业。

表 7-8 1995—2002 年各行业固定资产投资年度排名

行业 \ 年份	1995	1996	1997	1998	1999	2000	2001	2002
交通运输仓储和邮电通信业	1	1	1	1	1	1	1	1
制造业	2	2	2	2	4	4	4	4
电力燃气水的生产供应业	3	3	3	3	2	2	2	3
社会服务业	4	4	4	4	3	3	3	2
国家机关、政党机关和社会团体	5	5	5	5	5	5	5	5
采掘业	6	6	6	6	8	8	7	8
教育、文化艺术和广播电影电视业	7	7	7	7	6	6	6	6
批发零售贸易和餐饮业	8	8	9	9	10	10	10	10
房地产业	9	12	14	11	13	14	14	14
地质勘查业水利管理业	10	9	8	8	7	7	8	7
建筑业	11	10	12	14	11	13	13	12
其他	12	11	10	13	14	12	12	13
金融保险业	13	13	15	15	15	16	16	15
卫生体育和社会福利业	14	14	13	12	12	11	11	11
农、林、牧、渔业	15	15	11	10	9	9	9	9
科学研究和综合技术服务业	16	16	16	16	16	15	15	15

资料来源：《中国统计年鉴 2004》"按行业分城镇固定资产投资"并计算。

表 7-9 1995—2002 年间各行业固定资产投资综合排名

行　业	排　名
交通运输仓储和邮电通信业	1
电力燃气水的生产供应业	2
制造业	3
社会服务业	4

行　业	排　名
国家机关、政党机关和社会团体	5
教育、文化艺术和广播电影电视业	6
采掘业	7
地质勘查业水利管理业	8
批发零售贸易和餐饮业	9
农、林、牧、渔业	10
建筑业	11
其他	12
卫生体育和社会福利业	13
房地产业	14
金融保险业	15
科学研究和综合技术服务业	16

资料来源:《中国统计年鉴2004》"按行业分城镇固定资产投资"并计算。

　　排在第二阵列的是采掘业,教育、文化艺术和广播电影电视业,地质勘查业水利管理业。虽然这些行业的投资不及第一阵列行业,但这一时期其固定资产投资都排名在前10名以内。教育、文化艺术和广播电影电视业1995—1998年间处于第7名,1999—2002年间上升到第6名。表明政府和社会对该行业的重视。采掘业在1995—1998年排名一直稳定在第6名。1998年后下降。地质勘查业和水利管理业这一时期的固定资产投资基本处于上升趋势,由最初排名第10位上升到2002年的第7位。

　　而科学研究和综合技术服务业,卫生体育和社会福利业,房地产业,金融保险业,建筑业,农、林、牧、渔业在此期间的固定资产投资行业排名都在前10名以后。其中科学研究和综合技术服务业的投资排名一直处于倒数第一、二名。

　　2003年后,对行业经济建设投资的分析也分为两部分。一是行业的固定资产投资,这里没有区分财政支出和非财政支出。二是中央对各行业的固定资产投资。目的是研究对各行业的财政性投资支出趋势及其利益归属。之所以没有包括地方支出，是因为地方支出中包括非财政性投资支出部分。而 1995—2002 年间之所以不做这种分析，主要是因为没有行业固定资产投资的中央项目和地方项目之分。

2003 年后，我国进行了行业调整，将原来的 16 类行业调整为 19 类。

（1）2003—2008 年间各行业城镇固定资产投资情况分析（见表 7-12 和表 7-13）。

这一时期各行业固定资产投资排名年度顺序以及综合排名顺序分别见表 7-10 和表 7-11。

表 7-10　2003—2008 年间各行业固定资产投资年度排名

年份 行业	2003	2004	2005	2006	2007	2008
农、林、牧、渔业	11	12	11	11	10	10
采矿业	7	7	6	6	6	6
制造业	3	1	1	1	1	1
电力燃气水的生产供应业	4	4	4	4	4	5
建筑业	12	14	14	14	13	15
交通运输、仓储和邮政业	1	3	3	3	3	3
信息传输、计算机服务和软件业	9	9	10	10	11	11
批发和零售业	8	10	9	9	9	8
住宿和餐饮业	17	16	12	12	12	12
金融业	18	19	18	19	19	19
房地产业	13	2	2	2	2	2
租赁和商务服务业	15	17	16	16	16	14
科学研究、技术服务和地质勘探费	16	18	17	17	17	17
水利、环境和公共设施管理业	2	5	5	5	5	4
居民服务和其他服务业	19	11	19	18	18	18
教育	6	8	8	8	8	9
卫生、社会保障和社会福利业	14	15	13	13	14	16
文化、体育和娱乐业	10	13	15	15	15	13
公共管理和社会组织	5	6	7	7	7	7

资料来源：根据 2009 年《中国统计年鉴》中"各地区按行业分基本建设投资"中的全国总数计算获得。

表 7-11　2003—2008 年间各行业固定资产投资综合排名

行　业	排　名
制造业	1
交通运输、仓储和邮政业	2
房地产业	3
电力燃气水的生产供应业	4
水利、环境和公共设施管理业	5
采矿业	6
公共管理和社会组织	7
教育	8
批发和零售业	9
信息传输、计算机服务和软件业	10
农、林、牧、渔业	11
住宿和餐饮业	12
文化、体育和娱乐业	12
建筑业	13
卫生、社会保障和社会福利业	14
租赁和商务服务业	15
居民服务和其他服务业	16
科学研究、技术服务和地质勘探费	17
金融业	18

资料来源：同表 7-10。

从表 7-10、表 7-11 中可以看出，投资排名无论是年度排名，还是综合排名都处于前 5 名的行业分别是制造业，房地产业，交通运输、仓储和邮政业，电力燃气水的生产供应业，水利、环境和公共设施管理业。

投资年度排名和综合排名均处于前 10 位的是制造业，房地产业，交通运输、仓储和邮政业，电力燃气水的生产供应业，水利、环境和公共设施管理业，采矿业，教育、批发和零售业，公共管理和社会组织。而信息传输、计算机服务和软件业在 2003—2006 年间的年度排名以及综合排名中进入前 10 名，但 2007、2008 两年排名均为第 11 名，在前 10 名之外。

投资排名处于最后 5 位的分别是卫生、社会保障和社会福利业（14位），租赁和商务服务业（15位），居民服务和其他服务业（16位），科学研究、技术服务和地质勘探费（17位），金融业（18位）。

（2）2003—2008 年间中央对各行业固定资产投资情况分析（见表7-12 和表 7-13）。

表 7-12　2004—2008 年间中央对各行业固定资产投资排名

行业＼年份	2004	2005	2006	2007	2008
农、林、牧、渔业	11	11	13	14	18
采矿业	4	4	3	4	4
制造业	2	3	4	3	3
电力燃气水的生产供应业	1	1	1	1	2
建筑业	12	13	11	11	11
交通运输、仓储和邮政业	3	2	2	2	1
信息传输、计算机服务和软件业	5	5	5	5	5
批发和零售业	13	12	16	18	16
住宿和餐饮业	17	17	17	17	17
金融业	10	14	15	13	13
房地产业	16	8	7	6	6
租赁和商务服务业	18	18	18	15	14
科学研究、技术服务和地质勘探费	9	9	10	10	10
水利、环境和公共设施管理业	8	10	9	9	8
居民服务和其他服务业	19	19	19	19	19
教育	7	7	8	8	9
卫生、社会保障和社会福利业	15	16	14	16	15
文化、体育和娱乐业	14	15	12	12	12
公共管理和社会组织	6	6	6	7	7

资料来源：根据《中国统计年鉴 2009》计算获得。

表 7-13 2004—2008 年间中央对各行业固定资产投资综合排名

行 业	排 名
电力燃气水的生产供应业	1
交通运输、仓储和邮政业	2
制造业	3
采矿业	4
信息传输、计算机服务和软件业	5
公共管理和社会组织	6
教育	7
房地产业	8
水利、环境和公共设施管理业	9
科学研究、技术服务和地质勘探费	10
建筑业	11
金融业	12
文化、体育和娱乐业	12
农、林、牧、渔业	13
批发和零售业	14
卫生、社会保障和社会福利业	15
租赁和商务服务业	16
住宿和餐饮业	17
居民服务和其他服务业	18

资料来源：根据《中国统计年鉴 2009》计算获得。

从表 7-12、表 7-13 中可以看出，2004—2008 年间，中央对行业固定资产投资每年度排名以及综合排名前 5 名的均是电力燃气水的生产供应业，交通运输，仓储和邮政业，制造业，采矿业和信息传输，信息传输、计算机服务和软件业。其中，电力燃气水的生产供应业获得中央经济建设投资的排名在 2004—2007 年间的每年度排名和综合排名都是第 1 名，但 2008

年则让位于交通运输、仓储和邮政业，而排在了第 2 位。交通运输、仓储和邮政业在此期间获得的中央经济建设投资呈稳步增长态势。2004 年排名为第 3 名，2005—2007 名排名上升为第 2 名，2008 年则进一步上升为第 1 名。而制造业除了在 2004 年取代交通运输、仓储和邮政业而由第 3 名上升到第 2 名外，其他年份均稳坐第 3 名。而采矿业和信息传输、计算机服务和软件业一直分别维持自 1995 年以来的第 4 位和第 5 位。

公共管理和社会组织，教育，房地产业，水利、环境和公共设施管理业，科学研究、技术服务和地质勘探费获得中央经济建设投资排名均在前 10 名之列。

公共管理和社会组织 2004—2006 年度排名第 6，2007 年和 2008 年，其排名稍有下降，降至第 7 名，恢复到 1995—2002 年间综合排名。

教育在 2004—2005 年间由以前的第 8 位提升到第 7 位，但 2006—2007 年间又回归至第 8 位，2008 年则降至第 9 位。

水利、环境和公共设施管理业在 2004 年排名第 8 位，2005 年为第 10 位，2006—2007 年为第 9 位。

科学研究、技术服务和地质勘探费除了在 2004—2005 年两年排名提升为第 9 名外，其余年份均维持在第 10 名的位置。

处于第三阵列的是建筑业，金融业，文化、体育和娱乐业，农、林、牧、渔业。

建筑业除了 2004 年排名为第 12 名、2005 年为第 13 名外，其余均维持第 11 名的位置上。

文化、体育和娱乐业除了 2004 年排名为第 14 名、2005 年为第 15 名外，其余均维持在第 12 名的位置。

金融业除了 2004 年为第 10 名、2005 年为第 14 名、2006 年为第 16 名外，其余年份均维持在第 13 名的位置。

农、林、牧、渔业的中央经济建设投入变化较大。2004—2005 年排名处于第 11 位，2006 年下降为第 13 位，2007 年继续下降到 14 位，2008 年则下降到第 18 位。

　　排名处于后 5 名的行业分别是批发和零售业，卫生、社会保障和社会福利业，租赁和商务服务业，住宿和餐饮业，居民服务和其他服务业。

　　批发和零售业 2004 年排名为第 13 名，2005 年上升为第 12 名，2006 年名次下降到第 16 位名，2007 年则进一步下降到第 18 名，2008 年回到第 16 名。

　　卫生、社会保障和社会福利业 2004 年处于第 15 名的位置上，2005 年则降为第 16 名，2006 年上升为第 14 名，2007 年为第 16 名，2008 年则为第 15 名。

　　租赁和商务服务业 2004—2006 年间排名为第 18 名，2007 年上升为第 15 名，2008 年进一步上升为第 14 名。

　　住宿和餐饮业在 2004—2008 年间排名为第 17 位，且维持不变。

　　居民服务和其他服务业在此期间获得中央政府经济建设投资的比例一直是最低的，即排名为最后一名：第 19 名。

（二）各行业人均年收入分析

　　与行业投入分析相同，对行业人均收入的分析也分成两个阶段：1995—2002 年间与 2003—2008 年间。

　　1995—2002 年间，根据统计年鉴，全国共划分有 16 个行业，其年均收入排名见表 7-14 和表 7-15。

表 7-14　1995—2002 年间各行业人均收入年度排名

行业＼年份	1995	1996	1997	1998	1999	2000	2001	2002
电力燃气水的生产供应业	1	1	2	2	3	3	3	3
金融保险业	2	2	1	1	1	2	2	1
房地产业	3	3	3	3	4	4	5	5
交通运输仓储和邮电通信业	4	5	5	5	5	5	4	4
科学研究和综合技术服务业	5	4	4	4	2	1	1	2
其他	6	6	10	7	6	6	7	7
社会服务业	7	8	7	8	8	8	8	9
卫生体育和社会福利业	9	7	6	6	7	7	6	6

行业 \ 年份	1995	1996	1997	1998	1999	2000	2001	2002
地质勘查业水利管理业	8	9	8	9	10	10	10	11
国家机关、政党机关和社会团体	12	12	9	10	9	9	8	8
教育、文化艺术和广播电影电视业	13	13	12	11	11	11	9	10
建筑业	10	11	13	12	12	13	13	14
采掘业	11	10	11	13	14	14	12	12
制造业	14	14	14	14	13	12	11	13
批发零售贸易和餐饮业	15	15	15	15	15	15	15	15
农、林、牧、渔业	16	16	16	16	16	16	16	16

表 7-15　1995—2002 年间各行业人均年收入综合排名

行　业	排　名
金融保险业	1
电力燃气水的生产供应业	2
科学研究和综合技术服务业	3
房地产业	4
交通运输仓储和邮电通信业	5
卫生体育和社会福利业	6
其他	7
社会服务业	8
地质勘查业水利管理业	9
国家机关、政党机关和社会团体	10
教育、文化艺术和广播电影电视业	11
采掘业	12
建筑业	13
制造业	14
批发零售贸易和餐饮业	15
农、林、牧、渔业	16

资料来源：根据表 7-14 整理。

　　年人平均收入排名处于第一阵列即前 5 名的行业是金融保险业，电力燃气水的生产供应业，科学研究、科学研究和综合技术服务业，房地产业，交通运输仓储和邮电通信业。上述五个行业每年度排名已处于前 5 名之列。

　　年人平均收入排名处于第二阵列，即综合排名处于行业前 10 名的行业是卫生体育和社会福利业，其他，社会服务业，地质勘查和水利管理业以及国家机关、政党机关和社会团体。虽然有些行业在某一年份年均收入行业排名在前 10 名之外，但由于这样的年份在这段时期里出现得很少，仅有两个行业、3 个年份（地质勘查和水利管理业 2002 年排名第 11 名；国家机关、政党机关和社会团体 1995 年、1996 年排名均为第 12 名），因而将上述所有行业归于第二阵列。

　　年人均收入行业排名处于第三阵列的是教育、文化艺术和广播电影电视业、采掘业，建筑业，制造业，批发零售贸易和餐饮业及农、林、牧、渔业。虽然期间某些行业的名次有所变化，有的甚至处于前 10 名，但总体而论，基本都在前 10 名之后。特别是批发零售贸易和餐饮业及农、林、牧、渔业，其 8 年来的行业年收入排名一直稳定不变，分别处于倒数第 2 位（第 15 位）和倒数第 1 位（第 16 位）。

　　2003—2008 年各行业人均收入每年度排名及综合排名见表 7-16 和表 7-17。年人均收入每年度排名和综合排名均处于前 5 名的行业是信息传输、计算机服务和软件业，金融业，科学研究、技术服务和地质勘探费，电力燃气水的生产供应业，文化、体育和娱乐业。其中，信息传输、计算机服务和软件业（简称信软行业，下同）5 年中连续 3 年人均年收入行业排名第 1，到 2007 年和 2008 年排名有所下降，将第 1 名让位于金融业，屈居行业第 2 名。但从总体上看，属于这一时期最高收入行业。金融业紧随其后，并在 2007 年、2008 年超越了信软行业而位居第一。科学研究、技术服务和地质勘探费，电力燃气水的生产供应业，文化、体育和娱乐业则在 5 年中行业排名稳定，分别居第 3、4、5 名。

表 7-16　各行业人均年收入排名（2003—2008 年）

行业＼年份	2003	2004	2005	2006	2007	2008
信息传输、计算机服务和软件业	1	1	1	1	2	2
金融业	2	2	2	2	1	1
科学研究、技术服务和地质勘探费	3	3	3	3	3	3
电力燃气水的生产供应业	4	4	4	4	4	4
文化、体育和娱乐业	5	5	5	5	5	5
交通运输、仓储和邮政业	9	8	6	6	6	8
卫生、社会保障和社会福利业	8	7	7	8	8	9
租赁和商务服务业	7	9	8	9	10	10
房地产业	6	5	10	11	11	11
采矿业	12	11	9	7	7	6
公共管理和社会组织	10	10	11	10	9	7
教育	11	12	12	12	12	12
居民服务和其他服务业	13	13	13	13	13	15
制造业	14	14	14	14	15	14
批发和零售业	18	16	15	15	14	13
水利、环境和公共设施管理业	15	15	16	16	16	16
建筑业	16	17	17	17	17	17
住宿和餐饮业	17	18	18	18	18	18
农、林、牧、渔业	19	19	19	19	19	19

资料来源：根据《中国统计年鉴》行业职工人均年收入数据计算。

表 7-17　2003—2008 年间各行业人均年收入综合排名

行　业	排　名
信息传输、计算机服务和软件业	1
金融业	2
科学研究、技术服务和地质勘探费	3
电力燃气水的生产供应业	4
文化、体育和娱乐业	5

行　业	排　名
交通运输、仓储和邮政业	6
卫生、社会保障和社会福利业	7
采矿业	8
租赁和商务服务业	9
房地产业	10
公共管理和社会组织	11
教育	12
居民服务和其他服务业	13
制造业	14
批发和零售业	15
水利、环境和公共设施管理业	16
建筑业	17
住宿和餐饮业	18
农、林、牧、渔业	19

资料来源：同表 7-16。

年人均收入排名处于第二阵列，即综合排名处于行业前 10 名的是交通运输、仓储和邮政业（简称交仓邮业，下同），卫生、社会保障和社会福利业（卫社福业），采矿业，租赁和商务服务业（租商业），房地产业。

交仓邮业 5 年来排名基本为行业第 6 位，只是在 2004 年和 2008 年处于第 8 位。

卫社福业行业排名基本处于第 7、第 8 位，2008 年为第 9 位。

租商业排名处于行业第 8、第 9、第 10 位。

房地产业 2004 年排名第 5 位，但 2005 年后排名下降，2005 年为第 10 名，2006、2007、2008 年则均处于第 11 名。

采矿业排名处于稳步上升趋势，2004 年排名为第 11 名，2005 年上升为第 9 名，2006 年、2007 年进一步上升为第 7 名，2008 年更升到了第 6 名。

年人均收入行业排名处于第三阵列的是公共管理和社会组织行业，教育，居民服务和其他服务业，制造业。

公共管理和社会组织行业排名稳中有升。2004 年为第 10 名，2005 年为第 11 名，2006 年为第 10 名，2007 年则上升为第 9 名，2008 年更进一步上升为第 7 名。

教育的人均年收入行业排名 5 年中稳定在第 12 名。

居民服务和其他服务业则基本稳定在第 13 名，只是在 2008 年下降到第 15 名。

制造业排名基本稳定在第 14 名，只是在 2007 年下降到第 15 名，但 2008 年又恢复到第 14 名的位置。

行业人均收入排名后 5 位的行业分别是批发和零售业，水利、环境和公共设施管理业，建筑业，住宿和餐饮业，农、林、牧、渔业。

批发和零售行业的行业排名小有波动，波动幅度在第 13 名至第 16 名，收入排名处于稳步上升趋势。

水利、环境和公共设施管理业的行业排名基本稳定在第 16 名，只有 2004 年为第 15 名。

建筑业，住宿和餐饮业，农、林、牧、渔业三个行业的人均年收入行业排名 5 年来一直处于稳定状态，分别为第 17 名、第 18 名、第 19 名。

（三）各行业经济建设投入与行业人均年收入之间的关系分析

表 7-18 和表 7-19 分别列示 1995—2002 年间以及 2003—2008 年间各行业固定资产投资排名及行业人均收入排名比较。从排名上看，并不能得出"固定资产投资多的行业，人均收入也高"的结论。1995—2002 年间，虽然固定资产投资排名前 5 位的行业中有 2 个行业人均收入处于前 5 名之内，有 4 个行业人均收入处于行业排名前 10 名之内，但固定资产投资排名后 5 位的行业，人均收入都处于行业排名前 10 名之内，其中有 3 个行业处于行业人均收入排名前 5 名（见表 7-20）。2003—2008 年间，固定资产投

资前 5 位的行业中只有 1 个行业人均收入排名处于前 5 名之内，只有 3 个行业人均收入排名处于前 10 名之内。而固定资产投资行业排名后五位的行业，人均收入处于前 5 位的有两个行业，处于前 10 位的有 4 个行业（见表 7-19）。

　　虽然从固定资产投资看行业投资与行业收入之间的联系并不紧密，但从中央固定资产投资看，投资与收入之间的紧密度在增强。中央固定资产投资前 5 名的行业除制造业外，其他 4 位均为行业人均收入排名前 10 的行业，它们分别是信息传输、计算机服务和软件业（收入排名第 1 位，获得中央投资第 5 位），电力燃气水的生产供应业（收入第 4 位，投资第 1 位），交通运输、仓储和邮政业（收入第 6 位，投入第 2 位），采矿业（收入第 8 位，投入第 4 位）。而批发和零售业，住宿和餐饮业，居民服务和其他服务业以及农、林、牧、渔业获得中央固定资产投资很少，行业收入排名也靠后（见表 7-20）。

表 7-18　1995—2002 年间各行业固定资产投资排名与人均收入行业排名

行　业	排名	
	收入	投入
交通运输仓储和邮电通信业	5	1
电力燃气水的生产供应业	2	2
制造业	14	3
社会服务业	8	4
国家机关、政党机关和社会团体	10	5
教育、文化艺术和广播电影电视业	11	6
采掘业	12	7
地质勘查业水利管理业	9	8
批发零售贸易和餐饮业	15	9
农、林、牧、渔业	16	10
建筑业	13	11
其他	7	12

续表

行　业	排名	
	收入	投入
卫生体育和社会福利业	6	13
房地产业	4	14
金融保险业	1	15
科学研究和综合技术服务业	3	16

资料来源：根据《中国统计年鉴2006》相关数据计算获得。

表7-19　2003—2008年间各行业固定资产投资排名及人均收入行业排名

行　业	排名	
	收入	投入
制造业	14	1
交通运输、仓储和邮政业	6	2
房地产业	10	3
电力燃气水的生产供应业	4	4
水利、环境和公共设施管理业	16	5
采矿业	8	6
公共管理和社会组织	11	7
教育	12	8
批发和零售业	15	9
信息传输、计算机服务和软件业	1	10
农、林、牧、渔业	19	11
住宿和餐饮业	18	12
文化、体育和娱乐业	5	12
建筑业	17	13
卫生、社会保障和社会福利业	7	14
租赁和商务服务业	9	15
居民服务和其他服务业	13	16
科学研究、技术服务和地质勘探费	3	17
金融业	2	18

资料来源：根据《中国统计年鉴2004》、《中国统计年鉴2009》相关数据计算获得。

表7-20　2004—2008年间中央固定资产投资行业排名与行业人均收入之比较

行　业	排名	
	收入	投入
电力燃气水的生产供应业	4	1
交通运输、仓储和邮政业	6	2
制造业	18	3
采矿业	8	4
信息传输、计算机服务和软件业	1	5
公共管理和社会组织	11	6
教育	12	7
房地产业	10	8
水利、环境和公共设施管理业	16	9
科学研究、技术服务和地质勘探费	3	10
建筑业	17	11
金融业	2	12
文化、体育和娱乐业	5	12
农、林、牧、渔业	19	13
批发和零售业	15	14
卫生、社会保障和社会福利业	7	15
租赁和商务服务业	9	16
住宿和餐饮业	14	17
居民服务和其他服务业	13	18

资料来源：根据《中国统计年鉴2009》相关数据计算获得。

六、国有企业受益群体分析

我国国有企业经历了将近60年的发展和改革，虽然数量下降，但其作为我国国民经济主体的地位一直没有变化。根据统计资料，截至2006年底，全国国有企业共计11.9万户，户均资产2.4亿元。

2002年至2007年，全国国有企业销售收入从8.53万亿元增长到18万亿元，年均增长 16.1%；实现利润从 3786 亿元增长到 16200 亿元，年均增长 33.7%。2007 年，全国国有企业上缴税金 1.77 万亿元，占全国财政收入的 34.5%。在我国国民经济持续快速增长中，国有经济发挥了主要作用。

在国有企业中，央企被称为"共和国的长子"（国资委前主任李荣融语），在国民经济发展中发挥着旗舰和骨干作用。2008 年，央企户数为 141 家，企业资产总额 176287.6 亿元，净资产总额 73289.2 亿元。实现营业收入 118705.1 亿元，实现利润 6961.8 亿元。在全部中央企业中，2008 年底资产总额超过千亿元的企业有 45 家，2008 年实现营业收入超过千亿元的企业有 33 家。在美国《财富》杂志 2009 年公布的世界 500 强企业中，中央企业有 24 家，比上年增加 5 家，比 2003 年增加 18 家。①

国有企业属全民所有，由公共资金建立，并由政府以税收和各种优惠政策担保其发展。国有企业的发展及其在经济中的主导地位以及自 2003 年以来，不少国有企业一改以往的亏损局面，大规模营利的现实，使得国有企业发展的利益归宿问题比以往任何时候更受到关注。

国有企业即公有制企业。与私人企业一样，国有企业的活动亦为经济活动，投资于国有企业的支出毫无疑问是经济建设支出。与私人企业不同的是，国有企业的公有制意味着其所有者是全体民众而不是单个的私人。具体说，央企的所有者是全国人民，各级地方政府的国企是各自辖区内的全体民众。不言而喻，国企的发展应与人民的利益息息相关。营利了，民众应受益；亏损了，民众要弥补。这一目的在新中国成立之初建立国有企业从而国有经济之时就已经表达清楚，即通过建立公有制，消灭产生经济和政治不平等的私有制，实现全民平等、共同富裕的目标。具体说，就是要通过国企赢利和国有资产升值降低居民税负、完善社会保障、提供优质足量的民生服务，实现共同富裕。

应该说，我国国有企业的发展对国民经济的贡献是不容忽视的。改

---

① 国务院国资委公布中央企业 2008 年度总体运行情况，2009 年 9 月 18 日，见 http://www.gov.cn/gzdt/2009-09/18content_ 1420701. htm。

革开放以来，特别是 2003 年国有企业改革后，国有企业对中国 GDP 的增长以及国际经济地位的提升起到了积极的作用。"这可以从一组数据中看到。1980 年时，欧盟的 GDP 差不多是全球 GDP 的 28%，美国占 22% 左右，中国那时只有 4% 左右，虽说中国的人口一直占全球人口的 20% 或者更高。1980 年之后，中国的经济增长最快，从 1980 年占世界 GDP 的 4%，到 2006 年上升到 16%，总共翻了 3 倍。日本在 1980 年的时候，其GDP 占世界的 8.5% 左右，但到 2006 年下降到 6%，因为日本在此期间，除了 1980—1990 年的快速增长以外，1990 年以后基本上呈下降趋势。"①

以国有企业为主体的国有制体系使政府能够"集中力量办大事"，特别是在应对危机、建设大型项目方面优势更是明显。这样的发展模式对一个后发国家在其经济起飞之前而言是必需的。特别是当我们与印度做比较时，这一优势更为明显。印度是以私有制为基础的国家。正如陈志武教授所言，私有制下，要调动资源，需要有非常发达的资本市场，否则难以兴建大工程。但印度属于后发国家，既没有像美国那样发达的资本市场，又没有像中国这样的集中配置资源的机制，因而无法快速发展几十亿甚至上百亿美元的基础设施或制造业项目，所以印度的基础设施和工业基础总体看比中国差。

但是，国有企业在提升我们的国力、富强我们国家的同时，是否实现了它的终极目标，即惠及它的所有者——全体民众？如果没有，它所带来的利益又到了哪里？

由于无法获得有关国企的经营成本和利润分配的详细资料，因而，只能根据已经公开披露的信息对国企发展的受益情况进行大致的分析。

（一）国有企业发展与全民福利改善之考察

采用以下指标衡量公众福利：居民收入增长率、就业率、教育经费增

---

① 陈志武：《如何从国有到民有？——〈南风窗〉专访耶鲁大学金融学教授陈志武》，见 http://www.nfcmag.com/articles/1060。

长率、社会保障的覆盖率和水平等。

改革开放以来，虽然我国进行了以市场经济为导向的经济改革，但国有经济的主体地位一直没有改变。改革开放促使我国经济迅速发展，经济中各主体，包括政府、企业和居民收入都空前增长。与此同时，各主体受益的不均衡问题逐渐展现，并日益突出。从现有数据看，虽然居民收入的绝对量在逐年增长，但其在经济发展中所获得的相对份额近年来却逐渐下降，从而引发出这样一个问题：理论上服务于全体民众的国有经济是否在现实中实现了它的目的？

1. 国有企业发展与居民收入和消费

根据《中国统计年鉴2009》提供的数字，改革开放30年来，城乡居民家庭人均收入绝对量不断增长，2008年比1978年增长了42倍（没有剔除物价上涨因素，下同）（见表7-21）。同期，政府预算内财政收入增长了53倍。政府收入增长速度比居民收入增长速度高出11倍。

各主体在GDP中所占份额大小的变化从另一角度反映了国有经济发展的利益分配情况。根据统计数据，城乡居民家庭人均收入占GDP的比重，1978年为13.08%；2008年则为6.83%，30年中居民人均收入的相对份额下降了将近一半。政府预算内财政收入在GDP中所占比重，1978年为31%，2008年为20.39%，下降了1/3（见图7-2）。虽然居民人均收入与政府收入的相对份额都在下降，但居民收入的相对份额下降得更快。

表7-21　1978—2008年间我国GDP、政府预算内财政收入
和城乡居民家庭人均收入增长率

年份	GDP增长率（%）	财政收入增长率（%）	城镇居民家庭人均可支配收入增长率（%）	农村居民家庭人均纯收入增长率（%）
1979	11.4	1.2	17.9	19.9
1980	11.9	1.2	17.9	19.4
1981	7.6	1.4	4.8	16.8
1982	8.8	3.1	7.0	20.9
1983	12.0	12.8	5.5	14.7

续表

年份	GDP 增长率（%）	财政收入增长率（%）	城镇居民家庭人均可支配收入增长率（%）	农村居民家庭人均纯收入增长率（%）
1984	20.9	20.2	15.5	14.7
1985	25.1	22.0	13.3	11.9
1986	14.0	5.8	21.9	6.6
1987	17.4	3.6	11.2	9.2
1988	24.7	7.2	17.8	17.8
1989	13.0	13.1	16.4	10.4
1990	9.9	10.2	9.9	14.1
1991	16.7	7.2	12.6	3.2
1992	23.6	10.6	19.2	10.6
1993	31.2%	24.8	27.2	17.6
1994	36.4%	20.0	35.6	32.5
1995	26.1%	19.6	22.5	29.2
1996	17.1%	18.7	13.0	22.1
1997	11.0%	16.8	6.6	8.5
1998	6.9%	14.2	5.1	3.4
1999	6.2%	15.9	7.9	2.2
2000	10.6%	17.0	7.3	1.9
2001	10.5%	22.3	9.2	5.0
2002	9.7%	15.4	12.3	4.6
2003	12.9%	14.9	10.0	5.9
2004	17.7%	21.6	11.4	12.0
2005	14.6%	19.9	11.4	10.8
2006	15.7%	22.5	12.1	10.2
2007	21.4%	32.4	17.2	15.4
2008	16.9%	19.5	14.5	15.0

资料来源：根据《中国统计年鉴 2009》有关数字计算获得。

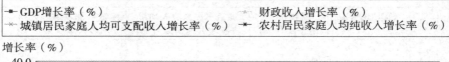

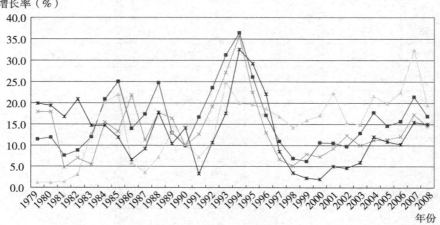

图 7-2   1978—2008 年间我国 GDP、政府预算内财政收入
和城乡人均家庭收入增长率

从表 7-21 和图 7-2 中可以看出，1979—1983 年，农民家庭人均收入增长最快，不仅超过城镇居民人均收入和政府的财政收入增长率，而且也超过 GDP 的增长率。其原因是家庭承包责任制的实行释放了巨大的农业生产力，农民收入相应提高。政府收入在 1982 年之前低于城乡居民人均收入和 GDP 的增长，但在 1983 年超过了城镇居民人均收入的增长，并在 1984、1985 年超过城乡居民人均收入增长，但仍低于 GDP 的增长。自 1997 年开始，直到 2008 年，政府预算内财政收入连续 12 年呈高速增长态势，不仅大大超过城乡居民人均收入的增长，而且也超过了 GDP 的增长速度，某些年份甚至超过 GDP 增长率 10 个百分点以上。

值得注意的是，这里的政府财政收入仅仅是国家统计年鉴上公布的预算内收入。由于各种原因，政府占有的公共收入中还有一部分放在预算之外而没有进入统计系统。如果将这部分收入计入在内，则政府在经济发展中获益更高。

劳动者报酬在 GDP 中的比重也是反映民众是否从我国国有经济发展中

受益的一个重要指标。据国家统计局数据，劳动者报酬在 GDP 中的比重自
1995 年以来已下降了 12.7 个百分点。根据国家统计局省际收入法 GDP 数
据，劳动者报酬、资本收入和间接税在 GDP 中的比重，在 20 世纪 90 年代
中期以前基本保持稳定，其中劳动者报酬占比约为 50%。从 1995 年开始，
劳动者报酬占比开始下降，而资本收入占比和间接税占比分别上升。在
1995—2007 年间，劳动者报酬占比从 51.4% 下降到 39.7%，共计 11.7 个
百分点。从 1996 年至今，劳动者报酬在国民收入中所占比重连年下降，民
众的平均工资涨幅更是远低于 GDP 增长率。每年创造的巨大社会财富主要
流向了政府和企业。

　　使用支出法计算的数据可以从另一个角度观察经济发展的受益者（见
表 7-22、图 7-3）。

表 7-22　1978—2008 年间居民消费支出、政府消费支出在 GDP 中占比情况表

年份	居民消费占比（%）	政府消费占比（%）
1978	48.79	13.31
1979	49.15	15.20
1980	50.76	14.73
1981	52.47	14.65
1982	51.93	14.52
1983	51.98	14.40
1984	50.82	15.00
1985	51.64	14.31
1986	50.46	14.46
1987	49.90	13.67
1988	51.13	12.81
1989	50.91	13.58
1990	48.85	13.64
1991	47.53	14.89
1992	47.16	15.25
1993	44.43	14.86

续表

年份	居民消费占比（%）	政府消费占比（%）
1994	43.50	14.73
1995	44.88	13.25
1996	45.79	13.43
1997	45.21	13.74
1998	45.34	14.28
1999	46.00	15.05
2000	46.44	15.86
2001	45.16	16.21
2002	43.68	15.89
2003	41.67	15.11
2004	39.83	14.47
2005	37.74	14.10
2006	36.31	13.59
2007	35.58	13.38
2008	35.32	13.27

资料来源：根据《中国统计年鉴 2009》有关数据计算获得。

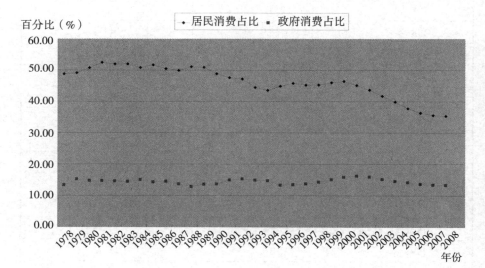

图 7-3　居民消费和政府消费在 GDP 中的占比

从表 7-22 中可以看出，在 1978—2008 年间，我国居民消费支出在 GDP 中所占份额呈下降趋势，由 50% 左右下降到 35% 左右，下降了接近 15 个百分点。而政府消费所占份额则基本保持稳定，维持在 13%—16% 之间。

根据耶鲁大学陈志武教授的计算，1995 年，国家税收是城镇居民人均可支配收入的 1.46 亿倍、农民人均纯收入的 3.96 亿倍，也就是相当于 1.46 亿城镇居民的可支配收入、3.96 亿农民的纯收入；到 2007 年，国家财政税收相当于 3.7 亿城镇居民的可支配收入、12.32 亿农民的纯收入。[①]

由此可见，改革开放 30 年来，我国以国有企业为主导的国有经济发展为各利益主体都带来了收益，但受益分布不均衡。从收入的角度看，政府受益程度大于城乡居民受益程度。

其他学者的研究结果也支持本结论。美国耶鲁大学陈志武教授的研究从三个方面说明了我国民众从以国有企业为主体的经济发展中的受益小于政府和企业。[②]

他首先从收入方面分析，认为在 1995—2007 年间国家预算内财政税收增加了 6 倍，而同期城镇居民人均可支配收入和农民人均纯收入仅上涨 1.6 和 1.2 倍。

其次，从储蓄方面分析。他认为，10 年前国家储蓄占 GDP 的水平大约为 36%，今天已经上升到了接近 46%，紧随其后的是企业储蓄的增长，唯一下降的是家庭储蓄，10 年前家庭储蓄占 GDP 比重超过了 20%，现在则只有 16% 左右。

最后，从消费角度透视。他认为，在过去半个多世纪，总体上，中国居民消费支出占 GDP 比重一直在持续明显下降：1952 年这一比例为 69%，到 1978 年改革开放之夕已下滑到 45%，2004 年缩减至 35%。从全球看，60 年的发展历程中，其他国家民间消费占 GDP 的比重总体上是越来越高，

[①]　陈志武：《把失去的财富效应归还给百姓》，《南方周末》2009 年 11 月 18 日，见 http://www.infzm.com/content/37575。

[②]　陈志武：《把失去的财富效应归还给百姓》，《南方周末》2009 年 11 月 18 日，见 http://www.infzm.com/content/37575。

而政府开支占 GDP 的比重维持不变或降低。俄罗斯 1991 年改革之后，1991—2003 年间，居民消费占 GDP 比重从 35% 上升至 55%，政府开支占 GDP 比重则维持在 22%—25%；美国居民消费占 GDP 比重从 1952 年 64% 上升至 2004 年 71%，联邦政府开支占 GDP 比重同期从 16% 下降至 10%；巴西与美国相近，居民消费占 GDP 比重自 1950 年 51% 上升至 2003 年的 60%，而政府开支占 GDP 比重在这 60 年间维持在 22% 左右。

清华大学学者白恩重等人的研究表明，从 1978 年至 1984 年，劳动者报酬在略微上升，而 1984 年至 1994 年的数据在波动中略降，1995 年之后是大幅下降，1995 年至 2007 年间下降了 12.45 个百分点，其中 2003 年至 2004 年间下降尤为突出，劳动者报酬骤降 5.25 个百分点。在其他年间，即使把这 5.25 个百分点拿掉，劳动者报酬占比仍然是下降的。截至 2007 年，我国劳动者报酬在 GDP 中所占比重已降至 45.1%，而英国、美国和巴西等国近十年的平均劳动者报酬占比分别约为 60%、68% 和 50%。显然，我国劳动者报酬占比远低于英、美等发达国家，而且由于近十年来降幅颇大，这一比重也低于同为发展中国家的巴西。[①]

2. 国有企业与就业

就业率也是考察国有企业为民众带来福利的另一个重要指标。我国国有企业发展是否有利于民众就业？

理论上说，政府可以为国有企业确定各种目标，包括就业目标。因此，国有经济如果要解决失业问题，应该比私有经济更容易。但现实中，我国的国有企业并没有比民营企业吸收更多的就业。

2008 年，国企占工业总产值的比重达 28%，私企的这一比重则是 26.88%，两者可谓旗鼓相当，但从从业人员的数量看，私企的从业人数却是国企的 5 倍。[②]

根据麦可思（MyCOS）公司 2008 年对大学毕业生就业状况调查的一

---

① 白恩重：《我国劳动者报酬在 GDP 中的比重下滑》，见 http：//www. chinaelections. org/NewsInfo. asp？NewsID＝167833。

② 徐光木：《比比私企国企的社会责任成绩单》，新华网，2009 年 12 月 26 日。

份报告①，民营企业为大学生就业提供了最多机会。此次调查范围覆盖了全国 2007 届大学毕业生。抽样达到 44.5 万人，回收问卷超过 22 万份，共覆盖 2113 所高校。河南省回收问卷 8713 份，覆盖了所有高校。调查显示，民营企业（个体）是河南省应届大学毕业生的主要录用者，录用了毕业生就业人数的 46.6%。

根据研究，每年到城市寻找工作的超过 2 亿的农民工，90% 都在中小企业里就业，每年 600 万大学毕业生，也有 70% 在民营企业就业。②

为什么现实中的国企对就业的贡献反而不如民企？主要有两方面原因。

第一，我国国有企业主要集中于采掘、能源、化工、钢铁等资本密集型的重工业上，这些重型工业对国民经济发展是必要的，但从就业的角度看，不及劳动密集型行业，尤其是服务业。

新中国成立之初，为发展工业，特别是重工业，迅速实现所谓的赶超战略目标，以国有企业为主体，建立了以重工业为主的畸形经济结构，从而使我国的民生行业及第三产业长期得不到发展。改革开放以来，虽然我国开始调整这种病态的产业结构，但产业结构调整缓慢。这不仅有客观的、历史的、经济的和技术上的原因，更重要的，是难以改变的国有经济的偏好和局限性，由此导致可以大量容纳就业的第三产业的产值比重长期停滞在 40% 左右，就业比重长期停滞在 30% 左右。而提供城镇 80% 以上就业岗位的中小企业，却因融资难而发展受阻。

第二，国有企业的垄断地位导致其吸收就业的能力低。目前我国各重大行业基本都在国有企业的垄断之下。

全国政协委员宋晓梧在全国政协会上的发言中说，1980 年，我国 GDP 每增长一个百分点可以拉动 200 多万人就业，这一比例到了 1990 年下降至

---

① 《2008 年大学生求职与就业调查报告今日发布》，见 http://news. sohu. com/20081203/n261003800. shtml。

② 苏小和：《诺贝尔经济学奖一直在关注就业》，凤凰网财经，2010 年 10 月 27 日，见 http://finance. ifeng. com/opinion/fhzl/20101027/2777693. shtml。

100 多万，21 世纪以来基本徘徊在 100 万左右，有的年份只有 80 万。目前我国的就业弹性大致为 0.1。2007 年欧盟地区总的就业弹性为 0.78。1992 年至 2004 年"金砖四国"的就业弹性，巴西为 0.9，印度为 0.3，俄罗斯为 0.2。①

我国就业弹性下降的主要原因在于以国有企业为主体的国有经济形成的经济垄断。垄断性行业依靠行政权力获得经济上的垄断，维持着垄断利润和行业高工资与福利，这不仅抑制和阻碍了民营企业的发展，从而间接减少了就业机会，而且，也扭曲了自身的就业吸纳机制。由于垄断企业有力的行政经济保障，人员的招聘远不如民营企业目标、标准明确，竞争公平。早已消失的计划经济产物——"就业顶替机制"现如今又在各大国企上演。"铁路子女到铁路，电力子女到电力，油田子女到油田，农民工子女到工地"。这种状况的存在严重损害了就业公平。其后果是，有相当多垄断企业的工作人员文化水平、工作能力、道德品质都达不到岗位的实际需要；而许多能力出众、德才兼备的人才却没有机会进入垄断企业工作。

3. 教育、养老保险、医疗保险等民生项目是否受益于国企的发展

教育、养老保险及医疗保险等民生项目的发展程度也是公众福利的重要组成部分。如果我国的民生项目发展良好，则可以判断国有企业的发展使公众受益。但长期以来，民生项目一直得不到重视和发展。虽然近年来，党和政府重视了民生支出，但到目前为止，这些项目在国民经济中还只占很小的份额。根据研究，我国 2007 年政府在民众医疗卫生、社会保障和就业福利上的总开支约 6000 亿元，相当于财政总支出的 15%，为全年 GDP 的 2.4%，全国人均 461 元（相当于一个普通工人一年收入的 3%）；教育投入占 GDP 的 3%。这些投入不仅低于发达国家，也低于发展中国家。美国 2007 年在民众医疗卫生、社会保障和就业福利上的总开支约为 15000 亿美元，相当于联邦政府总开支的 61%，为美国 GDP 的 11.5%，分摊到 3

---

① 全国政协委员宋晓梧在全国政协"加快发展方式转变和结构调整，提高可持续发展能力"的专题协商会上的发言。

亿美国人身上，人均 5000 美元（相当于一个普通美国人年收入的六分之一）。虽然我国政府收入占 GDP 的比重高于美国，但并没有成比例更多地把财政开支花在民生上。2007 年巴西政府的教育投入占 GDP 的 5.4%，在其他公共福利上，巴西花在医疗卫生一项上的公共支出就是 GDP 的10.4%，而中国政府在医疗卫生、社会保障、失业救济这几项开支加在一起才占 GDP 的 2.4%。[①]

（二）国有企业的利润归宿

从上述分析中可以看出，以国有企业为主体的我国国有经济的发展并没有使民众成为最大的受益者。这就不免提出这样一个问题：谁从国有企业的发展中受益最大？由于无法获得国有企业利润分配和经营成本的实际数据，因而分析只能借助于已公开的二手资料进行。

我国国有企业自改革开放直到 2003 年这段时间，总体上处于亏损局面，因而不仅无利可分，而且每年要从财政获得巨额补贴。自 2003 年开始，国有企业经过"抓大放小"的改制过程后开始盈利，且盈利规模迅速扩大，成为我国经济中最为赚钱的部门。2010 年 8 月 29 日，全国工商联公布了"2010 中国民营企业 500 家"榜单。全国 500 家最大民营企业的利润加起来还不如 2 家最能赚钱的央企，即中石油和中国移动。2009 年，中国移动和中国石油的净利相加，超过了 500 家最大民企的净利总和。

且不论国有企业的利润是如何获得的，也不论国有企业的存在是否合理。既然国有企业公有，其盈利应为全民分享。但没有任何资料表明，民众参与了国有企业的利润分配，也没有资料表明国企上缴政府的利润是如何使用的，有多少用于民生项目。因此，无法得出民众从国企盈利中受益的结论。

但问题是，究竟谁从国企发展中受益？从现有能够获得的资料看，国有企业发展的最大受益者是国企本身，或企业从业者，特别是国企高管。

---

① 陈志武：《面对经济难题，应为居民和企业减税、退税》，见 http://chenzhiwu.blog.sohu.com/94473994.html。

首先，国有企业职工平均工资在全行业中排名第一。

以江苏省和辽宁省为例。根据国家统计局发布的统计资料，2000 年以来，江苏省城镇单位职工平均工资连续保持平稳快速增长，但不同所有制类型的企业，职工收入水平差距也比较明显。2010 年，江苏包括机关企事业单位在内的城镇单位总体平均工资水平为 31667 元，而国企职工为 35597 元，包括外企、私企在内的其他企业职工只有 27045 元，国企职工平均工资已连续 7 年超过其他企业。

从辽宁省劳动和社会保障厅与辽宁省统计局联合公布的《2005 年辽宁省劳动和社会保障事业发展统计公报》上可以看出，2005 年，辽宁省城镇单位职工年平均工资为 14068 元，比上年增长 18.1%。国有单位在岗职工的年平均工资最高，为 18360 元；城镇集体单位职工年平均工资最低，仅为 3724 元。①

其次，国企高管获利最多。2002 年国务院国资委推行国企高管年薪制以来，中央企业高管年薪和职工平均工资以 12：1 的比例逐渐拉大。国资委数据披露，2004 年至 2007 年，国资委监管下央企高管的平均年薪分别为 35 万元、43 万元、47.8 万元和 55 万元，年增长 14%左右。但在实际操作层面上，高管年薪的最高限制早已被突破。凤凰网根据上市央企 2008 年年报整理公布的央企高管年薪表，央企高管年薪在 100 万以上者不在少数，更有高达千万年薪。②

特别要指出的是，上述无论是职工工资，还是高管年薪，还都仅仅是基本年薪，尚不包括绩效奖金和股权激励。很多国企的绩效奖金、股权激励以及各种货币和实物补贴数额相当惊人，堪与基本工资平分秋色，甚至更高。

---

① 辽宁国企职工平均工资最高，2009 年 5 月 3 日，应届毕业生求职网。

② 《央企高管薪酬排行榜：中海油傅成玉工作日薪 4.5 万拔头筹》，2009 年 4 月 14 日，见 http://finance.ifeng.com/stock/zqyw/20090414/540825.shtml。

第八章
基本养老保险的利益归宿研究

一、基本养老保险概述

一般而言，从财政收入角度，富人多缴税，穷人少缴税或不缴税；从财政支出角度，富人不会因为多缴纳税收而获得政府额外的公共服务，有时得到的服务或补贴甚至低于穷人。在这样的制度中，穷人是财政制度的净得利者。然而，与一般的财政收支不同，基本养老保险制度还有以下一些特殊之处：

（一）基本养老保险制度具有个人权益性的特征

对于绝大多数国家而言，在基本养老保险制度中，多缴纳社会保障税（费）则能在将来获得更高的养老金收入。显然这种制度安排，削弱或消灭了贫富再分配。这就引发了一个问题：基本养老保险制度是"劫贫济富"，还是"劫富济贫"？

（二）基本养老保险制度具有代际再分配的特征

由于包括我国在内的许多国家实施现收现付型的养老保险制度，当代人缴费直接被用于上一代人的养老金给付。这又引发了一个问题：当代人是否被上一代人剥削了？

根据新出台的《社会保险法》，我国的社会养老保险项目被分割成五个独立运行的养老保险项目：公务员、事业单位职工、企业职工、城镇居民和农民的养老保险（见表8-1）。由此引发了分配领域的几个新问题：第一，项目间的收入再分配问题。在这几个项目中，国家对哪类人群给予力度最大的补助呢？第二，项目内部的收入再分配问题（代际间、性别间、不同收入阶层间）。第三，社会养老保险制度对地区间收入再分配的调控效果。

表8-1 我国社会养老保险项目的种类

人群	项目类型
公务员	国家公务员退休项目
事业单位职工	事业单位人员基本养老保险项目
企业职工	企业基本养老保险项目
城镇居民	城镇居民社会养老保险项目
	企业基本养老保险项目
农民	新农村社会养老保险项目

注：①城镇居民既可以参加城镇居民养老保险项目，也可以以灵活就业人员的身份参加企业基本养老保险项目。当然我国大多数城市尚未建立城镇居民社会保险制度。②根据《社会保险法》，农民工已经不再是一个独立的参保群体，他们在城市和农村中流动时，分别参加城镇企业职工养老保险制度和新型农村社会保险项目。

这里需要特别说明的是，实际上事业单位职工的养老保险项目并不是统一的。因为：第一，事业单位可以分为全额拨款单位、差额拨款单位以及自收自支单位；第二，事业单位职工还分为事业编制职工、工人编制职工等；第三，即使同处在一个地区，事业单位的行政隶属关系的不同，也会对养老金造成影响。

二、研究文献综述

（一）国外的研究

关于社会养老保险的收入再分配问题，国外有不少相关的研究文献，特别是对美国相关制度的研究。在美国，联邦基本养老保险基金是一个封闭运行的系统，财政既不向基金拨款，也不要求基金上缴盈余。因此，利益归宿的判断相对较为简单。当然，由于养老保险制度会影响参保人的退休行为、遗产意愿等，因此，养老保险制度对收入分配的结果还有间接的影响。

1. 养老保险制度的利益归宿（对收入分配的直接影响）

费德尔斯坦（Feldstein，1977）估计，从 1950 年到 1975 年，社会保障税的实际收益率（不包括为医疗提供资金的那部分税款）每年上升10.4%，为此社会付出的代价是工薪税的税率从 1950 年的 1.4%提高到1975 年的 7.9%。与此同时，参保人在这 25 年间投资股票和公司债券的收益率仅为 8%和 3%。

博斯金、克里科夫、帕菲特和肖文（Boskin，Kotikoff，Puffert and Shoven，1987）采取了投资收益率法和净现值法对美国基本养老保险制度的归宿进行了研究，计算结果显示：年收入为 1 万美元的单人工作家庭、年收入为 1 万美元的双人工作家庭、年收入为 3 万美元的单人工作家庭以及年收入为 3 万美元的双人工作家庭的参保投资收益率分别为 3.5%、3.01%、2.07%和 1.22%，净现值（3%贴现率）分别为 8981 元、140 元、-34944 元和-63000 元。从这一点来看，美国的基本养老保险制度具有较强的收入再分配功能。

莱莫尔（Leimer，1994）采取投资收益率法，计算出越晚出生的人，（根据通货膨胀率调整后的）收益率越低，1876 年出生的人的参保收益率高达 36.5%，而 100 年以后出生的收益率仅为 1.9%，2000 年以后出生的人的收益率则降至 1.7%。而如果为了保证养老保险基金收支平衡而削减养老金给付的话，2000 年以后出生的人的收益率则仅为 0.9%。

卡德维尔等（Caldwell et al.，1999）指出，美国第二次世界大战后"婴儿潮"一代的参保收益率为 2.4%；20 世纪 70 年代以后出生的人的参保收益率为 1%；2000 年前后出生的人的参保收益率几乎为 0。

2. 养老保险制度对收入分配的间接影响

费德尔斯坦（1974）提出了财产替代效应，基本养老金给付降低了储蓄动机，加大了贫富悬殊，原因在于穷人主要依靠养老金度过晚年，而养老金的存在使穷人不需要另外准备资金，增加了老年穷人的消费，降低了穷人家庭的遗产，进而使贫富家庭的财产悬殊扩大。

戈克雷（Gokhale，2001）指出，美国基本养老保险制度使贫富家庭的财产悬殊扩大，基尼系数增加了16%。

（二）国内的研究

与美国相比，我国的基本养老保险制度要复杂得多，因此其经济效应和对收入再分配的影响也相应要复杂多了。第一，我国的基本养老保险制度是由多个制度拼凑而成的，具有"碎片化"的特征。第二，我国的基本养老保险制度并不是封闭运行、自我维持平衡的制度，每年财政要向机关事业单位拨款，用于公务员和事业单位职工养老金；财政要向企业基本养老保险基金拨款以维持收支平衡；财政是城乡居民基础养老金的唯一提供者。第三，我国的养老保险统筹层次低，缴费与计发办法不统一，而美国的基本养老保险制度是由联邦政府统一管理和兜底的。

总的来看，我国的基本养老保险制度对收入分配的影响主要集中在以下几个方面：

1. 不同收入阶层的再分配

彭浩然、申曙光（2007）采用对比养老金待遇和缴费精算现值的方法，分析了2005年新的养老保险调整方案与过去方案相比在高低收入人群之间可能产生的再分配变动，得出新制度明显减弱了代内再分配效应的结论。王晓军（2009）的测算表明：我国现行的社会养老保险制度安排，存在明显的收入再分配，包括从城镇企业职工向城镇灵活就业人员的收入再分配，从高收入阶层向低收入阶层的收入再分配，从男性人群向女性人群的收入再分配，从缴费时间短的参保人群向交费时间长的参保人群的收入再分配，从寿命较短的参保人群向长寿人群的收入再分配等。工资增长率、个人账户回报率以及无风险利率在未来的变动方向和变动程度，会明显影响各类人群之间的再分配程度。

2. 性别间的再分配

高庆波、潘锦裳（2007）认为，2006 年以后，随着国务院 38 号文的实施，一方面使男女两性养老金利益都有所改善；另一方面，由于男性的改善速度高于女性，因此男女两性养老金差距有所扩大。郑春荣、杨欣然（2009）指出，在我国，女性的退休年龄要比男性早 5 年或 10 年。传统上，这一政策被认为是对女性的照顾。但是随着我国养老保险制度改革的深化，缴费激励的特征日趋明显，这将大大降低女性养老金的相对价值。根据模型测算的结果，工资相同的男女职工，因为退休年龄不同，可能造成女性的养老金仅为男性的 40%。为此，需要从实施弹性退休制度、设定缴费最高年限和遗属养老金制度等方面来缓解这一现象。

3. 代际再分配

任若恩等（2004）利用代际核算的方法，测算了中国社会养老保险制度产生的代际账户值。核算结果表明我国城乡不平衡很严重，城镇人口到 55 岁（其中女性到 50 岁）时代际账户就为负值，而农村人口要到 85 岁（其中女性到 90 岁）代际账户才为负值。我国的代际不平衡也较为严重，按照不同的生产率增长率和贴现率的假设，我国未来代的代际账户值比 2002 年新出生一代高 66% 到 102%。

何立新（2007、2008）认为，总体上中国城镇社会保障制度缩小了个人收入差距，降低了相对贫困率，具有正的再分配效应。但社会保障对劳动年龄人群和老年人群的收入再分配作用非常不同，社会保障的再分配主要不是通过收入阶层间的再分配，而是通过代际间的收入再分配实现的。高收入人群通过社会保障体系转移出去的收入很少，中国社会保障费用负担的累进性很低。另外，与 1995 年相比，2002 年时社会保障缩小收入差距的作用下降，相对贫困率有所上升。

4. 地区间的再分配

卢自华（2010）认为，由于统筹层次低，养老保险在不同地区之间的统筹调剂能力十分有限，除中央财政补贴的地区差异可能造成地区逆向调控外，养老金分配在不同地区之间造成逆向调节的可能性比较小。

杨方方（2006）指出，由于中央政府和地方政府之间没有形成制度化的养老保险财政分担机制，因而造成财政分担机制的混乱——中央政府与地方政府之间存在着相互转嫁责任的问题。

吴湘玲（2006）认为，地方统筹的基本养老保险管理体制，不具有缩小区域差距的功能。

柯卉兵（2009）通过行政事业单位离退休经费占 GDP 的比重等指标进行判断，认为1995—2005年总体上地区社会保险的差异状况有所改善。

总体上看，我国对养老保险制度收入再分配效应的定量研究还十分有限。

三、企业基本养老保险制度的利益归宿
——基于收入阶层的分析

（一）研究方法

笔者采取内部报酬率法（IRR）来计算谁是基本养老保险制度中的获利者。

1. 计算各个收入阶层参加基本养老保险的内部报酬率

内部报酬率就是使未来各年"投资收益的贴现值总和"等于"投资成本的贴现值总和"的贴现率，见（8-1）式。若将个人缴纳养老保险费视为投资，而将领取养老金视为投资收益的话，可以很方便地求出高、中、低收入者参加养老保险制度的收益率。为了叙述方便，将这一报酬率称为"养老保险收益率"或 $IRR_{政府}$。

$$0 = \sum_{t=0}^{n} \frac{B_t}{(1+IRR)^t} - \sum_{t=0}^{n} \frac{C_t}{(1+IRR)^t} \qquad (8-1)$$

其中，B_t 是第 t 年的投资收益（领取的养老金），C_t 是第 t 年的投资成本（养老保险缴费额）；n 是项目投资总年限（缴纳养老保险费的年限与

领取养老金的年限之和）。

2. 将养老保险收益率与参保者的机会成本进行对比

假设政府没有出台基本养老保险制度（例如在中国香港），参保人可以将本人及其雇主缴纳的养老保险费省下来，用于长期投资（股票或债券）。将这一条件下参保人获得的投资收益率称为 $IRR_{市场}$。

如果 $IRR_{政府} > IRR_{市场}$，说明该参保人得到了政府补贴；

如果 $IRR_{政府} = IRR_{市场}$，说明该参保人既没有受到政府补贴，也没有被政府课税；

如果 $IRR_{政府} < IRR_{市场}$，说明该参保人没有得到政府补贴。

（二）我国城镇基本养老保险制度的主要规定

1. 缴费规定

1995 年 3 月 1 日，国务院发布了《关于深化企业职工养老保险制度改革的通知》，通知中规定：职工本人上一年度月平均工资为个人缴费工资基数，同时，月平均工资超过当地职工平均工资 300% 以上的部分，不计入个人缴费工资基数；低于当地职工平均工资 60% 的，按 60% 计入。根据这一规定，从全体参保职工（不分男女）中找三类典型代表：①最低收入者（按社会平均工资的 60% 缴费），在下文中简称"穷人"；②中等收入者（按社会平均工资的 100% 缴费），在下文中简称"中人"；③高收入者（按社会平均工资的 300% 缴费），在下文中简称"富人"。

2. 给付规定

退休人员的基本养老金由基础养老金和个人账户养老金两部分构成。为了简化分析，本章以"新人"作为测算对象，即以 2005 年《国务院关于完善企业职工基本养老保险制度的决定》颁布实施后参加工作的人员为分析对象。"新人"的两部分养老金计算公式如下：

$$基本养老金 = 基础养老金 + 个人账户养老金$$

（1）个人账户养老金

$$个人账户养老金 = \frac{个人账户储存额}{计发月数}$$

由于个人账户养老金制度没有贫富再分配功能，仅有保险的功能（寿命短的人补贴寿命长的人），因此，简单地将其视为强制储蓄账户，在下面的研究中不再考虑个人账户基本养老保险的缴费与给付。目前国内的相关研究均将个人账户养老金作为养老金的一部分进行收入再分配的研究，笔者认为这样做将影响结论的准确性。

（2）基础养老金

$$基础养老金 = \frac{当地上年度职工月平均工资+本人指数化月平均缴费工资}{2}$$

$$\times \frac{缴费年限}{100}$$

由上式计算出来的基础养老金仅仅是退休者在退休第一年领取的养老金。在以后的年度中，养老金还将根据政府的有关政策进行上调。

（三）模型测算

上文所述的"穷人"、"中人"和"富人"，（在缴费环节）缴费金额差异较大，（在给付环节）养老金额度的差异也较大。那么谁是制度的得益者呢？将通过实证分析的方法对各收入层次的参保职工参加基本养老保险的缴费和给付情况进行测试。

1. 假设条件

第一，企业的养老保险缴费率为20%。国务院《关于建立统一的企业职工基本养老保险制度的决定》（国发〔1997〕26号）规定，企业缴纳基本养老保险费的比例一般不得超过企业工资总额的20%。我国的养老保险政策实行省级统筹政策，各地在缴费率、计发方法等方面略有差异。为简化分析，假设企业的养老保险缴费率为20%①。

第二，所有职工的年龄相同且于年满22岁时参加工作，退休年龄均为60岁。由此可算出，他们的缴费年限为38年，即 $n = 38$。

---

① 严格地讲，上述假设没有完全符合现实情况。例如，在一些企业中，员工的工资远远高于上一年当地社会平均工资的300%，此时，对企业来讲，缴费基数是上不封顶、下不保底的。

第三，在这三个人参加工作的前一年，当地社平工资为 W_0，此后社会平均工资每年增长率为 g。

第四，在工作第一年，"穷人"、"中人"和"富人"的工资分别是当地社会平均工资的 a_p、a_m 和 a_w 倍，显然，$a_p = 0.6$、$a_m = 1$、$a_w = 3$。此后，他们的工资增长率与当地社会平均工资的增长率完全相同。由于养老金的缴费基数为上一年的实际工资①，因此，假设他们参加工作第一年的缴费基数分别为 $a_p W_0$、$a_m W_0$、$a_w W_0$，第 n 年的缴费基数为 $a_p W_{n-1}$、$a_m W_{n-1}$、$a_w W_{n-1}$。

第五，基础养老金的年增长率 s 为社会平均工资年增长率的50%，即 $s = g/2$。国发 [2005] 38 号的规定中并没有明确养老金每年上调的具体比例，只是指出"调整幅度为省、自治区、直辖市当地企业在岗职工平均工资年增长率的一定比例"，因此，本章参照广东省的做法②，将养老金增长率 s 设定为工资增长率的50%。

2. 模型测算

（1）缴费成本（投资成本）

对于每位职工而言，其第 n 年的缴费金额为 $20\% a W_{n-1}$，即 $20\% (1+g)^{n-1} a W_0$。每位职工终身养老保险缴费现值为 $0.2 a w_0 \left[\dfrac{(1+g)^n / (1+r)^n - 1}{(1+g)/(1+r) - 1} \right]$。

（2）养老金给付（投资收益）

根据 38 号文的规定，先计算职工在退休当年的养老金收入：

$$P_1 = W_n \times \frac{(1+a)}{2} \times n \times 1\% = (1+g)^n \times W_0 \times \frac{(1+a)}{2} \times n \times 1\%$$

其中，n 是缴纳年限；W_n 是工作第 n 年的缴费工资（实际上也是工作最后一年的工资，或退休前一年的工资）。从这个公式来看，每位劳动者的

---

① 按照有关文件，新参加工作的职工，从进入用人单位之月起，当年缴费工资按用人单位确定的月工资收入计算。为了方便计算，假设新参加工作的职工，其第一年缴费基数为上年度当地职工月平均工资。

② 例如《广东省关于贯彻国务院完善企业职工基本养老保险制度决定的通知》（粤府 [2006] 96 号）规定，基本养老金年度调整幅度为全省上年度企业在岗职工月平均工资增长率的 40%—60%。

养老金受 W、a 和 n 等三个因素的影响，其中，n 通常是不变的；对于所有的劳动者而言，a 的平均数恒为 1，也是不变的，也就是说劳动者的养老金主要与 W 相关。那么在老龄化到来之际，整个社保体系将面临支付危机。举个例子，如果 $P_1 = 0.6 W_n$，那么就要求三个劳动者供养一个老年人。

职工领取的养老金并不是终身不变的。以后各年养老金将根据国家政策逐年上调。假设退休第 m 年时，他的养老金为：

$$P_m = (1 + g/2)^{m-1} P_1$$

每位职工终身的养老金给付额为：

$$\frac{(1+a)}{2} w_0 \left(\frac{1+g}{1+r}\right)^n n\% \left[\frac{(1+g/2)^m / (1+r)^m - 1}{(1+g/2)/(1+r) - 1}\right]$$

有了各年投资成本和投资收益的数据，我们就可以测算养老保险收益率了。

（3）养老保险收益率的测算

根据内部报酬率的公式，并假设 IRR = r：$\sum\limits_{t=0}^{n} \dfrac{B_t}{(1+r)^t} = \sum\limits_{t=0}^{n} \dfrac{C_t}{(1+r)^t}$，

得到：

$$0.2 a w_0 \left[\frac{(1+g)^n / (1+r)^n - 1}{(1+g)/(1+r) - 1}\right] = \frac{(1+a)}{2} w_0 \left(\frac{1+g}{1+r}\right)^n n\% \cdot$$

$$\left[\frac{(1+g/2)^m / (1+r)^m - 1}{(1+g/2)/(1+r) - 1}\right]$$

3. 模型测算结果

根据上述模型，养老保险收益率 r 只受 g、a、m 和 n 的影响。假设 $n = 38$，$m = 20$（即缴费年限为 38 年，退休后余命为 20 年）。另外，根据前面的假设，$a = 1$ 时，该参保人为中人（即平均收入者）；$a = 0.6$ 时，该参保人为穷人；$a = 3$ 时，该参保人为富人。模型测算结果如下：X 轴为 g 值，Y 轴为 r 值，图 8-1 给出了在不同 g 值下，内部报酬率 r 的变化情况。

从图 8-1 中可以得出几个结论：第一，在不同的工资增长率下，富人、中人和穷人的收益率绝对差距变化不大，换句话说，工资增长率越

高，收入再分配的效果就越差，越有利于高收入群体。第二，在所有的假设条件下，对于所有的收入群体，投资收益率跑输工资增长率。例如当工资增长率为 6% 时，富人、中人和穷人的投资收益率分别是 3.19%、4.79%、5.89%。

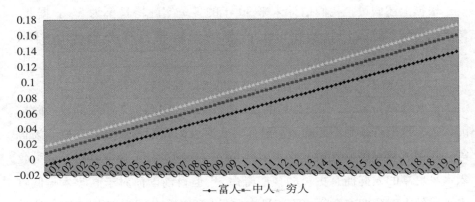

图 8-1　不同工资增长率下的三类人群养老保险投资收益率

（1）关于未来 50 年我国工资增长率的估计

改革开放以来，我国城镇单位在岗职工平均工资由 1978 年的 615 元增长到 2008 年 29229 元，名义年增长率平均为 13.74%，如果扣除物价上涨因素，实际年增长率平均为 7.64%。相对于我国高速增长的劳动生产率和GDP，我国职工平均工资的增长率较为缓慢。当然，目前我国我国社会平均工资的真实性问题也存在较多争议，例如没有涵盖所有收入项目，私营企业员工和自由职业者的收入没有统计，CPI 涨幅被低估造成实际收入虚高。

对于未来几十年的工资增长率的预测，笔者有如下的判断：正面影响社会平均工资的因素有两个：随着刘易斯转折点的到来，中国的劳动力将较为稀缺，工人工资有望得到较快的增长；我国的工资统计和社会保障缴费基数将进一步规范，一些实物补贴将被纳入工资基数，这将推高平均工资水平。同时，负面影响社会平均工资的因素也有两个：一是未来几十年，我国经济增长速度可能有所放缓，社会平均工资的增长受制于经济发展和劳动生产率的发展速度（一般而言，社会平均工资的增长率不高于劳动生产率的增长）。二是当前我国社会平均工资的统计口径较窄，未纳入小规模私营企业及个人工商户的员工收入统计。随着统计口径的扩大，更多的低收入群体将被纳入统计范围，这将摊低社会平均工资。

根据上述假设，我们估计未来 30 年的工资实际增长率为 5%。据此，笔者计算出富人、中人和穷人的养老保险收益率分别为 2.43%、3.99%、5.07%。

（2）根据不同预期寿命进行调整后的养老保险收益率

前文假设 $m=20$，即退休后的余命为 20 年。但是，对于不同收入阶层的人士，预期寿命是不同的。一般而言，富人的预期寿命要长一些。汤哲等（2004）就经济状况对北京市预期寿命的影响进行了抽样分析，认为收入水平更高的人群拥有更长的预期寿命。[1] 但目前国内对于高收入与低收入水平的人群预期寿命的差距还没有定量的研究。因此，根据美国经济政策研究所（Economic Policy Institute）发布的相关研究表明：在 2001 年，对于年龄在 60 岁的男性而言，美国最富的 1/4 男性比最穷的 1/4 男性的预期寿命要长 5.8 年。[2] 根据这一研究结果，我们将低、中、高收入水平的参保者停止领取养老保险金的年龄设定为 77 岁、80 岁、83 岁，计算结果如表 8-2 所示。从表 8-2 可以看出不同预期寿命下内部报酬率的变化，当低收入者的预期寿命为 80 岁时，其参加养老保险的内部报酬率为 5.07%，当预期寿命为 77 岁时，内部报酬率降为 4.57%；相反，对于高收入者，预期寿命为 83 岁时的内部报酬率则升至 2.95%。因此，在调整了预期寿命后，低收入者与高收入者的内部报酬率之间的差距从 2.64% 降低至 1.62%。

---

① 汤哲、Toshiko Kaneda、项曼君、方向华、Zachary Zimmer：《北京市不同社会经济状况老年人的预期寿命和健康预期寿命》，《中国临床康复》2004 年第 8 卷第 30 期。

② Monique Morrissey，" Rich Man，Poor Man：The Life Expectancy Gap"，Economic Policy Institute，2008，16.

表 8-2　不同预期寿命条件下三类人群的养老保险投资收益率

预期寿命	穷人	中人	富人
预期寿命为 77 岁	4.57%	3.42%	1.74%
预期寿命为 78 岁	—	3.63%	1.99%
预期寿命为 79 岁	—	3.82%	2.22%
预期寿命为 80 岁	(5.07%)	3.99%	2.43%
预期寿命为 81 岁	—	—	2.61%
预期寿命为 82 岁	—	—	2.79%
预期寿命为 83 岁	—	—	2.95%

（3）不同性别调整后的养老保险投资收益率

在我国现行制度中，女性的法定退休年龄是 55 岁，早于男性 5 年，养老金待遇受到一定程度的削减。[1] 另外，女性退休以后的预期寿命高于男性，以上海市为例，2009 年，上海市户籍人口期望寿命 81.73 岁，其中，男性 79.42 岁，女性 84.06 岁。[2] 因此，在计算男性和女性养老保险投资收益率时，笔者假定男性的期望寿命为 79 年，女性的期望寿命为 84 岁。

（4）根据不同就业类型调整后的养老保险投资收益率

国务院《关于完善企业职工基本养老保险制度的决定》（国发〔2005〕38 号）规定，"城镇个体工商户和灵活就业人员都要参加基本养老保险，从 2006 年 1 月 1 日起缴费基数统一为当地上年度在岗职工平均工资，缴费比例为 20%，其中 8% 记入个人账户；城镇个体工商户和灵活就业人员退休后按企业职工基本养老金计发办法计发待遇"。[3] 可见，相对于企业职工，灵活就业人员缴纳给个人账户以外的统筹基金的费率为 12%（20%–8%）。由此可以看出，政府对灵活就业人员采取了优惠政策。将通过比较企业职工与灵

---

① 这是因为我国的基础养老金是与缴费年限挂钩的，女性退休早，缴费年限就少，养老金待遇相应被减少了。

② 上海市卫生局：《2009 年上海市卫生数据》，上海市卫生局网站，见 http://wsj.sh.gov.cn/website/b/53088.shtml。

③ 为方便叙述，下文将"城镇个体工商户和灵活就业人员"简称为"灵活就业人员"。

活就业人员的养老保险收益率，来分析政策的利益归宿。

（5）根据不同缴费年限调整后的养老保险投资收益率

现行政策规定，参保人缴费年限满 15 年才有资格领取养老金。对于参保人而言，他可能缴满 15 年以后就不再缴费，也可能继续缴费。将通过比较不同缴费年限条件下的养老保险投资收益率，来分析参保人因缴费年限不同带来的得失。

根据上述的分析，可以得到一个较为全面的计算结果（见表 8-3）。

表 8-3　不同类型人群的养老保险投资收益率

分类	养老保险收益率
1. 按收入高低分类（$g=5\%$，$m=38$，$n=20$）	
高收入者	2.95%
平均收入者	3.99%
低收入者	4.57%
2. 按就业类型分类（$g=5\%$，$m=38$，$n=20$）	
城镇职工平均收入者	3.99%
灵活就业人员	4.39%
3. 按性别分类（$g=5\%$，$m_{男性}=38$，$n_{男性}=19$，$m_{女性}=33$，$n_{女性}=24$）	
男性	4.62%
女性	5.02%
4. 按缴费年限分类（$g=5\%$，$n=20$）	
缴费 15 年	10.63%
缴费 20 年	8.39%
缴费 25 年	6.77%
缴费 30 年	5.53%
缴费 38 年	3.99%

资料来源：笔者自行计算。

从表 8-3 中可以看出：

第一，我国现行的社会养老保险制度具有一定的收入再分配功能。这表现在：城镇企业职工补助城镇灵活就业人员；高收入者补助低收入者；

男性人群补助女性人群；缴费年限长的人员补贴缴费年限短的人员等。

第二，工资增长率变动程度，会明显影响各类人群之间的再分配程度。工资增长率的增加，将增加所有参加养老保险人群的福利，使参加养老保险的再分配程度相应减弱。

第三，我国现行的社会保险制度的再分配功能较弱。如表 8-2 所示，富人与穷人的收益率相差很小；企业职工与灵活就业人员的收益率相差不到 1%。

4. 养老保险收益率与机会成本的比较

现在将已经测算出的养老保险投资收益率与参保人的机会成本进行对比。参保人（及参保企业）如果没有向政府缴费，那么他可以将这部分缴费资金投资于资本市场，由此，资本市场的投资收益率就是养老保险制度的机会成本。为了找出机会成本，可以借助两个指标：一是同期资本市场的投资收益率；二是同期其他养老保险基金的收益率。

（1）同期资本市场的投资收益率

养老保险基金是长期性的投资资金，一般主要投资股票和政府债券。根据表 8-4 数据，假设养老保险基金分别投资股票、政府债券和短期利率产品的比例为 45%、45% 和 10%，并扣除通货膨胀的影响，得到美、日、德、英等四国的实际加权投资收益率为 5.68%、5.41%、5.37% 和 6.32%，远高于我国的平均养老保险收益率（3.99%）。

表 8-4　美国、日本、德国、英国的证券统计数据（1972—1996 年）

项目	美国	日本	德国	英国
短期利率产品	6.93%	5.95%	6.35%	10.69%
政府债券	9.88%	7.34%	8.05%	11.96%
普通股	13.47%	13.32%	10.59%	18.45%
通货膨胀	5.52%	4.48%	3.65%	8.43%
实际的加权投资收益率	5.68%	5.41%	5.37%	6.32%

资料来源：Sharpe, W. F. Alexander, G. J. and Bailey, J. V., 1999, *Investments*, Sixth Edition, New Jersey: Prentice-Hall, p.9。

（2）同期其他养老保险基金的投资收益率

从长期看，私营养老基金收益几乎总是超过人均收入增长速度。图 8-2 显示，根据伊格莱西亚斯和帕拉西奥斯（Iglesias and Palacios，2000）的统计，除了瑞士以外，其他发达国家的养老基金投资收益率都超过了人均收入增长率，平均超出 400 个基点。根据前文的计算结果，我国的养老保险平均收益率（3.99%）明显低于人均工资增长率（5%）。

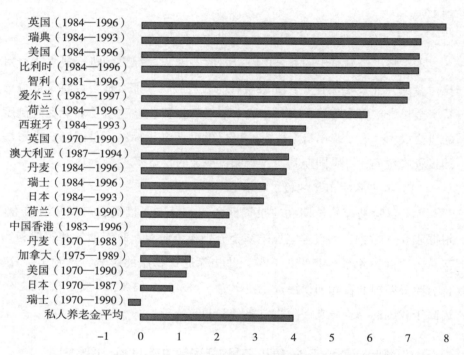

图 8-2　部分国家（地区）私营养老基金实际年收益与实际人均收入增长的差距（%）

从上述两方面的比较，笔者得出令人失望的结论：我国养老保险投资收益率在整体上是较低的。那么，这一现象的受害者是谁呢？由于社会保险缴费的基数是工薪收入，所以利益受损主体是工薪阶层。无论是高收入的工薪阶层，还是低收入的工薪阶层，养老保险收益率都不够理想。

（四）导致养老保险投资收益率偏低的原因

前文已得出结论，我国养老保险收益率在总体上是很低的。探究其中原因，有以下几个方面：

1. 由于财政职能缺位，"老人"的养老金全部由在职人员负担

在 20 世纪 90 年代以前，我国实施的现收现付型的养老保险制度。国家长期实施低工资制度，劳动者在得到工资之前已经扣除了隐性的社会保障资金，他们在过去对社会积累所做的贡献并未折算成社会保险供款，国家过去把本应用于职工养老和医疗保障的资金先用来投资，形成了国有资产的一部分。1993 年，十四届三中全会上决定实行社会统筹与个人账户相结合的养老保险和医疗保险体制。由现收现付制转向个人账户制，必然发生老职工的社会保障基金的补偿问题。显然，这样巨额的债务，是目前已很紧张的财政无法负担的，更不可能通过提高当代劳动者的缴费率来解决。

与其他实施现收现付制度的国家不同，我国的基本养老保险制度具有三个特殊之处：

第一，养老保险制度建立之初，我国就已步入老龄化。而美国在实施社会养老保险制度时，人口结构较为年轻，"新人"众多，因此，"老人"和"中人"对"新人"的剥削不会造成很大的负担。因此，美国养老保险制度建立初期，社会保障税税率仅为 1%。然而，我国实施社会养老保险制度时，已经步入老龄化社会，"新人"趋于减少，显然完全让"新人"负担起全社会的养老责任是力不从心的。

第二，我国养老保险制度实施"统账结合"制度（见图 8-3），在职人员不但要负担退休者"现收现付制"基础养老金，还要负担退休者"完全积累制"的个人账户养老金。由此，设想中的流程图（见图 8-3）在实际运行中变成了图 8-4，当代在职人员的负担大大加重了。

第三，财政资金难以应对庞大的养老保险历史债务。近年来，我国各级财政对基本养老保险的补助金额已呈稳步上升趋势（见表 8-5）。当然

总体上来讲，财政对基本养老保险的投入占财政支出的总比重呈下降趋势。尽管财政对社保的投入还有较大的上升空间，但是靠财政补助来解决社保的历史债务是不现实的。

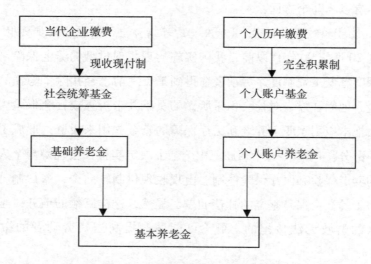

图 8-3   理想中的我国养老保险"统账结合"模式

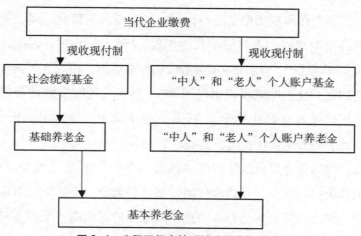

图 8-4   实际运行中的"统账结合"模式

表 8-5　全国及各级财政对基本养老保险基金补助情况

单位：亿元

各级财政＼年份	2003	2004	2005	2006	2007	2008	2009
全国财政	497.5	614	651	971	1157	1437	1646
中央财政	477.89	522	544	774	873	1127.43	1326.29
地方财政	19.61	92	107	197	284	309.57	319.71

资料来源：历年劳动和社会保障统计公报、财政部：《1035.12 亿元——进一步加强对基本养老保险基金的支持》，见财政部网站，http://www.mof.gov.cn/zhuantihuigu/2007ysbg/szcz/200805/t20080519_26000.html。

2. 地方保护主义以及管理不善造成的

李雯铮等（2008）[①] 指出企业、个人逃避缴费的行为与政府的态度及管理效率有很大关系，而政府由于种种原因对逃费现象采取容忍或纵容的态度。一是政府不愿惩罚（对于经济状况较差的企业和个人，为避免他们陷入更差的经济状况政府不愿意惩罚；对于那些作为地方经济的支柱又有较大社会影响力的企业，政府出于财政收入、就业的考虑并不愿与企业对立）。二是政府方面的道德风险（一些社保部门的工作人员与企业雇主勾结在一起帮助其逃费）。不难想象，如果养老保险参保人当中绝大多数人都是低收入者（如前所述有很多人是中高收入者，但是隐匿或降低了缴费基数），那么有限的富人难以提高整体参保人的收入水平，造成收入再分配效果不佳。

（五）模型的不足之处与存在的争议

养老保险投资收益率的计算方法也存在一些不足和争议之处。下面逐一分析：

1. 有的人认为雇主缴纳的养老保险费不应全部视为投资成本

理由是：第一，当前养老保险制度中，雇主缴费是法律强制的，如果法律没有强制，雇主不可能将原本用来缴费的资金全部作为工资发放给雇

---

① 李雯铮、陈莹：《我国基本养老保险费基侵蚀原因研究》，《法制与社会》2008 年第 3 期。

员。第二，雇主的缴费可以在税前扣除，免征企业所得税和个人所得税。如果雇主的缴费部分直接发放给雇员，则要缴纳企业所得税和个人所得税。笔者认为这一观点不是很正确，因为本章讨论的是当前养老保险制度的利弊，而不是养老保险制度是否应该实施。如果研究发现政府举办养老保险制度有太多的缺点，也可以要求雇主强制缴纳养老保险费给私营投资机构直接进行市场化的投资。

2. 每个人的时间贴现率不同

对于许多领取社会最低工资的劳动者而言，就业不稳定，经常间断就业，养老保险往往并不是最需要解决的问题。如果这时政府规定很高的缴费门槛，强制低收入者要拿出部分工资支付缴纳养老保险费，可能造成"就业贫穷"现象。他们的收入本来就不高，过高的社保缴费对他们而言是一种负面效应。"仓廪实而知礼节，衣食足而知荣辱"，低收入群体在没解决当前温饱问题的前提下，考虑社保问题显然过于超前了。换一句话，低收入群体的流动性约束很大，其时间贴现率非常高，决定了其社保标准应该是低水平的。

如图 8-5 所示，一个低收入纳税人在没有社保缴费（或缴费率较低）的情况下，能够均衡安排工作和退休时期的消费，达到 U_1 的效用水平。如果此时，政府刻意提高低收入群体的社保缴费，则该纳税人在流动性约束

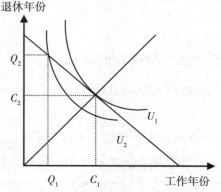

图 8-5　低收入者的消费和社保缴费的生命周期模型

的情况下，在工作时期不得不缩衣节食，缴费高额的社会保险费。显然，后一情况下，该纳税人得到的效用水平为 U_2，低于前一种情况。

目前我国规定，低收入者的最低社保缴费基数为当地上一年职工平均工资的 60%，一个最低工资领取者缴纳的"五险一金"要占其全部收入的50%，显然政府打乱了低收入者的消费安排。再来看看美国的情况（见表8-6）。在 2006 年，纳税人缴纳工薪税（即美国的社会保障税）的门槛为年收入 3880 美元。而这一收入水平大致仅相当于全美年平均工资的 10%、工薪税的封顶线的 4%，远远低于中国的养老金缴费门槛。这一点来讲，我国社保政策对低收入者相当苛刻，政策倾斜力度非常有限。

表 8-6　近年来美国的工薪税纳税的三条标准线

年份	工薪税的年收入门槛	全美年平均工资	工薪税的封顶线
2004	3600	35648.55	87900
2005	3680	36952.94	90000
2006	3880	38651.41	94200

资料来源：美国社保署网站（www.ssa.gov）。

3. 养老保险个人账户的投资收益率被人为压低，降低了养老保险收益率

前文中笔者认为养老保险个人账户属于参保者本人所有，不发生贫富再分配。但是，根据有关政策，个人账户储存额参考银行同期存款利率计算利息。在具体实施中，全国各省区市大都参照商业银行一年期居民储蓄存款定期利率计息。这一计息政策造成了近年来个人账户计息率远低于5%，损害了参保人的利益。[①]

4. 计算范围不全面

本章仅计算了我国企业职工养老保险收益率的情况。当前我国现行的养老保险制度，被人为地分割为城镇职工基本养老保险制度、机关事业单位离退休金制度、农民工养老保险、农村保险、失地农民养老保险等不同

①　郑春荣、杨欣然：《自由职业者参加企业基本养老保险的收益率分析》，《学术交流》2009年第 5 期。

类型。不同类型之间的资金余缺无法调剂，养老金收入悬殊现象长期存在，本章没有涉及这部分内容。

5. 部分参保人的缴费被全部没收，有违公平原则

现行制度规定，缴费不满 15 年的参保将丧失养老金领取资格，个人缴费形成个人账户资金可以一次性领取，企业缴费部分全部被没收，这使他们的养老保险收益率成为负值。由于低收入者常常失业，终身缴费年限可能高于 10 年、低于 15 年，就成了这一制度的牺牲品，形成了"劫贫济富"现象。

（六）基本结论与建议

通过上述计算，得出的结论是：我国养老保险收益率偏低，收入再分配的功能不强。由此，笔者建议：

1. 改变我国养老保险收益率偏低的现状

如前所述，我国养老保险收益率偏低，造成广大工薪阶层的利益受损。世界发展的经验说明，中产阶级是保障和促进社会和谐与发展的最重要的社会力量，中产阶级的发展和壮大，是社会进步的体现，也是社会不断进步的保障。工薪阶层成为我国养老保险制度改革的成本负担主体，不利于其成长和壮大，对国家的长治久安是不利的。

从历史来看，国有资产的形成，是国有企业老职工长期低工资进行超额积累的结果。将国有资产用于社会保障事业，是取之于民、用之于民。需要注意的是，这笔资产可能是国家用来处理对数以亿计国企老职工的社会保障隐性债务的最后一笔大块资源。如果不作预留而把它们悉数都拨给三级国有资产管理机构，由它们自主处理，可能不再有足够资源来处理对老职工的社会保障隐性债务问题，这将给未来留下巨大的金融风险和妨碍社会安定的隐患。[1]

---

① 吴敬琏、林毅夫：《关于划拨国有资产归还国家对老职工社会保障基金欠账的建议》，《比较》（第六辑）。

2. 切实强化养老保险的贫富再分配功能

前文得出结论，我国养老保险的贫富再分配功能较弱，需要进一步强化。为此，笔者提出几点看法：

第一，养老金收入畸高者应该缴纳个人所得税。我国基本养老保险制度在缴费、增值和领取环节均为免税，相当于企业给职工发放了一大笔钱却根本没有缴纳过个人所得税。笔者认为可以在领取环节课征个人所得税，既体现延期课税的优惠原则，又能合理控制养老金的收入悬殊现象。

第二，养老保险制度改革应逐步将针对不同类型人群分散化的制度整合在一起，形成全国统一的制度安排，并逐步将覆盖面扩大到所有劳动者，从而消除不同就业类型人群因养老保险产生的收入再分配，实现人人老有所养和公平养老的目标。

第三，我国未设立最低养老金制度，缺乏总阀门。例如，在上述模型中，假设男女职工的工资水平相同来比较投资收益率。实际上，女性的受教育年限、就业机会、职业晋升机会等方面仍然远低于男性，因此，导致女性的平均工资低于男性。相关研究表明，我国城镇地区女性平均工资与男性平均工资的比值分别为 1988 年 84.4%、1995 年 82.5%[1]、1999 年77.96%、2001 年 78.66%。[2] 如果一位女性缴费年限短、缴费基数低、退休早，那么她的养老金将会非常低（虽然她的养老保险收益率可能很高），根本无法维持基本生活。因此，笔者认为应该设立最低养老金制度，使每个养老金领取者至少能维持基本的生活开支。

第四，适当降低最低缴费年限。当前我国的养老保险最低缴费年限为15 年，如果能够逐步减少至 10 年，将有利于许多低收入者，也能大大改善收入再分配现状。

第五，强化社保缴费征管。由于低收入者缴费相对较少而养老金给付

---

① 李实、古斯塔夫森：《中国城镇职工收入的性别差异》，载赵人伟、李实、李思勤主编：《中国居民收入分配再研究》（论文集），中国财政经济出版社 1999 年版，第 556—593 页。

② 李实、马欣欣：《中国城镇职工的性别工资差异与职业分割的经验分析》，《中国人口科学》2006 年第 5 期。

相对较高，因此，许多高收入者（或其所在的单位）有意降低缴费基数，从中获取好处。如果社会中低收入群体比重过高，收入再分配效果也将下降。例如，在南京，2009 年 150 万参保人员中超过 40% 按最低基数缴费。[①]如果这种现象继续蔓延，那么将来的"社会平均工资"会被严重拖低，从而降低全社会所有养老金领取者的收入。

3. 警惕养老保险投资收益率下降的现象

现收现付型的养老保险制度有一个很大的缺点就是难以应对老龄化危机。随着老龄化程度的加剧，在职人员比重下降，原有的缴费水平难以支撑原有的给付水平，因此，必须不断提高费率，这将造成养老保险投资收益率逐年下降。以美国为例，根据美国社会保障总署的研究，对于在 20 世纪 40 年代就退休的人来讲，养老保险收益率超过 25%，而对于当前的退休者而言，养老保险收益率仅为 4%；对于即将退休的婴儿潮一代而言，养老保险收益率仅为 2%；对于在 40 年后出生的人，养老保险收益率仅为 1%。[②] 养老保险投资收益率逐年下降，将导致养老保险由"多缴纳多享受的受益税"变成了"没有任何回报的个人所得税"，造成个人逃费现象盛行，还可能影响劳动积极性。因此，随着老龄化程度的提高，政府有必要准备一些资产或收入来额外维持养老保险基金的收支平衡，而不是一味地提高社保费率。

四、企业基本养老保险制度的利益归宿
——基于行业间的比较

改革开放以来，我国城镇单位在岗职工平均工资由 1978 年的 615 元增长到 2008 年的 29229 元，名义年增长率平均为 13.74%，如果扣除物价上涨因素，实际年增长率平均为 7.64%。相对于我国高速增长的劳动生产率

---

① 黄红芳：《南京 150 万参保人员中超过 40% 按最低基数缴费》，《新华日报》2009 年 11 月 3 日。

② Issues in Comparing Rates of Return with Market Investments GAO/HEHS-99-110.

和 GDP，我国职工平均工资的增长率较为缓慢。而在缓慢的平均工资增长率的背后是迅速拉大的行业间收入差距。我国基本养老保险制度的建立，是否有利于缩小行业间的职工收入差距呢？本章将就这一问题展开探讨，并提出相应的政策建议。

（一）　不同行业职工的收入差距

在这里，笔者选取上海市 2009 年各行业职工的平均收入数作为研究对象。之所以选择这一数据作为研究对象，是因为当前我国养老保险是省级统筹模式，跨省的收入差距不会影响养老保险的缴费与给付，以全国各行业职工的收入数作为研究对象，不符合当前的社会保险制度。

1. 垄断行业工资明显偏高

20 世纪八九十年代，金融、电力、电信等行业与制造加工业工资水平差不多，但随着垄断地位的加强，这些行业的工资水平已远远超过社会平均水平。位居工资收入前列的通信、金融、电力等行业均为垄断性较强的行业，而市场程度较高的制造业、住宿和餐饮业等则排在低工资收入行列。在第二产业中，垄断行业职工收入持续快速增长，传统制造业职工工资增长乏力。在 2003—2009 年期间，职工平均工资上升幅度最大的是电力、燃气及水的生产和供应业，2009 年职工平均工资为 85116 元，增幅高达 163.27%，年均增长 17.51%，远高于同期本市生产总值增长率（9.45%）；同期，制造业职工平均工资的增幅仅为 41.48%，年均增长5.95%，低于同期本市人均生产总值增长率 3.5 个百分点。垄断行业的职工工资收入水平远高于市场化程度，市场竞争较为充分的行业，这说明市场化程度的高低仍是行业间收入分配差距不断扩大的重要原因之一。

2. 行业间收入差距加剧

在全体职工收入高速增长的同时也应该看到，行业间工资收入差距扩大趋势继续加剧（见图 8-6）。第三产业中传统的金融、保险业职工收入一直处于职工收入水平的高端。从绝对差额来看，2009 年工资收入最高行业是金融业，为 143010 元，工资最低的行业是居民服务和其他服务业，为

20727 元，两者的绝对差额达到 60022 元。从相对数来看，最高工资收入行业与最低工资收入行业的平均工资水平之比由 2003 年 3.39∶1 扩大为 2009 年的 6.90∶1。与 2003 年相比，2009 年收入最高的金融业的平均收入增长了 2.36 倍，而收入最低的居民服务和其他服务业平均收入仅增长了 11.78%。

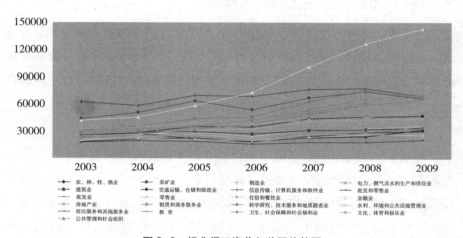

图 8-6　行业间工资收入差距趋势图

3. 行业间的福利待遇差距大

除了工资收入以外，高收入行业职工在住房、工资外收入和职工福利等方面的待遇也非常高，进一步拉大了职工的收入差距。垄断行业不仅工资收入高，而且福利也非常好。据 2008 年全国国有及国有控股企业财务决算反映，中央企业人均福利费支出为 3387 元，占工资总额的 7%，其中最高的企业人均福利费支出为 4.46 万元，占工资总额的 26%，最低的企业人均福利费支出为 149 元，仅占工资总额的 0.6%。[①] 其中一些垄断性国有企业高管的灰色收入高得惊人。例如，2010 年初，国家审计署在对中国人寿进行审计时，查出一份由新华保险为包括前总裁在内 47 名高管购买的补

---

① 黄淑慧、施文：《央企人均福利最高 4.46 万 最低 149 元 相差 300 倍》，《东方早报》2009 年 12 月 4 日。

充养老险，根据这项养老计划，这47名高管退休后可以享受年金收益及医疗费用报销。其中这位前总裁退休后每个月领取9.28万元，如按80岁身故测算，共可领取约2665万元，加上医疗费用报销部分，这位前总裁每月所获权益最高可达11万元。[①] 此外，"靠山吃山"已成为一种定例，如地铁员工包括家属可以免乘地铁，电力行业员工用电免费，电信系统的员工通讯免费等等。

（二）研究对象

根据《上海统计年鉴2010》公布的统计数据，将全市的行业划分为19个行业。下面按照职工月平均工资由高到低的顺序进行排序得到有效数据，如表8-7所示。

表8-7　2009年上海市各行业的职工平均工资与人数

序号	行　　业	职工平均月工资（元）	在岗职工人数（万人）
	上海市所有行业	45114	566.39
1	金融业	143010	19.16
2	电力、燃气及水的生产和供应业	85116	5.41
3	卫生、社会保障和社会福利业	70246	14.14
4	公共管理和社会组织	69425	16.89
5	信息传输、计算机服务和软件业	69114	12.45
6	科学研究、技术服务和地质勘查业	66590	27.09
7	采矿业	66138	0.08
8	教育	64860	24.05
9	文化、体育和娱乐业	53845	4.96
10	交通运输、仓储和邮政业	47649	37
11	水利、环境和公共设施管理业	44396	5.35
12	房地产业	40186	15.91

---

① 马光远：《新华人寿前总裁孙兵巨额养老金挑战分配伦理》，《东方早报》2010年10月21日。

序号	行　业	职工平均月工资（元）	在岗职工人数（万人）
13	制造业	36044	204.95
14	租赁和商务服务业	35476	32.58
15	建筑业	34305	39.98
16	农、林、牧、渔业	32356	1.35
17	批发和零售业	30599	75.8
18	住宿和餐饮业	26184	17.59
19	居民服务和其他服务业	20727	11.65

资料来源：《上海统计年鉴2010》。

（三）行业职工养老金测算

1. 退休年龄与养老金计发公式

1997年7月，国务院发布《关于建立统一的企业职工基本养老保险制度的决定》，在经过一系列的改革和试点工作后，我国逐步建立起了"社会统筹+个人账户"的统账结合的基本养老金模式。在这种混合模式下，社会统筹账户使得养老保险在调节收入再分配、缩小收入差距、促进社会公平上发挥了举足轻重的作用。为了简化分析，下面以"新人"作为测算对象，即以2005年12月国务院颁布的《国务院关于完善企业职工基本养老保险制度的决定》颁布实施后参加工作的人员为分析对象。现行的养老金计发公式如下：

$$基本养老金＝基础养老金＋个人账户养老金$$

$$基础养老金＝\frac{当地上年度职工月平均工资＋本人指数化月平均缴费工资}{2}$$

$$×\frac{缴费年限}{100}$$

$$个人账户养老金＝\frac{个人账户储存额}{计发月数}$$

其中计发月数的标准是根据城镇人口预期寿命、本人退休年龄、利息等因素确定的，由国务院统一确定。根据国务院出台的相关规定，我国男性 60 岁退休时的养老金计发月数为 139。

参照国务院颁布的《国务院关于完善企业职工基本养老保险制度的决定》的规定以及上述假设条件，可以得出基本养老金的计算公式：

$$P = \begin{cases} W_0(1+g)n \times \dfrac{(1+a)}{2} \times n \times 1\% + \dfrac{12 \times 8\% \times W_0\left[(1+i)^n - (1+g)^n\right]}{139(i-g)}, & i \neq g \\[4mm] W_0(1+g)n \times \dfrac{(1+a)}{2} \times n \times 1\% + \dfrac{12 \times 8\% \times W_0 \times n(1+i)^{n-1}}{139}, & i = g \end{cases}$$

其中，W_0 为参保人工作前一年当地社会月平均工资，P 为基本养老金，即退休领取第一个月领取的养老金，i 为利率，g 为当地社会平均工资年增长率。

2. 模型假设

由于我国的养老保险制度中男性职工与女性职工的退休年龄及养老金计发月数有所差别，为了简化模型计算，将所有职工按照男性职工测算，假设：

第一，企业的养老保险缴费率为 20%。《国务院关于建立统一的企业职工基本养老保险制度的决定》（国发〔1997〕26 号）规定，企业缴纳基本养老保险费的比例一般不得超过企业工资总额的 20%。我国的养老保险政策实行省级统筹政策，各地在缴费率、计发方法等方面略有差异。为简化分析，假设企业的养老保险缴费率为 20%。

第二，所有职工的年龄相同且于年满 22 岁时参加工作，退休年龄均为 60 岁。由此可算出，他们的缴费年限为 38 年。

第三，当地社会平均工资年增长率为 5%。

第四，由于将在另文中专门研究养老保险缴费与给付制度对职工收入差距的影响。因此，在这里假设行业内部的职工工资是完全相同的。

参照国务院颁布的《国务院关于完善企业职工基本养老保险制度的决定》的规定以及上述假设条件，可以得出基础养老金的计算公式：

$$P_{基础} = W_0(1+5\%)^{38} \times 38\%$$

$$P_{个人账户} = \frac{36.48}{139}W_0 \times (1+i)^{37}$$

3. 模型测算结果

按照上述养老金计算公式以及假设条件测算出 2009 年 19 个行业的城镇职工在 60 岁退休当年的领取的养老金收入，如表 8-8 所示。

表 8-8   上海市各行业的职工平均工资与人数

序号	行　业	基础养老金	基础养老金替代率	个人养老金	基本养老金替代率
	上海市所有行业平均	7607.60	34.47%	6000.317	61.65%
1	金融业	15215.19	68.93%	15762.5	140.35%
2	电力、燃气及水的生产和供应业	11999.53	54.37%	11320.72	105.66%
3	卫生、社会保障和社会福利业	10567.71	47.88%	9342.959	90.21%
4	公共管理和社会组织	10488.66	47.52%	9233.763	89.35%
5	信息传输、计算机服务和软件业	10458.71	47.38%	9192.399	89.03%
6	科学研究、技术服务和地质勘查业	10215.68	46.28%	8856.699	86.41%
7	采矿业	10172.16	46.09%	8796.581	85.94%
8	教育	10049.10	45.53%	8626.603	84.61%
9	文化、体育和娱乐业	8988.48	40.72%	7161.57	73.17%
10	交通运输、仓储和邮政业	8391.87	38.02%	6337.481	66.73%
11	水利、环境和公共设施管理业	8078.64	36.60%	5904.82	63.35%
12	房地产业	7673.27	34.76%	5344.876	58.98%
13	制造业	7274.44	32.96%	4793.976	54.68%
14	租赁和商务服务业	7219.74	32.71%	4718.43	54.09%
15	建筑业	7106.99	32.20%	4562.683	52.87%
16	农、林、牧、渔业	6919.32	32.92%	4303.459	50.85%
17	批发和零售业	6750.14	32.11%	4069.772	49.02%
18	住宿和餐饮业	6325.03	30.09%	3482.562	44.43%
19	居民服务和其他服务业	6085.85	28.95%	3152.501	41.86%

资料来源：《上海统计年鉴 2010》。

（四）对各行业职工养老金测算结果的评论

1. 养老保险对改善收入再分配的效果不佳

从表 8-8 中可以看出，收入最高行业的养老金（金融业职工养老金的替代率为140.35%）是收入最低行业（居民服务和其他服务业职工养老金的替代率为41.86%）的3.35倍，收入差距依然非常大。由于我国目前对基本养老金实施彻底的免税，对高收入行业而言，年轻时，单位和个人的缴费可以免税；年老时领取养老金，则仍然是免税。这就意味着，养老保险制度成了合法避税的保护伞，缴纳社会保险费越多，免税额度就越大。这种制度显然违反税收的公平原则——有所得就应该纳税。

2. 继续加大收入再分配的空间较为有限

从图8-7中可以看出，尽管我国养老保险制度在调节收入分配方面效果不佳，但是我们却无法继续加大收入再分配的调节力度，原因在于：高收入行业承担了我国城镇保险转制成本，因此，高收入行业的投资回报率已经非常低了（仅为2.43%，见图8-7），如果继续加大调节力度，将严重压低高收入行业的投资回报率，造成高收入行业参保积极性大大减弱，逃费现象更加严重。毕竟社会保险是强调社会适当性与个人权益性的结合，对参保人而言，多缴费、多享受是基本原则。

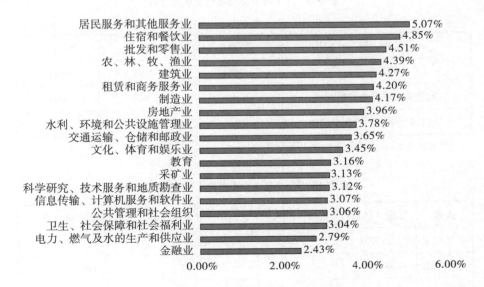

图8-7　行业投资回报率

资料来源：笔者根据公开数据进行测算而成。

应该客观地看到，养老保险制度对收入调节程度过高和过低都不利于养老保险制度的发展及其作用的充分发挥。养老保险制度对收入的调节程度应该维持在一个适当的水平上：一方面，部分低收入行业的养老金待遇标准过低说明养老保险调节收入再分配的作用没有充分体现，丧失了促进社会公平的功能；另一方面，养老保险标准过高则容易引发福利病，降低了职工寻求更高工资工作的积极性，从而降低了劳动力的流动性，同样不利于养老保险以及整个社会经济的发展。

3. 基本养老金的最低标准太低

我国目前尚无城镇基本养老金的最低标准。根据当前上海市的社会保障标准，低收入群体和低收入行业的养老金水平太低了（见表 8-9 和表 8-10）。2009 年上海市城镇基本养老金最低标准为 460 元，仅高于城镇居民生活保障最低标准 35 元。最低养老金仅为平均养老金的 26.85%，为当前社会平均工资的 12.90%。

表 8-9   主要年份上海市社会保障标准

单位：元

指　标	2000 年	2008 年	2009 年
职工工资	2892	3292	3566
城镇基本养老金最低标准	460	460	460
城镇居民生活保障最低标准	280	400	425

资料来源：《上海统计年鉴 2010》。

表 8-10   2009 年上海市各种人群的养老金

人群	总额（亿元）	人数（万人）	人均年养老金（元）	人均月养老金（元）
离休职工	133400	2.67	49962.55	4163.546
退休职工	6681300	324.97	20559.74	1713.312
退职人员	78800	11.21	7029.438	585.7865

注：对于不同的人群，养老金的称呼有所不同，分别为离休职工的离休费、退休职工的退休费和退职人员的退职生活费。

4. 低收入者的缴费门槛

根据现行法规，收入低于上年当地社会平均工资 60% 的职工，必须把社会平均工资的 60% 作为缴费基数。这一规定有两个缺陷：

第一，社会平均工资的统计口径严重失真，造成社会平均工资远高于实际水平。据《中国劳动年鉴（2005）》对职工平均工资指标的解释，"职工平均工资"的统计对象只包括国有单位、集体单位、其他单位（指股份合作单位、联营单位、有限责任公司、港澳台商投资单位以及外商投资单位等其他登记注册类型单位），不包括私营企业与城镇个体劳动者的工资收入。从表 8-11 中可以看出，城镇单位在岗职工占从业人员的比例还不到 40%。劳动和社会保障部劳动工资研究所所长苏海南也承认，全国工薪劳动者目前大约有 2.2 亿到 2.3 亿人，但实际纳入统计范围的只有1.2 亿或 1.3 亿人，也就是说，有 1 亿人的工资水平及其增长情况没有被纳入统计范围之内。[①]

表 8-11　年全国劳动和社会保障统计数据（年末数）

劳动人口数据	全国就业人员	77995 万人
	城镇就业人员	31120 万人
社会保障数据	城镇基本养老保险参保职工人数	17743 万人
	城镇基本医疗保险参保职工人数	21937 万人
	失业保险参保职工人数	12715 万人

资料来源：人力资源和社会保障部、国家统计局：《2009 年劳动和社会保障事业发展统计公报》。

第二，低收入群体。这些领取社会最低工资的劳动者往往就业不稳定，经常间断就业，却首先要拿出部分工资支付缴纳养老保险费，可能造成"就业贫穷"现象。他们的收入本来就不高，过高的社保缴费对他们而言是一种负面效应。"仓廪实而知礼节，衣食足而知荣辱"，低收入群体在没解决当前温饱问题的前提下，考虑社保问题显然过于超前了。换句话

---

① 苏海南：《让统计外的 1 亿人涨工资》，《南风窗》2008 年第 7 期。

说，低收入群体的流动性约束很大，其时间贴现率非常高，决定了其社保标准应该是低水平的。

表 8-12　上海市历年的最低工资与社保缴费上下限

年份	最低工资	社保缴费下限	社保缴费上限	月均工资
2000	445	707	3537	1285
2001	490	771	3855	1480
2002	535	888	4440	1623
2003	570	974	4869	1847
2004	635	1108	5541	2033
2005	690	1220	6099	2235
2006	750	1341	6705	2464
2007	840	1478	7392	2892
2008	960	1975	9876	3292
2009	960	2140	10698	3566

资料来源：笔者根据公开资料整理。

5. 规定高收入行业的职工收入

第一，高收入行业的收入亟待规范。大部分垄断企业都是国有的，高管工资较高。高管工资很大程度上取决于社会对岗位的认知程度。国企中，政府通过行政方式委派高管，其高工资并不一定反映他实际的工作能力和成绩。大家所认为的高管工资过高，并不是说他的工资和其他企业老总相比太高，而是他获得这个职位的程序是不合理的，这反映的是用人机制问题。所以，与其把眼睛盯住改变高管工资，倒不如从根本上改变高管的用人制度。针对垄断企业职工的高工资，有两个办法：一是控制职工工资总额，使其不超过相对应的行业平均水平；二是评估每个职位的工资市场价位，确定国有企业岗位工资水平。

第二，"灰色收入"需要纳入缴费基数。所谓"灰色收入"一般是指合法的收入，但是没有缴纳社会保险费，也没有缴费个人所得税。由于灰色收入的存在，造成高收入行业职工的许多收入没有纳入社会再分配，客观上加大了行业的收入差距。2006年江苏省社保部门对金融、电力、邮电等27户企业及所属的1038户分支机构参保缴费情况进行专项稽核，涉及从业人员21万多人，查出少报缴费养老保险基数1.58亿元，查出在地方参加社会保险的人员共少报缴费基数20.56亿元。[①]

第三，目前，统计部门对于城镇职工工资的统计口径包括计时工资、计件工资、奖金、津贴补贴、加班费以及特殊情况下支付的工资几项，目前并不包括福利费，也就是福利费一直被排除在社会保险缴费基数的统计范围之外。2009年，财政部发布了《关于企业加强职工福利费财务管理的通知》，其中规定，将部分职工福利费纳入工资总额，交通、住房、通讯、午餐等补助今后都要缴纳个人所得税。文件只针对企业职工，而没有提及对公务员的福利也同样征税。

6. 加大收入再分配的调节效果需要其他配套制度

第一，大多数高收入行业的劳动者也是工薪阶层。过多地依靠高收入工薪阶层来改善社会的贫富再分配水平，一是效果非常有限，二是将大大伤害劳动者的工作积极性。劳动报酬在初次分配中的比例下降。尤其是企业、个人的分配所得有所下降。比如，2009年全市职工平均工资增幅为8.3%，低于本市财政收入增幅。在税收方面，上海七成以上的个人所得税为工薪阶层缴纳，税收的逆向调节现象较为明显，严重制约了财税政策对收入分配调节作用的正常发挥。

第二，国家应承担养老保险制度转轨成本。20世纪90年代，我国的基本养老保险制度从现收现付制向统账结合制转轨，导致新制度实施前已经退休的"老人"个人账户无资金积累，新制度实施前的在职职工——"中人"个人账户上资金积累严重不足。因此，这部分隐性养老负债就成了我国养老保险制度的转制成本。从转制成本的历史成因来看，转轨成本应当由政府承担起来并予以特殊处理。但在消化养老保险转轨成本的方式选择方面，我国现行的做法是期望通过社会统筹账户的缴款来偿付旧有制度的债务，即通过

---

① 黄红芳：《我省直管企业去年少报养老保险缴费基数1.58亿》，《新华日报》2007年4月19日。

提高新制度基本养老保险缴费率以及挪用"新人"的养老保险个人账户资金来逐步偿付制度转轨的成本。这一制度现状决定了，高收入行业职工的高缴费率主要用于解决转轨成本，而不是转移到低收入行业的职工。因此，只有在国家通过变现国有资产等途径妥善解决了转轨成本的基础上，我国养老保险制度的收入再分配功能才能正常发挥。

五、企业基本养老保险制度的利益归宿
——基于性别的视角

从 20 世纪 80 年代开始，我国政府在进行试点和总结实践经验的基础上，逐步建立了社会统筹和个人账户相结合的基本养老保险制度。2005 年12 月，国务院颁布了《关于完善企业职工基本养老保险制度的决定》（国发[2005] 38 号文，以下简称"38 号文"）。这是我国城镇职工基本养老保险制度的一次重大改革。新制度的出发点是扩大基本养老保险覆盖范围、逐步做实个人账户，并改革养老金计发办法，形成参保缴费的激励机制。可以肯定，这一改革不仅在宏观上有利于增大基金规模，而且在微观上体现了参保者权利与义务的对应，避免了"搭便车"行为。但是，38 号文也降低了女性养老金的相对规模，形成了新的不公平现象。本章从实证分析角度，定量测算女性养老金的相对待遇水平，并探索可行的政策调整方案。

（一）退休年龄与养老金计发公式

退休人员的基本养老金由基础养老金和个人账户养老金两部分构成。为了简化分析，本章以"新人"作为测算对象，即以 38 号文颁布实施后参加工作的人员为分析对象。"新人"的养老金是：基本养老金＝基础养老金＋个人账户养老金。两部分的养老金计发公式如下：

$$基础养老金 = \frac{当地上年度职工月平均工资 + 本人指数化月平均缴费工资}{2}$$

$$\times \frac{缴费年限}{100}$$

$$个人账户养老金 = \frac{个人账户储存额}{计发月数}$$

其中，个人账户养老金系个人缴费及投资收益形成的，归个人所有。考虑到个人账户养老金具有强制储蓄的特征，不影响收入再分配，本章不将其纳入研究，只研究基础养老金。

从基础养老金的计发办法来看，退休年龄是确定养老金待遇水平的关键性因素。退休年龄小，将大大降低养老金的待遇水平。

（1）早退休造成基础养老金减少。38 号文规定，"缴费年限满 15 年的，基础养老金计发比例为 15%，每超过一年增加 1%"。早退休导致缴费年限缩短，直接影响基础养老金的金额。

（2）早退休造成养老金"相对贬值"。根据 38 号文第七条，我国将建立基本养老金正常调整机制。根据职工工资和物价变动等情况，国务院适时调整企业退休人员基本养老金水平，调整幅度为省、自治区、直辖市当地企业在岗职工平均工资年增长率的一定比例。由于我国的养老金与职工退休前一年的当地职工平均工资挂钩，而养老金的增长率低于平均工资的增长率，显而易见，对于同龄职工，在其他前提条件不变的情况下，早退休的职工也将受到一定损失。例如，两位年龄相同、工资相同（每年的工资都等于当地社会平均工资）的职工甲和乙，分别于 59 岁和 60 岁退休，那么 60 岁时的养老金就不相同（见表 8-13）。

表 8-13　早退休造成养老金的"相对贬值"

职工	58 岁	59 岁	60 岁
甲	2000 元/月（工资）	1000 元/月（养老金）	1040 元/月（养老金）
乙	2000 元/月（工资）	2200 元/月（工资）	1100 元/月（养老金）

注：假设养老金为上一年社会平均工资的 50%，社会平均工资的年增长率为 10%，养老金的年增长率为 4%。

（二） 模型测算

1. 模型假设

我国的养老保险政策实行省级统筹政策，各地在缴费率、计息率、计发方法等方面略有差异。为简化分析，只以上海市的现行制度为例，实际上本章分析结果对全国其他地区也完全适用。假设：

第一，典型男职工 M 和女职工 F 的年龄相同且于年满 22 岁时参加工作，退休年龄分别是 60 岁、55 岁。由此可算出，M 和 F 的缴费年限分别为 38 年和 33 年。

第二，M 和 F 参加工作第一年的月工资分别为 W_{m1} 和 W_{f1}，当年的社会平均工资为 W_1。假设：在整个工作时期内两人的工资完全相同；他们的工资均为当年社会平均工资的 a 倍，即 $W_{m1} = W_{f1} = aW_1$。由于养老金的缴费基数为上一年的实际工资，因此，假设 M 和 F 参加工作第一年的缴费基数为 aW_0[①]，第 n 年的缴费基数为 aW_{n-1}。

第三，社会平均工资年增长率为 g，且职工 M 和 F 的工资增长率与社会平均工资的增长率相同。

第四，基本养老金的年增长率 s 为社会平均工资年增长率的50%，即 $s = g/2$。[②]

下面，根据 38 号文的规定，先计算职工 M 在退休当年的养老金收入：

$$P_m^{60} = \left(\frac{1 + a}{2} \right) W_0 (1 + g)^{38} \times 38\%$$

类似地，可知职工 F 在 50 岁（缴费 28 年）退休时的养老金为：

$$P_f^{50} = \left(\frac{1 + a}{2} \right) W_0 (1 + g)^{33} \times 33\%$$

---

① 按照有关文件，新参加工作的职工，从进入用人单位之月起，当年缴费工资按用人单位确定的月工资收入计算。为了方便计算，假设新参加工作的职工，其第一年缴费基数为上年度当地职工月平均工资。

② 《广东省关于贯彻国务院完善企业职工基本养老保险制度决定的通知》（粤府［2006］96号）规定，基本养老金年度调整幅度为全省上年度企业在岗职工月平均工资增长率的40%—60%。

职工 F 的养老金根据国家政策逐年上调，到 60 岁时，她的养老金为：

$$P_f^{60} = (1 + g/2)^{10} P_f^{50}$$

2. 模型测算结果

以上述典型职工 M 和 F 为参照系，来比较各种工资水平下的男女职工的养老金变化，结果如表 8-14 所示。

表 8-14　不同工资水平的男女职工在 60 岁时的相对养老金水平

假设条件	g	0.1	0.1	0.1	0.1
	a	0.6	1	2	3
计算结果	P_m^{60}	11.371 W_0	14.214 W_0	21.320 W_0	28.427 W_0
	P_f^{60}	7.825 W_0	9.782 W_0	14.673 W_0	19.564 W_0
	P_f^{60}/P_m^{60}	68.82%	68.82%	68.82%	68.82%

第一，表 8-14 中第一行是假设社会平均工资增长率 $g = 0.1$，这与实际情况基本相符。

第二，表 8-14 中第二行是关于 a 的大小。根据规定，职工月平均工资低于上一年社会平均工资 60% 的按社会平均工资的 60% 缴费；月平均工资高于上一年社会平均工资 300% 以上的部分，不缴纳基本养老保险费，也不作为计发基本养老金的基数。据此，将 a 的值分别设定为 0.6、1、2 和 3。

第三，表 8-14 中第三行和第四行分别是职工 M 和 F 的养老金，以相对于他们参加工作前一年的社会平均工资 W_0 的形式给出。

第四，根据第三行与第四行的数据，可计算出在职时工资水平相同的男女职工在 60 岁时养老金的相对比例，即表 8-14 中的第五行。

观察表 8-14 可得出以下主要结论：在职时工资水平相同的男女职工，到 60 岁都已退休时女性养老金将低于男性，从表 8-14 最后一行可清楚看出，不论在哪一种工资水平上，女性的养老金都仅占男性的 68.82%。因此，从退休前后相对收入变化的角度来看，我国养老保险制度中有关男女职工不同退休年龄的规定就总体来说是对女性不利的。

3. 模型假设中的一些问题

在上述模型中，假设男女职工的工资水平相同。实际上，女性的受教育年限、就业机会、职业晋升机会等方面仍然远低于男性，因此，导致女性的平均工资低于男性。相关研究表明，我国城镇地区女性平均工资与男性平均工资的比值分别为：1988 年 84.4%、1995 年 82.5%[①]、1999 年 77.96%[②]、2001 年 78.66%[③]，可见我国城镇地区的性别工资差异有扩大的趋势。考虑到这一因素，上述模型对退休年龄不同导致的养老金差异可能存在一定程度的低估。

从整个生命周期来看，女性一生从养老金体系中领取的养老金与缴付额之比远大于男性。这是因为女性缴费期限短，养老金领取期限长。在此，我们可以根据上述模型，计算出缴付与领取之比（Benefit-Contribution Ratio，以下简称 BCR）。

对于男职工 M（60 岁退休，缴费 38 年，79 岁去世，领取养老金 19 年）[④]，有：

$$BCR_m = \frac{B_m}{C_m} = \sum_{t=1}^{57} \frac{B_{mt}}{(1+i)^t} \bigg/ \sum_{t=1}^{57} \frac{C_{mt}}{(1+i)^t}$$

对于女职工 F（50 岁退休，缴费 28 年，83 岁去世，领取养老金 33 年），有：

$$BCR_f = \frac{B_f}{C_f} = \sum_{t=1}^{61} \frac{B_{ft}}{(1+i)^t} \bigg/ \sum_{t=1}^{61} \frac{C_{ft}}{(1+i)^t}$$

其中，C 为职工每年的缴费；B 为职工退休后每年领取到的养老金。

从表 8-15 中可看出，相对于女性的"贡献"，女性的"收益"已远大

① 李实、古斯塔夫森：《中国城镇职工收入的性别差异》，载赵人伟、李实、李思勤主编：《中国居民收入分配再研究》（论文集），中国财政经济出版社 1999 年版，第 556—593 页。

② 李实、马欣欣：《中国城镇职工的性别工资差异与职业分割的经验分析》，《中国人口科学》2006 年第 5 期。

③ 王美艳：《中国城市劳动力市场上的性别工资差异》，《经济研究》2005 年第 12 期。

④ 2007 年上海市男性人口平均期望寿命为 78.87 岁，女性为 83.29 岁（上海市卫生局网站，http://wsj.sh.gov.cn/website/b/37968.shtml）。为了方便计算，这里假定男女性的期望寿命分别为 79 岁和 83 岁。

于男性。因此，唯有提高女性退休年龄，才能避免女职工走入"因不劳动而致贫"的怪圈，同时对男职工也能够公平一些。

表 8-15　同工资水平的男女职工的缴付与领取之比

假设条件	g	0.1	0.1	0.1	0.1
	i	0.1	0.1	0.1	0.1
	a	0.6	1	2	3
计算结果	男职工的缴费现值	49.75 W_0	82.91 W_0	165.82 W_0	248.73 W_0
	男职工的养老金现值	42.81 W_0	53.52 W_0	80.28 W_0	107.04 W_0
	男职工的缴费与养老金之比	1.16	1.55	2.07	2.32
	女职工的缴费现值	25.92 W_0	43.20 W_0	86.40 W_0	129.60 W_0
	女职工的养老金现值	58.88 W_0	73.60 W_0	110.41 W_0	147.21 W_0
	女职工的缴费与养老金之比	0.44	0.59	0.78	0.88

（三）缓解女性养老金待遇水平偏低的对策

1. 改变早退休是照顾女性的传统观点

在 1978 年，城镇离退休人员的人均年离退休金为 551 元，同期的全民所有制职工年平均工资为 644 元，前者为后者的 85.56%[①]，养老金替代率较高。在当时，提早退休是对女性在劳动义务上的赦免，让她们更早地享受社会保障和退休金，明显带有照顾、优惠女性的性质。但是，2005 年新制度实施后，根据本章所建模型，由于男女职工退休年龄相隔 10 岁，与在职时工资水平相同的男职工相比，女职工的养老金一般仅能达到男性的 40% 左右，这种两性差距显然要大于以往所有的养老保险制度下的情况。在这种情况下，这种规定是否还可称之为"保护"就值得商榷了。

2. 实施弹性退休年龄制度

可以借鉴美国的弹性退休年龄制度，赋予女职工更大的选择权。根据

[①]　郑楚、程征：《退休年龄为何女不如男　55 岁退休优待还是歧视》，《中国新闻周刊》2005 年 11 月 10 日。

美国现行制度，一位在 1960 年以后出生的人，可以选择在 62—70 岁之间的任意一年退休。政府通过政策来进行调控：67 岁退休称为正常退休年龄，可以领取全额养老金；每晚退休 1 年，养老金增加 8%；早退休的"惩罚"分为两个阶段，早退休不超过 36 个月的，每早退休 1 个月减少 0.555% 的养老金，早退休超过 36 个月的，从第 37 个月起每个月减少 0.416% 的养老金（见图 8-8）。美国社会保障总署的网站上还有一个计算器，帮助雇员根据自己的实际情况来计算什么时候退休"更合算"。

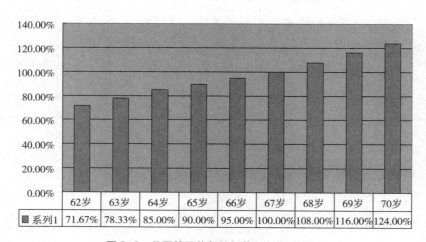

	62岁	63岁	64岁	65岁	66岁	67岁	68岁	69岁	70岁
■系列1	71.67%	78.33%	85.00%	90.00%	95.00%	100.00%	108.00%	116.00%	124.00%

图 8-8　美国的退休年龄与养老金奖惩比例

注：纵坐标是指在某年龄退休时所领取养老金占全额养老金的比例；本图仅适用于 1960 年以后出生的人。

笔者建议：设置一个男女相同的退休年龄上限，即到达这一年龄必须退休（如 65 岁）；男女有一个相同的退休年龄下限（如 55 岁），即到达这一年龄就可以根据个人的身体、工作及家庭情况选择退休，当然，也可以选择继续工作至上限年龄。退休年龄的上限和下限应该根据劳动人口的年龄结构、就业压力及社会保障负担变化情况适时调整。

3. 在养老金计发公式中增加最高缴费年限和家庭照顾抵免年限

（1）设置最高缴费年限

我国的基础养老金采用与缴费年限挂钩的方式计发，且缴费年限上不封顶。上不封顶的做法，从表面上看有利于鼓励劳动者多缴费，但是存在一些弊端：一是对女性是不公平的。因为女性往往需要照顾小孩和老人，缴费年限常常低于男性。二是不利于劳动者素质的提高，劳动者为了提高技能和管理能力，往往需要参加高等教育、脱产培训等，而这些都会减少缴费年限，进而影响养老金的数量。

许多国家都对缴费年限规定了封顶线。例如，美国规定只需要选取一生中（经过指数化调整后）收入最高的 35 年作为养老金计发的依据，其余年份的缴费记录不影响养老金的水平。英国也规定，男女雇员都可以在最高缴费年限（男性从 16—65 岁，共 49 年；女性从 16—60 岁，共 44 年）的基础上有 5 年不缴费（男性实际必要缴费年限为 44 年，女性为 39 年）。此外，英国还规定，16—18 年三年间的全日制教育阶段可以当作视同缴费年限。据此，笔者建议将我国基本养老保险的最高缴费年限设定在 35 年左右，超过 35 年的仍然必须强制缴费，但不影响养老金待遇水平。

（2）家庭照顾抵免年限

可以借鉴英国的制度（见表 8-16），对需要照看子女的妇女给予最多10 年的视同缴费抵免。

表 8-16　英国国民保险制度中的"家庭责任保护

（Home Responsibility Protection）"条款

人群	获得全额养老金所需的缴费年限
无子女的职业女性	39 年（其中 16—18 岁时参加全日制教育，可视同缴费）
有子女（或老人）需要照顾的职业	20—24 年（每抚养一个子女可减免缴费年限 15 年，但最低缴费年限不得低于 20 年）

注：不是所有照顾老人的行为都能被视同缴费。只有照顾那些获得护理津贴（Attendance Allowance）的老人才能被认定为视同缴费。

4. 适当降低最低缴费年限

目前我国养老保险最低缴费年限为 15 年。到达退休年龄但缴费年限累计不满 15 年的人员，不发给基础养老金；个人账户储存额一次性支付给本人，终止基本养老保险关系。低收入群体中存在大量的不定期就业或兼职工作、为家庭责任而导致数年中断社保缴费的现象，因此，这一制度对低收入群体非常不利（特别是低收入的女性）。世界银行前副行长、美国著名的经济学家斯蒂格利茨也认为，"（最低缴费年限为）15 年太长了，他们的雇主已经为他们缴了费，不让他们享受是不公平的。在什么基础上才能享受社会保障权利，这个问题需要认真研究"①。笔者认为可以将最低缴费年限适当放宽，设置在 10—12 年。

5. 考虑实施遗属养老保险制度

首先，由于妻子寿命长于丈夫，遗属收益对于保持寡妇的基本生活具有重要意义。其次，女性承担生儿育女的社会责任，应该通过社会机制给予补偿。妻子获得遗属金是基于妻子过去对家庭提供服务而避免在晚年陷入经济贫困，通过社会化途径解决家庭内部在劳动期由性别分工所导致的晚年经济保障不平等问题。再次，遗属金可以使老年妇女获得个体的独立性，提高在家庭中的经济地位，保障女性晚年生活，改善老年妇女的生活状况。拥有自己的收入后，老年妇女将摆脱对家人和亲友的依赖，在丈夫去世后仍然能够保持符合生存标准的生活，而不承担巨大的财政负担。

因此，建议可以考虑规定：寡妇在达到退休年龄之后，如果自己没有养老金或养老金待遇较低，可以按月领取其已去世丈夫的 80% 的养老金。此外，由于离婚率日益升高，已离婚的老年女性逐渐增多。这部分群体是否能够领取其前配偶一定比例的养老金，有待于进一步研究。

六、我国基本养老保险制度的利益归宿
——基于公职人员、企业职工的比较

尽管现代社会中的公民身份应当是平等的，其享受的政治、社会权益也应当是平等的，但基于历史原则、机会不公与体制障碍等多种因素的综合作用，我国社会结构在快速分化中也形成了不同群体之间的巨大差距。

---

① 斯蒂格利茨在 2000 年 12 月朱镕基会见参加"完善城镇社会保障体系论证会"外方代表时的发言。摘自高书生：《社会保障何去何从》，中国人民大学出版社 2006 年版，第 171 页。

我国的社会保险制度目前已经对城市居民、城市职工、农村农民、农民工作了单独的规定，每一个群体都有不一样的标准，这在很大程度上撕裂了本应作为一个整体出现的社会保险制度。

（一）我国机关、事业单位职工养老保险制度现状

1. 当前的机关事业单位养老保险制度

2006 年，人事部和财政部联合下发了《关于机关事业单位离退休人员计发离退休费等问题的实施办法》（国人部发 [2006] 60 号），改革了机关事业单位养老金的计发办法。2006 年 7 月 1 日后离退休的人员，在养老保险制度建立前，暂按下列办法计发离退休费：

第一，离休人员。

离休费按本人离休前职务工资和级别工资之和或岗位工资和薪级工资之和全额计发。

第二，退休人员。

① 公务员退休后的退休费按本人退休前职务工资和级别工资之和的一定比例计发。其中，工作年限满 35 年的按 90% 计发；工作年限满 30 年不满 35 年的，按 85% 计发；工作年限满 20 年不满 30 年的，按 80% 计发。

② 事业单位工作人员退休后的退休费按本人退休前岗位工资和薪级工资之和的一定比例计发。其中，工作年限满 35 年的，按 90% 计发；工作年限满 30 年不满 35 年的，按 85% 计发；工作年限满 20 年不满 30 年的，按 80% 计发。

③ 机关技术工人、普通工人退休后的退休费分别按本人退休前岗位工资和技术等级工资之和、岗位工资的一定比例计发。其中，工作年限满 35 年的，按 90% 计发；工作年限满 30 年不满 35 年的，按 85% 计发；工作年限满 20 年不满 30 年的，按 80% 计发。

2. 全国各地的机关事业单位职工养老保险制度改革情况

自 1993 年开始，随着企业养老保险制度的推进，我国许多省市开始了机关事业单位养老保险制度的改革。由于没有统一的法律制度，各地的实

施方案不尽相同。按照参保对象的范围不同，可分为三类：

第一，参保人员仅限于自收自支事业单位工作人员和机关事业单位中合同制工人，目前大多数地区局限于这一狭小范围，如北京、天津等地；

第二，参保人员限定在除国家公务员和全额拨款事业单位之外的差额拨款、自收自支的事业单位工作人员和机关事业单位合同制工人，如哈尔滨、太原等地；

第三，参保人员涉及所有机关事业单位工作人员，如福建、湖南、上海、深圳等地。

考察各地养老金计发的制度规定就会发现，除北京采取对自收自支的事业单位职工和合同制工人按企业社会统筹养老金发放方法外，其余仍都按原来机关事业单位退休金发放规定（即国发［1978］104号文件）办理。与原来方法所不同的是，实行养老保险制度后，所领取的养老金一般要高于原标准。因为除了有按原规定计发的退休金之外，还有个人账户的存储金，而个人账户的存储额除了个人缴费部分外，还有单位缴费划入部分。如湖南省规定"从单位缴纳的基本养老保险金中按本单位上年度工作人员月平均工资的8%和工作人员本人缴费工资基数的5%划转记入工作人员个人账户"；深圳市规定单位和个人缴费比例为投保工资的19%（个人负担4%或5%），其中13%计入个人账户，6%计入统筹基金。显然，对机关事业单位实行这样的养老保险制度，不仅有违权利与义务对等的原则，而且会提高替代率，增加财政负担，有失社会公平。

3. 事业单位养老保险制度改革试点

2008年2月，国务院常务会议讨论通过了劳动保障部、财政部、人事部制定的《事业单位工作人员养老保险制度改革试点方案》，并于3月正式印发。国务院决定，在山西省、上海市、浙江省、广东省、重庆市先期开展试点，与事业单位分类改革试点配套推进。未进行试点的地区仍执行现行事业单位退休制度。改革的主要内容：

一是实行社会统筹与个人账户相结合的基本养老保险制度。基本养老保险费由单位和个人共同负担，单位缴费比例一般不超过单位工资总额的

20%，个人缴费比例为本人缴费工资的 8%。按本人缴费工资 8%的数额建立基本养老保险个人账户，全部由个人缴费形成。做实个人账户的起步比例为 3%，以后每年提高一定比例，逐步达到 8%。有条件的试点省（市）可以适当提高起步比例。个人账户储存额只能用于本人养老，不得提前支取。参保人员死亡的，其个人账户中的储存余额可以继承。

二是改革基本养老金的计发办法。改革后的基本养老金计发办法与企业基本养老保险制度完全一致。改革方案实施前已经退休的人员，继续按照国家规定的原待遇标准发放基本养老金，参加国家统一的基本养老金调整。

三是建立基本养老金正常调整机制。根据职工工资增长和物价变动等情况，国务院统筹考虑事业单位退休人员的基本养老金调整。

四是建立职业年金制度，建立多层次的养老保险体系。在参加基本养老保险的基础上，事业单位建立工作人员职业年金制度。具体办法由劳动保障部会同财政部、人事部制定。

五是逐步实行省级统筹。进一步明确省、市、县各级人民政府的责任，建立健全省级基金调剂制度。具备条件的试点省（市）可从改革开始即实行省级统筹；暂不具备条件的，可实行与企业职工基本养老保险相同的统筹层次。

（二）公职人员与企业职工养老保险制度的差异及存在的问题

由于公务员和事业单位的养老保险制度非常类似，在下文的分析中，为方便叙述，笔者统一使用"公职人员"名称，以公务员养老保险制度进行具体的比较分析。

1. 存在的差异

第一，缴费环节的差异。

在职时，公职人员不缴纳养老保险，而企业职工则需要缴纳。拟议中的《社会保险法（草案）》第 9 条第 3 款规定："公务员和参照《公务员法》管理的工作人员参加基本养老金保险的办法由国务院规定。"按照这一规定，公务员的社会保险制度将另行安排。

假设公职人员不参加养老、医疗、失业、生育和工伤保险。① 如果公职人员和企业职工的劳动力成本是一致的，都是 5000 元。对于公职人员而言，无论其本人还是其雇主都不需要缴纳任何社会保险，个人只要缴纳个人所得税；对于企业职工而言，其本人和雇主均要缴费社会保险费，个人还要缴纳个人所得税。表 8-17 中计算结果表明，同样是 5000 元的劳动力成本，公职人员的实发工资数为 4675 元，而企业职工则只有 3148.36 元。

表 8-17　公职人员与企业职工的缴费义务差异及影响

单位：元

类型	劳动力成本	缴费基数	单位缴费	个人缴费	个人所得税	缴费、缴税后的净收入
公职人员	5000	——	——	——	325	4675
企业职工	5000	3649.64	1350.37	401.46	99.82	3148.36

第二，养老金领取环节的差异。

接着上述的例子，当公职人员与企业职工都达到退休年龄并开始领取养老金时，待遇再次出现差异：如果不考虑工资增长率的话，公职人员退休第一年的月养老金是其退休前月工资的 90%，即 4500 元②；而企业职工退休第一年的月养老金仅为 2159.49 元，替代率仅为 59.2%（见表 8-18）。

表 8-18　公职人员与企业职工在养老金计发办法上的差异及影响

类型	退休前的月工资（元）	工作时间（年）	退休第一年的月养老金（元）
公职人员	5000	35	4500
企业职工	3649.64	35	2159.49

资料来源：笔者自行计算。

———————

① 为了简化计算，这里假设公职人员不参加任何社会保险项目。实际上，大多数公职人员只参加医疗保险，不参加其他社会保险项目；也有少部分公职人员不参加任何社会保险项目。目前全国大约已有 90% 的省份完成了公费医疗制度向城镇职工基本医疗保险制度的转轨。

② 当然，不能否认的是：这 4500 元中有部分是补充养老金。因为目前机关事业单位的养老保险没有区分基本养老保险和补充养老保险。

2. 存在的问题

第一，公职人员养老保险制度在制度内部不存在收入再分配功能。公共部门内部也存在一定的收入差距，但是公职人员养老保险制度却不存在收入再分配功能，无助于缩小公职人员的收入差距。从表 8-19 中，可以看出，如果高收入公职人员在职收入为公职人员的平均收入的 3 倍，那么他未来的养老金收入也为公职人员平均养老金的 3 倍。而从企业养老保险制度来看，如果高收入企业职工在职收入为平均收入的 3 倍，那么他未来的养老金收入仅为平均养老金的 2.41 倍。

表 8-19　公职人员养老保险制度与企业职工养老保险制度在收入再分配功能方面的差异

制度类型	收入类型	在职时的月收入（元）	退休后第一个月的养老金收入（元）	养老金为平均收入者的倍数
公务员	高收入者	10948.92	9854.03	3.00
	平均收入者	3649.64	3284.68	1.00
	低收入者	2189.78	1970.81	0.60
企业职工	高收入者	10948.92	5201.10	2.41
	平均收入者	3649.64	2159.49	1.00
	低收入者	2189.78	1904.02	0.88

从表 8-20 中可以看出，2010 年一些中央部委的人均养老金都在 5 万元以上，远高于我国企业职工的养老金平均水平（2009 年为 14400 元）。[①]

表 8-20　2010 年一些中央部委的人均养老金

部门	离退休人员数量（人）	离退休人员经费（万元）	平均每人养老金（万元）
国务院扶贫开发领导小组办公室	8	55.98	7.00
国家信访局	194	1313.07	6.77
环境保护部	147	830.26	5.65
国税总局	107600	547344.89	5.09

资料来源：根据各部委发布的《2010 年部门预算》中的有关数据进行计算。

---

①　全国老龄工作委员会办公室：《2009 年度中国老龄事业发展统计公报》，2010 年 6 月，全国老龄办网站。

第二，公职人员养老保险制度造成公职人员与其他人群之间难以形成收入再分配。一般而言，公务员的收入水平高于社会平均工资，因此，公务员应通过社会保险和个人所得税，将较高的收入部分转移给低收入群体。然而，我国按人事隶属关系将公务员、事业单位职工和企业职工人为割裂开来，导致公务员和事业单位职工在职时收入较高，退休时养老金依旧高高在上（见图8-9）。

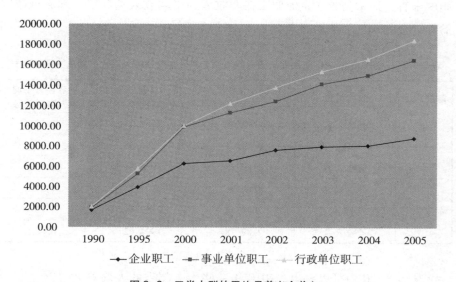

图8-9　三类人群的平均月养老金收入

资料来源：《中国劳动统计年鉴2006》。国家未公布三类人群2005年以后的平均养老金数额。

第三，公务员养老保险制度无法形成地区间的收入再分配。

其一，公职人员的养老金采取属地原则，由当地本级财政负担，这就造成公职人员养老金收入悬殊。同样是在一座城市生活，省直机关、市直机关、区属机关的退休人员在养老金待遇方面却大不相同。财政资金不足的地方政府无法落实养老金相关政策，长期拖欠养老金或未能按照有关规定及时上调养老金待遇；财政资金充裕的政府除了能够按时发放养老金以外，还向退休人员发放了名目繁多的津贴、慰问金。

其二，统筹层次低，抗风险能力差。根据《社会保险法》第六十四条规定，基本养老保险基金逐步实行全国统筹，可以预见基本养老保险基金的抗风险能力将由于统筹层次的提高而得到提升。而由于现行事业单位养老保险制度实行的是县级统筹，统筹层次低，各地区苦乐不均，基金收不抵支的风险极高。在一些地区，财政预算资金已经十分紧张，甚至出现大量负债，无力保障机关事业单位退休政策的全面落实。

第四，公务员养老保险制度造成差额拨款单位举步维艰，难以落实养老金政策。以教育部所属高校为例，目前，国家对中央高校离退休人员经费的投入主要包括离退休人员工资及津补贴，离休人员护理费和公费医疗拨款。从 2008 年开始，中央离休人员工资及津补贴拨款按 21500 元/人年核定，退休人员按 17840 元/人年核定。[①] 从 2009 年开始，中央高校离休人员每年增加 4800 元的护理费，财政拨款不足以弥补实际支出的部分，由学校自筹经费解决。中央高校目前发放离退休人员费的政策依据是《关于机关事业单位离退休人员计发离退休费等问题的实施办法》（国人部发 [2006] 60 号），该实施办法相关条款明确规定：机关事业单位养老保险制度建立前，在职人员调整工资标准时，离休人员相应增加离休费，退休人员适当增加退休费。由于中央及地方政府出台的相关待遇政策与目前财政拨款标准存在较大的差距，中央高校离退休人员经费实际支出远远高于财政投入。据统计，2008 年，教育部直属高校离退休经费支出为 53.57 亿元（不含医疗费用），而财政拨款仅为 23 亿元，拨款仅占实际支出的 43%。[②]

与此同时，由于近几年的物价快速上涨，各级地方政府不断出台提高离退休人员待遇的相关政策。以广东省为例，地方财政对地方高校离休人员拨款标准为 4.71 万元/人年，退休 3.58 万元/人年（其对行政机关离休人员的拨款标准为 7.56 万元/人，退休 5.6 万元/人），相比该地区的中央

———————————

① 黄达人：《关于解决中央高校离退休人员经费财政投入不足的建议》，见 http:// jddygzz. blog. 163. com/blog/static/100608148201022811133264/。

② 廖洋：《吴德星代表：部属高校离退休人员经费问题待解》，《科学时报》2010 年 3 月 10 日。

高校离休和退休人员人均拨款标准分别高出 2.08 万元、1.796 万元。[①] 各高校为维持稳定，不得不普遍按照属地化管理原则，遵照执行地方社会保障政策。中央高校按照属地化原则参照执行，但由于中央的财政拨款本已不足，争取地方财政投入基本不可能，致使各中央高校提高离退休人员待遇政策很难落实。由此导致中央高校的离退休人员，无论与地方公务员队伍，还是与地方院校的同级人员待遇相比，都存在较大的差距。以上数据尚未包含用于离退休人员的公费医疗支出，如果把这一块支出合并计算，那么中央高校离退休经费缺口的数字将会更大。

第五，个人缴费未与计发待遇挂钩，不能有效体现公平与效率、权利与义务相对应的原则。无论哪一种养老保险制度，它的权利和义务都应当是对等的，而当权利和义务不对等时，势必会影响参保人的参保积极性。我国企业基本养老保险制度将职工缴费年限与其享受的基础养老金相挂钩，就大大促进了职工的参保积极性。而目前机关事业单位的退休人员计发养老金仍沿用现行机关事业单位工资制度来计发退休费，养老金的多少和在职时缴费时间长短、缴费多少没有直接关系，未能体现个人缴费的作用。这种脱节致使参保人员参保积极性、责任感受挫，部分参保人员对缴费多少漠不关心，甚至希望缴费基数越低越好，单位和个人都可以少出钱，出现故意瞒报、少报、不报缴费基数的现象。

第六，阻碍了劳动力的合理流动。因退休待遇计发办法上的差别，干部调动或跳槽到企业则意味着将来退休时既得利益大受损失，造成机关事业单位工作人员不愿向企业"流动"，而企业人员则设法向机关事业单位"流动"的怪现象。

七、我国城乡基本养老保险制度比较

根据新出台的《社会保险法》，我国的社会养老保险项目被分割成五

---

① 黄达人：《关于解决中央高校离退休人员经费财政投入不足的建议》，见 http://jddygzz. blog. 163. com/blog/static/10060814820102281 11331264/。

个独立运行的养老保险项目：公务员、事业单位职工、企业职工、城镇居民和农民的养老保险。在这几个项目中，国家对哪类人群给予力度最大的补助呢？本章将以研究新型农村养老保险制度（以下简称"新农保"）为基础，以净现值法为工具，通过比较微观个体（低收入职工、农民和城镇居民）的养老保险终身财政补贴额，确定政府补贴社保资金的主要流向和最大受益群体，探讨其中的公平性问题，并提出完善新农村养老保险制度的一些政策建议。

实际上，许多城市已将城镇和农村居民统一纳入城乡居民基本养老保险制度，因此，对于城镇居民而言，他可以选择参加城乡居民基本养老保险项目，也可以以灵活就业人员的身份参加城镇职工基本养老保险项目。为了表述方便，文中假设城镇居民只能以灵活就业人员身份参加城镇职工基本养老保险项目。

需要指出的是，企业职工、城镇居民和农民在参保时都建立了养老保险个人账户。考虑到养老保险个人账户归个人所有、可继承的特点，笔者认为这部分资金不会发生贫富再分配，因此不纳入本章研究范围，即本章仅研究基本养老金中的基础养老金。

（一）我国新农村养老保险制度现状

1. 改革进展

2007 年 10 月，党的十七大提出，2020 年基本建立覆盖城乡居民的社会保障体系，探索建立农村养老保险制度。此后，2008 年 10 月，党的十七届三中全会决定第一次提出了新型农村社会养老保险的理念，并明确了个人缴费、集体补助、政府补贴相结合的原则。2009 年 9 月，国务院发布了《关于开展新型农村社会养老保险试点的指导意见》（国发 ［2009］ 32 号，以下简称《指导意见》），旨在探索建立个人缴费、集体补助、政府补贴相结合的新农保制度，保障农村居民老年基本生活。意见要求 2009 年试点覆盖面为全国 10% 的县（市、区、旗），以后逐步扩大试点，在全国普遍实施，2020 年之前基本实现对农村适龄居民的全覆盖。

2009年，全国31个省（区、市）的320个县（市、区、旗）启动了新型农村社会养老保险试点，1500万左右60周岁以上农村老年人领到了中央财政补贴的基础养老金，农村老年人的"老有所养"有了制度性保障。[1] 全国参加农村养老保险人数为8691万人，比上年末增加3096万人。全年共有1556万农民领取了养老金，比上年增加1044万人。全年共支付养老金76亿元，比上年增加33.8%。年末农村养老保险基金累计结存681亿元。

2. 制度现状

根据《指导意见》，现行的养老金计发公式如下：

基本养老金=基础养老金+个人账户养老金

其中：

第一，中央确定的基础养老金标准为每人每月55元。地方政府可以根据实际情况提高基础养老金标准。国家根据经济发展和物价变动等情况，适时调整全国新农保基础养老金的最低标准。我们在此假设国家根据通货膨胀率 g 上调基础养老金的最低标准。

第二，个人账户养老金由个人缴费、集体补助和补贴构成。假设个人缴费标准为每年100元（最低缴费标准）、集体不补助（国家没有强制集体组织缴费）、地方政府每年补助30元（最低补助标准）。我们假设每年个人缴费和地方政府补助标准均按通货膨胀率 g 进行上调。

第三，个人账户养老金为个人账户储存额除以计发月数。个人账户储存额目前每年参考中国人民银行公布的金融机构人民币一年期存款利率计息。计发月数的标准是根据城镇人口预期寿命，本人退休年龄、利息等因素确定的，由国务院统一确定。当前计发月数为139。

由此，可以得出基本养老金的计算公式：

---

[1] 全国老龄工作委员会办公室：《2009年度中国老龄事业发展统计公报》，2010年6月，全国老龄办网站。

$$P = \begin{cases} 55 \times (1+g)n + \dfrac{130 \times \left[(1+i)^n - (1+g)^n\right]}{139(i-g)}, & i \neq g \\[4mm] 55 \times (1+g)n + \dfrac{130 \times n \times (1+i)^{n-1}}{139}, & i = g \end{cases}$$

其中，P 为基本养老金，即退休领取第一个月领取的养老金；i 为名义利率；g 为通货膨胀率；n 为缴费年限。

（二）城镇职工与农民养老保险制度比较

城镇企业职工基本养老保险与农民养老保险主要区别在于：

一是保障对象不同。城镇职工养老保险主要面向城镇企事业单位的在职职工以及社会上有缴费能力的灵活就业和部分的农村被征地人员；农民养老保险主要面向缴费能力较低的成年农民和没有养老保障的老年农民。

二是实施力度不同。城镇职工基本养老保险是国家法律法规规定强制实施的，雇主和雇员都必须按照规定缴费；而农民养老保险强调的是自愿原则，是由政府加以引导，农民自愿参加的。

三是筹资结构不同。城镇职工基本养老保险筹资方是雇主（个人的缴费部分全部纳入养老保险个人账户，归个人所有，不参加贫富再分配）。而农民养老保险的主要供款方是政府，政府在个人参保缴费时给予一定的财政补贴，在养老金给付时支付每人每月 55 元的基础养老金及个人账户养老金的兜底。

四是缴费待遇标准不同。城镇职工养老保险采用"高缴费、高保障"的模式，而农民养老保险遵循"低缴费、低待遇"的原则。以福建厦门市为例，2010 年该市在职职工养老保险缴费金额为 4812—24060 元不等[①]，厦门全市在职职工平均退休金在 1800 元左右，而城乡居民养老保险每年最

---

① 2009 年厦门市的社会平均工资为 3038 元，据此可计算出 2010 年最高和最低的社保缴费基数分别为 9114 元和 1822.80 元。按照厦门市 22% 的养老保险缴费率可计算出，最高和最低的养老保险年缴费额为 24060 元和 4812 元。

低缴费金额为 100 元，退休金为月 200 元左右。养老保险的待遇享受和费用缴纳是直接挂钩的，多缴纳多享受是基本原则。

从这一角度看，两种养老保险品种是各有特点。城镇职工养老保险是针对收入较高的人群；农民养老保险是针对收入较低的人群，并具有一定的社会福利性质。

（三）新农保项目的合理性

从两个方面对新农保制度的分析：一是合理性，新农保制度能否给农民带来足够的养老金？二是公平性，相对于其他养老保险项目，国家对新农保项目的补助力度如何？本节将讨论第一个问题，下一节讨论第二个问题。

下面，假设：

（1）领取养老金的初始年龄是 60 岁。根据《国务院关于开展新型农村社会养老保险试点的指导意见》，年满 60 周岁、未享受城镇职工基本养老保险待遇的农村有户籍的老年人，可以按月领取养老金。

（2）缴费年限为 15 年。根据《国务院关于开展新型农村社会养老保险试点的指导意见》，距领取年龄超过 15 年的，应按年缴费，累计缴费不少于 15 年。

（3）通货膨胀率等于名义利息率（即 $g = i$），此时实际利率为零。

根据上述假设条件，可以得出基础养老金的计算公式：

$$P = 55 \times (1 + g)^n + \frac{130 \times n \times (1 + i)^{n-1}}{139}$$

如果要测算扣除了通货膨胀率后的实际养老金水平，则将公式改写为：

$$P_{实际} = \frac{55 \times (1 + g)^n + 130 \times n \times (1 + i)^{n-1}/139}{(1 + g)^n}$$

化简后，得到：

$$P_{实际} = 55 + \frac{130 \times n}{139 \times (1 + g)}$$

这一公式可以近似地改写为：

$$P_{实际} = 55 + 0.9352 \times n$$

如果 $n = 15$ 年，则 $P_{实际} = 69$ 元。

2009 年我国农村居民家庭人均纯收入为 5153 元，而新农保中农民的基本养老金每年 828 元（69×12），占家庭人均纯收入的比例为 16.07%，远远低于国际劳工组织的最低养老金标准险（不低于在职人员年平均收入的 40%）。从新农保试点情况看，保障水平还很低，这符合新农保试点"低水平、广覆盖"的原则要求。但从长期看，统筹城乡发展，真正解决农村养老问题，使消费成为拉动我国经济增长的主要力量，应该逐步提高替代水平。当前，我国城镇职工养老保险的替代率为 60% 左右，由于城乡居民收入比达到了 3.33∶1，即便考虑农民还有土地保障等传统保障因素，新农保制度逐步完善后农村居民基本养老金（基础养老金+个人账户养老金）的替代率也不应低于 50%。如果考虑社会保障特有的调节收入分配、利益关系，促进社会和谐的功能，以及逐步缩小城乡社会养老保险制度筹资和待遇水平的差距，农村社会养老替代率还应有进一步的提高。

（四）养老保险项目的公平性：新农保与城保的比较

将一位农民、一位城镇居民、一位城镇低收入的企业职工进行比较：农民参加新农村基本养老保险；城镇居民以灵活就业人员的身份参加城镇职工基本养老保险；企业职工参加城镇职工基本养老保险。

1. 假设条件

第一，缴费规定。如表 8-21 所示，农民、居民和低收入企业职工的缴费率、缴费基数都有所不同。其中，低收入企业职工是指收入低于或等于缴费基数下限（上年当地社会平均工资的 60%）的职工必须按照缴费基数缴费。假设城镇居民和城镇职工参保时，当地上年社会平均工资为 3000元/月，那么城镇居民的缴费基数为 3000 元/月（缴费率为 12%），低收入企业职工的缴费基数为 1800 元/月（缴费率为 20%）。假设职工平均工资增长率为 5%；由政府出资并支付给农民的基础养老金的年上涨幅度为同期工资增长率的 50%。

表8-21 农民、居民和企业职工的缴费规定

人群	基础养老保险缴费率	缴费基数	缴费年限	开始领取养老金的年限	项目类型
农民	0	—	38 年	60 岁	新农村养老保险
城镇居民	12%	当地上年社会平均工资	38 年	60 岁	城镇职工养老保险
低收入企业职工	20%	当地上年度社会平均工资的60%	38 年	60 岁	

注：由于养老保险个人账户不发生贫富再分配，所以在计算中不予考虑。

第二，养老金计发办法。如表8-22所示，农民、居民和企业职工的基础养老金计发办法有所不同。

表8-22 农民、居民和企业职工的缴费规定

人群	缴费性质	基础养老金	开始领取养老金的年限	领取养老金的年限
农民	自愿	目前为55元/月。国家根据经济发展和物价变动等情况，适时调整全国新农保基础养老金的最低标准	60 岁	20 年
城镇居民	自愿	以参保人员退休上年度当地在岗职工月平均工资和本人指数化月平均缴费工资的平均值为基数，缴费每满1年发给1%		
低收入企业职工	强制			

注：由于养老保险个人账户不发生贫富再分配，所以在计算中不予考虑。

2. 模型测算

根据上述假设，可以计算出未来各年三类人群的年缴费额和养老金领取额，如表8-23所示。

表8-23 农民、居民和企业职工的各年缴费额与养老金

人群	缴费阶段			养老金领取阶段		
	第1年	第2年		第1年	第2年	
农民	0	0	……	1645.61	1666.18	……
城镇居民	−4320	−4536	……	87353.33	89537.16	……
城镇低收入企业职工	−4320	−4536	……	69882.66	71629.73	……

注：缴费阶段表现为资金的给付，视为投资成本，所以以负数表示。

根据表 8-23 数据，可以采用净现值法判断国家对三类人群的补助力度。净现值法是评价投资方案的一种方法。净现值是指投资方案未来报酬的总现值与原始投资额总现值的差额。净现值为正值，投资方案是盈利的；净现值是负值，投资方案就是亏损的。净现值越大，投资方案越合算。如果将参加基本养老保险看作是一种长期投资的话，缴费就相当于长期投资中的投资阶段，而职工退休后领取养老金则为长期投资中获得收益的阶段。由此，可以得出参加养老保险项目的净现值为：

$$NPV = \sum_{t=0}^{n} \frac{C_t}{(1+r)^t} - \sum_{t=0}^{n} \frac{B_t}{(1+r)^t} \qquad (8-2)$$

其中，B_t 是 t 年的养老金数额，C_t 是 t 年的缴费成本金额，n 为参保人从参加养老保险到去世的全部年限（可为分两个阶段，一是在职时的缴费阶段，二是退休后的养老金领取阶段），r 为贴现率。上述几项均为已知数，据此可以求出参保的净现值（NPV）。

3. 测算结果

根据（8-2）式和表 8-23，可以计算出在不同贴现率下三类人群的参保净现值（见图 8-10）。

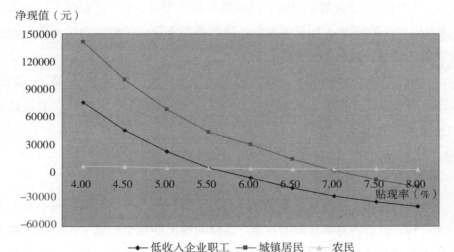

图 8-10 不同人群参保的净现值

从图 8-10 中可以发现：

第一，城镇居民的净现值始终高于低收入企业职工的净现值，这就意味着政府对城镇居民给予了较大的政策优惠力度。考虑到参保的城镇居民大都是个体工商户以及灵活就业人员，政府给予这些人群较大的政策优惠，一方面体现了对低收入群体的参保激励，另一方面也能够促进更多的人通过灵活就业方式解决就业问题，免去他们的养老之忧。从操作层面来讲，城镇居民参保是自愿的，没有一定的政策倾斜，也无法吸引这部分人群参保。

第二，当贴现率低于 5.5% 时，净现值从高到低的排序分别是城镇居民、低收入企业职工和农民。

第三，当贴现率高于 5.5% 且低于 7% 时，净现值从高到低的排序分别是城镇居民、农民和低收入企业职工。

第四，当贴现率高于 7% 时，净现值从高到低的排序分别是农民、城镇居民和低收入企业职工。

第五，受预期寿命较短影响，农民的净现值可能更低。上述模型计算中我们假设三类人群的预期寿命均为 80 岁。第五次全国人口普查数据显示，2000 年，我国城镇居民平均预期寿命为 75.21 岁，而农村人口平均预期寿命为 69.55 岁。如果考虑到农民的预期寿命低于城镇居民，那么农民的净现值与居民的差异就更大了。

由于在本模型测算中，笔者假设实际工资增长率为 5%，因此，贴现率一般大致与工资增长率相等时，城镇居民是受益最大的群体，农民是受益最少的群体。

（五）主要结论

如前所述，我国基本养老保险制度是割裂的，各个项目之间不发生财富转移，没有贫富再分配的功能。这样的制度客观上造成了城镇保险转制成本和基金缺口由城镇职工自行承担，对农民是有利的。当然，目前新农保制度也存在许多问题：

1. 地方财政负担过重

第一，基础养老金部分。目前中央确定的基础养老金为55元，有条件的地方可以在此基础上提高当地基础养老金标准。中央财政对中西部地区最低标准基础养老金给予全额补助，对东部地区补助50%。基础养老金的标准由省级财政根据当地财力确定。这就造成财政紧张的地区连最低养老金都无法保证，而财政宽裕的地区可以大幅度地提高基础养老金的标准（见表8-24）。

表8-24 部分地区新农保中的基础养老金标准

地区	海南省	江苏省	长沙市	重庆市	杭州市	广州市	厦门市	北京市
2009—2010 年基础养老金（元/月）	55	60	60	80	90	110	200	280

资料来源：作者根据公开资料整理而成。

第二，个人账户养老金部分。作为个人账户缴费的配套补助，地方政府每年需要至少补贴每位农民30元。这部分资金常常由省与县级财政共同承担，造成县级财政负担较重。以江西省为例，补贴资金由省财政负担24元，县（市、区）财政负担6元。对农村重度残疾人，由省、县（市、区）政府为其代缴全部最低标准的养老保险费100元，代缴资金省财政负担80%，县（市、区）财政负担20%。由于农民缴费金额越高，地方政府的补助额也越高，可能导致地方政府推动农民参保缴费的积极性不高。

2. 地方财政负担苦乐不均，有失公平

与城镇企业养老保险制度不同的是，农村社会养老保险制度要求参保人在户籍地参保。由于全国各省的农业人口比重差异非常大（见图8-11），落后省份的农业人口比重差不多是发达省份的2倍。一些农业大省将由于农业人口众多而付出较大的财政代价，一些直辖市或工业大省则因农业人口较少而只支付较低的财政资金。

3. 补助力度太低

如前所述，2009年我国农村居民家庭人均纯收入为5153元，而新农保中农民的基本养老金每年828元（69元/月×12月），占家庭人均纯收入

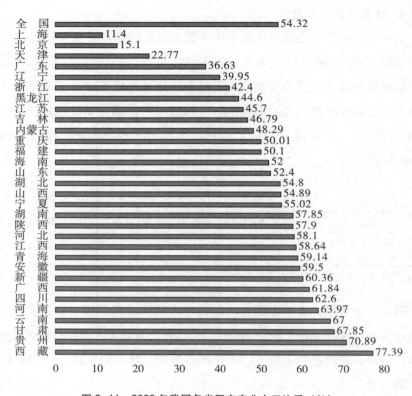

图 8-11　2008 年我国各省区市农业人口比重（%）

的比例为 16.07%，远远低于国际劳工组织的最低养老金标准险（不低于在职人员年平均收入的 40%）。

世界银行在《1990 年世界发展报告：贫困》中首次采用并介绍了"每人每天 1 美元"的贫困线。世界银行最近的一次更新是在 2008 年的 3 月，即依据 2005 年的价格将国际贫困线提高到 1 天 1.25 美元。而亚洲开发银行在 2008 年对 13 个亚洲发展中国家进行的指标分析中，所使用的国家贫困线的均值是 1 天 1.35 美元。[1] 笔者认为养老金的最低水平不应低于国际公认的贫困线水平。如果我们取 1.5 美元/天的标准，那么最低月养老

---

① Armin Bauer，Rana Hasan，Rhoda Magsombol，Guanghua Wan：《世界银行新贫困数据对亚洲开发银行的启示》，《国际减贫动态》总第 1 期，中国国际扶贫中心，2009 年 3 月 24 日。

金标准应该至少在 300 元以上。

4. 一些制度规定有失公平

第一，现行模式按照"量额补助"的方式，容易造成马太效应。参加新农保的农村居民应当按规定缴纳养老保险费。缴费标准目前设为 100 元、200 元、300 元、400 元和 500 元 5 个档次，地方可以根据实际情况增设缴费档次。《意见》提出，对选择较高档次标准缴费的，可给予适当鼓励，具体标准和办法由省（区、市）人民政府确定（见图 8-12）。我们认为每个农民的经济状况不同，"多缴费、多补助"的规则将造成农民之间的马太效应，富者越富、穷者越穷。

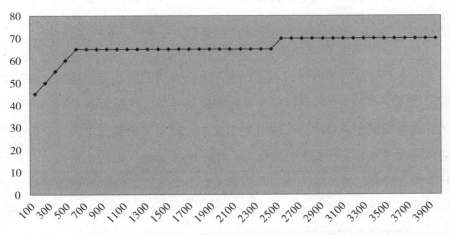

图 8-12　厦门市城乡居民养老保险制度中关于政府对参保人员的配套补助方式

第二，没有与参保年限挂钩，容易造成道德风险。新型农村社会养老保险制度规定农民可自愿参保，没有强制性，因此大多数农民可能选择在缴费满 15 年以后就不再缴费。目前一些省市社保部门已经看到这个问题，并进行补充和完善。例如，2010 年 2 月出台的《杭州市城乡居民社会养老保险实施意见》规定，城乡居民养老保险待遇由基础养老金、个人账户养老金和缴费年限养老金三部分组成，其中缴费年限养老金月标准根据长缴多得的原则，按缴费年限分段计发。

5. 人群间不公平

第一，对农民的补助力度较小。如前所述，政府对城镇居民、农民和低收入企业职工都有一定的财政补助，但对农民的补助额最低。

第二，部分城市居民成为"夹心层"，成为被社保"遗忘的角落"。从本章的计算中可以看到，政府对城市居民参保实施了较大的政策倾斜力度，优惠程度甚至超过了农民。但部分城市居民仍然未能享受到，究其原因在于缴费金额过高。对于许多大龄失业人员来讲，每年4000元以上的缴费额是很高的门槛。对于这部分人员来讲，"低缴费、低享受"的新农保制度也许是最合适的，但囿于其城镇户籍身份，无法参加新农保，成了"夹心层"。

6. 按人群设立养老保险制度将造成新的不公平

人的身份是会变的，而不同群体如果都有单独的规定，那么，这些制度怎么适应人的变化？这就需要设计制度的接口，这种需要不同制度对接的社会保险制度，对社会来说增加了成本，对个人来说也增加了人员流动的风险和成本，反过来又会约束人员在不同社会角色间的正常流动，这对社会没有什么好处。笔者认为不需要为农民、城镇居民和城镇职工分别建立三套养老保险制度，而应将其统一为一个完整的制度。因为归根到底，农民和城镇居民只不过是收入较低的群体而已。

目前城镇60岁以上的老年居民中存在基本养老保险的一个"盲点"。这些人员是既非企业职工，又没有享受其他养老保险制度的城镇60岁以上的老年居民。由于城镇与农村存在较大的经济差异性，特别是在基本生活保障需求上城镇明显高于农村，因此，城镇老年居民养老保险待遇不能太低，定位应高于城镇最低生活保障标准。以昆明市为例，截至2009年底，昆明市18周岁以上的常住城镇居民有191.27万人，其中，141万人已有各种社会养老保障。近50万尚未纳入社会基本养老保险统筹范围的人，多为无收入或收入低或政策不支持而不能纳入社会基本养老保险统筹的城镇居民，他们面临或处于老无所养的窘境。①

　　7. 衔接尚不明确

　　现在农民流动很频繁，他们可能在城市安家成为市民，也可能回到农村。他们如果在企业参加了城镇职工基本养老保险，并且享受城保待遇，那就不用参加"新农保"了；如果没达到享受城保待遇的要求，比如累计缴费不满 15 年，他们可以按有关规定，把城保的缴费积累转入"新农保"个人账户，按"新农保"的规定领取。如果这些农民工由城保转入新农保以后，按照新农保的规定领取养老金，那么原来他们在城市打工期间雇主缴费部分就被忽略了。这样将产生新的现象：如果缴费年限相同的话，在城里打工多年的农民工与在终身农村的农民的基础养老金是完全相同的。这就形成了新的不平等。

　　总之，随着经济、社会环境变化和家庭结构的变动，我国农村家庭养老保障功能正在退化，社会保障体系的不健全不仅制约了农民生活水平的提高，而且大大限制了农民消费的积极性，成为国家拉动内需的阻碍。因此，完善农村社会保障制度的不仅是实现广大农民根本利益的迫切需要，更是国家经济社会全面协调可持续发展的迫切需要。

八、本章结论

　　中国长期以来形成了"碎片化"的养老保险制度（见图 8-13），地区分割、人群分割、代际分割。这种错综复杂的制度造成了财政补助流向不明、政府责任不清、收入分配差距扩大等弊端。

　　大部分国家都执行统一的社会保险制度，而没有为某一特殊群体制定单独的规定。虽然日本和我国台湾地区等在 20 世纪六七十年代建立社会保险制度之初，曾经针对包括公务员在内的特定群体出台单独规定，但随着社会保险制度的完善，这些国家或地区都在不断地整合这些分散

---

① 熊明：《社会养老保险有望全覆盖》，《云南日报》2010 年 9 月 21 日。

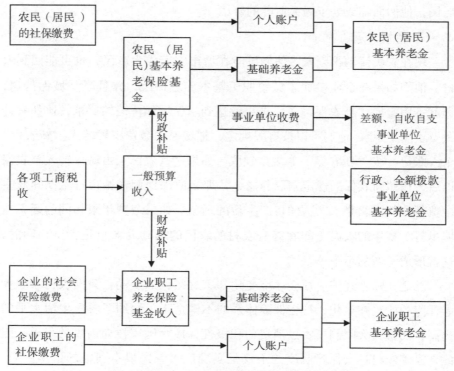

图 8-13　我国各种人群基本养老保险基金的收支体系

的保险制度。在美国，1983 年以前，联邦政府雇员的养老保险金制度，也一直在社会保障计划之外独立运行，但为了应对社会保障计划的财务危机，进一步扩大社会保障的覆盖面，联邦政府对 1983 年以后新雇公务员全部纳入了社会保障计划，社会保障税由雇员和雇主（公务员的雇主是政府）共同缴纳，从此联邦政府雇员退休金制度与联邦社会保障计划实现了并轨。

人的身份是会变的，而不同群体如果都有单独的规定，那么，这些制度怎么适应人的变化？这就需要设计制度的接口，这种需要不同制度对接的社会保险制度，对社会来说增加了成本，对个人来说也增加了人员流动的风险和成本，反过来又会约束人员在不同社会角色间的正常流动，这对社会没有什么好处。

那么应该如何完善呢？要从社会养老保险的起源进行反思。政府要设立社会养老保险制度的理由有哪些？戴蒙德（Diamond, 1977）指出社会养老保险制度的三大功能：收入再分配、市场缺陷和父爱主义。也就是说社会保险通过缴费和缴付制度，缩小收入差距；社会保险在商业保险不愿承保或无力承保的情况下，通过行政权力强制社会上所有劳动者参保，解决了"逆向选择"和"道德风险"等难题；有些年轻人认为，当老人处于极端困境时，政府有义务给予帮助，因此这些人在年轻时拒绝储蓄，在老年时成为赤贫者。为此，国家需要有强制储蓄的规定。对照这三大功能，我国的社会养老保险制度的改革方向可以是：

第一，政府应建立统一的社会养老保险制度，将公务员、事业单位职工、城镇企业职工、城镇居民和农民纳入一个完整的制度。全覆盖的制度有利于劳动力的流动，有利于公务员、事业单位职工以及城镇企业职工等高收入群体的收入向城镇居民和农民等低收入群体转移，有利于界定政府责任和测算未来的负债，有利于统一待遇，避免财政拨款的多少影响养老金。

第二，在统一的制度框架下，可以有一定的地区差异、缴费差异（待遇差异）以及行业差异等。我国是一个地区间经济发展非常悬殊的大国。同样的收入，对发达地区的家庭而言，可能是入不敷出的；对于落后地区的家庭而言，可能是较为宽裕的。

第三，社会养老保险制度与社会福利制度应有较好的衔接。与城镇职工基本养老保险最大不同在于，新型农村养老保险是一个带有社会福利性质的制度，其基础养老金部分由财政出资，中央和地方财政各分担一部分；凡达到规定年龄，即可领取养老金。由此，可以设计出社会养老保险的零支柱，待遇水平略高于低保，用于提高那些经常失业、终身处于贫困但仍在不断工作的人群。

根据图8-14，可以把当前的养老保险缴费分为四种情况（见表8-25）。

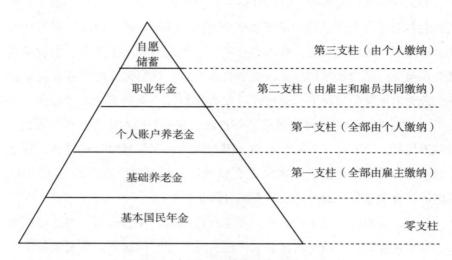

图 8-14　我国社会养老保险的理想模式

表 8-25　社会保险缴费的目标模式

类型	零支柱缴费	第一支柱缴费 （基础养老金）	第二支柱缴费 （职业年金）	第三支柱缴费 （自愿储蓄）
城镇企业职工	雇主按工资的 20% 缴费；雇员按工资的 8% 进行缴费		雇主和雇员自愿缴费，在税法规定额度下免税	本人自愿缴费，在税法规定额度下免税
公务员、事业单位职工				
城镇居民、农民	本人按社会平均工资的 10% 作为缴费基数；缴费率为 8%		无	

　　根据图 8-14，可以把当前的养老金给付分为四种情况（见表 8-26）。

　　第四，我国应通过国有资产变现或转持方式解决历史社保隐性负债，避免给新制度带来负担。为了保障我国股市的稳定和资本市场的健康发展，同时在不增加政府财政拨款的前提下，解决社会养老保险的部分资金来源，笔者建议：

表 8-26　基本养老保险给付的目标模式

类型	零支柱（社会福利）	第一支柱（基础养老金）	第一支柱（个人账户养老金）	第二支柱（职业年金）	第三支柱（自愿储蓄）
城镇企业职工	退休前一年社会平均工资的50%×缴费年限÷100	本人指数化月平均缴费工资的50%×缴费年限÷100	个人账户积累额÷计发月数	企业年金	根据储蓄余额一次性提取、分期提取或转化为生存年金
公务员、事业单位职工				公务员年金或职业年金	
城镇居民、农民		无		无	

① 每年国有企业的净利润分配以后，全额上缴给社保基金。根据国务院国资委发布的《中央企业 2009 年度总体运行情况》，2009 年末，129 家中央企业拥有国有资本及权益为 62930.9 亿元，比 2009 年初增加 6987.4 亿元，增幅为 12.5%。比 2003 年增加 3.4 万亿元，年均递增 13.7%。① 由此可以看出，如果央企的国有资本及权益的增值部分划归社保基金，社保基金将拥有数量庞大且稳定的收入来源。当然社保基金并不需要立即变现这些资产，可以视社保基金收不抵支的缺口来确定减持规模。

② 如果社保基金仍有资金缺口，再根据养老保险历史债务情况，变现部分国有资产。

③ 养老保险历史债务并不都是需要立即支付的，"中人"和"老人"还将领取很长时间的养老金，因此，可以测算各年债务额来确定国有资产变现的数量。有关部门需要明确国有股减持（或转持）资金数量及使用流向，提前公告，给投资者一个明确的心理预期，避免对减持数量的不确定带来的股市波动。

---

① 国务院国资委财务监督与考核评价局：《中央企业 2009 年度总体运行情况》，2010 年 8 月 13 日，见 http://www.sasac.gov.cn/n1180/n1566/n258203/n259490/7477683.html。

第九章
社会救助的利益归宿研究

一、医疗救助支出的受益归宿分析

由于在各地区、各省市之间除了地理位置、资源条件等自然环境因素上存在较大的差距外，在人口规模、经济发展水平、城镇化水平等社会环境因素上也存在着不可忽视的差距。而各省级地方政府在财政支出政策上的差异性，使得区域间的社会保障公共支出水平存在较大差距，其中以医疗救助支出最为明显。以 2008 年为例，全国 31 个省区市的医疗救助支出占地区生产总值的比重如图 9-1 所示。

医疗救助支出占地区生产总值比重（％）

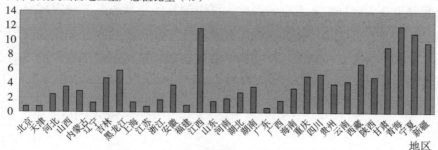

图 9-1　2008 年全国医疗救助支出水平

（一）城乡总体受益归宿状况

从全国范围来看，近年来农村和城市医疗救助的人数都呈现递增趋势，如表9-1所示。

表9-1　2004—2008年农村和城市医疗救助覆盖状况

单位：万人

年份	农村医疗救助平均人数	资助参与合作医疗人数	农村大病医疗救助人数	城市医疗救助平均人数	资助参加医疗保险人数	城市大病医疗救助人数
2004	373.7	241.0	63.8	—	—	—
2005	572.9	463.6	73.1	114.9	—	—
2006	1500.2	1271.2	217.9	182.5	—	—
2007	2873.6	2524.7	360.2	419.3	—	—
2008	3318.8	3377.8	483.4	878.6	609.9	251.4

资料来源：《2009年中国民政统计年鉴》。

从2004年到2008年，农村医疗救助平均人数、资助合作医疗人数及大病医疗救助人数等呈现明显的上升趋势。相较这几年的增长率来看，在2006年的时候，增长率达到了最大。农村医疗救助平均人数的增长率达到了1.62倍，农村合作医疗救助人数的增长率达到了1.74倍，农村大病医疗救助人数的增长率达到了1.98倍。城市医疗救助人数也呈现增长趋势。从城市医疗救助平均人数来看，2006年较2005年增加了58.83%，以后年份增长均在1倍以上。

在绝对数上，农村医疗救助平均人数要明显高于城市医疗救助平均人数，在2006年的时候农村医疗救助平均人数更是比城市医疗救助平均人数的8倍还要多。

进一步对医疗救助支出的覆盖率进行比较，可得表9-2。由表9-2也可以直观地看到农村医疗救助覆盖率始终高于城市医疗救助覆盖率。

表 9-2　2004—2008 年农村和城市医疗救助覆盖率

年份	农村医疗救助覆盖率（%）	城市医疗救助覆盖率（%）	农村医疗救助支出覆盖率的增长率（%）	城市医疗救助支出覆盖率的增长率（%）
2004	0.49	—	—	—
2005	0.77	0.20	57.14	—
2006	2.03	0.32	1.64	60
2007	3.95	0.71	94.58	1.22
2008	4.60	1.45	16.46	1.04

注：该表的覆盖率根据平均医疗救助支出的人数占总人数的比重计算。

从表中的数据可以看到农村和城市医疗救助支出的覆盖率确实都在不断扩大。但从增长率来看，城市医疗救助支出覆盖率的增长率要明显高于农村医疗救助支出覆盖率的增长率。尤其是在 2008 年的时候，农村医疗救助支出覆盖率的增长率的下降趋势尤为明显，从 2007 年的 94.58%下降到 2008 年的 16.46%。而城市医疗救助支出覆盖率的增长率一直保持着比较稳定的增长趋势，在 2007 年和 2008 年这两年里，其增长率一直保持在 1 倍以上。

从财政对医疗救助的支持状况来看，自 2005 年以来，农村和城市医疗救助的支出也在不断增加，如表 9-3 所示。

表 9-3　2005—2008 年农村和城市医疗救助支出及其增长率情况

年份	农村医疗救助支出（万元）	城市医疗救助支出（万元）	农村医疗救助支出增长率（%）	城市医疗救助支出增长率（%）
2005	57000.0	32000.0	—	—
2006	114198.1	81240.9	1.00	1.54
2007	280508.0	144379.2	1.46	77.7
2008	383000.0	297000.0	36.5	1.06

资料来源：《2009 年中国卫生统计年鉴》。

由表9-3可以看出，虽然农村医疗救助支出同城市医疗救助支出都在增加，不过自2005年以来，农村医疗救助支出的绝对数始终高于城市医疗救助支出的绝对数，在2007年的时候，农村医疗救助支出更是高出城市医疗救助支出94个百分点。很明显国家在不断加大对农村医疗救助支出的财政投入。特别在2006年和2007年里，其增长率超过100%。而城市医疗救助支出的增长率在2005年到2008年之间，一直保持着较高的水平。当然，国家财政在关注农村医疗救助支出的同时并没有降低对城市医疗救助支出的投入。不过从增长率的变化趋势来看，城市医疗救助支出增幅更高。

还可进一步从农村人均医疗救助支出与城市人均医疗救助支出的角度进行分析，具体参见表9-4。

表9-4 2005—2008年农村和城市人均医疗救助支出水平

单位：元

年份	农村人均医疗救助支出	城市人均医疗救助支出
2005	66.71	278.5
2006	75.21	433.98
2007	96.91	326.65
2008	91.37	273.43

由表9-4可以看出农村人均医疗救助支出在大体趋势上是增加的，而城市人均医疗救助支出自2006年以来出现持续下降趋势。然而从绝对数来看，城市人均医疗救助支出明显高于农村人均医疗救助支出，在2006年的时候，城市人均医疗救助支出接近农村医疗救助支出的6倍。

需要注意的是，由于我国城乡二元结构所造成的差异，实际上，农村与城市的医疗保健消费性支出结构和水平有很大的不同。例如，通常农村居民都会去一些小的诊所或村卫生所看病，其花销比较小；而城镇居民通常都会去一些像三甲医院这样的大型医院看病，光是检查费就已经很高了，更不要说医药费了。下面对2005年到2008年期间全国城镇与农村医疗保健消费性支出的人均水平做进一步分析。如表9-5所示。

表9-5　2005—2008年人均医疗消费水平的城乡差异

年份	农村居民人均医疗消费水平（元）	城镇居民人均医疗消费水平（元）	农村人均医疗救助支出/农村人均医疗消费水平（%）	城镇人均医疗救助支出/城镇人均医疗消费水平（%）
2005	174.34	600.9	38.26	46.35
2006	191.51	620.54	39.27	69.94
2007	218.67	699.09	44.32	46.73
2008	245.97	786.2	37.15	34.78

注：人均医疗救助支出占人均医疗消费水平的百分比是由表9-4中的人均医疗救助支出和表9-5中的人均医疗消费水平计算得来。

由表9-5可以看出，城镇居民人均医疗消费水平明显高于农村居民人均医疗消费水平。更重要的是，城镇人均医疗救助支出占城镇人均医疗消费水平的百分比要高于农村人均医疗救助支出占农村人均医疗消费水平的比重。也就是说，虽然国家在政策上是偏向于农村的，但就医疗救助支出可以补偿人均医疗消费水平的比重上来看，国家财政在城市居民医疗消费支出的补贴方面发挥了更大的作用。

（二）区域间受益归宿比较

现从2008年东部、中部及西部的数据进行分析，考察地域及经济条件对医疗救助支出的影响。如表9-6所示。

表9-6　三大区域医疗救助总体情况

地区	城市医疗救助人次	农村医疗救助人次	城市医疗救助支出（万元）	农村医疗救助支出（万元）
东部	1057098	5573649	41830.8	65994.0
中部	1421293	10330088	65240.3	108632.5
西部	1941836	13040646	37308.1	105881.5

资料来源：《2008年中国卫生统计年鉴》。

由表9-6可以看出，东部无论是城市医疗救助的人数还是农村医疗救助的人数都是最少的，西部最多。而中部的城市医疗救助支出和农村医疗救助支出在三个地区当中是最高的，西部其次，东部最少。进一步计算可得，东部的城市人均医疗救助支出水平和农村医疗救助支出水平分别为396元、118.4元；中部地区的城市人均医疗救助支出水平和农村人均医疗救助支出水平分别为459元、105.2元；而西部无论是城市人均医疗救助支出还是农村医疗救助支出分别只有192元、81.2元，在三个地区当中都是最低的，如表9-7所示。

表9-7　三大区域的医疗救助覆盖率及人均支出

地区	城市医疗救助覆盖率（%）	农村医疗救助覆盖率（%）	城市人均医疗救助支出（元）	农村人均医疗救助支出（元）
东部	0.36	2.44	395.71	118.40
中部	0.85	4.14	459.02	105.16
西部	1.47	5.65	192.13	81.19

从总体上看，西部的医疗救助覆盖率要明显高于东部地区和中部地区。但无论是城市人均医疗救助支出还是农村人均医疗救助支出，西部地区都是最少的，远远低于东部地区和中部地区的人均支出水平，其城市人均医疗救助支出占到中部地区城市人均医疗救助支出的41.8%，仅为东部地区的48.6%。

从上面的分析可以看到，就整体趋势而言，东部省市的农村人均医疗救助支出和城市人均医疗救助支出明显要高于中部和西部省市。可以进一步通过各省的数据来做进一步分析（见表9-8）。

表 9-8　各省区市医疗救助的人均支出水平

单位：元

地区		农村医疗救助	资助参加合作医疗	农村大病医疗救助	城市医疗救助	资助参加医疗保险	城市大病医疗救助
东部	北京	169.6	100.4	2014.2	1657.5	307.7	1568.3
	天津	155.1	48.6	239.6	722.8		1000.7
	河北	107.9	13.6	739.0	889.6	109.0	1198.2
	辽宁	97.8	35.5	445.5	179.8	45.5	641.2
	上海	50488.6		3239.1	1232.9	133.5	2240.5
	江苏	112.0	43.5	716.5	293.1	74.3	1716.6
	浙江	499.1	59.7	3747.6	1447.6	160.8	3008.0
	福建	68.3	19.5	849.8	251.9	66.9	837.2
	山东	88.2	16.1	1500.7	741.5	63.0	1684.4
	广东	105.6	36.4	625.5	283.0	98.6	927.8
	海南	784.1	56.6	425.6	258.5	20.9	1166.2
中部	山西	227.6	25.1	2019.7	1702.7	281.0	2671.6
	吉林	248.7	32.1	931.1	439.9	64.0	943.8
	黑龙江	222.4	19.4	1201.8	448.4	30.8	2114.0
	安徽	85.4	18.7	621.9	812.7	89.0	2083.8
	江西	216.1	22.1	567.1	348.0	138.7	778.5
	河南	67.5	18.7	869.7	219.6	44.3	2103.6
	湖北	65.2	16.2	596.0	125.6	16.6	1772.2
	湖南	93.2	15.6	380.0	338.4	55.4	982.0

地区		农村医疗救助	资助参加合作医疗	农村大病医疗救助	城市医疗救助	资助参加医疗保险	城市大病医疗救助
西部	重庆	62.1	11.0	175.7	140.2	47.2	414.3
	四川	117.3	18.9	298.3	306.5	105.3	328.2
	贵州	31.1	12.9	659.4	173.9	10.0	484.7
	云南	44.2	16.6	150.8	188.2	37.7	799.9
	西藏	1401.7	1398.1		844.7	92.1	1858.1
	陕西	214.0	19.1	1025.4	780.4	62.5	1732.7
	甘肃	168.8	17.5	1203.3	492.2	60.7	1219.2
	青海	149.9	23.1	1167.6	216.0	106.9	551.5
	宁夏	272.8	20.0	316.2	319.5	105.8	1990.6
	新疆	163.2	38.6	415.6	284.7	68.0	402.7
	广西	57.4	14.8	504.7	240.0	41.8	826.9
	内蒙古	255.9	23.0	643.7	941.1	80.6	1131.7

资料来源:《2008 年中国民政统计年鉴》。

(三) 模型分析

影响各时间段、各地区医疗救助支出水平差异的因素主要包括以下几个方面:①经济发展水平,一段期间或一个地区的经济发展的程度同医疗救助支出水平有着密切的关系,经济发展的不平衡是导致医疗救助支出差异的主要原因之一。众所周知,经济发达的地方通常会有较多的财政资金用于公共支出(医疗救助支出是其中的一部分),经济落后的地方则刚好相反由于财政吃紧,公共支出能力也较弱。②政府的干预力量也同医疗救助支出有着密切的关系,由于每个阶段、每个地区政府干预社会经济的能力不同，其财政对医疗救助支出的支持也有具有明显的差距。无论一个地方经济有多么的发达，如果地方政府不愿将更多的资金花在公共支出方面的话，其医疗救助支出自然也就不会多。③人口老龄化水平，随着年龄的增大，人的体质水平在下降，老年人较青年人和中年人更容易生病，这就意味着老年人多的地方或时期，其医疗救助支出也会越高。

文中的经济发展水平可以用人均生产总值来表示；政府的干预力量，即政府财政对医疗救助支出的支持程度可以用"政府财政支出占地区生产总值的百分比"来表示，文中用"政府财政决算支出/地区 GDP"表示；人口老龄化水平，也就是老年人口占总人口的比例，这里的老年人指的是"65 周岁以上的老年人"，文中的老年人口比重是抽样调查的结果。

现建立我国医疗救助支出水平函数 Panel Data 模型。样本数据为 2005—2008 年，包括全国 31 个省区市的地区医疗救助支出水平（YLJZ）、经济发展水平（人均 GDP）、政府力量（ZFLL）和人口老龄化水平（LLH）。数据在时间方向上有 4 个取指点，每个截面有 31 个单元，总样本量为 124 个。

经检验，选择混合模型和随机效应模型的整体拟合度较低，所以最后应选择固定效应模型，即：

$$YLJZ_{it} = \alpha_{it} + \beta_1 GDP_{it} + \beta_2 ZFLL_{it} + \beta_3 LLH_{it} + \mu_{it}$$

可以看到自变量经济发展水平（人均 GDP）、政府力量（政府财政支出占地区 GDP 的百分比）及老龄化水平（65 岁及以上人口占总人口的百分比）均通过了 t 检验，说明这三个自变量均会对因变量医疗救助支出水平产生影响。其中，决定系数 R 的平方达 0.8129，说明该模型的拟合优度很高，D. W. 检验值为 1.71，证明残差无序列相关。从整体上讲，该模型效果不错。即：

$$YLJZ_{it} = \alpha_{it} + 0.000138\ GDP_{it} + 0.240580\ ZFLL_{it} + 0.469759\ LLH_{it} + \mu_{it}$$

经济发展水平（人均 GDP）、政府力量（政府财政支出占地区 GDP 的百分比）及老龄化水平（65 岁及以上人口占总人口的百分比）均同因变量医疗救助支出呈正向变动关系。其中，人口结构老龄化水平的相关系数为 0.469759，即 65 岁及以上人口占总人口的百分比每增加一个百分点，医疗救助支出占 GDP 的比重将增加 0.47 个万分点。这表明人口结构老龄化程度越高，医疗救助支出水平也会越高。这也是和现实情况相符的，由于老年人体质的原因，其生病的概率要大于中青年人，所以在老年人多的地方、多的时期，医疗救助支出水平也自然会很高。政府力量，即政府干预经济的能力对医疗救助支出的相关系数为 0.240580，这同样表明政府干预经济的力量越强大，公共政策落实越到位，那么医疗救助支出就会越多，人们获得的直接收益也就会越大。这就反映了政府力量在公共服务建设中的重要性。最后，人均 GDP 每增加 100 元，医疗救助支出占 GDP 的比重将增加 0.0138 个万分点，这也证明了医疗救助支出水平是同经济发展水平息息相关的，人均生产总值越高的地方、越高的时期，医疗救助支出水平也就越高。

二、最低生活保障支出的受益归宿分析

（一）城市最低生活保障制度的发展历程

新中国成立后，社会救助工作逐步规范且体制也不断得到完善，其保障范围、对象和内容主要有救济灾民生活、救济贫困户和五保户救助以及特殊人员生活救助。改革开放以后，特别是随着计划经济体制向市场经济体制的转变，城乡社会救济制度已不适应经济的发展和社会的需要，急需改革。在这种背景下，城市居民最低生活保障制度分四个阶段逐步建立和发展完善。

1. 城市居民最低生活保障制度的探索阶段：1993—1995 年

城市最低生活保障制度是政府对城市贫困人口按最低生活保障标准进行全额或差额救助的新型社会救助制度。早在 20 世纪 80 年代中期，尤其是到了 90 年代，我国经济在举世瞩目的高速发展中，各种问题也接踵而来，如下岗失业问题、物价上涨问题、贫富差距加大等问题，都在计划向

市场转变的过程中显现出来，城市贫困问题也日益突出。在这样的背景下，1993 年 1 月上海市《关于解决本市市区部分老年人生活困难的意见》，这个从源头上打破了原来的部门分割、多重标准、多头扯皮的救济制度，从而为建立全市同意的最低生活保障制度进了一大步。[①] 经过实践、调查研究之后，1993 年 6 月 1 日上海率先建立了城市居民最低生活保障线制度，使全市 2608 位月人均收入不足 120 元的城市居民得到了救助，筑就了城市居民的第一道生活防线。[②] 随后，各个政府自发行动，到 1995 年 5 月，相继有厦门、青岛、大连、福州、广州等建立了城市最低生活保障制度。在这一阶段，制度的创建和实施基本上是各个地方政府的自发行为。

2. 城市居民最低生活保障制度的推广阶段：1995—1997 年

1995 年底，全国已有厦门、青岛、福州等 12 个城市建立最低生活保障制度；而 1997 年 8 月底，全国建立这一制度的城市总数达到 206 个，占到当时全国城市总数的三分之一。这一阶段的制度创新和推行主要是民政部和地方各级民政部门的有组织行为。

3. 城市居民最低生活保障制度的普及阶段：1997—1999 年

1997 年 8 月，国务院颁发了《关于在各地建立城市居民最低生活保障制度的通知》，要求在 1997 年底以前，全国所有的城市和县政府所在地的城镇都要建立这一制度，规定了城市居民最低生活保障制度的保障对象的范围、保障标准、保障资金的来源等政策界限。

1999 年 9 月 28 日，国务院颁布《城市居民最低生活保障条例》，该条例自 1999 年 10 月 1 日起施行。该条例的颁布和实施，标志着我国的城市居民最低生活保障工作正式走上法制化轨道，也标志着这项工作取得了突破性重大进展。

4. 城市居民最低生活保障制度的稳步推进阶段：2000 年至今

这一阶段的中心任务是"应保尽保"，国家在政策和资金方面给予大力支持。2000 年，国务院作出重要决策，从 2001 年到 2003 年，中央财政

---

① 廖益光：《社会救助概论》，北京大学出版社 2007 年版，第 52—53 页。
② 贾楠：《中国社会救助报告》，中国时代经济出版社 2009 年版，第 45 页。

在低保投入方面要连续翻番。低保资金国家财政支持从 2001 年的 23 亿到 2003 年的 92 亿，低保人数也逐步增加，从 2000 年 403 万到 2003 年的 2247 万，人数增加了 5 倍。

（二）农村最低生活保障制度的发展历程

1. 农村低保试点探索阶段：1994—1996 年

1994 年，国务院召开第十次全国民政会议，湖南、河南、广东等省首先开展农村社会保障试点。同时山西省民政厅在阳泉市开展的建立农村社会保障制度试点。1995 年广西壮族自治区武鸣县颁布了《武鸣县农村最低生活保障线救济暂行办法》，该办法规定凡该县农村户口的孤老、孤残、孤幼或因病因灾等原因而使家庭收入达不到最低生活保障线标准的村民为保障对象。

1996 年 1 月召开的局级全国民政厅局长会议首次明确提出了改革农村社会救济制度，积极探索农村居民最低生活保障的任务。会后，民政部开始在全国部分地方开展农村社会保障体系建设的试点工作，并确定了山东烟台市、河北平泉市、四川彭州市和甘肃永昌县等发达、中等发达和欠发达三种不同类型的农村社会保障体系建设的试点县市。烟台市以政府令形式出台了《农村社会保障暂行规定》，平泉市制定了《农村社会保障制度建设基本方案》中规定了建立农村居民最低生活保障制度的内容。彭州市更是向全市下发了《关于建立农村最低生活保障制度的通知》，并确定彭州市农村最低生活保障标准为每人 600 元/年，要求各乡镇各部门认真执行。

2. 农村低保试点推广阶段：1996—2006 年

1996 年底，民政部印发了《关于加强农村社会保障体系建设的意见》，并制定了《农村社会保障体系建设指导方案》，有力推动这一制度的发展，试点范围扩大到全国 256 个市县。但受经济条件的制约，农村受助对象增加速度缓慢，且平均补差水平较低。进入 21 世纪以来，农村低保工作稳步推进，到 2001 年底，全国已有 2037 个县市区建立了农村最低生活保障，占应建市区总数的 81%，已保对象 305 万人。

3. 农村低保试点稳步推进阶段：2006 年至今

2006 年 12 月召开的中央农村工作会议和 2007 年中央 1 号文件明确提出"在全国范围建立农村最低生活保障制度，各地应根据当地经济发展水平和财力状况；确定低保对象范围、标准，鼓励已建立制度的地区完善制度，支持未建立制度的地区建立制度，中央财政对财政困难地区给予适当补助"，标志着农村低保已基本完成试点探索的过程，进入了全面推进的新阶段。到 2009 年年底，全国农村低保对象 2290.6 万户、4759.3 万人，正向应保尽保目标迈进，全年累计支出农村低保资金 345.1 亿元，比上年同期增长 55.2%。

鉴于我国特有的城乡二元结构，省际间发展的明显差异、各地区经济水平参差不齐等情况，下面将从城乡之间、区域之间和收入之间来说明低保支出的归宿。另外，为了说明低保支出在人群间的归宿，将分析不同的性别是否会在低保支出归宿上存在差异。

（三）城乡总体受益归宿状况

考虑到我国特有的城乡二元经济结构，因此分析低保支出在城乡间的归宿差异是十分必要的。根据收益比定义，先计算城市和农村分别占人口的比重，然后计算城市和农村低保支出受益人数所占比重，将二者相比，即可以得到城市和农村的收益比，如表 9-9 所示。

表 9-9   2008 年中国最低生活保障支出受益归宿的城乡分布情况

地区	人口比例（%）	低保人数比重（%）	低保人数（万人）	低保总金额（万元）	平均低保金额（元）	年收入（元）	受益比
城市	45.68	35.16	2334.8	3934111.3	1704	15781	0.78
农村	54.32	64.84	4305.5	2287233.3	546	4761	1.19

注：城市年收入为中国民政统计年鉴中城市居民人均可支配收入，农村年收入为中国民政统计年鉴中农民人均纯收入。

资料来源：《中国民政统计年鉴》。

从表9-9可以看到，占人口比例54.32%的农村地区拥有最低生活保障的人数占64.84%，而占人口比例45.68%的城市地区仅占了最低生活保障人数的35.16%。从人数分布可以看出，农村人口所占比重更大。

另外，从资金分布来看，城市人口享受到了63.2%低保资金支出，而农村人口仅享受到了36.8%的低保资金支出，这与我国城市与农村低保线的划定高低有着密切的联系。若从人均享受低保资金金额占人均年收入的比例来看，城市与农村人口计算得到的比例均大约为11%，虽然二者相等，但是由于我国农村经济一直处于落后状态，农民人均纯收入远远低于城市人均可支配收入，从整体上来说，对农村的低保资金支出仍然处于偏低的状态。

（四）区域间受益归宿比较

根据国家统计局对东、中、西的划分，各省农村、城市低保人数如表9-10所示。

表9-10　2008年中国各省区市最低生活保障支出受益人数

单位：人

地区		农村低保	城市低保
东部地区	北京	78789	145075
	天津	52257	156305
	河北	1715248	935119
	辽宁	897898	1374248
	上海	116859	340797
	江苏	1290119	460377
	浙江	561121	92781
	福建	684989	195706
	山东	1875505	609114
	广东	1606134	396669
	海南	199103	177915
	合计	9078022	4884106

地区		农村低保	城市低保
中部地区	山西	1023161	919002
	吉林	756785	1278926
	黑龙江	934808	1525208
	安徽	1862710	993548
	江西	1500066	950641
	河南	2681774	1462723
	湖南	2546982	1450606
	湖北	1491524	1438490
	合计	12797810	10019144
西部地区	重庆	780002	787803
	四川	3480471	1857374
	贵州	3233344	545234
	云南	3079465	858337
	西藏	230000	37106
	陕西	2276626	844645
	甘肃	3235036	898995
	宁夏	274628	207539
	青海	345000	220153
	新疆	1299001	763466
	内蒙古	1138709	850639
	广西	1806685	573323
	合计	21178967	8444614

资料来源:《2009 年民政统计年鉴》。

从受益人数的绝对值分析,西部农村低保覆盖人数最多,为21178967 人,在绝对人数上,西部受益人数是中部的约 1.7 倍,东部的2.3 倍,可能原因是西部农村人口多,且贫困比例高。在城市低保人数覆盖上,中部覆盖人数最多,为 10019144 人,是西部的 1.2 倍、东部的2.1 倍。

如果进一步计算受益比的话，可以通过表9-11、表9-12更清晰地看出区域差别情况。

表9-11　2008年三大区域最低生活保障支出受益归宿情况

单位:%

地区	人口比重			低保人数比重			受益比		
	农村	城市	全国	农村	城市	全国	农村	城市	全国
东部地区	0.33	0.48	0.40	0.21	0.21	0.21	0.64	0.44	0.53
中部地区	0.35	0.29	0.32	0.30	0.43	0.34	0.86	1.46	1.07
西部地区	0.32	0.23	0.28	0.49	0.36	0.45	1.51	1.59	1.60

资料来源:《中国民政年鉴》、《中国统计年鉴》。

表9-12　2008年最低生活保障支出受益归宿的省际分布情况

单位:%

地区		人口比重			低保人数比重			受益比		
		农村	城市	全国	农村	城市	全国	农村	城市	全国
东部地区	北京	0.004	0.023	0.013	0.002	0.006	0.00	0.50	0.27	0.26
	天津	0.004	0.015	0.009	0.001	0.007	0.00	0.31	0.45	0.35
	河北	0.059	0.048	0.053	0.040	0.040	0.04	0.68	0.84	0.75
	辽宁	0.025	0.042	0.033	0.021	0.059	0.03	0.84	1.40	1.04
	上海	0.003	0.027	0.014	0.003	0.015	0.01	0.88	0.54	0.48
	江苏	0.051	0.068	0.059	0.030	0.020	0.03	0.59	0.29	0.45
	浙江	0.031	0.048	0.039	0.013	0.004	0.01	0.42	0.08	0.25
	福建	0.026	0.029	0.028	0.016	0.008	0.01	0.61	0.29	0.48
	山东	0.071	0.073	0.072	0.044	0.026	0.04	0.61	0.36	0.52
	广东	0.050	0.098	0.073	0.037	0.017	0.03	0.74	0.17	0.41
	海南	0.006	0.007	0.007	0.005	0.008	0.01	0.72	1.14	0.87

地区		人口比重			低保人数比重			受益比		
		农村	城市	全国	农村	城市	全国	农村	城市	全国
中部地区	山西	0.027	0.025	0.026	0.024	0.039	0.03	0.88	1.57	1.12
	吉林	0.018	0.024	0.021	0.018	0.055	0.03	0.95	2.31	1.47
	黑龙江	0.025	0.034	0.029	0.022	0.065	0.04	0.88	1.90	1.27
	安徽	0.053	0.040	0.047	0.043	0.043	0.04	0.82	1.05	0.92
	江西	0.037	0.030	0.034	0.035	0.041	0.04	0.94	1.38	1.10
	河南	0.087	0.055	0.072	0.062	0.063	0.06	0.72	1.13	0.87
	湖北	0.045	0.042	0.044	0.035	0.062	0.04	0.77	1.47	1.01
	湖南	0.053	0.044	0.049	0.059	0.062	0.06	1.11	1.42	1.23
西部地区	重庆	0.020	0.023	0.022	0.018	0.034	0.02	0.88	1.46	1.09
	四川	0.073	0.050	0.062	0.081	0.080	0.08	1.10	1.61	1.29
	贵州	0.039	0.018	0.029	0.075	0.023	0.06	1.94	1.30	1.96
	云南	0.044	0.024	0.035	0.072	0.037	0.06	1.63	1.51	1.71
	西藏	0.003	0.001	0.002	0.005	0.002	0.00	1.67	1.50	1.83
	陕西	0.031	0.026	0.029	0.053	0.036	0.05	1.68	1.40	1.63
	甘肃	0.026	0.014	0.020	0.075	0.039	0.06	2.92	2.80	3.10
	宁夏	0.005	0.005	0.005	0.006	0.009	0.01	1.30	1.97	1.54
	青海	0.005	0.004	0.004	0.008	0.009	0.01	1.70	2.55	2.01
	新疆	0.019	0.014	0.016	0.030	0.033	0.03	1.63	2.38	1.91
	内蒙古	0.017	0.020	0.018	0.026	0.036	0.03	1.57	1.79	1.62
	广西	0.043	0.030	0.037	0.042	0.025	0.04	0.98	0.82	0.97

资料来源:《中国民政年鉴》、《中国统计年鉴》。

从表9-11和表9-12可以看出,低保人数在东中西三区域的收益比分别为 0.53、1.07、1.60，低保人数归宿更多地落在了西部地区，其次是中部，最后是东部。东部 11 省市除了辽宁省的低保人数收益比大于 1，其他 10 省都小于 1，尤其是北京、浙江地区收益比小于 0.3。西部 12 省区市中除了广西收益比为 0.97，其他 11 省区市均大于 1，尤其是青海和甘肃两省，受益比分别为 2.01、3.10，均超过 2。

同时在区域之间，可以看到东部受益最偏向于农村，其次是西部地区，中部地区恰好相反，偏向于城市，但城乡间差异不太明显。在东部 11 省市中，农村地区收益比几乎全大于 1（辽宁省为 0.99），而广东、浙江和北京三省市农村受益比均超过 2，城乡间归宿差异较大。而西部各省区市中，虽然 12 个省份农村收益比均大于 1，但是最大的也只为 1.26，归宿差异明显小于东部各省城乡间的差异。

此外，根据 2008 年各省人均 GDP 的排名将 31 个省区市重新划分，其中最高 20% 的地区包括上海、北京、天津、浙江、江苏、广东；较高 20% 的地区包括山东、内蒙古、辽宁、福建、吉林、河北；中间 20% 的地区包括黑龙江、山西、新疆、湖北、河南、陕西、重庆；较低 20% 的地区包括宁夏、湖南、青海、海南、四川、广西；最低 20% 的地区包括江西、安徽、西藏、云南、甘肃、贵州。在此基础上，可以对低保人数分布及受益比进一步分析。

从图 9-2 中可以看到，各地区农村低保人数都大于城市低保人数，且收入最低 20% 的区域差距最大。通过分析受益比，从表 9-13 中可以很明显地看出，收入越低的地区受益比越大，从收入最高地区到收入最低地区的受益比分别为 0.39、0.82、1.15、1.21、1.58，低保人数更多地归宿到了低收入地区上。同样，通过计算各地区城乡间的受益比，可以看到随着收入的逐渐降低，低保支出范围的农村收益比越来越大，从最高地区的 0.42 增加到最低地区的 1.83，这种向低收入地区农村倾斜的低保政策，是比较公平的，而收入最低地区的农村贫困人口比例更高，因此受益比也应该更大。低保支出范围在城市间的受益比就呈现出倒 U 型结构，也就是中部地区城市收益比最大，而两边均最小。

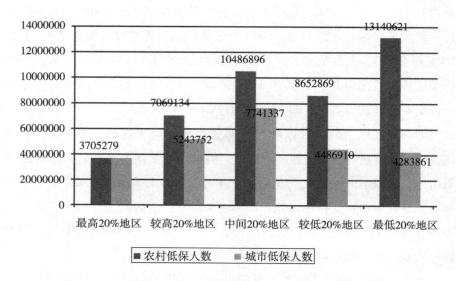

图 9-2　2008 年最低生活保障支出的区域收入分布情况

资料来源：通过民政统计年鉴整理得到。

表 9-13　2008 年最低生活保障支出受益归宿的收入分布情况

单位:%

地区	人口比重			低保人数比重			受益比		
	农村	城市	全国	农村	城市	全国	农村	城市	全国
最高 20% 地区	0.21	0.14	0.21	0.09	0.07	0.08	0.42	0.48	0.39
较高 20% 地区	0.23	0.22	0.23	0.16	0.22	0.19	0.73	1.04	0.82
中间 20% 地区	0.24	0.25	0.24	0.24	0.33	0.27	1.02	1.30	1.15
较低 20% 地区	0.16	0.19	0.16	0.20	0.19	0.20	1.23	1.04	1.21
最低 20% 地区	0.17	0.20	0.17	0.31	0.18	0.26	1.83	0.91	1.58

资料来源:《中国民政统计年鉴》、《中国统计年鉴》。

（五）区域间受益归宿变化趋势

在考察现状之后，了解最低生活保障支出范围历年来的归宿变化也是十分重要的。图 9-3 是城市和农村最低生活保障支出的受益人数从 2001 年到 2008 年的数据，图 9-4 是根据图 9-3 计算得到的从 2001 年以来到

2008 年，城市和农村最低生活保障支出的受益比的历年变化趋势。

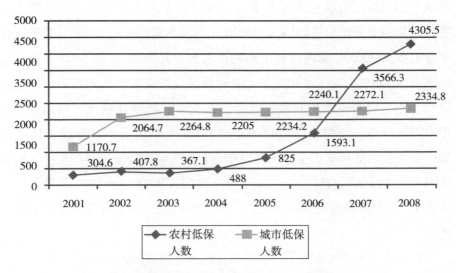

图 9-3　最低生活保障支出在城乡间受益人数的变化情况（万人）
资料来源：历年《中国民政统计年鉴》。

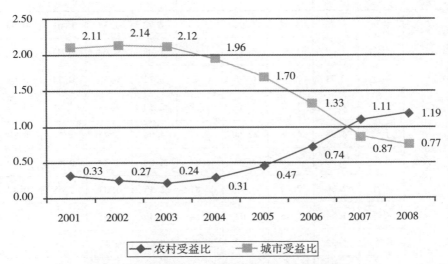

图 9-4　最低生活保障支出在城乡间受益比的变化情况
资料来源：根据《中国民政统计年鉴》及《中国统计年鉴》计算得到。

　　从图 9-3 中可以看到，在 2001 年到 2008 年间，最低生活保障支出在城市和农村间的收益人数几乎一直都保持上升态势，城市的低保支出受益人数的上升比较平稳，历年来增长率都不超过 3%；而农村低保支出受益人数从 2005 年起明显有了急剧的增加，其中 2006 至 2007 年间，增长率高达 124%。除了考虑城市和农村低保支出受益的绝对人口以外，从图 9-4 中可以看到农村和城市低保支出受益比的变化情况。很明显，从图中可以看到城市的低保支出受益比在 2003 年之后一直保持下降的局势，而农村的低保支出受益比在 2001 到 2003 年间处于下降的局势，但从 2004 年之后开始上升，并在 2005 年上升幅度加快，于 2007 年受益比首次大于 1。可见政府越来越重视农村的贫困问题，对农村低保支出的强度越来越大。

　　农村最低生活保障支出的省际受益比变化趋势如表 9-14 所示。

表 9-14　2001—2008 年农村最低生活保障支出在各省区市之间的受益比

地区 \ 年份	2001	2002	2003	2004	2005	2006	2007	2008
东部地区 北京	1.75	4.44	4.02	3.60	2.72	1.37	0.61	0.50
天津	1.02	1.53	1.45	1.33	1.08	0.64	0.33	0.31
河北	0.71	0.56	0.76	0.45	0.72	0.70	0.74	0.68
辽宁	1.62	1.41	1.87	1.88	2.19	1.33	1.01	0.84
上海	4.38	6.78	22.60	5.17	4.94	2.74	1.11	0.88
江苏	1.20	1.19	1.97	1.84	2.06	1.30	0.63	0.59
浙江	2.66	2.77	3.97	2.81	2.15	1.03	0.48	0.42
福建	1.54	1.45	2.02	6.24	3.45	1.63	0.72	0.61
山东	1.62	1.31	1.12	1.00	0.62	0.43	0.68	0.61
广东	1.63	2.76	3.55	3.25	3.05	1.74	0.78	0.74
海南	0.76	0.54	1.45	1.55	1.72	1.53	0.78	0.72

续表

地区 年份		2001	2002	2003	2004	2005	2006	2007	2008
中部地区	山西	0.38	0.53	1.18	1.07	0.93	1.67	0.88	0.88
	吉林	1.16	1.16	1.35	1.46	1.99	2.40	1.20	0.95
	黑龙江	0.33	0.75	0.85	0.50	—	1.84	0.99	0.88
	安徽	0.54	0.46	0.50	0.98	0.56	0.32	0.75	0.82
	江西	1.11	1.19	—			1.76	1.13	0.94
	河南	0.60	0.42	0.18	0.24	0.72	1.41	0.83	0.72
	湖北	0.66	1.00	0.49	0.39	0.24	0.21	0.87	0.77
	湖南	0.38	0.27	0.24	0.21	0.71	0.57	0.75	1.11
西部地区	重庆	—	—	0.02	0.04	0.07	0.13	0.98	0.88
	四川	0.69	0.51	0.51	0.65	1.03	1.32	0.84	1.10
	贵州	0.46	0.38	0.43	0.23	0.24	0.13	1.88	1.94
	云南	0.19	0.15	0.18	0.12	0.07	0.21	1.60	1.63
	西藏	—	0.16	0.26	0.12	0.07	0.05	2.23	1.67
	陕西	2.58	1.65	2.19	1.55	3.03	1.85	1.73	1.68
	甘肃	2.25	0.91	0.46	0.39	0.11	1.45	1.90	2.92
	宁夏	—	20.03	—	—	0.01	0.49	1.37	1.30
	青海	1.73	1.88	0.32	0.07	—	—	2.06	1.70
	新疆	0.01	0.06	0.01	0.01	0.29	0.09	2.01	1.63
	内蒙古	1.07	0.55	0.42	0.19	0.42	1.56	1.49	1.57
	广西	1.46	0.41	0.42	0.19	0.12	0.54	1.18	0.98

资料来源：根据《中国统计年鉴》、《中国民政统计年鉴》计算得到。

城市最低生活保障支出的省际受益比变化趋势如表 9-15 所示。

表 9-15 2001—2008 年城市最低生活保障支出在各省之间的受益比

地区	年份	2001	2002	2003	2004	2005	2006	2007	2008
东部地区	北京	0.29	0.23	0.35	0.34	0.30	0.29	0.28	0.27
	天津	0.85	0.91	0.88	0.73	0.48	0.48	0.46	0.45
	河北	0.49	1.02	0.99	0.95	0.79	0.85	0.83	0.84
	辽宁	1.88	1.52	1.58	1.36	1.52	1.44	1.45	1.40
	上海	0.94	0.66	0.68	0.67	0.58	0.56	0.54	0.54
	江苏	0.23	0.25	0.20	0.24	0.28	0.28	0.29	0.29
	浙江	0.06	0.06	0.09	0.12	0.08	0.08	0.08	0.08
	福建	0.19	0.22	0.25	0.30	0.30	0.30	0.30	0.29
	山东	0.46	0.46	0.37	0.32	0.38	0.37	0.37	0.36
	广东	0.22	0.23	0.21	0.22	0.19	0.17	0.17	0.17
	海南	1.04	0.67	0.92	0.93	1.01	1.10	1.11	1.14
中部地区	山西	0.91	1.13	1.54	1.74	1.50	1.54	1.58	1.57
	吉林	1.85	2.28	2.38	2.25	2.38	2.39	2.32	2.31
	黑龙江	1.47	1.66	1.85	1.91	1.85	1.83	1.85	1.90
	安徽	1.51	2.54	1.21	1.08	1.12	1.15	1.11	1.05
	江西	1.62	1.39	1.12	1.53	1.57	1.54	1.51	1.38
	河南	1.07	1.00	1.10	1.11	1.20	1.14	1.15	1.13
	湖北	1.32	1.20	1.62	1.50	1.48	1.47	1.48	1.47
	湖南	1.85	1.52	1.38	1.27	1.45	1.42	1.41	1.42

续表

地区	年份	2001	2002	2003	2004	2005	2006	2007	2008
西部地区	重庆	2.02	1.53	1.32	1.23	1.49	1.60	1.60	1.46
	四川	1.11	0.94	1.31	1.39	1.46	1.52	1.57	1.61
	贵州	1.18	0.71	0.90	1.12	1.23	1.28	1.31	1.30
	云南	1.52	1.18	1.53	1.37	1.33	1.38	1.46	1.51
	西藏	1.35	0.87	0.50	1.34	1.48	1.44	1.29	1.50
	陕西	1.42	1.42	1.25	1.36	1.44	1.42	1.40	1.40
	甘肃	0.79	1.63	1.91	2.00	2.18	2.31	2.31	2.80
	宁夏	2.14	1.62	2.80	2.09	2.11	2.16	2.05	1.97
	青海	2.14	2.07	2.33	2.46	2.40	2.54	2.61	2.55
	新疆	2.04	1.67	2.18	2.17	2.62	2.56	2.37	2.38
	内蒙古	1.26	1.36	1.56	1.56	1.54	1.60	1.74	1.79
	广西	0.99	1.04	1.03	0.95	0.91	0.90	0.86	0.82

资料来源：根据《中国统计年鉴》、《中国民政统计年鉴》计算得到。

第十章
教育支出的利益归宿研究

一、我国教育支出利益归宿的状况

笔者从地区归宿、城乡归宿及阶层归宿三个维度来实证考察我国教育支出利益的归宿状况。在每个维度中，笔者选择了教育机会指标、教育过程指标以及教育结果指标来全面反映教育支出的利益归宿。教育机会指标主要包括入学率、升学率与失学人数等；教育过程指标主要包括教育经费、师资水平与办学条件；教育结果指标主要以文盲率、平均受教育年限与教育基尼系数来反映。

（一）教育支出利益的地区归宿

1. 义务教育支出利益的地区归宿

（1）适龄儿童入学率与小学升学率的地区比较

由于国家实行强制性的义务教育，按理讲所有适龄儿童都应该上学，所有小学毕业生都应该进入初中阶段学习，普及九年义务教育的检查验收工作促使适龄儿童入学率和小学升学率都有较大的提高，且反映在统计数据上的差距不大（见表 10-1 和表 10-2）。从表 10-1 中可以看出，我国各省区市的适龄儿童入学率差别不大，但这不说明我国各省区市适龄儿童在义务教育阶段入学机会上的平等，由于适龄儿童的基数很大，各省区市适

龄儿童入学率上的微小差别可能意味着失学人数上的很大差异。[①] 另外，
由表 10-1 可知，从 1999 年至 2009 年，我国东、中、西部小学升学率都有
所上升，且不同地区之间的差距正在逐步缩小，特别是在 2009 年，中西部
地区小学升学率高于东部地区。这些都说明了我国各地区特别是中西部地
区在普及义务教育上所作的努力。尽管如此，我国义务教育的地区差距仍
然存在，这可以从教育经费、师资水平及办学条件等指标中得到说明。

表 10-1　2009 年各省区市年适龄儿童入学率

单位：%

省份	适龄儿童入学率	省份	适龄儿童入学率
北京	100.0	湖北	99.7
天津	107.24	湖南	99.62
河北	—	广东	99.88
山西	99.9	广西	99.2
内蒙古	—	海南	—
辽宁	99.9	重庆	99.93
吉林	99.78	四川	
黑龙江	99.5	贵州	98.4
上海	99.9	云南	98.3
江苏	99.9	西藏	98.8
浙江	99.99	陕西	—
安徽	99.88	甘肃	
福建	99.97	青海	99.5
江西	99.89	宁夏	99.65
山东	99.98	新疆	99.41
河南	99.2	全国	99.4

资料来源：各省区市 2010 年统计年鉴，山西省的数据为 2010 年的数据。

[①]　由于缺乏相应的数据，笔者无法提供相应年份的各省区市的失学人数，但陈中原学者的
研究显示了我国各省区市失学人数的很大差异。

表 10-2 东、中、西部小学升学率比较

单位:%

年份	全国平均	东部	中部	西部
1999	92.91	96.93	92.52	87.98
2001	94.20	97.46	94.13	90.02
2003	96.80	98.64	97.29	93.97
2005	97.87	98.65	98.39	96.37
2007	99.66	99.02	101.66	98.38
2009	98.96	99.94	100.18	98.82

注:计算公式为:小学升学率=普通初中招生数/小学毕业生数。
资料来源:根据相关年份《中国统计年鉴》计算得到。

(2) 教育经费的地区比较

生均教育经费、生均预算内教育经费、生均公用经费是衡量教育经费支出的几个基本指标。下面以这三个指标来考察我国教育支出利益地区归宿的情况。

① 中小学生均教育经费

从 1998 年至 2009 年,我国东、中、西部普通小学生均教育经费支出都有较大的增长(见表 10-3),1998 年,东、中、西部普通小学生均教育经费支出分别为 1074.8 元、556.6 元及 615.5 元;到 2009 年,东、中、西部普通小学生均教育经费支出分别增加至 7730 元、3772.8 元以及 4613.9 元。但我国东、中、西部普通小学生均教育经费支出差距在 2005 年之前基本呈逐步扩大趋势,东部与中部差距由 1998 年的 1.93 倍扩大到 2004 年的 2.34 倍;东部与西部差距则由 1998 年的 1.75 倍扩大到 2004 年的 2.11 倍;在 2005 年农村义务教育经费保障新机制实施后,无论是东部与中部的差距还是东部与西部的差距都开始缩小。

表 10-3　东、中、西部普通小学生均教育经费比较

年份	东部（元）	中部（元）	西部（元）	东部/中部	东部/西部
1998	1074.8	556.6	615.5	1.93	1.75
2000	1480.1	699.5	754.8	2.12	1.96
2001	1762.2	873.1	986.9	2.02	1.79
2002	2189.4	1044.8	1182.8	2.10	1.85
2003	2586.8	1144.6	1217.4	2.26	2.12
2004	3184.7	1360.6	1509.0	2.34	2.11
2005	3621.9	1632.2	1765.0	2.22	2.05
2006	4201.9	1949	2071.5	2.16	2.03
2007	5246.8	2584.2	2787.8	2.03	1.88
2008	6438.9	3164.6	3631.8	2.03	1.77
2009	7730.0	3772.8	4613.9	2.05	1.68

资料来源：根据历年《中国教育经费统计年鉴》计算得到。

表 10-4 是我国东、中、西部普通初中生均教育经费的比较。从 1998 年至 2009 年，我国东、中、西部普通初中生均教育经费分别由 1714 元、927.5 元及 1138.8 元增加到 10007.9 元、4897.5 元以及 5912.8 元。普通初中生均教育经费支出东部与中部差距的变化趋势与普通小学一致，东部与西部差距之比则在 2006 年达到最大值，此后开始下降。

表 10-4　东、中、西部普通初中生均教育经费比较

年份	东部（元）	中部（元）	西部（元）	东部/中部	东部/西部
1998	1714.0	927.5	1138.8	1.85	1.51
2000	2107.7	998.6	1186.1	2.11	1.78
2001	2392.2	1144.3	1472.9	2.09	1.62
2002	2757.2	1260.8	1544.4	2.19	1.79
2003	3183.9	1322.9	1683.6	2.41	1.89
2004	3803.9	1499.3	1937.1	2.54	1.96
2005	4514.2	1832.5	2272.5	2.46	1.99
2006	5426.2	2250.7	2485.3	2.41	2.18

续表

年份	东部（元）	中部（元）	西部（元）	东部/中部	东部/西部
2007	6707.6	3004.7	3365.8	2.23	1.99
2008	8234.3	4028.3	4573.8	2.04	1.80
2009	10007.9	4897.5	5912.8	2.04	1.69

资料来源：根据历年《中国教育经费统计年鉴》计算得到。

综合普通小学、普通初中生均教育经费支出的东、中、西部差距的情况说明，我国义务教育阶段东、中西部生均教育经费支出都有较大的增长，东部与中西部的差距在 2005 年之前一直在持续扩大，之后有所缩小。非常值得注意的是，我国义务教育生均教育经费支出的中部塌陷现象，是中部而不是西部的生均教育经费支出最低。

② 生均预算内教育经费

从表 10-5 可以看出，1998 年至 2009 年，我国东、中、西部普通小学生均预算内教育经费支出都有较大的增长。1998 年，东、中、西部普通小学生均预算内教育经费支出分别为 708.45 元、322.35 元及 450.65 元；至 2009 年，东、中、西部普通小学生均预算内教育经费支出分别增加至 6355.7 元、3195.5 元以及 3867.6 元。我国东部与西部普通小学生均预算内教育经费支出差距在 2005 年之前基本呈扩大趋势，近年来有所缩小；而东部与中部的这一差距仍维持在一个较高的水平上。

表 10-5　东、中、西部普通小学生均预算内教育经费比较

年份	东部（元）	中部（元）	西部（元）	东部/中部	东部/西部
1998	708.45	322.35	450.65	2.20	1.40
2000	980.3	446.0	570.0	2.20	1.72
2001	1261.3	605.7	776.3	2.08	1.62
2002	1554.2	790.7	950.2	1.97	1.64
2003	1855.8	883.7	1031.3	2.10	1.80
2004	2307.4	1065.0	1211.8	2.17	1.90
2005	2721.9	1288.2	1404.3	2.11	1.94

年份	东部（元）	中部（元）	西部（元）	东部/中部	东部/西部
2006	3265.5	1580.4	1710.2	2.07	1.91
2007	4236.8	2153.8	2305.4	1.97	1.84
2008	5247.6	2664.6	3051.0	1.97	1.72
2009	6355.7	3195.5	3867.6	1.98	1.64

资料来源：根据历年《中国教育经费统计年鉴》计算得到。

同期我国东、中、西部普通初中生均预算内教育经费支出分别由1042.4 元、508.9 元及846.6 元提高至8016.5 元、4136.6 元及5079.7 元（见表 10-6）。此外，我国普通初中生均预算内教育经费支出的东、中部差距及东、西部差距的变化趋势与普通小学基本一致。

表 10-6　东、中、西部普通初中生均预算内教育经费比较

年份	东部（元）	中部（元）	西部（元）	东部/中部	东部/西部
1998	1042.4	508.9	846.6	2.05	1.23
2000	1241.8	566.6	868.7	2.19	1.43
2001	1459.0	705.1	1141.9	2.07	1.23
2002	1738.1	838.3	1183.3	2.07	1.47
2003	2037.4	892.1	1310.0	2.28	1.56
2004	2506.3	1052.5	1488.4	2.38	1.68
2005	2506.3	1312.6	1773.0	2.35	1.74
2006	3841.7	1684.9	2017.9	2.28	1.90
2007	5127.9	2420.5	2788.8	2.12	1.84
2008	6487.3	3321.6	3834.2	1.95	1.69
2009	8016.5	4136.6	5079.7	1.94	1.58

资料来源：根据历年《中国教育经费统计年鉴》计算得到。

综合上述分析可以看出，我国义务教育阶段东、中、西部生均预算内教育经费支出都有一定增长，东部与中西部的这一差距在 2005 年之前呈扩大趋势，近年来有所缩小，并且东部与中部的预算内教育经费差距仍维持在一个较高的水平，与生均经费一样，也是中部的生均预算内教育经费支

出最低。

③ 生均公用经费

1998 年至 2009 年特别是 2005 年后，我国东、中、西部普通小学生均公用经费支出都有较大的增长。1998 年，东、中、西部普通小学生均公用经费支出分别为 298.7 元、161.1 元及 145.7 元；至 2009 年，东、中、西部这一指标分别增加至 2067.5 元、947.9 元及 1093.3 元（见表 10-7）。我国东部与中部、东部与西部普通小学生均公用经费支出的差距在 2004 年前呈逐年扩大趋势，自 2005 年后在波动中呈现缩小趋势。

表 10-7　东、中、西部普通小学生均公用经费比较

年份	东部（元）	中部（元）	西部（元）	东部/中部	东部/西部
1998	298.7	161.1	145.7	1.85	2.05
2000	383.4	172.9	168.6	2.22	2.27
2001	463.7	188.9	161.0	2.45	2.88
2002	526.1	192.9	187.0	2.73	2.81
2003	683.0	224.4	201.1	3.04	3.40
2004	862.0	264.0	257.7	3.27	3.34
2005	937.5	351.4	368.5	2.67	2.54
2006	1109.1	415.7	452.4	2.67	2.45
2007	1436.4	542.4	581.8	2.69	2.47
2008	1860.1	762.1	887.8	2.44	2.10
2009	2067.5	947.9	1093.3	2.18	1.89

资料来源：根据历年《中国教育经费统计年鉴》计算得到。

我国东、中、西部普通初中生均公用经费支出也有较大的增长，东、中、西部普通初中生均公用经费支出分别由 1998 年的 587.35 元、306.33 元及 344.71 元提高至 2009 年的 2975.1 元、1519.2 元以及 1834.9 元（见表 10-8）。我国普通初中生均公用经费支出的东中部差距以及东西部差距的变化趋势与普通小学一致。

表 10-8　东、中、西部普通初中生均公用经费比较

年份	东部（元）	中部（元）	西部（元）	东部/中部	东部/西部
1998	587.35	306.33	344.71	1.92	1.70
2000	697.1	309.7	303.5	2.25	2.30
2001	778.3	330.7	300.4	2.35	2.59
2002	867.7	333.7	341.0	2.60	2.54
2003	1031.4	366.9	379.2	2.81	2.72
2004	1219.9	408.2	428.9	2.99	2.84
2005	1408.8	430.5	585.5	3.27	2.41
2006	1678.7	620.1	673.9	2.71	2.49
2007	2167.6	776.4	861.9	2.79	2.51
2008	2589.5	1197.7	1508.8	2.16	1.72
2009	2975.1	1519.2	1834.9	1.96	1.62

资料来源：根据历年《中国教育经费统计年鉴》计算得到。

综合普通小学、普通初中生均公用经费支出的东、中西部差距的情况说明，我国义务教育阶段东、中、西部生均教育经费支出都有较大的增长，且东部与中部、东部与西部普通小学生均公用经费支出的差距在 2004 年前呈逐年扩大趋势，自 2005 年后在波动中缩小。与生均经费、生均预算内经费相比，生均公用经费的差距最大。

此外，我国教育经费的省际差距也较大。以生均教育经费排在前 5 位和后 5 位的省份相比，2009 年，普通小学生均教育经费排在前 5 位的省市分别是：上海市 17340.39 元、北京市 16061.18 元、天津市 10320.17 元、西藏自治区 7753.5 元、浙江省 7471.38 元，生均教育经费最高的 5 个省份的平均生均教育经费为 11789.32 元；普通小学生均教育经费排在后 5 位的省份分别是：河南省 2271.1 元、贵州省 2492.49 元、江西省 2647.43 元、广西壮族自治区 3018.28 元、安徽省 3165.87 元，生均教育经费最低的 5 个省份的平均生均教育经费为 2719.03 元；普通小学生均教育经费最高的 5 个省市的平均生均教育经费是生均教育经费最低的 5 个省份的平均生均教育经费的 4.36 倍，两者绝对额相差 9070.29 元。最高的上海市是最低的

贵州省的 7.64 倍，两者相差 15069.29 元。普通初中生均教育经费排在前
5 位的省份分别是：北京市 23172.71 元、上海市 21179.35 元、天津市
13491.1 元、浙江省 9785.65 元、西藏自治区 8478.29 元，生均教育经费最
高的 5 个省份的平均生均教育经费为 15221.42 元；普通初中生均教育经费
排在后 5 位的省份分别是：贵州省 3039.94 元、河南省 3564.8 元、安徽省
3901.19 元、江西省 3916.7 元与广西自治区 3927.2 元，生均教育经费最
低的 5 个省份的平均生均教育经费为 3669.97 元；普通初中生均教育经费
最高的 5 个省份的平均生均教育经费是生均教育经费最低的 5 个省份的平
均生均教育经费的 4.15 倍，两者绝对额相差 11551.45 元。最高的上海市
是最低的贵州省的 7.62 倍，两者相差 20132.77 元。①

　　需要特别指出的是，在考察义务教育支出利益的地区归宿时，更为准
确的做法是考察中央政府的义务教育支出在不同地区的分配情况，但限于
数据的可得性，我们以生均经费（包括中央政府和地方政府的教育支出）
的地区差距来反映教育支出利益的地区归宿状况。诚然，生均经费的差距
在很大程度上是由各地区经济发展水平、财政能力的巨大差距所导致的，
经济发展水平较高的东部地区财力较为充裕，而经济发展水平较低的中西
部地区则相反。但是，义务教育是赋予个人的一项基本权利，是一项基本
公共服务，不同地区居民应平等地享有。从这一角度来看，亦可以得出这
样的结论即我国义务教育支出的利益更多地由发达地区身份的居民所享
有，这一现象同时也折射出我国义务教育财政体制投资主体仍然偏低的
缺陷。

　　（3）师资水平与办学条件的地区比较

　　除生均经费外，师资水平与办学条件也是反映教育支出利益归宿的
指标。

　　① 师资水平

　　我国东、中、西部师资水平差距较大（见表 10-9）。东部普通小学教

---

① 资料来源于《中国教育经费统计年鉴 2010》并经简单计算得到。

师合格率高于中西部地区，且东部普通小学教师文化程度在大专及以上的比例比中部高出 7 个百分点，比西部高出近 5 个百分点；另外，东部地区普通初中教师合格率也高于中西部地区，东部普通初中教师文化程度在大学及以上的比例比中部高出近 15 个百分点，比西部高出近 10 个百分点。

表 10-9 东、中、西部专任教师学历程度比较（2009 年）

单位:%

	东部	中部	西部
普通小学教师合格率	99.72	99.52	98.91
普通小学教师文化程度在大专及以上的比例	78.60	71.74	73.71
普通初中教师合格率	98.69	97.97	98.13
普通初中教师文化程度在大学及以上的比例	66.89	52.79	57.43

资料来源：根据《中国教育统计年鉴 2009》计算整理得到。

此外，义务教育阶段师资水平的省际差距也很明显。2009 年，普通小学教师文化程度在大专及以上的比例，北京市、上海市分别达到 93.43% 和 91.85%，但甘肃、江西等省分别只有 66.78% 与 61.53%，比北京、上海低了近 30 个百分点；普通初中教师文化程度在大学及以上的比例，上海、北京分别达到 93.22% 和 91.96%，而贵州、河南为 46.42% 和 45.73%，仅达到上海、北京的一半左右。[①]

② 办学条件

我国东、中、西部办学条件呈现出巨大的差异（见表 10-10 和表 10-11）。普通小学与普通初中阶段的一些硬件因素，如生均图书、生均计算机数以及生均仪器设备等，东部地区都优于中西部地区。

---

① 数据根据《中国教育统计年鉴 2009》计算得到。

表 10-10   东、中、西部普通小学办学条件比较（2009 年）

	东部	中部	西部
生均图书藏量（册）	19.03	13.1	11.38
生均计算机数（台）	0.064	0.033	0.023
生均仪器设备总值（元）	604.65	213.38	249.00

注：资料根据《中国教育统计年鉴 2009》计算整理得到。

表 10-11   东、中、西部普通初中办学条件比较（2009 年）

	东部	中部	西部
生均图书藏量（册）	22.01	16.88	13.04
生均计算机数（台）	0.081	0.057	0.044
生均仪器设备总值（元）	834.57	389.41	368.80

注：资料根据《中国教育统计年鉴 2009》计算整理得到。

另外，我国义务教育阶段办学条件的省际差异也很大。在生均图书藏量方面，2009 年，北京、上海普通小学生均图书分别为 36.47 册和 24.70 册，而一些省份如贵州与四川，其生均图书藏量仅有 9.38 和 9.14 册；普通初中生均图书藏量上海和河北的分别为 35.42 与 28.73 册，而重庆、四川的这一指标仅为 8.16 与 9.74 册。在生均仪器设备总值方面，上海、北京普通小学生均仪器设备总值分别高达 2182.71 及 1928.85 元，而江西、贵州省的这一指标仅有 149.57 与 149.14 元；普通初中生均仪器设备总值上海、北京的为 3919.73 及 1904.45 元，而安徽、云南的值仅为 261.06 与 206.54 元。可见，省际办学条件的差距十分巨大。[①]

2. 非义务教育阶段教育支出利益的地区归宿

（1）高中阶段教育支出的地区归宿

① 初中升学率的省际比较

表 10-12 反映了我国 2010 年各省区市及全国的初中升学率。从中可以看出，省际之间初中升学率的差异较大，如天津市的初中升学率为 66.4%，而西藏自治区仅为 32.67%，后者不到前者的一半。总体上来看，

① 数据根据《中国教育统计年鉴 2009》计算得到。

东部地区省份的平均初中升学率明显高于中西部地区。这说明了我国东部
地区居民在享受高中教育上的机会优于中西部地区居民。从中我们还发
现，西部地区一些省份如内蒙、宁夏及青海等，也十分重视初中升学率，
它们的初中升学率和东部的一些省市几乎处于同一个层次上，但是学生所
处的境遇是完全不一样的，特别是教学条件难以与直辖市和东部省份相
比，缺乏现代化教育的基本教学条件。

表 10-12　2010 年各省区市及全国初中学升学率

单位:%

省份	初中升学率	省份	初中升学率
北京	64.97	湖北	46.29
天津	66.40	湖南	53.12
河北	47.92	广东	49.25
山西	48.83	广西	43.20
内蒙古	61.85	海南	38.31
辽宁	52.79	重庆	54.62
吉林	55.36	四川	46.19
黑龙江	51.19	贵州	37.78
上海	54.44	云南	35.69
江苏	48.18	西藏	32.67
浙江	51.36	陕西	53.94
安徽	46.00	甘肃	48.31
福建	50.80	青海	54.60
江西	47.79	宁夏	55.87
山东	51.68	新疆	45.40
河南	40.57	全国	47.82

资料来源：根据《中国统计年鉴 2011》相关数据计算得到。

② 教育经费的地区比较

仍以生均教育经费、生均预算内教育经费、生均公用经费这三个指标
来考察我国高中教育经费地区差距的情况。

从 1998 年至 2009 年，我国东、中、西部地方高级中学生均教育经费支出都有较大的增长，1998 年，东、中、西部地方高级中学生均教育经费支出分别为 3830.43 元、2127.10 元及 2143.80 元；到 2009 年，东、中、西部地方高级中学生均教育经费支出分别增加至 12498.39 元、5665.93 元以及 6835.66 元（见表 10-13）。但我国东部与中西部地方高级中学生均教育经费支出差距呈逐步扩大趋势，东部与中部的相对差距在波动中由 1998 年的 1.8 倍扩大到 2009 年的 2.21 倍，同期东部与西部差距由 1.79 倍持续扩大至 2006 年 2.13 倍，自 2007 年后差距才有所缩小。

表 10-13　东、中、西部地方高级中学生均教育经费比较

年份	东部（元）	中部（元）	西部（元）	东部/中部	东部/西部
1998	3830.43	2127.10	2143.80	1.80	1.79
2000	4637.27	2600.49	2496.63	1.78	1.86
2001	5322.73	2793.17	2818.29	1.91	1.89
2002	6012.76	3140.22	3051.12	1.92	1.97
2003	6462.69	3095.53	3131.05	2.09	2.06
2004	7055.71	3265.04	3436.66	2.16	2.06
2005	7861.04	3515.67	3753.38	2.24	2.09
2006	8719.42	3861.00	4088.05	2.26	2.13
2007	9300.86	4418.19	4910.70	2.11	1.90
2008	11004.33	5125.90	5958.59	2.15	1.85
2009	12498.39	5665.93	6835.66	2.21	1.83

资料来源：根据历年《中国教育经费统计年鉴》计算得到。

表 10-14 是我国地方高级中学生均预算内教育经费的东、中、西部比较。1998 年至 2009 年，我国东、中、西部地方高级中学生均预算内教育经费支出都有较大增长，1998 年至 2009 年，东、中、西部地方高级中学生均预算内教育经费支出分别由 1911.63 元、954.1 元及 1500.46 元分别上升至 7596.69 元、3096.23 元以及 4517.31 元。东部与中部以及东部与西部地方高级中学生均预算内教育经费支出差距的变化趋势与生均教育经费

一致。

表 10-14　东、中、西部地方高级中学生均预算内教育经费比较

年份	东部（元）	中部（元）	西部（元）	东部/中部	东部/西部
1998	1911.63	954.1	1500.46	2.00	1.27
2000	2181.32	1017.07	1484.62	2.14	1.47
2001	2520.41	1132.03	1712.86	2.23	1.47
2002	2778.12	1287.12	1860.49	2.16	1.49
2003	3020.06	1189.01	1866.36	2.54	1.62
2004	3457.90	1290.46	2042.25	2.68	1.69
2005	3928.75	1436.18	2162.20	2.74	1.82
2006	4496.81	1763.78	2338.11	2.55	1.92
2007	5125.49	2148.41	2958.95	2.39	1.73
2008	6403.49	2622.02	3762.29	2.41	1.70
2009	7596.69	3096.23	4517.31	2.45	1.68

资料来源：根据历年《中国教育经费统计年鉴》计算得到。

　　与生均教育经费及生均预算内教育经费类似，我国东、中、西部地方高级中学生均公用经费支出也有所增加，1998 年至 2009 年，我国东、中、西部地方高级中学生均公用经费支出分别由 1531.24 元、858.27 元及 696.61 元增加至 4512.41 元、2331.61 元以及 2398.95 元（见表 10-15）。此外，我国东部与中部地方高级中学生均公用经费支出的差距从 1998 年至 2007 年基本呈逐年扩大趋势，只是近两年有所缩小；而东部与西部的这一差距尽管自 2004 年来呈下降趋势，但其差距仍然较大。

表 10-15　东、中、西部地方高级中学生均公用经费比较

年份	东部（元）	中部（元）	西部（元）	东部/中部	东部/西部
1998	1531.24	858.27	696.61	1.78	2.20
2000	1869.79	1117.26	861.04	1.67	2.17
2001	2109.40	1160.56	924.06	1.82	2.28
2002	2315.70	1229.55	964.91	1.88	2.40

年份	东部（元）	中部（元）	西部（元）	东部/中部	东部/西部
2003	2583.22	1334.99	1041.87	1.94	2.48
2004	2698.90	1369.47	1107.86	1.97	2.44
2005	3007.55	1522.63	1344.66	1.97	2.24
2006	3252.32	1628.42	1470.15	2.00	2.21
2007	3639.24	1781.53	1764.34	2.04	2.06
2008	4359.82	2167.08	2232.96	2.01	1.95
2009	4512.41	2331.61	2398.95	1.94	1.88

资料来源：根据历年《中国教育经费统计年鉴》计算得到。

此外，我国省际间地方高级中学教育经费的差异也较大。以生均教育经费排在前 5 位和后 5 位的省份相比，2009 年，地方高级中学生均教育经费排在前 5 位的省份分别是：上海市 29727.92 元、北京市 25840.42 元、天津市 15856.27 元、浙江省 13015.61 元以及西藏自治区 11015.06 元，生均教育经费最高的 5 个省份的平均生均教育经费为 19091.06 元；地方高级中学生均教育经费排在后 5 位的省份分别是：安徽省 5195.56 元、甘肃省 5145.22 元、江西省 4952.78 元、贵州省 4515.34 元以及河南省 4123.82 元，生均教育经费最低的 5 个省份的平均生均教育经费为 4786.54 元。生均教育经费最高的 5 个省份的平均生均教育经费是生均教育经费最低的 5 个省份的平均生均教育经费的 3.99 倍，两者绝对额相差 14304.51 元。最高的上海市是最低的河南省的 7.21 倍，两者相差 25604.1 元。①

综合上述分析可以看出，我国高中阶段教育机会也存在显著的差距，东部省份居民的高中教育机会优于中西部省份的居民。

（2）高等教育支出利益的地区归宿

1949 年，中国仅有高等学校 205 所，高等教育总规模为 11.66 万人。1977 年恢复高考时，全国有高等学校 598 所。高等教育总规模为 85.6 万

① 数据根据《中国教育经费统计年鉴 2010》计算得到。

人，研究生在学人数 10934 人，当年招收研究生 10708 人。① 2009 年，全国共有普通高校 2305 所，普通高校在校本专科生总规模达到 21446570 人，在学研究生 1351404 人②。2009 年和 1978 年相比，普通高校数量增长了 2.85 倍，在校本专科生数增长了 24.38 倍，研究生教育规模增长了 122.6 倍。

伴随改革开放，我国高等教育进入了大发展时期。到 2002 年，我国高等教育总规模已超过美国。我国不仅是世界基础教育第一大国，也是高等教育规模第一大国。高等教育毛入学率从 1990 年的 3.4% 提高到 2009 年的 24.2%，③ 这标志着我国高等教育已经进入大众化阶段。但与此同时，高等教育发展的地区差距也明显存在。

① 各省份市高等学校分布及规模

高等学校的空间布局在地域间是极不平衡的（见表 10-16）。在东部的江苏、山东、广东等地，高校数均达 125 所以上；而在西部的青海、宁夏、新疆等省区，高校数量非常有限，特别是青海、西藏，分别只有 9 所和 6 所高校。2009 年，我国西部 12 个省份共有普通高等院校 554 所，只占全国高校总数的 24.03%，特别是中央部属院校，中西部之和还不及东部的一半（见表 10-17）。

表 10-16 2009 年普通高校分布及规模

地区	普通高校数（所）	中央部委所属高校（所）	"211" 高校（所）	普通本、专科在校生数（人）
北京	86	34	23	586685
天津	55	3	3	405968
河北	109	4	1	1060450

---

① 数据来源于国家统计局国民经济综合统计司编：《新中国五十年统计资料汇编》，中国统计出版社 1999 年版。

② 数据来源于《中国教育统计年鉴 2009》。

③ 数据来源于教育部网站，见 http://www.moe.edu.cn/publicfiles/business/htmlfiles/moe/s4959/201012/113470.html。

续表

地区	普通高校数（所）	中央部委所属高校（所）	"211"高校（所）	普通本、专科在校生数（人）
山西	71		1	547391
内蒙古	41		1	351928
辽宁	107	5	4	852467
吉林	55	2	3	530975
黑龙江	78	3	3	708935
上海	66	9	10	512809
江苏	148	10	11	1653427
浙江	99	2	1	866496
安徽	106	2	3	877782
福建	84	2	2	606284
江西	85		1	793488
山东	126	2	3	1592974
河南	99	1	1	1368813
湖北	120	8	7	1249061
湖南	115	3	4	1016833
广东	125	4	4	1334089
广西	68		1	528342
海南	17			142082
重庆	50	2	2	484199
四川	92	6	5	1035934
贵州	47		1	299072
云南	61		1	393601
西藏	6		1	30264
陕西	89	6	8	893748
甘肃	39	2	1	361490
青海	9			43782
宁夏	15	1		75564
新疆	37		2	241637

资料来源：《中国教育统计年鉴 2009》。

表 10-17　2009 年东、中、西部普通高校分布及规模

地区	高校数（所）	中央部委所属高校（所）	在校本、专科生数（人）
全国	2305	111	21446570
东部	1022	75	9613731
中部	729	19	7093278
西部	554	17	4739561

资料来源:《中国教育统计年鉴 2009》计算得到。

② 招生计划分配的地区差异

全国高等学校的招生数相对于人口比例来说，在不同省区之间的分布是有较大差距的。云南和四川的最低，分别为 0.54 和 0.57，上海、北京和天津最高，分别为 2.62、2.28 和 2.08（见表 10-18）①。

表 10-18　各省、自治区、直辖市招生人数、人口数及其占全国的比例

地区	2000 年招生人数（万人）	1998 年人口数（万人）	招生百分比（%）	人口百分比（%）	相对招生比（招生百分比/人口百分比）
北京	4.1	1097.8	2.06	0.9	2.28
天津	3.1	910.7	1.56	0.75	2.08
河北	10.3	6555.3	5.17	5.4	0.96
山西	5.7	3113.3	2.86	2.56	1.12
内蒙古	3.7	2310.2	1.86	1.9	0.98
辽宁	9.7	4090.4	4.87	3.37	1.45
吉林	5.7	2603.2	2.86	2.14	1.34
黑龙江	6.1	3642	3.06	3	1.02
上海	5.6	1306.5	2.81	1.08	2.62
江苏	15.2	6983.3	7.63	5.75	1.33
浙江	9.5	4446.9	4.77	3.66	1.3
安徽	8.5	6152.2	4.27	5.06	0.84
福建	5.7	3260.8	2.86	2.68	1.07

---

① 此处为 2000 年的数据，笔者曾试图更新为最新年份的数据，但由于数据获取十分困难，故不得不放弃。尽管如此，这一数据还是能够反映我国高等学校招生名额在各地区的分配情况。

地区	2000 年招生 人数（万人）	1998 年人口数 （万人）	招生百分比 （％）	人口百分比 （％）	相对招生比 （招生百分比/人口百分比）
江西	6.1	4070.6	3.06	3.35	0.91
山东	16.8	8871.5	8.44	7.3	1.16
河南	10.8	9373.7	5.42	7.72	0.7
湖北	9.2	5890.6	4.62	4.85	0.95
湖南	9.1	6482.2	4.57	5.34	0.86
广东	12.6	7115.6	6.33	5.86	1.08
广西	6	4622.2	3.01	3.8	0.79
海南	1.1	733.3	0.55	0.6	0.92
重庆	3.8	3059.7	1.91	2.52	0.76
四川	7.7	8315.7	3.87	6.84	0.57
贵州	4.1	3536.5	2.06	2.91	0.71
云南	3.5	3983.3	1.76	3.28	0.54
西藏	0.3	245.4	0.15	0.2	0.75
陕西	6.1	3501.1	3.06	2.88	1.06
甘肃	3.2	2483.3	1.61	2.04	0.79
青海	1	470.3	0.5	0.39	1.3
宁夏	1.1	536.6	0.55	0.44	1.25
新疆	3.7	1733.6	1.86	1.43	1.3
合计	199.1	121498	100	100	

资料来源：根据教育部有关招生统计资料和《人口统计年鉴1998》简单计算得到。

③ 生均经费的地区比较

我国地区之间普通高等学校生均经费存在巨大差距，东部省份的生均教育经费水平明显高于中西部省份（见表10-19）。2009年，我国普通高等学校生均教育经费支出为18646.97元，生均教育经费支出排在前5位的是北京、上海、浙江、广东以及江苏，全部都在东部并且其经费远高于全国平均水平；排在后5位的为：山西、河南、江西、贵州以及广西，都为中西部地区，其经费远低于全国平均水平。普通高等学校生均公用经费支出全国平均水平为 9781. 97 元，排在前 5 位的也全部是东部地区的省市，其经费支出也大大超过全国平均水平；排在后 5 位的仍然全部是中西部地区的省份，其生均公用经费支出远低于全国平均水平。

表 10-19　2009 年部分省区市普通高等学校生均经费情况

单位：元

	普通高等学校平均水平	前 5 位	后 5 位
生均教育经费支出	18646. 97	北京 （41695. 66） 上海 （33056. 94） 浙江 （25963. 92） 广东 （23549. 92） 江苏 （21569. 84）	山西 （10594. 91） 河南 （10661. 97） 江西 （11478. 82） 贵州 （11556. 13） 广西 （11943. 69）
生均公用经费支出	9781. 97	北京 （24076. 84） 上海 （17561. 53） 浙江 （13671. 06） 江苏 （12168. 53） 广东 （11141. 78）	山西 （4319. 61） 贵州 （4770. 32） 青海 （5181. 3） 广西 （5522. 89） 河南 （5552. 46）

资料来源：《中国教育经费统计年鉴 2010》。

④ 办学条件的地区差距

教学仪器是衡量高等学校办学条件的一个重要指标。近年来，高等教育发展整体失衡，地区之间办学条件差距明显（见表 10-20）。2009 年，我国普通高校生均教学仪器设备值为 8885. 54 元，其中明显高于全国平均水平的省份有 9 个，其中有 7 个在东部地区。

表 10-20　2009 年各省区市及全国平均普通高校生均教学仪器设备值

单位：元

平均	8885. 54	辽宁	7997. 80
北京	26328. 58	山东	7614. 98
上海	18460. 79	新疆	7552. 38
天津	11470. 37	青海	7282. 23
浙江	10948. 74	重庆	7266. 51
江苏	10091. 05	湖南	7132. 69
西藏	9862. 97	甘肃	6967. 21

续表

黑龙江	9252.82	内蒙古	6685.99
陕西	9232.70	云南	6671.46
广东	8947.12	安徽	6526.42
福建	8777.34	江西	6494.16
吉林	8640.71	广西	6454.04
湖北	8640.46	山西	6422.23
四川	8574.58	贵州	6277.60
宁夏	8117.82	河北	6170.39

资料来源：根据《中国教育统计年鉴2009》计算得到。

地区间教育机会与教育过程利益的失衡导致了教育结果的失衡。根据 2009 年全国人口变动抽样调查数据，仅文盲率一项，中西部地区都高于东部地区，特别是西部地区，其文盲率比东部地区高近 4 个百分点（见表 10-21）。在平均受教育年限方面，东部地区的平均受教育年限也高于中西部地区，且东西部的差距基本呈不断扩大之势，只是近两年才有所缩小（见表 10-22）。

表 10-21　东、中、西部 15 岁及 15 岁以上文盲、半文盲人口比较（2009 年）

	15 岁及以上人口数（人）	文盲、半文盲人口（人）	文盲、半文盲人口比例（%）
东部	383755	22895	5.96
中部	309493	20738	6.70
西部	262422	25164	9.59

资料来源：2009 年全国人口抽样调查数据。

表 10-22　东、中、西部受教育年限比较

单位：年

年份	东部地区	中部地区	西部地区	东部与西部之差
2000	8.31	7.86	6.89	1.27
2001	8.3	8.02	7.02	1.28
2002	8.48	7.95	7.14	1.34

年份	东部地区	中部地区	西部地区	东部与西部之差
2003	8.64	8.25	7.25	1.39
2004	8.74	8.27	7.44	1.30
2005	8.68	8.05	7.16	1.52
2006	8.88	8.25	7.35	1.53
2007	8.98	8.42	7.52	1.46
2008	9.03	8.48	7.61	1.42
2009	9.19	8.56	7.70	1.49

资料来源：根据历年《中国人口统计年鉴》计算得到。

另外，省际教育结果的失衡也很严重。2009 年，全国教育水平发达的三个直辖市北京、上海和天津的平均受教育年限均超过 10 年（依次为 11.20、10.69 和 10.08 年）；而贵州、云南及西藏等省区的平均受教育年限则低得多，分别为 7.20、7.03 以及 4.92 年，特别是西藏，其平均受教育年限不足北京等 3 个直辖市的一半。[①]

（二）教育支出利益的城乡归宿

1. 义务教育支出利益的城乡归宿

（1）城乡适龄儿童入学率及失学人数差异

根据国家统计局公布的数据，中国的学龄儿童入学率从 1985 年的 95.9%提高到了 2009 年的 99.4%。鉴于中国是一个拥有 13 亿多人口的大国，对于基本普及了小学教育这一点应给予较高的评价。不过同时也应该注意到，由于"学龄儿童"的基数过于庞大，小学适龄儿童数一直维持在 1 亿以上，因此，2009 年没有入学的 0.6%的儿童数量实际上也在 60 万以上。由于缺乏系统的分城乡入学率的统计数据，要精确区分 60 多万人中城乡所占的比例是困难的。不过，由于城市的小学教育机会充分，学龄儿童入学率达到或超过 100%，可以假定，除了因高度残疾儿不能入学的极个

① 数据根据《中国人口和就业统计年鉴 2010》计算得到。

别情况之外，近 100%的城市儿童和少年都进入了小学，适龄儿童失学的
60 多万少年儿童中，城市所占的份额几乎可以忽略不计，这一庞大的失学
儿童几乎都在农村。

（2）升学率的城乡差距

升学率是衡量国家教育水平与社会发展水平的一个基本指标。改革开
放以来，我国各级教育的升学率都得到了巨大提高。小学升学率从 1980 年
的 75.9%迅速提高到 2009 年的 99.7%。[①] 但是，城乡小学升学率的巨大差
距依然存在。

在城镇，九年义务教育已经普及，小学升学率均超过 100%，小学学
生除特殊情况外都能升入初中，而农村还有 30%左右的学生由于各种各样
的原因不能升入初中（见表 10-23）。

表 10-23　分城市、县镇和农村的小学升学率比较

单位:%

年份	全国平均	城市	县镇	农村
1990	73.5	103.0	112.5	63.7
1995	89.3	104.8	125.6	76.6
1998	92.6	104.7	124.5	80.9
2000	93.6	106.5	124.5	80.8
2001	94.2	110.6	173.6	68.9
2002	95.8	111.9	179.5	68.6
2003	96.8	113.0	181.1	69.8
2004	97.3	114.7	187.8	70.3
2005	97.9	115.2	191.1	66.3
2007	99.7	116.1	174.0	64.3
2008	99.5	115.0	171.6	62.9
2009	99.0	114.5	167.0	62.0

　　注：表中初中指普通初中。计算公式为：小学升学率＝初中招生数/小学毕业生数，如当
年初中招生数大于小学毕业生数，会出现升学率大于 100%的情况。

　　资料来源：根据相关年份《中国教育统计年鉴》计算得到。

---

① 数据来源于《新中国五十年统计资料汇编》和《中国统计年鉴 2009》。

（3）义务教育经费的城乡差距

我国教育经费特别是义务教育经费投入的主体是政府。政府对农村义务教育经费的投入不足，是长期困扰我国教育发展的根本问题。我国城乡教育经费的差距可用如下指标来说明。

① 生均教育经费的城乡差异

表 10-24 反映了我国普通小学生均教育经费支出的城乡差异。从表中可以看出，自 1998 年以来，我国城乡普通小学生均教育经费支出都有所增长，1998 年，城镇普通小学生均教育经费支出为 847.43 元，农村为519.36 元；到 2009 年，城镇普通小学生均教育经费支出增加至 4593.05元，农村增加至 3842.26 元。从表中可以看出，我国普通小学城乡生均教育经费支出的相对差距从 2005 年来开始缩小，这与农村义务教育经费保障机制的实施有很大的关系。尽管如此，普通小学城乡生均教育经费的绝对差距仍然在扩大。

表 10-24　普通小学城乡生均教育经费比较

年份	城镇（元）	农村（元）	城乡差（元）	城乡比
1998	847.43	519.36	328.07	1.63
2000	1066.45	647.01	419.44	1.65
2001	1351.32	797.6	553.72	1.69
2002	1563.12	953.65	609.47	1.64
2003	1751.17	1058.25	692.92	1.65
2004	2009.96	1326.31	683.65	1.52
2005	2266.62	1572.57	694.05	1.44
2006	2575.26	1846.71	728.55	1.39
2007	3168.38	2463.72	704.66	1.29
2008	3804.39	3116.83	687.56	1.22
2009	4593.05	3842.26	750.79	1.20

　　注：表中城镇生均教育费用的数据根据相关年份《中国教育经费统计年鉴》与《中国统计年鉴》的在校生人数计算得到。

表 10-25 是我国普通初中生均教育经费支出的城乡差异。可知，我国

城乡普通初中生均教育经费支出也有较大的增加，1998 年，城镇普通初中生均教育经费支出为 1424.73 元，农村为 861.64 元；至 2009 年，城镇普通初中生均教育经费支出上升至 5863.84 元，农村也增加至 5023.51 元。与普通小学一样，普通初中城乡生均教育经费支出的相对差距也从 2005 年开始缩小，但其绝对差距也维持在较高的水平。

表 10-25　普通初中城乡生均教育经费比较

年份	城镇（元）	农村（元）	城乡差（元）	城乡比
1998	1424.73	861.64	563.09	1.65
2001	1708.35	1013.65	694.7	1.69
2002	1893.06	1129.21	763.85	1.69
2003	2085.8	1210.75	875.05	1.72
2004	2345.43	1486.6	858.83	1.58
2005	2653.36	1819.92	833.44	1.46
2006	3032.09	2190.33	841.76	1.38
2007	3845.37	2926.58	918.79	1.31
2008	4841.21	4005.78	835.43	1.21
2009	5863.84	5023.51	840.33	1.17

注：表中城镇生均教育费用的数据根据相关年份《中国教育经费统计年鉴》与《中国统计年鉴》的在校生人数计算得到。

　　综合普通小学、普通初中生均教育经费支出的城乡差异的情况说明，从 1998 年至 2009 年，我国义务教育阶段城乡生均教育经费支出都有较大的增长，特别是在 2005 年开始实施农村义务教育经费保障新机制后，农村义务教育生均教育经费增加得更快，从而使其相对差距开始缩小，但绝对差距仍然维持在较高的水平。

　　② 城乡生均预算内教育经费比较

　　我国普通小学生均预算内教育经费支出有较大的增长（见表 10-26），1998 年，城镇普通小学生均预算内教育经费支出为 519.9 元，农村为 310.58 元；到 2009 年，城镇普通小学生均预算内教育经费支出上升至

3665.91 元，农村也增加至 3236.27 元，特别是近几年，普通小学生均预算内教育经费支出增长的幅度很大，我国普通小学城乡生均预算内教育经费支出的相对差距呈逐年缩小的趋势，这反映了我国政府在农村义务教育上所做的努力。

表 10-26　普通小学城乡生均预算内教育经费比较

年份	城镇（元）	农村（元）	城乡差（元）	城乡比
1998	519.9	310.58	209.32	1.67
2001	877.08	558.36	318.72	1.57
2002	1058.57	723.36	335.21	1.46
2003	1200.8	823.22	377.58	1.45
2004	1395.66	1035.27	360.39	1.35
2005	1593.20	1230.26	362.94	1.30
2006	1903.31	1531.24	372.07	1.24
2007	2421.28	2099.65	321.63	1.15
2008	2984.88	2640.82	344.06	1.13
2009	3665.91	3236.27	429.64	1.13

注：表中城镇生均教育费用的数据根据相关年份《中国教育经费统计年鉴》与《中国统计年鉴》的在校生人数计算得到。

表 10-27 是我国普通初中生均预算内教育经费支出的城乡比较。从中可以看出，我国城乡普通初中生均预算内教育经费支出也有较大的增长，城镇普通初中生均预算内教育经费由 1998 年的 811.36 元增加至 2009 年的 4688.04 元，而同期农村由 325.54 元上升至 4267.7 元。与普通小学一样，我国普通初中城乡生均预算内教育经费支出的相对差距也呈缩小趋势。

表 10-27　普通初中城乡生均预算内教育经费比较

年份	城镇（元）	农村（元）	城乡差（元）	城乡比
1998	811.36	325.54	485.82	2.49
2000	896.01	539.87	356.14	1.66

年份	城镇（元）	农村（元）	城乡差（元）	城乡比
2001	1001.04	666.7	334.34	1.5
2002	1160.09	815.95	344.14	1.42
2003	1286.43	889.69	396.74	1.45
2004	1482.78	1101.32	381.46	1.35
2005	1927.67	1355.4	572.27	1.42
2006	2113.83	1763.75	350.08	1.20
2007	2902.74	2465.46	437.28	1.18
2008	3794.88	3390.1	404.78	1.12
2009	4688.04	4267.7	420.34	1.10

注：表中城镇生均教育费用的数据根据相关年份《中国教育经费统计年鉴》与《中国统计年鉴》的在校生人数计算得到。

综合普通小学、普通初中生均预算内教育经费支出的城乡差异的情况可以看出，我国义务教育生均预算内教育经费支出的城乡差距基本呈缩小趋势，特别是 2005 年后更明显，这在一定程度上反映了我国政府特别是中央政府在缩小城乡义务教育差距上所做的努力。

③ 城乡生均公用经费比较

表 10-28 反映了我国普通小学生均公用经费支出的城乡差异。从表中可以看出，我国城乡普通小学生均公用经费支出都有所增加，1998 年，城镇普通小学生均公用经费支出为 247.61 元，农村为 136.55 元；到 2009 年，城镇普通小学生均公用经费支出上升至 1201.07 元，农村则增加至 896.59 元。普通小学城乡生均公用教育经费支出的绝对差距从 1998 年至 2009 年呈逐年扩大趋势，1998 年为 111.06 元，到 2009 年逐年上升至 304.48 元；城乡普通小学生均公用经费支出的相对差距在 1998 年至 2003 年间也呈上升趋势，之后则逐渐缩小。城乡普通小学生均公用经费支出相对差距的缩小与农村义务教育经费保障新机制中有关公用经费的保障有直接关系。

表 10-28　普通小学城乡生均公用经费比较

年份	城镇（元）	农村（元）	城乡差（元）	城乡比
1998	247.61	136.55	111.06	1.81
2000	289.15	148.3	140.85	1.95
2001	344.59	159.75	184.84	2.16
2002	370.83	172.42	198.41	2.15
2003	433.34	200.49	232.85	2.16
2004	500.56	259.07	241.49	1.93
2005	583.68	331.99	251.69	1.76
2006	660.24	400.93	259.31	1.65
2007	815.58	542.25	273.33	1.50
2008	1036.18	757.88	278.30	1.37
2009	1201.07	896.59	304.48	1.34

注：表中城镇生均教育费用的数据根据相关年份《中国教育经费统计年鉴》与《中国统计年鉴》的在校生人数计算得到。

我国城乡普通初中生均公用经费支出也都有所增长（见表 10-29），城镇普通初中生均公用经费由 1998 年的 474.68 元增加至 2009 年的 1791.98 元，而同期农村由 267.92 元上升至 1509.8 元。自 1998 年到 2003 年，普通初中城乡生均公用经费的绝对差距与相对差距基本呈逐年扩大趋势，此后，相对差距呈逐年缩小的趋势，绝对差距也在波动中缩小。普通初中城乡生均公用经费差距的缩小也与公用经费的保障机制有关。

表 10-29　普通初中城乡生均公用经费比较

年份	城镇（元）	农村（元）	城乡差（元）	城乡比
1998	474.68	267.92	206.92	1.77
2000	529.48	253.14	276.34	2.09
2001	530.73	262.57	268.16	1.98
2002	556.13	276.7	279.43	2.01
2003	632.45	306.81	325.64	2.06
2004	707.73	380.02	327.71	1.86

年份	城镇（元）	农村（元）	城乡差（元）	城乡比
2005	809.58	495.63	313.95	1.63
2006	920.46	600.65	319.81	1.53
2007	1156.54	820.99	335.55	1.41
2008	1530.65	1216.35	314.30	1.26
2009	1791.98	1509.8	282.18	1.19

注：表中城镇生均教育费用的数据根据相关年份《中国教育经费统计年鉴》与《中国统计年鉴》的在校生人数计算得到。

（4）师资水平与办学条件的城乡比较

① 师资水平

教师是教育质量的关键。在我国教师水平大幅度提高的大背景下，城乡教师水平的差距明显存在。农村教师有效需求严重不足，年轻人到农村从教的意愿明显下降。中国教育问题的焦点在农村，农村教育问题的焦点在教师。

从整体统计数据上看，我国教师的学历提高非常快，2009年小学、普通初中教师学历达标率（即小学教师达到高中毕业、初中教师达到大专毕业）已经分别达到99.4%和98.29%；小学教师文化程度在大专及以上的比例达到74.83%，初中教师文化程度在大学及以上的比例达到59.44%，但城乡之间相差较大。城镇小学教师总数中学历在大专及以上的教师比例比农村高出近19个百分点，普通初中教师总数中大学及以上学历的教师也高出近17个百分点（见表10-30）。

由于农村经济困难，教师工资及时足额发放困难，教师工作条件和生活条件明显低于城市，有能力的教师往往不愿到农村去，已在农村工作的教师也想办法离开农村。一方面是合格教师严重不足，一方面是合格的高校毕业生不去农村学校。农村迫切需要好教师，人力资源市场上也不乏合格的人才，特别是我国高校连续扩招以后，高学历人才大幅度提高，但由于城乡差距的存在，越来越多新增青年宁可在城市失业，也不愿意到农村任教，农村教师的有效需求严重不足。与此同时，自愿学师范的生源质量逐年下降，部分师范院校的招生计划不能完成。今天生源的质量决定着明天教师资源的质量，未来教师的质量令人忧虑。

表 10-30　城乡专任教师学历程度比较（2009 年）

单位:%

	全国	城镇	农村
小学教师合格率	99.40	99.81	99.11
小学教师学历在大专及以上的比例	74.83	85.54	67.25
普通初中教师合格率	98.29	98.75	97.52
普通初中教师学历在大学及以上的比例	59.44	65.50	49.39

资料来源：根据《中国教育统计年鉴2009》计算整理得到。

到目前为止，由于历史原因，我国还有部分没有列入教师正式编制的教学人员，他们不能享受正常的教师待遇，被称为代课教师。据统计，2009 年，中小学代课教师数为 33.52 万人。其中，城乡小学在代课教师问题上的矛盾非常突出，当年全国小学代课教师 234502 人，其中农村174156 人，占 74.27%[1]（见表 10-31）。

表 10-31　2009 年小学代课教师城乡分布情况

	代课教师（人）				所占百分比（%）		
	总数	城市	县镇	农村	城市	县镇	农村
小学	234502	30083	30263	174156	12.82	12.91	74.27

资料来源：根据《中国教育统计年鉴2009》相关数据得到。

② 办学条件

校舍是教育事业发展的必需条件。校舍质量在一定程度上反映一个区域办学条件的优劣。2009 年，全国小学校舍危房面积 9497.7 万平方米，其中城市 508.3 万平方米，县镇 1667.42 万平方米，农村 7321.92 万平方米，占 77.09%；全国普通初中校舍危房面积 5099.45 万平方米，其中城市

---

① 数据来源于中华人民共和国教育部发展规划司编：《中国教育统计年鉴2009》，人民教育出版社2010年版。

366.48 万平方米，县镇 2051.28 万平方米，农村 2681.69 万平方米、占 52.59%。① 可见，城乡小学校舍质量存在着较大的差距。

除校舍的城乡差异以外，其他的一些硬件因素，如生均图书、生均仪器设备值以及生均计算机数等，城乡之间也存在着差异（如表 10-32）。由此可见，城镇的办学条件优于农村地区。

表 10-32　城乡普通小学办学条件比较（2009）

	全国	城市	县镇	农村
生均图书藏量（册）	14.59	17.20	14.52	13.81
生均仪器设备总值（元）	358.89	749.76	388.15	222.12
生均计算机数（台）	0.038	0.070	0.042	0.027

资料来源：根据《中国教育统计年鉴 2009》计算整理得到。

2. 高等教育支出利益的城乡归宿

由于数据的可获得性问题，笔者以高校学生生源的城乡差距来间接反映我国高等教育支出利益的城乡归宿情况。高等教育入学机会的城乡差距包括两个主要问题：一是普通高校的入学机会在城乡之间的分配是否均衡，即农民子弟接受高等教育的机会如何；二是不同类别的高等教育资源在城乡学生之间的分配是否均衡，即农民子弟在高等教育系统中是如何分配的。"有学上"和"上什么学"是两个不同的问题，后者显然更为隐蔽，也更为深刻。

由于历史的原因和国家城乡经济政策的影响，城乡差距在高等教育上的反映十分突出。在全国各行政区划，从相对人口来说，高等教育高度集中于少数几个大型的城市，在个别省的地级市甚至没有高等教育机构。在全国 600 多个县级市中，300 个左右没有高等教育机构。② 尽管缺少关于分城乡人口的高等教育入学率的统计数据，但我们仍然可以从一些全国性

---

① 数据来源于中华人民共和国教育部发展规划司编：《中国教育统计年鉴 2009》，人民教育出版社 2010 年版。

② 薛颖慧、薛澜：《试析我国高等教育空间分布的特点》，《高等教育研究》2002 年第 4 期。

的、局部性的调查来了解城乡居民在接受高等教育机会上的差距，其中也包括笔者的调查。

（1）近年来的全国性调查

1998 年谢维和对全国 37 所高校一年级（1997 级）和四年级（1994 级）学生的调查结果见表 10-33 和表 10-34。表中显示：来自大中城市的学生占在校生的 33.5%，与人口结构相比，占有明显多数；来自农村的学生占 35.6%，如果将"乡镇"也视为农村，则农村学生的比重达 47.3%。在 1994 年至 1997 年间，农村学生的比例减少了 1.3 个百分点。

表 10-33　高校学生居住地的状况和变化

单位:%

	大中城市	县级市	乡镇	农村
一年级学生（1997 级）	33.2	19.6	12.1	35.1
四年级学生（1994 级）	34.2	18.3	11.1	36.4

资料来源：曾满超主编：《教育政策的经济分析》，人民教育出版社 2000 年版。

表 10-34　学生家庭所在地的分布

单位:%

	大中城市	县级市	乡镇	农村
总体	33.5	19.1	11.7	35.6
国家重点院校	42.3	19.9	11.0	26.8
一般重点院校	31.0	21.1	11.7	36.2
普通高校	42.0	18.1	11.5	28.4
地方高校	22.0	16.5	12.8	48.7

注：表中初中指普通初中。计算公式为：小学升学率＝初中招生数/小学毕业生数，如当年初中招生数大于小学毕业生数，会出现升学率大于 100% 的情况。

资料来源：根据相关年份《中国教育统计年鉴》计算得到。

农村学生不仅比例较少，而且在四类不同层次的高校的分配机会有明显的不同。在第一类国家重点院校中，城市学生和农村学生的比例与样本总体相差很大，城市学生高出总体 8.8 个百分点，农村学生却低于总体

8.8 个百分点，说明学生来源比例是不均衡的。而且，在第一类学校，城市与农村生源的比例不均衡的趋势正在增强，呈现农村生源下降、城市生源提高的趋势。1994 级农村和城市生源分别是 28.7% 和 40.2%，1997 级则分别为 25.2% 和 43.9%，农村生源下降了 3.5 个百分点，而城市生源却上升了 3.2 个百分点。而第四类地方院校与第一类院校的比例相比较，农村和乡镇学生比例分别高出 21.9% 和 1.8%，县级市和城市生源比例则低 3.4% 和 20.3%，差异更加显著。这显示了农村学生更多分布在层次较低的地方性高校的基本态势。

钟宇平、陆根书于 1998 年对北京、南京、西安等地 14 所高校进行的调查结果如表 10-35 所示。总样本学生居住地为城市的占 31.2%，来自县级市的占 20.9%，来自集镇的占 13.0%，农村学生占 34.9%。这一调查城乡学生的总体比例与谢维和的调查十分相似。院校的分类不同，分为综合性、工程类、师范类、农林地质四类。在高教系统的光谱中，前者意味着强势、热门、收费高，后者意味着弱势、冷门、收费低。我们看到：按这一序列，城市学生的比例由高至低，农村学生的比例由低到高，在低收费甚至免费、城市学生不愿意去的农林地质类院校，农村学生的比例高达 61.4%。

表 10-35　城乡学生在不同类型学校的比例

单位:%

	大中城市	县级市	集镇	农村
总体	31.2	20.9	13.0	34.9
综合性院校	37.6	20.6	11.2	30.5
以工程为主院校	31.1	22.7	14.8	31.3
师范院校	30.8	21.6	13.9	33.7
农林地质类院校	14.1	14.7	9.8	61.4

资料来源：钟宇平、陆根书：《收费条件下学生选择高校影响因素分析》，《高等教育研究》1999 年第 2 期。

上海财经大学公共政策研究中心于 2001 年对 31 个省、自治区、直辖市 1 万余名在校大学生进行了抽样调查，结果如表 10-36 所示。从中可以看出，来自大中城市的生源总体达 49.5%，而来自农村的生源仅为 16.3%，与上述两个调查结果相差甚大。它揭示了另外一种排序：在不同学历层次中城乡学生的分布。大致是从专科到本科，大中城市学生的比例增加了约 12 个百分点，农村学生则下降了 8 个百分点。但从本科到硕士生阶段，城市学生下降了 4.7 个百分点，农村学生增加了 2.7 个百分点。

表 10-36 城乡学生在不同学历层次的分布

单位:%

	大城市	中等城市	县级市	集镇	农村
总体	17.5	32.0	26.7	7.5	16.3
专科生	13.8	29.1	21.5	13.2	22.4
本科生	18.0	36.9	23.2	7.6	14.3
硕士研究生	26.3	23.9	23.6	9.2	17.0

资料来源：转引自赵海利：《高等教育公共政策》，上海财经大学出版社 2003 年版，第 182 页。

（2）笔者的调查

2010 年 9 月至 2011 年 1 月，笔者以《在校大学生情况抽样调查表》（见本章附录）的形式在上海、武汉两市选取了 24 所高校近 2500 名学生作为调查对象，对我国在校学生的城乡来源情况进行了抽样调查。之所以选取上海和武汉主要是因为它们是我国少数几个高校集中的城市、拥有丰富的高等教育资源。上海拥有复旦大学、上海交通大学、同济大学等 10 所"211 工程"重点大学与其他 56 所普通高校；武汉也拥有武汉大学、华中科技大学等 7 所"211 工程"院校及众多的本专科学校。在所调查的 24 所普通高校中，其中"985 工程"大学 6 所，"211 工程"非"985 工程"大学 6 所，普通本科院校 12 所，涵盖了综合类、理工类、师范类、农林类、政法类、医药类、财经类、体育类以及艺术类等高校类型。此次调查共发放问卷2474份，各校调查问卷的发放数量基本按照该校在校生数的0.5%确定。调查共收回有效问卷2150份，有效率达86.9%，有效问卷中本科生占91.12%，研究生占8.88%，调查结果如表10-36和表10-37所示。

　　表10-37结果显示：来自大中城市的生源总体达61.2%，而来自农村的生源仅为19.3%，城乡学生接受高等教育机会的差距很大，并且，从本科到硕士生阶段，大中城市学生增加了1.1个百分点，农村学生下降了5个百分点。与赵海利（2003）的调查结果相比，来自大中城市的生源的比例提高了11.7个百分点。

表10-37　在校学生生源的城乡差异

单位：%

	大城市	中等城市	县级市	集镇	农村
总体	36.7	24.5	11.7	7.8	19.3
本科生	37.0	24.2	11.7	7.4	19.7
硕士研究生	34.6	27.7	11.5	11.5	14.7

　　资料来源：根据笔者的调查整理。

　　此外，从学校类别上看（见表10-38），在"985工程"高校中，大中城市学生高出总体6.5个百分点，农村学生却低于总体4.4个百分点；而在"211工程"高校中，大中城市学生高出总体10.9个百分点，农村学生的比例低于样本总体3.1个百分点。无论是"985工程"高校还是"211工程"院校，都集中了我国优势高等教育资源。从城乡学生在这些不同层次高校中的分布可以看出，我国优势高等教育资源更多地被大中城市学生所享有，这一状况甚至有加剧的趋势。

　　城乡间教育机会与教育过程利益的失衡导致了教育结果的失衡。根据2009年全国人口变动抽样调查数据，仅文盲率一项，乡村就比城市高出7个百分点（见表10-39）。另外，在平均受教育年限方面，城镇的平均受教育年限也高于农村，不论是绝对差距还是相对差距，城乡之间的差距在波动中呈扩大之势（见表10-40），只是在近两年才有所缩小。

表 10-38　城乡学生在不同层次高校中的分布

单位:%

	大中城市	县级市	乡镇	农村
总体	61.2	11.7	7.8	19.3
"985" 院校	67.7	13.3	4.1	14.9
"211" 非 "985" 院校	72.1	6.7	5.0	16.2
其他普通高校	47.3	13.6	13.5	25.6

资料来源: 根据笔者的调查整理。

表 10-39　城乡 15 岁及 15 岁以上文盲、半文盲人口比较 (2009 年)

	15 岁及以上人口数（人）	文盲、半文盲人口（人）	文盲、半文盲人口比例（%）
城市	259031	6821	2.63
县镇	208284	12917	6.2
乡村	501153	49057	9.79

资料来源: 国家统计局人口和就业统计司:《中国人口和就业统计年鉴 2010》, 中国统计出版社 2010 年版。

表 10-40　城乡平均受教育年限比较

年份	城镇（年）	农村（年）	城镇-农村（年）	城镇/农村
1997	8.76	7.15	1.51	1.23
1998	8.74	6.53	2.21	1.34
1999	8.86	6.46	2.40	1.37
2000	8.67	6.46	2.41	1.34
2001	9.28	6.88	2.40	1.35
2002	9.27	6.92	2.35	1.34
2003	9.15	7.00	2.15	1.31
2004	9.48	7.12	2.36	1.33
2005	9.16	6.92	2.24	1.33
2006	9.38	7.14	2.24	1.31
2007	9.45	7.29	2.16	1.30
2008	9.46	7.38	2.08	1.28
2009	9.53	7.47	2.06	1.28

资料来源: 根据相关年份《中国人口统计年鉴》计算得到, 2007 年后改名为《中国人口和就业统计年鉴》。

（三）我国教育支出利益的阶层归宿——以高等教育为例

现代教育的理想和使命是努力"减少由出身造成的对儿童所获得的教育机会的制约"。在我国，教育的阶层差距日益成为一个突出的问题，但由于我国常规统计中缺乏学生家庭背景的材料，基本没有反映阶层差距的数据，此处我们只能以笔者和以往学者做过的一些调查来反映这一现象。

1. 不同收入阶层家庭子女在高校中的分布

20 世纪 90 年代中期以前，虽然我国高等教育还没有实行成本补偿制度，但不同经济状况家庭子女获得高等教育的机会就存在着显著的差异。姜相志研究发现，在 1991 年，如果将收入低于 200 元设定为"下"，200—500 元为"中"，超过 500 元为"上"，利用国家统计局的住户调查资料进行的推算表明，城乡所有家庭中对应于上述收入组的比例分别为："下"为 35%，"上"为 15%，"中"为 50%。① 对照各收入组在所调查学生中的比例可知，低收入阶层的子女获得高等教育的机会不到中等收入阶层的 1/2，劣势明显（见表 10-41）。

表 10-41   不同经济收入阶层子女在哈尔滨船舶工程学院的分布

单位:%

调查学生家庭月平均收入	占调查学生比例	城乡全部家庭月平均收入分组	各收入组子女接受高等教育机会之比
100 元以下 200 元以下	6.1 14.1	35	1
200 元以上 300 元以上 400 元以上	22.3 24.4 21.5	50	2.4
500 元以上 600 元以上	7.7 3.9	15	1.3
合计	100	100	

资料来源：第一、第二列源自姜相志：《社会分层对子女接受高等教育机会的影响》，《青年研究》1992 年第 12 期；第三、第四列根据《中国统计年鉴1991》的相关资料算出，以低收入组为 1。

---

① 要说明的是，以家庭收入为单元分组并不可科学，因为同样的收入对于户均 3.5 人的城镇家庭和 4.8 人的农村家庭含义并不一样。若以人均收入为分组标准，农村中、低收入组的比例可能会上升，从而导致整个低收入组获得高等教育的机会相对更少。

1994年，我国高等教育开始实行收费政策。随着高校收费标准的提高，经济因素的影响加大。据测算，现年每生每年学费和其他各种费用合计大致在1万元左右，一名大学生完成本科四年的教育需花费4万元以上。但我国居民总体收入水平不高，高校学费及其他开支总额与大多数居民家庭收入差距悬殊，这势必影响经济困难家庭对子女接受高等教育的意愿。有研究人员就高校收费对农村高中毕业生升学意愿进行了调查，结果表明，53.6%的被调查学生反映，高校收费将非常大或比较大地影响其升学动机，有62%的女生认为高校收费将影响其升大学的动机强度。①

谢维和对不同家庭子女在高校中的分布结果表明：农民子女的比例随着院校层次的升高而降低，干部、企业管理人员和专业技术人员的比例则逐步升高。调查还表明，与1994级学生相比，在1997级学生中，这种下降和上升的趋势更加明显。根据推算，农民子女与工人、干部、企业管理人员和专业人员子女进入高等学校的可能性之比为1∶2.5∶17.8∶12.8∶9.4，且不同家庭背景学生在四类不同层次高校中的分布有明显的差异（见表10-42）。

表10-42　1998年37所高校调查学生的阶层分布

单位:%

	国家干部	专业技术人员	企业管理人员	个体工商业者	工人	农民	军人	其他
样本总体	11.7	12.7	8.4	4.4	20.8	31.4	0.7	9.9
国家重点院校	14.4	16.4	10.3	3.7	23.1	21.8	0.8	9.5
部委重点院校	12.6	14.4	8.9	5.0	19.5	30.8	0.5	8.3
普通高等院校	9.7	12.0	8.2	3.5	23.4	29.8	0.8	12.6
地方高等院校	9.7	7.1	6.0	5.6	17.2	45.6	0.6	8.4

资料来源：曾满超主编：《教育政策的经济分析》，人民教育出版社2000年版。

钟宇平、陆根书于1998年的调查结果如表10-43所示。以学生的父

---

①　李志德：《高校收费条件下农村高中毕业生的升学意愿》，华中科技大学，硕士学位论文，2002年。

亲职业计算，总样本中党政机关干部、专业技术人员、教师和管理人员子弟的比例为 45.3%，工人、农民合计占 47.1%。据 1995 年全国人口普查1%人口抽样资料，以学生的父亲职业为准，机关干部和企事业负责人在全国从业人口中所占比例为 2.02%，但他们的子女在本科高校学生中的比例高达 15%；如果加上管理人员的子女，所占比例高达 23.9%。专业技术人员在从业人口中的比例是 5.43%，其子女在高校本科生总数种所占的比例是 13.5%。而农民及其相关职业的从业人员在整个从业人员中的比例高达69.4%，但他们的子女在本科高校学生中的比例却只有 29.4%。另外，他们的调查还表明，不同阶层子女在不同层次高校的分布也存在显著的差异（见表 10-44）。

表 10-43　1998 年 14 所高校调查大学生父母职业构成

单位:%

	党政机关干部	专业技术人员	大中小学教师	管理人员	工人	农民	其他
父亲职业	15.0	13.5	7.9	8.9	17.7	29.4	8.0
母亲职业	5.5	8.9	8.1	3.9	22.4	40.2	11.0

资料来源：钟宇平、陆根书：《高等教育成本回收：对我国大陆学生付费能力与意愿的研究》，香港中文大学教育学院，1999 年。

表 10-44　不同社会经济地位的大学生在不同层次高校之间的分布

单位:%

学生社会经济地位（按家庭人均全年总收入分组）（元）	样本总体	第一批录取高校	第二批录取高校	第三批录取高校
最低收入户（0—2801）	54.1	40.6	62.8	66.4
低收入户（2802—3464）	8.7	9.2	8.3	8.6
中等偏下收入户（3465—4180）	8	9.1	7.1	7.3
中等收入户（4181—5090）	9.8	12.7	8	7
中等偏上收入户（5091—6213）	3.1	4.2	2.4	1.7
高收入户（6214—8039）	8.7	12.7	6.2	4.8
最高收入户（8040 元及以上）	7.7	11.5	5.2	4.1

资料来源：钟宇平、陆根书：《收费条件下学生选择高校影响因素分析》，《高等教育研究》1999 年第 2 期。

上海财经大学公共政策研究中心对不同收入水平家庭的本科生比重的调查结果见表 10-45 和表 10-46。表中显示，最高收入的 20% 人口享受了 50% 以上的高等教育机会，而最低收入的 20% 人口享受高等教育的比重不足 15%。这一结论无论是否包含上海市样本并没有很大出入。也就是说，目前享受高等教育的学生来自高收入阶层的比例远远大于低收入阶层的学生比例。

表 10-45　2001 年收入五等分本科生比重

单位:%

收入划分	包含上海市样本				
	一年级	二年级	三年级	四年级	样本总体
最低 20% 人口	11.4	14.6	8.8	14.7	12.4
次低 20% 人口	8.2	6.5	6.5	8.1	7.1
中间 20% 人口	9.4	6.9	7.0	6.1	7.4
次高 20% 人口	25.2	21.6	17.6	16.6	20.7
最高 20% 人口	45.7	50.3	60.1	54.5	54.5

资料来源：转引自赵海利:《高等教育公共政策》，上海财经大学出版社 2003 年版，第 178 页。

表 10-46　2001 年收入五等分本科生比重

单位:%

收入划分	不包含上海市样本				
	一年级	二年级	三年级	四年级	样本总体
最低 20% 人口	12.9	17.0	11.0	18.1	14.7
次低 20% 人口	9.8	7.5	8.4	9.5	8.5
中间 20% 人口	11.1	8.7	8.7	8.0	9.2
次高 20% 人口	27.1	23.6	22.6	21.0	23.9
最高 20% 人口	39.1	43.1	49.3	43.4	43.6

资料来源：钟宇平、陆根书:《收费条件下学生选择高校影响因素分析》，《高等教育研究》1999 年第 2 期。

厦门大学教育学院课题组于 2004 年对 34 所高校进行了调查，其职业分类是按照中国社会科学院所的社会阶层研究，共分为 10 类。不同家庭背景学生在各类高校中的分布见表 10-47。

表 10-47 2004 年 34 所高校调查大学生阶层分布

单位:%

	社会阶层构成 A	样本总体 B	总体的阶层辈出率 B/A	部属重点高校 B₁	普通本科院校 B₂	公立高职院校 B₃	民办高职院校 B₄	独立学院 B₅
国家与社会管理者	2.1	8.2	3.9	11.5	6.6	5.7	9.7	10.9
经理人员	1.6	4.0	2.5	3.8	2.9	3.5	4.8	8.9
私营企业主	1.0	5.9	5.9	4.3	3.5	2.0	10.7	17.7
专业技术人员	4.6	12.3	2.67	16.6	11.9	10.0	11.2	9.3
办事人员	7.2	6.0	0.83	6.7	5.5	5.2	6.2	8.0
个体工商户	7.1	16.8	2.37	10.7	17.3	18.4	23.3	22.0
商业服务员工	11.2	5.7	0.51	4.2	5.5	7.0	6.0	6.1
产业工人	17.5	13.3	0.76	13.4	14.7	14.9	12.4	9.1
农业劳动者	42.9	25.5	0.59	27.3	29.5	30.6	12.6	6.3
城乡无业失业人员	4.8	2.2	0.46	1.6	2.5	2.7	3.1	1.6
合计	100	100		100	100	100	100	100

资料来源：王伟宜:《不同社会阶层子女高等教育入学机会差异的研究》,《民办教育研究》2005 年第 4 期。

该调查以"辈出率"(该阶层在校生的比例与该阶层在社会总人口中的比例之比)的概念来表达不同阶层子女获得高等教育机会的差距,如比值为 1,即意味着该阶层在校生的比例与其在社会人口结构中的比例相等,是最公平的状态。

调查显示国家与社会管理者、经理人员、私营企业主、专业技术人员和个体工商户这五个优势阶层家庭背景的辈出率为 2.37—5.9,为平均数的 2—6 倍。私营企业主阶层的辈出率最高,达 5.9①;城乡无业失业人员的这

---

① 尽管私营企业主的辈出率最高,但其子女主要分布在民办高校和独立学院。

一比率最低，为 0.46。最高与最低阶层的辈出率差距达 13 倍。这表明出身较高阶层的子女比出身较低阶层的子女获得更多的入学机会。在部属重点院校，管理干部和专业技术人员阶层的辈出率最高，达 5.48 和 3.6。阶层辈出率的最大差距约为 17 倍，意味着国家管理干部子女进入重点部属高校的机会是城乡无业失业人员子女的 17 倍。在公立普通高校，这一差距缩小为 7 倍，在公立高职院校，这一差距约为 5 倍。这表明在公立高等教育系统，阶层差距主要体现在对高层次的部属重点院校入学机会的获取上。

由于调查学校不同，此样本中非重点和职业高校较多，因此与以往的调查缺乏直接可比性，但重点高校和本科院校的数据或可比较。将 1998 年谢维和的调查数据与上述调查数据相比较，得到表 10-48。从这一并不严格的比较中，可以窥见一个大致趋势：重点高校中，干部、管理人员子女增加了 3.7 个百分点，表明它是高等教育扩招获益最多的阶层。比较而言，专业技术人员子女仅增长了 1 个百分点。而受损最严重的不是农民阶层而是工人。工人子女的比例下降在重点高校减少了 7.9 个百分点，在普通高校减少了 5.6 个百分点，下降最为显著，反映近年来城市阶层差距的扩大，造成了对工人子女入学机会的影响。农民子弟在重点高校的比例没有明显变化，但在普通本科院校的比例下降了 8.2 个百分点。

表 10-48　1998 年和 2004 年若干阶层子女的分布变化

单位：%

		干部、管理人员	专业技术人员	工人	农民
重点高校	1998 年 37 所高校调查	11.6	15.4	21.3	26.3
	2004 年 34 所高校调查	15.3	16.6	13.4	27.3
普通高校	1998 年 37 所高校调查	8.35	9.55	20.3	37.7
	2004 年 34 所高校调查	9.5	11.9	14.7	29.5

在笔者的调查中，也调查了不同收入阶层子女在高校中的分布情况，

不同收入阶层子女在高校中的分布情况见表 10-49 和表 10-50。

表 10-49 不同收入阶层子女在高校中的分布

单位:%

家庭人均年收入（元）	样本总体	本科生	研究生
<2000	10.41	10.61	8.42
2001—4000	10.84	10.61	13.16
4001—6000	8.00	7.96	8.42
6001—8000	3.69	3.80	2.63
8001—10000	4.21	4.32	3.16
10001—15000	4.97	4.99	4.74
15001—20000	3.41	3.48	2.63
20001—25000	3.41	3.54	2.11
25001—30000	4.31	4.26	4.74
>30000	46.76	46.44	50.00

资料来源：根据笔者的调查整理。

表 10-50 不同收入阶层子女在不同层次高校中的分布

单位:%

家庭人均年收入（元）	"985"高校	"211"非"985"高校	其他普通高校
<2000	7.17	7.74	15.48
2001—4000	7.04	6.42	17.64
4001—6000	8.55	3.77	10.28
6001—8000	2.39	3.58	5.08
8001—10000	5.28	3.21	3.81
10001—15000	5.28	3.96	5.33
15001—20000	4.03	2.83	3.17
20001—25000	4.28	3.21	2.66
25001—30000	5.16	3.77	3.81
>30000	50.82	61.51	32.74

资料来源：根据笔者的调查整理。

根据国家统计局提供的调查资料，2008 年我国家庭人均年收入在

25000 元以上的人口比重大致为 10%，而他们却享有了近 50% 的高等教育机会；家庭人均年收入在 4000 元以下的人口比重大致为 30%，但他们所享有的高等教育机会仅为 21%。与赵海利（2003）的调查相比，高收入阶层获取高等教育机会的优势进一步加强。此外，从学校类别上来看，家庭人均年收入在 25000 元以上的人口享有了 55.98% 的"985 工程"重点大学机会以及 65.28% 的"211 工程"重点大学机会，这说明，我国优质高等教育机会更多地为高收入阶层所享有，与钟宇平、陆根书（1999）和王伟宜（2005）的调查相比，这一优势更加明显。

需要再次强调，由于每次调查的调查对象、抽样方法、职业分类标准等均不相同，所以这种比较不可能是严格的，但我们仍可以从这些定量调查中找出高等教育阶层归宿失衡更加明显的变化趋势。

2. 不同收入阶层子女的学科专业分布

令人关注的是学生在不同学科专业的分布，也越来越具有阶层属性。早在 1990 年，就有学者注意到了这一现象。据方跃林在 1990 年对福建省高等院校 1708 名学生家庭社会情况的调查，热门专业中来自知识分子和社会管理者家庭的学生占 57.24%，来自工农家庭的学生只占 34.06%；冷门专业则相反，来自知识分子和社会管理者家庭的学生只占 38.3%，而来自工农家庭的学生却占 50.17%。[①]

刘宏元对 1995 级武汉大学的调查显示，也揭示了学科专业分布的阶层属性。在该校"热门学科"专业中，农民和工人子女的比例进一步低于总体比例，而在"基础学科"专业中情况则相反。与此相对，党政干部、企事业单位干部和专业技术人员的子女更多地进入了"热门学科"，三者相加在"计算机科学"中达 59.4%，在容易与"国际接轨"的"国际贸易"和"国际金融"专业中更高达 80% 左右，几乎形成垄断地位。

孟东方和李志对重庆 8 所高校的调查结果也显示，在被调查的 785 名"热门专业"的学生中，党政干部、企事业单位干部和专业技术人员的子

---

① 方跃林:《社会阶层化与高等教育入学机会的差异性研究》，厦门大学高等教育研究所，1996 年。

女合计占 47.1%，高出总体比例（33.9%）13.2 个百分点；农民子女只有 24.8%，低于总体比例 14.4 个百分点。而对 449 名"冷门专业"学生的分析则发现，干部和专业技术人员的子女较少，农民子女则占 54.8%（见表 10-51）。

表 10-51　各职业阶层子女在不同专业中的分布

单位:%

学生专业	家长职业	农民	工人	党政干部	企事业单位干部	专业技术人员	个体、私营业主	军人
武汉大学	数学	21	25.8	9	18	16.9	3.8	—
	历史	29.5	22.7	4.5	26.1	13.6	1.1	—
	计算机	12.2	23.1	7.7	23.1	28.6	1.1	1.1
	国际贸易	11.4	11.4	20	34.3	22.9	—	—
	国际金融	12	4	12	34	38	—	—
	总体比例	23.1	22.2	8.3	23.8	20.9	0.9	0.4
重庆 8 所高校	热门	24.8	25.2	9.3	19.6	18.2	1.4	0.5
	冷门	54.8	14	9.4	8.4	10	2	0.5
	总体比例	39.2	23.5	8.4	14.7	10.8	2	0.5

　　注：根据各校负责人对本校专业"冷热"状况的评估，将师范院校的心理学、计算机、医学院校的园林、外语院校的英语、日语以及其他院校的外贸、电脑软件、外贸英语、管理、会计视为"热门专业"，农业院校的凝血、农业化学，师范院校的生物、中文，理科院校的钢铁冶金、铸造以及其他院校的文秘、数学、物力视为"冷门专业"。

　　资料来源：刘宏元：《努力为青年人创造平等的教育机会——武汉大学 1995 级新生状况调查》，《青年研究》1996 年第 4 期；孟东方、李志：《学生父亲职业与高等学校专业选择关系的研究》，《青年研究》1996 年第 11 期。

　　余小波对某电力学院 2000 级学生专业分布的调查，也揭示了这一特征，见表 10-52。干部子女比例最高的前 5 个专业依次为经济学、电子工程和自动化、计算机科学与技术、电子信息与通讯技术、会计学均为该校的热门或强势专业。工人子女比较集中的前 5 个专业依次为数学与应用数

学、计算机科学与技术、热能动力工程、电气工程及自动化、自动化，多
数为一般专业。农民子女比例最高的前 5 个专业依次是公用电技术、物理
学、热能动力工程、建筑环境与设备工程、化学，基本上为冷门专业。面
向农村的供用电技术专业，农民子女所占比例高达 61%。

表 10-52　某电力学院 2000 级学生的家庭背景和专业分布

单位:%

	干部子女	工人子女	农民子女
经济学	45	18	37
电气工程及自动化	41	31	28
电子信息与通讯技术	40	27	33
计算机科学与技术	40	35	25
会计学	38	24	38
财务管理	35	27	38
英语	34	30	36
物理学	33	13	54
自动化	29	31	40
数学与应用数学	28	41	31
电算会计	26	28	46
建筑环境与设备工程	26	24	50
化学	24	28	48
汉语言文学	24	29	47
供用电技术	23	16	61
热能动力工程	16	32	52

资料来源：余小波：《当前我国社会分层与高等教育机会探索——对某所高校 2000 级学
生的实证研究》，《现代大学教育》2002 年第 2 期。

上海财经大学公共政策研究中心的调查也揭示了不同收入等级家庭学
生在专业分布上也明显不同，详细情况见表 10-53 和表 10-54。

从表中可以看出，不论是否包含上海市样本，最高收入家庭学生选择
的专业多为经济学和法学等这些预期收入比较高的专业，而最低收入家庭

的学生选择的专业多为哲学、教育学、历史学等冷门或者国家补贴比较多
的专业。

表 10-53　不同收入家庭学生的专业分布

单位:%

家庭收入等级	含上海市样本									
	哲学	经济学	法学	教育学	文学	医学	工学	农学	历史学	理学
最低 20% 人口	20.5	12.3	11.8	18.6	7.5	11.2	13.8	9.8	13.7	10.7
次低 20% 人口	10.3	6.3	7.6	7.6	5.7	5.5	6.1	6.6	8.2	7.4
中间 20% 人口	6.8	7.7	6.3	5.4	8.1	7.8	7.5	5.1	6.2	5.6
次高 20% 人口	21.7	17.4	20.8	23.5	21.3	26.2	21.3	30.4	16.0	23.9
最高 20% 人口	40.8	56.4	53.4	44.9	57.3	49.3	51.3	48.1	55.9	52.5

资料来源：转引自赵海利：《高等教育公共政策》，上海财经大学出版社 2003 年版，第 180 页。

表 10-54　不同收入家庭学生的专业分布

单位:%

家庭收入等级	不含上海市样本									
	哲学	经济学	法学	教育学	文学	医学	工学	农学	历史学	理学
最低 20% 人口	25.0	15.9	14.9	21.6	8.1	16.5	15.0	12.5	20.4	12.7
次低 20% 人口	10.5	8.3	9.2	8.0	7.1	6.5	6.8	6.5	11.8	7.9
中间 20% 人口	7.8	9.8	8.5	6.3	10.2	10.4	8.3	6.0	6.5	6.9
次高 20% 人口	21.2	19.8	22.9	25.7	29.0	31.8	23.6	38.8	16.6	28.5
最高 20% 人口	35.5	46.2	44.5	38.4	45.5	34.9	46.3	36.2	44.7	44.0

资料来源：余小波：《当前我国社会分层与高等教育机会探索——对某所高校 2000 级学生的实证研究》，《现代大学教育》2002 年第 2 期。

　　笔者的调查也揭示了不同收入家庭学生在专业分布上的阶层属性（见表 10-55）。这一结果与赵海利（2003）的结果类似，高收入阶层子女就读的多为法学、经济学、管理学等热门专业，而低收入阶层子女就读的多为文、史、哲等冷门专业。

表 10-55　不同收入阶层子女的专业分布

单位:%

家庭人均年收入	文学	历史学	哲学	法学	教育学	经济学	管理学	医学	农学	理学	工学	其他
<2000	17.86	16.00	21.05	8.46	12.50	7.52	10.99	7.88	22.86	2.29	9.82	6.05
2001—4000	19.05	14.00	18.42	6.92	25.00	7.52	4.69	6.54	17.14	15.48	8.63	10.99
4001—6000	14.29	26.00	18.42	12.31	18.75	17.52	4.81	8.46	11.43	6.56	9.54	11.11
6001—8000	7.14	8.00	7.89	9.23	12.50	5.11	2.47	11.54	8.57	5.73	5.73	9.88
8001—10000	8.33	6.00	7.89	10.77	2.00	2.92	12.35	12.50	14.29	6.37	5.73	14.94
10001—15000	14.29	14.00	7.89	7.69	6.25	9.49	6.17	7.69	11.43	7.64	9.25	11.11
15001—20000	4.76	2.00	2.63	4.62	6.25	5.11	6.17	6.92	5.71	15.73	13.96	6.17
20001—25000	1.00	2.00	2.63	7.69	0	3.65	13.70	2.88	1.00	13.18	13.52	12.41
25001—30000	3.57	2.00	2.63	21.00	6.25	25.11	22.47	9.81	2.86	11.91	14.41	7.47
>30000	9.71	4.00	10.53	12.31	10.50	16.06	16.17	25.77	4.71	15.10	9.41	9.88

资料来源:根据笔者的调查整理。

　　造成这一现象的部分原因是有些冷门专业的收费较低,或者有定向培养等优惠政策,对贫寒家庭的学生具有吸引力。另外,由于高校的招生和教务部门对学生的专业调整具有一定的决定权,优势阶层子女更多地集中在热门专业,令人强烈地感到"社会资本"的影响。

　　3. 不同家庭背景学生的高考录取分数线

　　不仅高校学生的学科专业分布具有阶层属性,而且由全国统一高考进入大学的录取分数,也存在明显的阶层特点,令人十分意外。

　　表 10-56 为北京某高校 2003 级不同家庭子女的高考录取分数。从中可以看出低阶层家庭子女的平均录取分数线普遍高出高阶层的子女。从总体来看,平均分从高到低的排序是:农民、下岗人员、个体经营者、工人、职员、中高层管理和技术人员,与他们的社会地位大致相反。将三类

专业平均计算，高级管理技术人员阶层子女的平均分（571.3）最低，比农民阶层子女的平均分（610.1）低38.8分、比工人阶层低26.2分、比下岗失业人员阶层低35分。

表 10-56　北京某高校部分阶层子女的高考录取分数线

单位：分

	热门专业			冷门专业			艺术类专业		
	平均分 A	最低 B	A-B	平均分 A	最低 B	A-B	平均分 A	最低 B	A-B
高级管理、技术人员	590.9	521	69.9	575.8	546	29.8	547.3	300	247.3
中层管理、技术人员	591.4	469	122.4	568.1	500	68.1	599.3	576	23.3
工人	602.5	549	53.5	591.0	548	43.0	559.0	501	58.0
农民、民工、农村干部	611.0	590	21.0	607.3	598	9.3	618.0	618	0
私企业主	601.3	580	21.3	578.0	531	47.0	543.0	408	135.0
下岗、失业人员	594.0	584	10.0	613.2	586	27.2	603.5	593	10.5

资料来源：周蜜：《我国高等教育入学机会阶层差距研究》，北京理工大学人文学院硕士学位论文，2005年。

不同阶层学生的平均分，热门专业最高分与最低分可相差20分，冷门专业相差45.1分，艺术类专业则相差70.7分。显然，在这一过程中，拥有较多社会资本的中高级管理和专业人员获得了最多的实惠，他们享受了最大的录取分数差距，甚至可以以低于平均分122分的成绩进入热门专业，以低于平均分247分的成绩进入艺术类专业。拥有较多经济资本的私企阶层也获得了实惠，在艺术类招生中，能够以低于平均分135分的成绩被录取。在特别显示家长社会关系和经济能力的艺术类招生中，农民家庭子女享受的"优惠分"为零。

可资比较的，是余小波对某电力学院2000级学生录取分数的调查，见表10-57。农民子女的平均录取分数最高，比干部子女高22分，比工人子女高18分。其中工科类农民子女的分数比干部子女高26分，财经类的录取分数线相差最大，达 30 分。①

表 10-57　某电力学院 2000 级学生分阶层的录取分数

单位：分

	总体	工科	财经	文科	理科
干部子女	512	511	509	521	512
工人子女	516	530	517	514	512
农民子女	534	537	539	525	530

资料来源：余小波：《当前我国社会分层与高等教育机会探索——对某所高校 2000 级学生的实证研究》，《现代大学教育》2002 年第 2 期。

中国高校不同家庭背景的学生录取分数的巨大差异和学科专业分布的阶层属性都是令人震惊的。它说明貌似公平的全国统一高考，形式上的"分数面前人人平等"，离实质的平等有多大的距离！根据上述分析，可以得出如下基本结论：

第一，高等教育入学机会的阶层差距，既表现在不同阶层子女进入高等学校的比率上，更表现在他们在高等教育系统的分布上。不同家庭背景学生在不同层次高校中的分布有明显差异。管理干部、专业技术人员等高收入阶层的子女在国家重点高校占有较大的份额，而农民、城乡无业失业人员等低收入阶层子女在高等学校和高层次高校的比例最低。

第二，高校学生在不同学科专业的分布具有明显的阶层属性。优势阶层子弟更多地集中在热门专业，工人、农民等低收入阶层的子女选择冷门专业的更多。

第三，经由全国统一高考进入大学的学生，其录取分数也存在明显的阶层特点，即低阶层家庭子女的平均录取分数普遍高出高阶层的子女，农民子女的录取分数为最高，显示形式上"分数面前人人平等"的全国统一高考离实质平等的巨大差距。

阶层间教育机会与教育过程利益的失衡导致了教育结果的失衡。以教

① 余小波：《当前我国社会分层与高等教育机会探索——对某所高校 2000 级学生的实证研究》，《现代大学教育》2002 年第 2 期。

育基尼系数来衡量，从 1997 年至 2009 年，我国教育基尼系数都在 0.2 以上，与发达国家相比①，我国阶层教育不平等程度依然很高。当然，我国教育基尼系数在波动中呈现缩小的趋势（见表 10-58），但这种缩小趋势在 2000 年以后趋缓。

表 10-58　教育基尼系数

年份	1997	1998	1999	2000	2001	2002	2003
教育基尼系数	0.252	0.249	0.247	0.223	0.230	0.230	0.230
年份	2004	2005	2006	2007	2008	2009	
教育基尼系数	0.226	0.234	0.225	0.219	0.215	0.213	

资料来源：表中数据依据历年《中国人口和就业统计年鉴》中数据计算得到。

二、教育支出利益归宿失衡的公共政策原因

我国教育利益归宿失衡的原因是多方面的，在此重点考察政府教育公共政策对教育利益归宿失衡的影响，具体包括教育财政体制、重点学校制度与高等教育分省招生制度等。

（一）义务教育财政体制与教育利益归宿失衡

1. 我国现行义务教育财政体制的形成

改革开放以后，中国的经济和教育进入了一个新的历史发展时期，特别是在党的十二大上更是明确提出要把教育摆在优先发展的战略地位。在此背景下，对计划经济体制下的教育财政体制进行改革是历史的必然，而改革的关键就是打破决策高度集中、僵化的义务教育财政管理体制，实施分权化。

1980 年 3 月，国务院颁发了《关于实行"划分收支、分级包干"的财政管理体制的通知》和《关于实行"划分收支、分级包干"财政管理体制

---

① 1980 年，美国教育基尼系数仅为 0.08。

的暂行规定》，实行划分收支，分级包干（亦称"分灶吃饭"）的财政管理体制，其特点主要在于一级政府，一级预算，自求平衡。1985年，中共中央颁布了《关于教育体制改革的决定》，确定了"低重心"的教育发展战略，改革了教育管理体制，特别是对基础教育开始实行"分级办学，分级管理"，地方各级政府成为筹措基础教育经费的直接责任者。此后，1986年《中华人民共和国义务教育法》、《中国教育改革和发展纲要》、《中华人民共和国教育法》都重申和强调了这一低重心体制。

1994年，国务院决定实行分税制财政体制改革，仍然在划分收支，分级包干的框架之下。这次改革的主要内容是划分中央和地方税种，重新核定中央和地方的收支。教育经费的管理体制，特别是财政拨款体制并未受到影响，中央和地方对原有各自负担的教育投入责任没有改变，仍沿用按学校的行政隶属关系由中央和地方两级财政分别划拨教育经费的体制。同年，中共中央、国务院在全国教育工作会议上正式提出了要实行"教育经费预算单列"，教育经费预算应由各级教育部门提出，由各级政府列入预算，批准执行。1995年颁布的《中华人民共和国教育法》第7章第55条则对此作出专门规定。

20世纪90年代中期开始，随着"分税制"和农村"税费改革"的推行，随着城市经济发展步伐的加快，"三级办学，两级管理"的体制重心偏低引发的问题日益凸显。在此背景下，2001年5月29日，《国务院关于基础教育改革与发展的决定》中提出，农村义务教育管理体制，实行在国务院领导下，由地方政府负责、分级管理、以县为主的体制。该体制可简称"以县为主"的管理体制，其具体含义是，除了国家、省、地（市）对农村义务教育应尽的责任和义务外，县级人民政府对本地农村义务教育负有主要责任，要抓好中小学的规划、布局调整、建设和管理，统一发放教职工工资，负责中小学校长、教师的管理，指导学校教育教学工作。实施"以县为主"农村义务教育管理体制，可以说为农村义务教育进一步发展奠定了基础。

"以县为主"的义务教育财政体制在一定程度上解决了教师工资、办学经费等财力投入问题，但它仍然存在很多问题。如教育经费由县级政府负责只不过是把乡镇政府乃至村的教育投入责任上移至县级政府，对中央和省级政府的责任只是作出了加大转移支付力度的原则性规定，并没有提出在义务教育经费负担的具体责任等。以前的诸多问题在 2001 年后继续延伸，并且越来越突出，这直接促成了 2005 年的义务教育财政改革。

2005 年 12 月 24 日，国务院发布了《国务院关于深化农村义务教育经费保障机制改革的通知》（以下简称《新机制》）。《新机制》规定，按照"明确各级责任、中央地方共担、加大财政投入、提高保障水平、分步组织实施"的基本原则，逐步将农村义务教育全面纳入公共财政保障范围，建立中央和地方分项目、按比例分担的农村义务教育经费保障机制。中央重点支持中西部地区，适当兼顾东部部分困难地区。《新机制》的实施，是中国农村义务教育发展的里程碑。它明确了各级政府举办义务教育的责任，将义务教育所需经费全面纳入财政保障范围，实现了农村地区"人民教育政府办"的重大转变。但作为一个新机制，其全面落实与完善还需要长期的努力。

2. 义务教育财政体制的城市与发达地区取向对教育利益归宿失衡的影响

长期以来，在城乡二元结构、高度集中的计划体制下，我国形成了一种忽视地区差别和城乡差别的"城市中心"的价值取向。在这种价值取向的指引下，一切为了城市、一切服从城市，国家的公共政策优先满足发达地区以及城市居民的利益，教育政策的制定无视或忽视城市和农村、发达地区和贫困地区在教育环境、教育资源上的巨大区别，这是导致我国教育利益归宿失衡的重要原因。

农村教育事业费附加①自 1984 年开始实施征收。农村教育事业费附加是面向农村户口的公民所征收的教育附加，因此是由农民直接负担的。而城市教育费附加自 1986 年开始征收。1986 年国务院发布了《征收教育费

---

① 农村教育事业费附加于 2006 年开始随着农业税的取消而终止。

附加的暂行规定》，规定凡缴纳产品税、增值税、营业税的单位和个人，除按照《国务院关于筹措农村学校办学经费的通知》的规定，缴纳农村教育事业费附加的单位外，都应当依照本规定缴纳教育费附加，即城市教育费附加。城市教育费附加，是以各单位和个人实际缴纳的产品税、增值税、营业税的税额为计征依据，分别与产品税、增值税、营业税同时缴纳。这表明，城市教育费附加与农村教育费附加不同，不需要城市居民个人直接负担。1994 年，国务院发布了《关于〈中国教育改革和发展纲要〉的实施意见》，明确规定了教育费附加的征收办法："城镇教育费附加按增值税、营业税和消费税的 3% 征收；农民按人均纯收入的 1.5%—2% 征收教育费附加，具体比例由各地方从当地实际出发作出规定。"即城市的教育费附加在企业的三税中征收；而农村人口都要依法缴纳教育费附加；这种征收办法体现了明显的城乡差别。

另外，农村居民还有筹措教育经费的义务。1984 年国务院下发的《国务院关于筹措农村学校办学经费的通知》鼓励社会各方面和个人自愿投资在农村办学。而《义务教育法实施细则》第 30 条规定："实施义务教育的学校新建、改建、扩建所需资金，在城镇由当地人民政府负责列入基本建设投资计划，或者通过其他渠道筹措；在农村由乡、村负责筹措，县级人民政府对有困难的乡、村可酌情予以补助。"这一条将城乡居民区别对待，城镇建校由政府出资，农村由农民出资。《中华人民共和国教育法》第 59 条也有相关规定："经县级人民政府批准，乡、民族乡、镇的人民政府根据自愿、量力的原则，可以在本行政区内集资办学，用于实施义务教育学校的危房改造和修缮、新建校舍，不得挪作他用。"这些条款均规定了农村居民所承担的筹集教育经费的义务。

因此，城市居民除了负担子女的杂费和其他学校收费外，不再直接负担基础教育经费，不负担教育费附加，也没有教育集资的义务。而农村居民除了负担子女的杂费和其他学校收费，还要以农村教育费附加和教育集资的方式负担部分义务教育基建费和部分事业费。这表明教育法为政府推卸对农村义务教育的投资责任奠定了基础，因此成为导致教育利益城乡失衡的一个重要的制度原因。

而 1985 年中共中央下发的《关于教育体制改革的决定》则旗帜鲜明地从体制上向发达地区与城市地区倾斜。《关于教育体制改革的决定》明确指出："实行九年制义务教育，实行基础教育由地方负责、分级管理的原则，是发展我国教育事业、改革我国教育体制的基础一环。""基础教育管理权属于地方，除大政方针和宏观规划由中央决定外，具体政策、制度、计划的制订和实施，以及对学校的领导、管理和检查，责任和权力都交给地方。""为了保证地方发展教育事业，除了国家拨款以外，地方机动财力应有适当比例用于教育，乡财政收入应主要用于教育。"义务教育公共投资的责任绝大部分由县级及以下基层地方政府承担，这种体制决定了义务教育的普及与发展水平在很大程度上依赖于地方的经济发展水平，而经济发展不平衡是我国经济发展的一个典型特征。

地区经济发展极不平衡，反映在县乡财政上也是如此，甚至比经济差异还要大。以江苏省为例，2009 年，地方财政一般预算收入最高的昆山为 133.13 亿元，最低的金湖县为 5.5 亿元，前者是后者的 24.21 倍。[①] 县域之间无论是财政收入，还是可支配财力以及人均财力，都存在很大的差距。财力雄厚的县，财政收入可达上百亿，无论是发展经济还是发展教育，都有很强的后劲；而财力匮乏的县，财政收入只有几千万甚至几百万元，连基本的"吃饭"也保证不了，根本无后续财源可言。有的乡镇财政已经严重亏空，甚至负债累累。北京的农业问题专家开列了这样一组数字：中国镇政府的财政债务每年以 200 多亿元的速度递增，预计当前的乡镇基层债务额超过 5000 亿元；其中乡镇一级负债超过 2300 亿元，村级预计达 2500 亿元。[②] 可见，我国现行义务教育财政体制的发达地区取向造成了义务教育利益在不同地区间归宿的失衡。

《新机制》的实施在一定程度上平衡了义务教育教育利益的城乡归宿

---

① 资料来源于 2010 年江苏统计年鉴。
② 钟华：《乡镇基层财政负债 5000 亿　体制改革呼声日渐迫切》，《财经时报》2004 年 4 月 4 日。

与地区归宿，但其效应有限，仍然未能从根本上改变教育资源配置向经济发达地区以及城市倾斜的政策导向。①

（二）重点学校制度对教育利益归宿失衡的影响

学校办学水平差距悬殊是我国教育非均衡发展的一个典型特征。同一阶段性质相同的学校之间之所以会出现办学水平差距悬殊的局面，与我国层层设置的重点学校制度是分不开的。重点学校垄断了较多的优质教育资源，它的存在加剧了教育领域内部资源配置的失衡，造成了一大批基础薄弱的"差校"，导致学校之间差距不断拉大。

重点学校政策对我国教育利益归宿产生了深刻的影响。由于重点学校绝大多数设在城市、城镇，从而更有利于城镇学生的升学，造成了我国教育利益城乡归宿的失衡。② 另外，由于重点学校在教育经费、师资配备、办学条件等方面远比一般学校优越，因而一些经济实力雄厚、社会地位显赫的家庭的子女通过采用各种手段获取"优质教育资源"，优先占据重点学校入学名额，这样使一些无力通过金钱、权力和社会关系择校的弱势阶层者面临相当不利的处境，从而导致教育利益阶层归宿的失衡。③

尽管从 20 世纪 90 年代中期起，国家教委明确取消了义务教育的重点学校制度，同时叫停了评选即要求暂停 1000 所示范性高中、2000 所重点职业学校的达标评定活动，"促进地方把更多的投入用于薄弱学校的建设"。④ 此外，新《义务教育法》第 3 章第 22 条明确规定，"县级以上人民政府及其教育行政部门应当促进学校均衡发展，缩小学校之间办学条件的

---

① 邬志辉、于圣刚（2008）以吉林省和云南省为例说明了这一观点，具体参见邬志辉主编，于圣刚副主编：《农村义务教育经费保障新机制》，北京大学出版社 2008 年版。

② 杨东平（2006）对高中阶段的研究表明：总体而言，高中阶段城镇户口的学生高于农业户口的学生数。在城市重点学校，城镇户口学生是农业户口学生的 3 倍。

③ 杨东平（2006）的研究也指出：高收入阶层家庭的子女约 62% 在重点中学就读，而低收入阶层家庭的恰好相反，约 60% 在非重点学校学习。此外，还应当指出，这只是对已进入高中的学生的调查，如果从各阶层的人口比例来看，社会中上层子女进入重点学校的入学机会比低收入阶层子女要高得多。

④ 朱开轩：《对当前若干教育热点问题的认识》，《中国教育报》1997 年 5 月 15 日。

差距，不得将学校分为重点学校和非重点学校。学校不得分设重点班和非重点班"。但在现实中，重点学校与非重点学校仍然普遍存在，它作为分化不同居民教育机会的机制还在不断发展。

（三）高等教育招生制度与教育利益归宿失衡

我国现行的统一高考制度，具备了形式上的公平——分数面前人人平等。但由于实际录取学生采取分省定额划线录取的方法，各省区市的录取定额并不是按照考生数量平均分布的，而是由教育部计划分配各地教育指标，优先照顾城市考生的准则制定的，因此出现同一份考卷，各地录取分数线的极大差异，从而造成了不同学生在享受高等教育利益方面的差异。

在我国，高等学校在地域之间的分布是极不平衡的，高等学校与地方社会经济发展的程度密切相关。2009 年，全国共有普通高校 2305 所，东部地区有 1022 所，占 44.34%，其中江苏、广东及山东都有 100 所以上；中部地区 729 所，占 31.63%；西部地区仅有 554 所，占 24.03%，特别是宁夏、青海及西藏，分别仅有 15 所、9 所和 6 所普通高校。[①] 此外，我国高校主要集中在少数大城市。在 2305 所普通高校中，4 个直辖市拥有 257 所（占 11.15%），其余一些省会城市如武汉、西安以及南京也集中了几十所高等院校。高等学校空间布局的不平衡与高等教育分省招生制度成为高等教育利益地区归宿与城乡归宿失衡的主要原因。

此外，自 20 世纪 90 年代中期以来，由于市场经济和教育市场化的发展，单一公立学校的格局被打破，入学机会的单一分数标准也被打破，以金钱、权力换取学额被大规模地合法化。在此背景下，高等学校学生中的阶层差距日益显现，阶层差距成为突出问题。接受高等教育特别是享受优质教育越来越成为家长社会经济地位的竞争，教育作为社会分层的工具，呈现出凝固和制造社会差距的功能。

---

① 　数据来源于《中国教育统计年鉴 2008》。

三、均衡教育支出利益归宿的公共政策建议

根据前文分析可以看出，我国现行义务教育财政投资体制的城市倾向与发达地区倾向、重点学校制度的存在以及高等教育招生制度的不合理等是我国教育利益归宿失衡的重要原因。为均衡教育利益归宿，必须改变义务教育财政投资体制的城市倾向与发达地区倾向，废除义务教育阶段的重点学校制度，推进义务教育均衡发展；同时改革并完善高等教育的招生制度。

（一）改变义务教育财政投资体制的城市倾向与发达地区倾向

我国现行义务教育财政投资体制的城市倾向与发达地区倾向是我国教育利益归宿城乡归宿与地区归宿失衡的一个重要原因，因此，必须改变这一投资体制的城市倾向和发达地区倾向，笔者认为应从加强中央和省级政府对义务教育公共投资的责任与建立科学规范的转移支付制度入手。

1. 加强并明确中央和省级政府对义务教育公共投资的责任

我国义务教育发展的历程表明，高度分散的义务教育投资体制无法保证义务教育的均衡发展，从而使义务教育不能体现其应有的公平。因此，要均衡义务教育的利益归宿，推进义务教育的均衡发展，就必须对现行的义务教育投资体制进行改革和完善，健全义务教育公共投资制度。

1994 年实行分税制后，中央政府和省政府的财政收入在国家财政收入中比例大增，财政实力不断增强，但中央政府和省政府对义务教育的拨款增加得却非常少，整个 20 世纪 90 年代，中央政府对义务教育的投资都没有超过 1%。这显然十分不利于义务教育的均衡发展。

2001 年出台的《国务院关于基础教育改革与发展的决定》提出农村义务教育要实行"地方政府负责、分级管理、以县为主"的管理体制，这是对原来的乡办初中、村办小学的重大突破。从 2001 年起，农村教育经费的支出责任主体由乡镇上调到县，农村教师的工资由县财政统一发放。但是，"以县为主"并不意味着农村义务教育经费短缺的现状能够得到大幅度的改

善，也并不意味着农村中小学教师工资就有了保障。由于我国义务教育适龄儿童基数庞大，且大部分分布在农村地区，县级财政仍然难以承担义务教育投入的巨大责任。一些经济薄弱地区的县级政府在财政面临崩溃的情况下，根本无法保证义务教育的经费投入，拖欠教师工资的现象仍然时有发生。

现实中的一系列问题引发了 2005 年的农村义务教育经费保障改革。2005 年 12 月 24 日，国务院发布了《新机制》。《新机制》对农村义务教育阶段学生资助的保障机制、农村中小学公用经费的保障机制、农村中小学校舍维修改造的长效机制以及农村中小学教师工资的保障机制等作出了具体规定；此外，《新机制》还明确规定了所需资金由中央政府和省级政府的分担比例。应该说，《新机制》的实施增强了中央与省级政府对义务教育公共投资的责任，对缩小我国义务教育差距有着非常积极的作用，这一点可以从前文中得到说明。前文分析指出，我国义务教育生均经费的城乡相对差距与地区相对差距自 2006 年以来呈现下降的趋势，这与《新机制》的实施有很大关系。但是，《新机制》的实施并没有从根本上改变我国义务教育经费投入中中央和省级政府投入过低的状况，据估算，到 2005 年，中央政府负担的义务教育经费大概占总量的 5%，到 2008 年后，大概能提高到 8%，[①] 此外，《新机制》中并没有明确规定省级政府的筹资责任。而从各级政府的财力来看，中央政府最强（2008 年我国中央财政收入占全国财政收入的 53.3%[②]），省级政府仅次于中央政府，其财政收入所占比重也一直处于较高的水平。由此可以看出，我国中央政府与省级政府所负担的义务教育财政性经费的比例仍然偏低，因此，为均衡义务教育的利益归宿，还必须进一步发挥中央政府和省级政府在义务教育投资中的责任。

按照目前的义务教育支出预算分类，义务教育筹资责任大致可以分为以下四类：一是教师和职工的工资与福利，又称为人员经费，其中教职工福利包括住房公积金、医疗保险、养老保险和失业保险等；二是公用经

---

① 数据转引自杜育红、孙志军等：《中国义务教育财政研究》，北京师范大学出版社 2009 年版，第 20 页。

② 数据来源于中华人民共和国统计局编：《中国统计年鉴 2009》，中国统计出版社 2010 年版。

费，包括公务费、业务费、修缮费、设备购置费以及其他费用等；三是基本建设费，主要是校舍、学生和教职工宿舍以及运动场地等新建费用；四是少数民族、困难家庭和残疾儿童的额外财政支持，包括书本费、生活费、住宿费、双语教学费以及其他费用等。

根据我国实际，笔者进一步明确各级政府对上述义务教育经费的筹资责任，特别是中央政府和省级政府的筹资责任。根据上述四类经费，具体方案设计如下：进一步完善"以县为主"的义务教育财政体制，即将县负责的普通高中和职业高中的筹资责任上划到省级政府；义务教育的基建支出由县提出立项申请，由省主管部门审批。在该项支出经费筹资责任划分上，国家级贫困县的项目支出经费由中央、省和县按比例负担，非国家级贫困县的项目支出由省根据县财政能力按一定比例对县进行配套。对于义务教育阶段贫困生的资助经费，这类具有收入再分配性质的支出责任由基层政府承担，会因人口的自由流动而存在效率损失；由于我国地域广阔，人口众多，由中央政府承担，分清哪些是弱势群体及其贫困程度的实施成本太高。因此，笔者建议这类支出由中央负责提供书本费，省级政府提供困难学生生活补助。义务教育的人员经费和公用经费，即维持性经费（又称事业费）由县直接负责，省通过核算县标准义务教育维持性财政支出和县标准义务教育经费维持性财政收入，对存在缺口的县进行补助；中央不再直接负担这部分经费，而主要采用一般性转移支付来平衡各省的财政能力。采用这一方案的优点在于可以保持现有财政收入的分配格局保持不变，从而进行体制调整的难度不大。

此外，笔者认为，中央政府与省级政府承担义务教育经费的责任应法定化，从而使其筹资责任具有硬性约束。

2. 建立科学规范的义务教育转移支付制度

近年来，为推进解决义务教育均衡发展问题，我国在义务教育的教育转移支付方面已实施了不少重大工程（见表10-59）。义务教育转移支付的实施使农村以及落后地区义务教育的压力有所缓解，但其规模仍然较小，难以满足需求；并且义务教育转移支付中主要采取专项拨款的方式。

专项拨款的目的往往比较明确，例如危房改造、仪器设备购置等。由于专项转移支付资金多用于一次性的或临时性的项目，对学校的经常性经费影响不大，从而没有从根本上缩小城乡间、地区间义务教育发展的差距。《新机制》的实施更多地强调了中央对地方的转移支付，而忽视了省级政府的作用，省级政府在改变省域内义务教育不均衡状况上还没有完全发挥自己的作用。因此，为缩小义务教育差距，必须建立科学规范的义务教育转移支付制度，以发挥中央政府与省级政府特别是省级政府的作用。

表 10-59　近年的重大义务教育转移支付工程一览表

工程的计划实施年份	工程名称	总资金投入	资金来源	投入地区（人群）	工程目标
1995—2000 年	国家贫困地区义务教育工程（一期）	约 100 亿	中央 39 亿元；省级及以下政府约 60 亿元	主要用于 582 个国家级贫困县	帮助这些地区实现"普九"目标
2001—2005 年	国家贫困地区义务教育工程（二期）	约 72.5 亿元	中央 50 亿元；省级及以下政府 22.5 亿元	522 个 2000 年尚未实现"普九"的县市	帮助这些地区实现"普九"目标
2001 年末—2003 年	全国中小学危房改造工程（一期）	至少 62 亿元①	中央 30 亿元；省级配套资金至少 18.2 亿元；其余为地市以下配套资金	所有 22 个中西部省份及新疆生产建设兵团和辽宁、山东、福建的贫困地区	消除这些地区的中小学 D 级危房
2003—2005 年	全国中小学危房改造工程（二期）	大约 160 亿元②	中央 60 亿元；地方资金估计为 100 亿元	所有 22 个中西部省份及新疆生产建设兵团和辽宁、山东、福建的贫困地区	消除这些地区的中小学 D 级危房

---

①　不同政府部门提供的地方政府配套资金数据不一致。62 亿为教育部数字。但根据全国危房改造办公室的统计，截至 2002 年底，中小学危房改造总计投入约 120 亿元。其中，中央"危改"工程一期专项资金 30 亿元，二期"义教工程"用于危房改造的资金 11 亿元，其余 79 亿为地方政府配套资金（全国危改办，2004）。

②　此数据是曾满超、丁小浩（2010）估算所得。该项目中央投入为每年 20 亿元，连续投入三年。目标是消除 D 级危房 4000 万平方米。根据全国危改办的统计，到 2002 年底，一期"危改"工程投入 120 亿元，消除危房约 3000 万平方米，每平方米成本约为 400 元（全国危改办，2004）。同样是根据全国危改办的统计，"危改"工程一期结束后全国中小学尚余 D 级危房约 4000 万平方米，若全部消除大约需要 160 亿元（4000 万平方米乘以 400 元/平方米）。

续表

工程的计划实施年份	工程名称	总资金投入	资金来源	投入地区（人群）	工程目标
自 2004 年起	"两免一补"工程	无精确估计	2003 至 2004 学年度中央投入专项 17.4 亿元	中西部 22 个省的农村地区及新疆生产建设兵团	为贫困学生提供"两免一补"
2004—2007 年	贫困地区农村寄宿学校建设工程	100 亿元	中央 100 亿元	372 个 2003 年仍未"普九"的县和中部的一些少数民族地区	在地理条件差的地区建设寄宿制学校
2006—2010 年	农村义务教育经费保障机制	2652 亿元	中央 1604 亿元，地方财政 1048 亿元	农村	保障公用经费、免杂费和提供"两免一补"等

资料来源：根据相关规定整理得到。

在各级政府义务教育筹资责任按照上述具体方案明确的条件下，中央政府的主要责任是采用一般性转移支付来平衡各省的财政能力。一般转移支付的计算方法已经有很多学者进行过研究，在此不再赘述。笔者重点说明省对县义务教育维持性支出专项转移支付的具体方案。

（1）转移支付的基本模型

省对县义务教育维持性支出专项转移支付的基本模型如下：

$$G_i = [EXP_i(1 + C_i) - INCOME_i \times R_i] \times (1 + \beta) \text{[①]} \qquad (10\text{-}1)$$

（10-1）式中，G_i 为 i 县应得到的省义务教育维持性专项转移支付额；EXP_i 为 i 县义务教育的标准维持性财政支出；C_i 为 i 县义务教育的成本指数；$INCOME_i$ 为 i 县标准可支配收入；R_i 为 i 县当年标准可支配财政收入中必须予以保证的义务教育财政支出的比例，或为接受补助的必要条件，又称为县财政非最大化努力程度；$INCOME_i \times R_i$ 为 i 县标准义务教育财政收入；β 为激励系数。

---

① 公式中所用财政收支和教育经费指标均指预算内。

通过公式计算出的 G_i 为负的县，将得到省义务教育的专项转移支付，且可支配的财政能力越低，得到的专项转移支付越多；若计算出的 G_i 为正的县，将得不到省义务教育的专项转移支付。公式还体现出，接受义务教育转移支付的县，其义务教育财政支出的努力程度，若超过了省内各县的平均努力程度或省规定的义务教育财政支出的比例，在保证县按 R_i 计算应得到的补助额不变的情况下，还将得到省义务教育转移支付的奖励。当然，若县可支配财政收入中用于义务教育的比例还达不到规定的比例，应取消补助资格。

（2）县义务教育维持性标准支出测算

县义务教育维持性标准支出由小学教育维持性标准支出加上初中教育维持性标准支出乘以成本指数构成，用公式表示为：

$$EXP_i(1 + C_i) = （该县小学教育维持性标准支出 +$$
$$该县初中教育维持性标准支出）\times (1 + C_i)$$

$$（10-2）$$

其中，

$$小学教育维持性标准支出 = 小学人员标准支出 +$$
$$小学公用经费标准支出 \qquad （10-3）$$

$$小学人员标准支出 = 小学适龄儿童数 \times$$
$$省（或全国）确定的教职工与小学生之比 \times$$
$$单位人员标准支出 \qquad （10-4）$$

$$小学公用经费标准支出 = 小学适龄儿童数 \times$$
$$省规定的小学生均公用经费拨款标准$$

$$（10-5）$$

成本指数 C_i 可以根据海拔、地貌、人口密度、物价指数等客观因素，采用数学模型计算确定。一般来说，C_i 与海拔高度和物价指数成正比，与人口密度成反比。

$$初中教育维持性标准支出 = 初中人员标准支出 +$$
$$初中公用经费标准支出 \qquad （10-6）$$

初中各项标准支出的计算公式及其方法与小学相同。

（3）县义务教育标准财政收入测算

县义务教育标准可支配财政收入可用以下公式计算得出：

县标准义务教育财政收入

=县本级可支配标准财政收入（$INCOME_i$）×县可支配标准财政收入

用于义务教育的非最大化标准比例（R_i）　　　　　　　　　　（10-7）

县本级可支配标准财政收入（$INCOME_i$）

=县本级自有财政收入（含属于本级税收和收费）+上级转移给县且

县能自由支配的各种转移支付　　　　　　　　　　　　　　　（10-8）

其中，本级自有财政收入，可根据县本级财政收入构成情况分别计算。税收标准收入按税基乘以税率计算，某些税种测算比较困难，可暂以实际收入计入各县标准收入，对于预算外收入也应按一定比例纳入县本级标准财政收入。

县标准财政收入中用于义务教育支出的非最大化标准比例（R_i），它是各县稍加努力就能够达到的支出比例，且这一比例并未封顶，若县级政府愿意付出更大努力，还可以追加。从现实情况来看，各省一般均规定县预算内财政支出中用于义务教育的比例不低于30%，目前全国县级预算内财政支出用于义务教育支出比例的平均数是25%左右。[①] 在本方案中，由于已将普通高中和职业高中的筹资责任上划到省，且不是按县财政总收入而是可支配财政收入测算的，加之长期以来各县均存在义务教育财政支出努力程度偏低的状况，县可支配标准财政收入中用于义务教育支出的非最大化比例，确定在35%比较合理。

在测算出县本级可支配的标准财政收入（$INCOME_i$）和县非最大化义务教育财政支出比例（R_i）后，可用公式直接计算县标准的义务教育财政收入，即为 $INCOME_i \times R_i$。

---

① 数据转引自李祥云：《我国财政体制变迁中的义务教育财政制度改革》，北京大学出版社2008年版，第190页。

（4）激励系数 β 的确定

上述省对县的义务教育维持性专项转移支付的拨款公式中，若不考虑激励系数，其目标是满足县义务教育正常运转的最低支出需求。只要县可支配标准财政收入中用于义务教育的比例达到 35%，就可以得到这个基本补助额，即使超出 35% 的比例，基本补助额也不会减少。之所以加上激励系数 β，主要是为了通过价格效应，鼓励地方政府增加对义务教育这种有益产品的财政支出。β 被确定为在规定县本级可支配财政收入中用于义务教育 35% 支出比例的基础上，县政府每增加一个百分点省政府配套或奖励的比例。其计算公式为：

$$\beta = \frac{M}{\text{县可支配财政收入实际用于义务教育财政支出的比例}} -$$

省规定的县可支配财政收入中用于义务
教育财政支出的非最大化比例 35%

$$(10-9)$$

其中，β 的取值范围：$0 < \beta < 1$。β 的具体数值视省财政能力而定，一般不能太小，否则将失去激励作用。M 为实际给予奖励。

（二）废除义务教育重点学校制度、改造扶持薄弱学校

1. 废除义务教育重点学校制度、取消等级评估

对中小学进行等级评估起源于计划经济时代，教育管理部门制定严密的评估体系，把公办学校划出层次分明的等级——薄弱学校、普通学校、区级学校、市级学校、省级学校，并且根据学校的等级，给予不同的待遇。对中小学进行等级评估，如果说有积极意义，那就是每个地方可以集中精力办好少数的几所重点学校。许多地方政府之所以在政策上向重点学校倾斜，在很大程度上是为了体现他们的"政绩"，同时也为了保证有权和有钱阶层子女能够享受最好的教育资源。

但是，将中小学等级化的弊端是显而易见的。重点学校意味着好的办公条件、好的福利待遇、好的发展前途。重点学校能够吸引好的教师，同

时能够获得政府较高的资金投入、高额的赞助费择校费收入，从而形成高投资——高效益的良性循环。而普通学校、薄弱学校恰恰相反，由于学校的等级低，很难吸引优秀教师和好的生源，也无法获得高额的赞助费。因此，将中小学等级化容易产生强者愈强、弱者愈弱的马太效应，从而不利于中小学的均衡发展，损害教育的公平性。尽管各地政府采取多种措施控制择校，例如"就近入学"政策，但是面对教育主管部门的科学权威的评级，家长根本无法理性选择。

等级评估还容易引发学校为评比而盲目攀比、弄虚作假等种种不良现象发生，也容易驱使教师、学生对重点学校的过度追求。一些学校为了达到重点标准，不顾一切地做一些表面文章，教育水平没有提高，反而造成了教育资源的浪费。另外，从教育公平的标准来看，重点学校政策违背了受教育质量公平的原则。"重点学校"享受了特殊的不公平的教育政策（优先选择生源、资源配置和师资力量分配的优先性等），使自己变为教育中的"特殊利益集团"或"特权阶层"，造成了教育利益归宿失衡。

在我国，义务教育是法定教育，其发展目标是办好每一所学校，让每一位学生都能享受良好的教育，而不是只办好部分中小学，让不同学生接受质量不同的教育。政府主管部门有责任也有必要创造条件，使同一层次的中小学办学条件接近相当的水平，而不是一边在强调就近入学，一边人为地拉大学校之间的办学条件和师资水平。教育主管部门作为政府的一个职能机关，在进行教育评估时，首先要评估的是所管辖区内的所有中小学是否达到办学的最低标准，如果公办中小学没有达到这个标准，政府有责任采取措施使他们尽快地达到这个标准，如果是民办学校，也要督促这些学校尽快达到标准，这是政府的责任。

与此同时，对中小学进行等级评定与义务教育改革的理念"为了每一个学生的发展"也是格格不入的。因此，为推进义务教育均衡发展，必须废除义务教育阶段的重点学校制度，取消各种形式的等级评估。

2. 改造和扶持薄弱学校

"薄弱学校"是指办学条件较差、办学水平较低，甚至不能维持正常运转的学校。以我国当前的义务教育发展实情来看，薄弱学校的存在是相当广泛的。薄弱学校的大量存在严重影响了我国义务教育的整体提高，对就学于其中的学生的成长与发展也产生了极其不利的影响。因此，国家必须大力扶持或者改造薄弱学校，使薄弱学校脱掉"薄弱"的帽子，走上健康发展的道路。

（1）加大对薄弱学校的资金投入

2006 年 9 月 1 日实施的《中华人民共和国义务教育法》第 6 条规定：国务院和县级以上地方政府应当合理配置教育资源，促进义务教育均衡发展，改善薄弱学校的办学条件……薄弱学校的教育经费不足，教育教学设施、设备简陋，办学条件较差，阻碍学校办学效益的提高。因此，各级政府和教育部门在教育资金投入上应采取倾斜政策，提高原有的投入标准或增拨专项补助资金加大对薄弱学校的投资力度，帮助它们改善办学条件。应改变以往对重点学校投入的倾斜政策，把所节省的资金用于办学条件较差的学校，以保证每一所学校具备基本相同的办学条件和设施，缩小教育过程的差距，即缩小学生就学过程中学习条件的巨大差异。同时，提高薄弱学校教师的福利待遇，实践证明，在所有的学校投入中，对"教师队伍的投入是效益最大的投入"。这既可以稳定薄弱学校教师队伍，也可以吸引高质量的教师到薄弱学校工作，有利于促进校际间教师队伍的均衡发展。此外，应建立资金使用的监督、审查机制，保证"改薄"的资金真正用于薄弱学校的建设上，避免挥霍和不合理的资金使用。

（2）促进优秀师资合理流动

教育均衡发展是教育现代化的基本价值，也是现代教育的基本出发点。《义务教育法》第 32 条规定："县级人民政府教育行政部门应当均衡配置本行政区域内学校师资力量，组织校长、教师的培训和流动，加强对薄弱学校的建设。"各级教育行政部门和学校必须充分认识加强薄弱学校建设、办好每一所实施义务教育学校的重要性，采取措施鼓励、安排优秀、骨干教师到薄弱学校通过长期任课、兼课或者示范教学、推广教育教学经验的方式，帮助学校提高整体教育教学水平。促进优秀教师合理流动对扶持薄弱学校、推进我国义务教育均衡发展有着深远的意义。

　　在促进教师合理流动的实施上，可以借鉴沈阳市的经验。沈阳市各区、县（市）教育行政部门所属的中小学校，校长和教师都要分批进行校际交流。凡男 50 周岁、女 45 周岁以下，在同一所学校工作时间满 6 年的校长和教师，都要进行交流。其中，教师交流以市区骨干教师、小学高级教师、中学一级教师和高级教师为主。区域内同类学校之间干部教师交流的，要调转人事关系，"人动关系走"；优质学校向薄弱学校交流的教师，要在交流学校任教 3 年以上；而对于城市优质学校对口到农村薄弱学校交流的干部教师，两个学期内人事关系保留在原单位不变。根据规定，每届任期 3 至 5 年的中小学校级领导干部，任满两届必须异校交流，同一学校的党政正职一般不同时交流，但必须要有一名进行交流。干部教师交流前，将与学校确定交流的工作责任目标，交流期满时进行考核，对未实现交流目标的干部教师将适当延长交流时限。从 2007 年起，凡申报小学高级和中学高级职称的教师，必须具备交流任教一年以上的经历。参评特级教师以及市以上模范、市教育专家、市优秀校长和教师的，必须具备交流任职和工作的经历。其他层级的评优评先也要在同等条件下，把干部教师的交流经历和业绩作为优先考虑的依据。教师交流的比例为：从 2006年起到 2008 年，以区县（市）为单位计算，符合交流条件的校长实际交流 50%以上，符合交流条件的教师实际交流 30%以上。改革实验区交流幅度要大，每学年校长要交流 25%以上，教师要交流 15%以上。教师交流的基本模式包括：学区内双向交流，即专任教师在学区内交流；专职岗位教师交流，即学校中层干部、人事干事、校医、图书管理员、理化生实验员和报账员进行区内跨校交流；跨校兼聘制度，即体育、音乐、美术、历史、地理等学科的教师，实行跨校兼课；鼓励性交流，即鼓励优秀教师向薄弱、偏远学校交流，区教育局在其晋级、评先中予以适当倾斜，并给予一定补贴。

（三）改革并完善高考招生录取制度，保证不同学生的入学机会

1. 调整高校招生名额的分配，将原来投放于京津沪等地的部分招生指标渐进地转移至中西部地区

从总体上说，高校招生名额的分配偏重于京津沪及东部发达地区，无论是部属大学还是地方院校大都如此。为使各地悬殊的录取分数线逐步得到调整，将投放于京津沪等发达地区的部分招生名额逐步转移到中西部地区，这是当前必须实行的紧迫措施。根据高校经费来源的不同，分为两类具体分析。

（1）渐进地调整中央部属院校对各地区的招生比例

对这类高校来说，由于经费直接来源于中央财政，所以对各地区招生名额的分配应保持大致平衡的比例，特别是位于北京和上海的高校，应根据各地的报考人数将名额逐步向中部人口大省转移。按照比例平等的分配原则，作为全国财政支持的重点大学应该综合各方面的情况，使各省区招生比例的差异保持在合理的区间范围。对此，有反对者认为，从世界教育发展的经验来看，精英型和大众型教育分类发展，前者更重视考试公平，注重严格的学术标准，后者同时关注考试公平和区域公平，一般设有基本的入学标准。[①] 的确，作为精英型的清华大学和北京大学等无疑应该选择一流的生源，这是迈向世界一流大学的基础条件之一。但也应看到，欧美的精英型大学大多为私立高校，它们注重严格的学术标准和追求考试公平的精神，在经费来源上有相当的内在合理性。而我国的重点大学与其并不相同，其经费主要来自国家财政，因此注重区域间的相对公平也就成为必然的选择。

改革的整体方向是将原来过于集中在京津沪等地的招生名额部分地转移至中部湖北、河南等高考大省。具体而言，可留出 5% 的名额用于全国

---

① 刘清华：《发达国家高校招生考试与学校教育关系的共同特征》，《考试研究》2004 年第 2 期。

统一录取（可将各地区的高考分数做等值处理），5%的名额用于自主招生，20%的名额依照各地报考人数投放，剩下的70%按照往常的惯例投放。这样一来，既照顾到了公平选才的需要，又考虑到了特殊人才的选拔规律；既反映了地区间入学机会平等的需求，又在很大程度上尊重了历史因素及现存体制的合理之处。但对于这一改革，也可能有反对者认为，在教育部、省、市三级联合共建的情况下，重点大学将招生名额更多地投向所在地是合情合理的。诚然，在重点大学与地方联合共建以及实施"211 工程"和"985 工程"的过程中，在征地、拆迁、学校周边环境的整治、有关税费的减免方面，得到当地政府资金和政策方面的大力支持，学校出于回报的心愿将名额向所在地倾斜有一定的合理性。但这并不能成为高校招生倾斜的正当理由。因为高校在发展过程中，通过为本地培养各类人才、横向的校企合作、带动相关产业的发展以及提升城市文化水准，已经为所在地作出了相当大的贡献，而当地政府的资金投入和政策倾斜已经得到了上述诸方面的回报，所以当地政府对高校的资金投入并不能成为对其招生倾斜的完全正当理由。

（2）原则上划定地方高校对外省招生的比例，供不同地区高校参考使用

对地方院校而言，可分为全国招生和省内招生两种，即便是全国招生的高校，外地生源数量也普遍较少。据上述分析，此类高校招生计划的制订原则上不受教育部的限制，即使全部实行本省招生也无可厚非。但是从高校培养人才和教育教学的规律来看，单一地区的生源结构并不利于教学质量的提高和校园文化的建设。另外，对于发达地区的地方高校来说，其毕业生也大多倾向于在本地就业，所以对这类高校来说，划定对外省招生的基本比例，不仅有利于学校教学质量和办学效率的提高，也有利于达成招生地域间的公正。对中部地区高校来说，可将这一招生比例的原则规定作为参考标准来使用，由于这些院校相对有限的高教规模不能吸纳本地众多的考生，所以可以在短期之内允许实行全部省内招生。但是，出于东西部协调发展和西部大开发的战略，可以对这类高校招收西部落后省区的比

例做一较低限度的要求，这也是实行补偿原则，达成社会公正的必然要求。总之，教育管理部门应从分类指导的原则出发，划定地方院校招收外省学生的最低比例，供各省参考使用。在地方院校招生计划占整个招生计划的70%左右的情况下，规定这类院校招收外省学生的最低比例，也会起到较为显著的效果，从而对均衡高等教育利益归宿的改进具有重大的意义。

2. 建立高校招生计划分配听证制度

从高校招生权力的实质和演变来看，这一权力应为高校、政府和社会所共同享有，因此制订招生计划不应由单一的利益主体来完成。建立招生计划分配听证制度是从社会公正或教育公正的角度出发，克服狭隘的校本利益的思想，确立招生的大社会和大教育的观念，使各方面的信息充分交流，以此保证高校招生的科学性和公正性。目前我国已有高校实行了招生计划分配的听证制度。但总体来看这一制度还不完善，主要表现为：听证会的职能与其目的不相符，即听证制度本来要解决招生计划分配的公正性与合理性等问题，但实际上却成了维护与提高学校声誉的手段。因此，应从教育公正的角度对这一制度进行制度创新。首先，要打破封闭的校本利益的观念，从教育公正的角度出发，提高招生计划分配的公正性和合理性。在制定招生比例时不仅要考虑到各专业的第一录取率、考生的志愿取向和平均成绩等，还要考虑到区域均衡发展的需要。实际上，招生计划的科学性往往与公正性发生矛盾冲突，但对比例平等的关照或者对教育公正的追求也是高校招生的内在要求。其次，听证制度的人员构成也会影响到招生计划制订的公正程度。在确定听证制度的人员时应考虑到校内与校外人员的合理比例。校内人员除了校长、职能部门领导和教师代表之外，还应有学生代表，以保证每一个利益集团都有平等的话语权。校外的人员主要应包括政府官员、政策专家、用人单位代表以及考生家长代表。此外还应允许一定数量的校内外人士旁听。最后，听证制度还应确立科学合理的程序，如提前公布招生计划的方案、会议时间和议程等，以增加招生信息的公正性和透明性，有效地体现听证制度的公开性原则。

3. 建立高等教育入学机会监测制度，加强对高考和招生过程的监督和管理

制度的公平必须通过操作的公平来体现。高考招生制度在操作过程中的公平同样是均衡高等教育利益归宿的重要方面。在高考和招生录取过程中，都应实现操作公平、公开和透明。同时，革除那些已经成为腐败温床的制度和政策，比如保送生、三好学生、优秀学生干部加分政策等，保证招生环节的公正性。

非常欣喜的是，政府相关部门在招生录取公开、公平方面已经做了一些工作。2005 年 3 月，国家教育部下发了关于《教育部关于高等学校招生工作实施阳光工程的通知》，在全国范围内高校招生开始实施"阳光工程"。"阳光工程"的核心是建立和完善以"六公开"为主要内容的信息公开制度，即各级教育行政部门、招生考试机构和高等学校要坚持招生政策公开、高校招生资格及有关考生资格公开、招生计划公开、录取信息公开、考生咨询及申诉渠道公开和重大违规事件及处理结果公开。同时规范、明确信息发布的方式、内容、时间和要求，在报名、考试、录取三个主要工作阶段，全面、准确、及时发布相关招生信息。

"阳光工程"的实施使招生乱收费、违规录取等现象大幅减少，在一定程度保障了各阶层子女尤其是弱势阶层子女竞争高等教育的机会。为此，应进一步推进高校招生"阳光工程"。关键是应继续严格执行"六公开"的要求，完善公开透明的招生工作机制和体系，进一步充实完善高校招生各个阶段的信息公开，进一步做好三级"阳光高考"信息平台的管理与服务。重点是有效防范和治理体制外招生、严打招生诈骗，实行严格的新生学籍电子注册制度，杜绝任何体制外招生。

第十一章
卫生支出的利益归宿研究

一、卫生支出利益归宿问题概述

（一）基本概念界定

政府卫生支出关系到一国医疗卫生服务的可及性、质量和国民享受医疗卫生服务的公平性。无论是基于公共卫生、医疗保障的公共品或准公共品属性，政府供给的有效性公共经济理论，还是源于政府肩负维护居民健康权这一基本人权责任的公共管理实践，加大对事关居民健康的医疗卫生领域的投入，已成为世界各国政府不可推卸的重任。

根据世界卫生组织（WHO）的规定，卫生总费用是衡量卫生总投入的一般指标，它包括政府预算卫生支出、社会卫生支出、居民个人卫生支出。政府预算卫生支出是指各级政府用于卫生事业的财政拨款。包括卫生事业费、中医事业费、食品和药品监督管理费、计划生育事业费、医学科研经费、预算内基本建设经费、卫生行政和医疗保险管理费、政府其他部门卫生经费、行政事业单位医疗经费、基本医疗保险基金补助经费。卫生事业费是公共卫生服务经费的重要组成部分，它直接体现政府在卫生管理、人员支出和卫生科研等方面的支出。2007年开始，我国卫生统计口径上的政府卫生支出是指各级政府用于医疗卫生服务、医疗保障补助、卫生和医疗保障行政管理、人口与计划生育事务性支出等各项事业的经费。卫生财政支出分为广义和狭义，狭义的卫生财政支出与政府预算卫生支出的口径相同。广义的卫生财政支出则不仅包括政府预算卫生支出，还包括政府预算卫生支出单位在卫生财政支出基础上和国家政府政策支持下形成的资产和收入。本章以效益卫生财政支出为主。归宿指结果、结局以及人或事物最终的着落。财政支出受益归宿是指财政支出在不同利益阶层之间分配的结果、结局。现有研究有三种情况：一是按收入分组；二是按地区分组；三是同时按收入和地区分组。卫生财政支出的归宿则是指政府投入医疗卫生领域财政支出的最终结果、结局。

（二）研究背景、目的和意义

我们知道，当今世界，医药卫生体制成为各国政府首要的公共政策与管理议题，而且，往往会使一国政府处于两难选择境地。一方面需要建立有效保障全体国民健康的医疗卫生保障体系，令国民满意；另一方面又要将医疗卫生支出控制在可以接受的范围内，避免出现财政危机，影响宏观经济发展和国民身体健康。由于医疗卫生行业的特殊性和复杂性，各国政府很难在社会目标和经济目标、宏观经济效益和微观经济效益之间找到平衡点，从而制定出各方都能接受的医疗卫生保障政策。

2009 年国家最新医改方案出台，明确了中长期我国医疗卫生事业发展的根本目标和近期工作重点，标志着中国医药卫生体制改革进入一个崭新的阶段。其中，如何落实政府卫生投入政策，是摆在财政部门的重要任务。2009 年，中央财政共安排医疗卫生支出 1277 亿元，增长 49.5%，促进了医疗卫生事业发展。2010 年，中央财政预算安排医疗卫生支出 1389 亿元，增长 8.8%，高于中央财政支出平均增幅 2.5 个百分点。一是要支持医药卫生体制改革。二是进一步提高新型农村合作医疗和城镇居民基本医疗保险参保率。三是加大城乡医疗救助力度。健全城乡基本公共卫生服务经费保障机制，继续实施重大公共卫生服务项目。四是支持 60% 的基层医疗卫生机构实施基本药物制度。五是推进公立医院改革试点，健全基层医疗卫生服务体系。六是促进中医药事业发展。

最新医改方案指出（周华荣，2009），要建立政府为主导的多元化投入机制，逐步提高政府卫生投入占卫生总费用的比重，以及占经常性财政支出的比重，为积极稳妥推进医药卫生体制改革，建立健全覆盖城乡居民的基本医疗卫生制度，为群众提供安全、有效、方便、价廉的医疗卫生服务。各级财政部门要积极调整支出结构，切实加大财政投入，同时要调动各方面的积极性，带动社会资金投入，形成投资主体多元化、投资方式多样化的投入体制。一是在投入方向上要兼顾供需。二是在投入领域上要突出重点。三是在投入方式上要创新机制。①

（三）研究内容框架

根据现有研究基础和数据，将从三个视角展开对我国卫生财政支出归宿研究：一是从历史和纵向的角度，分析我国卫生总费用及其结构、财政卫生支出总体规模和结构的变迁过程，把握我国卫生财政支出的发展趋势。二是从横向的角度，本着统筹区域发展的理念，分析我国地区之间，包括东中西部和省区市之间财政卫生支出的均等性状况。遵循城乡统筹发展的战略和目标，分析我国城乡财政卫生支出差距的程度。三是站在医疗卫生服务供给机构的视角，考察医疗卫生机构财政补助状况。以下将从五个方面展开具体问题分析：①卫生总费用规模和结构的变迁趋势；②卫生财政支出规模和结构状况；③地区卫生财政支出归宿状况；④城乡居民卫生财政支出归宿状况；⑤卫生机构之间财政补助归宿状况。

二、卫生总费用规模和结构的变迁趋势

卫生总费用是以货币作为综合计量手段，从全社会角度反映卫生资金的全部运动过程，分析与评价卫生资金的筹集、分配和使用效果的指标。

---

① 周华荣：《新医改完善政府卫生投入机制有关政策解读》，2009 年 9 月 11 日，见 http://snxxcz. gov. cn/front/include/pageDetail. jsp？nodeId＝537&pid＝549&id＝534。

它标志着一定时期一个国家整体对卫生领域的投入高低。作为国际通用指标，被认为是了解一国卫生状况和问题的最有效途径之一。目前，一些国家试图提高卫生总费用及其占 GDP 的比重，另一些国家却在千方百计地控制卫生总费用，减轻政府和个人的负担。卫生总费用并不是越多越好，而是应该和国家的社会经济水平相适应，使其处于适度的区间和水平。

研究财政卫生支出，需要弄清衡量财政卫生支出的指标，卫生总费用占 GDP 的比重是衡量一国卫生投入总水平的最基础性指标，政府卫生支出占卫生总费用的比重、政府卫生支出占财政支出的比重则是衡量政府卫生支出规模更为直接的指标。新中国成立以来，我国卫生总费用有了较大幅度的增长，其内部结构也随着经济社会的发展产生了较大的变化。

（一）我国卫生总费用规模增长趋势明显

我国的卫生总费用 20 世纪 90 年代中叶开始上涨，近些年增长速度加快。2007 年底高达 11289 亿元，2008 年为 14535.4 亿元，2009 年为 16119 亿元，是 1978 年的 146 倍，1998 年的 4.38 倍，2009 年比 2008 年增长了

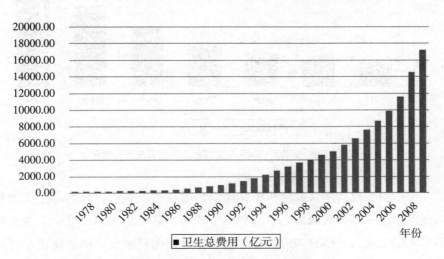

图 11-1 我国卫生总费用增长趋势

资料来源：1978—2007 年来自《2009 年中国卫生统计年鉴》；2008 年、2009 年来自中国卫生部 2009 年中国卫生事业发展统计公报。

10.9%。人均卫生费用也增长到 2009 年的 1192 元（见图 11-1）。出现这一增长趋势，与近几年医药卫生体制改革的制度背景密不可分，是政府卫生投入增加、医疗保障覆盖范围扩大、居民健康意识增强、就医行为改变、医药技术水平提高和物价同比变动等多因素共同作用的结果。

（二）政府卫生支出增长速度略逊一筹

近年来，各级财政积极调整财政支出结构，努力增加医疗卫生投入，并注重向需方倾斜、向公共卫生倾斜、向基层倾斜，推动深化医药卫生体制改革，着力支持医疗保障体系、公共卫生服务体系、医疗服务体系和药品供应保障体系建设，促进逐步解决群众看病难、看病贵问题。2009 年，全国财政医疗卫生支出 3994.19 亿元，比 2008 年增长 39.7%（见图 11-2）。其中，中央财政医疗卫生支出 1273.21 亿元，比 2008 年增长 49%。

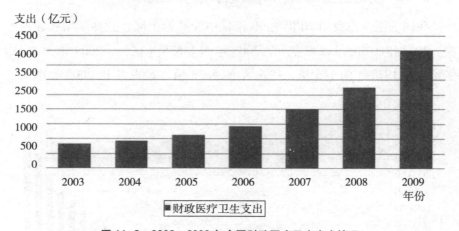

图 11-2　2003—2009 年全国财政医疗卫生支出情况

但与卫生总费用及其结构中其他部分增长速度相比，政府卫生支出增长速度略逊一筹。我国的卫生总费用由政府预算卫生支出、社会卫生支出和个人卫生支出三部分构成。各个组成部分比例可衡量一国居民用于健康投入的比例直接或间接水平，也是影响居民"看病贵"问题的一个关键性因素。新中国成立到改革开放之前中国实行的是几乎免费的医药卫生服务体制，个人卫生支出较少，医疗服务的可及性较好，不存在"看病贵，看病难"的问题。直到 1978 年改革开放之前，我国卫生总费用中，个人卫生支出尚小于政府预算卫生支出。改革开放 10 年后，1988 年个人卫生支出首次超过政府卫生支出。改革开放 20 年后的 1998 年，个人卫生支出已达到政府卫生支出的 3.4 倍。即便政府不断加大卫生领域投入，到 2007 年为止，个人卫生支出仍然是政府卫生支出的 2.2 倍。直到 2009 年，个人卫生支出下降到 38.2%，政府卫生支出提高到 27.2%，社会卫生支出为34.6%。也就是说，在卫生总费用增长中，政府卫生支出的速度与其他部分相比略逊一筹。从三个部分增长趋势图中，我们也可以看到这一变化特征，个人卫生支出增长速度最快，几乎是直线上升。社会卫生支出经历了一段时间的停滞后，2003 年开始逐步上升（见图 11-3）。

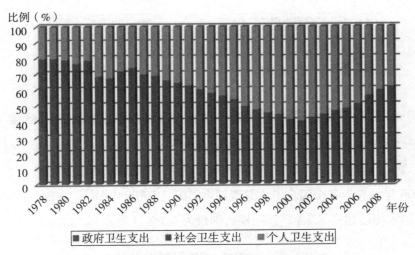

图 11-3　中国卫生总费用结构变迁趋势

比较卫生财政支出增长和 GDP 增长的速度发现，1991—1995 年卫生财政支出低于 GDP，1996 年开始，除了 2004 年和 2006 年以外，其他年份卫生财政支出的增长均快于 GDP 的增长（见图 11-4），2007—2009 年在世界经济备受金融危机影响的背景下，我国的经济增长速度下降，卫生财政支出增长速度下降，但卫生财政支出增长仍然高于 GDP 增长速度，而且幅度较大。说明虽然经济增长趋缓，但政府对关系民生问题的医疗卫生领域的投入不仅没有减少，相反有所增加。

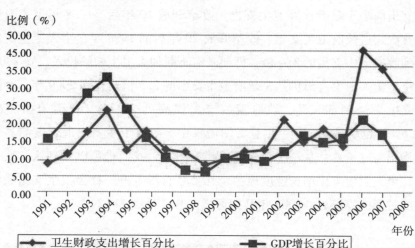

图 11-4　卫生财政支出增长与 GDP 增长比较

（三）卫生总费用占 GDP 比重接近世界卫生组织最低要求

2003 年世界各国卫生总费用占 GDP 比重的平均水平为 5.5%，美国为 15.2%，德国为 11.1%，英国、巴西为 8%，日本为 7%，新加坡为 2.9%。 2006 年世界上各个国家卫生总费用占 GDP 比重为 9.8%，中等收入和低收 入国家均已达到 5.3%，而同期我国仅为 4.6%（见表 11-1）。

表 11-1　卫生总费用占 GDP 比重的中外比较（%）

国家和地区	年份		
	2004	2005	2006
世界	9.9	9.9	9.8
高收入国家	11.1	11.2	11.2
中等收入国家	5.4	5.4	5.3
低收入国家	5.1	5.2	5.3
中国	4.7	4.7	4.6

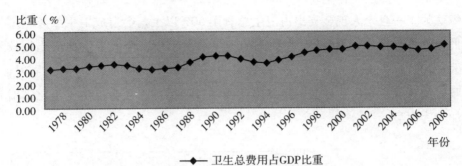

图 11-5 我国卫生费用占 GDP 比重

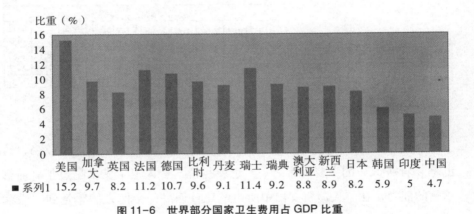

系列1	美国	加拿大	英国	法国	德国	比利时	丹麦	瑞士	瑞典	澳大利亚	新西兰	日本	韩国	印度	中国
	15.2	9.7	8.2	11.2	10.7	9.6	9.1	11.4	9.2	8.8	8.9	8.2	5.9	5	4.7

图 11-6 世界部分国家卫生费用占 GDP 比重

随着卫生总费用的上涨，我国卫生总费用占 GDP 的比重呈现曲折缓步上升的趋势。1997 年上升为 4.05%，2003 年最高，为 4.85%。2007 年底卫生总费用占 GDP 的比重有所下降，为 4.52%，2009 年再次回升，达到 4.96%，正在接近世界卫生组织 5% 的最低要求，但距离中低收入国家 5.3% 还有一段距离（表图 11-5 和图 11-6）。

（四）个人卫生支出占卫生总费用比重有所下降，负担依然较重

卫生总费用由政府预算卫生支出、社会卫生支出和个人卫生支出三部分构成，是衡量国家、社会和个人医疗卫生费用负担的指标。世界卫生组

织认为，一旦个人现金支出占卫生总费用50%以上，会造成卫生服务利用的极大不公平。[①] 总体看，在我国的卫生总费用中，个人卫生支出比例较大，2001年为最高点，占卫生总费用的60%，此后逐年回落。与此同时，政府预算卫生支出和社会卫生支出比例均有所增加，社会卫生支出比例增加较为明显。

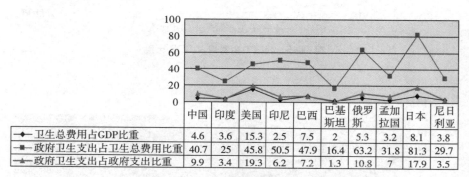

	中国	印度	美国	印尼	巴西	巴基斯坦	俄罗斯	孟加拉国	日本	尼日利亚
卫生总费用占GDP比重	4.6	3.6	15.3	2.5	7.5	2	5.3	3.2	8.1	3.8
政府卫生支出占卫生总费用比重	40.7	25	45.8	50.5	47.9	16.4	63.2	31.8	81.3	29.7
政府卫生支出占政府支出比重	9.9	3.4	19.3	6.2	7.2	1.3	10.8	7	17.9	3.5

图11-7　世界人口大国政府卫生支出比较

与世界其他国家相比，我国卫生总费用中个人卫生支出比重较高，这也是"看病贵"的主要因素之一，也就是说，个人卫生支出超过了其能够承受的能力，在个人消费支出中所占的比重偏高，会使人们感觉到"看病贵"。在世界上人口最多的10个国家中，我国卫生总费用占GDP比重、政府卫生支出占卫生总费用比重比重分别排在第6、第5，处于中位数水平，政府卫生支出占政府支出比重则排在第7位，低于中位数水平。总体处于中等偏下水平（见图11-7）。

三、卫生财政支出规模和结构状况

（一）卫生财政支出规模和结构的变迁

　　1990年开始，我国卫生财政支出呈现不断增长的趋势。2009年卫生财

---

① 杜乐勋：《中国医疗卫生发展报告》，社会科学文献出版社2007年版，第150—160页。

政支出达到 4685.60 亿元，1990 年到 2009 年的 20 年中，卫生财政支出增长了 25 倍，2009 年卫生财政支出是 1995 年的 12.1 倍，2000 年的 6.6 倍，2005 年的 3 倍（见图 11-8）。

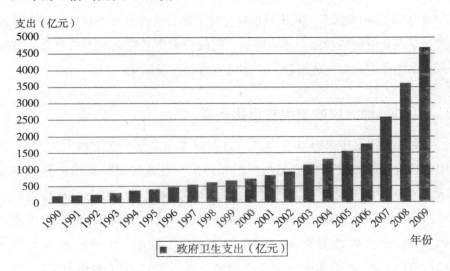

图 11-8　1990 年以来政府卫生支出增长趋势

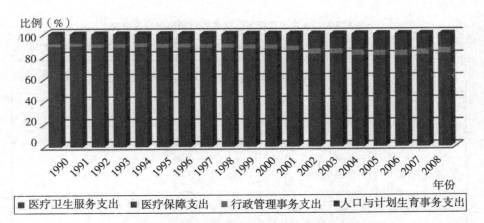

图 11-9　1990—2008 年卫生财政支出的结构变迁

政府卫生支出由医疗卫生服务支出、医疗保障支出、行政管理事务支出和人口计划生育事务支出四部分构成。总的看，医疗卫生服务和医疗保障支出两项占80%左右，是卫生财政支出的大头，体现政府对医疗卫生服务供给和需方投入的规模。其中，政府在医疗卫生服务领域的投入比例最大，1990年到2007年间约占政府卫生支出的60%—40%，逐渐减少，2008年降到40%以下。其次是医疗保障支出，这部分支出和医疗卫生服务支出呈现此消彼长状态，逐步增加。行政管理事务支出和人口计划生育事务支出的比例相对比较平稳，比例略有增加（见图11-9）。

（二）地方财政卫生支出比例高

财政支出有中央财政支出和地方财政支出之别，在财政卫生支出中，中央政府和地方政府的分工与贡献如何呢？财政部财政支出决算数据显示，2009年用于医疗卫生财政支出为3994.19亿元，占全国财政支出的5.23%，比上年决算数增长了39.7%。中央财政卫生支出占财政卫生支出的32%，地方财政卫生支出的比例为68%。其中，中央财政卫生支出1273.21亿元，占当年中央财政支出的2.9%，95%用于对地方转移支付。地方财政卫生支出共3930.69亿元，占当年地方财政支出的6.4%。

表11-2 2009年医疗卫生财政支出预算与决算情况

单位：亿元

项目	预算数	决算数	决算数为预算数的百分比	决算数为上年决算数的百分比
医疗卫生	3415.61	3994.19	116.9	139.7
其中：医疗服务	570.6	741.54	130	154.1
医疗保障	1757.67	1892.21	107.7	133.1
疾病预防控制	287.85	293.36	101.9	123.3
农村卫生	258.89	395.37	152.7	182.3
全国财政支出	76235	76299.9	100.1	121.9

资料来源：财政部网站《2009年全国财政支出决算表》。

表 11-3　2009 年中央财政支出中的医疗卫生支出情况

单位：亿元

项目	预算数	决算数	决算数为预算数的百分比	决算数为上年决算数的百分比
医疗卫生	1180.56	1273.21	107.8	149
中央本级支出	56.28	63.5	112.8	117.7
对地方转移支付	1124.28	1209.71	107.6	151.1
中央财政支出	43865	43819.58	99.9	123.8

资料来源：财政部网站《2009 年全国财政支出决算表》。

表 11-4　2009 年地方财政支出中医疗卫生支出情况

单位：亿元

项目	预算数	决算数	决算数为预算数的百分比	决算数为上年决算数的百分比
医疗卫生	3359.33	3930.69	117	140.1
其中：医疗服务	541.89	707.86	130.6	157
医疗保障	1751.33	1882.64	107.5	132.8
疾病预防控制	279.94	287.37	102.7	124.7
农村卫生	257.4	394.3	153.2	182.1
地方财政支出	61259	61044.14	99.6	124

资料来源：财政部网站《2009 年全国财政支出决算表》。

（三）卫生事业费占财政支出比例稳定，占科教文卫支出比例不增反降

卫生事业费是指各级政府用于卫生机构的财政补助（不包括预算内卫生基建投资）。1978 年以来，我国的卫生事业费绝对值有较大幅度增加，卫生事业费占财政支出的比例一直处于比较平稳的状态。卫生事业费占科教文卫支出比例则呈现一种下降的趋势，到 2003 年止跌，近年处于相对平稳的态势。卫生事业费占科教文卫支出的比例不仅没有提高，相反，曾经出现明显的下降趋势。说明，随着经济和社会的发展，政府财政收入和支出均在增长，卫生事业费占财政支出和科教文卫支出的比例却没有提高。这与政府在医疗卫生服务领域实行财政差额补助政策有关。

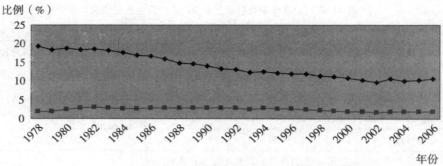

图 11-10　卫生事业费占科教文卫事业费和财政支出比例

资料来源：《2009 年中国卫生统计年鉴》。

（四）　医疗保障类支出比重较大

在医药卫生体制改革方案制订过程中，学术界一个争论的焦点问题是政府卫生投入应该补给供方还是需方？供方是医疗服务方，需方则是居民，对居民的补助通过医疗保险和医疗救助的方式得以实现。结论是：既要补供方，也要补需方。一些政策研究者提出建立覆盖全体居民的基本医疗保障制度的公共政策主张。事实上，我国 1998 年建立城镇职工基本医疗保险制度，2008 年底参保人数为 19996 万人。2004 年开始施行新型农村合作医疗制度，2009 年底参保人数为 8.33 亿人。2008 年在全国部分城市试行城镇居民基本医疗保险制度，2008 年底参保人数为 11826 万人。民政部门正在致力于城乡一体化社会医疗救助制度体系建设。可以说，覆盖全体居民的基本医疗保障制度体系已经形成。但是，不等于说医疗保障的任务已经完成。高覆盖率之后的任务是保障水平的提升，而保障水平最终取决于筹资水平。为此，通过分析政府在医疗保险中的投入及其在财政卫生支出的比重，考察政府对医疗服务需方的投入水平及其政府在基本医疗保险筹资中应有的地位和角色。

我国政府卫生支出统计中，2003 年出现"基本医疗保险基金补助经费"科目，2003—2006 年的四年间，最高的 2005 年仅达到 37.1 亿元。说明这一阶段城镇职工基本医疗保险基金基本处于平衡状态，仅有少量的政府补助。事实上，大多数地方的城镇职工基本医疗保险有盈余。进一步分析财政卫生支出时我们看到，2008 年用于医疗保障的政府卫生支出达到1577.10 亿元，约占当年全部政府卫生支出的 44%。这说明，随着新农合和城镇居民基本医疗保险制度的普及和试运行，提高了用于医疗保障财政支出的比例，政府对医疗服务需方的投入不断增加，有利于缓解近年备受关注的"看病贵"以及"因病致贫"等社会问题。

四、地区之间财政卫生支出归宿状况

我国是一个区域发展不均衡的国家，正因如此，区域之间均衡发展是中国经济社会可持续发展的任务之一。本章主要考察我国地区之间卫生财政支出状况，这里的地区主要指东中西部地区和省区市之间。东中西部地区的划分采用 2000 年国务院关于东中西部划分方法，省区市之间遵循如下排列顺序。

表 11-5　我国东中西部地区划分

地区	省/区/市			
东部（11）	北京	天津	河北	辽宁
	上海	江苏	浙江	福建
	山东	广东	海南	
中部（8）	山西	吉林	黑龙江	安徽
	江西	河南	湖北	湖南
西部（12）	重庆	四川	贵州	云南
	西藏	陕西	甘肃	青海
	宁夏	新疆	广西	内蒙古

（一）地区之间人口与卫生财政支出及其比重

根据 2000 年国务院西部大开发领导小组关于我国东中西部地区的划分

方法，我国东部包括 11 个省（市），中部包括 8 个省，西部则包含 12 个
省（区/市）。我国不同地区不仅土地面积大小不同，人口密度差别较大，
而且，人均卫生财政支出不同。依据《2010 年中国卫生统计年鉴》和
《中国统计年鉴 2010》，试图分析各地区人口比重与卫生财政支出比重关
系，发现，东部地区北京、上海卫生财政支出比重明显高于人口比重，辽
宁、浙江省略高于人口比重。中部和西部地区各省（区/市）中，除中部
湖北省卫生财政支出比重低于人口比重，其余各省二者之间的差别不大。

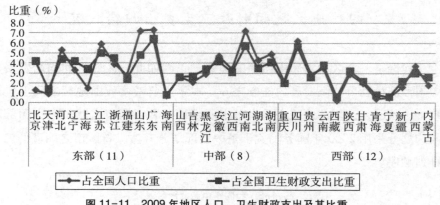

图 11-11　2009 年地区人口、卫生财政支出及其比重

（二）地区之间人均卫生事业费状况

卫生事业费是指国家用于疾病的防治、防疫和监控，保证人民身体健
康的经费支出，主要有：国有医院、专门医院、疗养院、保健院的经费拨
款或补助，各种防治、防疫所（站）、急救中心、红十字会的经费拨款，
重大社会卫生活动的经费拨款。

2006 年我国人均卫生事业费为 60 元，与此同时，各地区人均卫生事
业费差距比较明显。从地区看，中部地区最低，省区之间差距不明显。东
部地区和西部地区的省区市之间则呈现明显的非均等性。其中，北京、上
海和西藏三个省份人均卫生事业费明显高于其他省份。最高的北京市人均
卫生事业费为 294 元，而最低的安徽省人均卫生事业费只有 29 元，两省之

间整整相差 10 倍。

图 11-12 2006 年地区（省区市）人均卫生事业费状况

（三）新农合人均筹资的地区差异

新型农村合作医疗（简称"新农合"）是我国农村基本医疗保障体系的核心制度，现已在全国农村地区普及推广，2009 年底，共有 8.33 亿农民参合，人均筹资额 113 元，受益 7.59 亿人次。这一关系广大农民身体健康的惠民政策取得了初步成果。同时，我们也看到，地区之间的差异较为明显。2010 年中国卫生统计年鉴新农合人均筹资额和上海财经大学 2009 年千村社会调查新农合人均筹资额数据显示，新农合人均筹资额在东中西部地区，以及各省区市之间的差异。三类地区东部省份之间的差异较大，

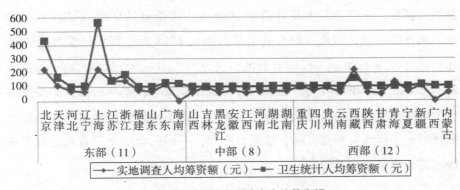

图 11-13 2009 年新农合人均筹资额

北京、上海人均筹资额明显高于其他地区；西部次之，西藏较高；中部地区之间的差别不大，但水平普遍偏低，均只略高于最低筹资额 100 元。①

（四）地区之间城镇职工基本医疗保险筹资状况

1998 年 12 月，国务院发布了《关于建立城镇职工基本医疗保险制度的决定》（国发［1998］44 号），要求在全国范围内建立以城镇职工基本医疗保险制度为核心的多层次的医疗保障体系。该决定指出，医疗保险制度改革的主要任务是建立城镇职工基本医疗保险制度，即适应社会主义市场经济体制，根据财政、企业和个人承受能力，建立保障职工基本医疗需求的社会医疗保险制度。建立城镇职工基本医疗保险制度的原则是：基本医疗保险的水平要与社会主义初级阶段生产力发展水平相适应；城镇所有用人单位及其职工都要参加基本医疗保险，实行属地管理；基本医疗保险费用由用人单位和职工双方共同负担；基本医疗保险基金实行社会统筹和个人账户相结合。目前，城镇职工基本医疗保险经历十多年的建立和完善过程进入相对成熟发展阶段。

城镇职工基本医疗保险制度是我国社会保险项目之一，试行之初实行地级城市为统筹单位。根据最新《社会保险法》，包括基本医疗保险在内的社会保险基金逐步实行省级统筹。可见，基本医疗保险的属地化性质比较明显，不同地区和不同省市基本医疗保险政策是不同的。仅从人均筹资额的角度看，东部地区人均筹资为 1565 元，而最低的中部地区则为 1128元。从省区市看，西藏人均筹资水平最高为 2748 元，其次是青海为 2473元，北京市为 2196 元。江西省最低，仅为 772 元，为北京和上海等发达地区的三分之一。由此可见，即便同样是城镇职工，在基本医疗保险筹资水平上也存在着较大的差异。作为社会保险，基本医疗保险基金试行独立分账管理，实行收支相抵，略有结余的原则，不同的筹资水平直接影响着参保职工医疗保障水平的高低。

---

① 海南和广西数据缺失，为绘图方便将其设为 0。

表 11-6　2009 年地区之间城镇职工基本医疗保险人均筹资状况

地区	城镇职保参保人数 （万人）	城镇职保基金收入 （亿元）	人均筹资额 （元）
东部	11242	1759.0	1565
中部	4951	558.6	1128
西部	3803	567.9	1493

表 11-7　　2009 年省区市城镇职工基本医疗保险人均筹资状况

地区	省区市	城镇职保参保人数 （万人）	城镇职保基金收入 （亿元）	城镇职保人均 筹资额（元）
东部（11）	北京	871	191.2	2196
	天津	399	66.5	1667
	河北	739	98.1	1329
	辽宁	1209	150.6	1245
	上海	1172	236.5	2018
	江苏	1604	263.9	1645
	浙江	1054	188.9	1792
	福建	436	86.7	1990
	山东	1266	175.7	1388
	广东	2371	287.8	1214
	海南	122	12.9	1061
中部（8）	山西	442	62.0	1402
	吉林	451	46.0	1019
	黑龙江	788	93.2	1182
	安徽	529	67.8	1283
	江西	503	38.8	772
	河南	841	85.0	1011
	湖北	715	80.6	1127
	湖南	682	85.3	1250

地区	省区市	城镇职保参保人数（万人）	城镇职保基金收入（亿元）	城镇职保人均筹资额（元）
西部（12）	重庆	326	53.8	1649
	四川	893	125.4	1403
	贵州	257	30.4	1181
	云南	357	69.8	1955
	西藏	20	5.5	2748
	陕西	433	58.2	1346
	甘肃	249	33.0	1326
	青海	72	17.8	2473
	宁夏	83	11.9	1426
	新疆	377	63.4	1683
	广西	361	49.5	1368
	内蒙古	374	49.3	1320

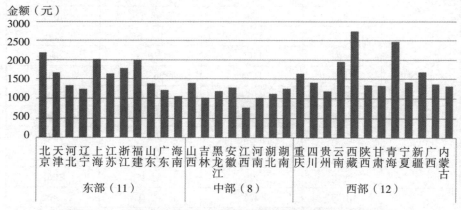

图 11-14　2009 年地区省区市城镇职工基本医疗保险人均筹资水平

（五）地区卫生事业费与健康结果

卫生事业费在卫生财政支出的比例较高，也是政府卫生支出的主要部分，一定程度上代表卫生财政支出。将 2006 年省市人均卫生事业费与 2009 年人口死亡率进行比照，分析卫生事业费与人口死亡率之间相关性

（见图 11-15）。人口死亡率是一个受多种因素长期影响的健康结果指标，年度卫生财政支出或者卫生事业费对人口死亡率会有影响，但影响有限。从地区数据分析可见，人口死亡率虽然存在差距，但差距不明显。可见，北京、西藏和上海的人均卫生事业费明显高于其他省区市，三省份人口死亡率相对较低，辽宁、广东、吉林、宁夏等省区人均卫生事业费虽然不高，与其他省区市的差别不大，但人口死亡率却和人均卫生事业费较高的北京等地相差无几。可见，卫生事业费只是影响人口死亡率的因素之一。

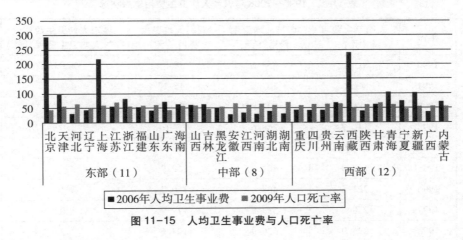

图 11-15　人均卫生事业费与人口死亡率

五、城乡居民之间卫生财政支出归宿状况

（一）城乡居民人均卫生费用及其增长趋势

长期以来，在我国形成了城乡有别的二元经济和社会结构，城乡居民在资源获得和服务获得等方面存在差异，医疗卫生服务领域内也是如此。我国城乡居民在卫生资源分布、医疗卫生服务利用、卫生筹资和健康等方面均存在着城乡差别，即存在着卫生服务公平性问题。

人均卫生费用代表国民用于医疗卫生服务领域内资金的总额。在我国，人均卫生费用不断增长，已由 1990 年的 65.4 元，增长到 2009 年的 1094.5 元。但是，我国城乡居民人均卫生费用及其增长均存在较大的差别。1990 年我国城市居民人均卫生费用是农村居民人均卫生费用的 4.09 倍，1993 年到 2002 年期间，城市居民人均卫生费用与农村居民人均卫生费用的比值降到了 4 倍以下，1997 年二者之间的差距最小，为 3.02 倍，经历了反复后，2007 年，城乡居民人均卫生费用的差距最大，为 4.23 倍，2008 年有所下降，但城市居民人均卫生费用仍然是农村居民的 4.10 倍。由此可见，城乡居民在卫生上的投入明显低于城市居民。

表 11-8　1990—2008 年城乡人均卫生费用发展状况

年份	人均卫生费用（元）	城市人均卫生费用（元）	农村人均卫生费用（元）	城市人均卫生费用/农村人均卫生费用（倍）
1990	65.4	158.8	38.8	4.09
1991	77.1	187.6	45.1	4.16
1992	93.6	222.0	54.7	4.06
1993	116.3	268.6	67.6	3.97
1994	146.9	332.6	86.3	3.85
1995	177.9	401.3	112.9	3.55
1996	221.4	467.4	150.7	3.10
1997	258.6	537.8	177.9	3.02
1998	294.9	625.9	194.6	3.22
1999	321.8	702.0	203.2	3.45
2000	361.9	813.7	214.7	3.79
2001	393.8	841.2	244.8	3.44
2002	450.7	987.1	259.3	3.81
2003	509.5	1108.9	274.7	4.04
2004	583.9	1261.9	301.6	4.18
2005	662.3	1126.4	315.6	3.57
2006	748.8	1248.3	361.9	3.45
2007	876.0	1516.3	358.1	4.23
2008	1094.5	1862.3	454.8	4.10

从城乡居民人均卫生费用增长趋势看，1990 年到 2008 年间，城乡居民人均卫生费用有所提高，但二者之间的差距并没有缩小。

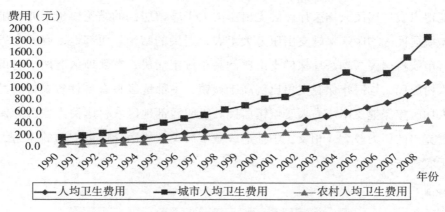

图 11-16 1990—2008 年人均卫生费用及其增长趋势

（二）城乡居民医疗保健支出及其占消费性支出比例状况

从 2009 年各地区城乡居民人均医疗保健支出水平看，除上海市城乡居民人均医疗保健支出相同以外，其他省区市城镇居民人均医疗保健支出普遍高于农村居民医疗保健支出。省区市之间城乡差距有所不同，东中西部之间城乡差距不明显。

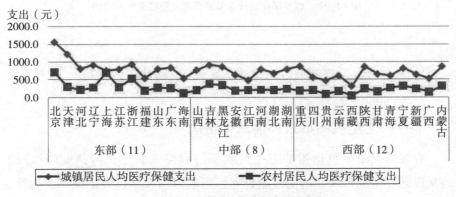

图 11-17 城乡居民人均医疗保健支出

从城乡居民人均医疗保健支出占消费性支出的比例看，省区市之间城镇居民医疗保健支出比例和农村居民人均医疗保健支出比例各有高低。不能得出农村居民人均医疗保健支出压力大于城镇居民的结论，也不能得出城镇居民人均医疗保健支出压力大于农村居民的结论。西部地区有五个省区市农村居民人均医疗保健支出比例高于城镇居民，东部地区有两个省市农村居民人均医疗保健支出比例高于城镇，中部地区只有吉林省农村居民人均医疗保健支出压力大于城镇居民。说明西部地区农村居民人均医疗保健支出的压力较大，相反，中部地区城镇居民人均医疗保健支出的压力大于农村居民。

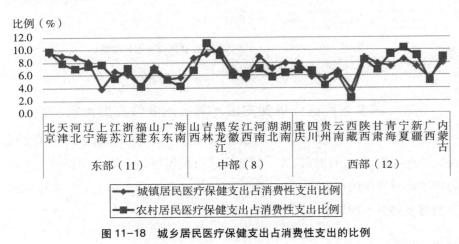

图 11-18　城乡居民医疗保健支出占消费性支出的比例

六、卫生机构之间财政补助归宿状况

（一）卫生机构财政补助总体情况

在我国，卫生机构指从卫生行政部门取得《医疗机构执业许可证》，或从民政、工商行政、机构编制管理部门取得法人单位登记证书，为社会提供医疗保健、疾病控制、卫生监督服务或从事医学科研和医学在职培训等工作的单位。卫生机构包括医院、疗养院、社区卫生服务中心（站）、卫生院、门诊部、诊所（卫生所、医务室）、村卫生室、急救中心（站）、采供血机构、妇幼保健院（所、站）、专科疾病防治院（所、站）、疾病预防控制中心、卫生监督所、卫生监督监测机构、医学科研机构、医学在职培训机构、健康教育所（站）等其他卫生机构。

　　我国的卫生机构根据经济类型不同，分为国有、集体、私营和其他四种类别。根据主办单位的不同，可以分为政府办、社会办和个人办三种类别。还可根据地区的不同分为东部、中部和西部。不同类别的卫生机构财政补助及其占总收入的比重也是有所区别的。2009 年，卫生机构财政补助收入占总收入的 11.26%，其中，从经济类型看，国有卫生机构财政补助收入是其总收入的 12.38%，私营卫生机构财政补助收入占其总收入的 0.47%。从主办单位看，政府办卫生机构财政补助收入占其总收入的 12.92%，个人办卫生机构财政补助收入占其总收入的 0.45%。从地区看，东部地区卫生机构财政补助收入占其总收入的 9.93%，西部地区最高，占 15.16%。国家对国有和集体所有卫生机构财政补助的力度较大，但最高仅占其全部收入比例并不太高，对其他和私营卫生机构的财政补助更是微乎其微。国家对政府办卫生机构的财政补助力度较大，但占其全部收入的比例也不高，对社会办卫生机构的财政补助占其全部收入的比例仅为 5.05%，个人办卫生机构的财政补助也是微不足道。在地区上，国家对西部地区卫生机构的财政补助最高，但比例也不大（见表 11-9）。

表 11-9　2009 年卫生机构财政补助收入及其比重状况

类别	总收入（万元）	财政补助收入（万元）	上级补助收入（万元）	业务收入/事业收入（万元）	财政补助收入总收入比重（%）
总计	118629118	13353379	1315795	103412424	11.26
按经济类型分					
国有	99781325	12356584	1055432	85985836	12.38
集体	7597966	903199	148018	6495813	11.89
私营	6523195	30820	66937	6367618	0.47
其他	4726631	62776	45408	4563158	1.33

续表

类别	总收入（万元）	财政补助收入（万元）	上级补助收入（万元）	业务收入/事业收入（万元）	财政补助收入总收入比重（%）
按主办单位分					
政府办	97824308	12642318	609443	84193058	12.92
内：卫生部门	95847288	12182147	554137	82742782	12.71
社会办	13404903	677453	643641	11978222	5.05
个人办	7399906	33608	62711	7241144	0.45
按地区分					
东部	66208637	6573965	584005	58780824	9.93
中部	28190562	3105242	395286	24559166	11.02
西部	24229919	3674172	336503	20072434	15.16

（二）医疗机构财政补助收入占总收入的比重

医疗机构是指依法定程序设立的从事疾病诊断、治疗活动的卫生机构的总称。这一概念的含义：第一，医疗机构是依法成立的卫生机构。第二，医疗机构是从事疾病诊断、治疗活动的卫生机构。第三，医疗机构是从事疾病诊断、治疗活动的卫生机构的总称。我国的医疗机构是由一系列开展疾病诊断、治疗活动的卫生机构构成的。医院、卫生院是我国医疗机构的主要形式，此外，还有疗养院、门诊部、诊所、卫生所（室）以及急救站等，共同构成了我国的医疗机构。

2009年我国医院财政补助收入占其总收入的7.72%，卫生院财政补助收入占其总收入的18.59%。急救中心财政补助收入的比重最高，为58.6%，其次是专科疾病防治院为36.25%，疗养院财政补助收入的比重为33.66%。护理站和村卫生室没有获得财政补助收入。由此可见，我国政府对医疗机构的财政补助开始向基层医疗机构和非诊疗性医疗机构倾斜。

表 11-10 2009 年医疗机构财政补助收入占总收入比重状况

医疗机构 分类	总收入 （万元）	财政补助 收入	上级补 助收入	业务 收入	财政补助 收入比重 （%）
总计	113099266.9	10440176.7	1192767.16	101326979.4	9.23
医院	85951543	6631731	605070	78714743	7.72
疗养院	201919	67958	11614	122347	33.66
社区卫生服务中心（站）	4193903	792580	119612	3281711	18.90
卫生院	10339079	1921659	125106	8292314	18.59
门诊部	1122983	44575	23587	1054820	3.97
诊所、医务室、护理站	4447603	12	161848	4222981	0.00
村卫生室	2309255		95660	2147246	0.00
急救中心（站）	137431	80537	2367	44294	58.60
妇幼保健院（所、站）	3648023	652929	36255	2958839	17.90
专科疾病防治院（所/站）	676839	245377	11532	419930	36.25
临床检验中心（所、站）	70690	2818	117	67755	3.99%

（三）政府办医疗机构财政补助状况

根据主办单位医疗机构分为政府办、社会办和个人办三种类型，政府办在医疗机构中占据主要位置。在政府办医疗机构中，社区卫生服务中心获得财政补助收入占总收入比重最高，为 21.55%，社区卫生服务中心是城镇的基层医疗卫生服务机构。其次是乡镇卫生院，占总收入的 18.98%，乡镇卫生院则处于农村三级医疗卫生服务网络的核心位置，担负着广大农村基本医疗卫生服务提供者的职能。在妇幼保健院财政补助收入占全部收入的 14.26%（见表 11-11）。

表 11-11　　2009 年政府办医疗机构财政补助收入状况

指标名称	医院	社区卫生服务中心	乡镇卫生院	妇幼保健院
机构数（个）	9526	2590	36750	1732
总收入（万元）	74569116	2903780	9597506	3216700
财政补助收入（万元）	6336271	625860	1821977	458801
财政补助收入比重（%）	8.50	21.55	18.98	14.26
上级补助收入（万元）	250206	59840	115880	21763
业务收入（万元）	67982639	2218079	7659648	2736137

（四）综合医院财政补助收入状况

医院是医疗机构的主体，2009 年我国共有 20291 所医院，其中 4806 所为综合医院，占医院总数的 23.69%。这些综合医院从中央到地方共有五级，不同级别的综合医院获得财政补助收入的规模有所不同。平均每所医院获得财政补助收入为 850.2 万元，平均每所医院获得财政补助收入规模由中央到县属逐级减少。中央属最多为 12690.7 万元，县属则只有 451.9 万元。说明，综合医院级别越高获得财政补助规模越大。级别高的综合医院数量较少，中央属综合医院只有 26 所，省属也只有 219 所。综合医院的级别越低数量越多，但每所综合医院获得财政补助收入的规模则越少。主办级别高低与医院的规模有关，主办级别高低接受服务的对象也是不同的。依据就近就便原则，广大民众往往更多地通过基层医疗机构享受到基本医疗卫生服务，或者由低级别医疗机构向高级别医疗机构转移。事实上，大多数基本医疗服务来源于地级市属、县级市属和县属。每所中央属综合医院每年获得财政补助收入是每所县属综合医院和县级市属综合医院的 28 倍和 26 倍（见表 11-12）。

表 11-12　2009 年五级综合医院财政补助收入状况

单位：万元

指标名称	合计	中央属	省属	地级市属	县级市属	县属
机构数	4806	26	219	1091	1469	2001
平均每所医院总收入	11494.9	143198.0	57568.1	18444.1	6583.8	4557.5
财政补助收入	850.2	12690.7	3426.0	1270.7	486.9	451.9
上级补助收入	36.6	414.0	141.2	78.1	16.3	12.5
业务收入	10608.1	130093.3	54000.9	17095.3	6080.6	4093.1

第十二章
"三农"支出的利益归宿研究

一、"三农"支出的范围

中央财政用于"三农"支出是衡量中央财政对农民、农业和农村支持和保护力度的重要指标，它包括中央财政用于农民各种补贴、农业生产、农村基础设施、社会事业等方面投入总和。"三农"在国民经济社会中特有的基础性和弱势性，决定了加快农村农业发展、增加农民收入仅靠市场调节不行，国家必须加强扶持和保护。

（一）"三农"支出的口径

"三农"支出的内容非常庞杂，从财政部门的实际工作来看，我国财政支农支出有大、中、小三个口径。

1. 小口径仅仅限于财政对纯农业方面的支出

具体包括支援农业生产支出、农业综合开发和各项事业费支出，这也是各级财政落实《农业法》的口径，这个口径支农范围比较窄。

2. 中口径就是 WTO 口径

按照 WTO 的农业协定，政府对农业财政的支持主要分"绿箱政策"、"黄箱政策"和"蓝箱政策"。"绿箱政策"是指对农业生产、价格和贸易不会产生或仅有微小扭曲影响而不需要减免的政策，主要有十二大部分：

一是政府一般服务，农业科研、病虫害防治、农业科技人员和生产操作培训、技术推广和咨询服务、检验服务、市场促销服务、农业基础设施等；二是用于粮食安全目的公共储备补贴；三是国内粮食援助补贴；四是对生产者的直接支付；五是与生产不挂钩的收入补贴；六是收入保险计划补贴；七是自然灾害救济补贴；八是通过生产者退休计划提供的结构调整补贴；九是通过农业资源停用计划提供的结构调整补贴；十是通过投资援助提供的结构调整补贴；十一是农业环境补贴；十二是地区援助补贴。

"蓝箱"政策是根据农产品限产计划，按固定面积和产量对生产者给予的直接补贴，不需要限制。

"黄箱"政策是指那些容易引起农产品贸易扭曲的因而需要限制的政策，主要包括政府对价格的支持；种子、化肥、灌溉能农业投入品的补贴；农产品营销贷款的补贴等。

3. 大口径的范围

大口径即当前的所有涉及农业、农村、农民的"三农"支出内容，具体包括：

（1）支持农业农村基础设施建设

包括大江大河的治理、中小型基本农田水利设施建设、农业科研基础设施建设、大宗农产品商品基地建设、乡村道路建设、农村电网改造、人畜饮水设施改善等。

用于这方面的财政支农资金包括农业基本建设投资（含国债投资）、农业综合开发、小型农田水利建设支出等。

（2）支持农业科技进步

主要是农业科研、科技成果转化、农业科技推广应用和农民科技培训。

用于这方面的财政支农资金包括农业科研支出、科技三项费用、农业科技推广支出、农业科技成果转化资金、财政扶贫资金等。

（3）支持粮食生产和农业结构调整

主要是支持粮食等大宗农作物生产发展、农业结构调整、农业产业化经营和农村劳动力转移就业等。

用于这方面的财政支农资金包括良种补贴、农业产业化资金、农民就业技能培训、农产品政策补贴等。

（4）支持生态建设

主要是支持生态恶化的重点地区改善生态环境。

主要支出包括退退耕还林资金、天然林保护资金、森林生态效益补偿、草原生态治理资金、水土保持资金。

（5）支持抗灾救灾

主要是支持抗御洪涝灾害、动植物病虫害和其他一些自然灾害，帮助受灾地区和群众恢复生产生活。用于这方面的财政支农资金包括特大防汛抗旱资金、动植物病虫害防治资金、森林草原防火资金、农村救济费等。

（6）支持扶贫开发

主要是支持贫困地区改善生产生活条件，促进贫困地区社会经济发展。用于这方面的资金包括财政扶贫资金、国债资金（以工代赈）等。

（7）支持农村社会事业发展

主要是支持发展农村教育、卫生、文化等事业，促进农村社会经济协调发展。财政用于这方面的资金包括教育支出、医疗卫生支出、文化支出等。

（8）支持农村改革

主要是支持农村深化改革，促进理顺农村经济关系，加快农村市场经济体制建设。财政用于这方面的资金包括农村税费改革转移支付、农产品政策补贴等。

（二）中央财政"三农"支出的主要内容

中央财政现有直接支持"三农"资金 15 大类，包括基本建设投资（国债资金）、农业科学事业费、科技三项费用、支援农村生产支出、农业综合开发支出、农林水气等部门事业费、支援不发达地区支出、水利建设基金、农业税灾歉减免补助、农村税费改革转移支付、农产品政策性补贴支出、农村中小教育支出、农村卫生支出、农村救济支出、农业生产资料价格补贴。这一口径是目前中央财政支持"三农"支出最大的口径，基本涵盖了中央财政支持"三农"的各个方面。

由于"三农"支出涉及的内容非常庞杂，又没有单独的预算收支科目，为此，将"三农"支出的研究范围确定在国家财政对农业的支出、农业综合开发支出、扶贫支出、粮食补贴支出四个方面。

（三）中央财政"三农"支出的总量和结构的变动趋势

近些年来，为尽快解决"三农"问题，中央政府进一步加大了对"三农"的支持力度，体现在财政支出上：

一是财政对"三农"支出总量逐年增长，中央财政支持"三农"支出的最大口径由 2003 年的 2144.2 亿元，增长到 2010 年的 8183.4 亿元，八年增加了近 4 倍。

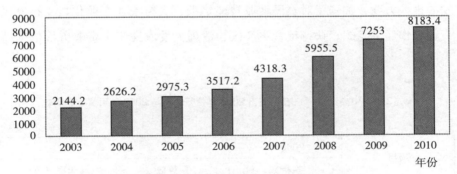

图 12-1 中央财政"三农"支出的总量（亿元）

资料来源：中国财政年鉴和财政部领导讲话。

二是中央财政对"三农"的投入力度，同样也体现在"三农"支出结构发生的显著变化。

改革开放初期，中央财政对"三农"支出主要用于流通领域的农产品政策补贴支出，1998 年以后，借积极财政政策之力，国家加大了对主要江河堤防建设和病险水库除险加固的投资，加大了对长江中上游和黄河上游林业生态建设的投入，水利和林业的支出比重大幅度上升。2000年以后，随着农村税费改革试点的推进，农村税费改革转移支付支出逐步成为中央财政支持"三农"支出的一个重要部分，比重迅速提高。从2003年以后，中央财政把农村社会事业发展和公共基础设施建设逐步纳入公共财政的支出范围，中央财政用于农村公共基础设施建设和农村教育卫生等社会发展方面的支出大幅度增加。

2004年以后，国家按照科学发展观的要求布局财政支持"三农"的各项政策。新的财政支持"三农"政策体系，强调以人为本。国家财政支农政策实现了从支持农业生产，到支持农业结构调整，再到支持农民增收的转变，在"多予"、"少取"、"放活"等方面采取了一系列促进农民增收的措施。直接补贴农民成为财政支持"三农"的新的重要方式。政府直接补贴农民，不仅显著提高了农民直接受益的程度，而且政策导向明确，激励效应大大增加（见表12-1）。与此同时，中央财政还不断加大支持扶贫开发的投入力度，加强了对农民就业技能培训、支持农业产业化、支持农民专业合作经济组织、扶持粮食主产区、清理欠发农民工工资等方面的支持力度。

表12-1　中央财政"三农"支出2008年执行情况与2009年预算草案比较

单位：亿元

项目	2008年	2009年	
	执行数	预算数	增长率（%）
农林水事务	2702.20	3446.59	27.5
良种补贴	123.45	154.80	25.4
农资综合补贴	715.91	756.00	5.6
农机具购置补贴	39.95	130.00	225.0
粮食直补	151.09	190.00	25.8
农业保险保费补贴	60.50	79.80	31.9
农业基础设施	1137.60	1295.10	13.8
农业综合开发	127.00	147.00	15.7

项目	2008 年	2009 年	
	执行数	预算数	增长率（%）
扶贫开发	167.30	197.30	17.9
现代农业生产	53.99	65.00	20.4
"三农"支出合计	5955.50	7161.40	20.2
农业生产	2260.10	2642.20	16.9
四项补贴	1030.40	1230.80	19.4

注：2008 年农林水事务执行数数据在《2009 年财政预算草案》附表中提供了两组数，其中一组为 1821.74 亿。

资料来源：《2009 年预算报告》。

二、国家财政对农业支出的利益归宿

财政农业支出是农业资本的一个重要来源，反映了国家财政对农业的支持力度。在分析国家财政对农业支出的利益归宿之前，有必要对财政对农业支出的规模进行分析。

（一）财政对农业支出的规模分析

1. 国家财政对农业支出的绝对规模分析

财政支农支出的绝对规模是指在一定时期内，各级财政部门对农业财政支出的总额、净额及其增长速度。本章中的农业财政净支出是指狭义的农业财政支出减去农业税收收入的差额，反映了财政真正对农业的支持力度。自 1994 年分税制改革以来，国家财政收入连年增长，用于农业财政的部分也不断增加，1997 年至 2006 年间投入资金大约增长 4 倍，从 560 亿元增加到 2161 亿元，农业财政收入也增长 3.68 倍，从 397 亿元增长到 1084 亿元。财政支出的金额绝对规模不是很大。从 2006 开始国家全面取消农业税，农业财政的支出规模才达到真正意义上的增加，讨论多年的"三农"问题得到国家的重视。

支出（亿元）

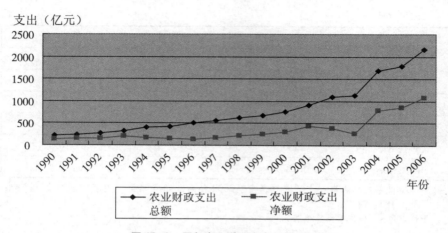

图12-2 历年农业财政支出总额、净额
资料来源：根据各期《中国统计年鉴》整理获得。

增速（%）

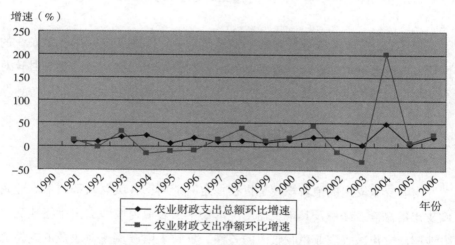

图12-3 历年农业财政支出总额、净额环比增长速度
资料来源：根据各期《中国统计年鉴》整理获得。

可以看出1998年之前，国家农业财政支出净额很小，增长速度也很缓慢，说明国家财政对于农业发展的支持力度只够农业生产发展的基本要求，想要进一步发展需要国家财政对农业部门的进一步加大投入。1980年、1981年、1999年、2002年国家用于农业的财政支出净额处于负增长状态，1999 年国家用于财政支农的总额不增反减，农业税负也小幅提升，其他几年的财政支农总额虽都有上升，但上升幅度都小于农业税上升幅度，必然造成财政支农净额的负增长。1998 年的财政支农净额的增长与当年发行大量国债，引起财政支农总额的大幅上升。2004 年全国实行在部分地区试点免除农业税，财政支农净额必然上升，2006 年全国免除农业税，财政支农净额随之出现大幅度上升。用财政支农净额来比财政支农总额能更准确地衡量农业财政支持力度，财政支农净额与财政支农总额在走向趋势上表现了高度的一致性，然而财政支农净额的波动却大于财政支农总额，因为财政支农净额受到了财政支农总额和农业税收的双重影响，这也是财政支农净额能更准确地反映财政支农力度的原因。

2. 国家财政对农业支出的相对规模分析

农业财政支出的相对规模更能反映出政府财政支农的决心和力度，衡量财政支农支出相对规模的两个指标是政府支农决心和支农力度的最好证明，一个指标是支农财政净额占国家财政总支出比，它反映农业财政支出在国家财政支出中的地位；另一个指标是财政支农总额与同期国家农业GDP 比，反映政府对农业支持的力度。

（1）财政支农净额与财政总支出比

从图 12-4 中可以看出，财政支农净额与财政总支出比呈震荡走势，在 2003 年、2004 年两年连续出现大幅度下降。国家用于农业财政支持的净额一直保持在国家财政支出的 3% 左右，虽然伴随着农业财政支出的连

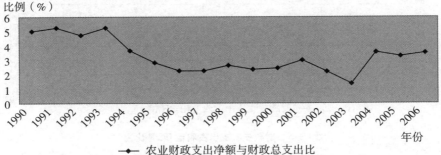

图 12-4 国家财政支农净额与财政总支出比

年增长，从 1995 年到 2006 年上涨 6 倍多，实际上用于财政支农的比例却一直没有提高，农业财政支出总量仍然不足。从图中可以看出，1998 年、2004 年等年份的农业财政支农净额份额的上升与当年的国债发行有关，但是发行国债不是一项长期可持续的事情，可以看出国家财政预算中用于农业支出有很大的随意性，所以国家应该更全面地考虑农业财政支出的地位，从国家财政预算中体现农业的基础地位。

（2）狭义的财政支农支出占农业 GDP 比例

从图中可以看出 1990 年到 1995 年间，财政支农与农业 GDP 比例整体呈下降趋势，在这一时期，农村生产力得到解放，农业 GDP 不断上升，而农业财政支出却没有跟上农业形势的发展，还维持在原来水平。1995 年后呈缓慢上升趋势，而这一时期比例的上升并不是由于农业财政支出的高速增长，还因为农业财政投入不足，基础设施建设落后，生产力发展遇到瓶颈，农业 GDP 增长缓慢，1999 年更是出现负增长，农业增加值为 −0.55%。西方发达国家经历了近百年的实践证明了农业部门的重要性，他们的农业财政投入占农业 GDP25% 左右，日本、以色列等国更是高达 45% 以上，即使是印度也达到 10%，中国仅有 6% 左右。[①] 中国应将农业放到与工业同样重要地位，保持社会平衡发展。

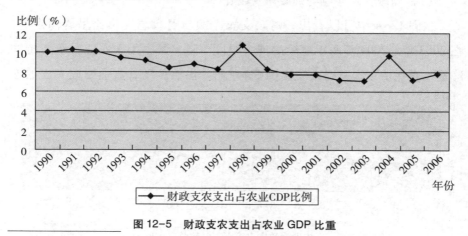

图 12-5　财政支农支出占农业 GDP 比重

① 中国农业软科学研究室：《促进农民增收与全面建设农村小康社会》，中国农业出版社 2005 年版。

3. 地方财政支农支出的规模分析

地方财政支农支出主要包括支援农村生产和各项农业事业费，国家财政对这两项农业支出的大头在地方，约占80%。然而，20世纪90年代至今，地方财政对农业投入的力度持续下降。表12-2显示，1991—2006年地方财政总支出由2295.8亿元增长到30431.33亿元，增长了13.26倍，而同期地方财政农业支出由220.74亿元增长到1966.96亿元，仅增长了8.9倍，地方财政支农支出比重呈逐年下降趋势，1991年为9.6%，2003年下降到5.8%，仅2004年上升到7.5%，随即又迅速下降到2006年的6.5%。

表12-2 地方财政支农支出现状

年份	中央财政支农（亿元）	地方财政支农（亿元）	地方财政总支出（亿元）	地方财政支农支出占地方财政总支出的比重（%）
1991	22.81	220.74	2295.8	9.6
1992	27.52	241.52	2571.76	9.4
1993	32.32	290.10	3330.24	8.7
1994	44.95	354.75	4038.39	8.8
1995	46.40	383.82	4828.33	7.9
1996	54.95	455.12	5786.28	7.9
1997	56.12	504.65	6701.06	7.5
1998	68.79	557.23	7672.58	7.3
1999	68.64	608.82	9035.34	6.7
2000	77.42	689.47	10366.65	6.6
2001	99.09	818.87	13134.60	6.2
2002	119.74	982.96	15281.45	6.4
2003	135.59	999.27	17229.84	5.8
2004	141.80	1551.99	20592.81	7.5
2005	147.53	1644.87	25154.31	6.5
2006	194.39	1966.96	30431.33	6.5

资料来源：《中国财政年鉴》。

（二）国家财政农业支出的利益归宿

公共支出的利益归宿是考察公共支出实际使用效果的主要工具，主要是从实证的角度研究不同的经济主体从公共支出中获得的利益大小，从而判断公共支出的结果是否符合公平的目标。

1. 国家财政农业支出利益归宿的结构分布

财政支农项目支出结构是指，国家财政支出中用于农业不同领域所形成的不同的支出项目构成。国家财政预算内支农支出主要包括支援农村生产支出和农林水利等单位部门的事业费、农业基本建设支出、农业科技三项费以及农村救济费。

从表 12-3 中可以看出，支援农村生产支出和农林水利等单位部门的事业费占农业财政支出的大部分，从 1978 年至 2006 年这近三十年间只有四年没有超过 60%，平均 67%，最高年份将近占 75%，在这两项支出中，农林水利部门的事业费占绝大部分，支援农村生产支出只占很少一部分，不超过 10%。由于农业自身的薄弱性，没有充足的资金，支援农村生产支出能对市场机制进行弥补，降低农产品生产成本，调动农民种粮积极性，促进农业的发展。然而，财政支农支出中，支援农村生产支出量捉襟见肘，已不能对农村生产发展做多少贡献。大量的农林水利部门事业费用于养活庞大的农业政府机关，名义上属于支农支出，但实际上大部分流向了城市，并没有直接用于农村，农民从中得到的实惠寥寥可数。

农业基本建设主要是指国家在农业、林业、水利、气象等部门进行的基础设施工程建设，这些工程的建设有很大外部性，对于改善农业生产基本条件，促进农业综合生产能力和保障农业可持续发展有着重要作用。农业基本建设的财政支出在整个农业财政支持的份额呈波动中下降的趋势，1998 年国家发行大量国债，农业财政中用于农业基本建设的支持份额有所上升，随后虽然绝对支出总额在连续上升，但是相对份额连年下滑，在本来农业基础设施建设薄弱的中国，农业基础设施建设的投入力度明显不够，农业要想实现长远可持续发展必须提高农业基础设施建设支出。另外，在农业基本建设支出项目中，如江海堤防、南水北调、防洪防汛等支出却全部列在支农资金中，其受益对象包括城市和农村、工业和农业，利益的归宿不仅仅是农村、农业和农民。

表 12-3 国家财政支农支出利益归宿的结构分布

单位：亿元、%

年份	财政支农总支出	农林水气事业费与支援农村生产支出		农业基本建设支出		科技三项费		农业救济费	
		总额	份额	总额	份额	总额	份额	总额	份额
1978	150.66	76.95	51.1	51.14	33.9	1.06	0.7	6.88	5
1980	149.95	82.12	54.8	48.59	32.4	1.31	0.9	7.26	5
1985	153.62	101.04	65.8	37.73	24.6	1.95	1.3	12.9	8
1990	307.84	221.76	72.0	66.71	21.7	3.11	1.0	16.26	5
1991	347.57	243.55	70.1	75.49	21.7	2.93	0.8	25.6	7
1992	376.02	269.04	71.5	85	22.6	3	0.8	18.98	5
1993	440.45	323.42	73.4	95	21.6	3	0.7	19.03	4
1994	532.98	399.7	75.0	107	20.1	3	0.6	23.28	4
1995	574.93	430.22	74.8	110	19.1	3	0.5	31.71	6
1996	700.43	510.07	72.8	141.51	20.2	4.94	0.7	43.91	6
1997	766.39	560.77	73.2	159.78	20.8	5.48	0.7	40.36	5
1998	1154.76	626.02	54.2	460.7	39.9	9.14	0.8	58.9	5
1999	1085.76	677.46	62.4	357	32.9	9.13	0.8	42.17	4
2000	1231.54	766.89	62.3	414.46	33.7	9.78	0.8	40.41	3
2001	1456.73	917.96	63.0	480.81	33.0	10.3	0.7	47.68	3
2002	1580.76	1102.7	69.8	423.8	26.8	9.88	0.6	44.38	3
2003	1754.45	1134.86	64.7	527.36	30.1	12.4	0.7	79.8	5
2004	2337.63	1693.79	72.5	542.36	23.2	15.6	0.7	85.87	4
2005	2450.31	1792.4	73.1	512.63	20.9	19.9	0.8	125.38	5
2006	3172.97	2161.35	68.1	504.28	15.9	21.4	0.7	182.04	6

资料来源：各期《中国统计年鉴》。

现代化的农业发展离不开农业科技的投入，农业科技成果的转化率直接决定着农业发展的科技水平。由中国农业政策研究中心和国际食物政策研究所的一项联合研究证明，[①] 农业科技的投入和推广在所有公共投资中对农业的生产增长贡献最大，然而我国近年来农业科技三项费占农业财政支出的比例最高的年份也不到1%。农业科技投入水平低下，农产品几乎没有科技含量可言，农业科研都是跟在外国研究机构后面人云亦云，无法谈及科技转化率，廉价的劳动力和自然资源成为我国农产品在国际市场唯一的竞争力，在发达国家科技冲击下，这些优势也所剩无几。即使在如此之低的农业科技投入中，农业和农民直接受益的份额也并不多，而且在实际操作中，大量资金却因此流向了科研院所、工业企业、农业管理部门（七站八所）等。

从表12-3中可以看出，自1978—2006年，农业救济费用占农业财政支出的比重较低，一直在3%—8%之间震荡徘徊，平均水平仅为4.9%。农业救济费的直接受益者为广大农民，在我国独特的城乡二元经济结构下，农村经济薄弱，农业人口占全国人口的大部分，农业经营风险大于工业部门，但是和城市救济费用比起来，农村救济费用在绝对量上仍然不足。

另外，财政支农补贴对象和环节也存在错位。我国长期以来对农业实施财政支持的重点是粮棉大宗农产品的生产与流通，基本的政策措施是通过价格手段和财政补贴方式来调节农产品供求关系，并保障农民收入增长。但现有的政策执行机制一方面使政府陷入永无止境财政补贴"黑洞"，每年仅粮食企业的亏损就有上千亿元，另一方面使政府的农业政策效应难以实现，大量财政补贴的受益者是庞大臃肿的农产品（粮棉）流通部门，农民的受益非常有限。

2. 国家财政农业支出利益归宿的地区分布

地方财政对农业的支出，是财政支农支出的主体，也决定着财政农业

---

① 农业部产业政策与法规司课题组：《粮食补贴方式改革探讨》，《农业经济问题》2003年第5期。

支出利益归宿的地区分布。

关于区域的划分，文中采用国家统计局的统计口径，东部地区包括北京、天津、河北、辽宁、上海、江苏、浙江、福建、山东、广东和海南等11个省市；中部地区包括山西、吉林、安徽、江西、黑龙江、河南、湖北和湖南8个省；西部地区包括重庆（1997年后单列）、四川、贵州、云南、西藏、甘肃、青海、宁夏、广西、新疆、陕西、内蒙古12个省区市。

从表12-4可以看出，自从1997年以来，我国东、中、西部地区无论是财政农业支出总额，还是人均财政农业支出总额都呈增长态势，但总体呈现东部、西部和中部递减趋势。中部地区无论从总额还是人均数来看都要低于东部与西部地区。中部8省是我国的农业大省，为中国的粮食主产区，理应获得财政资金更多的支持，反而却变成了财政支农的塌陷地区。

从各地方财政支农的增长速度来看，东部地区财政农业支出增长速度较为稳定，中西部地区尤其是在2002年以后波动幅度很大，2003年中西部地区财政对农业的支出出现了负增长，2004年财政农业支出又巨幅增长，中西部地区分别增长66.75%和95.05%，但2005年又大幅回落，西部地区甚至出现了负增长，可见中西部地区的财政农业支出缺乏一定的稳定性。

3. 国家财政农业支出对农民收入的影响——财政农业支出利益的最终归宿

国家财政对农业支出的最终政策目标，就是要实现农业增产和农民增收，因此农民收入的增长是国家财政农业支出的最终利益归宿。近些年来，国家财政支农资金总量不断增加，但农民收入最终有没有增加，这关系到国家财政支农政策的实施效果和农民的切身利益。

（1）农民收入的构成

根据农民劳动力分配的变化，农民人均纯收入可以分为工资性收入、家庭经营性收入、财产收入和转移收入四部分。

报酬性收入一般来说是指外出务工收入，农民被单位或个人雇用，依靠出卖自己的劳动所获得的劳动报酬收入。

表 12-4   地方财政支农支出利益归宿的地区分布

单位：亿元、%

年份	农业财政支出总额						人均农业财政支出		
	东部	增速	中部	增速	西部	增速	东部	中部	西部
1997	211.44		134.69		158.51		63.95	43.71	57.34
1998	225.12	6.47	162.77	20.85	169.29	6.80	67.43	52.82	60.99
1999	262.20	16.47	164.07	0.80	182.54	7.83	78.47	53.12	65.59
2000	287.81	9.77	178.72	8.93	222.94	22.13	85.28	57.50	79.64
2001	332.12	15.39	206.89	15.76	279.86	25.53	97.34	66.38	99.61
2002	391.96	18.02	261.13	26.21	329.88	17.87	115.23	83.46	116.90
2003	450.05	14.82	249.23	-4.56	300.00	-9.06	131.81	79.43	106.28
2004	551.25	22.49	415.60	66.75	585.14	95.05	160.63	131.78	206.05
2005	654.91	18.80	436.79	5.10	553.17	-5.46	277.56	171.96	235.16
2006	764.56	16.74	532.15	21.83	670.46	21.20	328.88	213.59	288.48

注：地方农业财政支出总额是农业支出、林业支出和农林水气部门事业费的三项相加。
资料来源：地方农业财政支出总额来源于各期《中国统计年鉴》；2006 年、2005 年乡村人口数来源于《中国统计年鉴》，其余来源于《中国农业年鉴》。

家庭经营性收入只要是指农民从事各项生产劳动所获得的收入，包括从事农林牧渔业等生产性收入，其他商业收入如农业旅游、运输业等服务性收入和其他家庭经营收入。就我国当前情况来说只有少数地区服务性收入对农民收入有较大影响，大部分农业地区除农业外其他经营性业务尚不发达，农林牧渔业等生产性收入占家庭经营收入绝大部分。

财产性收入是指农民自由资产转让使用权所取得的利息、股息、租金等收入，出让特许权收入、集体财产收入等。但是在我国农业发展尚处于起步阶段，农民所有资产并不多且当前中国农村缺少利用农民自由资产的途径和渠道，因此对增加农民收入来说，财产性收入几乎不对农民收入的增长产生影响。

转移性收入指政府对农民的各种转移支付、农业保险赔款和其他转移性收入等。我国粮食直接补贴政策、良种补贴政策和农机具补贴政策都属于转移性收入。转移支付政策直接增加了农民的可支配收入，从一定程度上保证了农民收入一定的增长。

从表 12-5 可以看出，2002 年以前家庭经营收入和工资收入占农民收入的比重一直在 94%以上，家庭经营收入所占家庭收入的比重由 1987 年的 74.69%下降到 2002 年的 60.05%，工资性收入占家庭收入的比重由 20.65%上升到 33.94%，由于工资性收入的统计难度很大，统计数据难以全面掌握，在现实中这一比例可能更高。财产和转移性收入在农民家庭收入中的比重不断下降，基本维持在 4%左右，到 2006 年时有所升高，但对农民收入增长的影响甚微，其中转移性收入相对于财产性收入来说增长较大，财产性收入增长幅度一直保持在 3%左右，不难看出，劳动报酬收入和农业经营收入仍然是农民家庭收入的主要组成部分，这两项收入的变化并驾齐驱成为影响农民收入增长的重要因素，而转移性支付和财产性收入也已经成为农民收入增长不可忽视的因素。

表 12-5　我国农村家庭人均收入及构成

年份	农村家庭人均年总收入（元）	工资性收入（元）	农业经营收入（元）	财产性收入（元）	转移性收入（元）
1997	2999.2	—	2346.68	—	—
1998	2995.48	—	2286.81	—	—
1999	2987.44	—	2211.57	—	—
2000	3146.21	702.3	2251.28	45.04	147.59
2001	3306.92	771.9	2325.23	46.97	162.82
2002	3448.62	840.22	2380.51	50.68	177.21
2003	3582.42	918.38	2454.96	65.75	143.33
2004	4039.6	998.46	2804.51	76.61	160.03
2005	4631.21	1174.53	3164.43	88.45	203.81
2006	5025.08	1374.8	3309.95	100.5	239.82
2007	5791.12	1596.22	3776.7	128.22	289.97
2008	6700.69	1853.73	4302.08	148.08	396.79

资料来源：根据《中国统计年鉴》整理所得。

（2）我国农业财政支出对农民收入的影响

通过实证分析来说明我国农业支持财政支出与农民收入增长之间的关

系。选择了以下变量作为解释变量：①人均第一产业 GDP，农民人均纯收入中家庭经营收入部分主要来自于农业部门的农、林、牧、渔业经营性收入，这些收入基本组成了第一产业部门农业部门的收入；②人均第二产业 GDP，工资性收入对于农民来说作为和家庭经营性收入同等重要的收入，主要是来自外出务工的务工所得，而外出务工也会产生两个大的就业方向，一类即是进入生产性的第二产业从事类似于产业工人的工作，还有一个就业方向与第三个解释变量有关；③人均第三产业 GDP，就是进入服务性行业的第三产业从事服务性工作，农民从事第二、第三产业所得的工资性收入在农民人均纯收入中的地位越来越重要，是农民近年来纯收入增长的主力因素；④农业生产资料价格指数，这个变量对于农业家庭经营性收入的影响至关重要，农民家庭纯收入是农户当年从各个来源取得的收入扣减掉取得收入时发生的相应成本后的收入，农业生产资料价格指数的高低直接决定着农业家庭在农业生产活动投入成本的大小，直接影响农民人均纯收入；⑤城乡人均纯收入差距比，社会生产出来的总价值是一定的，每个团体能获得的社会价值的多寡取决分配制度的优劣，某个群体获得的价值多伴随的是另一个群体获得价值减小，城乡人均纯收入的差距变量用来说明差距越大城市人口获得的收入越多，农村人口获得的收入越少；⑥农业财政人均支出，农业的发展离不开财政政策的支出，农业基础设施建设、水利气象服务等公共物品为农业全面合理发展提供基础，是保证农民家庭经营性收入的稳定增长的重要支出，2003 年以后农业支农支出中的农业补贴作为农民转移性收入直接增加了农民人均纯收入。笔者选择农民人均纯收入作为被解释变量，根据上述分析，农民收入的来源有四个，影响因素也很多，只把对农民纯收入显著影响的因素都选择作为解释变量，对农民收入增长只有很小影响的财产性收入及其影响因素没有作为变量考虑在内。因此本章变量的选择具有一定的科学性。

① 变量的选择与数据来源的说明

本模型建立数据选择 1997 年至 2006 年间 10 年时间全国 27 个省区（除去港、澳、台地区、北京、上海、天津、重庆 4 个直辖市，因为这 7

个地区农民的特殊性,研究其收入对于全国农民增收问题来说没有意义)的面板数据作为样本区间,下面模型所用到的数据来源于1998—2008年间的《中国统计年鉴》、《中国财政年鉴》、《中国农村统计年鉴》,部分数据由这些统计年鉴整理而得。

在模型中把被解释变量农民人均纯收入记为 Y ,解释变量人均支农财政支出记为 X ,其他变量人均第一产业 GDP 记为 F ,人均第二产业 GDP 记为 S ,人均第三产业 GDP 记为 T ,农业生产资料价格指数记为 P ,城乡人均收入差距比记为 RI 。因为面板数据既具有截面数据的性质又有时间序列的性质,截面数据往往存在异方差,所以需要先对时间序列数据进行对数处理以克服异方差,因此农民收入影响因素的计量模型为:

$$\ln Y = c + \alpha_1 \ln F + \alpha_2 \ln S + \alpha_3 \ln T + \alpha_4 \ln P + \alpha_5 \ln RI + \alpha_6 \ln X + \mu$$

其中, C 为常数项; $\alpha_i (i = 1, 2, \cdots, 6)$ 为待估参数; μ 为随机误差项。因为模型所使用的数据是面板数据,所以要进行单位根检验和协整检验,以避免产生伪回归的现象,所以下面我们要进行单位根检验和协整检验。

② 单位根检验

时间序列在大多数情况都是非平稳的,若直接对数据进行回归就会出现伪回归现象。因此在模型中,为防止伪回归结果的出现,在回归分析之前,需要对时间序列数据进行单位根检验,即检验时间序列是否平稳。若各序列是平稳的,则可以对模型数据进行回归;若有序列是非平稳的,则需要进行一阶差分消除非平稳性,然后用协整检验来检验变量之间是否存在长期均衡关系,将上述模型各个变量的时间序列数据通过 Eviews6.0 统计软件采用 LLC 方法检验,检验结果如 12-6 所示。

以上的检验结果表明数据序列是非同阶非平稳的,存在单位根,如果直接进行估计会产生伪回归,所以需要调整,在进行一阶差分时必须对所有序列进行差分,原来的平稳序列如果不进行差分将失去经济学意义。对原序列进行一阶差分采用 LLC 方法检验,结果显示,原序列的一阶差分不存在单位根,是平稳序列(见表 12-7)。

表 12-6 对各变量的 LLC 单位根检验

变量	LLC 统计量	P 值	结论
ln$Y$	19. 5837	1.0000	非平稳
ln$F$	7. 93034	1.0000	非平稳
ln$S$	21. 4895	1.0000	非平稳
ln$T$	10. 3198	1.0000	非平稳
ln$P$	−45. 1477	0.0000	平稳
lnRI	−6. 09416	0.0000	平稳
ln$X$	4. 85911	1.0000	非平稳

表 12-7 对各变量一阶差分的 LLC 单位根检验

变量	LLC 统计量	P 值	结论
D（lnY）	−5. 82084	0.0000	平稳
D（lnF）	−8. 20509	0.0000	平稳
D（lnS）	−4. 60144	0.0000	平稳
D（lnT）	−6. 95997	0.0000	平稳
D（lnP）	−9. 94625	0.0000	平稳
D（lnRI）	−9. 94625	0.0000	平稳
D（lnX）	−14. 3478	0.0000	平稳

③ 协整检验

如果两个或两个以上变量数据的时间序列是非平稳的，但它们的某种线性组合却是平稳性，则可以说这些变量之间是存在长期稳定关系的，也就是我们通常所说的协整关系。通过 KAO 检验得出下面的结果：

Kao Residual Cointegration Test
Series: SHOURU? CAIZHENG? FGDP? SGDP? TGDP? SHOURUBI?
     JIAGE?
Date: 04/10/10　Time: 10: 46
Sample: 1997 2006
Included observations: 10
Null Hypothesis: No cointegration
Trend assumption: No deterministic trend
User-specified lag length: 1
Newey-West automatic bandwidth selection and Bartlett kernel

ADF			t-Statistic	Prob.
			−5. 815280	0. 0000
Residual variance			0. 000648	
HAC variance			0. 000694	
R-squared	0. 179902	Mean dependent var	0. 000320	
Adjusted R-squared	0. 175960	S. D. dependent var	0. 026177	
S. E. of regression	0. 023763	Akaike info criterion	−4. 631892	
Sum squared resid	0. 117454	Schwarz criterion	−4. 600015	
Log likelihood	488. 3486	Hannan-Quinn criter.	−4. 619005	
Durbin-Watson stat	1. 985833			

    由上面的检验结果可以看出，农民人均纯收入、人均第一产业 GDP、人均第二产业 GDP，人均第三产业 GDP，城乡收入差距比例、农业生产资料价格指数、人均农业财政支出存在长期均衡关系，由于原时间序列数据的非平稳性，所以我们对模型进行修正，修正模型如下：

$$\Delta \ln Y = c + \alpha_1 \Delta \ln F + \alpha_2 \Delta \ln S + \alpha_3 \Delta \ln t + \alpha_4 \Delta \ln P + \alpha_5 \Delta \ln RI + \alpha_6 \Delta \ln X + \mu$$

    ④ 模型估计的结果及分析

    用面板数据，对模型进行广义最小二乘法回归（GLS），估计结果如下：

Dependent Variable：D（Y?）

Method：Pooled EGLS（Cross-section weights）

Date：04/07/10 Time：08：56

Sample（adjusted）：1998 2006

Included observations：9 after adjustments

Cross-sections included：27

Total pool（unbalanced）observations：238

Linear estimation after one-step weighting matrix

Variable	Coefficient	Std. Error	t-Statistic	Prob.
C	0. 030737	0. 004402	6. 982510	0. 0000
D（F?）	0. 284267	0. 027541	10. 32168	0. 0000
D（S?）	0. 080093	0. 024535	3. 264466	0. 0013
D（T?）	0. 110262	0. 039791	2. 771021	0. 0061
D（P?）	−0. 115741	0. 027566	−4. 198736	0. 0000
D（RI?）	−0. 317016	0. 028326	−11. 19181	0. 0000
D（X?）	0. 009741	0. 007119	2. 368418	0. 0427
R-squared	0. 818785	Mean dependent var		0. 078223
Adjusted R-squared	0. 790498	S. D.　dependent var		0. 065720
S. E.　of regression	0. 023662	Sum squared resid		0. 114775
F-statistic	289. 4539	Durbin-Watson stat		2. 023062
Prob（F-statistic）	0. 000000			
Unweighted Statistics				
R-squared	0. 744610	Mean dependent var		0. 060911
Sum squared resid	0. 119535	Durbin-Watson stat		1. 999716

回归结果得到如下模型：

$$\Delta\ln Y = 0.\,0307 + 0.\,2843\Delta\ln F + 0.\,0801\Delta\ln S + 0.\,1102\Delta\ln T$$

$$(t=2.\,7711)\quad(t=6.\,9825)\quad(t=10.\,3216)\quad(t=3.\,2646)$$

$$- 0.\,1157\Delta\ln P - 0.\,317\Delta\ln RI + 0.\,0097\Delta\ln X$$

$$(t=-4.\,1987)\quad(t=-11.\,1918)(t=2.\,3684)$$

从上面的回归结果可以看出，模型的总体回归效果良好，调整的可决系数为 0. 878185，对于面板数据这种既有时间序列又有截面数据的大范围数据来说样本观测值与模型拟合得比较良好，F 检验显示模型所选择的解释变量和被解释变量之间总体上存在着显著的线性关系，D. W. 值为 2. 023062，说明模型解释变量之间存在序列相关性的可能性极小。从回归的结果可以看出，各个变量的 T 值都比较显著，说明所选择的变量对于被解释变量的线性关系比较显著。

（3）基本结论

在对农民人均纯收入有正影响的解释变量中，第一产业人均 GDP 的影响系数最大，增量系数为 0. 2843，说明农业在农民收入比重中的支柱性，对于农民来说，农业经营收入还是农民人均纯收入中的中流砥柱，第一产业的波动将会对农民收入产生很大的影响。

第三产业人均 GDP 和第二产业人均 GDP 分列二、三位，增量系数分别为 0. 1102 和 0. 0801，这与我国当前的劳动力流动制度有关系，农民工进城务工所从事的服务性工作较多，从事生产性的工作较少，由于户籍制度限制，从事第二产业的工人以城市人口居多，农民进城务工成为产业工人的机会较少，所以第三产业的增长对农民人均纯收入增长的带动作用较多。

农业生产资料价格指数对农民收入呈负相关关系，增量系数为 -0. 1157，这一结论符合经验事实，因为农业生产资料价格会对农民纯收入产生直接的影响，所以抑制通货膨胀，保证农业生产资料价格稳定是对农民种粮积极性的良好鼓励。

但相对于城乡收入差距比例来说，城乡收入差距比例对农民纯收入的增长负相关效应更大，增量系数为 -0. 317，城乡收入差距比例逐年扩大，社会财富集中于少数阶层，占社会数量主体的农民阶层收入鲜有增长，社会消费动力不足，国家 GDP 增长结构不合理，这些问题都与城乡收入差距不断扩大，在城市中社会财富高度集中，国家无法实现藏富于民，农民没有消费的实力和动力，所以缩小城乡收入差距，缩小社会收入差距水平是真正实现国民健康持续发展的必需途径。

笔者所要研究的关键指标人均农业财政支出对农民收入增长有着正相

关关系，但是在模型的回归结果中，增量系数只有 0.0097，远远小于其他解释变量对农民人均收入的影响，笔者认为存在多方面的原因：一是农业财政支出的资金投入绝对规模和相对规模都不足，支持力度不够；二是农业财政投入结构不合理。

一方面，农业财政中的支出资金大部分都用于大型农业公共工程的支出，如大型水利工程，这些支出对农业生产的直接作用不明显，这对农民的当年人均纯收入是不会有太大的直接影响的；另一方面农业基本建设发挥其应有的作用一般是在基本建设完成后相当长的一个时期，在这个时期内的农业发展会得益于前期的农业基本建设支出，而当年为了农业基本建设投入的人力、物力、财力，由于收益时间的滞后性，在当年的收益很小；还有一个原因，在当前的农业基本建设格局中一般是政府出钱，农民出力，这就占用了农民外出务工或者从事农业生产的时间，从而对农民收入的增长有一定的削弱作用，所以在模型的回归结果中，这一解释变量对农民人均纯收入的增长影响系数很小。

因此，可以得出这样的结论，目前的财政支农支出对农民增收的影响力度较小，农民真正获得的利益并不大。

三、粮食补贴支出的利益归宿

（一）粮食补贴支出的类型

根据粮食从生产、流通到形成农户收入的过程，我国曾经和正在执行的粮食补贴可以划分为生产性补贴、流通性补贴和收入性补贴三大类型，每种类型又包括若干种补贴方式。

1. 生产性补贴

粮食生产性补贴是政府对种粮生产资料投入的补贴，作用在于改善粮食生产条件，降低生产成本，提高农户投入能力，增加粮农收益空间。目前普遍推广的只有两种生产性补贴——"良种推广补贴"和"农机购置补贴"。

第一，良种推广补贴。即我们通常所称的良种补贴，是我国加入世界贸易组织后，根据WTO《农产品协定》有关规定出台的第一个农业补贴措施，该项目通过对优势地区优势品种进行补贴，引导农户选用良种，实现良种规模化连片种植，推进我国优势农产品区域布局、提升农业综合生产能力、提高农产品市场竞争力。

农户获得的良种补贴金额取决于每亩补贴标准和补贴面积（亩）两个因素，前者中央有明确规定：水稻中的早稻每亩补10元，中稻每亩补15元，晚稻每亩补7元；小麦和玉米均为每亩10元，后者包括计税土地和免税耕地范围内种植的良种粮食作物，其中计税土地指农村税费改革核定的上缴农业税的承包土地，以2003年的核定数为准；免税耕地指国有农场和用作农业科研的耕地（不包括普通土地以外的耕地）。

第二，农机购置补贴。作为"两减免三补贴"政策的重要内容，国家对农民个人和直接从事农业生产的农机服务组织购买农机具给予一定补贴，补贴范围为农民和农业生产经营组织购买国家支持推广的先进适用农业机械，包括大中型拖拉机、农田作业机具、粮食和农副产品的产后处理机械、秸秆和饲草处理及养殖机械。补贴目的在于推广农业机械化。资金来源由中央、省及各级地方财政安排专项资金，补贴标准和价格由农业部、财政部确定，价格为最高限价，只能下浮不能上浮。

2. 流通性补贴

粮食流通性补贴指政府对粮食从收购到销售过程实行的补贴，它是各国粮食补贴政策惯常采取的做法，也是我国政府长期使用的一类补贴。多年来，我国使用的流通性补贴方式有以下几种：

第一，粮食消费补贴。这是一种以粮食直接消费者和间接消费者为受益人的补贴。工业化初期，国家利用工农业购销价格"剪刀差"的方式，将大量的农业剩余和利润向城市和工业转移。粮食成为农民的"贡品"，城镇居民是这种消费补贴的真正受益者。该项政策1992年取消。

第二，粮食保护价收购补贴。早在1985年，我国粮食补贴制度经历了一次重大转型，国家取消粮食统购，改为合同定购和市场收购，定购粮按"倒三七"① 比例计价；定购以外的粮食可自由上市，如市场粮价低于原统购价，国家仍按原统购价敞开收购，原统购价比"倒三七"价格约低35%。该补贴方式已经基本具备了保护价政策的内涵（叶兴庆，1998；王玉斌，陈慧萍，谭向勇，2006）。

第三，粮食储备补贴。粮食储备补贴是政府为确保粮食安全供给、实现既定粮食安全目标下的充足储备量、保持储备工作的正常进行和经营单位的积极性，对粮食储备过程中发生的一些成本、费用实施的补贴。这里的受补对象主要是国有粮食企业。

第四，最低收购价补贴。最低收购价可以看作是直接补贴政策的一项配套措施。2004 年，国家全面施行改流通性补贴为直接补贴的做法，试图提高补贴效率，同时为优化粮食种植结构，发挥价格对生产的导向作用，政府放开收购价格，对重点紧缺粮食品种（稻谷）实行最低收购价"限量"收购② （其实，在 1985—2002 年保护价收购执行时期，受财力、粮食经营企业行为的制约，"敞开收购"并没有完全实现），对收购计划内粮食实行价差补贴。

3. 收入性补贴

第一，粮食直接补贴。粮食直补是对农民种粮行为的一种补贴，该政策将原来补到流通环节的资金转而直接补给粮农，是一种变暗补为明补的补贴方式。直补政策采取向主产区倾斜的做法，资金从粮食风险基金安排，由中央和地方共同筹集。粮食主产区的直补资金要达到本省粮食风险基金的50%以上，考虑到主产区补贴任务重，中央对主产区进行财政转移支付。

第二，农资增支综合直补。该政策是在现行粮食直接补贴基础上，对种粮农民因柴油、化肥、农药等农业生产资料增支实行的综合性直接补

---

① "倒三七"价格，即三成按原统购价格，七成按超购价计价。

② 政府在实行直接补贴试点时提出了"一取消、两放开、一锁定、一调整"的政策，其中"一取消"就是不再按保护价收购农民余粮。

贴。补贴资金由中央财政负担。

（二）粮食补贴支出的规模分析

在我国的财政资金支出统计中，粮食补贴属于政策性补贴支出。政策性补贴支出是国家批准、由国家财政拨给、用于粮、棉、油等产品的价格补贴支出。具体项目包括：粮、棉、油差价补贴、平抑物价补贴和储备糖补贴、农业生产资料价差补贴、粮食风险基金、副食品风险基金、地方煤炭风险基金等。由于没有更详细的分类统计，难以直接得到历年的粮食补贴金额，进而观察粮食补贴规模及其变化情况，因此，本章只能通过合理推算，大致估计历年粮食补贴的规模。

张红玉（2008）采用以下的方法估算了粮食补贴。第一，计算包含粮食补贴资金的相关补贴项目资金总额。在政府统计中，上述所有政策性补贴内容被划分为粮、棉、油补贴、平抑物价补贴、猪肉补贴和其他补贴四大类，农业生产资料价差补贴、粮食风险基金被划归在其他类补贴中，因此，在政策性补贴的四大类中，与粮食有关的补贴有两类——粮、棉、油补贴和其他类补贴。但是因该两类补贴中还包含有对棉花、油料的补贴以及平抑物价补贴、储备糖补贴、副食品风险基金、地方煤炭风险基金等，所以在金额上远远大于粮食补贴。第二，分析各年粮食补贴规模间的关系。2004 年以前，我国的粮食补贴主要投在流通领域，但是政府没有公布具体的补贴金额。2004 年以后，为提高补贴效率，政府将原来投资在流通领域的补贴直接发放给农民，变更前后，资金都来源于粮食风险基金，变更当年政府没有对粮食风险基金的资金来源做大的调整，且变更前后粮食风险基金都是满负荷使用的，因此可假设变更当年的补贴规模与前一年的补贴规模相当。第三，计算各年粮食补贴规模（本章选用 1978 年、1980 年、1985 年、1989—2005 年）。由于 2004 年以后全国绝大部分省份的粮食补贴是与产量或播种面积挂钩的，统计资料公布有摊入田亩的每亩粮食补贴，因此，可以较为准确地根据播种面积匡算 2004 年、2005 年粮食补贴实际规模。第四，计算各年粮食补贴规模占相关政策性补贴规模的比重，并推算历年粮食补贴规模。考虑到各项政策性补贴的刚性，在全部政策性补贴中，粮食补贴应该保持一个比较稳定的比例。本章根据 2004 年、2005 年粮食补贴实际规模，计算这两年粮食补贴占相关补贴合计金额的比例，并以两年比例的平均数为系数，推算历年粮食补贴的总规模，见表 12-8。

表 12-8 粮食补贴金额

单位：亿元

年份	粮棉油价格补贴	其他价格补贴	总计	调整后的粮食补贴
1978	11.14		11.14	2.23
1980	102.8	14.91	117.71	23.54
1985	198.66	29.61	228.27	45.65
1989	262.52	69.74	332.26	66.45
1990	267.61	71.41	339.02	67.80
1991	267.03	64.28	331.31	66.26
1992	224.35	58.75	283.1	56.62
1993	224.75	44.69	269.44	53.89
1994	202.03	45.78	247.81	49.56
1995	228.91	61.64	290.55	58.11
1996	311.39	61.68	373.07	74.61
1997	413.67	66.84	480.51	96.10
1998	565.04	92.89	657.93	131.59
1999	492.29	170.55	662.84	132.57
2000	758.74	246.44	1005.18	201.04
2001	605.44	114.78	720.22	144.04
2002	535.24	102.91	638.15	127.63
2003	550.15	60.70	610.85	122.17
2004	660.41	128.89	789.3	149.36
2005	577.91	414.94	992.85	204.91

资料来源：根据 2006 年《中国统计年鉴》、2003—2006 年《中国农业统计年鉴》、2004—2006 年《中国农业发展报告》、历年农业统计提要提供的资料和数据计算获得。其中 2004 年、2005 年为按每亩补贴计算的全国实际粮食补贴规模，其余各年为推算数。

从绝对规模看,改革开放以来,我国粮食补贴总体保持了增长势头。1996年后因出现阶段性过剩,政府保护价收购使得补贴进一步增加。2000年开始,因政策性补贴支出整体缩减,粮食补贴规模也随之急剧下滑。直到中央提出建设社会主义和谐社会,将"三农"问题放到一个相当的高度,2004年在全国范围内实行粮食直补政策后,粮食补贴规模又重新获得了快速增长(见图12-6)。

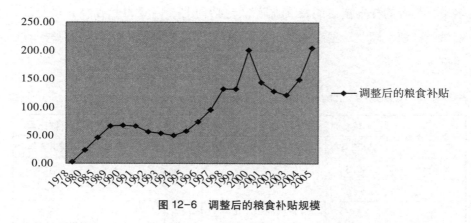

图12-6 调整后的粮食补贴规模

(三)粮食补贴支出的利益归宿

1. 粮食补贴支出利益归宿的地区分布

2004年起,国家在全国范围内对农民种粮提供直接补贴,并在重点产区对种粮的部分作物采用优良品种的农民提供补贴(简称"两补"政策),以增加农民收入,保护农民的种粮积极性,稳步提升产量和提高粮食的优质品率,保证国家的粮食安全。这项政策出台后,据不完全统计,中央财政通过将粮食风险金转为直接补贴等方式,为全国农民累计提供了700亿的粮食直接补贴,累计提供了超过200亿元的良种补贴。

根据国家有关政策规定,粮食直补政策的受益对象包括全国种植粮食的所有农户,补贴按播种面积发放。但补贴标准在粮食主产区与非主产区之间有一定的差异。总体上粮食主产区单位播种面积粮食补贴标准,高于非主产区。2007 年前良种补贴品种包括水稻、小麦、玉米和大豆四种粮食作物，2007 年新增了对棉花和油菜的良种补贴。

为了分析国家粮食补贴政策的有效性，本章借用了国家统计局农村社会经济调查司的调查数据。调查样本包括 21 个省 557 个扶贫重点县的 46175 个农户，样本农户分布中、东、西扶贫重点县的样本比例分别为 63.2%、28.2%、8.6%。根据农业部确定的 13 个粮食主产省（区、市）名单，笔者的样本覆盖的粮食主产区包括河北、内蒙古、吉林、黑龙江、安徽、江西、湖北、湖南和四川等 10 个省（区、市），其样本占总样本的比例为 40.4%。

表 12-9　2006 和 2007 年扶贫重点县"两补"政策受益户比重

区域分类	粮食直补（%）		良种补贴（%）		两种补贴都获得比重	
	2006 年	2007 年	2006 年	2007 年	2006 年	2007 年
合计	40.3	47.6	11.7	14.3	8.4	10.8
分类一						
东部	64.7	79.2	0.5	4.4	0.0	3.8
中部	64.8	70.6	30.2	34.3	28.1	31.3
西部	26.0	33.0	5.0	6.7	0.8	2.6
分类二						
粮食主产区	70.6	79.1	21.4	25.7	19.7	23.4
非主产区	19.7	26.2	5.1	6.5	0.8	2.3

资料来源：《2008 中国农村贫困监测报告》，中国统计出版社 2009 年版，第 142 页。

从"粮食直补"政策的地区受益情况来看，东部、中部地区受益农户相对较高。2007 年分别达到 79.2% 和 70.6%，西部地区只有 33% 的农户得到粮食直补；粮食主产区的农户受益要高于非主产区农户，2007 年粮食主产区 79.1% 的农户得到粮食补贴，非主产区只有 26.2%。贫困地区农户从粮食直补政策受益比重较低主要有四个方面的原因：

一是贫困人口区域分布与粮食直补政策受益区域分布偏离。在研究的样本贫困农户中分布在西部地区和非粮食主产区的农户分别占全部样本农户的 63.2% 和 59.6%，而国家粮食直补资金的 80% 左右（2005 年为 87.1%）分配给了粮食生产，可贫困人口相对集中分布的西部地区没有一个粮食生产者。

二是在贫困人口相对比较集中的西部地区，部分省区安排的粮食直补仅覆盖其划定的粮食主产县的种粮农民，如云南只补贴了 20 个县，其中是国家扶贫重点县的只有 5 个，仅占该省国家扶贫重点县数的 7%，类似的省份还有贵州、重庆、广西等，这导致这些省区的相当大部分农户被排除在粮食直补政策的受益对象之外。

三是有些省区，如广西、新疆，将粮食直补通过指定的粮食收购企业发放给出售粮食的农民，这样一方面只有出售粮食的农民才会享受到直补政策的好处，另一方面即使是卖粮的农民也将因直补政策实施所提高的粮价视同普通的国家提高粮食收购价格，因而在填写粮食直补收入时予以忽略。

四是粮食直补政策主要对水稻、小麦和玉米三种主要粮食作物种植农户提供补贴，2007 年粮食主产区和非主产区扶贫重点县种植该三种作物的农户比例均为 90%，这可能使得即使在全省范围内实施粮食直补政策的主产省区，也有一部分农户被排除在外。

从"良种补贴"的地区受益范围来看，2006 年和 2007 年国家扶贫重点县分别只有 11.7% 和 14.3% 的样本农户得到良种补贴，中部地区受益农户比重较高，2007 年达到 34.3%，西部和东部分别只有 4.4% 和 6.7% 农户从中受益；粮食主产区受益农户的比重较高，2007 年有 25.7% 的农户得到良种补贴，而非主产区只有 6.5% 得到了良种补贴。扶贫重点县获得良种补贴的农民，多数同时也获得了粮食直补。2006 年和 2007 年，中部地区获得"两种补贴"的农户远大于东部和西部地区。

从"两补"受益农户补贴金额的地区分布来看，粮食直补受益农户平均获得的直补额呈现中部地区较高、西部和东部地区较低的格局；粮食主产区扶贫重点县粮食直补受益农户平均获得直补额远高于非粮食主产区。从良种补贴的受益农户分布情况来看，2006 年中部地区农户的受益金额要高于东部、西部地区，粮食主产区要高于非粮食主产区；到了2007年情况有了新的变化，东部地区农户的受益金额要高于中部、西部地区；中部和西部的受益水平旗鼓相当；粮食主产区和非主产区农户的受益金额的差距基本消失。

表12-10 2006年和2007年扶贫重点县"两补"政策受益农户的补贴金额

单位：元

区域分类	粮食直补（元）				良种补贴（元）			
	2006年		2007年		2006年		2007年	
	户均	人均	户均	人均	户均	人均	户均	人均
合计	146.8	34.7	185.3	43.9	68.2	15.4	89.3	20.4
分类一								
东部	102.6	26.7	146.8	38.9	58.4	16.6	94.3	22.7
中部	190.2	45.4	236.0	56.7	75.8	17.1	89.3	20.6
西部	113.5	25.7	149.5	33.9	47.9	10.8	88.9	19.9
分类二								
粮食主产区	170.2	41.3	212.4	51.9	75.6	17.2	89.4	20.7
非主产区	90.0	20.0	129.7	29.0	47.2	10.4	89.0	19.7

2. 粮食补贴支出利益归宿的人群分布

粮食"两补"政策直接目标是通过增加种粮农民和良种采用农户的收入，来稳定和增加粮食和优质农作物的产量，也就是说"两补"政策的目标是要实现"增产"和"增收"的双重目标。

第一，种粮大户获得粮食直补的受益大。由于粮食直补是按播种面积发放，因此一般来说农户获得粮食直补的机会与其粮食播种面积成正比。将样本农户按户均粮食播种面积自低向高分成五等份，数据显示：2006年扶贫重点20%户均粮食播种面积最低组获得的粮食直补比例最低，为32.2%；而20%最高组农户获得粮食直补的比例最高，为51.4%。粮食播种面积越大，获得的补贴也就越高。家庭粮食播种面积在2亩以下的农户获得粮食补贴的比例是28.8%，播种面积在2—6亩的农户受益比例为

36.4%，播种面积20亩以上的农户，获得直补的比例超过50%。2007年，20%户均粮食播种面积最低组、2亩以下的组别获得比例有了很大的提高，各组别之间获得的差距大幅度缩小，但总体排序依然未变。

表 12-11 扶贫重点县按户均粮食播种面积分组的粮食直补受益比例和平均直补额

指标名称	2006 年				2007 年			
	获得比例（%）	户均（元）	人均（元）	播种面积亩均（元）	获得比例（%）	户均（元）	人均（元）	播种面积亩均（元）
合计	40.8	142.2	33.5	14.0	48.2	183.9	42.9	20.0
分组一								
20%最低组	32.2	61.6	15.8	26.3	45.1	89.1	22.8	39.2
20%中低组	36.3	76.6	18.4	17.7	46.4	108.9	26.0	25.5
20%中等组	40.2	94.2	21.9	15.0	49.2	124.6	29.2	20.1
20%中上组	43.7	122.5	27.6	13.3	50.1	169.0	38.3	18.6
20%最高组	51.4	293.4	68.3	12.8	51.9	392.2	91.2	17.8
分组二								
2亩以下	28.8	61.4	16.6	41.6	42.9	84.9	22.8	57.4
2—6亩	36.4	75.7	18.3	17.7	47.0	106.4	25.7	25.1
6—10亩	42.6	111.0	25.4	13.8	49.5	153.4	35.1	19.1
10—20亩	48.0	180.9	40.6	12.9	51.7	255.8	57.5	18.3
20亩以上	56.9	464.7	113.2	12.7	53.2	617.6	150.6	17.2

资料来源：《2008 中国农村贫困监测报告》，中国统计出版社 2009 年版，第 145 页。

第二，高收入农户获得粮食直补的资金受益更多。虽然"两补"政策并不是收入分配政策，但由于中国绝大多数农户都种植粮食，"两种"政策的实施对农户间的收入分配政策必然产生不同程度和方向的影响。

从粮食直补的实施情况来看，2006 年和 2007 年，农户获得粮食直补比例和人均纯收入的大小成正比例的关系，低收入组农户获得粮食直补的比例相对较低，高收入组农户获得直补的比例较高。

扶贫重点县各收入组之间粮食直补受益农户平均每亩粮食播种面积获

得的直补额相差不大，总体上较低收入组要比较高收入组少。按收入五等
分分组，2006 年粮食直补政策受益农户每亩粮食播种面积获得的直补额各
收入组受益户之间差距在 0.5—1.5 之间，其中低收入组为 14.2 元，比高
收入组 15.5 元低 1.3 元。2007 年，扶贫重点县各收入组粮食直补受益农
户粮食播种面积获得的直补比 2006 年有了很大程度的提高，但大体上低收
入组农户比较高收入组农户增加更少，低收入组农户和高收入组农户之间
获得直补额的差距在扩大。

表 12-12　扶贫重点县农户按人均纯收入五等分组获得粮食直补比例和平均直补额

指标名称	2006 年				2007 年			
	获得比例（%）	户均（元）	人均（元）	播种面积亩均（元）	获得比例（%）	户均（元）	人均（元）	播种面积亩均（元）
低收入组	35.7	149.1	31.9	14.2	41.8	173.0	36.9	19.4
中低收入组	37.4	139.8	30.8	14.4	45.5	163.1	35.6	19.2
中等收入组	40.8	140.9	32.2	14.0	49.0	176.8	40.8	19.7
中高收入组	43.1	142.7	34.5	15.0	50.9	190.5	46.9	21.0
高收入组	47.0	154.8	42.8	15.5	54.0	205.1	57.3	22.1

资料来源：《2008 中国农村贫困监测报告》，中国统计出版社 2009 年版。

第三，扶贫重点县良种补贴的获得机会在各收入组之间的分布更为平
均。从表 12-13 中可以看出，无论是 2006 年还是 2007 年，农户按照人均
纯收入五等分组获得良种补贴的比例比较平均，相差水平不大，不存在明
显的趋势性差别。

从补贴水平来看，各收入组良种补贴受益农户每亩粮食播种面积获得
的良种补贴额非常接近，2006 年在 8.5—9.6 元之间，2007 年在 11.9—
14.2 元之间。同时，各收入组受益户户均获得的良种补贴额也比较接近，
并且差距在不断缩小。

表 12-13　重点县农户按人均纯收入五等分组获得良种补贴比例和平均直补额

指标名称	2006 年				2007 年			
	获得比例（%）	户均（元）	人均（元）	播种面积亩均（元）	获得比例（%）	户均（元）	人均（元）	播种面积亩均（元）
低收入组	12.2	63.0	12.7	8.5	13.8	84.7	17.3	12.7
中低收入组	11.3	69.0	14.8	9.4	15.0	75.3	16.4	11.9
中等收入组	12.0	62.4	13.9	8.8	15.3	90.3	20.3	13.2
中高收入组	12.6	62.3	14.5	8.6	15.6	93.9	22.4	13.9
高收入组	11.2	85.7	22.6	9.6	12.8	103.7	28.3	14.2

资料来源：《2008 中国农村贫困监测报告》，中国统计出版社 2009 年版。

3. "两补"政策利益的溢出

溢出现象表现为没有耕地和没有种植粮食作物的农户也从"两补"政策中受益。从表 12-14 中可以看出，2006 和 2007 年扶贫重点县有 2.5% 和 2.9% 的农户没有种植粮食，在这些农户中，分别有 17.3% 和 20.2% 的农户获得了粮食直补，占当年粮食直补受益户总额的 1.1% 和 1.3%。分地区看，在粮食主产区的扶贫重点县，当年没有种植粮食的农户获得粮食直补的机会要大于非主产区。这种现象的出现主要与耕地转包有关，部分外出务工的农户将承包地转包出去，虽然他们不种植粮食，但在以耕地面积或粮食种植面积作为分配粮食直补和良种直补的主要依据情况下，他们依然会获得国家提供的粮食直补和良种补贴。这说明在粮食补贴的制度设计上还存在着一定的问题。

表 12-14　扶贫重点县没有种植粮食农户获得粮食直补的比例和平均额

指标名称	2006 年			2007 年		
	小计	生产区	非生产区	小计	生产区	非生产区
没有种植粮食农户（户）	1172	461	711	1359	515	844
占样本的比例（%）	2.5	2.5	2.6	2.9	2.8	3.1

续表

指标名称	2006 年			2007 年		
	小计	生产区	非生产区	小计	生产区	非生产区
获得直补比例（%）	17.3	34.1	6.5	20.2	35.9	10.7
占受益农户比例（%）	1.1	1.2	0.9	1.3	1.3	1.3
受益户户均补贴额（元）	273.0	334.8	61.8	321.3	367.7	225.9
受益户人均补贴额（元）	72.5	91.3	15.1	84.3	100.8	54.5

资料来源：《2008 中国农村贫困监测报告》，中国统计出版社 2009 年版。

四、财政扶贫支出的利益归宿

（一）财政扶贫资金的种类

财政扶贫资金是国家设立的用于贫困地区、经济不发达的革命老根据地、少数民族地区、边远地区改变落后面貌，改善贫困群众生产、生活条件，提高贫困农民收入水平，促进经济和社会全面发展的专项资金。中国政府财政专项资金主要包括政府财政专项资金，以及省、自治区、直辖市政府的配套资金及各级地方政府的专项配套资金。资金管理部门涉及扶贫办、发改委、民宗局、林业厅、农垦办等部门。

目前财政扶贫专项资金主要包括财政发展资金、以工代赈资金、少数民族发展资金、国有贫困林场扶贫资金、国有贫困农场扶贫资金、扶贫专项贷款资金等。财政扶贫资金中最主要的是以下四项资金支出：

财政发展资金，是中央政府考虑到贫困边远地区或者革命老区经济发展相对缓慢，财政收入比其他省份低，缺乏额外的投资活动所需要的资本从而设立的专项扶贫资金。用以开发一些能促进当地经济发展的生产性建设项目，重点用于发展养殖业、种植业、科技扶贫（优良品种的引进、先进实用技术的推广及培训等）；适当用于修建乡村桥梁、道路，建设基本农田（包含畜牧草场、果林地），解决人畜饮水问题，兴建农田水利，发展医疗卫生、农村基础教育、文化、电视、广播事业。①

少数民族发展资金是用于扶持少数民族发展的专款专用资金。这项资金是从1999年国家民委启动的"兴边富民"工程而设立的,将这项扶贫资金用于帮助分布在中国2.2万公里陆地边界线上的136个县的少数民族的经济发展。

以工代赈资金。以工代赈,就是让受赈济者参加劳动并获得报酬,从而取代直接赈济的一种组织方式,简言之,就是"以务工代替赈济"。它的两个基本职能,即"建设"与"赈济",构成了以工代赈的基本内涵。以工代赈资金的投放,一方面,通过以工代赈工程建设,形成"硬件",以工程设施的形态实施投资回报;另一方面,通过组织困难群众参加工程建设,并以发放劳务报酬实现赈济。以工代赈资金既有建设性质,又有赈济性质。

扶贫专项贷款资金,主要是财政对扶贫专项贷款的贴息。扶贫贷款的对象主要是贫困户和产业化扶贫龙头企业和基础设施等项目。财政贴息资金可采取核补给金融机构和直接补贴给贫困户或项目实施单位两种方式,具体采取何种方式,由各省、县自行确定。

由于中国采用以县为单位的区域瞄准政策,扶贫资金在不同贫困县的分配是否合理,不仅直接影响各贫困县的发展能力,也会影响到整个扶贫投资的扶贫效果。②

(二) 财政扶贫资金的投入

1. 中央财政扶贫资金的投入

虽然中央财政扶贫资金的种类较多,但由于相关数据的缺失或不完整,本章主要以中央财政扶贫无偿资金投入(主要是财政发展资金、以工代赈资金和财政贴息)来看,从1986年至2007年,中央财政扶贫无偿资

---

① 李小云等:《中国财政扶贫资金的瞄准与偏离》,2006年12月。
② 李文、汪三贵:《中央扶贫资金的分配及影响因素分析》,见 http://www.iae.org.cn/2004/2004zjlw.htm。

金投入由 1986 年的 15.6 亿元上升到 2007 年的 144 亿元，2007 年是 1986 年的 9.23 倍，累计投入额达 1572.6 亿元。

从绝对数字上看，中国扶贫资金投入是比较庞大的，但是从扶贫资金投入强度来看，政府扶贫资金投入呈下降的总态势。1986—2007 年无偿资金占 GDP 的比重最高没有超过 0.15%，并且呈现不断下降的趋势，2007 年下滑到 0.058%。根据国家统计局的数据，2007 年我国人均纯收入低于 785 元的绝对贫困人口为 1479 万；人均纯收入在 786—1067 元的低收入贫困人口为 2841 万。[①] 对于目前如此之大的贫困数据，如此之低的财政扶贫资金的投入，简直是杯水车薪。

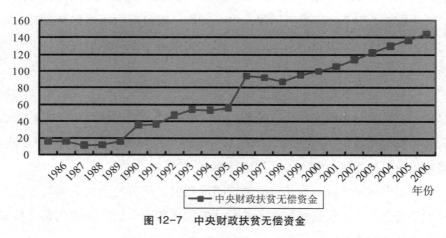

图 12-7　中央财政扶贫无偿资金

表 12-15　财政无偿扶贫资金占 GDP 比重

年份	中央财政扶贫资金投入（亿元）	GDP（亿元）	财政扶贫无偿资金占GDP 比重（%）
1986	15.6	10275.18	0.15
1987	15.6	12058.62	0.13
1988	10.7	15042.82	0.07
1989	11.2	16992.32	0.07

---

① 见 http://cn.chinagate.cn/povertyrelief/2009-02/27/content_ 17346675. htm。

年份	中央财政扶贫资金 投入（亿元）	GDP（亿元）	财政扶贫无偿资金占 GDP 比重（%）
1990	15.4	18667.82	0.08
1991	35.4	21781.5	0.16
1992	36.4	26923.48	0.14
1993	47.4	35333.92	0.13
1994	54.2	48197.86	0.11
1995	53.1	60793.73	0.087
1996	56.1	71176.59	0.079
1997	94.2	78973.03	0.12
1998	92.1	84402.28	0.11
1999	87.1	89677.05	0.097
2000	95.1	99214.55	0.096
2001	100	109655.2	0.091
2002	106	120332.7	0.088
2003	114	135822.8	0.084
2004	122	159878.3	0.076
2005	130	183217.4	0.071
2006	137	211923.5	0.065
2007	144	249529.9	0.058

资料来源：1986—2003 年数据来自于李小云：《中国财政扶贫资金的瞄准与偏离》，社会科学文献出版社 2006 年版，第 84 页；其余数据来自财政部和国家扶贫办的报道。

2. 地方政府扶贫的配套资金投入

在地方层次，财政扶贫资金的来源除了中央财政拨款以外，省地财政配套资金也占到相当大的比重。按照 1997 年国务院办公厅颁发的《财政扶贫资金管理办法》的规定，财政资金的地方政府配套比例应为 30%—50%。其中，黑龙江、吉林、河北、河南、山西、湖北、湖南、江西、安徽、海南等 10 个省的配套资金比例应达到 40%—50%（简称一类地区）；陕西、甘肃、宁夏、青海、新疆、内蒙古、云南、贵州、四川、重庆、西藏、广西等 12 个省、自治区、直辖市的配套资金比例应达到 30%—40%（简称二类地区）。2000 年，财政部、国务院扶贫开发领导小组、国家发展计划委员会三家联合下发《财政扶贫资金使用管理办法》规定，地方财政扶贫资金配套比例最低不能低于中央财政扶贫资金的 30%。

但是从实际来看，但实际工作中各级财政根本无力拿出足够的资金进行配套。由于配套资金不能足额到位，从而降低项目实施标准，难以达到项目的预期目标。1998—2000 年总计，中部 10 省只有山西（62.44%）、江西（59.52%）、湖南（44.17%）3 省超过 40% 的配套比例，黑龙江（12.38%）、湖北（18.03%）、海南（14.36%）3 省没有达到 20%；西部 12 省区市，云南省为 103.7%，超过中央安排的扶贫资金数量，广西（35.19%）、重庆（34.45%）、贵州（47.42%）、陕西（31.36%）、宁夏（33.14%）超过 30% 的比例要求，其余 6 省区内蒙古（9.5%），四川（10.94%），西藏（24.27%），甘肃（13.16%），青海（7.73%），新疆（24.7%）没有达到最低的 30% 的比例要求；东部沿海 6 省（不含京、津、沪）除辽宁外，其余各省安排的扶贫资金均超过中央分配的扶贫资金数，辽宁省 2000 年安排的扶贫资金配套比例也达到 94.34%。从全国水平来看，2001 年，全国 592 个国定贫困县，中央财政发展资金为 32.4 亿元，以工代赈资金为 39.7 亿元，省级配套资金为 8.3 亿元，配套比例为 11.5%。[①]

从 2002—2007 年国家扶贫重点县扶贫资金使用情况来看，中央财政扶贫资金总额由 2002 年的 98.3 亿元上升到 2007 年的 158.9 亿元，5 年增长了 1.62 倍；省级财政安排的扶贫资金从 2002 年的 98.3 亿元上升到 2007 年的 14.2 亿元，5 年增长了 1.43 倍，增长速度低于中央财政扶贫资金的增长速度。从省级财政扶贫资金的配套情况来看，2002—2007 年的省级财政扶贫资金的配套率平均水平 8.54%，远低于国家的政策要求。

①　李小云：《中国财政扶贫资金的瞄准与偏离》，社会科学文献出版社 2006 年版，第 90 页。

表 12-16 历年扶贫重点县扶贫资金使用情况

单位：亿元

指标名称	2002 年	2003 年	2004 年	2005 年	2006 年	2007 年
扶贫资金总额	98.3	118.8	138.6	135.7	138.5	158.9
中央财政扶贫资金	35.8	39.0	45.9	48.3	54.0	60.3
以工代赈资金	39.9	41.8	47.5	43.3	38.4	35.4
中央专项退耕还林还草工程补助	22.6	37.4	45.4	44.1	46.1	63.2
省级财政安排扶贫资金	9.9	10.4	11.6	9.9	10.4	14.2
省级财政扶贫资金占中央扶贫资金总额的比重（%）	10.07	8.75	8.37	7.30	7.80	8.94

资料来源：国家统计局农村社会经济调查司：《2008 中国农村贫困监测报告》，中国统计出版社 2009 年版。根据第 170 页整理计算而得。

（三）财政扶贫资金支出的利益归宿

1. 财政扶贫资金支出利益归宿的项目分布

根据不同省份的实际需求和贫困的状况不同，每年财政资金的投入项目在不断地发生着变化，各个产业的比例也有相应的调整。从总体上来看，财政扶贫资金的投向包括生产性项目、基建项目、培训及教育项目以及其他项目四大类，其中生产性项目中主要有种植业、林业、养殖业、农产品加工业和其他生产型行业。基建项目中主要投入的是基本农田建设、人畜饮水工程、道路修建及改扩建、电力设施、电视接收设施、学校及设备和卫生及设备这些与农民生活息息相关的项目。培训及教育项目一般包含了基本技术的培训和推广、自主失学儿童和扫盲活动。以下是 2002—2007 年财政扶贫资金的投向构成比例情况（见表 12-7）。

总体来讲，财政扶贫资金的主要投向的项目是生产项目和基建项目，2002—2007 年财政扶贫资金对生产项目的投入占全部资金的比重达到46.45%，基建项目的比重达到 35.35%，可见财政扶贫资金更多地投向农林牧副渔和农产品加工业、农业基本建设的项目上。

表 12-17　2002—2007 年扶贫重点县扶贫资金投向比例

单位:%

项目名称	2002 年	2003 年	2004 年	2005 年	2006 年	2007 年	平均
扶贫资金投向比例	100%	100%	100%	100%	100%	100%	100%
一、生产项目							
1. 种植业	10.1	8.0	9.0	9.0	11.2	12.3	9.93
2. 林业	10.8	13.5	15.8	17.5	17.1	15.0	14.95
3. 养殖业	9.2	8.9	8.8	8.8	9.7	8.7	9.01
4. 农产品加工	6.2	6.2	5.3	3.9	4.6	4.8	5.17
5. 其他生产行业	8.8	8.0	6.5	8.3	5.9	6.7	7.37
二、基建项目							
6. 基本农田建设	6.1	6.1	5.8	5.9	5.2	6.2	5.88
7. 人畜饮水工程	1.9	1.4	0.8	0.9	1.0	1.3	1.22
8. 道路修建及扩建	22.8	16.1	14.9	16.4	16.7	18.0	17.48
9. 电力设施	5.8	13.4	9.3	6.3	4.3	3.4	7.08
10. 电视接收设施	0.6	0.6	0.5	0.4	0.3	0.4	0.47
11. 学校及设备	2.5	2.0	1.9	2.4	1.4	1.3	1.92
12. 卫生设施	1.4	1.3	1.4	1.1	1.1	1.5	1.3
三、培训及教育项目							
13. 技术培训、推广	0.8	0.7	0.9	1.3	1.5	1.6	1.13
14. 自助儿童入学	0.7	0.7	0.8	0.9	0.9	1.0	0.83
四、其他							
	12.3	12.9	18.4	16.9	19.1	17.8	16.23

资料来源：国家统计局农村社会经济调查司:《2008 中国农村贫困监测报告》，中国统计出版社 2009 年版。根据第 170 页计算而得。

2. 财政扶贫资金利益归宿的区域分布①

在 2001 年以前，我国政府财政扶贫资金在区域投向上以重点县为主，办法规定用于重点县的扶贫资金不少于 70%。在此办法的指导下，我国扶贫资金分配根本上仍然遵循着以重点县为基本单元的县级瞄准，同时，在

———————

① 最好能利用东中西的区域资料，但多方寻找没有获得，只好运用变通的办法。

以重点县瞄准的同时，兼顾区域间差。

但是这样扶贫资金投入方式存在着许多问题，由于贫困县和重点县可以获得各种政策优惠和更多的资金投入，贫困县和重点县的帽子历来成为地方政府尽力争取的对象。由于没有形成动态进退机制，一旦进入，一般情况下都不愿意退出。结果导致了贫困县之间以及部分贫困县和一些非贫困县间的不公平性，并且影响到扶贫瞄准的准确性。为此，2001年5月，国务院扶贫领导小组颁布了《中国农村扶贫开发纲要（2001—2010）》，中国的农村扶贫政策发生了一些新的变化。在扶贫对象的选择瞄准方面，改变了过去以贫困县为基本扶持单位的做法，将扶贫开发的重点转向贫困村。在国务院扶贫办的指导下，地方扶贫部门通过参与式和其他方式在全国确定了14.8万个贫困村，并通过整村推进的方式予以扶持。贫困村的确定改变了以往在贫困县以外的贫困人口享受不到扶贫政策和资金的状况。

表 12-18 国家扶贫重点县 2006 年到村到户的扶持资金强度

单位：万元

指标名称	合计	重点村	非重点村
平均到村扶贫资金总额	11.2	15.2	7.7
项目户当年到户资金总额	952.1	1017.8	852.2

资料来源：国家统计局农村社会经济调查司：《2008 中国农村贫困监测报告》，中国统计出版社 2009 年版，第 38 页。

从 2007 年财政扶贫资金直接投入到村的情况来看，平均每村当年落实到户资金 11.5 万元，比 2006 年增加了 3.1 万元，增长 33.4%。当年使用资金 11.2 万元，比上年增加 3.1 万元，增长 37.8%。

2007 年，扶贫重点村和非重点村的资金强度都比上年增加了，非重点村的增加幅度更大，但资金量仍低于重点村。扶贫重点村平均每村当年得到的资金 15.2 万元，比上年增长 33.6%；非扶贫重点村平均每村当年得到的资金 8 万元，比上年增长 38.9%。[1]

---

[1] 资料来源：国家统计局农村社会经济调查司：《2008 中国农村贫困监测报告》，中国统计出版社 2009 年版，第 38 页。

虽然村级瞄准有助于覆盖更多的贫困群体，但是贫困村的选择是否准确依然是村级瞄准的关键问题。从李小云 2005 年对 3 个省 17 个乡的调查情况来看，90% 都是最贫困的村（见表 12-19），这意味着由于中央及地方对贫困村的选择有着明确的要求，即使在选择过程中有一些人为因素的干扰，但是村级选择的结果基本上是公平的。

表 12-19　调研点重点村对贫困村的瞄准程度

省	调查乡数量	确定的重点村总数量	重点村中非贫困村数量	贫困村瞄准率（%）
省 1	6	25	0	100
省 2	4	15	1	93
省 3	7	18	5	72
合计	17	58	6	90

资料来源：李小云等：《我国中央财政扶贫资金的瞄准分析》，《中国农业大学学报（社会科学版）》2005 年第 3 期。

但调查中发现仍然有许多贫困村没有被列入重点村名单，如某省认定了 1200 个贫困村，但根据地方官员估计该省至少有 5000 个实际贫困村，根据从其他省了解的情况，已经被认定为贫困村的数量只占到实际贫困村数量的 35%—75%。这主要是因为多数省份采取的是由省级根据目前扶贫资源的总量确定可以帮扶的贫困村总数，再给各个县下达贫困村的指标数，这种指标限制的贫困村确定方法使得部分贫困村被排除在外。在村级扶贫规划及整村推进扶贫资金捆绑使用的约束下，扶贫资金的投放基本遵循了村级瞄准的基本方向。①

3. 财政扶贫资金利益归宿的人群分布

从财政扶贫资金利益归宿的人群分布来看，低收入标准以下的农户在得到扶贫项目和扶贫资金方面并没有优先权。根据《2008 年中国农村贫困监测报告》课题组的连续调查，2007 年的贫困户中只有 19.5% 的农户得到项目，低收入户中只有 20% 的农户得到项目，分别比其他农户低 1.3 和

---

① 资料来源：李小云等：《我国中央财政扶贫资金的瞄准分析》，《中国农业大学学报（社会科学版）》（总第 60 期）2005 年第 3 期。

0.8个百分点的扶贫资金。贫困户中的得到扶贫资金的农户占15.8%，低收入农户中得到扶贫资金的农户占16.5%，分别比其他农户低1.3和0.6个百分点。在参加项目的农户中，贫困户的户均资金691.3元，低收入户为879.9元，其他农户为978.1元。可见，无论是户均资金额还是参加项目的机会，其他农户都高于贫困和低收入者，贫困及低收入户没有在分配扶贫资金时得到优先的照顾。

表12-20 2007年扶贫重点县农户获得资金比例及户均资金额

指标名称	贫困户	低收入户	其他农户
得到项目的农户比例（%）	19.5	20.0	20.8
得到资金的农户比例（%）	15.8	16.5	17.1
户均资金（元）	691.3	879.9	978.1

资料来源：《2008中国农村贫困监测报告》，中国统计出版社2009年版，第41页。

五、农业综合开发支出的利益归宿

（一）农业综合开发的内容

农业综合开发是指中央政府为保护、支持农业发展，改善农业生产基本条件，优化农业和农村经济结构，提高农业综合生产能力和综合效益，设立专项资金对农业资源进行综合开发利用的活动。农业综合开发项目包括土地治理项目和产业化经营项目。

土地治理项目，包括稳产高产基本农田建设、粮棉油等大宗优势农产品基地建设、良种繁育、土地复垦等中低产田改造项目，草场改良、小流域治理、土地沙化治理、生态林建设等生态综合治理项目，中型灌区节水配套改造项目。

产业化经营项目，包括经济林及设施农业种植、畜牧水产养殖等种植养殖基地项目，农产品加工项目，储藏保鲜、产地批发市场等流通设施项目。

（二）农业综合开发支出的总量分析

从 1988 年开始，全国实施了大规模的农业综合开发，这是国家加强农业发展的一项重要举措。农业综合开发从一开始就建立了一个有效的投入机制，即中央财政资金为导向，地方财政资金相配套，银行贷款和农民自筹资金的多层次、多渠道、滚动式的投入机制。

随着农业综合开发的深入发展，中央和地方财政资金逐年递增，开发资金投入规模也逐年加大，1988 年农业综合开发资金投入总额为 178368.7 万元，到 2007 年增长到 3633491.63 万元，年均增长 17.8%。其中，中央财政由 50267 万元增加到 1210595.51 万元，年均增长 20.17%；地方财政由 1988 年的 37324.1 万元，增长到 2007 年的 798649.09 万元，年均增长 19.50%。银行贷款由 1988 年的 23332.3 万元递增到 2007 年 241079.18 万元，增长了 10.33 倍；自筹资金由 1988 年的 67445.30 万元，增长到 2007 年 1383167.85 万元，增长了 20.51 倍（见表 12-21、图 12-8）。

表 12-21　1988—2007 农业综合开发资金投入情况

单位：万元

年份	资金投入总量	中央财政	地方财政	银行贷款	自筹资金
1988	178368.70	50267.00	37324.10	23332.30	67445.30
1989	347770.38	100858.00	77694.60	61236.00	107981.78
1990	495558.13	140563.90	113782.37	96663.42	144548.44
1991	566910.25	152508.30	139653.07	111549.48	163199.40
1992	622907.52	157720.90	139149.17	109288.29	216749.16
1993	720708.58	182138.90	153749.40	129552.33	255267.95
1994	682714.80	182136.80	167871.77	111807.79	220898.44
1995	871689.40	235224.00	226903.00	122120.57	287441.83
1996	1198520.50	305263.00	258913.00	197321.55	437022.95
1997	1291707.54	293129.00	302841.00	199825.54	495912.00
1998	1642497.92	421135.00	409431.70	191805.30	620125.92

续表

年份	资金投入总量	中央财政	地方财政	银行贷款	自筹资金
1999	1887745.37	472563.81	468367.80	210188.94	736624.82
2000	1972322.32	676790.91	572010.20	120612.84	602908.37
2001	2065077.22	708629.60	594679.90	182712.12	579055.60
2002	2374018.23	761896.82	615948.40	255688.60	740484.41
2003	2379916.78	867132.39	625027.81	203686.30	684070.28
2004	2566991.19	856504.12	582983.51	213373.26	914130.30
2005	3067780.62	1018301.48	627123.01	261254.31	1161101.82
2006	3367437.48	1099003.45	741514.99	235023.67	1291895.37
2007	3633491.63	1210595.51	798649.09	241079.18	1383167.85

资料来源:《中国财政年鉴》。

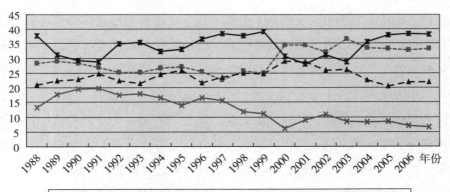

图 12-8 农业综合开发的资金投入情况

从表 12-21 和图 12-8 可以看出,从投资额的构成来看,自筹资金占整个农业综合开发资金投入的比重最高,国家财政投入次之,其中中央财政占农业综合开发投入的比重要高于地方财政;银行贷款占比最低,这说明农业综合开发建立了以国家投入为引导、以农民为主体、社会各方参与的投入机制。

（三）农业综合开发支出的利益归宿

1. 农业综合开发支出利益归宿的项目分布

目前，农业综合开发项目主要分为土地整治与农业产业化经营。从 1988—2007 年两大项目的开发情况来看，土地整治的开发数额要远大于产业化经营的开发数（见表 12-22）。在土地整治项目中，中低产田改造占的份额最大。实际上，我国大规模的农业综合开发刚开始，重点是进行大规模的中低产田改造，大力提高农业综合生产能力，增加粮食产量，同时，适当开垦宜农荒地，实现农林牧副渔全面发展。到了 1993 年，建设内容有所转变，并进一步丰富，从重点进行中低产田改造转变为在继续中低产田改造的同时，加大多种产业化项目建设力度，把农业增收与农民增收结合起来。从 1999 年开始，全国农业面临新的情况，粮食供求关系发生了逆转，由供不应求变成供求基本平衡，有些地区甚至出现结构性过剩。这时，根据党中央、国务院的战略部署，农业综合开发又适时调整了建设重点和内容，由过去以改造中低产田和开垦宜农荒地相结合，转到以改造中低产田为主和保护生态环境上来；由过去追求增加主要农产品产量为主，转到发展优质、高产、高效农业上来。到了 2005 年，农业产业化经营项目的建设有所下降，这是因为国家拿出部分资金对重点龙头企业进行参股经营，扶大、扶优、扶强具有带动农民增收致富的农业农头企业。

表 12-22　农业综合开发支出的项目结构

年份	土地整治				产业化经营				
	改造中低产量（万亩）	生态综合治理（万亩）	中型灌区节水配套改造（个）	开垦宜农荒地（万亩）	建设优质粮食基地（万亩）	建设优质饲料作物基地（万亩）	经济林、蔬菜、药材等种植面积（万亩）	水产养殖面积（万亩）	农产品加工和农业生产服务项目（个）
1988	944.90	58.20		168.00	—	—	31.25	1.25	60
1989	2189.58	163.63		289.60	—	—	28.15	12.25	15

续表

年份	土地整治				产业化经营				
	改造中低产量（万亩）	生态综合治理（万亩）	中型灌区节水配套改造（个）	开垦宜农荒地（万亩）	建设优质粮食基地（万亩）	建设优质饲料作物基地（万亩）	经济林、蔬菜、药材等种植面积（万亩）	水产养殖面积（万亩）	农产品加工和农业生产服务项目（个）
1990	3167.95	231.97		382.83	—	—	45.79	10.36	42
1991	2736.26	176.03		329.95			44.16	6.11	56
1992	2557.97	309.17		374.15			103.96	21.75	77
1993	2755.15	261.57		281.99			166.48	49.91	108
1994	1599.84	222.12		154.06			123.98	27.36	166
1995	2022.59	244.02		169.85			156.31	32.68	297
1996	2563.75	326.43		242.17			162.84	55.16	547
1997	2623.41	245.03		284.70			138.40	60.05	527
1998	3039.82	205.05		227.07			149.19	41.81	374
1999	3647.36	178.95		84.16	49.35	23.40	171.28	44.76	395
2000	3742.75	265.55		—	197.26	104.63	194.43	43.62	419
2001	3058.76	296.68		—	430.65	82.10	190.21	72.32	433
2002	2818.44	345.87		—	461.50	90.57	127.83	118.57	516
2003	1711.16	301.66		—	988.65	228.73	91.60	39.17	668
2004	2415.13	400.85		—			70.36	56.39	429
2005	3062.17	463.01	3	—			46.84	17.59	526
2006	2980.61	863.86	12	—			52.33	11.88	688
2007	2741.92	352.12	12	—			50.03	13.28	828

资料来源:《2008 中国财政年鉴》。

二十余年的农业综合开发，极大地改善了我国农业生产条件，特别是粮食主产区的农业生产条件，提高了我国农业综合生产能力。从农田基础设施改善情况看，1988—2007 年，农业综合开发累计改造中低产田面积 52379.52 万亩；新增和改善灌溉面积 48481.46 万亩；新增和改善除涝面积 21337.46 万亩；新增机耕地面积 32689.60 万亩；新增农机总动力

2068.28 万千瓦（见表 12-23）。

农业综合开发累计新增粮棉油糖等主要农产品生产能力 12205589.35 万公斤。其中，新增粮食生产能力 8943743.25 万公斤；新增棉花生产能力 171943.34 万公斤，新增油料生产能力 447853.98 万公斤，新增糖料 2642048.78 万公斤。新增肉蛋奶水产品等农产品产量 2766821 万斤。其中，新增肉类产量 464815.63 万公斤，新增禽蛋产量 34230.04 万公斤，新增奶类产量 154661.14 万公斤，新增水产品产量 186425.29 万公斤，新增干鲜果品、蔬菜和药材等其他农产品产量 1926688.88 万公斤（见表 12-24）。

表 12-23　农业综合开发支出的结果

年份	改善农业生产条件				新增主要农产品生产能力（万公斤）	新增其他农产品产量（万公斤）	新增其他农产品产值（万元）
1988—2007	新增和改造灌溉面积（万亩）	新增和改善除涝面积（万亩）	增加林网防护面积（万亩）	新增农机总动力（万千瓦）			
合计	48481.46	21337.46	32689.60	2068.28	12205589.35	2766821	281.64

注：①粮、棉、油、糖；②肉、蛋、奶、水产品、干鲜果品、蔬菜、药材等。
资料来源：《2008 中国财政年鉴》。

表 12-24　1988—2007 年新增主要农产品生产能力

地区	新增主要农产品生产能力（万公斤）				新增其他农产品产量（万公斤）				
	粮	油	棉	糖	肉	蛋	奶	水产品	干鲜果品、蔬菜、药材等
全国	8943743.25	171943.34	447853.98	2642048.78	464815.63	34230.04	154661.14	186425.29	1926688.88

资料来源：《2008 中国财政年鉴》。

2. 农业综合开发支出利益归宿的地区分布

（1）从农田基础设施改善情况的区域分布来看

1988—2007 年，农业综合开发累计改造中低产田面积 52379.52 万亩；新增和改善灌溉面积 48481.46 万亩；新增和改善除涝面积 21337.46 万亩；新增机耕地面积 32689.60 万亩；新增农机总动力 2068.28 万千瓦。其中，粮食主产区中低产田改造面积 33326.98 万亩，占总面积的 63.63%；新增和改善灌溉面积 29365.47 万亩，占总面积的 60.77%；新增和改善除涝面积 15925.78 万亩，占总面积的 73.64%；新增机耕地面积 15257.66 万亩，占总面积的 46.67%；新增农机总动力 1427.93 万千瓦，占总量的 69.03%（见表 12-25）。可见，农业综合开发项目的实施，改善了全国农业生产条件，特别是粮食主产区的农业生产条件，为农民增收、农业增产提供了强有力的保障。

表 12-25　1988—2007 年全国及粮食主产区农业生产条件改善情况

地区	改造中低产田（万亩）	新增和改善灌溉面积（万亩）	新增和改善除涝面积（万亩）	新增机耕地面积（万亩）	新增农机总动力（万千瓦）
全国	52379.52	48481.46	21337.46	32689.60	2068.28
粮食主产区	33326.98	29365.47	15925.78	15257.66	1427.93
粮食主产区所占的比重（%）	63.63	60.77	73.64	46.67	69.03

资料来源：《2008 中国财政年鉴》。

（2）从新增粮食生产能力的区域分布来看

1988—2007 年累计新增粮食生产能力最多的地区为黑龙江、山东、河北三省，分别新增粮食生产能力 823.76 万吨、675.86 万吨和 505.57 万吨，分别占全国累计新增粮食生产能力的 9.21%、7.56% 和 5.65%；其他粮食新增生产能力较多的地区是四川（498.08 万吨）、河南（482.44 万

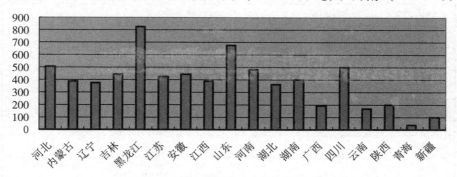

图 12-9　新增生产能力（万吨）

吨)、吉林 (446.03 万吨)、安徽 (444.60 万吨) 和江苏 (425.13 万吨);
新增粮食生产能力较少的地区分别为北京、青海、上海、西藏、广东农
垦,这些地区主要处于经济较为发达的城市圈和农业自然生产条件较差的
边缘地区,粮食增产潜力较小。可见,新增粮食最多的地区全都是我国粮
食的主产区,粮食产量大、农业生产和发展潜力较大。

(3) 从农民人均收入的地区分布来看

农业综合开发是国家支持农业产业化的重要方式。通过农业综合开
发,科学利用了各地区的农业资源优势,在农业综合开发项目区内,发展
了一批以农副产品加工为主的龙头企业和专业批发市场、流通企业,建成
了集中连片的农副产品加工基地,促进了农产品的深度开发和多层次加工
增值,在很大程度上增加了农民收入。

表 12-26 的资料显示,项目区的农民人均收入明显高于非项目区,
1998—2007 年,项目区农民人均收入高于全国农民人均收入的平均水平为
212.74 元;2004—2007 年,项目区直接受益农民人均增收额为 383.69 元。

表 12-26　1998—2007 年受益农民的区域分布

年份	农民人均收入 (元)		项目区直接受益农民人均增收额 (元)
	项目区	项目区高于全国农民人均收入	
1998	2400.00	238.02	
1999	2472.00	261.66	
2000	2465.00	211.58	
2001	2544.00	177.60	
2002	2696.00	220.00	
2003	2782.57	167.57	
2004			350.36
2005			383.44
2006			375.94
2007			425.03

资料来源:《2008 中国财政年鉴》。

第十三章
环保支出的利益归宿研究

一、环保支出概述

2008 年 3 月，在新一轮机构改革中，国家环保局升格为环保部。在机构精简的主旋律下，这一变化格外引人注意。这表明，面对巨大和紧迫的环境危机，以及社会和公众的殷切期望，环境保护和环境治理上升到一个全局性的国家战略的高度。1998—2008 年间，我国在环境保护和治理方面的投资和财政支出一直呈不断增长的态势。图 13-1 记录了我国环境投入从 1998 年到 2008 年的增长。我国环境污染治理投资总额从 721.8 亿元增长到 4490.3 亿元，增长了 4 倍有余。国家环境保护系统各级机构的人员数，也从 112626 人增加到 183555 人①。

在环境投入持续、快速增长的背景下，研究环境支出的利益归属问题，具有重要的政策意义。它不仅是评价目前环保支出是否是"好钢用在刀刃上"的重要依据，也对未来环保支出的决策具有重要的参考意义。

环境保护是一种典型的公共产品，其公共产品的属性决定了环境投入支出具有两个鲜明的特点。其一，破坏环境的人或者企业，在没有环境管制的情况下，不必承担破坏环境的后果，完全可以将环境成本转嫁给社

---

① 包括环保局、监察机构、监测站、科研所、宣教中心、信息中心和其他环境机构工作的人员。不包括在企业从事环境保护和环境管理的人员。

会。在这种情况下，他们没有动机进行以防止环境污染为目的的投资。其二，美好环境的享用具有非排他性，所以在自由市场的条件下，没有人或者企业愿意进行以改善环境为目的的投资。

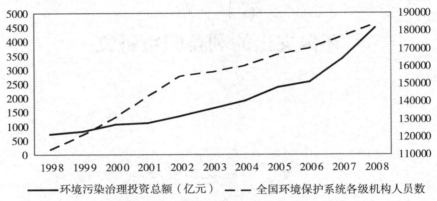

图 13-1　我国环保投入的增长（1998—2008 年）
资料来源：《全国环境统计公报》（1998—2008）。

　　所以，环境保护投入只能有两个来源：一个是公共财政支出；另一个是政府出台管制法规，强制企业或者个人进行环境投资。公共财政支出通常有两个来源，一个是一般性的国家财政收入；另外一个是以环保为专项的收费收入，比如排污费收入。图 13-2 显示了我国 2006 年污染治理项目投资来源。企业投入占了 94%，排污费收入和一般性国家财政收入平分秋色。首先关注国家的财政投入，尤其是中央一级的财政投入。

　　国家财政投入在整体环境保护中的投入所占比例不大，中央财政又只占国家总财政投入的 3.5%。①那为什么关注中央一级的财政投入呢？原因主要是有两个。第一，虽然国家财政投入在数量上不占主体，但却起到指向标和杠杆的作用。比如，从 2004 到 2008 年 5 年间，中央环境保护专项资金共安排 47.36 亿元，但带动的资金投入却高达数百亿元，充分"引导和调动地方政府、企业治理环境污染的积极性，推动全社会的污染

----

　　① 参见《中国统计年鉴 2008》。2007 年，中央环保财政支出 34.59 亿元，地方环保财政支出 961.23 亿元。

减排工作"。① 第二，随着排污费收入的增加（见图 13-3），政府投入尤其是专项资金的投入会逐渐增多，所起的作用也会越来越大。正是由于"指向标"和"增长点"的特征，研究中央一级的环境投入的分配问题，对于研究整体环境支出的利益归属问题，具有以点带面的意义和效果。

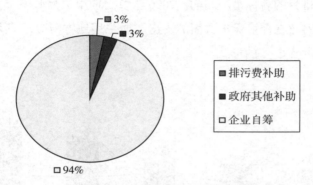

图 13-2　2006 年污染治理项目投资来源
资料来源：《环境统计年报 2006》。

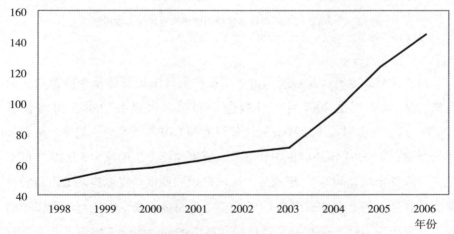

图 13-3　我国排污费收入总额的增长（1998—2006 年）
资料来源：《环境统计年报（1998—2006）》。

---

① 参见《环境保护部关于加强中央环境保护专项资金项目监管工作的通知》，见 http://www.cepb.gov.cn/UploadFile/20091110173107609.doc。

二、一般财政支出

国家财政用于环境保护方面的支出，以 2006 年财政收支分类改革为界，其分属科目的名称是不同的。2006 年及之前中央财政不单列环境保护支出，国家财政在环境保护方面的支出主要采用地方财政"环境保护和城市水资源建设支出"的形式。

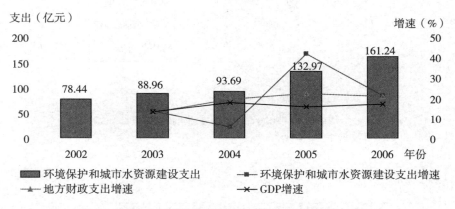

图 13-4　2002—2006 年环境保护和城市水资源建设支出情况

资料来源：根据历年《中国统计年鉴》整理、计算获得。

从相关数据来看，这段时间内环境保护财政支出总体呈现高速增长的态势，从 2002 年至 2006 年，环境保护和城市水资源建设支出增长了 106%，高于地方财政支出 99% 的增长幅度和 GDP80% 的增长幅度。从具体年份来看，除 2004 年环境保护和城市水资源建设支出增速为 5.32%，低于地方财政支出增速和 GDP 增速外，环境保护和城市水资源建设支出的增长速度一直高于地方财政支出和 GDP 增速。但总体上来说财政对环境保护的投入比率还相当低，2006 年环境保护和城市水资源建设支出仅占地方财政支出的 0.53%。

2006 年财政收支分类改革以后，国家财政支出单独列示了环境保护财政支出，仅就中央财政而言，对于环境保护支出包括两部分，一部分是中央本级财政支出，另一部分是对地方的转移支付。

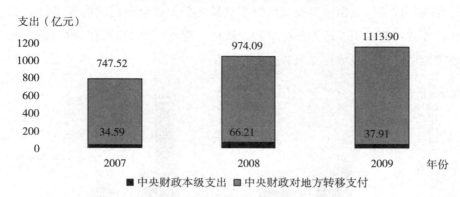

图 13-5 2007—2009 年中央财政环境保护支出

资料来源：根据历年《中国统计年鉴》整理、计算获得。

从近些年的数据来看，中央财政对在环境保护方面支出的力度逐步增大，从 2007 年到 2009 年中央财政的环境保护支出增加了 47%，而同期中央财政的总体支出增加了 48%，环境保护支出增长速度基本等同于中央财政总体支出增长速度。此外，中央财政支出主要是通过转移支付的形式，转移支付的比例在 2009 年达到 96.7%，中央财政本级支出相对来说数量比较少。并且，环境保护支出占中央财政支出的比重低，2009 年仅为 2.63%，中央环境保护本级支出只占中央本级财政支出的 0.25%。从中可以看出，这两年环境保护支出的确有大幅度增加，且环境保护的事务主要是由地方政府承担的。

从环境保护支出的方向来看，主要包括自然生态保护、天然林保护、退耕还林、退牧还草、能源节约利用和可再生能源。

从 2008 年和 2009 年的数据来看（见图 13-6），中央本级支出的主要投入方向是树林和能源。能源节约利用和可再生能源分别占到 2008 年、2009 年中央财政环境保护本级支出的 26.64% 和 9.52%。天然林保护和退耕还林分别占到 2008 年、2009 年中央财政环境保护本级支出的 15.15% 和 10.27%。

表 13-1 是 2009 年国家环保部支出预算表。可以看出，国家环保部

2009 年的一般财政支出 5.4 亿元。这部分资金主要用于维持环保部的日常
运作和行政项目支出。这些项目的主要目的是促进全国范围的环境保护工
作，而并不直接用于地方环境治理，因此不存在一个利益分配的问题，在
该研究中，把重点放在专项资金支出。

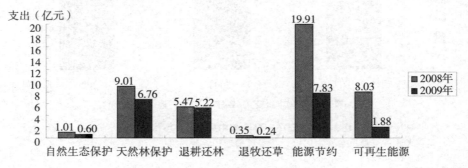

图 13-6　中央财政环境保护本级支出

资料来源：根据历年《中国统计年鉴》整理、计算获得。

表 13-1　2009 年国家环保部支出预算表①

科目编码	单位代码	单位名称（科目）	合计	基本支出	项目支出
		行政单位	54154.66	7046.80	47107.86
	001	环境保护部	54154.66	7046.80	47107.86
202		外交	939.50	142.17	797.33
20202		驻外机构	142.17	142.17	
2020201	001	驻外使领馆（团、处）	142.17	142.17	
20204		国际组织	797.33		797.33
2020401	001	国际组织会费	561.00		561.00
2020402	001	国际组织捐赠	236.33		236.33
206		科学技术	4062.00		4062.00
20603		应用研究	4062.00		4062.00
2060302	001	社会公益研究	4062.00		4062.00
208		社会保障和就业	740.92	740.92	

---

①　摘自环境保护部官方网站。

科目编码	单位代码	单位名称（科目）	合计	基本支出	项目支出
20805		行政事业单位离退休	740.92	740.92	
2080501	001	行政单位离退休	715.92	715.92	
2080503	001	离退休人员管理机构	25.00	25.00	
211		环境保护	47697.16	5448.63	42248.53
21101		环境保护管理事务	17751.16	5448.63	12302.53
2110101	001	行政运行	4198.89	4198.89	
2110102	001	一般行政管理事务	1521.53		1521.53
2110104	001	环境保护宣传	1095.00		1095.00
2110105	001	环境保护法规、规划及标准	3664.00		3664.00
2110106	001	环境国际合作及履约	4440.00		4440.00
2110107	001	环境保护行政许可	1012.00		1012.00
2110199	001	其他环境保护管理事务支出	1819.74	1249.74	570.00
21102		环境监测与监察	2050.00		2050.00
2110203	001	建设项目环评审查与监督	850.00		850.00
2110299	001	其他环境监测与监察支出	1200.00		1200.00
21103		污染防治	850.00		850.00
2110304	001	固体废弃物与化学品	850.00		850.00
21104		自然生态保护	20.00		20.00
2110403	001	自然保护区	20.00		20.00
21111		污染减排	27026.00		27026.00
2111101	001	环境监测与信息	16261.00		16261.00
2111102	001	环境执法监察	10765.00		10765.00
229		其他支出	715.08	715.08	
22903		住房改革支出	715.08	715.08	
2290301	001	住房公积金	260.00	260.00	
2290302	001	提租补贴	60.00	60.00	
2290303	001	购房补贴	395.08	395.08	
		合计	54154.66	7046.80	47107.86

三、专项财政投入

（一）中央环境保护专项资金

图 13-7 展示了在我国污染治理项目投资中政府投入的资金来源。一个非常明显的趋势是：排污费所占的比重逐渐增加，甚至有超过传统的"政府其他补助"的势头。随着排污费收入的逐年增加（见图 13-3），排污费在环境污染治理投入中的地位必然越来越重要。

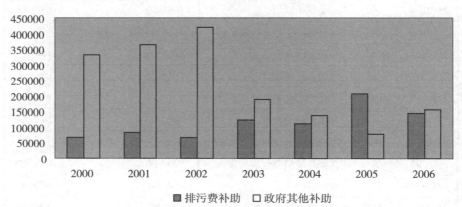

图 13-7　污染治理项目政府投资（2000—2006 年）
资料来源：《环境统计年报》（2000—2006）。

排污费征收的主要依据是 2003 年 7 月 1 日起施行的《排污费征收使用管理条例》和《排污费资金收缴使用管理办法》。根据《排污费资金收缴使用管理办法》的规定，排污费资金纳入财政预算，作为环境保护专项资金管理，按照"量入为出和专款专用"的原则，全部专项用于环境污染防治，任何单位和个人不得截留、挤占或者挪作他用。

排污费由县级或市级地方人民政府环境保护行政主管部门核定和收缴。[①]

---

　　① 装机容量 30 万千瓦以上的电力企业的二氧化硫排污费，由省、自治区、直辖市人民政府环境保护行政主管部门核定和收缴。

商业银行应当在收到排污费的当日将排污费资金缴入国库。国库部门负责按 1∶9 的比例，10%作为中央预算收入缴入中央国库，作为中央环境保护专项资金管理；90%作为地方预算收入，缴入地方国库，作为地方环境保护专项资金管理。

根据《排污费资金收缴使用管理办法》的规定，环境保护专项资金应当用于下列污染防治项目的拨款补助和贷款贴息：

① 重点污染源防治项目。包括技术和工艺符合环境保护及其他清洁生产要求的重点行业、重点污染源防治项目。

② 区域性污染防治项目。主要用于跨流域、跨地区的污染治理及清洁生产项目。

③ 污染防治新技术、新工艺的推广应用项目。主要用于污染防治新技术、新工艺的研究开发以及资源综合利用率高、污染物产生量少的清洁生产技术、工艺的推广应用。

④ 国务院规定的其他污染防治项目。

⑤ 环境保护专项资金不得用于环境卫生、绿化、新建企业的污染治理项目以及与污染防治无关的其他项目。

根据环境保护工作的实际需要，财政部和环境部每年都会确定环境保护专项资金，在各项环保工作中的分配重点。表 13-2 总结了自《排污费征收使用管理条例》和《排污费资金收缴使用管理办法》颁布实施以来，环境保护专项资金的资助重点。

表 13-2　中央环境保护专项资金的资助重点（2004—2008 年）①

年份	资助重点	限项情况
2004 年	支持的重点流域和区域： ● "三河三湖" 等重点流域水污染治理项目 ● 东北老工业基地水污染治理项目 ● 西部贫困地区水污染治理	

① 根据国家环保局官方网站上公布的各年份专项项目公告整理得出。

年份	资助重点	限项情况
2004 年	重点支持以下七个行业的污水治理和水污染防治项目： ● 造纸及纸制品业（纸浆造纸） ● 食品及饮料制造业（酿造、发酵） ● 化工原料及化学制品制造业 ● 纺织工业（印染行业） ● 皮革制造业（毛皮鞣制业） ● 黑色金属冶炼及压延工业（钢铁行业） ● 医药工业	
2005 年	重点流域/区域环境污染综合治理项目	每省、自治区、直辖市最多可申报3 个；计划单列市最多可申报 2 个
	地级以上重点城市环境监测能力建设项目	每省（区、市）最多可选择 4 个重点城市环境监测能力建设项目
	污染防治新技术新工艺推广应用示范项目，重点支持以下六个行业： ● 造纸及纸制品业（制浆造纸行业） ● 电力供应业 ● 化工原料及化学制品制造业 ● 金属冶炼及压延 ● 医药工业 ● 纺织工业（纺织印染行业）	每省（区、市）最多可申报 3 项污染防治新技术新工艺推广应用示范项目
2006 年	环境监管能力建设项目	每省、自治区、直辖市限报 6 个环境监管能力建设项目，计划单列市和新疆生产建设兵团限报 2 个
	集中饮用水源地污染防治项目	每省、自治区、直辖市限报 2 个集中饮用水源地污染防治项目，计划单列市限报 1 个
	区域环境安全保障项目	每省、自治区、直辖市以及各中央企业限报 4 个项目（不含燃煤电厂脱硫脱硝技术改造项目），计划单列市和新疆生产建设兵团限报 1 个 燃煤电厂脱硫脱硝技术改造项目采用贷款贴息形式，不受申报数量的限制，符合要求的项目均可申报
	建设社会主义新农村小康环保行动项目	每省、自治区、直辖市、计划单列市和新疆生产建设兵团限报 2 个项目（每类各 1 个）
	污染防治新技术新工艺推广应用项目	每省、自治区、直辖市、计划单列市和新疆生产建设兵团以及各中央企业限报 2 个项目

年份	资助重点	限项情况
2007 年	• "三河三湖" 及松花江等重点流域蓝藻及水污染治理项目。主要用于支持： • "三河三湖" 及松花江流域环境监测能力建设 • 农村面源污染治理 • 污水处理厂脱氮除磷技改项目 • 太湖流域 COD 排污权交易	对 "三湖" 地区地、县级环境监测能力建设给予填平补齐；其他流域监测能力建设项目有关各省、自治区、直辖市限报 6 个。中央环境保护专项资金已经支持和纳入 "松花江流域重点城市水污染事故应急监测能力建设项目" 范围的地区不再予以支持。"三河三湖" 及松花江流域有关各省、自治区、直辖市限报 4 个农村面源污染治理项目
	迎接 2008 年奥运会大气污染治理项目	支持京、津、冀地区纳入《第 29 届奥运会空气质量保障措施》中的大气污染防治项目，每个省市限报 6 个项目
	环境监管能力建设项目	对地、县级环境监测能力建设给予填平补齐，每省、自治区、直辖市限报 6 个项目，计划单列市和新疆生产建设兵团限报 2 个
	集中饮用水源地污染防治项目	每省、自治区、直辖市限报 2 个项目，计划单列市限报 1 个
	区域环境安全保障项目	每省、自治区、直辖市以及各中央企业限报 4 个项目（不含燃煤电厂脱硫脱硝技术改造项目），计划单列市和新疆生产建设兵团限报 1 个燃煤电厂脱硫脱硝技术改造项目采用贷款贴息形式，不受申报数量的限制，符合要求的项目均可申报
	建设社会主义新农村小康环保行动项目	每省、自治区、直辖市、计划单列市和新疆生产建设兵团限报 2 个项目（每类各 1 个）
	污染防治新技术新工艺推广应用项目	每省、自治区、直辖市、计划单列市和新疆生产建设兵团以及各中央企业限报 2 个项目

续表

年份	资助重点	限项情况
2008 年	集中饮用水源地污染防治： 优先支持影响饮用水源地水质安全的纺织印染、食品及饮料制造业、工矿、医药、化工等行业污染治理	每省（自治区、直辖市）项目原则不超过 4 个，计划单列市项目原则不超过 2 个
	区域环境安全保障： 包括排放重金属及有毒有害污染物的冶金、电镀、焦化、印染、石化等行业或企业的污染防治，严重威胁居民身体健康的大气污染治理，重大辐射安全隐患处置项目以及区域性环境污染综合治理项目	每省（自治区、直辖市）项目原则不超过 3 个，计划单列市、新疆生产建设兵团项目原则不超过 2 个
	建设社会主义新农村小康环保行动： 支持土壤污染防治示范项目和规模化畜禽养殖废弃物综合利用及污染防治示范项目	各省、自治区、直辖市、计划单列市和新疆生产建设兵团，项目原则不超过 1 个
	污染防治新技术新工艺推广应用： 支持符合《国家鼓励发展的环境保护技术目录》和《国家先进污染治理技术推广示范项目名录》中污染防治新技术、新工艺推广应用项目	各省、自治区、直辖市、计划单列市、新疆生产建设兵团，项目原则不超过 2 个
	燃煤电厂脱硫脱硝技术改造： 支持二氧化硫削减量大且已列入《全国酸雨和二氧化硫污染防治"十一五"规划》或《燃煤电厂氮氧化物治理规划》的脱硫、脱硝项目	由中央有关企业申报。采用贷款贴息形式，不受申报数量的限制，符合要求的项目均可申报

资料来源：根据国家环保局官方网站上公布的各年份专项项目公告整理得出。

从表 13-2 可以看出，中央环境保护专项资金的分配具有以下几个鲜明的特点：

第一，水污染治理是中央环境保护专项资金资助的重中之重。从资金项目启动的 2004 年开始，污水治理和水污染防治项目就被列入中央环境保护专项资金的资助重点。比如在安徽省（见表 13-3 和表 13-4），2004 年，所有的资金都投入水污染防治和治理的工作当中。在此后的几年中，除了资金向行政能力建设倾斜的 2006 年和 2007 年之外，其他年份，一半以上的项目都是针对水污染（见表 13-4），60% 以上的资金也流向水污染防治和治理（见表 13-4）。

与水污染相比，其他媒介的污染防治和治理工作相对来说，受的重视非常不够。直到 2008 年，酸雨和二氧化硫的污染防治才被列入资金资助的重点。与目前全球变暖相关的二氧化碳排放，更是被忽略了。以安徽省为例，在 2004—2008 年间，没有一个受资助的项目是针对大气污染的。针对土壤污染的项目，无论从资金数还是从项目数上看，也是直到 2008 年，才略见起色。

表 13-3　安徽省中央环境保护专项资金的项目分配（2004—2008 年）

单位：%

项目	2004 年	2005 年	2006 年	2007 年	2008 年
水	1.00	0.56	0.33	0.07	0.57
行政能力		0.44	0.50	0.76	
土壤			0.08		0.29
新技术			0.08	0.10	
农村				0.07	0.14
总计	1.00	1.00	1.00	1.00	1.00

资料来源：根据国家环保局官方网站上公布的各年份专项项目公告整理得出。

表 13-4　安徽省中央环境保护专项资金的资金分配（2004—2008 年）

单位：%

项目	2004 年	2005 年	2006 年	2007 年	2008 年
水	1.00	0.67	0.41	0.18	0.73
行政能力		0.33	0.53	0.56	
土壤			0.05		0.16
新技术			0.01	0.21	
农村				0.06	0.11
总计	1.00	1.00	1.00	1.00	1.00

资料来源：根据国家环保局官方网站上公布的各年份专项项目公告整理得出。

上述这一现象在其他省份的中央环境保护专项项目以及资金分配上也可以找到。表 13-5、表 13-6 为内蒙古的中央环境保护专项项目的配比以及资金分配情况分析表。

表 13-5　内蒙古中央环境保护专项资金的资金分配（2004—2008 年）

单位:%

项目	2004 年	2005 年	2006 年	2007 年	2008 年
水	1.00	0.29	0.10	0.15	0.70
行政能力		0.57	0.60	0.60	
新技术		0.14	0.20	0.05	0.20
农村			0.10	0.10	0.10
土壤				0.05	
空气				0.05	
总计	1.00	1.00	1.00	1.00	1.00

表 13-6　内蒙古中央环境保护专项资金的资金分配（2004—2008 年）

单位:%

项目	2004 年	2005 年	2006 年	2007 年	2008 年
水	1.00	0.34	0.23	0.29	0.80
行政能力		0.33	0.47	0.53	
新技术		0.34	0.26	0.08	0.18
农村			0.03	0.05	0.02
土壤				0.04	
空气				0.01	
总计	1.00	1.00	1.00	1.00	1.00

　　第二，每年资助的重点变化比较大。中央环境保护专项资金的流向，受热点环境事件的影响比较大。比如，2007 年，太湖暴发了大量蓝藻，以太湖作为饮用水取水源的一些地区（最为严重的是无锡市）居民自来水供应受到严重威胁。针对这一事件，2007 年的中央环境保护专项资金将"三河三湖"及松花江等重点流域蓝藻及水污染治理项目，列为最为首要的资助重点。再比如，为了迎接 2008 年的北京奥林匹克运动会，"迎接 2008 年奥运会大气污染治理项目"也被列入中央环境保护专项资金的资助重点。

　　除了环境事件，中央环境保护专项资金的流向还受到行政管理需要的影响。尽管在《排污费资金收缴使用管理办法》中规定的排污费资金资助重点，不包括行政能力建设。2006 年和 2007 年，相当一部分中央环境保护专项资金被用于提升地方环境保护机构的行政监督和执法能力。以安徽省（见表 13-3 和表 13-4）为例，在这两个年份，行政能力建设的立项数和使用资金数，都占到项目总数和资金总数的 50% 以上。从 2008 年开始，以提高行政能力为目的的专项资金使用急剧减少。

　　第三，资助的重点是一些外部性相对较强的环境问题。从表 13-2 可以看出，从资金项目启动的 2004 年开始，一直到 2008 年，重点流域/区域环境污染综合治理项目一直被列为中央环境保护专项资金的资助重点。一个重要的原因是，这些环境项目的外部性较强。对一个流域或者区域的环境污染的综合治理，往往涉及多个省区市的利益，地方利益的博弈和协调非常困难。中央资金的使用，有助于克服这一困难。

　　同样，新型环保技术的使用会使企业增加成本，但并不一定会带来收益。为了鼓励这些具有正外部性的项目，中央环境保护专项资金长期以来也将新技术的开发使用列入重点资助领域。但从安徽省的情况看，这种类型的资助还是很少。

　　第四，平均主义的色彩比较重。从 2004 年到 2005 年，中央环境保护专项资金申报指南的一个显著变化是加入了"限项"的有关规定。根据该规定，各省、自治区、直辖市、计划单列市、新疆生产建设兵团，不论环境保护的实际需要，在原则上都只能申报一定数量的项目。这一规定是平衡地方利益的需要，但有可能会对专项资金使用的实际环境效益造成不好的影响。如果从纯粹效率的角度出发，环保资金应当优先用于潜在环境收益最大的地区。

（二）中央财政主要污染物减排专项资金

　　为支持国家确定的主要污染物减排工作，提高资金使用效益，确保主要污染物减排的指标、监测和考核体系建设顺利实施，推动主要污染物减排目标的实现，2007 年财政部和环保总局制定了《中央财政主要污染物减排专项资金管理暂行办法》。

　　根据这一规定，减排资金重点用于支持中央环境保护部门履行政府职能而推进的主要污染物减排指标、监测和考核体系建设，以及用于对主要污染物减排取得突出成绩的企业和地区的奖励。减排资金主要用于以下几方面：支持国家、省、市国控重点污染源自动监控中心能力建设；补助污染源监督性监测能力建设和环境监察执法能力建设；补助国控重点污染源监督性监测运行费用；补助提高环境统计基础能力和信息传输能力项目；围绕主要污染物减排开展的排污权交易平台建设及交易试点工作等；主要污染物减排工作取得突出成绩的企业和地区的奖励；财政部、环保总局确定的与主要污染物减排有关的其他工作。

　　可以看出，该资金主要用于行政能力建设。表 13-7 是辽宁省 2008 年中央财政主要污染物减排专项资金项目预算明细表。从该表中可以看出，减排专项资金资助的行政能力建设主要包括：环境质量监测能力建设（比如建设城市空气自动监测子站；酸沉降监测能力建设；沙尘暴监测能力建设）；重点城市应急监测能力建设；核与辐射监测能力建设（比如，建设辐射连续自动监测子站；常规辐射监测能力建设）；环境监察执法标准化建设和环境统计能力建设。由此也可以看出，我国环保资金的使用还带有偿还多年来"欠债"的性质，投入项目主要还是环境保护的基础性工作，缺乏主动性的环境保护研究和措施。

表 13-7　辽宁省 2008 年中央财政主要污染物减排专项资金项目预算明细表

单位：万元

序号	项目名称	承担单位	项目内容	预算金额
	总计			2254
1	环境质量监测能力建设			877
（1）	城市空气自动监测子站			288
		本溪市环境监测站	1 个子站	36
		阜新市环境监测站	1 个子站	36
		盘锦市环境监测站	1 个子站	36

序号	项目名称	承担单位	项目内容	预算金额
		铁岭市环境监测站	1个子站	36
		朝阳市环境监测站	1个子站	36
		鞍山市环境监测站	1个子站	36
		抚顺市环境监测站	1个子站	36
		营口市环境监测站	1个子站	36
（2）	酸沉降监测能力建设			279
		沈阳市环境监测中心站	酸沉降监测仪器设备4台（套）	3
		鞍山市环境监测中心站	酸沉降监测仪器设备5台（套）	23
		抚顺市环境保护监测站	酸沉降监测仪器设备5台（套）	23
		本溪市环境监测站	酸沉降监测仪器设备5台（套）	23
		丹东市环境保护监测站	酸沉降监测仪器设备5台（套）	23
		锦州市环境监测中心站	酸沉降监测仪器设备5台（套）	23
		营口市环境监测中心站	酸沉降监测仪器设备5台（套）	23
		阜新市环境监测中心站	酸沉降监测仪器设备5台（套）	23
		辽阳市环境监测站	酸沉降监测仪器设备5台（套）	23
		盘锦市环境保护监测站	酸沉降监测仪器设备5台（套）	23
		铁岭市环境保护监测站	酸沉降监测仪器设备5台（套）	23
		朝阳市环境监测站	酸沉降监测仪器设备5台（套）	23
		葫芦岛市环保监测中心站	酸沉降监测仪器设备5台（套）	23
（3）	沙尘暴监测能力建设			310
		辽宁省环境监测中心站	数据采集与传输设备	8

序号	项目名称	承担单位	项目内容	预算金额
		沈阳市环境监测站	1个子站及相关常规监测仪器设备	29
		锦州市环境监测站	1个子站及相关常规监测仪器设备	39
		丹东市环境监测站	1个子站及相关常规监测仪器设备	39
		铁岭市环境监测站	1个子站及相关常规监测仪器设备	39
		调兵山市环境监测站	1个子站及相关常规监测仪器设备	39
		朝阳市环境监测站	1个子站及相关常规监测仪器设备	39
		阜新市环境监测站	1个子站及相关常规监测仪器设备	39
		鞍山市环境监测站	1个子站及相关常规监测仪器设备	39
2	重点城市应急监测能力建设			296
		沈阳市环境监测站	应急监测仪器设备14台（套）	39
		鞍山市环境监测站	应急监测仪器设备18台（套）	51
		抚顺市环境监测站	应急监测仪器设备19台（套）	50
		本溪市环境监测站	应急监测仪器设备21台（套）	78
		锦州市环境监测站	应急监测仪器设备21台（套）	78
3	核与辐射监测能力建设			433
（1）	辐射连续自动监测子站	辽宁省放射环境监理站	省级辐射连续自动站监测数据汇总中心，1个标准型辐射连续自动监测子站，3个基本型辐射连续自动监测子站，3套现有自动监测子站网络接入设备	337
（2）	常规辐射监测能力建设			96

序号	项目名称	承担单位	项目内容	预算金额
		沈阳市环境保护局	1 辆辐射应急监测车，1 套 γ 剂量率仪和 αβ 表面污染仪	32
		盘锦市环境保护局	1 辆辐射应急监测车，1 套 γ 剂量率仪和 αβ 表面污染仪	32
		葫芦岛市环境保护局	1 辆辐射应急监测车，1 套 γ 剂量率仪和 αβ 表面污染仪	32
4	环境监察执法标准化建设			600
		辽宁省环境监察局	执法车辆 2 辆，取证、通讯、监测等设备 27 台（套），应急车辆 1 辆（含车载通讯设备 1 套、应急防护设备 2 套）	85
		沈阳市环境监察支队	执法车辆 6 辆，取证、通讯、监测等设备 127 台（套）	94
		康平市环境监察大队	执法车辆 3 辆，取证、通讯、监测等设备 18 台（套）	26
		沈阳市皇姑区环境监察大队	执法车辆 1 辆，取证、通讯、监测等设备 14 台（套）	10
		沈阳市大东区环境监察大队	执法车辆 5 辆，取证、通讯、监测等设备 32 台（套）	44
		沈阳市铁西区环境监察大队	执法车辆 6 辆，取证、通讯、监测等设备 23 台（套）	51
		沈阳市东陵区环境监理站	执法车辆 1 辆，取证、通讯、监测等设备 12 台（套）	10
		沈阳市沈北新区环境监理站	执法车辆 2 辆，取证、通讯、监测等设备 16 台（套）	18

续表

序号	项目名称	承担单位	项目内容	预算金额
		沈阳市苏家屯区环境监理站	执法车辆1辆，取证、通讯、监测等设备2台（套）	8
		沈阳经济技术开发区环境监察大队	执法车辆2辆，取证、通讯、监测等设备20台（套）	19
		沈阳市环境保护局蒲河新城监察处	执法车辆2辆，取证、通讯、监测等设备18台（套）	19
		于洪区环境监察大队	执法车辆2辆，取证、通讯、监测等设备26台（套）	19
		法库县环境保护监理所	执法车辆2辆，取证、通讯、监测等设备18台（套）	18
		辽中县环境监察大队	执法车辆3辆，取证、通讯、监测等设备23台（套）	27
		新民市环境监察大队	执法车辆5辆，取证、通讯、监测等设备48台（套）	61
		和平区环境监察大队	执法车辆2辆，取证、通讯、监测等设备21台（套）	18
		沈河区环境监察大队	执法车辆1辆，取证、通讯、监测等设备9台（套）	9
		沈阳市浑南开发区环境监察大队	执法车辆3辆，取证、通讯、监测等设备38台（套）	32
		沈阳市棋盘山开发区环境监察大队	执法车辆3辆，取证、通讯、监测等设备38台（套）	32
5	环境统计能力建设	辽宁省环保局	笔记本电脑28台，台式电脑28台，打印机14台，传真机14台	48

（三）中央补助地方环保专项资金

中央补助地方环保专项资金不是每年都有的常规性的项目，而是按需要设立的。比如，2007 年的集约化畜禽养殖污染防治专项资金，2007 年的环境监察执法能力建设专项资金，2007 年度的国家级自然保护区专项资金以及 2009 年的中央农村环保专项资金。这些资金的分配情况更加难以追踪。下面仅就中央农村环保专项资金做一介绍。

中央农村环境保护专项资金（以下简称专项资金）是指中央财政为支持农村环境保护，鼓励各地有效解决危害群众身体健康的突出问题，促进农村生态示范建设而设立的专项补助资金。专项资金对开展农村环境综合整治的村庄，实行"以奖促治"；对通过生态环境建设达到生态示范建设标准的村镇，实行"以奖代补"。实行"以奖促治"方式的专项资金（以下简称"以奖促治"资金）重点支持以下内容：农村饮用水水源地保护；农村生活污水和垃圾处理；畜禽养殖污染治理；历史遗留的农村工矿污染治理；农业面源污染和土壤污染防治；其他与村庄环境质量改善密切相关的环境综合整治措施。

实行"以奖代补"方式的专项资金（以下简称"以奖代补"资金）重点支持通过开展生态示范建设，达到环境保护部有关生态示范建设标准的村镇。主要用于农村生态示范成果巩固和提高所需的环境污染防治设施或工程，以及环境污染防治设施运行维护支出等。

四、财政环境保护支出的引导作用以及受益对象分析

正如前面所述，国家财政在环保方面的支出有着"四两拨千斤"的杠杆效应，起着引导其他资金投入环保事业的作用。

根据环境统计年报的数据，2005 年之前工业污染治理投资来源包括国家预算内资金、环保专项资金和其他资金（包括企业自筹、国内贷款和利用外资），2006 年以后工业污染治理投资来源包括排污费补助、政府其他

补助、企业自筹（包括银行贷款）。大致可以把国家预算内资金、环保专项资金和排污费补助、政府其他补助视为财政资金，由此，可以将工业污染治理投资来源分为两类——财政资金和其他资金。

图 13-8 是工业污染治理投资来源分布图，反映了从 2002 年开始，工业污染治理投资来源中财政资金的比例逐步减小的趋势，2008 年降至 4.13%。同时，工业污染治理投资的总额总体呈现高速增长的趋势。由此，可以得出财政资金在引导环境保护投资方面的影响力越来越大，充分调动社会资金进行环境污染治理投资。

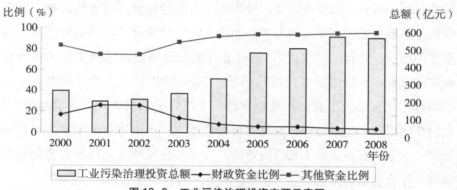

图 13-8　工业污染治理投资来源示意图
资料来源：根据历年《中国环境统计年鉴》整理得出。

由于明确财政资金中环保支出的受益范围十分困难，这里尝试着将环境污染治理投资的可能受益对象做一个分析。在环境污染治理投资中，主要分为三个方面：城市环境基础设施建设投资、工业污染源治理投资和建设项目"三同时"环保投资。下面就这三方面的资金流向情况做个简单的分析，试图说明环境保护方面的财政支出可能带来的利益去向。

（一）从与企业与居民相关的投资结构中看利益分享关系

在环境污染治理投资中的城市环境基础设施建设投资包括燃气、集中供热、排水、园林绿化和市容环境卫生投资。这些方面的投资直接受益者主要是城市居民。在环境污染治理投资中的工业污染源治理投资和建设项目"三同时"环保投资的主要目的是减少工业和建设项目对环境造成的损害。根据"谁破坏，谁治理"的原则，应由工业和建设项目承担恢复环境的成本。现在，财政资金在这方面的投入相对减少了工业企业和项目建设企业的成本，因此，直接受益方应该为企业。

从投资总额来看，2000 年至 2008 年投资总量逐年增加，环境污染治理投资总额占国内生产总值比重也从 2000 年的 1.02%，提高到 2008 年的 1.49%（见表 13-9）。从企业与居民的利益分享来看，2000 年时居民受益投资额和企业受益投资额基本相等，但是居民受益投资额所占比例在 2003 年到达最高点 65.9% 之后就一路下降，到 2008 年仅占 40.1%。企业受益投资额所占比例正好相反，从 2003 年的最低点 34.1% 上升至 2008 年的 59.9%。这说明，在全社会环境投资总额中，企业受益的成分逐渐占据了优势，获得了更多的利益。

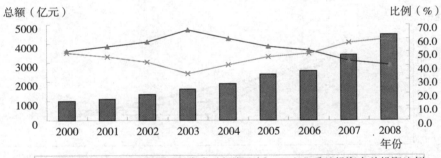

图 13-9　环境污染治理投资中企业与居民利益分享关系
资料来源：根据 2000—2008 年《中国环境统计年鉴》整理得出。

（二）从环境治理投资的地区间结构中看利益分享关系

图 13-10 是按地区进行统计的环境污染治理投资状况表，从各地区环境投资的总量来看，东部地区占据绝对的优势，虽然从 2006 年开始比重有所下降，但是依然维持在 50% 左右。图 13-11 是分地区分项目环境污染治理投资比例图，其取值是 2004 至 2008 年的平均数据，由此看出全国环境污染治理投资主要用于城市环境基础设施建设，约占 50%；其次是建设项

目"三同时",约占 34%;工业污染治理相对较少,约占 16%。

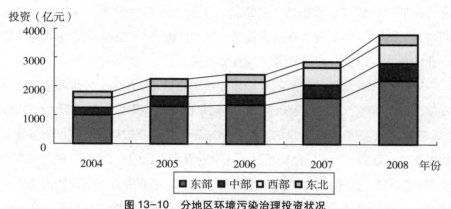

图 13-10　分地区环境污染治理投资状况

资料来源:根据 2000—2008 年《中国环境统计年鉴》整理得出。

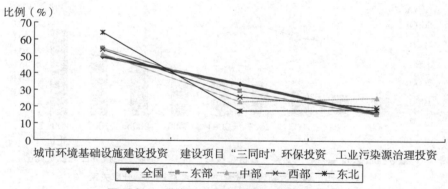

图 13-11　分地区分项目环境污染治理投资比例

　　从地区来看,东北地区的环境污染治理投资主要用于城市环境基础设施建设,比例达到 63.85%,其他项目相对较少;中部地区相对来说在工业污染治理方面的投资比例要高于其他地区;东部地区在建设项目"三同时"环保投资方面要高于其他地区;西部地区相对来说在各方面的投资比例都属于中间水平。结合图 13-10 和图 13-11 所给出的信息来看,由于东部地区环境治理投资总额以及建设项目"三同时"环保投资的比例高于其他地区,而政府财政在环境污染治理方面的补贴力度最大的就是"三同时"项目。由此，可以推论，从环境治理投资的地区间结构中的利益分享关系来看，东部地区受益是最高的。

（三）环保补贴给了谁——以风力发电补贴为例

在有关环境保护的财政支出中，对新能源的补贴占据很大比例，而且其增长速度也越来越快。那么，在这样的财政支出中谁是受益的主体呢？下面以风力发电补贴为例，通过一个案例试图分析出环保补贴的利益流向。不过，以下的分析仅考虑对发电企业的补贴，不考虑上下游产业的补贴。

风力发电方面的政府补贴可以分为两大部分：一部分是电价附加补贴，风力发电项目上网电价高于当地脱硫燃煤机组标杆上网电价的部分通过征收可再生能源电价附加的形式筹集，由电网企业向风电发电企业支付高于火电的价格，实现补贴资金从电网企业转移到发电企业；另一部分是风力发电应纳增值税税款可享受50%即征即退，以退还增值税的形式直接对风电发电企业进行补贴。

根据相关报告的数据来看，从2002年至2008年，政府对风电的直接补贴以每年61%的速度增长，2008年政府补贴达到23.8亿元。而2008年当年全国财政支出用于可再生能源金额为44.78亿元，风电补贴占了一半以上。增值税退税部分的税式支出没有官方公开数据，但是可以进行估算。2009年7月，发改委出台了风电电价改革政策，按风能资源状况和工程建设条件，将全国分为四类风能资源区，相应制定风电标杆上网电价，分别为每千瓦时0.51元、0.54元、0.58元和0.61元。2009年风电发电量为269亿千瓦时。不考虑增值税改革后设备进项税抵扣问题，风电发电企业由于不存在原材料，其他增值税进项税额较小，不考虑。可以根据风电发电量和标杆电价的算术平均价格大致估算税式支出金额＝（0.51＋0.54＋0.58＋0.61）÷4×269×17%×50%＝150×17%×50%＝13亿元。其中，中央财政税式支出大约10亿元，地方财政的税式支出大约3亿元。

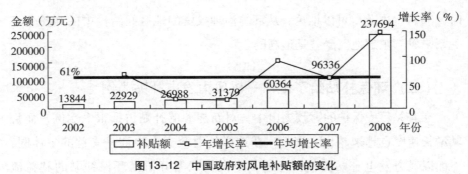

图 13-12 中国政府对风电补贴额的变化
资料来源：根据发改委公布的《中国风电及电价发展研究报告》整理。

为了分析财政这部分补贴的受益趋势，先将这部分资金的流向做一个梳理。这部分财政支出涉及两个方面：电价附加补贴和增值税退税。电价附加补贴是通过电网以较高价格购买风电的方式，增加了风电发电企业的营业收入；而增值税即征即退部分属于营业外收入。但无论哪种收入，其归宿可以分为两种：一是抵消成本，二是形成利润。

首先讨论收入高于成本形成利润部分（补贴÷收入×利润＝补贴归属于利润部分）。发电企业的利润一部分以企业所得税的形式交给了政府。（假设税率为25%，不存在不缴或免缴所得税情况，中央和地方对所得税的分配比率为60%和40%。）也就是说，政府补贴部分有"补贴÷收入×利润×25%"部分回到了政府。其中中央政府得到"补贴÷收入×利润×25%×60%"，地方政府得到"补贴÷收入×利润×25%×40%"。可以发现，这个比例不同于增值税分配率（中央75%，地方25%），也就是说相关政策一定程度上调整了中央政府和地方政府的利益分配，地方政府相对于中央政府得益更多。发电企业的利润另一部分"补贴÷收入×利润×75%"留在了企业，由投资者获得。

再来讨论营业收入用于弥补成本部分（补贴÷收入×成本＝补贴归属于成本部分）。风力发电企业由于风能的免费性，其成本主要是固定资产的折旧。风电发电企业从风电设备制造方购入昂贵的设备，形成了每年高额的折旧费用，再通过政府补贴部分弥补折旧费用，也就是说补贴归宿于成本部分实质上主要进入了风电设备制造企业。如果企业不赢利则所有补贴都归宿于成本，也就都通过购买风电设备转移到风电设备制造业。

以漳泽电力（000767）为例，漳泽电力内蒙古分公司的业务以风电为主，2009 年漳泽电力内蒙古分公司共收到电价附件补贴 4486 万元，增值税退税 952 万元，共计获得政府补助 5438 万元，都计入收入。根据漳泽电力的年报显示，2009 年内蒙古地区的营业收入为 9779 万元，营业成本为 5171 万元。简单假设不存在其他营业外收入和支出，内蒙古地区的收入为 9779+952＝10731 万元，成本支出为 5171 万元，补贴为 4486+952＝5438 万元，共形成利润 5560 万元，其中所得税费用 5560×25%＝1390 万元，净利润 5560×75%＝4170 万元。

补贴归属于利润部分＝5438÷10731×5560＝2818 万元，以所得税形式被政府收回的有 5438÷10731×5560×25%＝704 万元，约占政府补贴的 13%（704/5438）。其中中央政府获得 422 万元，地方政府获得 282 万元。与此相对，增值税退税 952 万元，中央财政支出 952×75%＝714 万元，地方财政支出 238 万元。也就是说，从税收的角度来看，中央政府实际支出 714−422＝292 万元，地方政府实际获益 282−232＝44 万元。一定程度上实现了财政资金从中央向地方转移。另外，2114 万元约占补贴总额的 38.87%，以净利润的形式留在了企业归投资者所有。

补贴归属于成本部分＝5438÷10371×5171＝2620 万元，考虑到风电企业几乎没有原料成本，营业成本主要是固定资产的折旧，所以，可以认为 2620 万元实质上是由风电发电业通过购买昂贵的风电设备转移给了风电设备制造业。从漳泽电力的主要风机供应商之一的金风科技（002202）的财务情况可以验证这一推断。2007—2009 年，金风科技净利润增长率分别达到了 96.98%、45.26% 和 92.58%，实现了高速发展。巨额利润的来源当然是风电发电企业的大额订单，政府补助在一定程度上为发电企业的大规模购买风机提供了支持。

第十四章
科技支出的利益归宿研究

一、我国财政科技支出总量的现状

改革开放以来，随着我国政府对科技的投入力度不断加大，我国财政对科技的投入在绝对数额上呈上升趋势，但在相对比重上则基本呈下降趋势。这一点可以通过两个指标来看。

（一）财政科技总支出

如表 14-1 所示，除了 1981 年，我国财政科技支出的绝对值是逐年提高的。自 1980 年后，财政科技支出的平均增长速度为 14.1%。

表 14-1　改革开放后我国财政科技支出及相关指标情况一览表

年份	各年财政科技支出（亿元）	财政科技支出所占比重	
		占财政支出的比例（%）	占 GDP 比例（%）
1980	64.6	5.26	1.42
1981	61.6	5.41	1.26
1982	65.3	5.31	1.23
1983	79.0	5.61	1.33
1984	94.7	5.57	1.31
1985	102.6	5.12	1.14

续表

年份	各年财政科技支出 （亿元）	财政科技支出所占比重	
		占财政支出的比例（%）	占 GDP 比例（%）
1986	112.6	5.11	1.1
1987	113.8	5.03	0.94
1988	121.1	4.86	0.81
1989	127.9	4.53	0.75
1990	139.1	4.51	0.75
1991	160.7	4.74	0.74
1992	189.3	5.06	0.7
1993	225.6	4.86	0.64
1994	268.3	4.63	0.56
1995	302.4	4.43	0.5
1996	348.6	4.39	0.49
1997	408.9	4.43	0.52
1998	438.6	4.06	0.52
1999	543.9	4.10	0.61
2000	575.6	3.62	0.58
2001	703.3	3.70	0.64
2002	816.2	3.70	0.68
2003	944.6	3.83	0.72
2004	1095.3	3.84	0.69
2005	1334.9	3.93	0.73
2006	1688.5	4.20	0.80
2007	2113.5	4.25	0.82
2008	2581.8	4.12	0.86

资料来源:《中国科技统计年鉴》,中国统计出版社 2009 年版。

图 14-1 显示了 1980 年到 2008 年财政科技支出的变动趋势。为了消除价格上涨因素的影响，以 1978 年为基期，借助居民价格消费指数对我国 1980 年到 2008 年政府科技支出进行了调整。可以看出，我国财政科技支

出在 1980 年到 1996 年增长缓慢，并且有小幅波动，从 1996 年到 2008 年我国的科技支出呈较为明显的上升趋势。总而言之，从绝对量上看，我国财政科技支出的总值基本上是上升的。

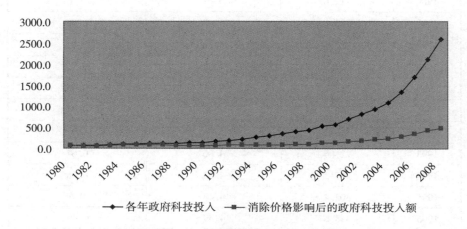

—◆— 各年政府科技投入　　—■— 消除价格影响后的政府科技投入额

图 14-1　1980—2008 年财政科技投入趋势变动图
资料来源：《2009 年中国科技统计年鉴》，中国统计出版社 2009 年版。

但若从我国财政科技投入占财政总支出的比例和 GDP 的比重两方面来看，我国的财政科技投入却远不尽如人意。我国财政科技投入占 GDP 比重从 1980 年起呈现较为明显的下降趋势，直至 1997 年才开始回升，但是直到 2008 年，我国财政科技投入占 GDP 的比重也无法与 1980 年相比。同时，我国财政科技投入占财政总支出的比例总体上亦呈下降趋势，这与我国同时期的经济增长情况并不相当。

从国际上来讲，财政科技投入占 GDP 的比重达到 1% 已经基本上成为一个国家衡量其科技投入是否合理的关键指标。如日本于 2001 新财政年度开始实施第二个科技基本计划，该计划其中之一就是要保证政府（含地方政府）科技投入占 GDP 的 1%。这一指标对于部分发达国家来说早已达到，如 2003 年美国联邦财政科技投入创历史最高纪录，达 1120.47 亿美元，占政府总预算的 5.2%，相当于 2003 财政年度 GDP 的 1%。

我国财政科技投入占 GDP 的百分比从 1980 年的 1.42% 下降到 2008 年

的 0.86%，逐年降低，低于发达国家 1% 的比例。因此，我国财政科技投入总量在绝对数额上逐年递增，但从相对指标来说，我国的科技投入力度还远远不够。

（二）研究与试验发展（R&D）经费投入

研究与试验发展的经费投入同样是衡量一个国家科技活动的重要指标。表 14-2 反映了 2003 年到 2008 年我国按来源分类研究与试验发展活动经费的投入额，从绝对量上看，我国政府对研究与试验发展活动投入力度是各种来源中第二大的，并仍在不断增长（见图 14-2）。6 年来，我国政府对研究与试验发展活动的经费投入增长了 1.36 倍。企业对于研究与试验发展活动投入力度最大，2003 年到 2008 年企业对研究与试验发展活动投入的资金增长了 257%。

表 14-2　按来源分类我国研究与试验发展活动经费的投入额（2003—2008 年）

年份	政府资金（亿元）	企业资金（亿元）	国外资金（亿元）	其他资金（亿元）
2003	460.6	925.4	30.0	123.8
2004	523.6	1291.3	25.2	126.2
2005	645.4	1642.5	22.7	139.4
2006	742.1	2073.7	48.4	138.9
2007	913.5	2611.0	50.0	135.8
2008	1088.9	3311.5	57.2	158.4

资料来源：《中国科技统计年鉴》（2004—2009 年）。

不同来源的研究与试验发展活动经费占总活动经费的比例，如图 14-3 所示。可见，研究与试验发展经费多数来自企业，其次是政府。我国企业对研究与试验发展活动投入比例缓慢增加，并已达到 70% 的水平，这个比例仅次于日本、以色列和韩国。但是我国政府对于研究与试验发展活动投入额逐年下降，其占总研发投入的比重从 2003 年的 30% 下降到 2008 年的

24%。在许多国家，由政府提供的资金达到研究与试验发展经费总额的三分之一以上，其中俄罗斯和加拿大的政府资金比例甚至高出企业而成为研究与试验发展经费的第一来源。由此可见，从相对指标来看，我国财政对于研究与试验发展的投入还是较低的。

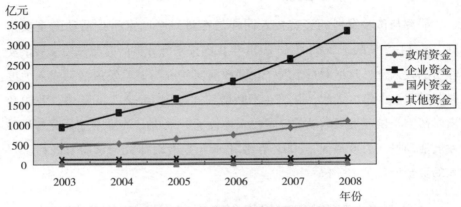

图 14-2　我国研究与试验发展活动经费各种来源近年来增长情况
资料来源：《中国科技统计年鉴》（2004—2009 年）。

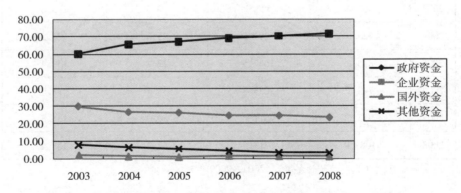

图 14-3　不同来源的研究与试验发展活动投入额占总研究与试验发展活动经费的比重
资料来源：《中国科技统计年鉴》（2004—2009 年）。

　　总之，我国政府对于研究与试验发展的科技投入总量在绝对数额上是逐年递增的，但与其他国家相比，还有一定的距离。

二、财政科技投入的利益归宿——基于执行部门

我国财政科技投入按执行部门可以划分三个主要的部门：企业、研究与开发机构和高校。我国的科技投入资金大部分投入到了这三个部门之中。从政府科技投入绝对量上来看，我国政府对企业的科技拨款的绝对量是在波动中上升的，而我国政府对研究与开发机构和高校的科技投入的绝对量则是持续上升的。从表14-3中可以看出，我国政府对企业的投资在2003年以前一直处于不稳定状态，并在2003年以后开始飞速增长。而对于研究与开发机构和高校的科技投入数额则分别以平均16.1%和26.1%的比例增长。

表 14-3　我国财政科技投入的部门归宿

年份	财政科技投入数额（亿元）			占财政科技投入总额的比重（%）		
	企业	研究与开发机构	高校	企业	研究与开发机构	高校
1991	13.60	95.20	9.76	8.46	59.24	6.07
1992	17.30	117.10	13.97	9.14	61.87	7.38
1993	16.17	127.00	16.57	7.18	56.29	7.34
1994	24.47	158.20	19.19	9.13	58.97	7.15
1995	27.10	179.21	22.05	8.96	59.27	7.29
1996	31.99	192.85	25.82	9.18	55.33	7.41
1997	31.48	218.49	36.47	7.7	53.44	8.92
1998	44.04	244.66	41.15	10.03	55.79	9.38
1999	49.67	338.61	49.22	9.14	62.26	9.05
2000	43.21	377.42	97.47	7.5	65.56	16.94
2001	41.06	434.90	109.83	5.84	61.84	15.62
2002	53.71	497.96	137.29	6.58	61.04	16.82
2003	51.79	535.04	164.76	5.31	54.84	16.89
2004	64.80	596.05	210.60	5.92	54.42	19.23
2005	81.87	763.40	251.50	6.14	57.19	18.84

续表

年份	财政科技投入数额（亿元）			占财政科技投入总额的比重（%）		
	企业	研究与开发机构	高校	企业	研究与开发机构	高校
2006	105.38	835.50	287.75	6.24	49.48	17.04
2007	144.25	1041.70	345.40	6.83	49.29	16.34
2008	192.70	1156.60	424.07	7.46	44.8	16.43

注：表中企业、科研机构、高校三部门的科技投入占政府科技投入比重加和不等于100%。首先是因为表中企业部分的数据仅仅是大中型企业的数据（统计资料所限）；其次是因为政府同时也向其他部门投入资金，但是不作为本书的重点来考察。

资料来源：根据《中国科技统计年鉴》历年数据计算得出。

图 14-4 反映了我国政府科技投入按执行部门分类占科技投入总额比重的变化趋势，从图中可以看到我国政府科技投入资金主要投向科研机构，1991 年到 2005 年其所占比例都在 50% 以上，但是 2005 年到 2008 年这一比例持续下降，开始低于 50%；1991 年到 1999 年政府对于企业和高校的科技投入所占份额基本相同，企业略占优势；但是由于我国在 1999 年开始大学扩张，导致师资等各方面投入增加，政府对高校的科技投入相应骤增。从 2000 年起高校的政府科技投入所占比重就开始高于企业政府科技投入所占比重。

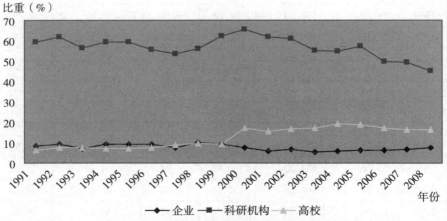

图 14-4　我国政府科技投入按执行部门分类占科技投入总额比重图

资料来源：根据《中国科技统计年鉴》历年数据计算得出。

可见，当前我国财政科技投入科学研究机构的最多，高校次之，给予企业的科技拨款最少。

（一）政府对企业的科技投入分析

对企业进行科技投入一直是我国政府引导企业技术创新走向的一种政策工具，并且在企业的科技创新方面发挥了积极作用。一些学者的研究已经表明，政府科技投入对企业研究与试验发展支出有明显的促进作用（许治、师萍，2005；曹燕萍，2008）。因此，政府对于企业科技活动存在"杠杆效应"。

表14-4反映了1991年到2008年我国大中型企业的科技活动经费筹集来源，从表中可以看出我国政府对于企业的科技投入的数额在波动中不断上升，尤其是近几年基本处于增长状态，从2003年到2008年我国政府投入资金额增长了272%。从表中还可以看到，企业对于科技活动经费的投入增速最快，投入额也最多。而金融机构贷款则位于企业资金和政府资金之间。总之，对大中型企业的科技投入金额政府是最少的，企业最多，金融机构居中。

表14-4 我国大中型企业的科技活动经费筹集来源（1991—2008年）

年份	政府资金（亿元）	企业资金（亿元）	金融机构贷款（亿元）
1991	13.6	121.6	47.6
1992	17.3	162.5	58.3
1993	16.2	166.3	70.3
1994	24.5	234.4	75.1
1995	27.1	305.5	72.5
1996	32.0	312.8	89.2
1997	31.5	348.4	88.6
1998	44.0	402.5	89.3
1999	49.7	510.3	84.0
2000	43.2	744.4	97.3

续表

年份	政府资金（亿元）	企业资金（亿元）	金融机构贷款（亿元）
2001	41.1	880.4	95.6
2002	53.7	1020.3	99.9
2003	51.8	1339.6	156.5
2004	64.8	1832.5	155.3
2005	81.9	2358.6	169.4
2006	105.4	2892.4	253.7
2007	144.3	3826.1	267.6
2008	192.7	4705.5	261.1

资料来源:《2009 年中国科技统计年鉴》，中国统计出版社 2009 年版。

　　尽管我国政府对于企业的科技投入的数额是基本增加的，但是从各部门占企业科技活动经费总额的比重来看，企业资金所占比重最高，其次是金融机构，最后是政府资金。值得注意的是，我国政府资金所占比重在 1991—1999 年基本维持在 7% 的水平，在 2000 年这一比重突然下降，并且从 2000 年以后一直处于 3%—4% 的水平（见图 14-5）。同样可以看到，企业资金所占比重一直处于上升状态，近几年基本达到 90% 的比例；金融机构资金所占比重基本呈下降趋势。

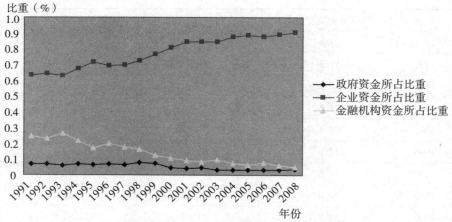

图 14-5　我国企业科技活动经费筹集各部门资金所占比重变化趋势图

资料来源:《2009 年中国科技统计年鉴》，中国统计出版社 2009 年版。

（二）政府对研究与开发机构的科技投入分析

研究与开发机构一直以来都是每年得到政府资金最多的部门。从表 14-5 可以看出，我国政府对于研究与开发机构的科技投入数额稳步上升，到 2008 年增加到 1156.6 亿元，10 年间增长了将近 5 倍。政府投入资金远远超过企业资金和金融机构贷款加和的数值，可能有两个原因：第一，因为大部分研究与开发机构隶属于中央政府和地方政府，国家拨款自然数额要多；第二，因为政府资金会对其他部门的资金投入存在"挤出效应"，因此企业会减少其向科研机构委托研发的经费支出。

表 14-5　我国研究与开发机构的科技活动经费筹集来源（1998—2008 年）

年份	政府资金（亿元）	企业资金（亿元）	金融机构贷款（亿元）
1998	244.7	78.1	63.9
1999	338.6	34.3	20.9
2000	377.4	37.7	10.7
2001	434.9	25.4	8.6
2002	498.0	36.3	11.9
2003	535.0	47.1	11.3
2004	596.1	49.8	9.1
2005	763.4	56.2	12.7
2006	835.5	52.7	11.5
2007	1041.7	54.3	10.2
2008	1156.6	41.6	4.8

资料来源：《2009 年中国科技统计年鉴》，中国统计出版社 2009 年版。

图 14-6 反映了我国研究与开发机构科技活动经费筹集各部门资金所占比重变化趋势，从图中可以看出，我国政府对于研究与开发机构的科技投入比重非常大，并且这一比重仍然在上升，到 2008 年，政府资金所占比重已经达到了 83%。而对于企业和金融机构来说，这两个部门资金的比重逐年下降。金融机构资金比重已趋近于 0，企业资金所占比重低于 1%。

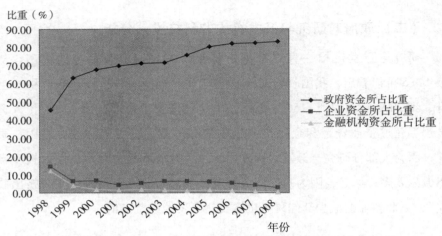

图 14-6　我国研究与开发机构科技活动经费筹集各部门资金所占比重变化

资料来源:《2009 年中国科技统计年鉴》,中国统计出版社 2009 年版。

总之,不论从绝对量还是相对量看,政府对于研究与开发机构的科技投入比重相当大,但效率如何有待考察。

(三) 政府对高等学校的科技投入分析

1998 年以来,我国政府对于高校的科技投入力度越来越大,从表 14-6 中我们可以看出,从 1998 年到 2008 年,我国政府对高校的科技投入增加了近 9 倍,平均以每年 24% 的速度递增。企业资金数额次于政府资金,同样处于持续增长的状态,而金融机构贷款数额相当小,基本可以忽略不计。

表 14-6　我国高等学校的科技活动经费筹集来源 (1998—2008 年)

年份	政府资金 (亿元)	企业资金 (亿元)	金融机构贷款 (亿元)
1998	41.1	36.8	NA
1999	49.2	53.2	0.5
2000	97.5	55.5	1.4
2001	109.8	72.5	1.0

续表

年份	政府资金（亿元）	企业资金（亿元）	金融机构贷款（亿元）
2002	137.3	89.6	1.3
2003	164.8	112.6	1.5
2004	210.6	148.6	1.3
2005	251.5	172.9	0.3
2006	287.8	197.4	0.1
2007	345.4	219.2	NA
2008	424.1	256.9	0.3

注：1998 年、2007 年金融机构贷款数额缺失。

资料来源：《2009 年中国科技统计年鉴》，中国统计出版社 2009 年版。

　　图 14-7 反映了我国高等学校科技活动经费筹集各部门资金所占比重变化趋势。数据表明，我国科技投入的比重变化分为两个阶段。第一阶段是 1998—1999 年，这两年政府科技投入的比重在 48% 上下；第二阶段是 2000 年至今，这一阶段政府科技投入比重发生小幅波动并开始逐渐回升到 2000 年的水平。而企业的变动趋势与政府变动完全相反，金融机构资金所占比重可以忽略不计。

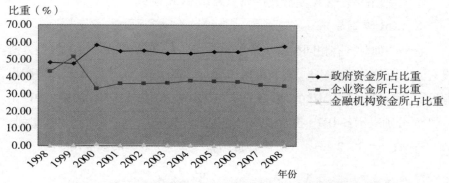

图 14-7　我国高等学校科技活动经费筹集各部门资金所占比例变化

资料来源：《2009 年中国科技统计年鉴》，中国统计出版社 2009 年版。

　　总之，我国政府对于高等学校的科技投入数额是不断增加的，占高校科技活动经费总筹集额的比重这几年基本保持不变。

（四）各执行部门在财政科技投入的产出效率比较

在了解各执行部门的财政科技投入的大小及变化趋势基础上，想进一步了解各执行部门对财政科技投入的使用效率，看看孰大孰小。为此，引入了数据包络分析方法。

数据包络分析（Data Envelopment Analysis，DEA）是 1978 年由美国著名运筹学家查里斯（A. Charnes）和库珀（W. W. Cooper）等人基于"相对效率评价"概念发展起来的一种新的系统分析方法。它把单输入单输出下的工程效率概念，推广到多输入多输出同类决策单元的相对有效性评价中，是运筹学、管理科学与数理经济学交叉研究的一个新领域和新方法。DEA 在测定若干个决策单元的相对效率时注重的是对每一个决策单元进行优化，所得出的相对效率是其最大值，是最有利于该决策单元的相对效率。近些年来，人们从输入输出指标的性质、决策单元的数量、评价者偏好、综合 DEA 模型以及不确定情况下的相对有效性评价等多个方面对 DEA 模型进行了改进和发展，DEA 模型已经从最初的 CCR 模型发展到了目前的上百种。

本书使用的是 CCR 模型，所以只介绍 CCR 模型。

1. CCR 模型简介

它是一种对具有相同类型决策单元（DMU）进行绩效评价的模型方法。设有 n 个决策单元 DMU，每个决策单元（DMU）有 m 个投入和 s 种产出，假设 X_{ij} 表示第 j 个 DMU 的第 i 种投入量，Y_{rj} 表示第 j 个 DMU 的第 r 种产出，v_i 和 u_r 分别表示各 DMU 投入及产出的权重，其中 $i = 1, 2, \cdots, m$；$j = 1, 2, \cdots, n$；$r = 1, 2, \cdots, s$。则评价第 j_0 个 DMU 效率的数学模型为：

$$\max\left\{\frac{\sum_{r=1}^{s} u_r Y_{rj_0}}{\sum_{i=1}^{m} v_i X_{ij_0}}\right\} \quad \text{s. t.} \quad \left\{\frac{\sum_{r=1}^{s} u_r Y_{rj}}{\sum_{i=1}^{m} v_i X_{ij}}\right\} \leq 1$$

通过 Charnes-Cooper 变换转化为等价线性规划，然后再进行对偶变换得到对偶形式的 CCR 模型。同时给 CCR 模型的约束条件加入松弛变量

$s^- = (s_1^-, \cdots, s_m^-)$，$s^+ = (s_1^+, \cdots, s_m^+)$，得到如下形式：

$$\min\theta \text{ s.t.} \begin{cases} \theta x_{ij_0} - \sum_{j=1}^n x_{ij}\lambda_j - s^- = 0 \ (i = 1, \cdots, m) \\ \sum_{j=1}^n y_{rj}\lambda_j - s^+ = y_{rj_0} \\ \lambda_j、\theta、s^-、s^+ \geqslant 0 \ (j = 1, 2, \cdots, n) \end{cases}$$

求出最优解 θ^*、s^{*+}、s^{*-} 和 λ^*，则有：

若 $\theta^* = 1$，且 $s^- \neq 0$ 或 $s^+ \neq 0$，则称 DMU 为弱 DEA 有效；

若 $\theta^* = 1$，且 $s^+ = s^- = 0$ 时，则称 DMU 为 DEA 有效；

若 $\theta^* < 1$ 时，则称 DMU 为 DEA 无效。

2. 政府科技投入和产出指标的选择

对于政府科技投入进行评价，所选指标必须能客观地反映投入与产出中的量变过程，能反映评价目的和评价内容。由于本章衡量的是政府科技投入的效率，所以科技投入只有政府科技投入指标。科技产出中的国际和国内论文数、发明专利的授权量，是直接的产出成果。由于科技活动具有经济效益，是间接的产出结果，采用技术市场的成交额作为评价指标之一。

科技投入指标即指政府财政科技投入，指政府为开展和支持科技活动的财政科技拨款。

科技产出指标包括如下三个：

（1）发明专利的授权量，是指由专利机构对专利申请无异议的，作出授予专利权决定发给专利证书并将有关事项予以登记和公告的专利数。发明专利与科技发展的关系密切。而且，我国专利的主要来源为研究与开发机构、企业和高等院校。因此，发明专利的授权量可以很好地衡量三部门科技产出的效率。

（2）技术市场成交合同金额，是指在技术市场中，各个部门合同成交的金额。它是市场检验科技投入的一项重要产出指标，因为任何创新最终都要经过市场来检验其价值。

（3）国内外科技论文发表的数量。国内科技论文数是指在国内学术刊物和学术会议上发表的科学研究成果。国际科技论文的统计指的是国际权威检索数据库国际部分的统计采用国际权威检索数据库《科学引文索引》（SCI）、《工程索引》（EI）和《科学技术会议录索引》（ISTP）、《医学索引》（MEDLINE）和《社会科学引文索引》（SSCI）。本书采用国内外科技论文发表数量之和作为产出指标之一。

3. 数据的搜集与调整

由于政府科技投入存在一定的时滞性，假定时滞为 1 年，即在实际分析时，假如投入指标为 2007 年数据，则产出指标为 2008 年数据。表 14-7 是对我国政府科技投入的投入和产出的统计。

表 14-7 2005—2008 年我国执行部门的政府科技投入和产出情况

部门	政府财政科技投入（亿元）	发明专利授权（项）	技术市场成交额（万元）	国内科技论文数（篇）	国外科技论文数（篇）
研发机构 2005 年	763.4	2553	1409551	42354	25954
研发机构 2006 年	835.5	3173	1308320	47189	27290
研发机构 2007 年	1156.6	3945	1473808	49906	31595
企业 2005 年	81.9	9433	15280341	13269	861
企业 2006 年	105.4	12851	19244863	14785	1667
企业 2007 年	230.6	22493	23338484	15898	1862
高等院校 2005 年	251.5	6198	649612	243485	143725
高等院校 2006 年	287.8	8124	1009398	305788	166314
高等院校 2007 年	424.1	10265	1165490	317884	204999

资料来源：《中国科技统计年鉴》（2006—2009 年）。

由于本章测算的是政府科技投入的效率，科技产出也应当调整为与政府相关的科技产出。对于每个部门而言，其政府科技产出可以用政府科技投入占该部门的科技投入的比重来调整。具体方法为：调整后的科技产出=调整前的科技产出×该部门上一年的政府科技投入比重。2005—2007 年该部门上一年的政府科技投入比重如表 14-8 所示。

表 14-8 政府科技投入占该部门的科技投入的比重

部门	研发机构	企业	高等院校
2005 年	80.32%	3.07%	54.57%
2006 年	81.89%	3.19%	54.51%
2007 年	82.39%	3.35%	56.37%

资料来源:《中国科技统计年鉴》,中国统计出版社 2006—2008 年版。

经过调整后的数据如表 14-9 所示。

表 14-9 调整后的 2005—2008 年我国执行部门的政府科技投入和产出情况

部门	(I) 政府财政科技投入	(O) 发明专利授权量	(O) 技术市场成交额	(O) 国内外科技论文数
研发机构 2005 年	763.4	2050.673611	1132208.789	54867.76852
研发机构 2006 年	835.5	2598.296089	1071352.896	60989.12526
研发机构 2007 年	1156.6	3250.163319	1214224.766	67146.14972
企业 2005 年	81.9	289.8051992	469450.0442	434.1087103
企业 2006 年	105.4	410.3536718	614520.2861	525.339554
企业 2007 年	230.6	752.6178871	780907.861	594.2512637
高等院校 2005 年	251.5	3382.072033	354474.7624	211289.4663
高等院校 2006 年	287.8	4428.195455	550198.3795	257331.3553
高等院校 2007 年	424.1	5786.732496	657026.6786	294767.0772

4. 模型求解

运用 DEA-solver 软件将输入输出数据代入运算,用 CCR-I 模型求解,得出总效率值如表 14-10 所示。

表 14-10 政府科技投入产出总效率值

No.	DMU	Score
1	研发机构 2005 年	0.3351588
2	研发机构 2006 年	0.3272815
3	研发机构 2007 年	0.2805249

No.	DMU	Score
4	企业 2005 年	0.983429
5	企业 2006 年	1
6	企业 2007 年	0.6285735
7	高等院校 2005 年	0.939589
8	高等院校 2006 年	1
9	高等院校 2007 年	0.8868071

从表 14-10 中可以看出，在 9 个决策单元中，总效率值为 1 的决策单元有 2 个，时间为 2006 年，执行部门分别为企业和高等院校。值得注意的是 2005—2007 年高等院校和企业的效率变化趋势相同，并且高等院校的政府科技投入效率始终大于或者等于企业的投入效率。对于研发机构而言，其政府科技投入的效率无疑是最低的，远远小于高等院校和企业，其无效的原因可能是政府科技投入相对产出过多，也可能是产出相对过少。

为了判断无效的原因，再作进一步的规模有效性和技术有效性分析。技术效率表示投入要素是否被有效地运用，技术效率值越高表示投入资源的使用效率越高。规模效率表示该 DMU 的投入和产出项之间是否达到最优状态。根据 CCR 下的总体效率值 θ，结合 BBC 模型下的技术有效性 σ，利用公式 $\theta^* = \sigma \times \eta$，可以计算出 η，η 即为单纯的规模有效性。判断规则如下所示：

若 $\theta^* = 1$，且 $s^- \neq 0$ 或 $s^+ \neq 0$，则 DMU 为弱 DEA 有效；

若 $\theta^* = 1$，且 $s^+ = s^- = 0$ 时，则 DMU 为 DEA 有效；

若 $\theta^* < 1$ 时，则 DMU 为 DEA 无效，此时要判断其技术有效性和规模有效性。

若 $\sigma = 1$ 为技术有效，$\sigma < 1$ 为技术无效；

$\eta = 1$ 为规模有效，$\eta < 1$ 为规模有效。

各决策单元的规模有效性和技术有效性见表 14-11。

表 14-11　各决策单元的技术有效性和规模有效性

DMU	θ	σ	η	技术有效性	规模有效性
研发机构 2005 年	0.3351588	1	0.3351588	有效	无效
研发机构 2006 年	0.3272815	0.8767123	0.3733054	无效	无效
研发机构 2007 年	0.2805249	1	0.2805249	有效	无效
企业 2005 年	0.983429	1	0.983429	有效	接近有效
企业 2006 年	1	1	1	有效	有效
企业 2007 年	0.6285735	1	0.6285735	有效	无效
高等院校 2005 年	0.939589	0.9976031	0.9418466	接近有效	接近有效
高等院校 2006 年	1	1	1	有效	有效
高等院校 2007 年	0.8868071	1	0.8868071	有效	接近有效

注：本章中 $\theta = 1$ 时，$s^+ = s^- = 0$。

从表 14-11 中可以看出，企业在 2005 年和 2006 年既是技术有效的，又是规模有效的；高等院校在三年中都接近技术有效和规模有效；对研究与开发机构而言，各年都接近于技术有效但规模无效。

对于规模收益的判断规则如下：

当 $\theta^* < 1$ 时，如果 $\sum_{j=1}^{n} \lambda_j < 1$，则该 DMU 为规模收益递增；如果 $\sum_{j=1}^{n} \lambda_j > 1$，则该 DMU 为规模收益递减。

2005—2007 年我国三个执行部门的规模收益情况如表 14-12 所示。

表 14-12　我国三个执行部门的规模收益

No.	DMU	$\sum_{j=1}^{n} \lambda_j$	规模收益
1	研发机构 2005 年	1.8757971	递减
2	研发机构 2006 年	1.79193	递减
3	研发机构 2007 年	2.0387666	递减
4	企业 2005 年	0.7639426	递增
5	企业 2006 年	1	不变

No.	DMU	$\sum_{j=1}^{n} \lambda_j$	规模收益
6	企业 2007 年	1.2767183	递减
7	高等院校 2005 年	0.8210794	递增
8	高等院校 2006 年	1	不变
9	高等院校 2007 年	1.3067925	递减

从表 14-12 可以看出，2005—2007 年我国研究院与开发机构均处于严重的规模报酬递减阶段，因此我国应该适当地减少对研究与开发机构的政府科技投入，以达到最优规模；对企业和高校而言，这两个执行部门的规模收益情况类似，在 2005 年均处于规模报酬递增阶段，在 2006 年均处于规模报酬不变，即达到最优规模，在 2007 年有稍微程度的规模报酬递减。可见，基本接近于最优规模，围绕此水平上下波动。因此近期对这两个部门的投入可以保持在基本稳定状态，不宜变动太大。

总体上，我国企业和高等院校的规模收益情况远远好于研发机构，因此我国应该适当偏向和保证对高等院校和企业的政府科技投入，而减少对于研发机构的投入，以达到总体的最优规模收益。

三、财政科技投入的利益归宿——基于研究与试验发展的投向结构

科学研究与试验发展活动是科技活动的核心。尽管研究与试验发展经费与财政科技支出是两个不同的概念，但是研究与试验发展经费的投入规模和投入强度是衡量一个国家自主创新能力的重要因素，通过研究与试验发展经费水平的分析，也可以看出一国科技的总体投入水平和潜在发展能力。

（一）研究与试验发展总体投入水平

前面已对我国研究与试验发展的总体投入水平作了简单介绍。这里补充

与国际的比较情况。以研究与试验发展投入强度（即科学研究与试验发展占
GDP 比例）为指标，美国、法国、英国、德国、日本等发达国家，研究与试
验发展投入强度都远超过我国（见表 14-13）。以美国为例，美国的研究与
试验发展投入强度在近十年都保持在 2.6%左右，而美国的 GDP 从 1997 年的
82500 亿美元增长到 2006 年的 131329 亿美元，故逐年上升的 GDP 必然带来
其研究与试验发展投入金额的逐年增大。相比之下，我国的研究与试验发展
投入强度虽然逐年提高，2008 年达到 1.54%，但仍有很大的上升空间。

表 14-13　1997—2008 年我国与美、法、英、日、德研究与试验发展投入强度比较

单位:%

年份	中国	美国	日本	德国	法国	英国
1997	0.64	2.58	2.87	2.24	2.19	1.80
1998	0.65	2.62	3.00	2.27	2.14	1.79
1999	0.76	2.66	3.02	2.40	2.16	1.86
2000	0.90	2.74	3.04	2.45	2.15	1.85
2001	0.95	2.76	3.12	2.46	2.20	1.82
2002	1.07	2.66	3.17	2.49	2.23	1.82
2003	1.11	2.66	3.20	2.52	2.17	1.78
2004	1.23	2.59	3.17	2.49	2.15	1.71
2005	1.30	2.62	3.32	2.48	2.10	1.76
2006	1.42	2.66	3.39	2.54	2.10	1.76
2007	1.44	2.68	3.44	2.54	2.08	1.79
2008	1.54					

资料来源:《中国科技统计年鉴》（1998—2009 年）。

（二）研究与试验发展支出的投向结构

研究与试验发展活动按照性质的不同可以分为基础研究、应用研究和试
验发展。在经费的分配上，三者存在一个客观的最佳分配比例，国际上基础
研究、应用研究和试验发展三者通行的比例基本上为 15%、25%、60% 。[①]
基础研究是私人资本最不愿介入的研究领域，这正应该是政府高度关注并起

---

① 李政道:《关于基础、应用、开发三类研究的若干资料和思考》,《科学》1997 年第 6 期。

重要作用的领域。因为没有今日的基础科学，就没有明日的科技发展。但由
表 14-14 可以看出，我国基础研究的投入比例逐年降低，2007—2008 年连
续两年都低于 5%，2008 年仅为 4.78%，远远低于客观的最佳分配比例
15%。相比美国（18.7%）、法国（23.7%）、俄罗斯（15.1%）、日本
（12.65%）、韩国（15.15%），我国的基础科学研究的经费严重不足，与同
属发展中大国的印度（19%）相比，这一指标也有很大差距。

表 14-14　1995—2008 年研究与试验发展经费的投向结构

年份	研究与试验发展经费支出（亿元）	基础研究		应用研究		试验发展		占 GDP 比重（%）
		数额（亿元）	比例（%）	数额（亿元）	比例（%）	数额（亿元）	比例（%）	
1995	348.69	18.06	5.18	92.02	26.39	238.60	68.43	0.57
1996	404.48	20.24	5.00	99.12	24.51	285.12	70.49	0.57
1997	509.16	27.44	5.39	132.46	26.02	349.26	68.60	0.64
1998	551.12	28.95	5.25	124.62	22.61	397.54	72.13	0.65
1999	678.91	33.90	4.99	151.55	22.32	493.46	72.68	0.76
2000	895.66	46.73	5.22	151.90	16.96	697.03	77.82	0.90
2001	1042.49	55.60	5.33	184.85	17.73	802.03	76.93	0.95
2002	1287.64	73.77	5.73	246.68	19.16	967.20	75.12	1.07
2003	1539.63	87.65	5.69	311.45	20.23	1140.52	74.08	1.13
2004	1966.33	117.18	5.96	400.49	20.37	1448.67	73.67	1.23
2005	2449.97	131.21	5.36	433.53	17.70	1885.24	76.95	1.34
2006	3003.10	155.76	5.19	488.97	16.28	2358.37	78.53	1.42
2007	3710.24	174.52	4.70	492.94	13.29	3042.78	82.01	1.44
2008	4616.02	220.82	4.78	575.16	12.46	3820.04	82.76	1.54

资料来源：《中国科技统计年鉴》（1996—2009 年）。

总之，我国的研究与试验发展强度是偏低的，并且在其投向结构中，
基础研究明显不足。基础研究是私人资本最不愿介入的研发领域，但是对
我国科技和经济发展有重大意义，所以我国财政科技支出应该加大对基础
研究的支持。而高等院校作为基础研究的最主要执行者，理应得到政府更
多的财政支持。由图 14-7 可以看出，我国财政科技支出增长率和高等学

校科技政府拨款增长率呈线性关系，说明随着我国财政科技投入的增长，政府向高等院校的研发拨款也相应提高，但鉴于我国基础研究占研究与试验发展原始的比例过低，我国政府向高等院校的研发拨款的增长相对过慢，不足以提高基础研究占研究与试验发展的比例。

表 14-15　按执行部门和资金来源分组的研究与试验发展经费支出（2008 年）

单位：亿元

机构	研究与试验发展经费支出	政府资金	企业资金	国外资金	其他资金
全国	4616.0	1088.9	3311.5	57.2	158.4
研究与开发机构	811.3	699.8	28.2	4.0	79.3
企业	3381.7	145.5	3137.2	48.2	50.8
大中型工业企业	2681.3	111.9	2541.7	8.7	19.0
高等学校	390.2	225.5	134.9	4.8	24.9
其他	32.9	18.2	11.2	0.2	3.3

资料来源：《中国科技统计年鉴》，中国统计出版社 2009 年版。

四、财政科技投入的利益归宿——基于区域分布

若把我国分为东部、中部和西部三大区域，本节就来看看财政科技投入在这三大区域的分布情况。根据《中国科技统计年鉴》的分类，东部地区包括北京、天津、河北、辽宁、上海、江苏、浙江、福建、山东、广东及海南共 11 个省市；中部包括山西、吉林、黑龙江、安徽、江西、河南、湖北及湖南共 8 个省；西部地区包括内蒙古、重庆、四川、贵州、云南、西藏、陕西、甘肃、青海、宁夏、新疆及广西 12 个省区市。

（一）区域财政科技投入的描述性统计

东部、中部、西部各省区市的财政科技投入总额及其占各地 GDP 的比例汇总如表 14-16 和表 14-17 所示。

表 14-16　各省区市的财政科技拨款

单位：亿元

区域		2003 年	2004 年	2005 年	2006 年	2007 年	2008 年
东部	北京	25.15	32.60	37.61	60.50	90.74	112.19
	天津	9.74	11.50	13.65	18.30	22.34	28.65
	河北	8.23	9.90	11.18	13.50	17.41	21.67
	辽宁	19.99	23.50	27.98	34.50	38.69	49.02
	上海	19.84	39.30	79.34	94.90	105.77	120.27
	江苏	21.22	26.80	35.68	54.40	68.73	91.52
	浙江	29.41	38.40	50.01	62.90	71.54	86.79
	福建	10.18	11.60	13.55	15.40	21.27	25.63
	山东	23.22	22.80	26.51	41.10	46.41	57.13
	广东	56.58	65.40	83.77	104.10	119.26	132.52
	海南	0.98	1.00	1.29	1.70	2.79	4.50
中部	山西	4.72	6.30	6.52	8.10	15.80	17.64
	吉林	5.17	4.60	6.95	8.50	11.09	13.41
	黑龙江	10.65	12.20	11.58	13.60	17.47	20.09
	安徽	4.58	5.50	5.96	8.90	15.96	23.78
	江西	3.63	4.30	4.93	6.00	8.74	11.14
	河南	9.04	10.8	13.84	17.60	25.23	30.44
	湖北	8.37	9.50	11.39	16.20	18.76	23.06
	湖南	9.14	9.40	12.26	14.30	20.49	26.59
西部	内蒙古	5.13	5.00	7.02	7.90	9.22	15.36
	重庆	3.69	5.00	5.99	7.50	11.05	15.13
	四川	10.07	10.8	12.7	14.60	20.78	25.82
	贵州	4.31	5.10	7.76	7.60	9.98	12.99
	云南	9.17	8.40	10.52	11.40	13.06	17.67
	西藏	0.61	0.70	0.85	0.90	1.93	2.90
	陕西	4.82	5.30	6.78	10.3	13.3	17.14
	甘肃	2.46	3.30	3.79	4.40	7.31	9.47
	青海	1.12	1.00	1.32	1.50	2.52	3.97
	宁夏	1.34	1.50	2.03	2.00	4.79	4.33
	新疆	4.15	4.50	6.21	7.30	12.84	14.84
	广西	8.87	6.80	7.82	9.30	13.19	16.21

资料来源：根据中国主要科技指标数据库数据，经由计算得到。见 http://www.sts.org.cn/kjnew/maintitle/Mainframe.asp?Main=14%3e。

表 14-17 地方财政科技拨款占地方财政支出的比例

单位:%

区域		2003	2004	2005	2006	2007	2008
东部	北京	3.42	2.63	3.55	4.66	5.5	5.73
	天津	2.78	2.66	2.62	2.79	3.31	3.30
	河北	1.27	1.26	1.14	1.14	1.16	1.15
	辽宁	2.55	2.53	2.32	2.43	2.19	2.28
	上海	1.80	2.82	4.78	5.23	4.85	4.64
	江苏	2.03	2.04	2.13	2.70	2.69	2.82
	浙江	3.28	3.61	3.95	4.29	3.96	3.93
	福建	2.25	2.29	2.29	2.11	2.34	2.25
	山东	2.30	1.91	1.81	2.24	2.05	2.11
	广东	3.34	3.53	3.66	4.08	3.77	3.51
	海南	0.84	0.69	0.77	0.86	1.14	1.26
中部	山西	1.14	1.21	0.98	0.88	1.50	1.34
	吉林	1.26	0.91	1.10	1.18	1.25	1.14
	黑龙江	1.88	1.75	1.50	1.40	1.47	1.30
	安徽	0.73	0.92	0.84	0.94	1.28	1.44
	江西	0.95	0.95	0.87	0.86	0.97	0.92
	河南	1.26	1.23	1.24	1.22	1.35	1.33
	湖北	1.55	1.47	1.46	1.55	1.47	1.40
	湖南	1.59	1.30	1.40	1.34	1.51	1.51
西部	内蒙古	1.15	0.89	1.03	0.97	0.85	1.06
	重庆	1.08	1.26	1.23	1.26	1.44	1.49
	四川	1.37	1.21	1.17	1.08	1.18	0.88
	贵州	1.30	1.21	0.49	1.25	1.25	1.23
	云南	1.56	1.27	0.37	1.27	1.15	1.20
	西藏	0.42	0.52	0.46	0.45	0.70	0.76
	陕西	1.15	1.02	1.06	1.25	1.26	1.20
	甘肃	0.82	0.94	0.88	0.83	1.08	0.98
	青海	0.92	0.75	0.78	0.68	0.89	1.09
	宁夏	1.27	1.25	1.27	1.01	1.98	1.33
	新疆	1.05	0.98	1.12	1.01	1.61	1.40
	广西	2.00	1.34	1.28	1.27	1.34	1.25

资料来源:根据中国主要科技指标数据库数据,经由计算得到。见 http://www.sts.org.cn/kjnew/maintitle/Mainframe.asp?Main=14%3e。

1. 东部地区财政科技投入概况

东部地区各省市的财政科技拨款及其占地方财政支出的比重见表14-18。

表14-18　东部地区地方财政科技拨款和地方财政支出

单位：亿元

年份	地方财政科技拨款	财政支出	占地方财政支出的比重
2003	224.54	8834.57	2.54%
2004	282.8	10855.38	2.61%
2005	380.57	12880.87	2.95%
2006	501.3	15167.53	3.31%
2007	604.95	18715.69	3.23%
2008	729.89	21675.28	3.37%

资料来源：根据中国主要科技指标数据库数据，经由计算得到。见 http://www.sts.org.cn/kjnew/maintitle/Mainframe.asp?Main=14%3e。

纵向来看，东部地区从2003年到2008年的地方政府财政支出连年增长，从2003年的8834.57亿元上升到2008年的21675.28亿元，增长率为145.35%；随着财政支出的增长，政府科技支出占地方财政的比重也基本呈上升态势，从2.54%上升到3.37%（见图14-8）。

金额（亿元）

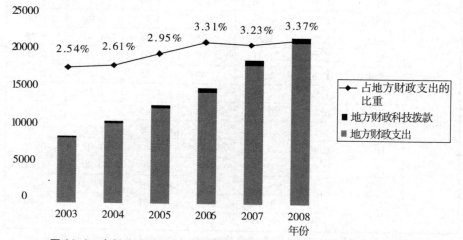

图14-8　东部地区2003—2008年地方财政支出和地方财政科技拨款情况

资料来源：根据中国主要科技指标数据库数据，经由计算得到。见 http://www.sts.org.cn/kjnew/maintitle/Mainframe.asp?Main=14%3e。

2. 中部地区财政科技投入概况

中部地区各省的财政科技拨款及其占地方财政支出的比例见表 14-19。

表 14-19　中部地区地方财政科技拨款和地方财政支出

单位：亿元

年份	地方财政科技拨款	财政支出	占地方财政支出的比重
2003	55.3	4232.65	1.31%
2004	62.6	5021.14	1.25%
2005	73.43	6117.30	1.20%
2006	93.2	7811.65	1.19%
2007	133.54	9778.91	1.37%
2008	166.15	12597.17	1.32%

资料来源：同表 14-18。

中部地区从 2003 年到 2008 年地方政府财政支出从 4232.65 亿元上升到 12597.17 亿元，增长率为 197.62%，政府科技支出占地方财政的比重近似呈现 U 型，2007 年的数据和 2003 年的数据基本持平，为 1.32%（见图 14-9）。这说明近几年中部地区的财政科技支出增长缓慢，需要进一步加大财政支出中科技财政支出所占的比重。

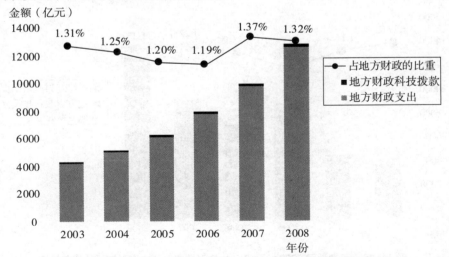

图 14-9　中部地区 2003—2008 年地方财政支出和地方财政科技拨款情况

资料来源：根据中国主要科技指标数据库数据，经由计算得到。见 http://www.sts.org. cn/kjnew/maintitle/Mainframe.asp?Main=14%3e。

3. 西部地区财政科技投入概况

西部地区各省份的财政科技拨款及其占地方财政支出的比例见表14-20。

表14-20 西部地区地方财政科技拨款和地方财政支出

单位：亿元

年份	地方财政科技拨款	财政支出	占地方财政支出的比重
2003	55.74	4372.51	1.27%
2004	57.4	5159.36	1.11%
2005	72.79	9430.49	0.77%
2006	84.7	7694.94	1.10%
2007	119.97	9862.17	1.22%
2008	155.83	13368.43	1.17%

资料来源：根据中国主要科技指标数据库数据，经由计算得到。见 http://www.sts.org.cn/kjnew/maintitle/Mainframe.asp? Main=14%3e。

西部地区从2003年至2008年地方政府财政支出从4372.51亿元上升至13368.43亿元，增长率为205.74%，政府科技支出占地方财政的比重先下降后增长，2008年为1.17%，低于2003年的1.27%（见图14-10）。由

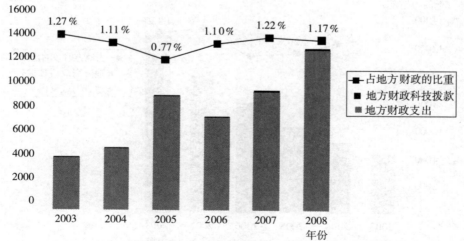

图14-10 西部地区2003—2008年地方财政支出和地方财政科技拨款情况

资料来源：根据中国主要科技指标数据库数据，经由计算得到。见 http://www.sts.org.cn/kjnew/maintitle/Mainframe.asp?Main=14%3e。

分析可以看出，中西部的科技投入，无论从总量还是在财政支出中所占的比重都远远低于东部地区。这也使得从 2003 年到 2008 年东部和中西部的GDP 绝对差距进一步拉大。

（二）各区域在财政科技投入的产出效率比较

1. 基于综合科技进步指数的效率比较

首先对各地区的 GDP 数额及差距进行比较分析，如表 14-21、图 14-11 所示。

表 14-21　2003 年到 2008 年三大区域的 GDP 及差额

单位：亿元

年份	东部	中部	西部	东中部 GDP 差值	东西部 GDP 差值	中西部 GDP 差值
2003	82967.41	32590.36	23696.36	50377.05	59271.05	8894.00
2004	99494.72	39488.97	28603.48	60005.75	70891.24	10885.49
2005	117933.65	46362.07	33493.31	71571.58	84440.34	12868.76
2006	137542.33	53446.17	39495.78	84096.16	98046.55	13950.39
2007	163369.87	64390.61	47864.14	98979.26	115505.73	16526.47
2008	191041.13	77922.09	58256.58	113119.04	132784.55	19665.51

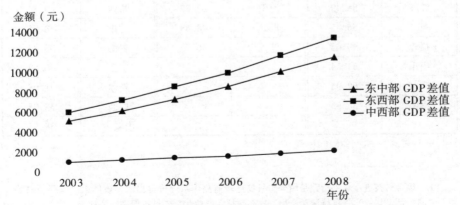

图 14-11　2003—2008 年三区域 GDP 的差值

资料来源：《中国统计年鉴》（2004—2009 年）。

从表 14-22 中我们可以看出，中部地区的科技活动筹集总额占 GDP 的比重最低，东部最高，西部居中，这和我国的西部大开发政策有很大的关系。

表 14-22　2008 年三大区域科技活动经费

项目	东部	中部	西部
各区域科技活动经费筹集总额（亿元）	6279.51	1611.63	1232.66
各区域的 GDP（亿元）	191041.13	77922.09	58256.58
各区域科技活动经费筹集总额/三大区域的 GDP	3.29%	2.07%	2.12%

资料来源：根据中国科技统计年鉴、中经网统计数据库计算统计得出。

作为经费投入的结果表现之一，中部地区的综合科技进步指数①最低，东部最高（见表 14-23、图 14-12）。

表 14-23　三大地区科技进步指数

地区或省份	综合科技进步水平指数	地区或省份	综合科技进步水平指数	地区或省份	综合科技进步水平指数
东部地区	648.49	中部地区	329.57	西部地区	461.04
北京	79.12	山西	39.98	重庆	47.02
天津	72.92	吉林	44.26	四川	41.77
河北	39.99	黑龙江	44.23	贵州	34.26
辽宁	56.15	安徽	37.72	云南	34.16
上海	78.58	江西	36.58	西藏	24.46
江苏	58.49	河南	37.37	陕西	49.53
浙江	55.47	湖北	48.68	甘肃	38.05
福建	49.65	湖南	40.75	青海	38.42
山东	51.54			宁夏	40.62
广东	62.95			新疆	41.08
海南	36.63			广西	33.05
				内蒙古	38.62

资料来源：中国科技统计网。

----

①　综合科技进步水平指数是由全国科技进步监测体系评价得出的。该体系由"科技进步环境"、"科技活动投入"、"科技活动产出"、"高新技术产业化"、"科技促进经济社会发展"5 个一级指标加权综合而成；5 个一级指标分别由各自的二级指标（共 12 个）加权综合而成；12 个二级指标又分别由各自的三级指标（共 34 个）加权综合而成。

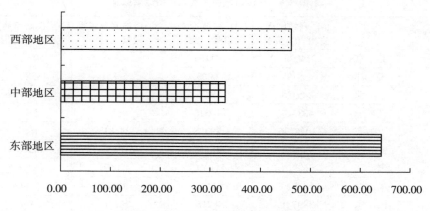

图 14-12 三大区域综合科技进步指数

资料来源：中国科技统计网。

由以上分析可以得出"经济实力强的地区财政支持科技进步力度大→科技进步水平高→经济实力更强则财政收入更多→财政支持科技进步的力度更大……"经济实力弱的则相反。这样两个循环体导致"马太效应"的产生。近年来西部大开发政策的落实，使得我国广大的西部地区的科技财政支出明显增大，从而有望摆脱"马太效应"。

2. 基于 DEA 模型的效率比较

继续使用数据包络分析方法（DEA）来测度各区域财政科技投入的产出效率。具体 DEA 模型和投入、产出指标同前。

（1）原始数据和总效率值分析

各区域财政科技投入的数据及产出的数据见表 14-24。其中，科技论文发表量等三个产出指标的数据，理论上应对应于各省财政科技投入的产出，但由于数据不可得，并且考虑到非财政投入部分主要来源于企业，而企业的科技论文发表量较少，故采用总数进行评价。

由于科技投入的产出需要一个周期，存在一定的时滞，仍然假定时滞为 1 年，因此在实际分析时，投入指标为 2006 年数据，产出指标为 2007 年数据。

表 14-24 地区财政科技投入产出原始数据

地区	省份	（i）科技财政支出（万元）	（o）科技论文发表量（篇）	（o）发明专利授权量（件）	（o）技术市场成交额（万元）
东部	北　京	3742238	41162	14954	50972
	天　津	280782	6009	5584	8380
	河　北	285376	2876	5358	3448
	辽　宁	488427	10318	9615	15105
	上　海	1017136	19928	24481	27667
	江　苏	938961	15659	31770	14366
	浙　江	567917	11016	42069	16398
	福　建	146219	3131	7761	5044
	山　东	389781	8216	22821	7027
	广　东	596323	8363	56451	18175
	海　南	36952	102	296	119
中部	山　西	167922	1423	1992	469
	吉　林	223152	5282	2855	3542
	黑龙江	272818	7664	4303	1607
	安　徽	325886	5784	3413	4648
	江　西	133165	1183	2069	2809
	河　南	298553	2766	6998	3773
	湖　北	542898	11994	6616	8297
	湖　南	245359	7427	5687	5987
西部	内蒙古	97296	313	1313	943
	广　西	118678	887	1907	319
	重　庆	132274	2532	4994	3769
	四　川	1109129	7682	9935	5723
	贵　州	72322	397	1727	457
	云　南	191639	1101	2139	859
	陕　西	965356	10056	3451	4856
	甘　肃	160515	2871	1025	1908
	青　海	30086	86	222	486
	宁　夏	28137	50	296	400
	新　疆	62089	341	1534	3049

资料来源：《中国科技统计年鉴》（2007—2008 年）。

运用 DEA-solver 软件将投入产出数据代入运算，用 CCR-I 模型求解，得出的总效率值如表 14-25 所示。

表 14-25 CCR 模型的计算结果

区域	DMU	Score (θ)	Excess 科技财政支出 S−(1)	Shortage 科技论文发表量 S+(1)	Shortage 发明专利授权量 S+(2)	Shortage 技术市场成交额 S+(3)
东部	北京	0.4440832	0	0	54429.28835	0
	天津	0.9208054	0	0	6543.14435	0
	河北	0.4115414	0	0	0	0
	辽宁	0.93381	0	0	12731.82389	0
	上海	0.8409134	0	0	15472.86384	0
	江苏	0.6787041	0	0	0	2678.07187
	浙江	1	0	0	0	0
	福建	1	0	0	0	0
	山东	0.9535589	0	0	0	3290.787684
	广东	1	0	0	0	0
	海南	0.1269549	0	0	0	11.92792965
中部	山西	0.312546	0	0	0	879.7994614
	吉林	0.781963	0	0	1189.531305	715.8879763
	黑龙江	0.9280493	0	0	1565.475562	4571.048741
	安徽	0.5863422	0	0	1015.92258	14.55661775
	江西	0.5401354	0	0	1112.238101	0
	河南	0.4169679	0	0	0	0
	湖北	0.7298513	0	0	2568.04174	1371.517302
	湖南	1	0	0	0	0
西部	内蒙古	0.2482973	0	0	0	0
	广西	0.3096592	0	0	0	670.4624062
	重庆	0.8541533	0	0	622.3985505	0
	四川	0.2509747	0	0	0	1375.430789
	贵州	0.3026457	0	0	0	183.2228504
	云南	0.2308127	0	0	0	318.2003632
	陕西	0.344133	0	0	4249.077016	3250.270634
	甘肃	0.5908893	0	0	1173.381177	406.3499394
	青海	0.3467764	0	0	86.90955259	0
	宁夏	0.305597	0	7.415323905	0	0
	新疆	1	0	0	0	0

从表 14-25 中可以看出：

东部地区，总效率值为 1 的有浙江、福建和广东 3 个省份，总效率值在 0.8 以上，接近于 1 的省份有天津、辽宁、上海和山东 4 个省市，即共有 7 个省份的财政科技投入的产出 DEA 接近有效，占 64%。

中部地区，总效率值为 1 的仅有湖南 1 个省，接近于 1 的有吉林和黑龙江 2 个省，共 3 个省份的财政科技投入的产出 DEA 接近有效，占 38%。

西部地区，总效率值为 1 的仅有新疆，接近 1 的有重庆，共 2 个省份的财政科技投入的产出 DEA 接近有效，占 18%。

从各地区的数值来看，东部地区不仅达到 DEA 有效的比例较高，而且整体效率值也明显高于其他两个地区，尤其是西部。

（2）技术有效性和规模收益分析

根据经济学的定义，技术效率表示投入要素是否被有效利用，也就是说技术效率值越高表示对投入资源的使用越有效率；规模效率则表示投入和产出之间是否达到最优状态，即规模效率表示决策单元的投入和产出之间是否达到最优状态。用 θ^* 来表示 CCR 意义下的总体有效性，即技术有效性和规模有效性的乘积。同时用 σ^* 来表示 BCC 模型下的技术有效性。根据公式 $\theta^* = \sigma^* \times s^*$，可以计算出 s^*，即规模有效性。对于决策单元的技术有效性和规模有效性判断依据如下：

求出最优解 θ^*、s^{*+}、s^{*-} 和 λ^*，则有：

若 $\theta^* = 1$，且 $s^- \neq 0$ 或 $s^+ \neq 0$，则 DMU 为弱 DEA 有效；

若 $\theta^* = 1$，且 $s^+ = s^- = 0$ 时，则 DMU 为 DEA 有效；

若 $\theta^* < 1$ 时，则 DMU 为 DEA 无效。

这时还可以接着判断技术有效和规模有效：

若 $\theta^* < 1$ 时，$\sigma^* = 1$，$s^* < 1 \Leftrightarrow$ DMU 技术有效而规模无效；

若 $\theta^* < 1$ 时，$s^* = 1$，$\sigma^* < 1 \Leftrightarrow$ DMU 规模有效而技术无效；

若 $\theta^* < 1$ 时，$s^* < 1$，$\sigma^* < 1 \Leftrightarrow$ DMU 规模无效且技术无效。

同时，有以下判断规模收益的依据：

若 $s^* = 1 \Leftrightarrow$ DMU 为规模收益递增；

若 $s^* < 1 \Leftrightarrow$ 且 $\sum \lambda_j^* < 1 \Leftrightarrow$ DMU 为规模收益递增；

若 $s^* < 1 \Leftrightarrow$ 且 $\sum \lambda_j^* > 1 \Leftrightarrow$ DMU 为规模收益递减。

这里的 $\sum \lambda_j^*$ 为 CCR 模型下决策单元 j 输入输出指标所对应的权重。

表 14-26 为 BBC 模型运算和分析结果。

表 14-26 BBC 模型运算和分析结果

区域	DMU	Score (σ)	Excess 科技财政支出 S−(1)	Shortage 科技论文发表量 S+(1)	Shortage 发明专利授权量 S+(2)	Shortage 技术市场成交额 S+(3)
东部	北京	1	0	0	0	0
	天津	0.9575083	0	0	2484.613792	0
	河北	0.4452983	0	0	0	420.4570222
	辽宁	1	0	0	0	0
	上海	1	0	0	0	0
	江苏	0.8501422	0	0	0	7749.471819
	浙江	1	0	0	0	0
	福建	1	0	0	0	0
	山东	0.9588258	0	0	0	3555.333447
	广东	1	0	0	0	0
	海南	0.8028772	0	0	37.99821873	320.3787834
中部	山西	0.4299658	0	0	0	1277.817913
	吉林	0.8164722	0	0	1264.463855	820.4721818
	黑龙江	0.9529823	0	0	1740.305735	4791.019918
	安徽	0.6044421	0	0	1073.317861	94.66385868
	江西	0.585203	0	0	0	0
	河南	0.4457195	0	0	0	738.5062778
	湖北	0.9712927	0	0	5937.026558	5610.37117
	湖南	1	0	0	0	0
西部	内蒙古	0.4282401	0	0	0	0
	广西	0.488947	0	0	0	1157.8054
	重庆	0.8958282	0	0	0	0
	四川	0.2513116	0	0	0	1423.570909
	贵州	0.6294962	0	0	0	551.9918335
	云南	0.3377468	0	0	0	813.3902629
	陕西	0.4222962	0	0	6188.437885	5690.37285
	甘肃	0.6927917	0	0	1332.541529	628.4918375
	青海	0.9908499	0	0	125.1047915	0
	宁夏	1	0	0	0	0
	新疆	1	0	0	0	0

　　表 14-26 中的值"σ"表示各地财政科技支出的技术效率。可见：

　　东部地区中，技术效率值为 1 的有北京、辽宁、上海、浙江、福建和广东 6 个省份，接近于 1 的有天津、江苏和山东 3 个省份，即共有 9 个省份的财政科技投入的产出的技术效率接近有效。

　　中部地区中，技术效率值为 1 的仅有湖南 1 个省，接近于 1 的有吉林、黑龙江和湖北 3 个省，共 4 个省份的财政科技投入的产出的技术效率接近有效。

　　西部地区中，技术效率值为 1 的有宁夏和新疆 2 个省份，接近 1 的有重庆和青海 2 个省份，即共有 4 个省份的财政科技投入的产出的技术效率接近有效。

　　相应地，经由表 14-25 和表 14-26 计算可以得到各地方财政科技支出的规模效率 s，见表 14-27。

表 14-27　政府财政科技支出的技术效率和规模效率

区域		θ^*	σ^*	s^*	$\sum \lambda_j$	规模报酬
东部	北京	0.4440832	1	0.4440832	9.6257331	递减
	天津	0.9208054	0.9575083	0.9616683	1.6207094	递减
	河北	0.4115414	0.4452983	0.9241926	0.5523716	递增
	辽宁	0.93381	1	0.93381	2.9471981	递减
	上海	0.8409134	1	0.8409134	5.3463722	递减
	江苏	0.6787041	0.8501422	0.7983418	1.8242034	递减
	山东	0.9535589	0.9588258	0.9945069	0.8687401	递增
	海南	0.1269549	0.8028772	0.158125	0.010603	递增
中部	山西	0.312546	0.4299658	0.726909	0.1786332	递增
	吉林	0.781963	0.8164722	0.9577338	0.7111889	递增
	黑龙江	0.9280493	0.9529823	0.9738369	1.0319106	递减
	安徽	0.5863422	0.6044421	0.9700552	0.7787801	递增
	江西	0.5401354	0.585203	0.9229882	0.6998127	递增
	河南	0.4169679	0.4457195	0.935494	0.5268141	递增
	湖北	0.7298513	0.9712927	0.7514226	1.6149185	递减

区域		θ^*	σ^*	s^*	$\sum \lambda_j$	规模报酬
西部	内蒙古	0.2482973	0.4282401	0.5798085	0.2159057	递增
	广西	0.3096592	0.488947	0.6333185	0.1017885	递增
	重庆	0.8541533	0.8958282	0.9534789	0.7375286	递增
	四川	0.2509747	0.2513116	0.9986597	0.9761061	递增
	贵州	0.3026457	0.6294962	0.4807745	0.0381104	递增
	云南	0.2308127	0.3377468	0.6833896	0.1296233	递增
	陕西	0.344133	0.4222962	0.8149091	1.3539787	递减
	甘肃	0.5908893	0.6927917	0.8529105	0.3865625	递增
	青海	0.3467764	0.9908499	0.3499788	0.1513298	递增
	宁夏	0.305597	1	0.305597	0.1212539	递增

从表 14-27 中可以看出：

① 既技术有效又规模有效的省份有浙江、福建、湖南、广东、新疆 5 个省份；天津、山东、黑龙江 3 个省份接近技术有效又规模有效。

② 达到技术有效而规模无效的省份包括北京、上海、辽宁、宁夏 4 个省份，接近技术有效而规模无效的省份有湖北、青海 2 个省份。其中，北京、上海、辽宁和湖北处于规模报酬递减阶段，应适当减少投入；而宁夏和青海处于规模报酬递增阶段，应进一步增加投入。

③ 既技术无效又规模无效的省份包括江苏、海南、山西、吉林、安徽、江西、河南、内蒙古、广西、重庆、四川、贵州、云南、云南、陕西、甘肃 16 个省份。其中，处于规模报酬递减阶段的仅有江苏、陕西 2 个省份，可以适当减少投入；其余 14 个省份均处于规模报酬递增阶段，应进一步加大投入。

第十五章
公共文化支出的利益归宿研究

一、公共文化的内涵及公共文化支出的范围界定

公共文化是具有非排他性、非竞争性和外部性的公共文化品及为公共文化产品提供财力和人力支撑的网络服务体系，是文化的一种特殊范畴。公共文化品具有受益的非排他性，一个社会成员享受这些物品或服务，并不排斥、妨碍其他社会成员享有。公共文化品具有消费的非竞争性，社会成员享用公共文化品一视同仁。公共文化品还具有显著的外部性：是面向社会为公众提供具有公益特色的文化品；是在社会发展中形成的；是对民族精神的宣扬，是民族个性的体现；随着特定区域的人类活动和地理环境差异而各具特色。公共文化服务体系是承载公共文化品的人力、物力的载体，保障了公共文化品的传播。公共文化体现了表层文化所体现出来的物质形态，又具有中层和深层文化所折射出的精神内涵、人文内涵。

从公共文化的内涵来看，公共文化体系主要涵盖公共文化品、公共文化基础设施和公共文化服务网络等几个主要方面。公共文化品主要包括有形文化遗产（历史性建筑、考古遗址、文物）、无形文化遗产（民间文学、民间音乐、民间舞蹈、民间美术、传统医药、曲艺、杂技、竞技、民俗、传统手工技艺）以及视觉艺术（绘画、雕塑、建筑）、表演艺术（音乐、舞蹈、戏剧、曲艺）和媒体（书籍、报刊、电影、广播、电视、互联网）

中输出为公共文化的部分。

公共文化基础设施包括公益性文化机构（图书馆、博物馆、艺术馆、美术馆、纪念馆、爱国主义教育基地、文化馆、乡镇综合文化站、社区文化中心等）和公益性文化事业单位所在场所（党报和党刊发行单位、广播电视台和互联网的公共信息服务点、卫星接收设施公共服务管理系统等）。

公共文化服务网络包括重大公益性文化工程建设（广播电视村村通、全国文化信息资源共享、乡镇综合文化站和继承文化阵的建设、农村电影放映、农村书屋建设）等公共文化服务工程。

从财政的公共文化领域支出来看，主要集中在基础设施和服务网络方面。由于篇幅及数据所限，笔者选择广播电视、公共图书馆和群众文化作为样本项目进行研究（见表 15-1）。

表 15-1 指标体系选择及计算说明

类别	指标名称	计算方法
公共广播电视	公共广播节目套数	源数据
	全年人均公共广播节目播出时间	（全年公共广播节目播出时间/人口总数）×10000
	公共电视节目套数	源数据
	全年人均公共电视节目播出时间	（全年公共电视节目播出时间/人口总数）×10000
公共图书馆	公共图书馆个数	源数据
	人均藏书量	总藏量/人口总数
	公共图书馆平均流通人次	公共图书馆总流通人次/人口总数
	人均累计发放有效借书证数	累计发放有效借书证数/人口总数
	人均公共图书馆业财政拨款	公共图书馆业财政拨款/人口总数
	人均公共图书馆面积	公共图书馆总面积/人口总数
群众文化	人均群众文化机构个数	（群众文化机构总数/人口总数）×10000
	人均群众文化业财政拨款	群众文化业财政拨款/人口总数
	人均群众文化业资产	群众文化业总资产/人口总数
	人均群众文化机构公共面积	群众文化机构公共面积/人口总数
	人均举行群众文化活动次数	（举办展览个数+组织文艺活动次数）/人口总数

注：源数据指未经处理的直接来源于 2009 年相关统计年鉴的数据。

二、区域间的公共文化受益归宿分析

根据地域经济学对我国31个省区市进行东、中、西的划分，其中，东部包括北京、天津、河北、辽宁、上海、江苏、浙江、福建、山东、广东、海南，中部包括山西、吉林、黑龙江、安徽、江西、河南、湖北、湖南，西部包括重庆、四川、贵州、云南、西藏、陕西、甘肃、宁夏、青海、新疆、广西、内蒙古。

（一）公共广播电视业的区域受益归宿

根据表15-1指标体系，基于2009年全国和各省（省、自治区、直辖市统称为省）的相关数据，计算出了各指标的数值，见表15-2。

表15-2　各地区公共广播电视业基本指标

地　区		公共广播节目套数（套）	全年人均公共广播节目播出时间（小时/万人）	公共电视节目套数（套）	全年人均公共电视节目播出时间（小时/万人）
东部	北京	17	64.22	24	61.57
	天津	22	119.68	30	135.43
	河北	109	69.96	177	100.27
	辽宁	118	157.50	115	154.49
	上海	21	69.82	25	90.94
	江苏	132	97.87	133	99.34
	浙江	106	134.18	112	132.68
	福建	86	142.04	99	88.37
	山东	150	81.32	163	94.18
	广东	125	79.14	152	68.45
	海南	24	126.96	15	100.05
合计		910	1142.70	1045	1125.76

续表

地　区		公共广播节目套数（套）	全年人均公共广播节目播出时间（小时/万人）	公共电视节目套数（套）	全年人均公共电视节目播出时间（小时/万人）
中部	山西	100	101.86	112	133.39
	吉林	65	129.68	76	158.62
	黑龙江	94	104.98	125	165.98
	安徽	102	73.89	121	100.56
	江西	103	78.73	112	135.44
	河南	147	64.48	165	89.63
	湖北	84	76.01	115	107.81
	湖南	96	52.30	137	111.95
合计		791	681.92	963	1003.38
西部	内蒙古	119	236.76	119	242.59
	广西	61	56.33	114	82.99
	重庆	27	37.21	45	76.29
	四川	107	52.49	170	102.66
	贵州	23	35.81	99	65.34
	云南	38	49.08	157	146.11
	西藏	7	128.48	10	150.61
	陕西	100	98.79	123	145.32
	甘肃	84	94.37	103	145.54
	青海	9	96.94	13	123.47
	宁夏	24	164.34	28	237.87
	新疆	121	246.87	193	271.11
合计		720	1297.47	1174	1789.90

注：数据来源于 2009 年的《中国统计年鉴》、《中国广播电视年鉴》。

为了深入细致地考察广播电视业的地区差异，将采用一系列统计指标从省际和区际两个层面对此展开分析。

1. 基于倍差和变异系数的分析

笔者采用了极差、标准差、倍差和变异系数这些统计指标来反映广播电视业在各省间的总体差异，其中倍差和变异系数最能直观地反映不均等的程度。变异系数采用的是标准差变异系数，即 CV＝标准差/平均值，倍差则指最大值和最小值之间的差距程度，TD＝最大值/最小值，基于表 15-2 的数值，经过计算可以得到表 15-3。

表 15-3　省际广播电视业的差异描述

指标	平均值	最大值	最小值	方差	标准差	极差	倍差	变异系数
公共广播节目套数	0.02	0.06	0.01	0.00	0.01	0.05	9.36	0.54
人均公共广播节目播出时间	100.71	246.87	35.81	2582.12	50.81	211.05	6.89	0.50
公共电视节目套数	0.03	0.09	0.01	0.00	0.01	0.08	6.84	0.53
人均公共电视节目播出时间	126.42	271.11	61.57	2563.20	50.63	209.55	4.40	0.40

首先从倍差来看，各项指标的差距均在 4 倍以上，公共广播节目套数差距在 9 倍以上，这说明广播电视业分布是非常不均等的，存在两极分化的现象。

由于倍差受个别因素影响较大，而差异系数可以剔除这种影响。根据表 15-3，可以发现变异系数的分布有如下特点：各项指标变异系数在 0.5 左右。一般认为，变异系数小于 0.2 为差异不明显，0.2—0.4 为差异明显，0.4—0.6 为差异较大，而大于 0.6 则为差异巨大。因此，在广播电视业各指标中，各指标的变异系数指标分别为 0.54、0.50、0.53、0.40；均在 0.4—0.6 之间，属于差异较大的范围，说明广播电视业在不同省份之间的差异非常明显。

2. 差异指数分析

为了更准确地衡量省际间广播电视业的差异，进一步用省际差异指数加以考察。定义"省际差异指数＝省指标值/全国平均值"。对 2009 年全国和各省的指标数据作出以上处理后，即得到省际差异指数，如表 15-4 所示。

表 15-4　各类广播电视指标的省际差异指数

广播电视业			
地区	公共广播节目套数（套）	全年人均公共广播节目播出时间（小时/万人）	公共电视节目套数（套）	全年人均公共电视节目播出时间（小时/万人）
北京	0.47	0.64	0.51	0.49
天津	0.88	1.19	0.92	1.07
河北	0.73	0.69	0.92	0.79
山西	1.38	1.01	1.19	1.06
内蒙古	2.32	2.35	1.78	1.92
辽宁	1.29	1.56	0.96	1.22
吉林	1.12	1.29	1.01	1.25
黑龙江	1.16	1.04	1.18	1.31
上海	0.52	0.69	0.48	0.72
江苏	0.81	0.97	0.63	0.79
浙江	0.97	1.33	0.79	1.05
安徽	0.78	0.73	0.71	0.80
福建	1.12	1.41	0.99	0.70
江西	1.10	0.78	0.92	1.07
山东	0.75	0.81	0.63	0.74
河南	0.73	0.64	0.63	0.71
湖北	0.69	0.75	0.73	0.85
湖南	0.71	0.52	0.78	0.89
广东	0.62	0.79	0.58	0.54
广西	0.60	0.56	0.86	0.66
海南	1.32	1.26	0.64	0.79
重庆	0.45	0.37	0.57	0.60
四川	0.62	0.52	0.76	0.81
贵州	0.29	0.36	0.94	0.52
云南	0.39	0.49	1.25	1.16
西藏	1.15	1.28	1.26	1.19

广播电视业				
地区	公共广播节目套数（套）	全年人均公共广播节目播出时间（小时/万人）	公共电视节目套数（套）	全年人均公共电视节目播出时间（小时/万人）
陕西	1.25	0.98	1.18	1.15
甘肃	1.50	0.94	1.42	1.15
青海	0.76	0.96	0.85	0.98
宁夏	1.83	1.63	1.64	1.88
新疆	2.67	2.45	3.28	2.14

为了具有可比性，对各省指标分值中高于平均值 50%（差异指数 ≥ 1.5）和低于平均值 50%（差异指数 ≤ 0.5）的省归纳见表 15-5。

表 15-5　各类广播电视业指标的省际差异指数细分

指标	差异指数大于1.5	差异指数小于0.5
公共广播节目套数	内蒙古、甘肃、宁夏、新疆	北京、重庆、贵州、云南
全年人均公共广播节目播出时间	内蒙古、辽宁、宁夏、新疆	重庆、贵州、云南
公共电视节目套数	内蒙古、宁夏、新疆	—
全年人均公共电视节目播出时间	内蒙古、宁夏、新疆	北京

非常明显，广播电视业各项指标分布差异明显，西部地区相对落后一些；东部地区和中部地区差异指数均分布在 1.0 左右，相对而言，差异不是特别大。具体来看，内蒙古、宁夏和新疆三个省各项指标均远高于全国平均值。这是由于国家实施广播电视村村通工程、西新工程，使得少数民族地区广播电视覆盖发生了显著变化；而重庆、贵州、云南在广播节目方面远低于全国平均值；值得一提的是，北京的公共广播节目套数和人均公共电视节目播出时间要远低于平均值，可能是因为北京人均生活水平较

高，人们普遍倾向于使用数字电视和有线卫视等节目，而较少使用公共广播电视节目。

（二）公共图书馆业的分析

表 15-6　各地区公共图书馆业的基本指标

地　区		公共图书馆个数（个）	人均藏书量（册）	公共图书馆平均流通人次	人均累计发放有效借书证数（个）	人均公共图书馆业财政拨款（元）	人均公共图书馆面积（平方米）
东部	北京	24	0.83	0.47	54.01	12.90	9.68
	天津	32	0.94	0.48	26.49	11.37	10.97
	河北	163	0.21	0.08	6.76	1.43	3.82
	辽宁	128	0.60	0.33	16.78	5.52	9.57
	上海	29	3.39	0.73	36.87	23.27	14.56
	江苏	106	0.49	0.31	16.22	4.08	7.18
	浙江	94	0.62	0.53	24.51	6.79	10.63
	福建	85	0.40	0.26	9.15	2.89	7.91
	山东	147	0.33	0.16	10.05	2.15	4.63
	广东	132	0.42	0.43	21.92	5.19	7.66
	海南	20	0.30	0.10	4.44	2.58	9.02
合计		960	8.53	3.87	227.20	78.17	95.61
中部	山西	122	0.32	0.09	6.02	2.79	5.81
	吉林	64	0.49	0.29	6.21	5.22	5.45
	黑龙江	101	0.39	0.16	11.73	2.93	5.80
	安徽	85	0.17	0.09	3.89	1.25	2.67
	江西	105	0.32	0.12	7.07	1.62	4.98
	河南	142	0.17	0.09	4.42	1.46	3.14
	湖北	104	0.37	0.21	16.78	2.59	5.39
	湖南	120	0.28	0.15	10.07	1.32	4.20
合计		843	2.52	1.20	66.19	19.18	37.44

地　区		公共图书馆个数（个）	人均藏书量（册）	公共图书馆平均流通人次	人均累计发放有效借书证数（个）	人均公共图书馆业财政拨款（元）	人均公共图书馆面积（平方米）
西部	内蒙古	113	0.34	0.12	6.05	3.85	7.95
	广西	100	0.35	0.32	6.24	1.87	4.73
	重庆	43	0.33	0.18	5.36	2.52	5.67
	四川	154	0.28	0.12	4.09	2.10	4.01
	贵州	92	0.19	0.07	3.68	1.31	4.17
	云南	150	0.32	0.17	5.53	3.28	5.83
	西藏	4	0.17	0.01	1.07	1.99	9.41
	陕西	111	0.27	0.11	5.25	2.14	4.94
	甘肃	92	0.35	0.14	6.03	2.89	5.86
	青海	43	0.63	0.19	12.58	4.53	7.94
	宁夏	21	0.85	0.26	10.44	7.63	7.12
	新疆	93	0.42	0.16	7.23	3.08	6.99
合计		1016	4.51	1.83	73.53	37.18	74.63

注：数据来源 2009 年的《中国统计年鉴》、《中国财政年鉴》、《中国文化文物年鉴》。

与广播电视业分析方法和思路类似，可分别进行以下分析。

1. 倍差分析

表 15-7　省际公共图书馆业的差异描述

指标	平均值	最大值	最小值	方差	标准差	极差	倍差	变异系数
公共图书馆个数	0.03	0.08	0.01	0.00	0.01	0.06	5.62	0.52
人均藏书量	5.02	33.86	1.73	32.51	5.70	32.13	19.55	1.14
公共图书馆平均流通人次	2.23	7.26	0.10	2.63	1.62	7.16	71.82	0.73
人均累计发放有效借书证数	118.36	540.07	10.71	12468.91	111.66	529.36	50.42	0.94
人均公共图书馆业财政拨款	43.39	232.75	12.51	2001.02	44.73	220.24	18.61	1.03
人均公共图书馆面积	0.07	0.15	0.03	0.00	0.03	0.12	5.45	0.39

　　各省之间公共图书馆业的差别是相当大的，尤其是人均公共图书馆流通人次，差别在 70 倍以上，这是由于倍差指数受偶然因素影响较大，并不能反映整体分布情况。

　　2. 变异系数分析

　　各省之间公共图书馆个数和人均公共图书馆面积变异系数在 0.4—0.6 之间，差异较大；而其他指标差异巨大，变异系数均在 0.6 以上；人均公共图书馆面积差异相对而言是最小的，可能是因为国家政策的倡导使得各省在图书馆面积这一明显的硬性指标上面都下了功夫；从图书馆藏书量和流通人次来看不排除有些省份只是在做表面文章，搞形式主义。

　　3. 差异指数分析

表 15-8　各类公共图书馆业指标的省际差异指数

地区	公共图书馆个数	人均藏书量	公共图书馆平均流通人次	人均累计发放有效借书证数	人均公共图书馆业财政拨款	人均公共图书馆面积
北京	0.56	1.65	2.12	4.56	2.97	1.44
天津	1.07	1.87	2.17	2.24	2.62	1.64
河北	0.92	0.41	0.38	0.57	0.33	0.57
山西	1.41	0.64	0.39	0.51	0.64	0.87
内蒙古	1.85	0.69	0.53	0.51	0.89	1.19
辽宁	1.17	1.19	1.46	1.42	1.27	1.43
吉林	0.92	0.98	1.32	0.52	1.20	0.81
黑龙江	1.04	0.78	0.72	0.99	0.68	0.87
上海	0.61	6.75	3.26	3.12	5.36	2.17
江苏	0.54	0.98	1.39	1.37	0.94	1.07
浙江	0.72	1.24	2.36	2.07	1.56	1.59
安徽	0.55	0.35	0.39	0.33	0.29	0.40
福建	0.93	0.81	1.16	0.77	0.67	1.18
江西	0.94	0.63	0.56	0.60	0.37	0.74
山东	0.62	0.66	0.70	0.85	0.49	0.69
河南	0.59	0.34	0.38	0.37	0.34	0.47

续表

地区	公共图书馆个数	人均藏书量	公共图书馆平均流通人次	人均累计发放有效借书证数	人均公共图书馆业财政拨款	人均公共图书馆面积
湖北	0.72	0.73	0.96	1.42	0.60	0.80
湖南	0.74	0.55	0.68	0.85	0.30	0.63
广东	0.55	0.83	1.93	1.85	1.20	1.14
广西	0.82	0.70	1.42	0.53	0.43	0.71
海南	0.92	0.60	0.45	0.37	0.59	1.35
重庆	0.60	0.65	0.80	0.45	0.58	0.85
四川	0.75	0.56	0.53	0.35	0.48	0.60
贵州	0.96	0.38	0.31	0.31	0.30	0.62
云南	1.30	0.64	0.75	0.47	0.76	0.87
西藏	0.55	0.35	0.05	0.09	0.46	1.40
陕西	1.16	0.53	0.49	0.44	0.49	0.74
甘肃	1.38	0.70	0.62	0.51	0.67	0.87
青海	3.06	1.25	0.84	1.06	1.04	1.18
宁夏	1.34	1.69	1.19	0.88	1.76	1.06
新疆	1.72	0.84	0.71	0.61	0.71	1.04

表 15-9 各类公共图书馆业指标的省际差异指数细分

指标	差异指数大于 1.5	差异指数小于 0.5
公共图书馆个数	内蒙古、青海、新疆	—
人均藏书量	北京、天津、上海、宁夏	河北、安徽、河南、贵州、西藏
公共图书馆平均流通人次	北京、天津、上海、浙江、广东	河北、山西、安徽、河南、海南、贵州、西藏、陕西
人均累计发放有效借书证数	北京、天津、上海、浙江、广东	安徽、河南、海南、重庆、四川、贵州、云南、西藏、陕西
人均公共图书馆业财政拨款	北京、天津、上海、浙江、宁夏	河北、安徽、江西、山东、河南、海南、广西、四川、贵州、西藏、陕西
人均公共图书馆面积	天津、上海、浙江	安徽、河南

　　总体来看，东部地区明显占优势，而中西部地区处于劣势。北京、天津、上海各项指标均远远高于全国平均水平，可能是由于三个直辖市经济发达，相应的人们文化素质普遍较高，所以人们在闲暇之余可能会倾向于去图书馆，或者是大专院校及科研院所等机构较多，对图书馆的需求较大，所以发放的有效借书证数和平均流通人次等反映图书馆使用率的指标较高；中部地区的湖北、河南、安徽以及西部地区的云南、贵州、西藏、陕西各项指标明显要低于全国平均水平，其中人均财政拨款差异指数河北0.33、安徽0.29、河南0.34、湖南0.30、贵州0.30，因此，也可以看出财政拨款不足导致了公共图书馆服务提供的欠缺。

（三）群众文化业的分析

　　群众文化业包括省级群众艺术馆、县市级文化馆、乡镇文化站；群众文化活动包括举办展览个数和组织文艺活动次数。

表 15-10　群众文化业的基本指标

地区		人均群众文化机构个数（个/万人）	人均群众文化业财政拨款（元）	人均群众文化业资产（元）	人均群众文化机构面积（平方米）	人均举行群众文化活动次数（次/万人）
东部	北京	0.19	8.27	15.52	31.68	14.22
	天津	0.20	5.57	8.48	11.22	3.89
	河北	0.32	2.19	3.17	7.61	4.27
	辽宁	0.35	4.18	6.93	17.41	5.01
	上海	0.13	18.21	52.75	50.04	24.08
	江苏	0.18	5.05	22.43	24.93	4.14
	浙江	0.31	9.84	19.81	35.64	7.09
	福建	0.33	2.72	6.55	15.43	2.96
	山东	0.21	3.05	6.27	14.11	3.65
	广东	0.18	6.80	30.29	29.89	4.01
	海南	0.27	3.38	8.84	6.56	2.24
合计		2.68	69.26	181.02	244.53	75.58

地区		人均群众文化机构个数（个/万人）	人均群众文化业财政拨款（元）	人均群众文化业资产（元）	人均群众文化机构面积（平方米）	人均举行群众文化活动次数（次/万人）
中部	山西	0.44	4.12	35.81	13.05	3.75
	吉林	0.29	4.43	3.71	18.18	3.27
	黑龙江	0.30	2.72	4.85	6.46	3.26
	安徽	0.24	2.11	2.63	5.10	2.25
	江西	0.42	2.58	2.71	7.80	2.74
	河南	0.25	2.15	2.72	5.38	3.16
	湖北	0.24	2.36	8.40	16.37	3.25
	湖南	0.41	2.44	3.75	8.20	3.65
合计		2.58	22.91	64.58	80.53	25.35
西部	内蒙古	0.41	4.92	6.02	12.18	4.26
	广西	0.26	2.21	4.58	8.89	3.48
	重庆	0.36	3.90	12.38	13.81	5.48
	四川	0.50	3.53	5.86	8.91	4.24
	贵州	0.39	2.68	3.58	5.30	23.09
	云南	0.34	3.93	9.80	13.91	5.51
	西藏	0.90	7.06	41.02	29.27	1.83
	陕西	0.48	3.49	5.96	10.13	3.81
	甘肃	0.48	3.36	6.57	9.59	4.24
	青海	0.46	6.19	8.03	9.20	3.77
	宁夏	0.41	7.24	11.33	16.51	7.45
	新疆	0.59	5.99	16.52	25.01	9.01
合计		5.56	54.48	131.64	162.71	76.17

注：数据来源 2009 年的《中国统计年鉴》、《中国财政年鉴》、《中国文化文物年鉴》。

1. 倍差分析

表 15-11　省际群众文化业的差异描述

指标	平均值	最大值	最小值	方差	标准差	极差	倍差	变异系数
人均群众文化机构个数	0.35	0.90	0.13	0.02	0.15	0.77	6.90	0.43
人均群众文化业财政拨款	47.31	182.12	21.14	1022.18	31.97	160.98	8.62	0.68
人均群众文化业资产	121.69	527.50	26.31	15139.53	123.04	501.18	20.05	1.01
人均群众文化机构面积	0.16	0.50	0.05	0.01	0.11	0.45	9.81	0.67
人均举行群众文化活动次数	5.71	24.08	1.83	28.33	5.32	22.25	13.19	0.93

群众文化业存在着同公共图书馆业类似的问题，各项指标倍差系数都在 6 倍之上，说明两个极端的差异还是很大的；全国范围内公共文化的财政投入还没有完全做到均等化，各个省之间的距离还是很大的。

2. 变异系数分析

人均文化机构个数变异系数为 0.43，差异较大；国家的其他指标变异系数均超过 0.6，说明差异更大。

3. 差异指数分析

表 15-12　各类群众文化业指标的省际差异指数

地区	人均群众文化机构个数	人均群众文化业财政拨款	人均群众文化业资产	人均群众文化机构面积	人均举行群众文化活动次数
北京	0.56	1.75	1.28	2.01	2.49
天津	0.58	1.18	0.70	0.71	0.68
河北	0.92	0.46	0.26	0.48	0.75
山西	1.26	0.87	2.94	0.83	0.66
内蒙古	1.17	1.04	0.50	0.77	0.75
辽宁	1.00	0.88	0.57	1.11	0.88
吉林	0.83	0.94	0.30	1.16	0.57
黑龙江	0.85	0.58	0.40	0.41	0.57

续表

地区	人均群众文化机构个数	人均群众文化业财政拨款	人均群众文化业资产	人均群众文化机构面积	人均举行群众文化活动次数
上海	0.37	3.85	4.33	3.18	4.21
江苏	0.53	1.07	1.84	1.58	0.73
浙江	0.89	2.08	1.63	2.27	1.24
安徽	0.70	0.45	0.22	0.32	0.39
福建	0.94	0.57	0.54	0.98	0.52
江西	1.19	0.54	0.22	0.50	0.48
山东	0.60	0.64	0.52	0.90	0.64
河南	0.72	0.45	0.22	0.34	0.55
湖北	0.68	0.50	0.69	1.04	0.57
湖南	1.17	0.52	0.31	0.52	0.64
广东	0.52	1.44	2.49	1.90	0.70
广西	0.74	0.47	0.38	0.56	0.61
海南	0.77	0.71	0.73	0.42	0.39
重庆	1.04	0.83	1.02	0.88	0.96
四川	1.44	0.75	0.48	0.57	0.74
贵州	1.11	0.57	0.29	0.34	4.04
云南	0.96	0.83	0.81	0.88	0.96
西藏	2.57	1.49	3.37	1.86	0.32
陕西	1.36	0.74	0.49	0.64	0.67
甘肃	1.37	0.71	0.54	0.61	0.74
青海	1.31	1.31	0.66	0.58	0.66
宁夏	1.16	1.53	0.93	1.05	1.30
新疆	1.69	1.27	1.36	1.59	1.58

表 15-13 各类群众文化业指标的省际差异指数细分

指标	差异指数大于 1.5	差异指数小于 0.5
人均群众文化机构个数	西藏、新疆	上海
人均群众文化业财政拨款	北京、上海、浙江、宁夏	河北、安徽、河南、湖北、广西

指标	差异指数大于1.5	差异指数小于0.5
人均群众文化业资产	山西、上海、江苏、浙江、广东、西藏	河北、内蒙古、吉林、黑龙江、安徽、江西、河南、湖南、广西、四川、贵州、陕西
人均群众文化机构面积	北京、上海、江苏、浙江、广东、西藏、新疆	河北、黑龙江、安徽、江西、河南、海南、贵州
人均举行群众文化活动次数	北京、上海、贵州、新疆	安徽、江西、海南、西藏

西部地区的西藏、新疆、贵州在群众文化业方面各项指标要远远优于全国平均水平，这是因为西藏、新疆、贵州等省份均为少数民族聚集的地方，少数民族尤其独特的文化习俗，国家在这方面不管是出于保护民族特色文化还是社会和谐稳定，对少数民族的照顾会多一些。中西部地区其他省份各项指标要远低于国家平均水平，特别是上海人均群众文化机构却远远低于全国平均水平，估计与上海人口众多有关，还有就是人们的生活节奏快、压力大，可能会较少使用群众文化站之类的场所。

三、城乡间的公共文化支出受益归宿分析

对于城乡间的公共文化支出受益归宿从受益比角度来研究，受益比的计算公式为（以城市公共文化图书馆个数指标为例说明）：某省城市公共图书馆个数的受益比＝（该省城市公共图书馆个数/该省公共图书馆个数总数）/（该省城市人口总数/该省人口总数）。

（一）城乡间公共广播电视业分析

在广播电视业方面，城乡之间没有太大差别，因为基本上所有广播电视节目都是同时覆盖城乡的，所以这方面的公共文化投入基本上不存在城乡差别，只是存在如前面分析中所提到的地域差别。

（二）城乡间公共图书馆业分析

表 15-14　城乡间公共图书馆业的基本指标

地区	公共图书馆个数（个）		人均藏书量（册）		平均流通人次		累计发放有效借书证数（千个）		人均财政拨款（元）		人均公共图书馆面积（平方米）	
	城	乡	城	乡	城	乡	城	乡	城	乡	城	乡
北京	1	23	0.36	3.44	9.80	302.55	0.22	1.15	6.27	50.15	2.57	49.58
天津	2	30	0.63	1.99	16.71	59.69	0.17	0.50	5.91	29.91	4.01	34.69
河北	13	150	0.24	0.18	8.27	5.67	0.08	0.05	2.05	0.99	3.37	4.13
山西	7	115	0.29	0.35	2.93	8.56	0.09	0.04	3.14	2.50	4.84	6.62
内蒙古	13	100	0.33	0.36	4.70	7.49	0.08	0.06	3.47	4.26	6.39	9.63
辽宁	24	104	0.70	0.45	16.19	17.68	0.24	0.20	6.02	4.77	9.00	10.44
吉林	11	53	0.66	0.30	6.50	5.87	0.20	0.19	7.02	3.17	5.82	5.03
黑龙江	13	88	0.50	0.26	15.86	6.60	0.17	0.07	3.59	2.11	6.64	4.78
上海	2	27	3.15	5.25	16.84	192.60	0.08	0.21	14.92	88.20	7.36	70.42
江苏	16	90	0.51	0.47	14.75	17.97	0.29	0.21	4.91	3.10	6.30	8.22
浙江	15	79	0.59	0.67	18.57	32.58	0.44	0.29	6.63	7.00	8.84	13.05
安徽	16	69	0.25	0.13	32.06	2.44	0.12	0.04	1.97	0.76	3.84	1.88
福建	13	72	0.44	0.37	8.72	9.59	0.27	0.11	3.81	1.97	6.82	8.97
江西	12	93	0.35	0.29	6.73	7.32	0.12	0.06	1.83	1.48	5.44	4.65
山东	16	131	0.34	0.33	11.23	8.97	0.13	0.11	2.66	1.68	4.58	4.68
河南	18	124	0.26	0.12	3.93	4.70	0.11	0.05	2.65	0.79	3.51	2.92
湖北	21	83	0.52	0.25	17.79	15.94	0.23	0.12	4.33	1.15	6.29	4.66
湖南	14	106	0.29	0.27	7.06	12.26	0.14	0.09	1.48	1.20	3.40	4.79
广东	26	106	0.39	0.47	23.51	19.16	0.29	0.16	5.28	5.03	5.82	10.84
广西	16	84	0.45	0.29	10.05	3.88	0.56	0.06	3.12	2.10	6.07	3.91
海南	3	17	0.27	0.33	7.00	2.07	0.11	0.04	3.70	1.55	10.20	8.02
重庆	2	41	0.23	0.42	4.53	6.19	0.12	0.13	2.86	2.18	3.95	7.41
四川	22	132	0.43	0.20	5.14	3.46	0.13	0.05	3.25	1.41	4.65	3.63
贵州	10	82	0.32	0.14	6.67	2.44	0.14	0.02	2.87	0.67	6.68	3.14

续表

地区	公共图书馆个数（个）		人均藏书量（册）		平均流通人次		累计发放有效借书证数（千个）		人均财政拨款（元）		人均公共图书馆面积（平方米）	
	城	乡	城	乡	城	乡	城	乡	城	乡	城	乡
云南	19	131	0.39	0.28	7.47	4.58	0.21	0.06	6.79	1.56	6.09	5.72
西藏	4	0	0.77	0.00	4.74	0.00	0.04	0.00	8.80	0.00	41.30	0.00
陕西	8	103	0.32	0.23	4.82	5.56	0.12	0.06	2.46	1.90	4.99	4.90
甘肃	9	83	0.56	0.26	9.64	4.32	0.24	0.05	5.28	1.76	9.22	4.29
青海	8	35	1.02	0.35	20.21	7.29	0.32	0.04	7.49	2.48	11.06	5.84
宁夏	6	15	1.51	0.30	14.61	7.02	0.36	0.08	12.88	3.32	8.20	6.29
新疆	15	78	0.50	0.37	11.96	4.12	0.18	0.07	4.15	2.38	8.96	5.72

注：数据来自 2009 年的《中国统计年鉴》、《中国财政年鉴》、《中国文化文物年鉴》。

从表中分析得出：统计年鉴中关于西藏的所有乡镇指标都没有；其他省份存在一个普遍现象，公共图书馆的个数明显是乡镇多于城市，但是其他各项指标却是城市优于乡镇，甘肃、青海、宁夏三个省的这种现象尤其明显，城乡差距在三倍左右，而其他省份城乡差距并不是特别明显；此外还存在一个特殊的现象，就是北京、天津、上海三个直辖市的各项指标乡镇明显占绝对优势，各项指标都比城市高很多。

根据前面定义的受益比计算方法，得出表 15-15 和表 15-16。

表 15-15　公共图书馆业城市受益比

地区	公共图书馆个数	藏书量	流通人次	累计发放有效借书证数	财政拨款	公共图书馆面积
北京	0.05	0.44	0.18	0.61	0.49	0.27
天津	0.08	0.67	0.63	0.69	0.52	0.36
河北	0.19	1.18	1.22	1.29	1.43	0.88
山西	0.13	0.90	0.49	1.36	1.13	0.83
内蒙古	0.22	0.96	0.78	1.15	0.90	0.80
辽宁	0.31	1.17	0.96	1.08	1.09	0.94

地区	公共图书馆个数	藏书量	流通人次	累计发放有效借书证数	财政拨款	公共图书馆面积
吉林	0.32	1.35	1.05	1.03	1.35	1.07
黑龙江	0.23	1.28	1.35	1.38	1.23	1.14
上海	0.08	0.93	0.46	0.84	0.64	0.51
江苏	0.28	1.03	0.91	1.14	1.20	0.88
浙江	0.28	0.95	0.76	1.17	0.98	0.83
安徽	0.46	1.41	2.22	1.69	1.58	1.44
福建	0.31	1.09	0.95	1.44	1.32	0.86
江西	0.28	1.11	0.95	1.39	1.13	1.09
山东	0.23	1.01	1.12	1.08	1.24	0.99
河南	0.35	1.52	0.89	1.58	1.81	1.12
湖北	0.45	1.40	1.06	1.36	1.67	1.17
湖南	0.28	1.05	0.70	1.27	1.13	0.81
广东	0.31	0.93	1.07	1.20	1.02	0.76
广西	0.42	1.29	1.61	2.23	1.25	1.28
海南	0.31	0.91	1.58	1.54	1.43	1.13
重庆	0.09	0.71	0.84	0.96	1.14	0.69
四川	0.38	1.52	1.26	1.60	1.55	1.16
贵州	0.37	1.64	1.82	2.55	2.19	1.60
云南	0.38	1.23	1.35	1.91	2.07	1.04
西藏	4.42	4.42	4.42	4.42	4.42	4.42
陕西	0.17	1.21	0.92	1.38	1.15	1.01
甘肃	0.30	1.58	1.60	2.16	1.83	1.57
青海	0.46	1.63	1.61	2.05	1.66	1.39
宁夏	0.64	1.79	1.40	1.75	1.69	1.15
新疆	0.41	1.19	1.66	1.55	1.35	1.28

表 15-16　公共图书馆业农村受益比

地区	公共图书馆个数	藏书量	流通人次	累计发放有效借书证数	财政拨款	公共图书馆面积
北京	6.35	4.16	5.60	3.22	3.89	5.13
天津	4.12	2.11	2.25	2.06	2.63	3.16
河北	1.58	0.87	0.84	0.79	0.69	1.08
山西	1.72	1.08	1.42	0.70	0.90	1.14
内蒙古	1.83	1.04	1.24	0.84	1.11	1.21
辽宁	2.03	0.75	1.05	0.89	0.86	1.09
吉林	1.77	0.60	0.95	0.96	0.61	0.92
黑龙江	1.95	0.66	0.56	0.53	0.72	0.82
上海	8.17	1.55	5.22	2.23	3.79	4.84
江苏	1.86	0.96	1.11	0.83	0.76	1.15
浙江	1.98	1.07	1.33	0.77	1.03	1.23
安徽	1.36	0.72	0.17	0.53	0.61	0.70
福建	1.69	0.91	1.05	0.56	0.68	1.14
江西	1.51	0.92	1.03	0.72	0.91	0.93
山东	1.70	1.00	0.89	0.93	0.78	1.01
河南	1.37	0.71	1.06	0.67	0.54	0.93
湖北	1.46	0.67	0.95	0.70	0.44	0.86
湖南	1.53	0.96	1.22	0.80	0.91	1.14
广东	2.19	1.11	0.87	0.66	0.97	1.42
广西	1.36	0.82	0.62	0.24	0.84	0.83
海南	1.63	1.09	0.47	0.50	0.60	0.88
重庆	1.91	1.29	1.16	1.04	0.86	1.30
四川	1.37	0.69	0.85	0.64	0.67	0.90
贵州	1.26	0.74	0.67	0.36	0.51	0.75
云南	1.30	0.88	0.83	0.55	0.47	0.98
西藏	0.00	0.00	0.00	0.00	0.00	0.00
陕西	1.60	0.85	1.06	0.73	0.89	0.99
甘肃	1.33	0.73	0.72	0.45	0.61	0.73
青海	1.38	0.56	0.58	0.28	0.55	0.73
宁夏	1.30	0.36	0.67	0.39	0.44	0.88
新疆	1.39	0.87	0.57	0.64	0.77	0.82

　　首先西藏是个特例，没有农村的任何记录数据，不过城市各项指标的受益比都要超过 4.0，可见西藏城市的公共图书馆服务做得很好，城市受益很多；北京、天津、上海三个直辖市和内蒙古存在着相同的分布情况，农村的受益比要远远大于城市，而且城市的受益比均远小于 1；从公共图书馆个数来看，明显是农村受益很多；从流通人次来看，山西、辽宁、江苏、浙江、福建、江西、河南、湖南、重庆、陕西各省农村受益比较多；从公共图书馆面积来看，河北、山西、辽宁、江苏、浙江、福建、山东、湖南、广东、重庆各省也表现为偏向于农村受益；但是有效借书证数和财政拨款两项指标，城市明显要优于农村。

（三）城乡间群众文化业分析

表 15-17　城乡间群众文化业基本指标

地区	人均群众文化机构个数（个）		人均举办展览馆个数		人均组织文艺活动次数		人均财政拨款	
	城	乡	城	乡	城	乡	城	乡
北京	0.14	0.71	1.65	3.85	6.45	44.73	9.62	0.66
天津	0.18	0.53	0.69	1.06	2.60	4.84	6.54	2.26
河北	0.70	0.46	0.54	0.94	3.03	3.80	3.82	1.02
山西	0.85	0.63	0.59	0.72	3.14	3.07	6.53	2.15
内蒙古	0.67	0.62	0.64	0.67	2.89	4.21	6.43	3.30
辽宁	0.44	0.59	0.96	0.82	3.78	4.42	5.89	1.62
吉林	0.47	0.48	0.45	0.67	2.29	3.05	6.99	1.51
黑龙江	0.49	0.53	0.43	0.67	2.59	2.32	4.26	0.82
上海	0.11	0.69	0.70	5.28	9.74	124.83	11.05	73.89
江苏	0.28	0.30	0.51	1.25	2.55	4.05	5.24	4.84
浙江	0.44	0.55	0.84	1.90	3.52	7.12	24.13	9.64
安徽	0.57	0.36	0.28	0.72	1.23	1.88	2.92	1.56
福建	0.58	0.53	0.40	0.85	2.04	2.42	3.91	1.53
江西	0.95	0.63	0.37	0.60	1.80	2.47	3.40	2.00

续表

地区	人均群众文化机构个数（个）		人均举办展览馆个数		人均组织文艺活动次数		人均财政拨款	
	城	乡	城	乡	城	乡	城	乡
山东	0.34	0.28	0.74	0.83	2.96	2.69	4.38	1.83
河南	0.62	0.32	0.51	0.74	2.06	2.68	3.67	1.29
湖北	0.44	0.33	0.57	0.78	2.43	2.53	3.49	1.42
湖南	0.89	0.61	0.46	0.67	2.24	3.63	3.93	1.41
广东	0.22	0.34	0.49	1.35	2.45	4.14	6.79	6.81
广西	0.67	0.38	0.24	0.73	1.83	3.54	3.55	1.38
海南	0.54	0.45	0.15	0.51	0.82	2.72	3.25	3.50
重庆	0.64	0.61	0.54	1.26	3.23	5.92	4.22	3.59
四川	1.28	0.72	0.62	1.05	3.18	3.35	5.73	2.21
贵州	1.27	0.48	0.37	0.20	2.93	1.95	4.20	2.06
云南	0.98	0.44	0.56	0.85	3.14	5.47	6.26	2.78
西藏	3.96	0.92	0.63	0.28	2.85	1.07	28.14	0.90
陕西	1.03	0.69	0.63	1.22	2.35	3.11	6.01	1.65
甘肃	1.40	0.60	0.95	1.24	2.90	3.08	6.93	1.67
青海	1.10	0.60	0.96	0.54	4.80	1.44	12.39	0.61
宁夏	0.83	0.60	0.81	2.22	3.94	6.95	12.22	3.16
新疆	1.35	0.80	1.15	2.08	5.79	8.22	10.41	3.08

注：数据来自 2009 年的《中国统计年鉴》、《中国财政年鉴》、《中国文化文物年鉴》，其中城市的群众文化机构包括省级群众艺术馆、地市级群众艺术馆、县市级文化馆、镇文化站。

从整体来看，群众文化业方面城市要优于乡镇，北京、天津、上海三个直辖市依旧存在特例，乡镇的各项指标都明显高于城市两倍之上，但是人均财政投入方面北京城乡比为 9.62∶0.66，天津城乡比为 6.54∶2.26，明显是不合理的。

类似于公共图书馆业的分析思路和计算方法，得到表 15－18 和表 15－19。

表 15-18 群众文化业城市受益比

地区	群众文化机构个数	举办展览馆个数	组织文艺活动次数	财政拨款
北京	0.62	0.83	0.53	1.16
天津	0.69	0.89	0.84	1.17
河北	1.25	0.70	0.87	1.74
山西	1.17	0.90	1.01	1.58
内蒙古	1.04	0.98	0.82	1.31
辽宁	0.88	1.06	0.94	1.41
吉林	0.99	0.82	0.86	1.58
黑龙江	0.97	0.80	1.05	1.56
上海	0.61	0.57	0.43	0.61
江苏	0.97	0.60	0.79	1.04
浙江	0.90	0.65	0.70	1.34
安徽	1.29	0.52	0.76	1.38
福建	1.05	0.64	0.92	1.44
江西	1.25	0.74	0.82	1.32
山东	1.11	0.94	1.05	1.44
河南	1.46	0.78	0.84	1.71
湖北	1.16	0.83	0.98	1.48
湖南	1.22	0.80	0.74	1.59
广东	0.83	0.61	0.80	1.00
广西	1.37	0.45	0.63	1.61
海南	1.09	0.45	0.45	0.96
重庆	1.02	0.60	0.71	1.08
四川	1.37	0.70	0.97	1.63
贵州	1.78	1.48	1.31	1.57
云南	1.60	0.74	0.67	1.59
西藏	2.46	1.74	1.94	3.99
陕西	1.23	0.65	0.84	1.73
甘肃	1.62	0.83	0.96	2.06
青海	1.37	1.34	1.71	2.29
宁夏	1.18	0.51	0.70	1.69
新疆	1.32	0.67	0.80	1.74

表 15-19 群众文化业农村受益比

地区	群众文化机构个数	举办展览馆个数	组织文艺活动次数	财政拨款
北京	3.14	1.94	3.66	0.08
天津	2.06	1.37	1.56	0.41
河北	0.82	1.21	1.09	0.46
山西	0.86	1.09	0.99	0.52
内蒙古	0.96	1.02	1.19	0.67
辽宁	1.18	0.91	1.10	0.39
吉林	1.01	1.21	1.15	0.34
黑龙江	1.04	1.25	0.94	0.30
上海	4.00	4.33	5.46	4.06
江苏	1.04	1.47	1.25	0.96
浙江	1.13	1.47	1.41	0.54
安徽	0.80	1.33	1.16	0.74
福建	0.95	1.36	1.08	0.56
江西	0.82	1.19	1.13	0.77
山东	0.90	1.06	0.95	0.60
河南	0.74	1.12	1.09	0.60
湖北	0.86	1.14	1.02	0.60
湖南	0.84	1.15	1.19	0.57
广东	1.29	1.68	1.35	1.00
广西	0.77	1.34	1.23	0.62
海南	0.91	1.51	1.50	1.04
重庆	0.98	1.40	1.29	0.92
四川	0.78	1.18	1.02	0.63
贵州	0.68	0.80	0.87	0.77
云南	0.71	1.13	1.16	0.71
西藏	0.57	0.78	0.73	0.13
陕西	0.83	1.26	1.11	0.47
甘肃	0.70	1.08	1.02	0.50
青海	0.74	0.76	0.51	0.11
宁夏	0.85	1.40	1.24	0.44
新疆	0.79	1.22	1.13	0.51

　　北京和天津存在相同的现象，城市的财政拨款要高出农村很多，但是其他各项指标却是农村情况更好一些；上海和西藏各项指标显示，农村受益要多一些；从群众文化机构个数来看，辽宁、吉林、黑龙江、江苏、浙江、广东各省群众文化机构农村数目要多一些；从举办的展览、活动方面来看，城市普遍不如农村做得好；从财政拨款来看农村普遍存在不足。

第三篇

财政支出利益归宿的
可计算一般均衡分析

第十六章
我国财政支出结构现状趋势及问题

一、近年我国财政民生支出的趋势与现状

统计数据显示，我国 2002—2008 年财政收支总体趋势及民生支出呈现以下几个特点：

（一）国家财政收入逐年增长，但是增长幅度有波动

财政收入从 2002 年的 18903 亿元增长到 2008 年的 61330 亿元，但是增长幅度有波动，增长幅度最小 15.4%，最大 32.4%。2008 年增长幅度相较 2007 年落差较大。如图 16-1 所示。

（二）国家财政支出逐年增长，增长幅度基本上是逐年提高

财政支出从 2002 年的 22053 亿元增长到 2008 年的 62592 亿元。财政支出的增长率最低在 2003 年，为 11.8%；2008 年增长率最高，为 25.7%。如图 16-2 所示。

（三）财政支出和财政收入增长幅度之间没有明显的相关性

可能是由于 2008 年的自然灾害等对财政收入及财政支出影响较大，造成财政收支增长没有明显的对应关系。如图 16-3 所示。

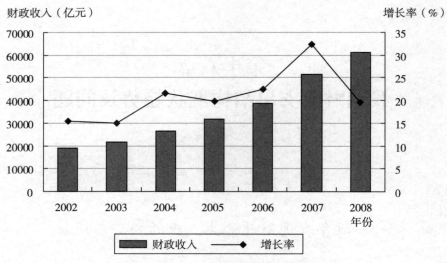

图 16-1　2002—2008 年财政收入及增长率

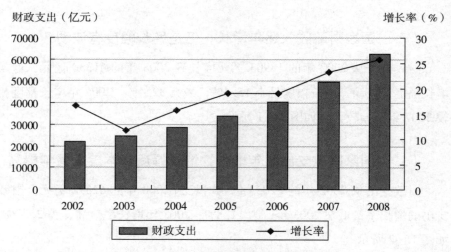

图 16-2　2002—2008 年财政支出及增长率

增长率（%）

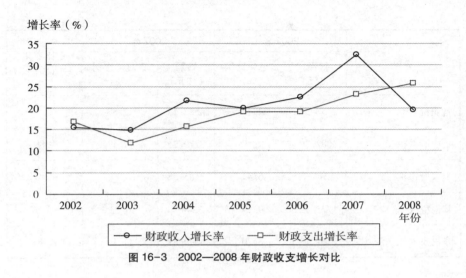

图 16-3　2002—2008 年财政收支增长对比

（四）2007 年收入结构中税收收入比重相对 2002 年有所下降

2002 年的税收收入占 93.30%，2007 年则下降为 88.89%。企业所得税由 2002 年的 16.31%增长到 2007 年的 17.11%。个人所得税比例下降了 0.2%。数据如表 16-1 所示。整体结构示意如图 16-4、图 16-5 所示。

表 16-1　2002 年和 2007 年全国财政收入结构对比

项目	2002 年		2007 年		占比变化（%）
	数额（亿元）	占总体比例（%）	数额（亿元）	占总体比例（%）	
税收收入（6 个主要税种）	17636.45	93.30	45621.97	88.89	−4.40
国内增值税	6178.39	32.68	15470.23	30.14	−2.54
国内消费税	1046.32	5.54	2206.83	4.30	−1.24
进口货物增值税、消费税	1891.7	10.01	6153.41	11.99	1.98

项目	2002 年		2007 年		占比变化（%）
	数额（亿元）	占总体比例（%）	数额（亿元）	占总体比例（%）	
营业税	2450.33	12.96	6582.17	12.83	-0.14
企业所得税	3082.79	16.31	8779.25	17.11	0.80
个人所得税	1211.1	6.41	3185.58	6.21	-0.20
其他税收	1775.82	9.39	3244.5	6.32	-3.07
非税收入	1267.19	6.70	5699.81	11.11	4.40

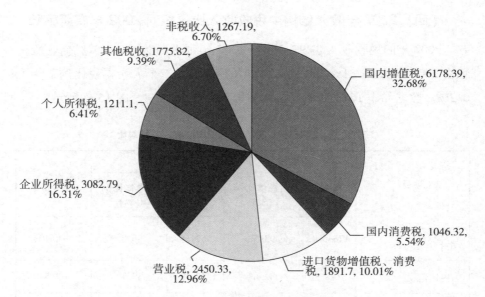

图 16-4　2002 年财政收入结构

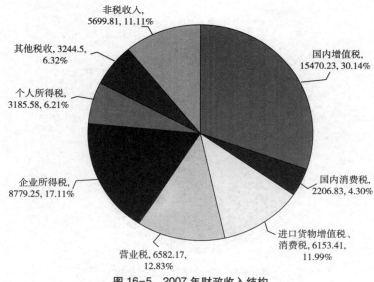

图 16-5 2007 年财政收入结构

（五）2007 年的财政支出结构中民生项目支出由 2002 年的 35.53%增长到 2007 年的 39.67%

具体数值如表 16-2 所示，整体结构如图 16-6、图 16-7 所示。

表 16-2 2002 年和 2007 年全国财政支出结构对比

项目	2002 年		2007 年		占比变化（%）
	数额（亿元）	占总体比例（%）	数额（亿元）	占总体比例（%）	
1. 民生项目	7835	35.53	19747	39.67	4.14
（1）农业	1103	5.00	3405	6.84	1.84
（2）科技	816	3.70	1783	3.58	−0.12
（3）教育	2645	12.00	7122	14.31	2.31
（4）卫生	635	2.88	1990	4.00	1.12
（5）社保	2636	11.95	5447	10.94	−1.01
2. 非民生项目	14218	64.47	30034	60.33	−4.14

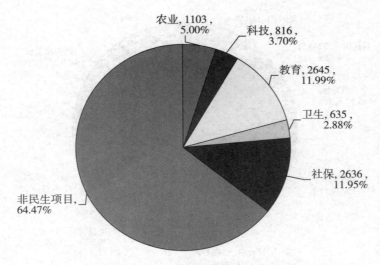

图 16-6　2002 年财政支出结构

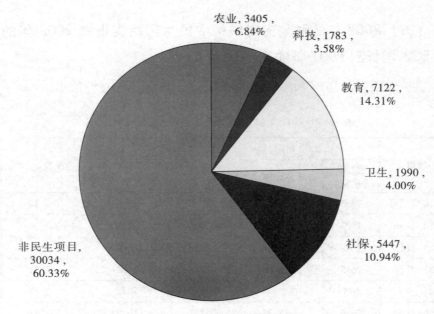

图 16-7　2007 年财政支出结构

（六）财政支出中，民生项目所占整体比例有一定的提高

财政支出总额和民生项目支出的对比如图 16-8 所示，图 16-9 是民生项目支出在财政支出整体中所占比例，民生支出从 2002 年的 30% 左右上升到 40% 左右。从以下的子项分析也可以看出，除了绝对数值增加外，民生支出在农业、科技、教育、卫生等项目上所占比例都有增加。

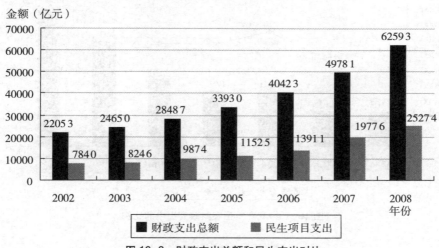

图 16-8 财政支出总额和民生支出对比

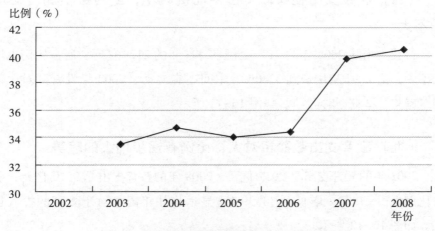

图 16-9 民生项目在财政支出中的比例

（七）农业支出逐年增长

　　农业支出从 2002 年的 1103 亿元增加到 2008 年的 4544 亿元，在财政支出中的比例也由 5%左右增加到 7.26%。如图 16-10 所示。

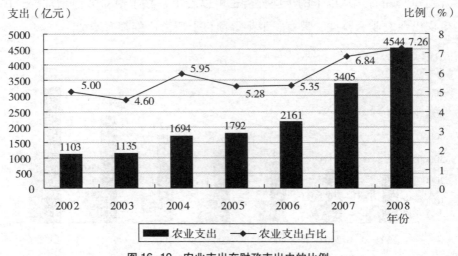

图 16-10　农业支出在财政支出中的比例

（八）科技支出在财政支出中比例较小，绝对数值和占比增幅不大

　　科技支出从 2003 年的 717 亿元到 2008 年的 2129 亿元，所占比例也增长不多，由 2.91% 增长到 3.40%，中间还有波动（2002 年没有可对比数据，趋势从 2003 年开始）。如图 16-11 所示。

（九）教育支出数额相对大，比例有逐步增大的趋势

　　2003 年的教育支出是 2937 亿元，2008 年的教育支出是 9010 亿元，所占比例也由 11.92%增长到 14.39%，显示这几年国家对于教育的投入加大。如图 16-12 所示。

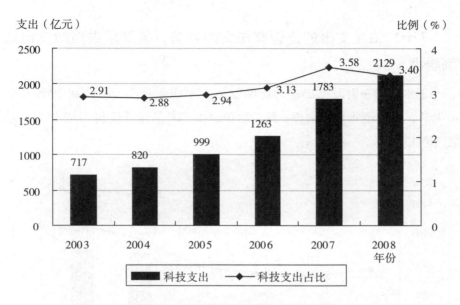

图 16-11　科技支出在财政支出中的比例

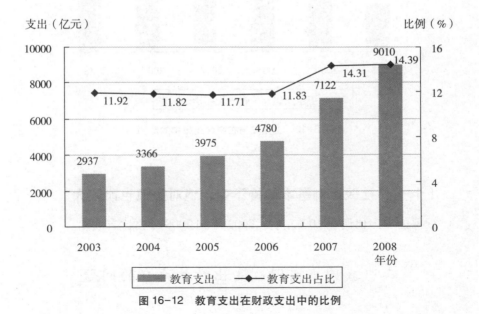

图 16-12　教育支出在财政支出中的比例

（十）卫生支出的比例有增大的趋势，但是所占财政支出比例较小

卫生支出在财政支出中的比例较小，2003 年是 3.16%，到 2008 年是4.40%，并且逐年稳步增长，绝对数值也由 778 亿元增长到 2757 亿元。如图 16-13 所示。

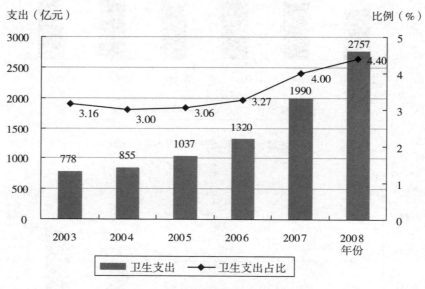

图 16-13　卫生支出在财政支出中的比例

（十一）社保比例基本维持不变，绝对数值也比较大

社保的支出比例在 10% 左右，2003 年到 2008 年占比有波动。

二、我国当前财政支出结构存在的问题

综合上节所描述的我国财政支出的结构，笔者认为我国财政支出结构存在以下问题：①我国财政支出中，非民生项目支出占据的比重过大，尤

其是投资项目。②民生项目中，科技支出的比重较低，教育支出项目虽然有所增长，但是其比重还是很小。③社保绝对数值较大，但是其占比变化不大，如图 16-14 所示。

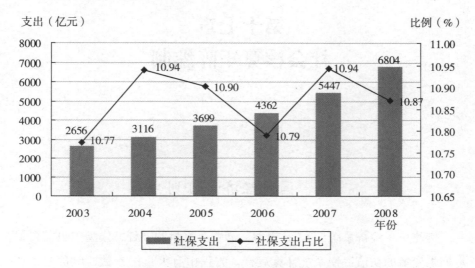

图 16-14　社保支出在财政支出中的比例

第十七章
社会核算矩阵编制

一、国民经济科目划分

构建一个经济系统的 CGE 模型，需要有大量的方程，模型中也需要设定外生变量的初值以使系统计算运行。方程中有大量的参数，除部分重要的参数需要用计量的方法确定外，大量的参数需要用一个基期数据集来标定。社会核算矩阵（Social Accounting Matrix，SAM）能为 CGE 模型提供一个全面的、一致的、均衡的数据集。社会核算矩阵的构建是一项艰巨而复杂的任务。涉及的内容包括 SAM 整体构建方法、数据来源及调整、SAM 调平等内容。研究了 CGE 模型中所采用的社会核算矩阵的编制方法、数据来源及调整、SAM 的调平方法，最终构建分析财政支出及民生问题 CGE 模型的中国 2007 年 SAM。

以本章主要研究的民生支出五大归宿为出发点，根据我国 2007 版国民活动经济科目分类表，并参考老版科目分类，将与研究相关的民生科目与国民经济科目整理如本篇附录 1 所示。

项目主要从民生支出的五个方面进行讨论，即"农业"、"科研"、"教育"、"医疗卫生"和"社会保障"。国民经济中的与民生问题关联不大或没有直接关联的产业都不是我们关注的重点，因此不需要对这些数据详细罗列。根据它们与民生归宿的可能关联进行归类整理，使得问题的分析始终在整个国民经济的大环境下，以充分体现民生利益归宿在国民经济中的关联。基于项目分析的重点和关联性考量，将剩下的其他经济科目整理、汇总成"生产资料制造业"、"农产品加工业"、"其他制造业"、"矿产及能源开采加工业"、"化学工业"、"居民服务业"、"水电气热供应业"和"其他服务业"等8类。

服务业方面，"居民服务业"和"其他服务业"是国民经济中的一个小分类，考虑到这两个产业是民生问题的一个重要落脚点和分析角度，将其作为单独科目；"水电气热供应业"直接与民众日常生活关联，是民众有深刻切身感受的产业，也是考虑民生问题的一个重要角度。"其他服务业"作为对服务业前面分类的补充。

为此，笔者将国民经济产业部分划分成了13个部门："农业"、"科研"、"教育"、"医疗卫生"、"社会保障"、"生产资料制造业"、"农产品加工业"、"其他制造业"、"矿产及能源开采加工业"、"化学工业"、"居民服务业"、"水电气热供应业"和"其他服务业"。

二、SAM 表的数据来源

中央和地方各级统计相关部门会定期公布大量的统计信息，这些信息成为我们的一大主要数据来源。同时，进行民生利益科目划分后的二级科目在各级各类的公报中披露得较少，成为项目的一大难点，需要进行大量的数据发掘和调研工作。进行 CGE 仿真的主要数据依据是社会核算矩阵（SAM），因此，需要构建本项目适用的 SAM。

SAM 表数据的填充主要依据投入产出表、财政年鉴、统计年鉴、资金流量表等。另外，会计年鉴、农业综合开发年鉴、政府采购年鉴也是重要的补充。顶级科目 SAM 表数据填充情况如表17-1所示。

为更细致地体现劳动和资本两个要素的结构信息，将要素细分为劳动和资本，细分后的大部分信息都可以从投入产出表获取。对该账户进行劳动与资本两要素的细分无须太多额外的工作。

表 17-1　SAM 数据来源示意

	中间投入		要素	居民	企业	间接税	进口税	政府	投资	国外
	目标部门分类	其他部门分类								
中间投入 目标部门分类	▽	▽		▽				▽	▽	▽
中间投入 其他部门分类	▽	▽		▽				▽	▽	▽
要素	▽	▽								
居民			◇		◇			○		○
企业			○					○	○	○
间接税	▽	▽								
进口税	○	○								
政府				○	○	○	○		○	○
投资				○	◇			○		◇
国外	▽	▽	○					◇		
	中间投入		要素	居民	企业	间接税	进口税	政府	投资	国外
	目标部门分类	其他部门分类								

　　为体现民生利益归属中的群体分析，将城镇居民分成城市高收入、城市中收入和城市低收入三个类别，农村居民分成农村贫困和农村非贫困两个类别。从这五个类型的居民进行群体分析，将基本能应对大部分的分析需求。但是，现有的统计资料里面还没有关于如此详细的分类数据，需要

进行详细的考察和数据搜集工作，并根据某些原则进行合理数据拆分、整理工作。

表17-1中，▽符号填充的部分为投入产出表相应行和列的汇总数据，"○"符号填充的部分为通过财政年鉴、资金流量表等可以获取的数据，"◇"符号填充的部分是计算余项。由于宏观SAM表科目设置较粗略，难以达到民生利益归宿分析的要求，需要对这些粗略的科目进行细分以深入考察这些科目反映民生的情况。

三、账户的拆分与调平

宏观的SAM只能反映整个经济的宏观状况，往往不能反映我们所关心的特定细节的问题，因此需要将其中某些账户拆分到符合我们的分析要求为止。所谓数据拆分，是指将SAM表中的一个账户拆分为几个更细致的子项目，子账户与父账户体现一种汇总和细化的关系，从而能够更加细致地反映父账户内部结构和掌握某个子账户的详细信息。由于通常SAM表结构都是行列账户一一对应的方阵，因此对于任何一个账户的拆分，都需要对原账户所在行和所在列的所有数据进行拆分。

笔者主要分析民生利益归宿问题，因此一方面将产业/部门账户分为民生账户和其他账户两部门，从产业发展的角度来进行分析，另一方面将居民账户进行细化，为此需要将居民账户对应的行和列的所有数据进行拆分（阴影斜体部分），如表17-2所示。

在编制SAM过程中，对以下几个问题进行了详细处理：

（一）对民生账户的拆分

对民生利益归宿问题的分析，主要有两个方面：一是国家对民生相关产业的政策扶植和优惠，一是政府对民众，尤其是弱势群体的照顾和补贴。因此，要实现分析目标，就需要从这两个大的方面入手，收集详细的数据，以为分析提供素材和依据。

表 17-2　民生利益归宿分析的宏观 SAM 表结构

		活动		商品		要素		居民	企业	政府	投资	国外
		民生账户	其他账户	民生账户	其他账户	劳动	资本	居民	企业	政府	投资	国外
活动	民生账户			市场总产出								
	其他账户											
商品	民生账户	中间投入						消费		消费	投资	出口
	其他账户											
要素	劳动	要素收入										
	资本											
居民						劳动报酬	资本收益		企业转移支付	政府转移支付		国外转移支付
企业												
政府		活动税		进口税				个人所得税				
投资								居民储蓄				
国外				进口								

　　民生账户方面，前期依据政府收支分类科目和投入产出表等进行了科目划分，将民生科目按照两级分类的方式进行了细分，如表 17-3 所示。

　　根据细分的账户，依次将这些账户对应的行和列上的数据一一填充。由于对应的二级科目分类较细，在各类统计年鉴中都没有具体数据可查，还需要进行大量的数据调研工作，以为 CGE 模型和项目的分析提供科学可靠的数据支持。

表 17-3　民生科目两级分类列表

农业	农业	林业	畜牧业
	渔业	其他	
科研	基础研究	应用研究	R&D
	科普	其他	
教育	普教	职教	继教
	其他		
医疗卫生	医卫服务	医保	疾病防控
	妇幼保健	农村卫生	其他
社保	养老	就业	福利
	贫困家庭	其他	

从表 17-2 和表 17-3 可以看出，对民生账户数据的拆分就需要对所有以不同颜色背景标记出来的数据进行拆分，而具体的拆分方法就是以一级科目原始数据为控制数，以调研的结果数据为基本结构进行比例推算。

（二）居民相关账户的划分

对于城乡居民的群体划分，已有研究和现有统计资料中已经有不同方面的体现和反映，因此，在具体的教研结果出来之前先依据手头资料进行数据拆分，这样能够使 CGE 模拟的结果具有更好的说明性和指引性。

根据国家统计局在中国统计年鉴中的说明，我国城乡居民按照人群比例划分为 12 类，其中城镇居民分为 7 类，分别是最低收入户 10%，低收入户 10%，中等偏下收入户 20%，中等收入户 20%，中等偏上收入户 20%，高收入户 10%，最高收入户 10%；农村居民划分为 5 类，分别是低收入户组 20%，较低收入户组 20%，中间收入户组 20%，较高收入户组和高收入户组 20%。这个划分标准的数据可以直接为我们对城乡居民群体的划分提供数据支持。依据分析目的，笔者将城乡居民分为 5 类，分别是城市高收入、城市中收入、城市低收入、农村中高收入和农村中低收入。笔者的 5 类划分与国家统计局统计年鉴的划分对应关系如表 17-4 所示。

表 17-4　项目人群分组与统计局人群分组标准对照

5 类划分标准	12 类划分标准	分类占比	全民比例	
			2002 年	2007 年
城市高收入	城市高收入户+最高收入户	占城镇人口 20%	7.24%	9%
城市中收入	城市中等偏下+中等收入户+中等偏上户	占城镇人口 60%	21.73%	27%
城市低收入	城市最低收入户+低收入户	占城镇人口 20%	7.24%	9%
农村中高收入	中等收入户组+中高收入户组+高收入户组	占农村人口 60%	38.27%	33%
农村中低收入	低收入户组+中低收入户组	占农村人口 40%	25.51%	22%

　　据统计，我国 2002 年共有农村人口 80739 万人，年人平均收入 2475.63 元，城镇人口 45844 万人，年人平均收入 8177.40 元；而 2007 年我国共有农村人口 72750 万人，城市人口 59379 万人，人均年收入分别为 5791.12 元和 12719.19 元。

　　依据 2002 年投入产出表，包含了各产业农村居民消费与城镇居民消费情况。通过查阅统计年鉴，可知 2002 年和 2007 年我国 12 类居民年平均收入如表 17-5 所示。

表 17-5　我国各类居民人均年收入

类别	人群	2002 年	2007 年	类别	人群	2002 年	2007 年
城市	最低收入	2527.68	4604.09	农村	低收入	1551.79	2554.57
	低收入	3833.01	6992.55		较低收入	2288.34	3718.39
	中等偏下收入	5209.18	9568.02		中间收入	3025.17	5042.25
	中等收入	7061.37	12978.61		较高收入	4075.6	6797.53
	中等偏上收入	9437.99	17684.55		高收入	7567.22	12926.91
	高收入	12555.07	24106.62				
	最高收入	20208.43	40019.22				

　　假设居民对各类产品的消费与其收入成比例，从而各类居民具体的消

费数值等于城市或农村总的消费乘以该类居民的年收入之和占所有城市或农村居民年收入之和的比例。

有的产业科目，能够从年鉴或别的统计报告中获取各类人群的消费信息，可以专门将居民在该产业的消费按照这种信息进行拆分，以更好地反映经济实际。

（三）缴纳的各类税

从现有数据难以查到关于城乡居民各类税费上的具体数值，因此我们仅假设政府征收的各类居民税不会作用到贫困人口上，同时居民应交纳的税费总额与其收入成正比。因此，城市低收入和农村中低收入人群的税费为 0，其他各类居民的税费等于总税费乘以该类人群年收入总和占所有非贫困人口年收入总和的比例。

（四）储蓄

通过查阅金融年鉴可知城镇和农村的年末储蓄增加额，通过查阅资金流量表等可以获知城乡总储蓄，以此作为控制数将投入产出表的居民储蓄拆分为城镇和农村居民储蓄总额。然后假设所有居民都或多或少拥有一定的存款，而居民存款的多少与居民的收入成正比。所以，具体某类居民的储蓄额等于该类居民年收入占城镇或农村居民年收入的比例乘以城镇或农村居民储蓄总额。

（五）劳动报酬

统计年鉴显示，农村人口 2002 年工资平均收入为 840.22 元，城镇人口年平均工薪收入 5739.96 元，而农村总人口和城镇总人口为已知，因此以此数据为控制数将总的劳动报酬拆分为农村居民劳动报酬和城镇居民劳动报酬两部分。由于从现有统计数据中无法获取城镇各类居民的年平均工薪收入，因此假设城镇各类居民的工薪收入与其年收入成正比，根据其年收入占所有城镇居民年收入和的比例来拆分劳动报酬。

根据统计年鉴的数据，农村 5 类居民的人均工资从低到高分别是 226.38、454.17、716.18、1098.31 和 2392.27 元。将此数据按照我们的分类规则进行处理，得到各类居民工资收入占农村所有居民工资收入的比例，然后用此比例乘以农村劳动力报酬就可以算得 2002 年农村各类居民劳动力报酬。同理，可以算得 2007 年的各类人群劳动力报酬。

（六）资本报酬

资本收入类似于我们常说的财产性收入，根据统计年鉴，2002 年城镇人均财产性收入 102.12 元，农村人均财产性收入 50.68 元。以人均财产性收入乘上城镇或农村人口就能知道城镇或农村的全部财产性收入。将投入产出表的数据以此为控制数就能得到城镇和农村的资本收入值。城镇各类居民平均财产性收入值不能从现有统计数据获得，因此假设其资本报酬与收入成正比，根据收入人群比例可以获得该类人群资本报酬占总城镇居民报酬的比例。以此为基础乘以城镇资本收入就可以算得各类城镇居民具体的资本报酬值。

统计年鉴统计除了 5 类农村居民的年人均财产性收入从低到高分别为 7.23、14.8、24.72、40.06、193.27 元，乘以各自的人数就得到了该类人群的年财产性收入和，除以所有农村居民年财产性收入之和就得到了该类人财产性收入占所有农村居民财产性收入的比例。用农村居民资本报酬总额乘以该比例就可以算得各类农村居民的资本报酬值。同理，可算出 2007 年各类居民资本收益。

（七）政府转移支付

统计年鉴的数据显示，城镇居民 2002 年人均转移性收入为 2003.16 元，农村居民年人均转移性收入为 177.21 元，以此为依据可以将政府对居民转移支付总额拆分为城镇和农村两部分。农村居民年人均转移收入从低到高分别为 23.72、45.04、63.85、101.38、297.02 元。以此为基础采用与上面相似的方法可以算得各类农村居民获得政府的转移支付总额。2007

年数据采用同样的方式计算。

我们暂时还没有能够查阅到城镇各类居民年人均转移性收入的数据，只能依据转移收入与收入成正比的假设将政府对城镇居民转移支付总额进行拆分。

（八）国外转移支付

各类居民获得国外转移支付收入的拆分采用与政府转移支付拆分一样的方法进行处理，参见上一条目。

（九）企业转移支付

依据 SAM 编制原理，各账户收入与支出相等。完成上面的拆分后，可以从 SAM 表直接获得各类居民的支出总额，而居民的收入一栏中仅剩企业对居民的转移支付未知。因此，我们直接将其作为余项处理。

四、SAM 表的自动化构建

鉴于构建 CGE 模型需要对大量的数据进行大量的处理，如 CGE 适用的 SAM 往往需要大量的数据整理和组织工作，既费时颇多，又容易出错，同时对账户的任何调整都将带来巨大的数据重新整理和组织。因此，为了简化繁杂的数据组织、整理工作，将分析者的大量精力集中在数据搜集、模型研究和结果分析上，同时促进模型重用快速应用别的问题研究，进行了 SAM 表格填充函数的研究，实现快速、高效、准确地创建 SAM 表。

笔者在 Excel 中编制了宏函数（SumF），只要给定 IO 表名，SAM 账户对应的行集合所在的单元格，SAM 账户对应的列集合所在的单元格，就能够自动地将该 IO 表中这些行集合和列集合的所有交叉单元格数据进行汇总。有了该函数的帮助，建模者只需要关注于如何进行 SAM 表账户与 IO 表账户的对应划分，并将其记录于 Excel 表中，只需通过简单的公式拖拽就能快速求出所有直接从 IO 表计算的数据。因此，本函数需要三个参数：

IO 表名，行集合所在的单元格，列集合所在的单元格。关于行/列集合书写遵照 Excel 元素引用规则：逗号进行元素间隔，冒号进行元素区间设定。在 SAM 表每行账户科目中列出该科目对应的 IO 表的行集合，存入 Excel 中的单元格 A，每列账户科目中也列出其对应的 IO 表的列集合存入 B，则调用 SumF 函数就可以对 IO 表对应行 A 和列 B 表示的行集合和列集合在 IO 表中的交叉单元格集合进行累加求和。通过编写 Excel 公式来求和，则改公式为 "SUM（'122 部门表'！E37：I39，'122 部门表'！E66：I68，'122 部门表'！E70：I89，'122 部门表'！E94：I94）"。可见该公式编写烦琐，而且账户进行调整后，该公式必须得重新编写。使用自己编写的函数，则非常简单，如图 17-1 所示。

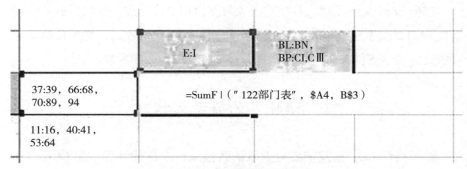

图 17-1　自定义函数调用形式

　　在进行 SAM 账户与 IO 表账户的对应过程中，将对应结果存储在 Excel 中（与图 17-1 区域一致），进行汇总计算则只需调用函数 SumF("122部门表",$A4,B$3)，就可以求出这些不连续区域单元格之和。利用函数的拖拽功能，可以直接将其填充到其他单元格中，无须建模者进行具体的计算，如图 17-2 所示。

　　同时，在进行其他目的的分析时，只需修改表示行集合的单元格或列集合的单元格的内容，求值单元格的公式无须进行任何修改；或增加行列，进行公式拖拽。由此，建模者构建 SAM 表时无须考虑进行 IO 表数据的烦琐汇总计算，只需核对 SAM 账户与 IO 账户的对应即可。

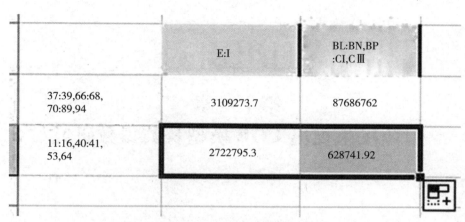

图 17-2　公式填充后结果

　　将编制的程序以插件的形式储存，则该程序可以在任何一台拥有 Excel 程序的电脑上运行，使用方便。项目构建完成的中国经济 2002 年和 2007 年的 SAM 表见本篇附录 4 和本篇附录 5。

第十八章
财政民生支出 CGE 模型及其参数研究

一、模型的基本结构与生产活动流程

开放经济体的一般均衡要求同时达到三类市场（产品市场、要素市场和资本市场）均衡和三类收支（居民收支、政府收支和国际贸易收支）平衡。将经济体抽象为三个基本组成部分：消费者、厂商和市场，则一般均衡就是实现这两个抽象主体、一个抽象市场间的所有均衡。实际应用中还包括政府和世界其他地区（Rest of World，ROW）两个特殊的主体。有商品市场、要素市场和资本市场间的一般均衡。市场中存在以下几种基本经济行为：

（1）消费者通过在要素市场出卖自身经济禀赋（劳动和资本）获得收入，然后根据收入以效用最大化为目标在商品市场进行消费。

（2）厂商从商品市场购买原材料，从要素市场雇佣生产要素（劳动、资本和土地等），根据其生产技术约束进行生产决策，以实现其成本最小化或利润最大化。

（3）政府作为一个特殊的经济主体，主要体现在两方面：一方面从市场经济活动中征税并对市场进行监管；另一方面政府也在商品市场中进行消费。数次经济危机中市场的失灵和政府宏观调控的巨大成效说明政府主体在 CGE 模型中的重要作用。

（4）严格地说，一个开放经济体的外部世界并不是一个独立的经济主体，但是 ROW 的存在标记了经济体的边界，得以描述进口、出口、汇率等现实经济无法回避的问题。将经济体作为一个整体，向 ROW 出口获得收入，从 ROW 进口实现支出。

（5）只有三类市场同时达到供需平衡时，经济体才达到一般均衡状态：商品市场的商品供应等于消费需求，要素市场的要素供应等于厂商的要素需求；资本市场的储蓄供应等于产业的投资需求。

因此，当达到一般均衡时，消费者、政府和经济体同时达到收支平衡，且要素市场、商品市场和资本市场同时出清。

本章构建的财政民生支出的 CGE 模型主要参考世界粮农组织建立的标准静态模型（也称为 LHR 模型），包括 55 个变量、44 个参数和 48 个方程。模型生产函数采用两层嵌套生产模型：底层生产活动中生产要素采用 CES 聚合，中间投入采用 Leontief 聚合，顶层采用 CES 聚合，一种产品可由多个厂商制造，一个厂商可以制造多种产品。因此生产函数顶层 CES 聚合成一个抽象的生产水平，不是某个具体的产品，然后再将这个抽象生产水平按比例分配到各产品的产出。

模型描述的经济生产活动流程如图 18-1 所示。

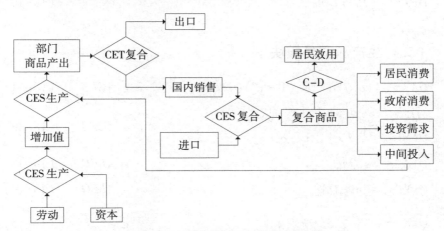

图 18-1　经济模型中生产活动流转图

二、模型方程体系

本章研究的 CGE 模型涉及大量的方程组，列示如下：

（一）价格模块

$$PM_c = pwm_c(1 + tm_c)EXR \qquad\qquad c \in CM \qquad (18-1)$$

$$PE_c = pwe_c(1 + te_c)EXR \qquad\qquad c \in CE \qquad (18-2)$$

$$PDD_c = PDS_c \qquad\qquad c \in CD \qquad (18-3)$$

$$PQ_c(1 - tq_c)QQ_c = PDD_cQD_c + PM_cQM_c \qquad c \in CD \cup CM \qquad (18-4)$$

$$PX_cQX_c = PDS_cQD_c + PE_cQE_c \qquad\qquad c \in CX \qquad (18-5)$$

$$PA_a = \sum_{c \in C} PXAC_{ac}\theta_{ac} \qquad\qquad a \in A \qquad (18-6)$$

$$PINTA_a = \sum_{c \in C} PQ_c ica_{ca} \qquad\qquad a \in A \qquad (18-7)$$

$$PA_a(1 - ta_a)QA_a = PVA_aQVA_a + PINTA_aQINTA_a \qquad a \in A \qquad (18-8)$$

$$\overline{CPI} = \sum_{c \in C} PQ_c cwts_c \qquad\qquad (18-9)$$

$$\overline{DPI} = \sum_{c \in C} PDS_c dwts_c \qquad\qquad (18-10)$$

（二）生产和贸易模块

$$QA_a = \alpha_a^a(\delta_a^a QVA_a^{-\rho_a^a} + (1 - \delta_a^a)QINTA_a^{-\rho_a^a})^{\frac{-1}{\rho_a^a}} \qquad a \in ACES \qquad (18-11)$$

$$\frac{QVA_a}{QINTA_a} = \left(\frac{PINTA_a}{PVA_a}\frac{\delta_a^a}{1 - \delta_a^a}\right)^{\frac{1}{1+\rho_a^a}} \qquad a \in ACES \qquad (18-12)$$

$$QVA_a = iva_a QA_a \qquad\qquad a \in ALEO \qquad (18-13)$$

$$QINTA_a = inta_a QA_a \qquad\qquad a \in ALEO \qquad (18-14)$$

$$QVA_a = \alpha_a^{va}\left(\sum_{f \in F} \delta_{fa}^{va} QF_{fa}^{-\rho_a^{va}}\right)^{\frac{-1}{\rho_a^{va}}} \qquad a \in A \qquad (18-15)$$

$$WF_f \overline{WFDIST}_{fa} = PVA_a(1 - tva_a)QVA_a \cdot$$

$$\Big(\sum_{f \in F} \delta_{fa}^{va} QF_{fa}^{-\rho_a^{va}} \Big)^{-1} \delta_{fa}^{va} QF_a^{-\rho_a^{va}-1} \qquad a \in A,\ f \in F \qquad (18-16)$$

$$QINT_{ca} = ica_{ca} QINTA_a \qquad\qquad a \in A,\ c \in C \qquad (18-17)$$

$$QXAC_{ac} + \sum_{h \in H} QHA_{ach} = \theta_{ac} QA_a \qquad a \in A,\ c \in CX \qquad (18-18)$$

$$QX_c = \alpha_c^{ac} \Big(\sum_{a \in A} \delta_{ac}^{ac} QXAC_{ac}^{-\rho_c^{ac}} \Big)^{\frac{-1}{\rho_c^{ac}}} \qquad\qquad c \in CX \qquad (18-19)$$

$$PXAC_{ac} = PX_c QX_c \Big(\sum_{a \in A'} \delta_{ac}^{ac} QXAC_{ac}^{-\rho_c^{ac}} \Big)^{-1} \delta_{ac}^{ac} QXAC_{ac}^{-\rho_c^{ac}-1}$$

$$a \in A,\ c \in CX \qquad (18-20)$$

$$QX_c = \alpha_c^t (\delta_c^t QE_c^{\rho_c^t} + (1 - \delta_c^t)QD_c^{\rho_c^t})^{\frac{1}{\rho_c^t}} \qquad c \in CE \cap CD \qquad (18-21)$$

$$\frac{QE_c}{QD_c} = \Big(\frac{PE_c}{PDS_c} \frac{1 - \delta_c^t}{\delta_c^t} \Big)^{\frac{1}{\rho_c^t-1}} \qquad\qquad c \in CE \cap CD \qquad (18-22)$$

$$QX_c = QD_c + QE_c \qquad c \in (CD \cap CEN) \cup (CE \cap CDN) \qquad (18-23)$$

$$QQ_c = \alpha_c^q (\delta_c^q QM_c^{-\rho_c^q} + (1 - \delta_c^q)QD_c^{-\rho_c^q})^{\frac{-1}{\rho_c^q}} \qquad c \in CM \cap CD \qquad (18-24)$$

$$\frac{QM_c}{QD_c} = \Big(\frac{PDD_c}{PM_c} \frac{\delta_c^q}{1 - \delta_c^q} \Big)^{\frac{1}{1+\rho_c^q}} \qquad\qquad c \in CM \cap CD \qquad (18-25)$$

$$QQ_c = QD_c + QM_c \qquad c \in (CD \cup CMN) \cup (CM \cap CDN) \qquad (18-26)$$

（三）机构模块

$$YF_f = \sum_{a \in A} WF_f \cdot \overline{WFDIST}_{fa} \cdot QF_{fa} \qquad\qquad f \in F \qquad (18-27)$$

$$YIF_{if} = shif_{if}[(1 - tf_f)YF_f - trnsfr_{row,f}EXR] \quad i \in INSD,\ f \in F \qquad (18-28)$$

$$YI_i = \sum_{f \in F} YIF_{if} + \sum_{i' \in INSDNG} TRII_{ii'} + trnsfr_{i,\,gov} \overline{CPI} + trnsfr_{i,\,row}EXR$$

$$i \in INSDNG \qquad (18-29)$$

$$TRII_{ii'} = shii_{ii'}(1 - MPS_{i'})(1 - TINS_{i'})YI_{i'} \quad i,\ i' \in INSDNG \qquad (18-30)$$

$$EH_h = \Big(1 - \sum_{i \in INSDNG} shii_{i,h} \Big)(1 - MPS_h)(1 - TINS_h)YI_h$$

$$h \in H \qquad (18-31)$$

$$PQ_c QH_{c,h} = PQ_c \gamma_{c,h}^m + \beta_{c,h}^m \Big(EH_h - \sum_{c' \in C} PQ_{c'} \gamma_{c',h}^m -$$

$$\sum_{a \in A} \sum_{c' \in C} PXAC_{ac'} \gamma_{ac'h}^h \Big) \qquad c \in C, \ h \in H \qquad (18\text{-}32)$$

$$PXAC_{ac} QHA_{ach} = PXAC_{ac} \gamma_{ach}^h + \beta_{ach}^h \Big(EH_h - \sum_{c' \in C} PQ_{c'} \gamma_{c',h}^m -$$

$$\sum_{a \in A} \sum_{c' \in C} PXAC_{ac'} \gamma_{ac'h}^h \Big)$$

$$a \in A, \ c \in C, \ h \in H \qquad (18\text{-}33)$$

$$QINV_c = \overline{IADJ} \cdot \overline{qinv_c} \qquad c \in C \qquad (18\text{-}34)$$

$$QG_c = \overline{GADJ} \cdot \overline{qg_c} + \sum_{c \in C} tq_c PQ_c QQ_c + \sum_{f \in F} YIF_{gov,f}$$

$$c \in C \qquad (18\text{-}35)$$

$$EG = \sum_{c \in C} PQ_c \cdot QG_c + \sum_{i \in INSDNG} trnsfr_{i,gov} \cdot \overline{CPI} \qquad (18\text{-}36)$$

（四）系统约束模块

$$\sum_{a \in A} QF_{fa} = \overline{QFS_f} \qquad (18\text{-}37)$$

$$QQ_c = \sum_{a \in A} QINT_{ca} + \sum_{h \in H} QH_{ch} + QG_c + QINV_c + qdst_c$$

$$c \in C \qquad (18\text{-}38)$$

$$\sum_{c \in CM} pwm_c QM_c + \sum_{f \in F} trnsfr_{row,f} = \sum_{c \in CE} pwe_c QE_c + \sum_{i \in INSD} trnsfr_{i,row} + \overline{FSAV}$$

$$(18\text{-}39)$$

$$YG = EG + GSAV \qquad (18\text{-}40)$$

$$TINS_i = \overline{tins_i}(1 + \overline{TINSADJ} \cdot tins\,01_i) + \overline{DTINS} \cdot tins\,01_i$$

$$i \in INSDNG \qquad (18\text{-}41)$$

$$MPS_i = \overline{mps_i}(1 + \overline{MPSADJ} \cdot mps\,01_i) + DMPS \cdot mps\,01_i$$

$$i \in INSDNG \qquad (18\text{-}42)$$

$$\sum_{i \in INSDNG} MPS_i(1 - TINS_i) YI_i + GSAV + FSAV \cdot EXR$$

$$= \sum_{c \in C} PQ_c QINV_c + \sum_{c \in C} PQ_c qdst_c \qquad (18\text{-}43)$$

$$TABS = \sum_{h \in H} \sum_{c \in C} PQ_c QH_{ch} + \sum_{a \in A} \sum_{c \in C} \sum_{h \in H} PXAC_{ac} QHA_{ach} + \sum_{c \in C} PQ_c QG_c$$

$$+ \sum_{c \in C} PQ_c QINV_c + \sum_{c \in C} PQ_c qdst_c \qquad (18\text{-}44)$$

$$INVSHR \cdot TABS = \sum_{c \in C} PQ_c QINV_c + \sum_{c \in C} PQ_c \cdot qdst_c \qquad (18\text{-}45)$$

$$GOVSHR \cdot TABS = \sum_{c \in C} PQ_c QG_c \qquad (18\text{-}46)$$

三、模型外生参数的设定

（一） 价格变量

价格是使得整个经济体系达到均衡的一个工具和手段，基本价格变量作为整个体系的外生变量，其他的价格变量由基本价格计算得出。

PSUP   供方市场初始价格 = 1

PE0 = PX0 = PDS0 = PXAC0 = PSUP = 1

PM0 = PDD0 = 1   PA0 = 1   EXR = 1

（二） 替代弹性

进行一般均衡分析的首要任务不是均衡的求解，而是求出满足其一致性要求的模型参数。寻求切实可行的有效方法估计 CGE 模型中的参数，使 CGE 模型尽可能贴近所分析对象的经济特征，是 CGE 模型建模的重点。

在 CGE 模型中，生产函数的弹性参数主要由经典统计方法、Bayesian 方法和 GME 方法求得；贸易函数的弹性常采用 GME 方法，或由直接外生法确定；需求函数是由居民效用函数推导而得，效用函数的参数常用经典计量经济方法估计。

需要确定的弹性数据主要包括 ρ_a^a、ρ_a^{va}、ρ_c^{ac}、ρ_c^t、ρ_c^q。

（三） 要素与中间投入的替代弹性

ρ_a^a 标准 CES 函数指数 $= \dfrac{1}{prodelas2} - 1$，prodelas2（A）为要素与中间投

入顶层替代弹性，即

$$QA_a = \alpha_a^a (\delta_a^a QVA_a^{-\rho_a^a} + (1 - \delta_a^a) QINTA_a^{-\rho_a^a})^{\frac{-1}{\rho_a^a}} \qquad a \in ACES \qquad (18\text{-}47)$$

参考翟凡等（2005）的数据，所有部门采用 0.10 的相同弹性值。实际上，采用 Leontief 生产函数的话，该参数就不必设置。

1. 要素间替代弹性和复合产出弹性

估计替代弹性需要搜集数年的增加值、要素（资本、劳动力）具体数据，因此采用回归、Bayesian、GEM 等中的一种方法进行估计求解。

由于数据的收集还需要大量的工作，并且部分明细划分数据难以获取，暂且引用相关文献的计算结果，将没有明细数据的部门弹性值取与该部门相近的产业部门的弹性值，参考已有研究成果（见表 18-1），采用相近产业弹性值。

表 18-1　各部门替代弹性值

部门	弹性值	部门	弹性值	部门	弹性值
农业	0.427	社会保障	0.727	矿产及能源制造业	2.182
教育	0.727	生产资料制造业	0.435	化学工业	0.435
科研	0.727	农产品加工业	0.435	居民服务业	0.727
医疗卫生	0.727	其他制造业	0.435	水电热气供应业	2.541
				其他服务业	0.727

复合产出弹性参考翟凡等（2005）的数据，所有部门采用 0.10 的相同弹性值。

2. 进出口转换弹性

各部门进、出口弹性系数参考已有研究成果，见表 18-2，采用相近产业数据。

表 18-2　各部门进出口弹性值

部门	ρ_c^t	ρ_c^q	部门	ρ_c^t	ρ_c^q
农业	1.409836	−0.75	其他制造业	11/9	1
教育	4/3	−0.5	矿产及能源制造业	1.980392	1/3
科研	4/3	−0.5	化学工业	11/9	1/3
医疗卫生	4/3	−0.5	居民服务业	4/3	−0.5
社会保障	4/3	−0.5	水电热气供应业	11/9	−0.5
生产资料制造业	1.75188	1	其他服务业	4/3	−0.5
农产品加工业	1.363636 或 1.440529	−1/3			

四、生产函数弹性参数的估计

（一）待定系数优化法估算产业资本存量

作为当前主流的资本存量计算方法，待定系数优化法基本思想是将下一期期初的资本存量[①]K_{t+1} 表示为当期期初资本存量 K_t，当期折旧 D_t 和当期新增投资 I_t 的表达式为：

$$K_{t+1} = K_t + I_t - D_t \tag{18-48}$$

如果换用折旧率 δ_t 来表示，假设折旧率不变，则表达式可改写为：

$$K_{t+1} = (1 - \delta)K_t + I_t \tag{18-49}$$

该递推公式有三个变量需要确定：基期资本存量、折旧率和各年新增投资。在当年新增投资数据的确定上，学界还存在着分歧（林全霞，2007；李仁君，2010；孙辉等，2010）。本章由于需要核算我国三大产业的资本存量，因此采用固定资产投资作为当年新增投资的衡量指标。

---

① 资本存量有期初和期末两种提法，其表达式会有些许差异，但是没有本质区别。为避免混淆，如无特殊说明，本章资本存量都表示期初资本存量。

关于固定资产投资的数据，主要的数据来源是中国统计年鉴和中国经济信息网（简称中经网，www. cei. gov. cn）。经过统计计算，我国三大产业[①]1990 年至 2009 年全社会历年资本存量如表 18-4 所示。

折旧的计算是 PIM 法的一个难点，当前主要的计算方法有两种：一种方法是估计或假设一个折旧率来完成对资本存量的扣减，从而使折旧的问题转化为折旧率的问题。折旧率是应用 PIM 的一个核心问题，但是由于假设和基本条件的不一致，各自研究的结果相差较大，目前仍然没有学界公认的满意结果。虽然基期存量资本对后续各期资本存量的影响会逐步减弱，直至忽略不计，但是通常基期资本存量的选择伴随着基期的设定，从而使得后续各期资本存量都以基期价格来表示。因此，在足够长的时间跨度下基期的选择除初始几年资本存量有较大影响外，不会影响后续的经济分析。

具体实现如图 18-2 所示[②]。

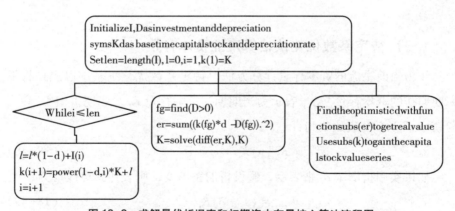

图 18-2 求解最优折旧率和初期资本存量核心算法流程图

---

① 一产为农业、林业、畜牧业、渔业和农林牧渔服务业；二产为采矿业，制造业，电力、煤气及水的生产和供应业，建筑业；三产为除第一、二产业以外的其他行业之和。

② 流程图中主要用到的 MATLAB 函数简要说明：length(A)，返回 A 变量的长度；power(A,i)，返回变量 A 的 i 次幂；solve(exp,x)，求解方程 x 使得 exp=0;diff(exp,x)，将表达式 exp 对 x 求一阶偏导数，subs(exp)，将表达式 exp 中的变量用已知数或表达式代替。

通过求解，分别得到最优折旧率如表 18-3 所示。

表 18-3　我国三大产业最优折旧率

全国	一产	二产	三产
7.39%	10.33%	10.25%	5.74%

计算结果的可靠性依赖于原始数据的可靠性。全国的汇总数据是最完整的，相对于分产业数据具有更高的可信性，因此笔者认为 7.39% 的折旧率是相当可信的。而对三大产业各自的折旧率而言，一产折旧率相对于通常的认识有些偏高，二、三产业的折旧率大体符合预期。一方面，前面提到，由于部分年份的数据缺失，笔者不得不采用比例计算的方式，而一产数据是作为已知数据处理的，其误差必然传导到另外两大产业。另一方面，我国曾调整过产业划分，使得数据前后口径不一，可比性大受影响。

根据折旧率计算出各产业历年资本存量如表 18-4 所示。

由于全国总体资本存量是由一、二、三产资本存量构成的，因此自然有一、二、三产资本存量的累积就是全国总体资本存量。然而从表 18-4 可以看出，最优资本存量与折旧率问题求解得出的资本存量不满足理论上的这个加总关系，即单独计算的全国资本存量不等于一产、二产和三产资本存量的和。这主要是因为假设各产业折旧率是一个常数，然而实际情况是各产业的折旧率一直处于不断变化之中。尤其是我国历来重视国家、政府层面的固定资产投资，因应政策调整在各产业的固定资产投资也在不断变化和调整中，从而导致折旧率也随之变化。从而常折旧率的假设必然导致该资本存量核算的误差，误差再经过叠加和累积，也就使得各产业资本存量和等于全国资本存量的基本原理难以得到体现。但是，当误差在一个比较小的范围内时，结果还是可以接受的。

表18-4　各产业历年资本存量（1990年价计）

单位：亿元

年份	全国	一产	二产	三产	误差（%）
1990	34713.99	1341.50	14410.61	15993.11	8.55
1991	36665.62	1472.92	15473.62	16782.01	8.01
1992	39065.16	1629.44	16682.62	17824.13	7.50
1993	42578.15	1760.52	18108.97	19765.21	6.91
1994	47610.15	1823.28	20012.55	22804.84	6.24
1995	53749.53	1957.39	21961.94	26830.49	5.58
1996	60490.33	2211.12	24157.47	31100.74	4.99
1997	67810.15	2407.47	26463.01	35899.19	4.48
1998	75417.81	2626.83	28655.96	41083.94	4.05
1999	84245.22	2864.00	30673.39	47663.32	3.61
2000	93215.40	3120.78	32533.01	54567.06	3.21
2001	102899.43	3420.60	34839.15	61744.59	2.81
2002	113955.92	3766.85	37354.34	70075.40	2.42
2003	127304.12	4229.46	40878.13	79618.30	2.03
2004	145106.06	4601.65	47143.47	90993.48	1.63
2005	167063.79	5003.03	55638.49	104247.56	1.30
2006	195234.69	5546.77	67660.91	119994.77	1.04
2007	230268.90	6210.32	82524.88	139533.35	0.87
2008	272683.58	7041.77	100532.45	163016.39	0.77
2009	321216.67	8327.06	120813.36	189745.51	0.73

（二）CES 函数弹性参数的无偏估计方法

常替代弹性（Constant Elasticity of Substitution，CES）生产函数在宏观经济分析中经常被用来代表整个产业或整个经济体的生产活动，也被广泛应用于 CGE 模型之中。CES 函数有三个外生参数：生产效率参数、要素份额参数和替代参数，这三个参数的不同就决定了经济活动的具体特性。只有在合理的参数取值下，CES 函数才能恰当地描述生产活动。在 CGE 应用中尤为关注替代参数，因为在替代参数已知的情况下可以通过参数校准获得弹性参数和份额参数的取值。

估计 CES 函数参数一般有线性化法、广义最大熵（General Maximum Entropy，GME）方法和贝叶斯估计法，最终没有一个方法适用于所有产业的参数估计。

Kmenta 方法的具体做法是首先对 CES 函数两边同取对数①，然后对包含 ρ 的函数项进行泰勒展开，舍去三阶及以上高阶项，得到 CES 线性近似表达：

$$\ln Q \approx \alpha + \delta \cdot \ln K + (1 - \delta) \cdot \ln L - \frac{1}{2}\delta \cdot (1 - \delta) \cdot \rho \cdot \left(\ln\left(\frac{K}{L}\right)\right)^2 \qquad (18\text{-}50)$$

其中，$\alpha = \ln\gamma$。

对于该线性方程，在直接使用经典统计方法进行估计之前除了考虑样本大小是否适合之外，还需要检验 $\ln K$、$\ln L$ 和 $\ln\left(\frac{K}{L}\right)^2$ 之间是否存在共线性问题，以避免受估计结果的误导得出错误的结论。

事实上，（18-50）式并不是线性方程，可以将其整理为更为直观的形式：

$$\ln\left(\frac{Q}{L}\right) \approx \alpha + \delta \cdot \ln\left(\frac{K}{L}\right) - \frac{1}{2} \cdot \rho \cdot \delta \cdot (1 - \delta) \cdot \left(\ln\left(\frac{K}{L}\right)\right)^2 \qquad (18\text{-}51)$$

可见方程已经转变成了一个标准的一元二次方程的回归问题。应用泰勒展开式进行参数估计，不管是经典统计法、贝叶斯法，还是 GME 法，其前提条件都是 σ 充分接近 1，在不满足这个前提的情况下，估计结果的合理性也就没有保障。但是如何才算充分接近 1，却鲜见量化的指标和方法。

---

① 采用何种形式的底数并不影响我们最终的分析结果，为简便起见，本章全部采用自然对数的形式。

　　替代弹性是大多数学者进行 CES 函数参数估计最为关心的参数，表示的是两种投入要素比例的百分比变动与相对价格的百分比变动之间的比值，其定义式如下：

$$\sigma = -\frac{\partial\left(\dfrac{K}{L}\right)\cdot\dfrac{P_K}{P_L}}{\partial\left(\dfrac{P_K}{P_L}\right)\cdot\dfrac{K}{L}} \tag{18-52}$$

　　可以看出，理论上替代弹性与变量的量纲无关。可惜现实生活中不存在完美的解析式可以求导，只能借助一些样本点采用参数估计的方式来获取估计值。

　　数值实验设置方面，为保证参数有个宽松的范围，先验分布设定为 $\alpha \sim N(0,0.01)$，$\tau \sim \Gamma(0.01,0.01)$，$\delta \sim U(0.01,0.99)$，$\rho \sim U(-0.8,5)$（赵永、王劲峰，2008）。为保证收敛性，设定三条链进行仿真并赋予 ρ 不同的初值，形成多层迭代链，若参数模型收敛，则迭代图形结果趋于重合，且满足 Gelman-Rubin 收敛检验。预迭代都设置为 1000 次，用作估计的迭代为 3000 次。为使马尔可夫链达到满意的稳定收敛，需要消除自相关，通常的做法是在生成 MC 数据时，隔一定间隔进行取值。这个值在 WinBUGS 中由 Update Tool 中的 thin 来设置。由于不同的参数 η 下模型达到稳定性收敛的条件各不相同，因此间隔取值也各不相同。

　　由于能够使用的样本数据依然较少，笔者采用贝叶斯方法，而不是线性回归，来进行参数估计，尽管估计方程是线性的。η_L 不同取值下，进行贝叶斯参数估计的结果对照如表 18-5 所示。

　　从表 18-5 可以看出，α、δ 和 ρ 的估计值随 η_L 变化的趋势比较明显。由于先验分布对各参数已经限定了取值范围，因此在完成了收敛性诊断后，后验核密度图形就成了判定估计结果合理与否的主要依据。由于量纲 η_L 取值的变动，使得估计模型从基本符合各项检验，得到有效估计结果到出现了后验核密度图形明显不类似于正态的失败估计，如图 18-3 所示。从而说明量纲对使用泰勒展开式进行参数估计的影响不能忽视。

表 18-5　CES 泰勒展开式参数估计结果①

数据	η_L	间隔	方程（5）			方程（6）		
			α	δ	ρ	α	δ	ρ
农业（现价）	0.1	10	0.9404	0.8597	2.69	0.9405	0.858	2.647
	0.2	5	0.8366	0.6621	2.693	0.8363	0.6646	2.672
	0.4	35	0.4771	0.3343	2.599	0.4776	0.3341	2.613
	0.5	60	0.3419	0.2968	2.531	0.3446	0.3	2.514
	0.6	75	0.2359	0.282	2.438	0.2342	0.2776	2.461
制造业（1985年价）	0.5	5*	0.6721	0.8168	2.221	0.672	0.8172	2.213
	0.8	10	0.6163	0.733	2.321	0.6139	0.7321	2.302
	1	40	0.5829	0.7088	2.099	0.5781	0.7028	2.101
	1.1	35	0.5668	0.6987	2.017	0.5707	0.7036	2.011
	1.5	60	0.5196	0.6791	1.816	0.5235	0.6848	1.821
全国总体（1990年价）	0.5	5	−0.1395	0.9338	1.189	−0.1395	0.9357	1.213
	0.8	5*	−0.1696	0.924	2.065	−0.1687	0.925	2.074
	1	5	−0.1796	0.8878	2.841	−0.1766	0.8861	2.902
	2	17	−0.1416	0.6567	3.958	−0.1405	0.6604	3.955
	3	57*	−0.1743	0.6099	3.196	−0.1705	0.6157	3.189

　　注：间隔一栏数字后面的"＊"代表估计结果的后验核密度图与正态图不类似；为了压缩篇幅，方程（5）、（6）、（7）、（8）、（10）、（11）已放在程序源代码中。

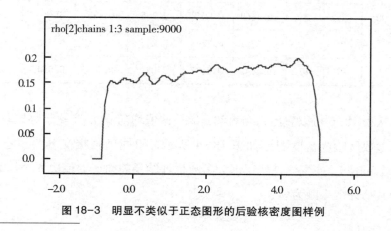

图 18-3　明显不类似于正态图形的后验核密度图样例

---

　　① 估计结果列表忽略了置信区间、方差等其他估计信息。

η_L 不同取值下，进行贝叶斯参数估计的结果对照如表 18-6 所示。

表 18-6　CES 对数变形式参数估计结果

数据	η_L	间隔	方程（7）			方程（8）		
			α	δ	ρ	α	δ	ρ
采掘业（现价）	0.2	40	−0.1557	0.8152	−0.4871	−0.1656	0.8185	−0.4852
	0.5	20	−0.2795	0.8641	−0.4272	−0.2773	0.8623	−0.4257
	1	10	−0.3512	0.8932	−0.3451	−0.3527	0.8942	−0.3491
	2	10	−0.4028	0.905	−0.2625	−0.4016	0.908	−0.2542
	5	5	−0.4714	0.9413	0.4572	−0.4724	0.9418	0.441
电水气（现价）	1.5	75	−1.137	0.8261	−0.4667	−1.133	0.8228	−0.4744
	2	50	−1.156	0.8275	−0.4798	−1.166	0.8343	−0.4743
	5	40	−1.29	0.8917	−0.3737	−1.293	0.8932	−0.3792
	8	13	−1.338	0.9136	−0.3024	−1.336	0.912	−0.3008
	10	10	−1.356	0.9208	−0.2476	−1.356	0.9212	−0.2493
全国总体（1990 年价）	0.1	10	−0.09984	0.9179	0.009807	−0.09864	0.9173	0.01975
	0.5	5	−0.1376	0.9306	0.5955	−0.1387	0.9312	0.5919
	1	5	−0.1869	0.9048	2.365	−0.1861	0.905	2.405
	2	7	−0.2781	0.7298	3.252	−0.2749	0.7367	3.236
	10	40	−0.4642	0.5477	3.072	−0.4633	0.5507	3.056

从表 18-6 可以看出，α、δ 和 ρ 的估计值均随 η_L 的变化趋势比较明显。部分参数后验核密度图形如图 18-4 所示，只能勉强接受其为正态分布。实际上正是 η_L 的变化，使得部分参数估计结果趋向于取值边界，从而使得接受其估计结果颇为勉强。

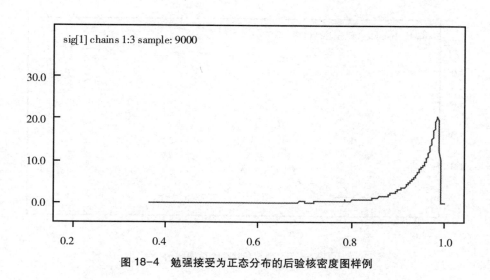

图 18-4　勉强接受为正态分布的后验核密度图样例

η_L 不同取值下，进行贝叶斯参数估计的结果对照如表 18-7 所示。

表 18-7　贝叶斯估计结果对照表

数据	η_L	间隔	方程（10）		方程（11）	
			δ	ρ	δ	ρ
全国总体（1990 年价）	0.5	42	0.3091	0.2238	0.3493	0.3658
	1	20	0.2763	0.2264	0.2933	0.3612
	2	10	0.2462	0.2227	0.2437	0.3694
	5	18	0.2109	0.2256	0.1894	0.3693
	10	25	0.1884	0.2234	0.1577	0.3648

从表中可以看出，不同的量纲下两个方程各自替代参数 ρ 估计值的变化都很小，在可以接受的扰动误差范围之内，而份额参数估计值的变化趋势则较明显，同时各参数估计后验密度图都比较理想，如图 18-5 所示。两个方程分别估计出的替代参数值也符合最小二乘法估计 $\hat{\rho}_1 \leqslant \hat{\rho}_2$ 的结论。

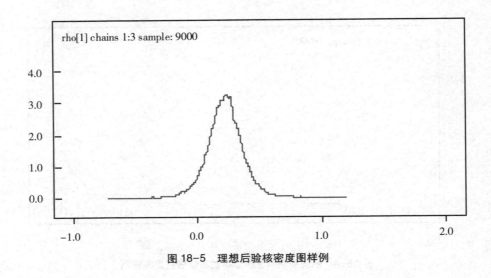

图 18-5　理想后验核密度图样例

　　因此，应用该方法进行替代参数估计可以不受量纲的影响。从前两个数值实验可以看出，应用泰勒展开式和对数变形式进行参数估计时，在合适的量纲下才能得到符合收敛性检验的估计结果，这也是为什么赵永、王劲峰在进行 CES 参数估计时虽然采用了三种不同的估计方式，仍然无法保证哪种方法必定得到符合检验要求的估计结果的原因。如果不考虑共线性问题的话，泰勒展开式和对数变形式各自两个方程的估计结果相近是因为它们是进行简单公式整理的结果。而最优化条件式两个方程的估计结果存在明显差异，是由于因变量、自变量互换存在理论差异的结果。

　　合理的替代弹性参数估计值是运用 CES 生产函数进行各类经济分析的前提，然而限于我国相关统计数据的匮乏，不少学者不得不基于现有数据采用折中方法进行参数估计。由于各自方法和数据的不同，也导致替代弹性始终没有公认的满意估计结果。但是通过考证这些常用折中方法，发现通常被我们忽视的量纲问题对估计结果存在不容忽视的影响。替代参数在 CES 泰勒展开式和 CES 对数变形式中都与量纲存在直接关联，且通过数值实验也验证了这种关联使得估计结果随量纲变化的趋势明显，量纲甚至可以影响贝叶斯估计的成败。在替代弹性充分接近 1，即替代参数充分接近 0

时，量纲对替代参数估计的影响可以忽略。但是在没有足够的证据证明替代参数满足这个条件时，只有采用最优化条件整理式进行替代参数估计能够不受量纲的影响，从而可以得到符合经济预期的稳定估计。但是我国现阶段关于产业级劳动报酬与资本报酬的统计数据还极不健全，为此，如何才能借助现有统计信息估算产业劳动报酬和资本报酬是今后应用 CES 优化条件进行参数估计所必须解决的一个课题。

五、CGE 数据的处理

在 GAMS 程序中录入庞大的 SAM 数据是一个繁重而易出错的工作，而录入的数据只能是对 SAM 表的一个复制，无法依据原始数据的调整而调整，但是又不能简单将 Excel 中数据复制进来；在 GAMS 环境中查看输出数据受到该环境数据显示的诸多限制，同时也不能灵活进行数据组织。因此对 CGE 模型的输入数据和输出报表编写程序建立与 Excel 的关联以实现 GAMS 中对 Excel 文件的读写，从而方便进行数据的整理、调整和再分析。

（一）利用 Excel 电子表格自动生成 SAM 表

将 SAM 表数据直接写入 GAMS 程序有诸多不利，因此笔者利用 Excel 接口编制程序直接调用 Excel 数据，从而既不用重复构建 SAM 数据，也可以动态更新数据。利用 GDXXRW 命令，可以将指定数据文件特定工作簿特定区域的数据通过 LOAD 命令赋到对应变量中。同时，外生变量的取值也可以通过 Excel 文件直接读取，从而使 CGE 程序可以灵活方便地应用于不同的研究目的，最大限度地保证了 CGE 程序的通用性。

一个模拟方案中可能包括对 CGE 中若干个变量取值的外生设定，而进行方案的选取和评价还需要对多个方案模拟结果进行比较。为了便于对多汇总方案进行直观比较，本系统支持同时进行多种方案的模拟，并将结果直接输出在一起，方便比较。模拟方案存放在 Excel 文件 SIM. xls 中，以列为单位，一列为一个模拟方案。通过读取该 Excel 文件，系统一次性将所有模拟方案读取出来，予以组织处理。需要修改模拟方案，只需修改 SIM 文件及简单调整一下程序（需要的话）即可，非常便于操作。

通常，GAMS 的结果浏览需要多屏显示，采用 Execute_ Unload 命令通过 GDXXRW. EXE 插件将制定变量输出到 EXCEL 中，以利于对结果进行进一步的分析处理工作。我们将关心的主要指标集中输出到了两个文件：OUTBASE. xls 和 OUTSIM. xls。其中，OUTBASE. xls 主要是关于基期经济的描述，OUTSIM. xls 主要是关于各模拟方案的对比，具体内容参见报表设计。

（二）报表的设计

CGE 系统运行过程中有数以千计的变量，分布在 GAMS 浏览器的不同地方，因此需要将项目关心的数据汇总、整理成为我们所熟悉的表格形式集中展现出来。

所整理出的数据主要分为两部分：一是展现研究时间点（基期）经济结构信息的数据，以展现不同的模拟方案下我们关心的经济指标的变动情况。经济结构信息的报表设计详见本篇附录 6 之基年经济描述，仿真结果的描述详见附录 6 之报表说明。

鉴于 CGE 模型的冲击模拟仿真结果会因为闭合规则的选择及参数设置上的差异而存在巨大的差别，因此难以从实际问题上验证系统的可靠性。为此，基于标准 LHR 模型提供的三个具体实例，分别用标准 LHR 模型系统和所使用的系统，在参数设置、闭合选择、原始数据等完全一致的环境情况下，进行仿真模拟，通过仿真结果的对比来检验系统的可靠性。

为此，重新调整了系统结构，将体现分析问题具体特性的数据集到一个数据输入文件中，从而保证系统其他部分具有极大的一般性、通用性，以使系统只需进行数据录入文件的修改就可以应用到一个新的问题解决中。将数据录入文件需要引入整个 SAM 表，需要进行账户的设置，引入方程校准所必需的、体现具体经济特性的各项弹性数据等。

经过了程序的几轮调整和修改，最终使得对于三个示例的运行结果，所使用的系统与标准 LHR 系统的模拟出的数十个 EXCEL 表几乎完全一致（少数单元格数据存在小数点八九位后的一点差异），因此可以认为所使用的系统达到了一定的可靠性。然后将中国 2002 年、2007 年的 SAM 数据编写专门的数据输入文件，以引入系统进行模拟。

（三）CGE 软件框架

基于 LHR 的总体框架，在 GAMS 下进行了大量的编程，开发了 CGE 模拟分析系统。系统主要的框架如图 18-6 所示。

系统主要分为 5 部分，其中第一部分和第五部分是因应具体的分析目的可以自主修改的部分，而中间的三部分是 CGE 模型的构建和冲击模拟模块，不因具体分析内容而变。因此，不同分析内容导致的程序修改主要集中在了第一部分和第五部分。

第一部分进行数据读取，需要将具体分析内容的相关数据全部提供给系统，以便让系统根据特定数据进行 CGE 模型的建立和仿真模拟。第五部分是将分析者关心的数据在各种模拟方案下的对比情况批量输出，可以根据分析的目的进行不同选择不同的变量进行输出。

第二部分是依据基年数据和已知参数信息，并假设这些数值是正确的，分别代入相应 CGE 方程对未知参数进行求解的过程。由于很多参数信息难以从当前统计报表中获取，或数据缺乏，往往只能借助一个个方程，并假设方程严格成立，从统计口径获取的方程中数据正确，求出方程中未知的参数，也叫参数的校准。

第三部分是利用求解出来的这些参数，求解出基年经济数据。即如果参数求解无误，理当通过这些参数再现基年经济结构；如果参数有误，就不能实现基年经济的再现。借此可以检验参数的求解是否正确。

通过再现检验的模型就可以用来进行仿真模拟了，第四部分就是根据设计的仿真方案进行经济的冲击模拟。由于通常我们会有多个方案以进行对比，因此在该模块通过循环的形式将多种模拟方案批量进行。

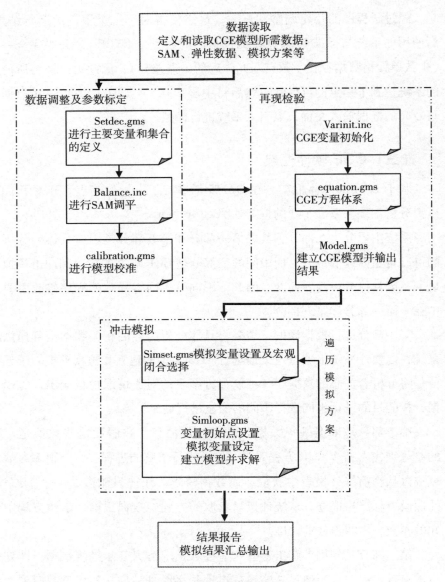

图 18-6　CGE 系统主要框架

第十九章
模型宏观闭合选择的研究

CGE 模型中宏观闭合条件的选择是一个反映经济环境特性和影响模型结果的关键方面，只有在体现现实经济结构特点的闭合条件下才能得到符合实际的模拟结果。笔者对所构建的财政民生支出问题的 CGE 模型所涉及的闭合条件选择问题进行了细致的研究，设定政府财政对民生部门不同形式的投入政策情景，以模拟方案下城市与农村居民收入的变化为研究变量，对 45 种闭合条件组合进行实证和检验，最终得出最适合模型和问题的宏观闭合条件。通过经济计量方法对这些结果进行了检验，检验结果表明：在我国当前的宏观经济状况下，劳动力要素市场的闭合选择对居民收入的变化有决定性影响，基于凯恩斯宏观经济理论的闭合条件更符合我国当前宏观经济的主要方面，但是计划经济和政府主导下的资本市场因素仍然对 CGE 模型的结果有重要影响。这部分关键问题的研究为笔者研究结果的可靠性奠定了基础。

一、CGE 模型的宏观闭合条件

在模型中，闭合条件设定主要是依据瓦尔拉斯定理，在要素市场、政府、投资储蓄和国外四个账户包含的不同变量进行内、外生不同组合的选择。

要素市场的闭合是在要素供给、要素需求、要素价格和价格扭曲间选择符合经济意义并满足方程体系闭合的内外生组合。其中，要素供给（记作 QFS（F））表示全社会要素 F 的总供给，要素需求（记作 QF（F，A））表示部门生产活动 A 对要素 F 的需求，要素价格（记作 WF（F））表示全社会使用要素 F 的平均价格，价格扭曲（记作 WFDIST（F，A））表示部门生产活动 A 支付给要素 F 的价格相对于全社会使用要素 F 的平均价格 WF（F）的扭曲系数。通过这四个变量的内、外生选择可以将要素市场闭合转为对三个变量内外生组合的选择，即：

① 要素 F 完全使用并且可以部门间流动，记作 FMOBFE（）；

② 部门对要素 F 的需求固定，且市场出清，即要素在部门间不可流动，记作 FACTFE（）；

③ 要素 F 不完全使用并且可以部门间流动，记作 FMOBUE（）。

要素市场各闭合变量在不同的闭合组合下的内、外生关系如表 19-1 所示。

表 19-1　要素市场闭合条件与变量的内、外生选择对应表

	FMOBFE（）		*FACTFE*（）		*FMOBUE*（）	
	内生	外生	内生	外生	内生	外生
WFDIST（F，A）		Y	Y			Y
QFS（F）		Y	Y		Y	
WF（F）	Y			Y		Y
QF（F，A）	Y			Y	Y	

　　I/S 账户的闭合条件由 MPSADJ、DMPS、IADJ、INVSHR、GADJ、GOVSHR 六个变量表示对投资、储蓄和政府消费各自不同形式的处理方式，储蓄方面分为国内非政府机构边际储蓄率以统一相对百分比变化、国内非政府机构边际储蓄率以统一绝对百分比变化两种形式；投资方面分为按投资的绝对数额处理和投资占总吸收的份额绝对值处理，每一种闭合选择在其中分别选择一项进行设置；政府消费方面分为对不同商品需求数量调整因子，名义总吸收份额。不同条件的内、外生选择分为五种闭合

条件：

① 投资量外生，非政府机构储蓄率内生到固定储蓄率；

② 投资量外生，非政府机构储蓄率乘以一个规模参数以使 I/S 平衡；

③ 储蓄量外生，每种商品的投资数量乘以一个变量以保证 I/S 平衡；

④ 投资和政府消费数量固定，机构储蓄率内生到固定储蓄率；

⑤ 投资和政府消费份额固定，机构储蓄率乘以一个规模参数以使 I/S 平衡。

变量内、外生选择与闭合对应如表 19-2 所示。

表 19-2　I/S 账户闭合条件与变量的内、外生选择对应表

	IS1		IS2		IS3		IS4		IS5	
	内生	外生	内生	外生	内生	外生	内生	外生	内生	外生
MPSADJ			Y		Y				Y	
DMPS	Y						Y			
IADJ		Y		Y	Y					
INVSHR								Y		Y
GADJ		Y		Y		Y	Y		Y	
GOVSHR	Y		Y		Y			Y		Y

政府账户的闭合条件由 TINADJ、DTINS、GSAV 三个变量表示机构直接税率变化相对值、机构直接税率变化相对值、政府储蓄，由这三个变量表示政府部门在储蓄和税率两个方面的闭合设置，不同条件组合可以分为三种闭合条件：

① 所有机构税率固定，政府储蓄内生；

② 政府储蓄固定，非政府机构（居民和企业）的直接税率内生调整到相同比值；

③ 政府储蓄固定，机构税率乘以一个内生参数调整至政府储蓄水平。

国外账户的闭合条件由 EXR、FSAV 两个变量表示汇率和国外储蓄，产生两种闭合：

① 国外储蓄固定，实际汇率内生；

② 实际汇率固定，国外储蓄和贸易平衡内生。

在后面的模拟中，按照我国当前现实状况在政府和国外账户的闭合条件中各选择所有机构税率固定，政府储蓄内生和实际汇率固定国外储蓄和贸易平稳内生。

一般来说，依据斯恩对闭合进行分类的思想，同样也可以将以上闭合进行大致的经济理论分类。当不考虑要素市场时，政府支出闭合和国外平衡闭合在与 SICLOS3 组合的情况下形成新古典闭合；非政府机构储蓄率由外生投资驱动时，SICLOS1、SICLOS2 可以形成金翰森闭合条件的前提条件；当使用 SICLOS4 和 SICLOS5 与政府和国外账户的闭合条件组合，对政府消费、投资以及家庭消费同时进行变化以调整总吸收，即为平衡闭合。这三种闭合均假定宏观变量与总就业之间没有联系，事实上这三种闭合对于要素市场的要求是以要素的完全使用为前提的。以劳动力市场不完全就业为前提的凯恩斯闭合也是闭合条件中重要的组成部分，在凯恩斯闭合中，总就业水平通过凯恩斯乘数过程与宏观变量相关联，显示出结构主义宏观经济模型的特征。显然，至少从符合现实情况的角度来看，凯恩斯闭合相比其他三种闭合使 CGE 模型更为符合我国的宏观经济的基本面。

二、宏观闭合条件的选择与检验

（一）模拟情景及闭合条件选择

随着我国经济实力的上升，从 2007 年开始，我国财政在民生方面的支出大幅增加。相比 2007 年，2008 年财政对农业投入增加 1140 亿元，对教育投入增加 1890 亿元，对科技投入增加 346 亿元，2009 年投入相比 2008 年还有增加，所以笔者设置财政对某民生部门（农业、教育、科技）增加投入 1000 亿元的财政支出政策冲击以观察相关投入对居民收入的影响。

本章按要素市场 3 种闭合、I/S 账户 5 种闭合、政府账户 1 种闭合以及国外平衡账户中的 1 种闭合形成闭合条件组合分别对这一情景进行模拟。由于在 CGE 模型中居民主体通过在各部门中就业而提供劳动力，同时从所就业的部门获取初次分配的劳动报酬，闭合方案首先按照要素市场的闭合选择进行划分，按要素闭合的 3 种情况将劳动力和资本两种要素的闭合选择进行组合，共有 9 种组合，在此基础上与 I/S、政府和国外三个账户的闭合条件进行组合，一共得到 45 种闭合情况。

模型在上面提出的两种情景下对这 45 种闭合条件组合分别进行模拟，然后对模拟结果从理论条件和模型模拟结果是否有效两个方面对闭合情况进行初步筛选（为了便于表达方便，设定 FMOBFU = 1，FACTFE = 2，FMOBUE = 3，即 FMOBFU（L）为 L1，FACTFE（C）为 C2，其他类推）：

（1）当由部门确定所使用劳动力和资本要素的数量时，所有与 I/S 账户闭合的组合均使得模型在进行价格检查时出现负价格，导致模型出现无意义解的情况，即 L2C2IS（1/2/3/4/5）时模型无法收敛求解。

（2）在部门指定对劳动力的需求，满足市场出清，总资本外生给定且可自由流动，投资驱动储蓄时使得模型在进行价格检查时出现负价格，这显然是由于储蓄率或者间接税率的变化不足以保证模型的储蓄与投资达到均衡状态，从而造成模型的解无意义，L2C1IS（1/2）时模型无法收敛求解。

（3）部门对劳动力需求以及社会劳动力平均报酬固定，总资本内生，允许不完全使用，部门间可自由流动，当投资外生驱动储蓄时模型运算由于产生负价格，无法保证储蓄等于投资而使模型无解，即 L2C3IS（1/2）时模型无法收敛求解。

（4）从对斯恩的简单模型的分析中可以看出，当储蓄决定投资时要素总需求是充分就业的，而要素需求由部门指定，要素完全使用并不允许流动和允许要素失业为前提的闭合组合即意味着劳动力的要素总需求将由模型内生，从而导致系统内可能存在要素使用不完全，所以基于储蓄驱动投资的 L1C2IS（3）、L1C3IS（3）、L2C1IS（3）、L2C3IS（3）、L3C1IS（3）、L3C2IS（3）和 L3C3IS（3）几种闭合的组合情形将使模型无法收敛。

（5）经过对情景内结果的对比，以下的模拟结果及变化趋势两两相似①：L3C1IS1 和 L3C1IS2，L3C1IS4 和 L3C1IS5，L3C2IS4 和 L3C2IS5，L3C2IS1 和 L3C2IS2，L3C3IS1 和 L3C3IS2，L1C2IS1 和 L1C2IS2，L1C2IS4 和 L1C2IS5，L1C3IS4 和 L1C3IS5，L1C2IS4 和 L1C2IS5，L1C1IS1 和 L1C1IS2，L1C1IS4 和 L1C1IS5，所以可将其中一种略去。

通过以上的初步筛选，在情景模拟下得到 15 种闭合组合下的模拟结果：L3C2 IS2、L3C1 IS2、L3C3 IS2、L3C2 IS4、L3C1 IS4、L1C2 IS1、L1C2 IS4、L1C1 IS1、L1C1 IS3、L1C1 IS4、L1C3 IS1、L1C3 IS2、L1C3 IS5、L2C1 IS4、L2C3 IS4。

（二）模拟结果

通过模型计算，得出在模拟情景设定下城镇和农村居民收入在 15 种闭合条件下的百分比变化情况（见表 19-3），总体来看，在模拟情景下居民的收入变化受到要素市场闭合条件的基础性影响，劳动力和资本要素是否完全就业决定着居民收入变化趋势；从所有闭合条件下模拟的结果来看，在当前的宏观经济状态下，所有的投入都至少能引起城镇人群收入的提高，但对缩小人群间收入差距的效果并不明显，甚至在一些闭合条件下产生了拉大收入差距的结果。具体看政府对民生部门增加投入情景的 15 种结果如下：

（1）当劳动力要素允许失业，并且资本要素的总量外生或者其使用由部门指定时（L3C1IS2 和 L3C2IS2），城镇居民与农村居民收入基本呈反向变化，农村居民收入的减少分布于 0.56%—0.98%，同时城镇居民收入增长分布于 0%—0.25%。

（2）增加对政府消费份额变化的调整的情况下（L3C2IS4 和 L3C1IS4），城镇居民收入增加，农村居民收入依投入方案的不同而增加或

---

① 指两种结果差距均在 0.01—0.02 之间。

者减少。

（3）同样在所有要素均允许失业和投资驱动储蓄的情况下（L3C3IS2），城镇居民增加而农村居民的收入依投入方案不同而增减。

（4）当劳动力要素总量外生，完全就业，允许部门间流动，资本要素外生的条件下（L1C1X，L1C2X），农村居民收入下降分布在 0.01%—0.93%，城镇居民收入增加分布在 0.01%—0.23%。

（5）当要素全部外生，允许自由流动，投资驱动储蓄时（L1C1IS1），城镇居民的收入在投入科研和教育时呈现减少 0.14 和 0.07。

（6）劳动要素外生，资本要素允许失业时的三种闭合条件（L1C3ISX）下所有居民收入均下降。

（7）当劳动力要素的使用由部门指定时（L2CXISX），对不同部门的投入使得居民的收入呈现不同变化，农村居民收入在投入农业和教育时收入减少。

（8）投入科研时收入增加，城镇居民的收入除在 L2C3IS4 时对农业投入方案下减少之外，其他均表现为增加。

从以上模拟的结果可以看到，要素闭合的选择对模拟结果有着性质上的影响，其次是 I/S 闭合条件的选择，这意味着要素闭合是模型闭合的基础，是闭合条件选择中首要考虑的问题。

表 19-3　政府对民生部门投入增加 1000 亿元时 15 种闭合条件结果（%）

政府增加民生投入		L3C2 IS2	L3C1 IS2	L3C3 IS2	L3C2 IS4	L3C1 IS4	L1C2 IS1	L1C2 IS4	L1C1 IS1	L1C1 IS3	L1C1 IS4	L1C3 IS1	L1C3 IS2	L1C3 IS5	L2C1 IS4	L2C3 IS4
城镇居民收入变化率	农业	0.23	0.25	0.4	0.3	0.43	0.1	0.17	0.02	0.23	0.19	-0.27	-0.35	-0.11	0.16	-0.63
	科研	0.05	-0.2	0.58	0.14	0.42	0.01	0.09	-0.14	0.04	0.03	-0.13	-0.18	-0.01	0.11	0.14
	教育	0.15	0	0.2	0.23	0.44	0.06	0.13	-0.07	0.13	0.1	-0.2	-0.27	-0.06	0.55	0.05
农村居民收入变化率	农业	-0.58	-0.56	-0.05	-0.04	0.08	-0.93	-0.34	-0.91	-0.09	-0.22	-1.36	-1.76	-0.54	-0.68	-1.06
	科研	-0.68	-0.98	0.57	0.06	0.08	-0.72	-0.06	-0.71	-0.01	-0.04	-0.69	-0.95	-0.09	0.05	0.07
	教育	-0.63	-0.8	-0.2	-0.02	0.09	-0.86	-0.25	-0.81	-0.05	-0.13	-1.01	-1.34	-0.3	-0.32	-0.55

（三）结果的检验与分析

1. 政府对民生部门投入与居民收入的 VAR 脉冲响应分析——检验的依据

以静态 CGE 模型为基础进行外生冲击后对城镇和农村居民收入的变化进行比较静态分析，接着利用计量经济学方法对经济理论的良好解释功能，准备对模拟结果进行检验和印证。将政府对民生部门（农业、教育、科技）投入分别与城镇和农村居民收入进行协整检验，确定其长期均衡关系，然后通过 VAR 技术进行脉冲响应以检验各变量对城镇和农村居民收入的中、短期效应，然后依此对不同闭合条件下模拟的结果进行对比。

（1）居民收入与政府民生投入的协整分析

依据分析目的，所用样本区间为 1978—2007 年。城镇居民收入、农村居民收入分别用 UINC、RINC 表示，政府对农业、教育和科研的支出分别用 AGR、EDU、SCI 表示，以 1978＝100 为基年的消费价格指数（CPI）消除价格因素的影响，并取自然对数。

使用 ADF 法对所有序列进行平稳性检验，已知原序列为一阶单整序列。由于所涉及序列都服从 I(1) 过程，所研究变量超过两个，样本容量也比较有限，所以选择 Johansen-Juselius 检验法来进行协整关系检验，假设 Y_t 和 X_t 分别是服从 I(1) 过程的 k 阶和 d 阶向量，同时构建城镇居民收入与政府民生投入、农村居民收入与政府民生投入建立 VAR 模型，根据 AIC 和 SC 准则确定两模型的最优滞后期均为 2，由于该 VAR 模型的滞后期是无约束 VAR 模型一阶差分变量的滞后期，所以两个协整检验的最优滞后期均为 1。从检验结果（见表 19-4）中可以看到，在 5% 的临界水平下农村居民收入与财政对民生部门投入存在两个协整关系，农村居民与财政对民生部门投入存在一个协整关系，表明居民收入与财政民生投入存在长期均衡关系。

表 19-4　居民收入与民生部门投入的 Johansen 协整检验结果

	原假设	特征值	迹统计量	5%临界值	P 值	最大特征值统计量	5%临界值	P 值
RINC	$r=0^*$	0.7385	74.3506	63.8761	0.0051	30.8544	32.1183	0.0707
	$r \leqslant 1^*$	0.6363	43.4961	42.9152	0.0437	23.2644	25.8232	0.1050
UINC	$r=0^*$	0.7399	73.3157	63.8761	0.0065	30.9752	32.1183	0.0685
	$r \leqslant 1$	0.6293	42.3406	42.9152	0.0570	22.8258	25.8231	0.1185

注：基于前面的 ADF 检验，在协整检验中允许数据及协整方程有截距项、趋势项。

（2）居民收入与政府民生投入的脉冲响应函数

前面的协整检验表明了各变量之间的长期稳定的协整关系，而本节基于静态分析的 CGE 模型的模拟结果在时间上表现为对中、短期经济状况的模拟，所以需要进一步使用向量自回归（VAR）技术进行脉冲响应分析居民收入与政府民生投入变量间的中、短期效应。在上节初步分析基础上，进一步分析城镇居民收入与政府民生投入的 VAR 模型和农村居民收入与政府民生投入的 VAR 模型，根据 AIC 与 SC 准则确定城镇模型的滞后期为 2，农村模型的滞后期为 2，两个模型均可解释 99% 的方差，城镇模型 AIC 与 SC 值为-12.92、-11.14，农村模型 AIC 与 SC 值为-10.97、-9.19，值均较小，模型所有特征根均在单位圆内，通过稳定性检验，说明模型稳定，整体效果恰当。

脉冲响应函数描述的是 VAR 模型中来自随机扰动项的一个标准差或者新生值冲击对变量当前和未来取值的影响，它能够比较客观地刻画出变量之间的动态交互作用及其效应。基于前文确定的两个 VAR 模型，采用乔利斯基（Cholesky）分解法，建立农村和城镇居民收入对政府民生投入及其自身的冲击响应模型。表 19-5 为一个标准差单位 10 期脉冲冲击响应结果，可以看出：

——在城镇列中，城镇居民收入对农业投入的冲击响应在 2 期至 9 期之后均表现为稳定小幅增加，整体为正响应；对教育投入的冲击响应在 1—3 期时表现为下降，从 3—5 期时正响应开始出现，但幅度较小；对科技投入的响应在初期则表现为逐渐走高然后降低，但总体为正响应。

——在农村列中，农村居民收入对农业、教育和科技的投入在 3—5 期间均表现为由负响应极大值转向正响应的过程，但是教育投入的响应幅度相对更大，科技投入的响应最弱。

表 19-5 农村和城镇居民收入对财政民生投入冲击的响应

	城镇			农村		
	AGR	EDU	SCI	AGR	EDU	SCI
1	0.000000	0.000000	0.000000	0.000000	0.000000	0.000000
2	0.013208	−0.001553	0.006809	−0.000896	−0.007871	−0.004783
3	0.015383	0.001613	0.012894	−0.009345	−0.002951	−0.004729
4	0.016517	0.005982	0.013793	0.002652	0.004572	−0.001874
5	0.017979	0.009228	0.011172	0.005667	0.011416	0.001498
6	0.019540	0.010430	0.008535	0.011815	0.016371	0.004338
7	0.021146	0.010472	0.007942	0.017101	0.019544	0.006651
8	0.022804	0.010551	0.009101	0.019801	0.021508	0.008363
9	0.024522	0.011259	0.010569	0.022031	0.022863	0.009515
10	0.026304	0.012456	0.011294	0.023038	0.024044	0.010240

2. 对比检验与结果分析

（1）CGE 模拟结果的检验

通过将 15 种闭合的 CGE 模拟结果与脉冲检验结果进行比较，发现 L3C2IS2、L3C3IS2、L3C2IS4、L3C1IS4、L1C2IS1、L1C2IS4、L1C1IS3、L1C1IS4、L2C1IS4 的模拟结果符合城镇居民收入冲击响应 3—5 期的基本趋势，由于农村居民的模拟结果表现相对复杂，所以以符合城镇居民收入冲击响应的闭合选择为备选集。但到底哪一种模拟结果更符合冲击响应的结果，笔者通过计算模拟值与检验值的欧氏距离选择政策方案的方法，设定第 4 期的冲击响应值作为各个指标模拟值的最优检验指标，第一期值作为最差检验指标，找出最接近最优值指标且同时远离最差指标的模拟方案，实际上就是理想解排序法（TOPSIS）的思想方法。

分别计算各模拟结果到最优检验指标和最差指标的欧氏距离：

$$D_i = \sqrt{\sum_{j=1}^{m} (a_{ij} - b_j)^2}$$

其中，a_{ij} 为第 i 个方案的第 j 个模拟值，b_j 为第 j 个模拟值的最优或者最差值，然后计算出第 i 个方案接近最优值的程度：

$$S_i = \frac{D_i^-}{D_i^+ + D_i^-}$$

最后通过比较找到最接近最优值的闭合条件。表 19-6 为各种闭合条件下城镇和农村居民收入与其最优值的接近程度，可以看到 L3C2IS2、L3C3IS2、L3C1IS4 三个闭合条件相比其他闭合条件与最优值更为接近，L3C3IS2 闭合条件下距离最佳。

表 19-6　各种闭合条件下的 CGE 模拟结果与最优值的距离

	L3C2IS2	L3C3IS2	L3C2IS4	L3C1IS4	L1C2IS1	L1C2IS4	L1C1IS3	L1C1IS4	L2C1IS4
最优值距离	2.46	1.75	1.91	1.63	6	2.16	2.06	2.141	2.06
最差值距离	1.13	0.95	0.41	0.76	1.46	0.49	0.29	0.337	0.55
接近程度	0.315	0.353	0.177	0.318	0.143	0.184	0.122	0.136	0.211

（2）对结果的分析和讨论

通过上面得出的 L3C3IS2 闭合条件最符合检验的结果，结合我国现实宏观状况的分析，笔者认为，这意味着允许劳动力失业和自由流动是决定模型运行结果的主要因素，资本的自由流动和允许失业是当前我国资本市场的基本状况，不同的闭合条件设定会对居民收入产生重要的影响——这与埃德蒙和罗宾逊（1988）对收入分配的一些研究结论相符。模拟结果中居民收入的变化与我国居民收入变化趋势情况相似——近十几年国家对经济建设以及民生部门的大量投入虽然对总体居民的平均收入的增加产生重要影响，但初次分配中报酬率偏低，二次分配从总体上没有缓解居民收入差距扩大与基本事实相符合，与朱璐璐、寇恩惠（2010）中的相关结论一致。但是 L3C2IS2 和 L3C1IS4 两种闭合的模拟结果也与检验值比较相近，因此不得不进一步考虑这两种闭合与 L3C3IS2 的主要区别——资本不允许在行业间流动、充分就业和政府消费，显然这些区别是导致模拟结果与 L3C3IS2 不同的主要原因。关于资本要素市场是否外生，在彭思思等（2010）研究政府财政投入科学技术对宏观经济的影响时采用资本要素和实际工资外生的闭合条件，其得出的接近现实状况的结论，这从侧面验证我国资本要素市场至少在中、短期可以认为是外生的，这恰好又与 L3C1IS4 的闭合条件相同。同时，L3C1IS4 闭合中包含政府消费所占总吸收份额的调整，所以不得不认为，政府消费因素对模型结果也有着较为显著的影响，因为这些与我国当前经济转型时期阶段计划与市场并存的经济社会现实接近。

综上所述，笔者认为，在当前，允许劳动力、资本要素失业和自由流动，投资驱动储蓄，基于凯恩斯宏观经济理论的闭合条件——反映了我国当前宏观经济状况的主要方面，但是计划经济和政府主导下资本市场的特征仍然是影响宏观经济的重要因素，所以在使用 CGE 模型进行中国经济问题研究时这几种闭合条件都需要考虑，然后根据问题酌情处理，对于本章所使用的财政民生支出的 CGE 模型仍需要进一步探讨。

第二十章
财政民生支出结构调整对居民收入
及总产出的影响

在前述的研究中，笔者编制了社会核算矩阵，构建了模型的方程体系，采用我国的经济数据估计了模型所需的参数，并对模型的宏观闭合进行了专门的研究。本篇的第二十、二十一、二十二章是使用构建的 CGE 模型模拟分析财政支出结构调整的收入和产出效应，第二十四、二十五、二十六章是对第二十、二十一、二十二章所揭示的问题的深入研究。

一、民生支出结构调整问题的提出

从前面对我国财政支出的趋势和现状中可以看到，我国财政支出结构中民生项目支出由 2002 年的 35.53% 增长到 2007 年的 39.67%，所占比例有了一定程度的提高。除了绝对数值增加外，民生支出在农业、科技、教育、卫生、社保等项目上所占比例都有增加。农业支出从 2002 年的 1103 亿元增加到 2008 年的 4544 亿元，在财政支出中的比例也由 5% 左右增加到 7.26%；科技支出从 2003 年的 717 亿元到 2008 年的 2129 亿元，所占比例增长不多，由 2.91% 增长到 3.40%，中间还有波动；教育支出数额相对较大，比例有逐步增大的趋势。2003 年的教育支出是 2937 亿元，2008 年的教育支出是 9010 亿元，所占比例也由 11.92% 增长到 14.39%；卫生支出在财政支出中的比例从 2003 年的 3.16% 增长到 2008 年的 4.40%，绝对数值也由 778 亿元增长到 2757 亿元；社保比例基本维持不变，支出比例在 10%左右，2003 年到 2008 年占比有波动。

按照我国财政民生部门支出变化以及结构变化的趋势，在当前的宏观经济形势下，会在未来 5 年内对不同收入群体的居民收入以及经济问题带来什么样的影响，目前财政支出在民生部门间投入的结构是否合理，有没有可以改进的空间是本模拟的主要目的。

二、模拟方案设计

SAM 表方面采用由《中国 2007 年投入产出表》、《中国 2007 年投入产出表》结合其他事实统计数据构建的 2002 年和 2007 年 SAM 表。

依照本章的主要精神和笔者的研究目标和基本思路，在政府支出总量不变的前提下，从不同的政府支出项目中减少 1000 亿元，然后对民生相关部门进行投入。依据资金来源的不同，设计如下三个情景：

——政府通过改善行政职能，提高行政效率，节省出 1000 亿元，即从 SAM 表账户"其他服务业"中所包含的"公共管理和社会组织"支出中减少 1000 亿元，用于增加对某民生部门的投入；

——政府减少基础设施建设 1000 亿元投入，即在 SAM 表账户"其他制造业"（包含"建筑业"）中减少 1000 亿元，用于增加对某民生部门的投入；

——政府对 SAM 表民生账户以外的账户按比例减少投入，共减少 1000 亿元，用于增加对某民生部门的投入。

在对民生部门的投入中则将此 1000 亿元分别全部分配到农业、科研、教育、医疗和社保 5 个民生部门中。即在每一种情景中，一共出现 5 种具体的分配情况。

根据第十九章中的研究结论，笔者选择了两种宏观闭合方案进行模拟和探讨：

——资本和劳动力供给可变，部门生产所需的资本和劳动力可变，资本和劳动力报酬和各部门要素报酬结构不变；

　　——劳动力供给可变，部门生产所需的劳动力可变，劳动力报酬和各部门劳动力报酬结构不变；资本供给外生，可自由流动，利息率可变，满足市场出清。

　　三种资金来源情景结合两套宏观闭合方案进行组合，经过选择之后笔者选出 4 种组合方案，并分别以 2002 年和 2007 年的数据进行了模拟。相应的组合情况如表 20-1 所示。

表 20-1　情景与宏观闭合组合方案

编号	模拟方案内容	采用闭合
方案 1	政府从"公共管理和社会组织"账户支出中减少 1000 亿元，用于民生部门投入	1
方案 2	减少政府对基础建设投资 1000 亿元，用于民生部门投入	2
方案 3	对民生账户以外的账户按比例减少投资，共减少 1000 亿元，用于民生部门投入	2
方案 4	对民生账户以外的账户按比例减少投资，共减少 1000 亿元，用于民生部门投入	1

三、模拟结果及分析

（一）方案 1：减少行政管理部门投入 1000 亿元转而投入民生部门（闭合 1）

　　在资本和劳动力供给可变，部门生产所需的资本和劳动力可变，资本和劳动力报酬和各部门要素报酬结构不变的情况下，政府从"公共管理和社会组织"支出中减少 1000 亿元，通过分别投入民生部门之后，对城市高收入、城市中收入、城市低收入、农村中高收入和农村中低收入 5 类人群收入增加比例的变化。

　　在对民生部门投入方面，从表 20-2 可以看到，不论将 1000 亿元投入到哪一个部门，居民收入的增加比例都比较相近，均接近或者超过 2% 的变化率。其中，投入到医疗部门时对各群体居民的收入产生的影响最大，城市各群体居民收入增长达到 2.63%，农村各群体居民收入增长分别为 2.81% 和 2.99%；其他方案除对教育的投入对各群体收入影响均在 1.7% 左右之外，都对居民收入增加影响达到 2% 左右。在总产出方面，投入医疗时 GDP 增长率为 2.54%，投入教育为 1.54%，投入科研为 1.92%，投入农业和社保则在 1.8% 左右，都低于居民收入增长幅度（见表 20-2）。

表 20-2　闭合方案 1 与情景 1 组合模拟结果（2002 年数据）

单位:%

收入分类	投入农业	投入科研	投入教育	投入医疗	投入社保
城市高收入	2.08	2.03	1.79	2.63	1.99
城市中收入	2.08	2.04	1.78	2.64	2
城市低收入	2.08	2.03	1.79	2.63	1.99
农村中高收入	2.05	2.14	1.76	2.81	2.02
农村中低收入	2.02	2.26	1.73	2.99	2.05
总计	2.04	2.18	1.75	2.86	2.03
GDP	1.81	1.92	1.54	2.54	1.79

从表 20-3 和图 20-2 可以看到通过将提高行政效率节省来的 1000 亿元对民生部门投入的结果中，对农业和科研的投入取得的结果较其他方案突出。投入科研时城市各群体居民收入增长达到 0.9%，农村达到 0.85% 左右；投入到农业部门时，城市各群体居民收入增长接近 0.7%，农村居民收入增长在 0.35% 左右；其他方案投入下，城市居民收入增长均在 0.4% 左右，农村居民收入在 0.2%—0.35%。在总产出方面，对各部门的投入效果上，对科研的投入对 GDP 产生了较明显的效果，达到 0.9%，农业投入时为 0.42%。

收入变化百分比

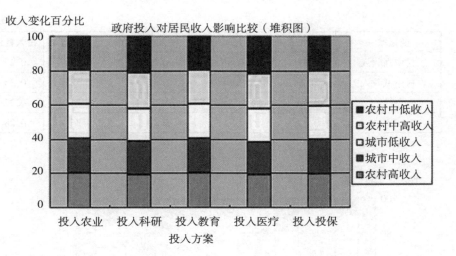

收入变化百分比

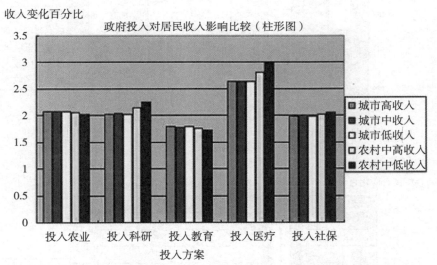

图20-1 闭合方案1与情景1组合模拟结果堆积图与柱形图（2002年数据）

表20-3 闭合方案1与情景1组合模拟结果（2007年数据）

单位：%

变化率	投入农业	投入科研	投入教育	投入医疗	投入社保
城市高收入	0.69	0.91	0.41	0.42	0.41
城市中收入	0.68	0.91	0.4	0.42	0.4
城市低收入	0.7	0.91	0.42	0.42	0.41

续表

变化率	投入农业	投入科研	投入教育	投入医疗	投入社保
农村中高收入	0.37	0.86	0.22	0.34	0.26
农村中低收入	0.3	0.84	0.18	0.32	0.23
总计	0.39	0.86	0.23	0.34	0.27
GDP	0.42	0.9	0.24	0.36	0.28

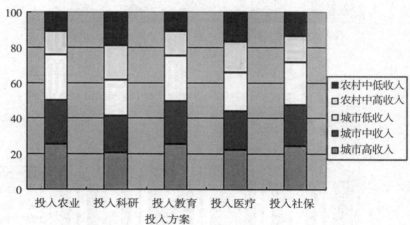

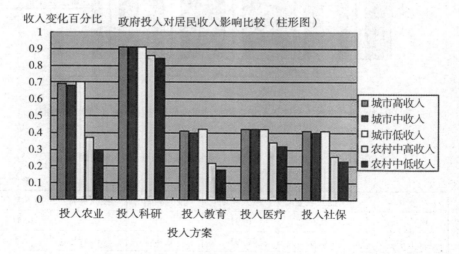

图 20-2　闭合方案 1 与情景 1 组合模拟结果堆积图与柱形图（2007 年数据）

从纵向来看，在民生部门投入方面，2007 年的数据中各方案对居民收入和 GDP 所产生的影响与 2002 年的相似，但是对科研部门的投入产生效果最好，城市居民收入增加达到 0.9% 左右，农村居民收入达到 0.85% 左右，但从增加的比例上来看，幅度不如 2002 年，其中的原因有待于进一步分析。

（二）方案 2：减少基础设施投资 1000 亿元转而投入民生部门（闭合 2）

在劳动力供给可变，部门生产所需的劳动力可变，劳动力报酬和各部门劳动力报酬结构不变；资本供给固定，且可自由流动，利息率可变，满足市场出清的情况下，为了减少经济增长对固定资产投资的依赖，政府减少基础设施建设等方面 1000 亿元投资，用于增加对某民生部门的投入。

对民生部门投入方面，从表 20-4 和图 20-3 可以看到，不论将 1000 亿元投入哪一个部门，居民收入的增加比例都比较相近，从收入比例变化程度上来看，投入到农业、教育和社保三个部门时对居民收入和 GDP 产生的影响最大，但是从增加比例的绝对值来看，增加程度都不太理想，增加比例都不到 1%。

表 20-4　闭合方案 2 与情景 2 组合模拟结果（2002 年数据）

单位：%

变化率	投入农业	投入科研	投入教育	投入医疗	投入社保
城市高收入	0.6	0.23	0.51	0.25	0.43
城市中收入	0.59	0.23	0.5	0.24	0.42
城市低收入	0.6	0.23	0.51	0.25	0.43
农村中高收入	0.45	0.17	0.38	0.18	0.32
农村中低收入	0.28	0.11	0.24	0.12	0.2
总计	0.4	0.15	0.33	0.16	0.28
GDP	0.33	0.09	0.26	0.11	0.21

对民生部门投入方面，从表 20-5 和图 20-4 可以看到，不论将 1000 亿元投入哪一个部门，城市居民收入的增加比例都比较大，从收入比例变

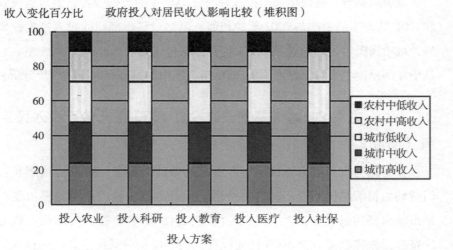

收入变化百分比　政府投入对居民收入影响比较（堆积图）

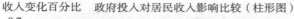

收入变化百分比　政府投入对居民收入影响比较（柱形图）

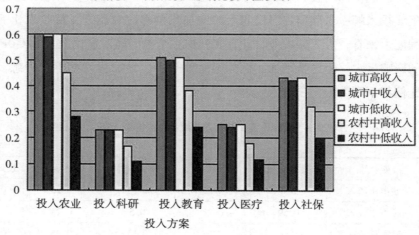

图 20-3　闭合方案 2 与情景 2 组合模拟结果堆积图与柱形图（2002 年数据）

化程度上来看，投入到农业和教育两个部门时对居民收入产生的影响最大，但是从增加比例的绝对值来看，5 种投入方案对居民收入的增加幅度都在 0.5% 以下。总产出方面，各方案对 GDP 的增长的贡献率在 0.1% 左右到 0.3% 之间。

表 20-5　闭合方案 2 与情景 2 组合模拟结果（2007 年数据）

单位:%

变化率	投入农业	投入科研	投入教育	投入医疗	投入社保
城市高收入	0.46	0.07	0.25	0.09	0.18
城市中收入	0.45	0.07	0.25	0.09	0.18
城市低收入	0.47	0.07	0.26	0.09	0.19
农村中高收入	0.21	0.04	0.12	0.04	0.09
农村中低收入	0.16	0.03	0.09	0.03	0.06
总计	0.22	0.04	0.12	0.04	0.09
GDP	0.23	0.03	0.12	0.04	0.08

从 2002 年和 2007 年结果的对比来看，2002 年的居民收入增加比例是 2007 年比例的两倍左右，但对居民收入的影响都在 0.5% 以下，其中对农业和教育的投入对居民收入增长较其他方案影响明显。对农业的投入城市居民的收入增加在 0.46% 左右，农村高收入增长 0.23%，农村中低收入增长 0.16%；对教育的投入城市居民收入增长 0.25% 左右，农村居民收入增长 0.1% 左右；在总产出的影响方面，GDP 的增长也同样，投入农业时增长为 0.23%，投入教育时增长 0.12%。

（三）方案 3：民生账户以外账户按比例减少 1000 亿元转而投入民生部门（闭合 2）

从表 20-6 和图 20-5 中对民生部门的投入可以看到，堆积图中，不论将 1000 亿元投入哪一个部门，城市居民收入的增加比例都比较大，从收入比例变化程度上来看，投入农业和教育两个部门时对居民收入产生的影响最大，投入农业时城市居民各群体收入增长在 0.6% 左右，农村居民中高收入群体收入增长 0.45%，中低收入增长 0.28%；投入教育时城市居民各群体收入增长在 0.5% 左右，农村居民中高收入群体收入增长 0.38%，中低收入增长 0.24%；投入社保时城市居民各群体收入增长在 0.43% 左右，农村居民中高收入群体收入增长 0.32%，中低收入群体收入增长 0.2%；对科研和医疗的投入城市各群体居民收入增长在 0.25% 左右，农村各群体居民收入增长分别为 0.18% 和 0.11%。在总产出方面，投入农业时 GDP 增长 0.33%，投入教育时 GDP 增长 0.26%，投入医疗时 GDP 增长 0.12%。

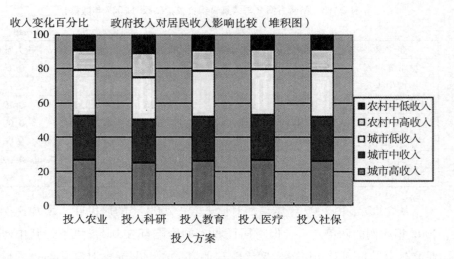

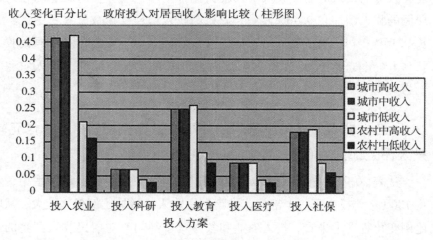

图 20-4　闭合方案 2 与情景 2 组合模拟结果堆积图与柱形图（2007 年数据）

表 20-6　闭合方案 2 与情景 3 组合模拟结果（2002 年数据）

单位：%

变化率	投入农业	投入科研	投入教育	投入医疗	投入社保
城市高收入	0.61	0.24	0.51	0.25	0.44
城市中收入	0.6	0.23	0.5	0.25	0.43
城市低收入	0.61	0.24	0.51	0.25	0.44
农村中高收入	0.45	0.18	0.38	0.19	0.32

续表

变化率	投入农业	投入科研	投入教育	投入医疗	投入社保
农村中低收入	0.28	0.11	0.24	0.12	0.2
总计	0.4	0.15	0.34	0.17	0.29
GDP	0.33	0.09	0.26	0.12	0.21

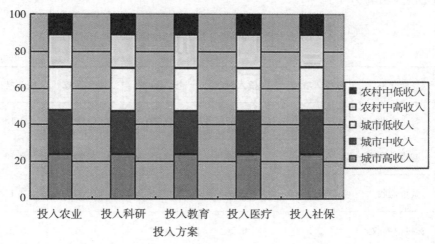

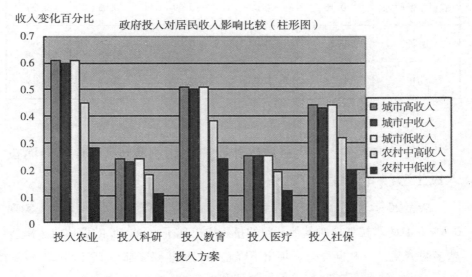

图 20-5　闭合方案 2 与情景 3 组合模拟结果堆积图与柱形图（2002 年数据）

　　表20-7和图20-6中显示的2007年模拟结果中，投入农业和教育的效果较其他方案影响明显。投入农业时城市居民各群体收入增长在0.45%左右，农村居民中高收入群体收入增长0.21%，中低收入增长0.16%，总产出方面GDP增长0.23%；投入教育时城市居民各群体收入增长在0.25%左右，农村居民中高收入群体收入增长0.12%，中低收入增长0.09%，GDP的影响为0.12%。

表20-7　闭合方案2与情景3组合模拟结果（2007年数据）

单位:%

变化率	投入农业	投入科研	投入教育	投入医疗	投入社保
城市高收入	0.46	0.07	0.25	0.09	0.18
城市中收入	0.45	0.07	0.25	0.09	0.18
城市低收入	0.47	0.08	0.26	0.09	0.19
农村中高收入	0.21	0.04	0.12	0.04	0.09
农村中低收入	0.16	0.03	0.09	0.03	0.06
总计	0.22	0.04	0.12	0.05	0.09
GDP	0.23	0.03	0.12	0.04	0.08

（四）方案4：民生账户以外账户按比例减少1000亿转而投入民生部门（闭合1）

　　从表20-8和图20-7可以看到，除对医疗部门投入时居民收入实现0.4%左右的增长外，对其他部门的投入均出现了收入越低的群体收入减少越多的情况，GDP同样也表现出下降趋势，虽然幅度都在1%以下。

政府投入对居民收入影响比较（堆积图）

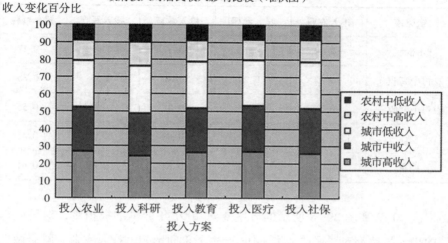

政府投入对居民收入影响比较（柱形图）

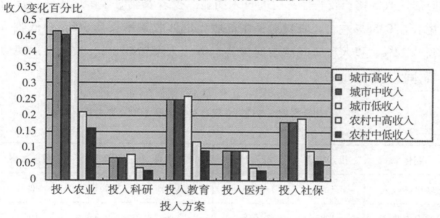

图 20-6 闭合方案 2 与情景 3 组合模拟结果堆积图与柱形图（2007 年数据）

表 20-8 闭合方案 1 与情景 3 组合模拟结果（2002 年数据）

单位:%

变化率	投入农业	投入科研	投入教育	投入医疗	投入社保
城市高收入	−0.09	−0.13	−0.37	0.43	−0.17
城市中收入	−0.11	−0.14	−0.38	0.43	−0.18

变化率	投入农业	投入科研	投入教育	投入医疗	投入社保
城市低收入	−0.09	−0.13	−0.37	0.43	−0.17
农村中高收入	−0.33	−0.24	−0.6	0.39	−0.35
农村中低收入	−0.58	−0.35	−0.85	0.34	−0.55
总计	−0.41	−0.27	−0.68	0.38	−0.41
GDP	−0.39	−0.29	−0.64	0.3	−0.41

　　表 20-9 和图 20-8 所示的方案 4 对 2007 年数据的模拟中，对民生部门的投入虽然都对居民收入和 GDP 产生了正向影响，投入农业、科研两部门时居民收入增长较其他部门的投入明显。投入农业时城市居民各群体收入增长在 0.58%左右，农村居民中高收入群体收入增长 0.3%，中低收入增长 0.24%；投入科研时城市居民各群体收入增长 0.8%，农村各居民收入群体收入增长 0.77%。

表 20-9　闭合方案 1 与情景 3 组合模拟结果（2007 年数据）

单位:%

变化率	投入农业	投入科研	投入教育	投入医疗	投入社保
城市高收入	0.58	0.8	0.3	0.31	0.3
城市中收入	0.57	0.8	0.3	0.31	0.3
城市低收入	0.59	0.8	0.31	0.31	0.3
农村中高收入	0.3	0.78	0.15	0.26	0.19
农村中低收入	0.24	0.77	0.11	0.25	0.16
总计	0.31	0.78	0.15	0.26	0.19
GDP	0.32	0.8	0.14	0.26	0.18

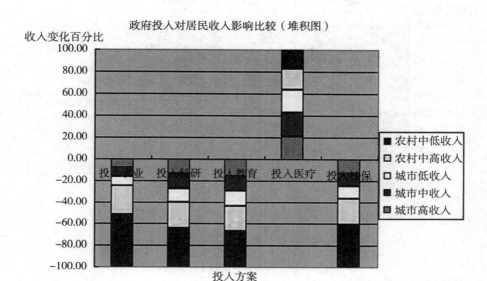

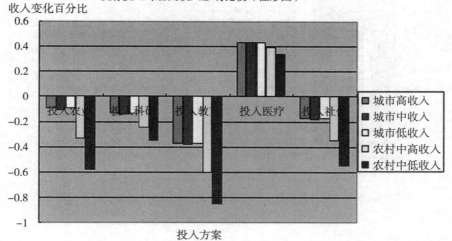

图 20-7　闭合方案 1 与情景 3 组合模拟结果堆积图与柱形图（2002 年数据）

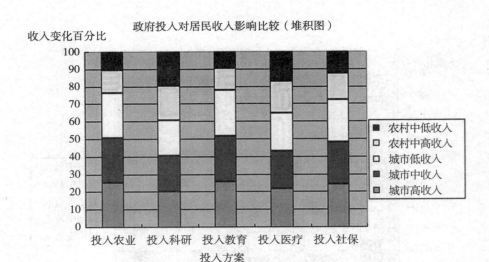

政府投入对居民收入影响比较（堆积图）

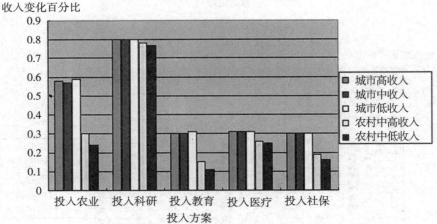

政府投入对居民收入影响比较（柱形图）

图 20-8 闭合方案 1 与情景 3 组合模拟结果堆积图与柱形图（2007 年数据）

四、财政民生支出结构调整对居民收入
及总产出影响的模拟结论

从以上模拟可以看到，同样的模拟方案，2002 年和 2007 年两年的数据得出不同的模拟结果，表现出在不同时期相关政策产生的不同影响。总体上看：

（1）方案1、2、3均使得各群体居民的收入得到正增长，在方案4中2002年数据下的模拟结果中只有对医疗的投入使各群体居民收入得到增长，在2007年数据下各群体居民收入都得到增长，但是对缩小居民收入差距的作用方面，农村居民总是表现出弱势的一面，其增长幅度不如城市居民，考虑到收入基数的问题，这实际上又拉大了收入差距。

（2）从时间轴角度看，笔者以2002年模拟结果为分析基础，2002—2007年我国居民收入的实际变化符合模拟结果的变化——居民收入差距在城乡、贫富方面不断拉大。

（3）从方案间的比较看，不同的投入方案下不同部门都表现出不同的效果。

在GDP方面，可以看到，对民生部门的投入可以提供较可观的GDP增长贡献率。

通过对4套总体方案，9种分类情形，2002年和2007年两套数据，72种政策模拟得到的结果来看，笔者设定的5个民生部门的直接资金投入总体上有较显著的效果，除方案1中对2002年数据进行的模拟对低收入居民收入产生最高3%的增幅外，其余的模拟结果对低收入居民收入的影响均在1%以下。

第二十一章
转移支付与民生部门投入
对居民收入的影响比较

一、问题提出及模拟目标

政府财政对民生的支出分为居民的直接转移支付和对民生部门投入，本模拟的目的在于检验何种方式更利于改善民生和减少两极分化。

依照本模拟的研究目标和基本思路，在上一个模拟方案的基础上增加对转移支付的模拟部分，即在政府支出总量不变的前提下，从不同的政府支出项目中减少 1000 亿元，然后对居民进行转移支付或者对民生相关部门进行投入，然后观察两种方案的不同。依据资金来源的不同，依旧设计如下三个情景：

——政府通过改善行政职能，提高行政效率，节省出 1000 亿元，即从 SAM 表账户"其他服务业"中所包含的"公共管理和社会组织"支出中减少 1000 亿元，用于对居民的转移支付或增加对某民生部门的投入；

——政府减少基础设施建设 1000 亿元投入，即在 SAM 表账户"其他制造业"（包含"建筑业"）中减少 1000 亿元，用于转移支付或增加对某民生部门的投入；

——政府对 SAM 表民生账户以外的账户按比例减少投入，共减少 1000 亿元，用于转移支付或增加对某民生部门的投入。

在情景中所进行的对居民实行转移支付，笔者分别列出四种情形：

——将取得的 1000 亿元平均分配给所有居民；

——按照人群比例对城市高收入、城市中收入、城市低收入、农村中高收入和农村中低收入 5 类人群进行分配。

——对除去城市高收入人群以外的人群按人群比例进行分配；

——只对城市中收入、城市低收入和农村低收入进行分配。

在对民生部门的投入中则将此 1000 亿元分别全额投入农业、科研、教育、医疗和社保 5 个民生部门中。即在每一种情景中，一共有 9 种具体的分配情况。

同样选择两种宏观闭合方案进行模拟和探讨：

——资本和劳动力供给可变，部门生产所需的资本和劳动力可变，资本和劳动力报酬和各部门要素报酬结构不变；

——劳动力供给可变，部门生产所需的劳动力可变，劳动力报酬和各部门劳动力报酬结构不变；资本供给固定，且可自由流动，利息率可变，满足市场出清。

二、模拟结果及分析

（一）方案 1：减少行政管理部门投入 1000 亿元进行转移支付和对民生部门投入

在资本和劳动力供给可变，部门生产所需的资本和劳动力可变，资本和劳动力报酬和各部门要素报酬结构不变的情况下，政府从 SAM 账户"其他服务业"中所包含的"公共管理和社会组织"支出中减少 1000 亿元，通过四种方案对居民进行转移支付和分别投入五大民生部门之后，对城市高收入、城市中收入、城市低收入、农村中高收入和农村中低收入 5 类人群收入增加比例的变化。

从表 21-1 和图 21-1 中转移支付方案堆积图可以看到，通过将提高行政效率节省来的 1000 亿元转移支付给 5 类人群时，农村中低收入人群取得了较为理想的分配结果，但是城市低收入人群收入的增加幅度相对农村中低收入人群比较有限；在对民生部门投入方面，从堆积图可以看到，不论将 1000 亿元投入哪一个部门，居民收入的增加比例都比较相近，从收入变化上来看，投入医疗部门时对居民收入产生的影响最大，每个人群的收入增加额都达到 2.5% 以上，农村中低收入人群甚至接近 3%。从居民收入变化的总体结果来看（表中的"总计"行），转移支付方案相比对部门的投入得到的结果相差比较大，不如对部门投入方案效果，在总产出方面也表现出同样的趋势，即转移支付方案下 GDP 增长幅度不如部门投入方案下 GDP 增长的幅度大。

表 21-1　闭合方案 1 与情景 1 组合模拟结果（2002 年数据）

单位:%

收入分类	全民平均	全民比例	除最富比例	中低比例	投入农业	投入科研	投入教育	投入医疗	投入社保
城市高收入	1.11	0.77	0.69	0.67	2.08	2.03	1.79	2.63	1.99
城市中收入	1.51	1.07	1.07	1.21	2.04	2.04	1.78	2.64	2
城市低收入	2.47	2.67	2.7	3.52	2.08	2.03	1.79	2.63	1.99
农村中高收入	3.09	2.44	2.46	0.65	2.05	2.14	1.76	2.81	2.02
农村中低收入	6.71	12.15	12.33	17.21	2.02	2.26	1.73	2.99	2.05
总计	1.73	1.62	1.61	1.58	2.04	2.18	1.75	2.86	2.03
GDP	0.76	0.64	0.63	0.61	1.81	1.92	1.54	2.54	1.79

从表 21-2 和图 21-2 中转移支付方案堆积图可以看到，通过将提高行政效率节省来的 1000 亿元转移支付给 5 类人群时相比，农村中低收入人群取得了较为理想的分配结果，但是城市低收入人群收入的增加幅度相对农村中低收入人群比较有限，但相比中、高收入人群也获得了较大的提升；在对民生部门投入方面，从堆积图可以看到，不论将 1000 亿元投入哪一个部门，居民收入的增加比例都比较相近，从收入变化比例上来看，投入科研部门时对居民收入产生的影响最大，但是从绝对增加的幅度上看，增加

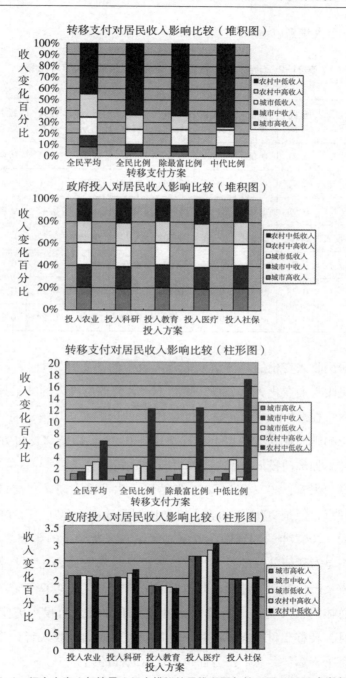

图 21-1　闭合方案 1 与情景 1 组合模拟结果堆积图与柱形图（2002 年数据）

幅度并不令人满意。

表 21-2　闭合方案 1 与情景 1 组合模拟结果（2007 年数据）

单位:%

变化率	全民平均	全民比例	除最富比例	中低比例	投入农业	投入科研	投入教育	投入医疗	投入社保
城市高收入	0.21	0.09	0.06	0.05	0.69	0.91	0.41	0.42	0.41
城市中收入	0.42	0.24	0.24	0.31	0.68	0.91	0.4	0.42	0.4
城市低收入	0.93	1.07	1.09	1.48	0.7	0.91	0.42	0.42	0.41
农村中高收入	0.65	0.53	0.54	−0.02	0.37	0.86	0.22	0.34	0.26
农村中低收入	1.71	3.7	3.78	5.21	0.3	0.84	0.18	0.32	0.23
总计	0.28	0.28	0.28	0.27	0.39	0.86	0.23	0.34	0.27
GDP	0.01	0.01	0.01	0	0.42	0.9	0.24	0.36	0.28

从居民收入变化的总体结果来看（表中的"总计"行），转移支付方案下居民收入的变化为 0.28%，除高于对教育部门投入的结果外，均低于其他方案；在总产出方面转移支付对 GDP 的影响在 0.01%，而对部门投入产生的影响则均在 0.24% 以上，甚至达到 0.9%，即转移支付方案下 GDP 增长幅度不如部门投入方案下 GDP 增长的幅度大。

从纵向来看，2002 年与 2007 年结果对比可以发现转移支付产生的效果较为理想，但是 2002 年的收入增加比例要远高于 2007 年。在民生部门投入方面，2007 年的数据中各方案对居民收入所产生的影响与 2002 年的相似，但是对科研部门的投入产生效果最好，从增加的比例上来看，与转移支付方案产生类似的情形，即增加的比例幅度不如 2002 年。

从总体的收入变化上看转移支付方案不如对部门投入方案的模拟结果，并且，转移支付方案中可看到转移支付越倾向低收入者，收入的总体变化越呈下降趋势，总产出方面也表现出同样的趋势。

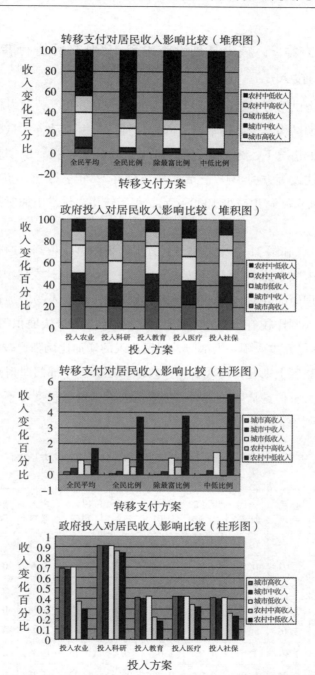

图 21-2　闭合方案 1 与情景 1 组合模拟结果堆积图与柱形图（2007 年数据）

（二）方案 2：减少基础设施投资 1000 亿元进行转移支付和对民生部门投入

在劳动力供给可变，部门生产所需的劳动力可变，劳动力报酬和各部门劳动力报酬结构不变；资本供给固定，且可自由流动，利息率可变，满足市场出清的情况下，为了减少经济增长对固定资产投资的依赖，政府减少基础设施建设等方面 1000 亿元投资，即在 SAM 表账户"其他制造业"（包含"建筑业"）中减少 1000 亿元，用于转移支付或增加对某民生部门的投入。

从表 21-3 和图 21-3 中转移支付方案堆积图可以看到，通过将从其他制造业部门中减少的 1000 亿元转移支付给 5 类人群时，农村中低收入人群取得了较为理想的分配结果，但是城市低收入人群收入的增加比例相对农村中低收入人群比较有限；在对民生部门投入方面，从堆积图可以看到，不论将 1000 亿元投入哪一个部门，居民收入的增加比例都比较相近，从收入比例变化程度上来看，投入农业、教育和社保三个部门时对居民收入产生的影响最大，但是从增加比例的绝对值来看，增加程度都不太理想，增加比例都不到 1%。

表 21-3　闭合方案 2 与情景 2 组合模拟结果（2002 年数据）

单位:%

变化率 (%)	全民平均	全民比例	除最富比例	中低比例	投入农业	投入科研	投入教育	投入医疗	投入社保
城市高收入	0.52	0.22	0.14	0.15	0.6	0.23	0.51	0.25	0.43
城市中收入	1.01	0.59	0.6	0.78	0.59	0.23	0.5	0.24	0.42
城市低收入	2.2	2.56	2.61	3.56	0.6	0.23	0.51	0.25	0.43
农村中高收入	2.06	1.72	1.75	0.11	0.45	0.17	0.38	0.18	0.32
农村中低收入	5.16	11.01	11.22	15.45	0.28	0.11	0.24	0.12	0.2
总计	1.01	1.03	1.03	1.03	0.4	0.15	0.33	0.16	0.28
GDP	0.06	0.08	0.08	0.08	0.33	0.09	0.26	0.11	0.21

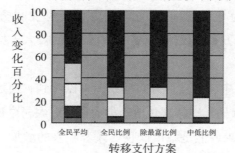

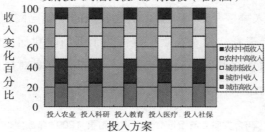

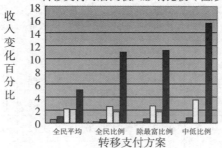

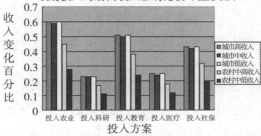

图21-3　闭合方案2与情景2组合模拟结果堆积图与柱形图（2002年数据）

在总体收入的增加方面，转移支付方案下居民收入增长达到 1.03%，部门投入时则最高增长为 0.4%；但在总产出方面转移支付方案带来的 GDP 增长远小于部门投入方案，仅达到 0.08%，而部门投入方案中最差也达到 0.09% 的正影响。

从表 21-4 和图 21-4 中转移支付方案堆积图可以看到，通过将从其他制造业部门中减少的 1000 亿元转移支付给 5 类人群时，农村中低收入人群取得了较为理想的分配结果，但是城市低收入人群收入的增加比例相对农村中低收入人群比较有限；在对民生部门投入方面，从堆积图可以看到，不论将 1000 亿元投入哪一个部门，城市居民收入的增加比例都比较大，从收入比例变化程度上来看，投入农业和教育两个部门时对居民收入产生的影响最大，但是从增加比例的绝对值来看，5 种投入方案对居民收入的增加都没有产生理想的结果，增加的幅度都在 0.5% 以下。

表 21-4　闭合方案 2 与情景 2 组合模拟结果（2007 年数据）

单位:%

变化率	全民平均	全民比例	除最富比例	中低比例	投入农业	投入科研	投入教育	投入医疗	投入社保
城市高收入	0.24	0.09	0.06	0.06	0.46	0.07	0.25	0.09	0.18
城市中收入	0.49	0.28	0.28	0.37	0.45	0.07	0.25	0.09	0.18
城市低收入	1.1	1.28	1.3	1.78	0.47	0.07	0.26	0.09	0.19
农村中高收入	0.83	0.68	0.7	0.03	0.21	0.04	0.12	0.04	0.09
农村中低收入	2.13	4.55	4.63	6.38	0.16	0.03	0.09	0.03	0.06
总计	0.37	0.37	0.37	0.22	0.12	0.04	0.09		
GDP	0.02	0.03	0.03	0.23	0.03	0.12	0.04	0.08	

从居民收入的总体变化率上看，转移支付方案下居民收入增长超过对民生部门投入方案，达到 0.37%，而民生部门投入方案下则最高增长为 0.22%；在经济总产出方面，转移支付方案下 GDP 增长为 0.03%，民生部门投入方案下 GDP 最低增长为 0.03%。

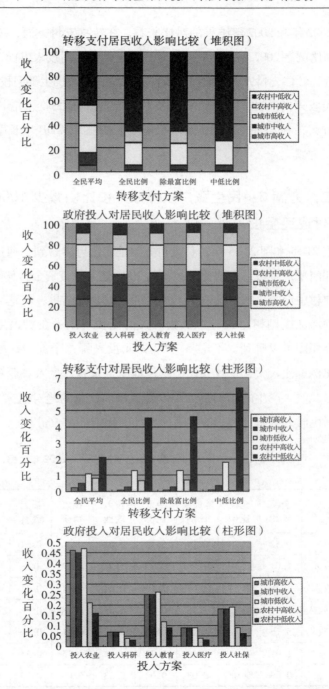

图 21-4 闭合方案 2 与情景 2 组合模拟结果堆积图与柱形图（2007 年数据）

　　从 2002 年和 2007 年结果的对比来看，在转移支付方面，2002 年的居民收入增加比例是 2007 年比例的两倍左右；在民生部门投入方面，产生的效果十分相近，转移支付方案下居民各群体收入增长超过民生部门投入方案。

　　居民收入的总体变化方面转移支付方案下，居民收入增长超过民生部门投入方案；在经济总产出方面，转移支付方案下 GDP 增长率低于对民生部门投入方案。

（三）方案 3：民生账户以外账户按比例减少 1000 亿元进行转移支付或民生投入

　　从表 21-5 和图 21-5 中转移支付方案堆积图可以看到，通过将民生账户以外的部门账户中按总产值比例减少的 1000 亿元投资资金转移支付给 5 类人群时，农村中低收入人群均取得了较为理想的分配结果，但是城市低收入人群收入的增加比例相对农村中低收入人群比较有限；在对民生部门投入方面，从堆积图可以看到，不论将 1000 亿元投入哪一个部门，城市居民收入的增加比例都比较大，从收入比例变化程度上来看，投入农业和教育两个部门时对居民收入产生的影响最大，但是从增加比例的绝对值来看，5 种投入方案对居民收入的增加都不够显著，增加的幅度都在 1% 以下。

表 21-5　闭合方案 2 与情景 3 组合模拟结果（2002 年数据）

单位：%

变化率	全民平均	全民比例	除最富比例	中低比例	投入农业	投入科研	投入教育	投入医疗	投入社保
城市高收入	0.52	0.23	0.14	0.15	0.61	0.24	0.51	0.25	0.44
城市中收入	1.01	0.59	0.6	0.79	0.6	0.23	0.5	0.25	0.43
城市低收入	2.2	2.57	2.61	3.56	0.61	0.24	0.51	0.25	0.44
农村中高收入	2.07	1.72	1.75	0.12	0.45	0.18	0.38	0.19	0.32
农村中低收入	5.16	11.02	11.23	15.45	0.28	0.11	0.24	0.12	0.2
总计	1.01	1.03	1.03	1.04	0.4	0.15	0.34	0.17	0.29
GDP	0.06	0.08	0.08	0.09	0.33	0.09	0.26	0.12	0.21

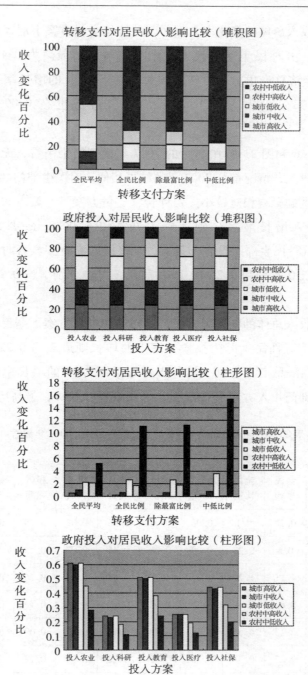

图 21-5　闭合方案 2 与情景 3 组合模拟结果堆积图与柱形图（2002 年数据）

在居民收入总体的变化率方面，四种转移支付方案下居民收入总量增长为 1.03%，五种民生部门投入方案下的增长则最高为 0.4%，最低为 0.15%；在经济总产出方面，转移支付方案下 GDP 的增长率为 0.08% 左右，而民生部门投入方案下 GDP 的增长最低也在 0.09%，最高达到 0.33%。

从表 21-6 和图 21-6 中显示的 2007 年模拟结果来看，无论是转移支付还是直接投入，情况都与 2002 年的结果相似，对民生部门的直接投入对居民收入产生的影响相对较小。四种转移支付方案下，城市和农村的低收入群体的收入增长最多分别达到 1.79% 和 6.38%，最少为 1.11% 和 2.13%；在五种民生部门投入方案下，则仅投入农业和教育时城市居民各群体分别增长 0.46% 和 0.25%，农村居民各群体分别增长 0.21% 和 0.1% 左右。

在居民收入总体的变化率方面，四种转移支付方案下居民收入总量增长为 0.38%，五种民生部门投入方案下的增长则最高为 0.22%，最低为 0.04%；在经济总产出方面，转移支付方案下 GDP 的增长率为 0.03% 左右，而民生部门投入方案下 GDP 的增长最低在 0.03%，最高达到 0.23%。

表 21-6　闭合方案 2 与情景 3 组合模拟结果（2007 年数据）

单位：%

变化率 （%）	全民 平均	全民 比例	除最富 比例	中低 比例	投入 农业	投入 科研	投入 教育	投入 医疗	投入 社保
城市高收入	0.24	0.1	0.06	0.07	0.46	0.07	0.25	0.09	0.18
城市中收入	0.5	0.28	0.29	0.38	0.45	0.07	0.25	0.09	0.18
城市低收入	1.11	1.29	1.31	1.79	0.47	0.08	0.26	0.09	0.19
农村中高收入	0.83	0.69	0.7	0.03	0.21	0.04	0.12	0.04	0.09
农村中低收入	2.13	4.55	4.64	6.38	0.16	0.03	0.09	0.03	0.06
总计	0.37	0.38	0.38	0.38	0.22	0.04	0.12	0.05	0.09
GDP	0.02	0.03	0.03	0.03	0.23	0.03	0.12	0.04	0.08

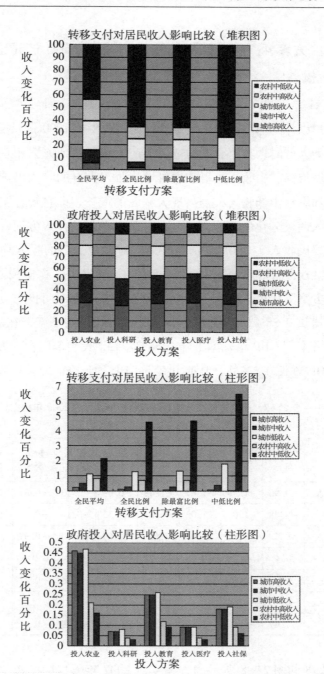

图 21-6　闭合方案 2 与情景 3 组合模拟结果堆积图与柱形图（2007 年数据）

（四）方案 4：民生账户外按比例减少 1000 亿元进行转移支付或民生投入

从表 21-7 和图 21-7 中转移支付方案堆积图可以看到，通过将从 SAM 表民生账户以外的部门账户中按总产值比例减少的 1000 亿元投资资金转移支付给 5 类人群时，在闭合 1 的情况下产生了与其他方案相差非常不同的结果——城市高、中收入人群和农村中高收入人群的收入出现了减少而城市低收入和农村中低收入人群出现大幅度的增长，即在转移支付方面产生了降低收入两极分化的情形，但是在对民生部门的投入方面，除对医疗部门投入时居民收入实现 0.5% 的增长外，对其他部门的投入均出现了投入越低收入减少越多的情况，虽然幅度都在 1% 以下。在居民总收入方面，转移支付方案下居民总收入下降 0.85% 左右，民生部门投入方案下除对医疗投入时增长 0.38% 外其他方案下居民总体收入均下降，在总产出方面，转移支付方案下 GDP 增长率下降 1.58% 左右，民生部门投入方案下除投入医疗时 GDP 增长 0.3% 外，其他方案下 GDP 均下降。

表 21-7　闭合方案 1 与情景 3 组合模拟结果（2002 年数据）

单位:%

变化率（%）	全民平均	全民比例	除最富比例	中低比例	投入农业	投入科研	投入教育	投入医疗	投入社保
城市高收入	-0.96	-1.38	-1.47	-1.48	-0.09	-0.13	-0.37	0.43	-0.17
城市中收入	-0.48	-1.03	-1.03	-0.87	-0.11	-0.14	-0.38	0.43	-0.18
城市低收入	0.72	0.96	1	1.92	-0.09	-0.13	-0.37	0.43	-0.17
农村中高收入	0.4	-0.08	-0.06	-1.72	-0.33	-0.24	-0.6	0.39	-0.35
农村中低收入	3.31	9.01	9.21	13.4	-0.58	-0.35	-0.85	0.34	-0.55
总计	-0.71	-0.84	-0.85	-0.87	-0.41	-0.27	-0.68	0.38	-0.41
GDP	-1.47	-1.58	-1.59	-1.61	-0.39	-0.29	-0.64	0.3	-0.41

表 21-8 和图 21-8 所示的方案 4 对 2007 年数据的模拟中又回到了与其他 3 种方案相类似的结果上——对居民的转移支付产生了较为理想的效

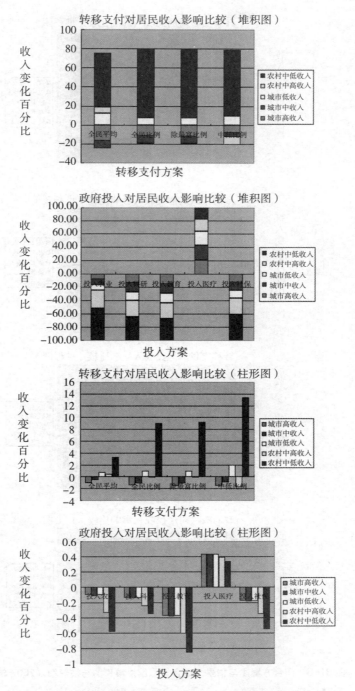

图 21-7　闭合方案 1 与情景 3 组合模拟结果堆积图与柱形图（2002 年数据）

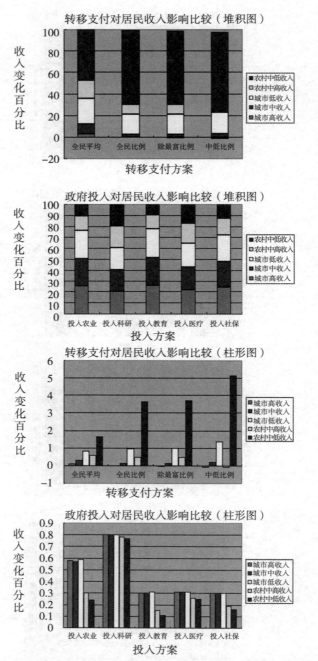

图 21-8　闭合方案 1 与情景 3 组合模拟结果堆积图与柱形图（2007 年数据）

果，对民生部门的投入都对居民收入产生了正影响。四种转移支付方案下居民低收入群体的收入增长得到较理想的分配，城市低收入居民群体增长0.82%—1.37%，农村中低收入群体收入增长1.65%—5.14%，居民总体收入增长0.2%左右；五种民生部门投入方案下，对农业和科研部门投入时城市居民收入增长分别为0.57%和0.8%，农村居民收入增长0.3%和0.77%，对其他部门的投入均使城市居民收入增长0.3%，农村居民收入增长0.11%—0.26%，居民总体收入在农业和科研部门时分别增长0.31%和0.78%。在经济总产出方面，四种转移方案下GDP下降0.09%，民生部门投入下GDP增长最高为0.8%，最低为0.18%。

表 21-8　闭合方案 1 与情景 3 组合模拟结果（2007 年数据）

单位:%

变化率 （%）	全民 平均	全民 比例	除最富 比例	中低 比例	投入 农业	投入 科研	投入 教育	投入 医疗	投入 社保
城市高收入	0.1	−0.02	−0.05	−0.06	0.58	0.8	0.3	0.31	0.3
城市中收入	0.31	0.13	0.14	0.2	0.57	0.8	0.3	0.31	0.3
城市低收入	0.82	0.97	0.99	1.37	0.59	0.8	0.31	0.31	0.3
农村高收入	0.58	0.46	0.47	−0.09	0.3	0.78	0.15	0.26	0.19
农村中低收入	1.65	3.64	3.71	5.14	0.24	0.77	0.11	0.25	0.16
总计	0.2	0.21	0.21	0.2	0.31	0.78	0.15	0.26	0.19
GDP	−0.09	−0.09	−0.09	−0.1	0.32	0.8	0.14	0.26	0.18

　　通过对 4 套总体方案、9 种分类情形，2002 和 2007 年两套数据，72种政策模拟得到的结果来看，总体上转移支付对中低收入居民的收入产生了较为理想影响，而对笔者设定的 5 个民生部门的直接资金投入并未得到所期望的结果，除方案 1 中对 2002 年数据进行的模拟对低收入居民收入产生最高 3% 的增幅外，其余的模拟结果对低收入居民收入的收入影响均在1% 以下，有的甚至产生负增长。对于这一结果或许可以得出转移支付对于中低收入居民提高收入的效果较之于对民生部门的直接投入要理想的结论，虽然这一结论可以从城市高收入人群在投入方案中始终可以获得收入

增长的侧面佐证，但是这一结论仍需要对模型和模拟方案进一步的研究和分析才能确定。

三、转移支付与民生部门投入
对居民收入影响的模拟结论

总体上看本模拟的结果，财政部门对居民的直接转移支付对于改善低收入群体的效果要比对民生部门投入好，但是从居民的总体收入和 GDP 增长方面观察，可以看到转移支付方案引起的居民总体收入变化和经济总量的增长不如民生部门投入方案更为有效。

第二十二章
政府消费与投资调整对居民收入
及总产出的影响

一、问题提出和模拟目标

政府投资和政府消费对经济的影响，长期以来在国内外的理论和经验研究中争议性比较强。一种观点认为，政府投资通过对公用基础设施投资来作为民间资本的额外投入，从而提高民间投入的边际；同时政府消费通过提供纯公共物品和服务促进民间部门生产率的提高，所以政府投资和政府消费的增加有利于经济增长。另一种不同的观点则认为，政府投资和民间投资会在经济资源获取上产生竞争，且由于政府的有利地位，民间资本的投入在某种程度上会受到挤出，从而降低其边际产出；同样，政府消费也对民间部门存在"挤出效应"，导致经济活动规模缩小，从而导致资源配置偏离最优生产效率。

从以上两种观点可以看到，至少可以认为政府投资和政府消费对经济增长是具有正反两种作用的，但到底政府投资和政府消费两者对经济增长的作用如何，同时会对居民的收入产生什么样的影响，还需要更多的研究。在本章的模拟中，笔者针对我国的具体情况——改善民生的同时保证经济可持续增长的要求，来调节政府投资和政府消费的比例进行模拟，以观察不同收入阶层居民的收入变化以及对总产出的影响，试图通过 CGE 模型来对这一问题作出阐释。

二、模拟方案设计

根据以上的模拟目标，笔者在劳动力和资本要素内生、投资驱动储蓄的宏观闭合下设计两种模拟方案：

（1）减少政府投资10%，将减少的额度按照份额比例对五个民生部门进行政府消费，和对居民进行转移支付；

（2）按份额减少政府对五个民生部门以及居民消费的10%，将减少量按份额比例对各产业进行投资。

三、模拟结果及分析

（一）方案一：减少政府投资，增加政府消费

从表22-1、表22-2的模拟结果观察，笔者初步认为，在当前的财政支出结构下，减少政府投资10%，并将减少额按基期政府消费比例增加到政府对产业、居民和企业消费后，所有居民的收入都得到正增长，农村居民收入增加超过城市居民收入的增加，企业收入减少0.12%，总收入增加0.3%；宏观数据方面看，政府消费增加2.88%，总产出减少0.08%，居民消费增加1.1%。从以上结果看，在基期情况下将减少的10%政府投资增加到消费方面可以带来居民收入一定程度的改善，但总产出会有略微下降。

（二）方案二：减少政府消费，增加政府投资

从表22-3、表22-4中的模拟结果，可以看到，在当前的财政支出结构和宏观经济状况下，减少政府消费10%，并将减少额按基期投资比例增加到政府对各产业部门投资后，情形与方案一相比表现较大差异，表现为

城市居民各群体的收入都出现轻微下降，而农村居民的收入却得到了1%和1.12%的增长，但企业所得也减少0.34%，总体增加0.07%；宏观数据方面看，投资经过整体经济循环增加1.33%，总产出减少0.09%，居民消费增加1.21%。从以上结果看，在基期情况下将减少的10%政府消费增加到投资方面可以带来农村居民收入的一定程度的改善，同时缩小居民收入差距的趋势，但总产出与方案一的结果相似，会有略微下降。

表 22-1　减少政府投资、增加政府消费下不同群体居民收入及企业所得的变化（%）

居民收入部分			
	基期（元）	平均收入（元）	变化比例
城市高收入	48798.49	49034.66	0.48
城市中收入	20851.01	20954.19	0.49
城市低收入	8647.95	8687.78	0.46
农村中高收入	13233.1	13330.1	0.73
农村中低收入	5195.33	5236.74	0.8
企业			-0.12
总计			0.3

表 22-2　减少政府投资、增加政府消费下宏观经济指标的变化（%）

宏观指标	基期（亿）	变化比例	宏观指标	基期（亿）	变化比例
吸收	244767.7	-0.09	投资份额	42.06	-0.87
政府消费	35114.38	2.88	私人储蓄份额	47.28	-0.39
GDPN	267602.71	-0.08	外国储蓄份额	-10.88	-0.01
居民消费	97111.25	1.1	贸易赤字份额	-5.7	-0.02
投资	112542.08	-2.5	政府储蓄份额	5.66	-0.48
总出口	95583.73	-0.6	关税份额	2.84	-0.02
总进口	72748.72	-0.77	直接税份额	6.39	0.04

表 22-3　减少政府消费、增加政府投资情况下不同群体居民收入及企业所得的变化（%）

非政府机构收入部分			
	基期（元）	平均收入（元）	变化比例
城市高收入	48798.49	48778.23	-0.04
城市中收入	20851.01	20849.65	-0.01
城市低收入	8647.95	8639.57	-0.1
农村中高收入	13233.1	13364.94	1
农村中低收入	5195.33	5253.37	1.12
企业			-0.34
总计			0.07

表 22-4　减少政府消费、增加政府投资下宏观经济指标的变化（%）

宏观指标	基期（亿）	变化比例	宏观指标	基期（亿）	变化比例
吸收	289253.17	-0.1	投资份额	36.06	0.51
政府消费	35028.58	-10	私人储蓄份额	37.06	-0.83
GDPN	311858.36	-0.09	外国储蓄份额	-9.24	-0.01
居民消费	141754.86	1.21	贸易赤字份额	-4.53	
投资	112469.73	1.33	政府储蓄份额	8.24	1.35
总出口	103856.52	0.06	关税份额	2.72	
总进口	81251.33	0.07	直接税份额	6.9	0.02

四、政府消费与投资调整对居民收入 及总产出影响的模拟结论

从两种方案的模拟结果的比较可以看到，政府投资与政府消费对不同群体居民收入以及企业所得的影响是不同的：方案一使得所有居民的收入都出现不同程度增加，方案二则表现出对农村居民收入比方案一更大的增加幅度，对城市居民则表现出收入降低趋势，但在经济总产出方面，GDP表现为 0.08%—0.09%的下降。

第二十三章
财政支出结构调整模拟分析

一、财政支出结构调整模拟结论

　　笔者对财政支出结构作了三大类调整模拟，分别为：①调整财政民生支出结构对居民收入和总产出的影响；②转移支付与民生部门投入对居民收入的影响；③政府消费与政府投资调整对居民收入及总产出的影响。通过模拟，笔者大致可以得出以下的初步结论：

（一）财政民生支出结构调整对居民收入及总产出的影响

　　减少行政管理部门投入转投民生部门：在劳动和资本要素都内生的情况下，2002 年和 2007 年减少的行政管理投入分别投入民生部门后对居民收入都产生了较为理想的效果，其中对医疗和科研部门的投入产生的影响最明显，城市居民收入受益超过农村居民，并且贫富、城乡的收入差距均呈拉大趋势。

　　减少基础设施投入转投民生部门：在劳动力要素内生，资本要素外生给定的宏观闭合下，对农业及教育的投入方案下居民的收入增长较其他方案，城市各群体居民增长分别为 0.45% 左右和 0.25% 左右，农村各群体居民收入增长分别为 0.15%—0.21% 和 0.1% 左右，对 GDP 的正向影响分别为 0.23% 和 0.12%。

民生账户以外账户按比例减少投入转投民生部门（1）：在劳动力要素内生、资本要素外生给定的宏观闭合下，分别以两年的SAM表为基础进行的模拟结果中，按比例减少其他非民生部门投入，转而投入农业和教育两个民生部门时对居民各群体收入的影响最为明显，对城市各群体居民的收入影响达到0.45%和0.61%，对农村各群体居民收入影响达到0.51%和0.25%，2002年SAM数据下时对社保部门的投入下城市居民收入达到0.44%，农村中高收入居民收入增长达到0.32%，低收入居民收入增长达到0.2%。

民生账户以外账户按比例减少投入转投民生部门（2）：在劳动力和资本要素内生的宏观闭合下，以2002年SAM数据为基础的模拟结果与其他方案和SAM数据下的结果表现出较大差异，除对医疗部门的投入外对其他部门的投入均导致各居民收入群体收入下降，且收入越低下降幅度越大，在对医疗部门投入时各居民群体收入增长为0.4%左右，总产出方面也表现出相同的趋势。

此四个方案下均表现出城乡、贫富收入拉大的趋势。

（二）转移支付与对民生部门投入对居民收入的影响比较

减少行政管理部门投入转投民生部门：在劳动力要素内生、资本要素外生的宏观闭合设定下，从对各群体收入增加角度看，转移支付方案的结果优于对部门投入方案，从居民总体收入变化看转移支付方案下的结果与部门投入方案相比相差较大，对宏观经济总产出也表现出同样的趋势。

减少基础设施投入转投民生部门：居民群体收入和总体收入变化上看转移支付方案下的模拟结果均优于对民生部门投入方案；在经济总产出方面，转移支付方案下GDP增长率小于民生部门投入方案下的最小增长率。

民生账户以外账户按比例减少投入转投民生部门（1）：在劳动力要素和资本要素均内生确定的宏观闭合下，本模拟中，不论是对2002年SAM还是2007年SAM的模拟，四种转移支付方案下居民各群体的收入增长和总体收入增长均超过五种民生部门投入方案，总体收入增长超越的幅度，

2002 年的模拟结果小于 2007 年的模拟结果；在经济总产方面，转移支付方案下两年的模拟结果中 GDP 增长率均仅接近于民生部门投入方案下的最小增长率。

民生账户以外账户按比例减少投入转投民生部门（2）：在劳动力要素内生，资本要素外生的宏观闭合选择下，转移支付方案下中低收入群体的收入增长得到一定程度保证，民生部门投入方案时居民收入差距改善没有在增长率上得到体现；转移支付方案下，居民总体收入的增长与民生部门投入时的增长相差较大，对 GDP 的影响方面也表现出同样的趋势。

（三）政府消费与投资调整对居民收入及总产出的影响

本模拟中两种方案均带来 GDP 的轻微下降，政府消费和政府投资带来的经济总量的变化孰轻孰重，难以分辨，但对居民和企业收入的影响是明显的。减少消费增加投资时城市居民收入下降而农村居民收入增长，企业收入下降 0.34%；减少投资增加消费时，城市居民收入增加接近 0.5%，农村居民收入接近 0.8%，企业收入下降 0.12%。

二、焦点问题的引出

在以上的财政支出结构调整的模拟对于居民收入和产业总产出影响的模拟过程中，笔者也同时发现目前较为突出的三个问题：①政府大规模投资对劳动报酬的影响；②行政管理支出的利益归宿问题；③财政科技与教育支出对劳动报酬及产业结构的影响。事实上，在新的经济形势下，我国财政的焦点问题确实日益突出。2008 年以来，全球性的经济危机席卷了中国，我国政府采取了果断的措施应对这次空前的危机，推出了大规模的经济刺激计划，取得了很好的效果。这些经济刺激计划临危受命，缓冲了经济危机对我国的影响，确保我国经济在危机时期快速增长，优化了我国产业结构，使得我国在抢占产业制高点上取得了一定的优势地位。但是匆忙出台的投资计划，也给社会带来了很大的问题，例如资源浪费、通货膨胀、劳动报酬比重降低等。我国日益膨胀的行政管理支出是目前财政问题的焦点问题之一，行政管理部门的显性和隐性的收入使得部门日益受到就业者的青睐，行政管理支出的利益归宿问题也受到很大的关注。在创新驱动、实施科教兴国战略和人才强国战略大背景下，迫切需要了解调整财政科技支出对劳动报酬的提高、产业结构的转型将产生怎样的影响。笔者围绕财政大规模投资、行政管理支出利益归宿、财政科技支出三个焦点问题也进行了重点和深入分析。

第二十四章
财政四万亿投资对劳动报酬等
利益归宿的影响

2008 年经济危机时政府果断推出的大规模经济刺激投资计划，缓冲了经济危机对我国的影响、确保我国经济在危机时期的快速增长、优化了产业结构，但是该计划也有其负面效应。本章通过经济模型模拟大规模投资对劳动报酬的影响，认为大规模投资虽然提升了各产业的劳动报酬绝对值，但是劳动报酬占初次分配的比重却处于下降的趋势，同时大规模投资也加剧了垄断行业和其他行业的劳动报酬的差距。建议增加财政科技教育投入以及加强扶持民营企业的力度，增加对中低收入人群和中小企业的转移支付力度以减轻四万亿投资对劳动报酬的负面影响。

一、四万亿投资及其具体实施

2008 年底，由美国次贷危机引起的经济危机在全球蔓延，为了防止经济危机向我国的迅速扩散，有效地拉动内需，促进经济增长，国务院适时果断地作出了四万亿投资计划。其主要思想是以政府和社会投资拉动转变，保证经济稳定增长。四万亿投资计划主要体现在以下十个方面：一是加快建设保障性安居工程，约 4000 亿元；二是加快农村基础设施建设，约 3700 亿元；三是加快铁路、公路和机场等重大基础设施建设，约 15000 亿元；四是加快医疗卫生、文化教育事业发展，约 1500 亿元；五是加强生态环境建设，约2100亿元；六是加快自主创新和结构调整约3700亿元；七是加快地震灾区灾后重建各项工作，约10000亿元；八是提高城乡居民收入；九是在全国所有地区、所有行业全面实施增值税转型改革，鼓励企业技术改造，减轻企业负担1200亿元；十是加大金融对经济增长的支持力度。中央政府在四万亿投资计划中占据较大部分，中央政府计划在2008年至2010年间，直接投资1.18万亿元。

四万亿投资在经济危机时取得了很好的效果。这些经济刺激计划临危受命，缓冲了经济危机对我国的影响，确保我国经济在危机时期快速增长，优化了我国产业结构，使得我国在抢占产业制高点上取得了一定的优势地位。但是匆忙出台的投资计划，也给社会带来了很大的问题，例如资源浪费、通货膨胀、劳动报酬比重降低等。

我国劳动报酬占比不断降低是不争的事实，已经成为目前经济发展中的难题，探寻劳动报酬占比下降的原因是具有现实意义和理论价值的重要课题。笔者通过CGE模型模拟政府财政的大规模投资对于劳动报酬的影响。

二、政策模拟方案设计

本章主要模拟观察大规模的投资对于相关主要行业的影响，选取四万亿财政支出中的建设保障性安居工程、农村基础设施建设、铁路公路和机场等重大基础设施建设、医疗卫生文化教育事业发展、生态环境建设共五个方面的投资对劳动报酬的影响。这五个方面占据了四万亿元中的80%，并且有具体数额。模拟的方案是假设大规模的投资已经达到政策初定数额的70%，即建设保障性安居工程2800亿元、农村基础设施建设2590亿元、铁路公路和机场等重大基础设施建设10500亿元、医疗卫生文化教育事业发展1050亿元、生态环境建设1470亿元。

三、政策模拟结果

本章观察的数值模拟主要指标是：①各产业部门的劳动报酬；②各产业的增加值；③各产业的资本报酬和税收；④各产业劳动报酬占增加值的比重；⑤各产业劳动报酬占全国整体劳动报酬的比重；⑥各产业增加值占GDP的比重。前3个指标用来观察政策模拟冲击的绝对值变化，第4、5个指标是笔者关注的劳动报酬的横向对比变化，第6个指标用来辅助观察政策模拟冲击对各产业影响的横向对比和相对位置变化。模拟结果如表24-1和表24-2所示，数值为百分比，表示相对基期而言的变化幅度。

表24-1　模拟冲击下劳动报酬的变动

单位：%

行业部门	劳动报酬变动	部门劳动报酬占增加值比例			部门劳动报酬占整体劳动报酬比例		
		基期	模拟	变动：模拟−基期	基期	模拟	变动：模拟−基期
农林牧渔业	8.66	94.93	94.92	−0.01	23.64	24.33	0.69
煤炭开采和洗选业	4.58	47.45	47.43	−0.01	1.95	1.93	−0.02
石油和天然气开采业	12.35	21.83	21.88	0.05	1.13	1.20	0.07
金属矿采选业	2.12	37.60	37.58	−0.03	0.76	0.73	−0.02
非金属矿及其他矿采选业	1.80	40.48	40.46	−0.01	0.58	0.56	−0.02
食品制造及烟草加工业	2.00	29.80	29.78	−0.03	2.66	2.57	−0.09
纺织业	−0.74	37.31	37.29	−0.02	1.99	1.87	−0.12
纺织服装鞋帽皮革羽绒及其制品业	0.35	46.79	46.76	−0.03	1.79	1.70	−0.09
木材加工及家具制造业	1.05	39.42	39.40	−0.02	1.01	0.97	−0.04
造纸印刷及文教体育用品制造业	2.66	34.54	34.53	−0.01	1.14	1.11	−0.03
石油加工、炼焦及核燃料加工业	13.99	28.34	28.39	0.05	0.98	1.05	0.08

行业部门	劳动报酬变动	部门劳动报酬占增加值比例			部门劳动报酬占整体劳动报酬比例		
		基期	模拟	变动：模拟-基期	基期	模拟	变动：模拟-基期
化学工业	4.22	29.86	29.86	-0.01	3.47	3.43	-0.04
非金属矿物制品业	0.76	34.70	34.68	-0.01	2.09	1.99	-0.09
金属冶炼及压延加工业	1.96	25.90	25.89	-0.01	2.94	2.84	-0.10
金属制品业	2.10	33.65	33.65	-0.01	1.18	1.14	-0.04
通用、专用设备制造业	2.36	36.51	36.50	0.00	3.16	3.07	-0.10
交通运输设备制造业	4.28	39.13	39.10	-0.03	2.35	2.32	-0.03
电气机械及器材制造业	1.45	29.56	29.52	-0.04	1.28	1.23	-0.05
通信设备、计算机及其他电子设备制造业	0.75	34.39	34.38	-0.01	2.24	2.14	-0.10
仪器仪表及文化办公用机械制造业	2.38	38.55	38.54	-0.01	0.37	0.36	-0.01
工艺品及其他制造业	0.95	43.92	43.90	-0.02	0.63	0.60	-0.03
废品废料	2.04	1.50	1.50	0.00	0.05	0.05	0.00
电力、热力的生产和供应业	4.17	22.80	22.90	0.10	1.83	1.81	-0.02
燃气生产和供应业	3.99	40.62	40.76	0.15	0.08	0.08	0.00
水的生产和供应业	3.55	42.98	43.12	0.14	0.21	0.20	0.00
建筑业	0.01	51.33	51.28	-0.06	7.06	6.68	-0.37
交通运输及仓储业	39.76	26.10	26.06	-0.04	3.51	4.65	1.14
邮政业	2.58	76.48	76.47	-0.01	0.25	0.24	-0.01
信息传输、计算机服务和软件业	2.53	19.04	19.02	-0.02	1.02	0.99	-0.03
批发和零售业	2.24	23.38	23.36	-0.02	3.74	3.62	-0.12
住宿和餐饮业	2.47	27.72	27.69	-0.03	1.36	1.32	-0.04
金融业	5.56	25.92	25.89	-0.02	3.11	3.11	0.00
房地产业	20.60	10.72	10.71	-0.01	1.14	1.30	0.16
租赁和商务服务业	3.20	34.71	34.68	-0.03	1.19	1.17	-0.03

续表

行业部门	劳动报酬变动	部门劳动报酬占增加值比例			部门劳动报酬占整体劳动报酬比例		
		基期	模拟	变动：模拟-基期	基期	模拟	变动：模拟-基期
研究与试验发展业	2.12	59.72	59.69	-0.03	0.33	0.32	-0.01
综合技术服务业	2.47	52.24	52.21	-0.02	1.15	1.12	-0.03
水利、环境和公共设施管理业	1.09	49.77	49.74	-0.03	0.51	0.49	-0.02
居民服务和其他服务业	4.49	28.52	28.50	-0.02	0.98	0.97	-0.01
教育	0.25	78.54	78.53	-0.01	5.12	4.86	-0.26
卫生、社会保障和社会福利业	17.18	67.13	67.11	-0.02	2.23	2.48	0.25
文化、体育和娱乐业	1.90	45.46	45.44	-0.03	0.63	0.60	-0.02
公共管理和社会组织	-0.11	86.84	86.82	-0.01	7.18	6.79	-0.39

表 24-2　资本报酬、税收、增加值的变动

行业部门	资本报酬变动	政府税收变动	行业部门增加值变动	部门增加值占整体增加值比例		
				基期	模拟	变动：模拟-基期
农林牧渔业	8.89	8.53	8.67	10.21	10.43	0.22
煤炭开采和洗选业	4.68	4.55	4.61	1.69	1.66	-0.03
石油和天然气开采业	11.98	12.13	12.10	2.12	2.24	0.11
金属矿采选业	2.28	2.16	2.20	0.83	0.79	-0.03
非金属矿及其他矿采选业	1.88	1.79	1.83	0.59	0.56	-0.02
食品制造及烟草加工业	2.08	2.18	2.09	3.65	3.51	-0.15
纺织业	-0.77	-0.50	-0.70	2.18	2.04	-0.15
纺织服装鞋帽皮革羽绒及其制品业	0.39	0.60	0.41	1.57	1.48	-0.09
木材加工及家具制造业	1.09	1.15	1.09	1.05	1.00	-0.05
造纸印刷及文教体育用品制造业	2.70	2.70	2.68	1.36	1.31	-0.05

续表

行业部门	资本报酬变动	政府税收变动	行业部门增加值变动	部门增加值占整体增加值比例		
				基期	模拟	变动:模拟−基期
石油加工、炼焦及核燃料加工业	13.72	13.72	13.80	1.41	1.51	0.10
化学工业	4.27	4.27	4.25	4.77	4.67	−0.09
非金属矿物制品业	0.84	0.78	0.80	2.46	2.34	−0.13
金属冶炼及压延加工业	2.05	1.99	2.01	4.65	4.46	−0.19
金属制品业	2.15	2.10	2.12	1.44	1.38	−0.06
通用、专用设备制造业	2.40	2.33	2.37	3.55	3.42	−0.13
交通运输设备制造业	4.50	4.31	4.36	2.46	2.41	−0.05
电气机械及器材制造业	1.66	1.60	1.59	1.78	1.70	−0.08
通信设备、计算机及其他电子设备制造业	0.79	0.80	0.78	2.68	2.53	−0.14
仪器仪表及文化办公用机械制造业	2.43	2.38	2.40	0.40	0.38	−0.01
工艺品及其他制造业	1.03	1.01	0.99	0.59	0.56	−0.03
废品废料	2.12	2.14	2.12	1.34	1.29	−0.05
电力、热力的生产和供应业	3.52	3.77	3.70	3.30	3.21	−0.08
燃气生产和供应业	3.34	3.52	3.62	0.08	0.08	0.00
水的生产和供应业	2.90	3.18	3.22	0.20	0.19	−0.01
建筑业	0.32	0.02	0.12	5.63	5.30	−0.33
交通运输及仓储业	40.05	40.02	39.97	5.51	7.26	1.74
邮政业	2.79	2.43	2.59	0.13	0.13	0.00
信息传输、计算机服务和软件业	2.65	2.70	2.63	2.19	2.11	−0.08
批发和零售业	2.36	2.36	2.33	6.55	6.31	−0.25
住宿和餐饮业	2.59	2.70	2.57	2.01	1.93	−0.07
金融业	5.68	5.68	5.65	4.92	4.88	−0.03
房地产业	20.74	20.77	20.73	4.36	4.95	0.59
租赁和商务服务业	3.32	3.32	3.28	1.41	1.37	−0.04
研究与试验发展业	2.24	2.11	2.17	0.23	0.22	−0.01

行业部门	资本报酬变动	政府税收变动	行业部门增加值变动	部门增加值占整体增加值比例		
				基期	模拟	变动：模拟−基期
综合技术服务业	2.58	2.46	2.51	0.91	0.87	−0.03
水利、环境和公共设施管理业	1.21	1.13	1.15	0.42	0.40	−0.02
居民服务和其他服务业	4.61	4.65	4.58	1.41	1.38	−0.02
教育	0.36	0.14	0.26	2.67	2.52	−0.15
卫生、社会保障和社会福利业	17.31	17.06	17.22	1.36	1.50	0.14
文化、体育和娱乐业	2.02	1.96	1.96	0.56	0.54	−0.02
公共管理和社会组织	0.00	−0.24	−0.10	3.39	3.18	−0.21

四、模拟结果分析

经济模拟的结果呈现出正负两方面的影响。分别是大规模投资的经济增长效应和对于劳动报酬占比的负面影响。

（一）大规模投资带动了经济增长

正如政策的预期效果一样，在假定其他条件不变的前提下，大规模的投资计划有利于经济增长。表现在劳动报酬绝对的增加、政府税收增加和资本报酬的增加上。另一个需要注意的是各产业的投资带动增长效应参差不齐。

1. 各产业的劳动报酬都呈现出增长的趋势

如表24-1所示，在模拟情形下，全国大多产业部门的劳动报酬等呈现了不同程度的增长，劳动报酬整体增加5.6%。尤其是交通运输和仓储业、房地产业、卫生和社会保障社会福利业、石油加工、炼焦和核燃料业以及石油和天然气开采业。在模拟情况下，劳动报酬分别增长了39.76%、

20.60%、17.18%、13.99%、12.15%。特别值得注意的是石油加工、炼焦和核燃料业以及石油和天然气开采业，在四万亿投资没有直接对该产业投资的情况下，劳动报酬仍旧得以快速的增长，可见经济运行内在机制对这些垄断行业的增长具有强大的促进作用。金融，交通运输设备制造业和电力热力生产供应业也在政策冲击下劳动报酬得以较快增长。另外，少数的产业，如纺织业和公共管理与社会组织行业的劳动报酬在大规模投资的政策冲击下，呈现出微弱的下降趋势。在模拟情形下，劳动报酬分别增长了-0.74%、-0.11%。

2. 各产业资本报酬和政府税收也呈现增长趋势

如表24-2所示，在模拟情况下，整体经济资本报酬增加了7.5%，政府税收增加了5.2%。几乎所有的产业部门的资本报酬和政府税收都有增长，和劳动报酬的情形一致，交通运输和仓储业、房地产业、卫生和社会保障社会福利业、石油加工、炼焦和核燃料业以及石油和天然气开采业的资本报酬和政府税收增长较快。在模拟情形下，分别增长了40.05%、20.74%、17.31%、13.72%、11.98%，远高于其他的产业。交通运输设备制造业、电力热力的生产和供应业、燃气生产和供应业、金融业等增长较快，属于政策受益的第二梯队行业。

3. 各产业的投资带动增长效应参差不齐

从行业来看，石化、金融、石油开采电力生产、燃气生产和供应等垄断行业的增长普遍比竞争性行业的增长要快。批发和零售业、住宿和餐饮业、电气机械及器材制造业、通信设备计算机及其他电子设备制造业、仪器仪表及文化办公用机械制造业、工艺品及其他制造业等竞争性行业在政策冲击下，增长效应并不明显。增长效应参差不齐的趋势，无论是从劳动报酬、资本报酬还是政府税收来看表现都大体一致。

（二）对于劳动报酬占比的负面影响

大规模投资对于劳动报酬呈现出了负面的影响。体现在以下两点。

1. 行业劳动报酬占增加值比重普遍下降

模拟结果显示：整体经济的劳动报酬占比下降了0.3%。42个行业中，37个行业的劳动报酬占增加值比例下降，下降较多的是建筑业，在模拟中，劳动报酬占比下降了0.58%。交通运输设备制造业、电气机械及器材制造业、交通运输及仓储业、工艺品及其他制造业、信息传输和计算机服务软件业、批发和零售业、住宿和餐营业、金融业、租赁和商务服务业、研究与实验发展业、综合技术服务业、文化和体育娱乐业等产业的劳动报酬占增加值比重下降的幅度也较大，在0.02%—0.05%之间。但是也有劳动报酬占比上升的，数据显示，有5个行业的劳动报酬占比是有上升的，分别是除了电力热力的生产和供应业、燃气生产和供应业、水的生产和供应业、石油和天然气开采业、石油加工炼焦及核燃料加工业，在模拟政策冲击下，上升的数值分别是0.10%、0.15%、0.14%、0.05%、0.05%，这5个行业是垄断行业。

2. 行业劳动报酬占整体劳动报酬的比例有增有减，垄断行业得益较多，竞争性行业相对比例下降

行业劳动报酬占整体劳动报酬的比例指标观察的是行业间的劳动报酬在政策冲击下的相对变化情况。各行业的劳动报酬占整体的比例呈现出有增有减的趋势。在整体经济中的份额比例增加的行业有农林牧渔业（0.69%）、石油和天然气开采业（0.07%）、石油加工炼焦及核燃料加工业（0.08%）、交通运输及仓储业（1.14%）、金融业（0.01%）、房地产业（0.16%）、卫生社会保障和社会福利业（0.25%）、交通运输设备制造业（1.14%）等行业，这些行业劳动报酬的提升，有的是因为投资的直接效应，例如房地产业和交通运输及仓储业，有的则是因为垄断而在整个行业间的劳动报酬分配中占据了有利的位置。相应地，其他的产业则因为这些产业的比例上升，其劳动报酬占整体劳动报酬的比例下降，这些产业主要有建筑业（-0.37%）、食品制造及烟草加工业（-0.09%）、纺织业（-0.12%）、纺织服装鞋帽皮革羽绒及其制品业（-0.09%）、非金属矿物制品业（-0.09%）、金属冶炼及压延加工业（-0.10%）、通用专用设备制造业（-0.10%）、通信设备计

算机及其他电子设备制造业（-0.10%）、批发和零售业（-0.12%）、教育（-0.26%）、公共管理和社会组织（-0.39%）。除了教育、公共管理和社会组织行业外，这些行业基本上都是竞争性行业。在国家大规模投资的政策冲击下，竞争性行业处于弱势地位，劳动报酬呈现出了下降的趋势。

五、政策建议

显然，大规模投资达到了当初政策推出时的预期效果。但是，当初没有预料到的一些负面效果也显现出来。如前面的模拟所述，大规模投资计划对于劳动报酬的负面影响主要体现以下两点：

——大规模投资计划使得劳动报酬占初次分配比重进一步下降。主要的原因在于投资回报水平高，投资强化了本来就比较强势的资本，进一步弱化了劳动要素在初次分配中的地位。

——进一步加大了垄断行业和竞争行业的收入差距。垄断行业在大规模投资中受益最多，显然其劳动报酬会增长更快，而竞争性行业，其劳动报酬增长幅度相对较小。

笔者认为可以从财政支出的角度，就以下三方面做政策调整：

（一）将财政支出向提高劳动者素质、提升整体人力资源水平的教育和科技等方面倾斜

科技和教育是内生增长的动力源泉。教育和科技促进了知识外溢、人力资本投资、开发和研究、劳动分工。知识和技术是经济增长的内生力量，通过教育和培训获得的特殊知识和专业化的人力资本不仅是经济增长的主要因素，而且劳动要素自身也能形成递增收益，推广开来看，科技和教育的发展也能够使其他要素产生递增收益，使得整个经济的规模收益递增。在经济增长主要依赖知识积累、技术进步和人力资本提升的前提下，财政科技和教育投入无疑将促进经济较快增长，并且这样的增长将会提升劳动报酬的占比。

我国的教育支出长期低位徘徊，2009 年我国财政教育支出占 GDP 比例为 3.04%，而发达国家的教育支出平均在 7%，我国一直以 4% 为教育支出的目标线，但是一直没有达到这个目标。我国的财政科技支出占 GDP 的比重在 0.8% 左右，远低于国际的 2% 的标准。可以考虑调整财政支出的结构，由经济投资向教育支出等倾斜。从数据对比来看，这种政策空间还有很大。

同样，对于财政科技和教育支出进行模拟分析，如果教育投入达到 4%，科技投入达到 1%，则大多数行业的劳动报酬占比都将上升，除 6 个行业外，所有的行业劳动报酬占比都上升为 0.01%—0.02%。并且，教育科技支出对于经济及劳动报酬的影响是长期的。

（二）加大民营企业等的扶持力度，缩小其与垄断行业的差距

民营企业吸收了大量的劳动力，但是民营企业劳动力的工资报酬相对要低于垄断企业，除了垄断企业获得的垄断租金外，民营企业竞争能力弱、生存环境恶劣等都是劳动报酬不高的原因。政府可以从税收、补贴、政策导向等方面，加大对民营企业的扶持。

以竞争程度相对比较明显拥有较多中小企业的"住宿和餐饮业"产业为例，其劳动报酬份额占 28%，资本报酬占 61%，政府税收所得 11%，如果该产业的税收水平下降 10%，则其劳动报酬水平将上升 9% 左右。政府可以考虑税收政策，即财政支出政策另一面来进行调整。

以上"加大民营企业等的扶持力度，缩小其与垄断行业的差距"观点形成以后，温州出现了大量的民企老总外逃现象，其本质是国家对民企歧视性金融政策背后大量的地下金融背后的危机的集中爆发，也是国家对于民企过于不重视所造成的矛盾的集中反映。

诚然，政府在温州事件以后采取的临时的政策可以起到缓解矛盾的作用。但是政府仍旧应该从更长远的角度来考虑民企的问题。其中，财政支持就是一个方面。这是本章所持有的观点。

（三）加大政府转移支付的力度

根据国际经验研究和我国转移支付的目标对象，政府的转移支付主要利益归宿于中低收入人群。各产业内中低收入人群会从转移支付中直接得益。政府的另一个转移支付的措施可以是中小企业的扶持和科技支持。

第二十五章
行政管理支出的利益归宿问题研究
——以劳动报酬为观察指标

　　本章聚焦行政管理支出和财政民生支出的调整对第一、二、三产业部门劳动报酬的影响。笔者分析了现有行政管理支出增长的趋势，以及行政管理部门和其他部门劳动报酬增长的走势。行政管理部门的劳动报酬以较快的幅度增长。利用经济模拟模型分析行政管理支出的调整对于劳动报酬的影响。模拟结果表明：在财政支出总量增加、结构不变的情况下，行政管理部门劳动报酬增长过快，并且降低了其他部门的劳动报酬占比；其他部门的劳动报酬过低与财政行政管理支出的增长过快、行政管理部门的劳动报酬增长过快有关系；削减行政管理支出对于国民经济各产业部门劳动报酬产生了正向的影响；增加财政支出情况下，增大科技等财政民生支出比重对于国民经济各产业部门劳动报酬的正向影响较为显著。

一、行政管理支出对于劳动报酬的重要影响

　　我国劳动报酬占比逐年下降已经是不争的事实。有学者对劳动报酬占GDP 的比重进行了测算，长期以来一直处于下降的趋势，数据如图 25-1 所示。如果从横向的对比来看，我国的劳动报酬占比也是偏低的，同期（2005 年）的比较数据如图 25-1 所示。

　　对于劳动报酬占比下降的原因解释有很多。例如国际化的影响、资本和劳动的相对地位（强势资本）、技术进步、产业结构、经济发展水平、

民营化、劳动者谈判地位以及劳动法律法规影响等角度。国内外学者们对此有非常深入的研究。

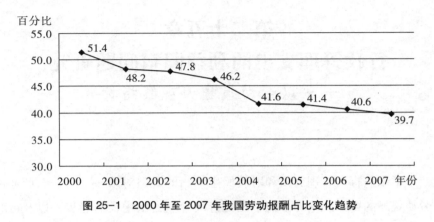

图 25-1　2000 年至 2007 年我国劳动报酬占比变化趋势

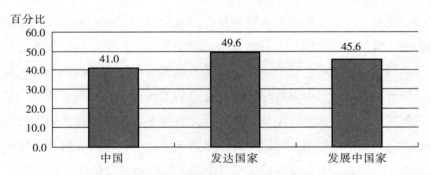

图 25-2　劳动报酬占比的同期比较（中国、发达国家、发展中国家）

近年来，财政支出中行政管理支出上升较快，2007 年的行政管理支出达到 15657 亿元，相比 2002 年和 1997 年的 10297 亿元和 4491 亿元，分别增长 2.29 倍和 3.49 倍。但是，行政管理支出的利益归宿却受到质疑，尤其是行政管理部门的劳动报酬，一直处于迅速上升的状态。表 25-1 是来自投入产出表的劳动报酬变动情况，2007 年行政管理部门的劳动报酬是 1997 年的 4.54 倍，而同期的第一、二、三产业则只是其 1.86 倍、2.88 倍、3.15 倍，行政管理部门的劳动报酬上涨的幅度远远大于其他的产业部门。图 25-3 显示了各部门劳动报酬占 GDP 比重的变化趋势。数据显示，第一、二、三产业的劳动报酬占 GDP 的比重都呈下降趋势，而行政管理部门的劳动报酬则呈现较快的增长。以年平均增长比例计算，按照这样的趋势，到"十二五"末，即 2015 年，行政管理部门的劳动报酬增长将大大超过其他产业部门，行政管理部门与其他产业的收入差距将进一步拉大（预测数据是笔者根据百分比变动年平均值计算得到，用以表示变动趋势）。

表 25-1　各产业部门劳动报酬变动情况

	第一产业	第二产业	第三产业	行政管理部门
1997 年（亿元）	14629	15949	9302	1660
2002 年（亿元）	15885	19949	19269	3847
相对 1997 年变动比（%）	9	25	107	132
2007 年（亿元）	32044	41131	29339	7533
相对 2002 年变动比（%）	102	106	52	96
相对 1997 年变动比（%）	86	188	215	354

注：第三产业不包含行政管理部门。
资料来源：1997 年、2002 年、2007 年投入产出表。

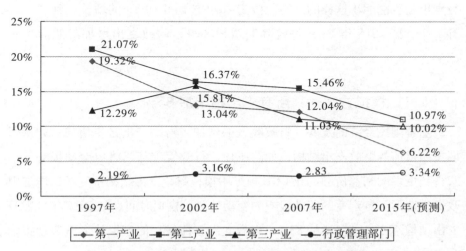

图 25-3　各部门劳动报酬占总体 GDP 比重变化（含 2015 年预测值）
注：2015 年预测值按照 1997—2007 年各产业部门下降或上升的平均趋势计算。

　　财政支出的目的在于提供服务，行政管理支出是向社会提供服务而归宿于普通大众，行政管理部门的劳动报酬以与其他部门较大差别的速度上升给我们提出了一个值得研究的问题：增长的行政管理支出是否以劳动报酬的形式归宿于行政管理部门并进而侵蚀到了其他部门的劳动报酬？遏制行政管理支出、增加财政民生项目支出是否能缩小这样的差距？

　　在本章，以可计算一般均衡模型模拟调整行政管理支出对于劳动报酬的影响。

二、财政支出结构调整模拟方案及结果分析

　　针对前面所提出的问题，设计以下两种模拟方案。第一种方案是财政支出结构不变情况下的财政支出增加；第二种方案是财政支出增加，结构调整为遏制行政管理支出，增加财政民生支出。第一方案是观察增长的行政管理支出是否以劳动报酬的形式归宿于行政管理部门并进而侵蚀到了其他部门的劳动报酬。第二方案是观察遏制行政管理支出、增加财政民生项目支出是否能缩小这样的差距。假定 GDP 按照年均 8% 的增长，到"十二五"末，即 2015 年 GDP 将较基期增长 85%，财政支出增加参照此增长比例。

（一）模拟方案一：所有支出都增加 85%

　　随着国民经济的发展，财政收入的增加，财政支出必将增加，如果仍旧按照目前的财政支出结构，如前所述，行政管理部门将以劳动报酬的形式得到更多的利益份额。在 CGE 模型中模拟财政支出结构不变时，增加财政支出情形下各产业的劳动报酬的变动情况。模拟时间点是 2015 年，财政支出结构不变，各项增加 85%，财政支出整体增加的模拟情形下劳动报酬占 GDP 比重如表 25-2 所示。

表 25-2　财政支出结构不变整体增加 85% 情形下部门劳动报酬占总体 GDP 比重变化情况

单位:%

	第一产业	第二产业	第三产业	行政管理部门	国民经济总体
调整前	12.04	15.46	11.03	2.83	41.36
调整后	11.27	14.32	12.03	4.83	42.45
相对调整前增长率	-6.36	-7.38	9.03	70.57	2.63

注: 第三产业不包含行政管理部门; 变化率是指相对基期劳动报酬占总体 GDP 比重的变化率。

模拟结果显示, 在财政支出结构不变, 整体增加 85% 的情形下, 行政管理部门劳动报酬占 GDP 比重变化最大, 达到了 70.57%, 而第一和第二产业的劳动报酬占 GDP 比重则分别减少了 6.36% 和 7.38%, 第三产业增加了 9.03%, 整体劳动报酬占 GDP 比重增加了 2.63%。从数字可以看出, 财政支出的总量变化引起的效果是行政管理部门的劳动报酬占比大幅度增加, 而其他部门的劳动报酬占比减少或者很小增长。这与 1997 年到 2007 年的现实数据呈现出的趋势是一致的, 验证了行政管理支出的利益归宿以劳动报酬的形式向行政管理部门集中, 并且, 这种趋势将进一步加剧。

模拟结果表明, 在财政支出总量增加、结构不变情况下, 劳动报酬向行政管理部门集中, 并且降低了其他部门的劳动报酬占比。可见, 行政管理支出对调节劳动报酬占比具有重要影响。因为行政管理支出传导到经济体中使得行政管理部门的劳动报酬侵蚀了第一、二、三产业部门的劳动报酬, 所以可以通过减少行政管理支出来调节劳动报酬在行政部门和其他部门之间的分配, 缩小行政管理部门与其他部门劳动报酬的差距。

(二) 模拟方案二: 财政支出增加 85%, 且进行遏制行政管理支出的结构调整

按照 GDP 增长预期, 到 2015 年财政支出总量增加 85%, 保持行政管理支出不变, 相应地增加到科技、教育、卫生、社保的支出中。观察在财政支出增量并且做结构调整的情形下, 各产业部门的劳动报酬占 GDP 比重的变化情况。模拟结果如表 25-3 所示。

表 25-3　整体增加 85%、行政管理支出不变、

科技等支出相应增加时各部门劳动报酬占总体 GDP 比重变化

単位:%

	第一产业	第二产业	第三产业	行政管理部门	国民经济总体
调整前	12.04	15.46	11.03	2.83	41.36
增加到科技等项目	12.07	15.76	12.09	2.74	42.65
变化率	0.22	1.92	9.60	-3.28	3.12

注：第三产业不包含行政管理部门。

本模拟情形下，由于科技、教育、卫生和社保支出都有增加，传导到经济体中导致第一、二、三产业的劳动报酬占比都有所增加，分别为0.22%、1.92%、9.60%；而行政管理部门的劳动报酬占比则略有下降，下降的幅度为3.28%，行政管理部门的劳动报酬绝对值会随着国民经济的增长而增长，对于行政管理部门的福利影响较小，行政管理部门劳动报酬占 GDP 比重较小的下降幅度对整体经济影响也很小；国民经济总体的劳动报酬占比增加了3.12%。

模拟结果显示，在财政支出增量变化，并且行政管理支出比重相对弱化的结构调整情形下，行政管理部门的劳动报酬占比有下降，其他产业部门的劳动报酬占比有提升，国民经济总体的劳动报酬占比也有提升。遏制行政管理支出、增加财政民生支出可以缩小行政管理部门与其他部门之间的劳动报酬差距。

三、结论及政策建议

通过以上的模拟，关于行政管理支出对劳动报酬的影响可以总结为以下两点：

——财政支出按照现有的结构继续增长，快速增长的行政管理支出对于其他部门的劳动报酬产生了负面影响，其利益归宿是向行政管理部门集中。

——在未来财政支出增长时，减少行政管理支出的比重，增加科技、教育等民生支出的比重，可以有效地遏制过快增长的行政管理部门的劳动报酬，并对其他部门的劳动报酬有正面影响。

基于以上的模拟，给出政策建议如下：

（一）从提高劳动报酬为目标的视角来看，应该减少行政管理支出在财政支出中的比重

按照我国目前的财政支出结构，继续增加财政支出，对于劳动报酬将继续呈现出负面影响。这种负面影响表现为：行政管理部门的劳动报酬占GDP比重的继续显著增加和其他产业部门的劳动报酬占GDP比重的继续减少。这种在现有财政支出结构下的财政支出规模增长导致的行政管理支出增长，虽然在一定程度上证明政府能力扩大、政府干预能力增强，但是，行政管理支出增长的结果也将以劳动报酬的形式，将行政管理支出的一部分以劳动报酬形式归宿于行政管理部门，尽管这种利益归宿存在合理性的一面，但作为收入再分配此消彼长关系的事实，较快速度增长的行政管理支出必然影响其他部门的劳动报酬增长。因此，目前的财政支出结构不利于改善劳动报酬增加不均衡的问题，需要通过控制财政行政管理支出规模来解决。

这从财政支出结构角度证明过快增长的行政管理支出，使得部分利益明显归宿于行政管理部门，从而侵蚀了其他部门的劳动报酬。出现这样的结果，显然是由于行政管理部门消耗了大量的财政经费，导致经济体中其他部门相对缺乏财政资源的支持所致。换言之，通过改变支出结构，例如通过降低政府行政管理支出并相应增加科教文卫和社保等财政民生支出则对经济发展，特别是对增加其他部门的劳动报酬，将起到更为有效的促进作用。

（二）增加财政支出中科技教育等民生支出占比使之有利于提高劳动报酬占比

在财政支出总量增加前提下的财政支出结构调整模拟显示，增加民生

支出，相对控制行政管理支出比重，对三个产业部门的劳动报酬同样具有积极的影响。将各部门劳动报酬占 GDP 比重的 1997 年、2002 年、2007 年以及 2015 年预测值和模拟值相对比，如图 25-4 所示，增加财政支出且遏制行政管理支出的财政政策调整，将缩小行政管理部门和其他部门之间劳动报酬增长的差距。

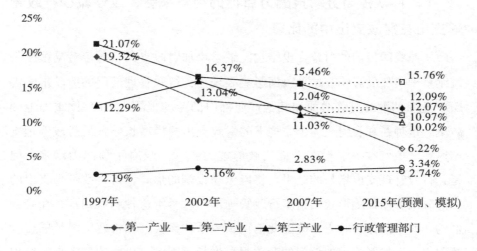

图 25-4　各部门劳动报酬占 GDP 比重变化模拟图
注：图中虚线为模拟值。

由于政府机构庞大、行政管理人员冗余，以及浪费、腐败等原因造成行政管理经费使用效益不高，反过来，行政管理支出膨胀，不仅引发财政支出结构的扭曲、更多挤占公共资金和社会保障支出，而且进一步诱发政府规模扩张，导致政府对市场经济的过度干预，从而不利于社会主义市场经济体制和机制的完善，也可能对资源配置和收入分配产生不利影响，这在上述模拟中已经得到验证。所以，政府应简化职能，精简机构，在控制规模的基础上，逐步调整支出结构，努力减少浪费，提高绩效，将更多的资金投入在民生支出上。

科技和教育支出的增加提升了劳动报酬占比，表明由于科技与教育对于经济发展的内生影响，科技和教育加深了知识资本的积累，促进了技术创新等经济发展的源动力。由于卫生和社保支出加强了社会保障、提高了居民素质、健康水平以及社会安全感，卫生和社保支出对各产业部门的劳动报酬产生了积极的正向影响。因此，未来财政支出应该向科技、教育、卫生、社保等项目倾斜。

第二十六章
财政科技支出对劳动报酬
及产业结构的影响

本章在创新驱动、实施科教兴国战略和人才强国战略大背景下，借助经济模拟模型，观察财政科技投入对劳动报酬和产业结构的影响。观察的数据包括各产业劳动报酬、增加值、就业等经济指标的变化。结果显示：财政科技投入对劳动报酬尤其是第三产业的劳动报酬具有显著的正向促进作用，对于住宿和餐饮等需要升级的劳动密集型产业部门的影响尤其明显。同时发现，科技投入对于产业结构重心向第三产业转移具有明显的影响。

一、财政科技比例对劳动报酬影响问题的提出

我国劳动报酬占比逐年下降已经是不争的事实。有学者测算劳动报酬占 GDP 的比重从 2001 年的 51.4% 下降到 2007 年的 39.7%，下降了 11.7 个百分点。另外，从横向上看，2005 年 11 个发达国家的劳动报酬占 GDP 比重平均值为 49.6%，同期中国的数据是 41%，并呈下降趋势，中国的劳动报酬占 GDP 比重与发达国家的差距越来越大，与发展中国家平均劳动报酬占 GDP 比重 45.6% 相比，也是偏低的。

影响我国劳动报酬影响因素的研究视角大多在资本的过度深化、产业结构不合理、技术进步弱化了劳动、二元经济的无限劳动力供给、劳动保障的法律和政策措施相对匮乏等原因。我国政府也在寻找提高劳动报酬的

政策。我国政府对于经济的控制力很强，过去对于经济的干预重点往往在于政府参与市场的角色，例如政府参与投资，由央企代替行使经济主体角色等。同时应该看到，我国政府虽然有强大的财政能力，但是在科技等方面的支出是相对薄弱的。

政府提出"创新驱动，实施科教兴国战略和人才强国战略"，将科技、人才及教育放在较高的战略位置，这是创新型国家的内涵所在。科教兴国战略必将对我国经济产生重要的影响。对于产业结构调整和劳动报酬占比也将产生重要的影响。财政科技支出作为科教兴国战略重要的实施措施，分析其对劳动报酬、产业结构的影响具有重要的意义。按照发达国家的一般数据，要达到创新型国家的标准，财政科技支出占 GDP 比重一般是在 2%左右，我国目前只有 0.8%。

另外，为应对全球性的经济危机，我国出台了大规模的投资计划，但是其后果在计划实施的 2—3 年后逐渐显现，通货膨胀、劳动报酬进一步下降等负效应逐步浮出水面。大规模的投资计划进一步强化了资本的地位，可能使得劳动报酬比重进一步下降。那么如何在现实情况下提高劳动报酬？笔者也期望从财政支出结构的另一个角度来分析政策的效果，期望找到另一个答案，即财政科技支出是否能够对劳动报酬产生影响。

本章采用可计算一般均衡模型为模拟分析框架，分析财政科技投入对于劳动报酬的影响，同时观察与劳动报酬相关的就业、产业增加值等指标，在此基础上分析财政科技投入对产业结构的影响。

二、模拟方案、观察指标及结果

（一）模拟方案

当财政科技支出占 GDP 的比重不超过 1%的时候，技术研发处于使用技术的阶段，在 1%到 2%之间的时候，技术研发就处于技术改进的阶段，超过 2%的时候，技术研发就处于技术创新的阶段。我国的财政科技支出由 2003 年的 717 亿元增长到 2009 年的 2744 亿元，增长了 3.82 倍，高于财政支出总体的增长比例。占财政支出总额的比重由 2003 年的 2.91%增长到 3.60%。2009 年，我国财政科技支出占 GDP 的比重为 0.8%，处于技术研发的阶段。笔者将财政科技支出占 GDP 比重 2%作为模拟的依据点。

（二）观察指标

笔者选取的在政策模拟冲击下的观察指标如表 26-1 所示。

表 26-1　指标含义

指标	含义
1	各产业劳动报酬相对基期的变化
2	各产业增加值相对基期的变化
3	各产业劳动报酬占增加值比例相对基期的变化
4	各产业劳动报酬占整体劳动报酬的变化
5	各产业增加值占 GDP 比例相对于基期的变化
6	各产业就业相对基期的变化

表中指标 1、2、3 观察的是劳动报酬和增加值在政策模拟前后的变化比例，指标 4、5 观察的是劳动报酬和增加值在产业间相对的变化，指标 6 观察的是各产业就业的变化。

三、政策变化模拟结果

全国 42 个产业部门细分的模拟数据如表 26-2 和表 26-3 所示。以第一、二、三产业为观察单元，数据如表 26-4 所示。

表 26-2　财政科技支出占 GDP 比重增加到 2% 时劳动报酬的变动

单位:%

行业部门	劳动报酬变动	部门劳动报酬占增加值比例			部门劳动报酬占整体劳动报酬比例		
		科技支出0.8%时	科技支出2.0%时	相对变化	科技支出0.8%时	科技支出2.0%时	相对变化
农林牧渔业	0.479	94.927	94.929	0.002	23.638	23.522	−0.116
煤炭开采洗选业	0.618	47.445	47.448	0.002	1.952	1.945	−0.007
石油和天然气开采业	0.587	21.832	21.823	−0.009	1.131	1.127	−0.004
金属矿采选业	0.545	37.604	37.610	0.005	0.759	0.755	−0.003
非金属矿及其他矿采选业	0.378	40.477	40.480	0.003	0.578	0.575	−0.003
食品制造及烟草加工业	0.448	29.802	29.807	0.005	2.657	2.643	−0.014
纺织业	1.197	37.306	37.309	0.003	1.988	1.992	0.004
纺织服装鞋帽皮革羽绒及其制品业	0.634	46.789	46.795	0.006	1.789	1.783	−0.006
木材加工及家具制造业	0.482	39.420	39.423	0.003	1.008	1.003	−0.005
造纸印刷及文教体育用品制造业	0.815	34.539	34.541	0.002	1.144	1.142	−0.002
石油加工、炼焦及核燃料加工业	0.666	28.337	28.328	−0.009	0.976	0.973	−0.003
化学工业	0.777	29.865	29.866	0.002	3.472	3.466	−0.007
非金属矿制品业	0.272	34.696	34.699	0.003	2.086	2.072	−0.014
金属冶炼及压延加工业	0.514	25.905	25.907	0.002	2.941	2.928	−0.013
金属制品业	0.818	33.653	33.654	0.001	1.179	1.177	−0.002
通用、专用设备制造业	0.332	36.507	36.508	0.001	3.162	3.142	−0.020
交通运输设备制造业	0.346	39.128	39.134	0.006	2.348	2.334	−0.015
电气机械及器材制造业	0.802	29.555	29.562	0.007	1.281	1.279	−0.002
通信设备、计算机及其他电子设备制造业	1.047	34.386	34.388	0.002	2.244	2.246	0.002
仪器仪表及文化办公用机械制造业	1.898	38.550	38.551	0.001	0.372	0.375	0.003
工艺品及其他制造业	0.500	43.923	43.926	0.003	0.628	0.625	−0.003

行业部门	劳动报酬变动	部门劳动报酬占增加值比例			部门劳动报酬占整体劳动报酬比例		
		科技支出0.8%时	科技支出2.0%时	相对变化	科技支出0.8%时	科技支出2.0%时	相对变化
废品废料	0.515	1.502	1.502	0.000	0.049	0.049	0.000
电力、热力的生产和供应业	0.582	22.797	22.777	−0.019	1.833	1.826	−0.007
燃气生产和供应业	0.409	40.616	40.589	−0.027	0.078	0.078	0.000
水的生产和供应业	0.778	42.979	42.954	−0.025	0.208	0.207	0.000
建筑业	0.055	51.334	51.345	0.011	7.055	6.991	−0.064
交通运输及仓储业	0.680	26.101	26.108	0.007	3.511	3.501	−0.010
邮政业	0.770	76.484	76.486	0.002	0.250	0.249	0.000
信息传输、计算机服务和软件业	0.429	19.039	19.042	0.003	1.016	1.011	−0.005
批发和零售业	0.524	23.382	23.386	0.004	3.738	3.722	−0.017
住宿和餐饮业	0.903	27.718	27.723	0.005	1.357	1.356	−0.001
金融业	0.695	25.916	25.920	0.004	3.108	3.100	−0.009
房地产业	0.340	10.724	10.727	0.002	1.142	1.134	−0.007
租赁和商务服务业	0.720	34.709	34.714	0.005	1.193	1.190	−0.003
研究与试验发展业	52.533	59.716	59.721	0.005	0.332	0.501	0.169
综合技术服务业	28.944	52.237	52.241	0.004	1.154	1.474	0.320
水利、环境和公共设施管理业	0.259	49.767	49.772	0.005	0.508	0.504	−0.004
居民服务和其他服务业	0.551	28.525	28.529	0.004	0.978	0.974	−0.004
教育	0.165	78.544	78.546	0.003	5.121	5.080	−0.041
卫生、社会保障和社会福利业	0.146	67.125	67.129	0.004	2.230	2.212	−0.018
文化、体育和娱乐业	0.606	45.465	45.469	0.005	0.626	0.623	−0.002
公共管理和社会组织	0.038	86.835	86.837	0.002	7.178	7.112	−0.066

表 26-3　资本报酬、税收、增加值和就业的变动

单位:%

行业部门	行业部门增加值变动	部门增加值占整体增加值比例			资本报酬变动	政府税收变动
		科技支出0.8%时	科技支出2.0%时	相对变化		
农林牧渔业	0.477	10.208	10.165	−0.042	0.440	0.501
煤炭开采洗选业	0.612	1.687	1.682	−0.005	0.600	0.623
石油和天然气开采业	0.630	2.124	2.118	−0.006	0.649	0.624
金属矿采选业	0.531	0.827	0.824	−0.003	0.516	0.539
非金属矿及其他矿采选业	0.372	0.585	0.582	−0.003	0.363	0.380
食品制造及烟草加工业	0.431	3.655	3.638	−0.017	0.432	0.415
纺织业	1.189	2.184	2.190	0.006	1.203	1.151
纺织服装鞋帽皮革羽绒及其制品业	0.621	1.567	1.563	−0.004	0.626	0.586
木材加工及家具制造业	0.475	1.048	1.044	−0.004	0.475	0.463
造纸印刷及文教体育用品制造业	0.810	1.357	1.356	−0.001	0.807	0.807
石油加工、炼焦及核燃料加工业	0.699	1.412	1.409	−0.003	0.711	0.711
化学工业	0.772	4.766	4.760	−0.006	0.770	0.769
非金属矿物制品业	0.264	2.465	2.449	−0.015	0.257	0.268
金属冶炼及压延加工业	0.505	4.654	4.636	−0.018	0.498	0.509
金属制品业	0.815	1.436	1.435	−0.001	0.810	0.819
通用、专用设备制造业	0.330	3.551	3.531	−0.020	0.324	0.337
交通运输设备制造业	0.331	2.460	2.446	−0.014	0.307	0.341
电气机械及器材制造业	0.777	1.777	1.775	−0.002	0.763	0.775
通信设备、计算机及其他电子设备制造业	1.042	2.675	2.679	0.004	1.039	1.036
仪器仪表及文化办公用机械制造业	1.895	0.396	0.399	0.004	1.890	1.898
工艺品及其他制造业	0.492	0.586	0.584	−0.002	0.484	0.489

行业部门	行业部门增加值变动	部门增加值占整体增加值比例			资本报酬变动	政府税收变动
		科技支出0.8%时	科技支出2.0%时	相对变化		
废品废料	0.499	1.340	1.335	-0.005	0.499	0.496
电力、热力的生产和供应业	0.666	3.297	3.289	-0.007	0.699	0.654
燃气生产和供应业	0.476	0.079	0.079	0.000	0.526	0.493
水的生产和供应业	0.837	0.198	0.198	0.000	0.895	0.844
建筑业	0.034	5.634	5.586	-0.048	-0.002	0.052
交通运输及仓储业	0.652	5.515	5.501	-0.013	0.642	0.646
邮政业	0.768	0.134	0.134	0.000	0.731	0.798
信息传输、计算机服务和软件业	0.411	2.188	2.178	-0.010	0.408	0.398
批发和零售业	0.507	6.554	6.529	-0.025	0.503	0.501
住宿和餐饮业	0.885	2.007	2.007	0.000	0.882	0.862
金融业	0.680	4.916	4.906	-0.010	0.674	0.675
房地产业	0.320	4.364	4.339	-0.025	0.319	0.313
租赁和商务服务业	0.706	1.409	1.406	-0.003	0.699	0.698
研究与试验发展业	52.521	0.228	0.344	0.117	52.501	52.538
综合技术服务业	28.934	0.906	1.158	0.252	28.917	28.946
水利、环境和公共设施管理业	0.249	0.418	0.415	-0.003	0.238	0.252
居民服务和其他服务业	0.535	1.406	1.401	-0.005	0.530	0.523
教育	0.161	2.673	2.653	-0.019	0.144	0.184
卫生、社会保障和社会福利业	0.141	1.362	1.352	-0.010	0.125	0.166
文化、体育和娱乐业	0.596	0.564	0.563	-0.002	0.585	0.596
公共管理和社会组织	0.036	3.389	3.360	-0.029	0.017	0.061

表 26-4　财政科技支出占 GDP 由 0.8%增加到 2%时各指标的变化（%）

观察项目		第一产业	第二产业	第三产业	整体经济
劳动报酬变动		0.005	0.005	0.019	0.010
部门劳动报酬占增加值比重	科技支出 0.8%时	0.745	0.339	0.360	0.410
	科技支出 2.0%时	0.745	0.339	0.362	0.410
	相对变化	0.000	0.000	0.001	
部门劳动报酬占整体劳动报酬比例	科技支出 0.8%时	0.281	0.385	0.334	
	科技支出 2.0%时	0.279	0.383	0.337	
	相对变化	-0.001	-0.002	0.003	
资本报酬变动		0.006	0.006	0.012	0.009
政府税收变动		0.006	0.006	0.011	0.007
行业部门增加值变动		0.005	0.006	0.015	0.009
部门增加值占 GDP 比例	科技支出 0.8%时	0.154	0.465	0.380	
	科技支出 2.0%时	0.154	0.464	0.382	
	相对变化	-0.001	-0.002	0.002	
就业变动		0.415	0.454	1.804	0.894

模拟结果主要表现出如下的趋势：

（一）财政科技支出增加政策冲击下，三大产业的劳动报酬都呈正向变化

如表 26-4 数据所示，在政策模拟冲击下，三个产业的劳动报酬都是正向变化，但是三个产业的变化幅度不一致，第三产业的变化最大。42 部门细分的数据中，除科技部门外，劳动报酬增加幅度最大的（变动幅度大于 1%）是纺织业、通信设备计算机及其他电子设备制造业、仪器仪表及文化办公用机械制造业等 3 个产业，变动幅度中等（介于 0.3%至 1%之间）的产业有金融业等 31 个行业，较多地集中在第三产业中，只有较少的行业如教育等劳动报酬的变化在 0.3%以下。

（二）财政科技支出增加政策冲击下，第三产业劳动报酬占比增加

产业部门内的劳动报酬占增加值的比重，也呈现出不同的变化趋势，第一、二产业劳动报酬占比下降了，而第三产业的劳动报酬占比上升了，整体经济的劳动报酬占比也是上升的。如果以部门劳动报酬占整体劳动报酬比例来观察行业间劳动报酬的结构变化，则可以发现，第三产业的劳动报酬比重增大了，而第一、二产业的比重相应地减少了。总体的趋势是：劳动报酬上升，但是三个产业的变动幅度各不一致；第三产业劳动报酬占比上升，第一、二产业的劳动报酬占比下降。财政科技投入对于劳动报酬具有正效应。

（三）财政科技支出增加政策冲击对资本报酬、政府税收也呈正向影响

以资本报酬、政府税收、增加值和就业为观察指标，也呈现出这样的规律，即财政科技投入带动了经济增长，带动了就业，但是产业之间的变化幅度各不一样，第三产业的经济增长相对幅度要大，而第一、二产业的增长幅度要小一些。细分产业的数据也呈现出增减不一、幅度不一的趋势。可见，财政科技投入是产业结构调整的一个有效手段。

四、政策建议

（一）增加科技投入，改变依赖资本深化的增长模式

财政科技投入对于经济的影响为正，这个结果符合了科技和教育作为提供内生增长动力源泉的基本结论。长期以来，我国的经济增长一直是依赖资本深化，全要素生产率以及劳动力的贡献相对较少。相对于发达国家由技术进步而引起的全要素生产率的提升所带动的增长，我国过度依赖资

本深化，需要从技术进步和劳动力的贡献角度推动经济增长进而带动就业，财政科技投入利于促进技术进步，模拟显示，这样的提升有利于促进经济增长。这从另一方面说明我国目前的依赖资本深化的增长模式可以得到改变。

（二）减轻政府市场主体的角色，改进政府在民生领域的贡献

本问题的研究涉及政府和市场的边界这个经济学的核心问题。改革30多年来，我国在取得了巨大的经济成就的同时，也存在着政府和市场的治理边界不清晰不合理，政府介入经济的范围和程度较大等问题。例如，此次经济危机中，中国政府以巨额经济刺激和强力干预，虽然完成了经济增长的数字目标，但也导致了通货膨胀和经济增长的两难困境，经济结构进一步扭曲。同时，应该由政府发挥作用的服务功能，例如社保、科技、教育等服务功能的政府缺位。从政府与市场边界的视角来分析。政府退出本来应该由企业所履行的经济职能，退出本来应该由市场来发挥作用的资源配置领域，减轻其建设主体和投资主体的角色，转而在教育和科技等民生保障领域上提供政府应该提供的服务功能，向公共利益服务型政府转变，在市场机制失灵的领域发挥其特殊作用。本章的模拟结果显示，政府在民生领域的作为可以促进就业等民生目标的实现。相反，实践证明，以投资促增长的政府主导经济发展的方式就业效应较小。转变政府的市场参与角色为市场保障角色势在必行。

（三）增加科技支出有益于解决城镇化过程中的劳动和就业问题

从三个产业的数据来看，财政科技投入对于第三产业的影响最大，对第一和第二产业的影响相对较小。经济发达国家的产业结构和就业结构变动表明，随着经济体劳动生产率水平的提高，劳动力不断从第一、二产业转移到第三产业，产业重心向第三产业转移，在模拟财政科技支出占GDP

比重达到2%的情况下，第三产业就业需求增加分别是第一产业的4.35倍和3.97倍。服务业的劳动报酬、增加值以及就业人数在经济的发展过程中呈现快速增长的势头。财政科技的投入加速了向第三产业转型，使得我国的产业结构和就业结构更加合理。无疑，财政科技投入推动了产业的转型。我国处于快速城镇化进程之中，大量的农业人口进入城市是当前需要面临的重要的民生问题。从国际经验和我国目前的实际来看，第一产业的劳动力将大量地转移到服务业。从模拟结果看出，财政科技支出增加的冲击影响弹性最大的部门是服务业，这给解决我国城镇化过程中的问题提供了一个思路，即增大财政科技支出有益于解决城镇化过程中的劳动和就业问题。

本篇附录 1
民生利益归宿与国民经济科目对应表

	2007 版分类目录	老版目录
教育支出13	普通教育 1301（细分为中学，小学教育，高等教育）	1301 普通教育
	职业教育	1302 职业教育
	继续教育＝成人教育+广播电视教育+教师进修+干部继续教育	1303 成人教育+1304 广播电视教育+1307 教师进修及干部教育
	其他＝留学+特殊+教育附加+其他支出	1305 留学教育+1306 特殊教育+1309 其他+8203 地方教育附加支出+8204 地方教育基金支出
社会保障	养老＝财政对社会保险基金的补助+补充全国保障基金+行政事业单位离退休+企业改革补助	18 行政事业单位离退休支出+1901 社会保险基金补助+1904 补充全国社会保障基金+1905 企业关闭破产补助
	就业＝就业补助+退役安置	1902 就业补助+1702 安置+1903 国有企业下岗职工补助
	社会福利＝抚恤+社会福利+残疾人事业+红十字事业	1701 抚恤+1705 社会福利+1707 残疾人事业
	穷人＝城镇居民最低生活保障+其他城镇社会救济+自然灾害生活救助+农村最低生活保障+其他农村社会救助+廉租住房支出	1703 城市居民最低生活保障+1704 农村及其他社会救济+1708 自然灾害生活救助
	其他	1706 其他民政+1906 社会保险经办机构+1909 其他

续表

2007 版分类目录	老版目录
医疗卫生服务 = 医疗服务 + 社区卫生服务（工资）	150101 医院 + 150102 城市社区卫生服务中心
医疗保障（补助）	150108 处理医疗欠费 + 1504 行政事业单位医疗
疾病预防控制	150104 防治防疫
监督及其他 = 卫生监督 + 中医药 + 其他医疗卫生支出	1502 中医 + 1503 食品和药品监督管理
妇幼保健	150105 妇幼保健
农村卫生	150103 乡镇卫生院 + 150107 农民医疗
基础研究	140101 基础研究
应用研究	140102 社会公益和农业研究
技术研究与开发	140103 高技术研究 + 140105 技术开发
科普交流合作	（140108，140204）国际合作与交流 + 1403 科学技术普及
其他	1402 社会科学（除 140204）+ 140107 科技条件专项 + 140109 转制科研 + 140110 科研管理机构 + 140111 研究生院 + 140112 自然科学基金
农业 = 农业 + 林业 + 水利	0704 农业资源和环境保护 + 0802 森林救灾 + 0902 防汛岁修抗旱 + 0903 水文水质水土水资源管理 + 0904 水利建设
农民 = 扶贫	0702 自然灾害救助 + 0703 农业生产资料补贴
农村 = 农业综合开发 + 其他农林水事务支出	0708 农业综合开发
其他	（0701，0801，0901）行业管理 + 0707 土地管理支出 + （0709，0809）其他 + 0905 气象支出

表格左侧纵向分类：医疗卫生支出、科技支出、「三农」支出

2007 版分类目录		老版目录
环境保护支出	保护＝自然生态保护＋天然林保护＋退耕还林＋风沙荒漠治理＋退牧还草	0803 天然林保护＋0804 退耕还林＋0805 森林生态效益＋0807 造林＋0808 防沙治沙
	减排＝能源节约利用＋污染减排＋可再生能源＋资源综合利用	6001 排污费支出＋6002 水资源费支出＋6003 矿产资源补偿费支出
	污染防治	
	其他和监督	

本篇附录2　国家级描述性宏观SAM表

	活动	要素		居民	企业	政府	间接税	进口税	国外	资本账户	存货变动	汇总
		劳动力	资本									
商品	中间投入			消费		政府消费			出口	固定资本	存货变动	总需求
要素 劳动力	劳动者报酬											要素收入
要素 资本	资本回报											要素收入
居民		劳动收入	资本收入		企业对居民的转移支付	政府的转移支付			国外收益			居民总收入
企业			资本收入									企业总收入
政府				直接税	直接税		生产税	进口税		政府赤字		政府总收入
间接税	生产税											间接税收入
进口税	进口税											进口税收入
国外	进口		国外资本投资收益			对国外的支付						外汇支出
资本账户				储蓄	企业储蓄	政府储蓄			国外储蓄		存货变动	总储蓄
存货变动										存货变动		存货净变动
汇总	总投入	要素支出	要素支出	居民支出	企业支出	政府支出	间接税	进口税	外汇收入	总投资	存货净变动	

本篇附录 3　区域描述性宏观 SAM 表

	活动	要素 劳动力	要素 资本	居民	企业	政府	间接税	进口税	国外	资本账户	存货变动	汇总
商品	中间投入			消费		政府消费			出口	固定资本	存货变动	总需求
要素 劳动力	劳动者报酬											要素收入
要素 资本	资本回报											要素收入
居民		劳动收入	资本收入		企业对居民的转移支付	政府的转移支付			国外收益			居民总收入
企业												企业总收入
政府				直接税	直接税		生产税	进口税	国外收入	政府赤字		政府总收入
间接税	生产税											间接税收入
进口税	进口税											进口税收入
国外	进口		国外资本投资收益			对国外的支付				国外收入		外汇支出
资本账户				储蓄	企业储蓄	政府储蓄			国外储蓄			总储蓄
存货变动										存货变动		存货净变动
汇总	总投入	要素支出	要素支出	居民支出	企业支出	政府支出	间接税	进口税	外汇收入	总投资	存货净变动	

本篇附录 4　中国 2002 SAM 表

	农业 A	科研 A	教育 A	医疗 A	社保 A	生产资料制造 A	农产品加工 A	其他制造业 A	矿产及能源开采 A	化工 A
农业 A										
科研 A										
教育 A										
医疗 A										
社保 A										
生产资料制造 A										
农产品加工 A										
其他制造业 A										
矿产及能源源开采 A										
化工 A										
居民服务 A										
水电气热供应 A										
其他服务业 A										
农业 C	46368195.59	28186.48437	366920.39	114024.92	1459.9123	15658.42889	69582948	24916923	490496.21	6615298.8
科研 C	69591.65728	112786.2854	215240.81	16484.708	0	8831.516001	63276.426	364342.5	234715.59	99314.021
教育 C	209908.2795	24694.12809	179498.85	96391.502	12535.836	23023.63349	259725.07	656984.92	513018.14	172042.12
医疗 C	114122.3309	71362.04005	216306.98	85818.451	17614.458	14996.56256	528159.44	506401.11	533711.01	1311462.6
社保 C	0	0	0	0	0	0	0	0	0	0
生产资料制造 C	18228656.42	21722.80106	17305.306	0	22.543583	2730834.086	53757.241	56848.621	1324.441	493730.74

续表

	农业 A	科研 A	教育 A	医疗 A	社保 A	生产资料制造 A	农产品加工 A	其他制造业 A	矿产及能源开采 A	化工 A
农产品加工 C	16913629.48	117529.6914	3345396.6	583978.66	21198.038	227997.7622	104286287	28093332	5447891.3	5596950.7
其他制造业 C	3113328.349	1869799.75	7415376.8	2658501.7	165628.51	2788441.599	10032094	194545066	28580049	5885647.1
矿产及能源开采 C	5850159.601	410752.8607	1630827.2	390053.75	61905.179	4403687.339	8154771.7	168209850	169856778	18389930
化工 C	3000612.582	117068.4184	776240.26	12640874	56621.945	4513168.79	25008928	46568978	12828019	74608972
居民服务 C	642579.9191	41874.26036	436876.68	64706.862	10026.534	152411.3145	1151309.5	1806139.3	2399198.8	851581.74
水电气热供应 C	3318857.498	170666.2313	2456135.8	602740.2	47694.491	1266071.383	6385886	11944829	22670717	9241678.2
其他服务业 C	21653120.35	933257.9674	7332488.3	2768724.7	295494.12	3134226.627	45131774	103015908	51254057	21859438
劳动	1331159686.5	2381298.578	30749275	13624643	1050381.9	2655257.356	38950523	93021246	61516747	18923577
资本	27698470.17	983222.4614	7228838.4	5208746.3	342602.15	2911616.209	37776985	81142252	54738992	22148894
城市高收入										
城市中收入										
城市低收入										
农村中高收入										
农村中低收入										
企业										
政府										
国外										
直接税	4968273.19	53322.48327	581319.83	315552.28	50629.698	853642.3207	25840515	18552952	21556604	10387479
进口税										
储蓄-投资										
存货变动										
总计	2853091191.9	7337544.441	62948048	39171241	2133815.4	25699864.93	373206941	773402052	432622319	195405995

右续表1

居民服务A	水电气热供应A	其他服务业A	农业C	科研C	教育C	医疗C	社保C	生产资料制造C	农产品加工C	其他制造业C
			285309191.9							
				7337544.441						
					62948047.74					
						39171241.46				
							2133815.357			
								25699864.93		
									373206940.8	
										773402052.1
311034.1618	58464.33529	14517741.77								
1183.489093	17872.37719	388007.6581								
41471.18049	93781.14099	2157092.336								
26885.90546	115368.0122	725377.7527								
0	0	116083.6154								
10263.93954	0	865659.9298								
6592849.757	387060.9366	37222237.3								

右续表 1

居民服务 A	水电气热供应 A	其他服务业 A	农业 C	科研 C	教育 C	医疗 C	社保 C	生产资料制造 C	农产品加工 C	其他制造业 C
4731238.816	8228825.113	92503906.23								
1322070.441	19342859.63	32548774.88								
2808838.992	797807.7046	7237618.435								
1555853.745	884512.2945	5069388.744								
689345.8251	4498474.877	12823107.34								
6185491.295	10793196.32	162182762.1								
11804349.18	10120605.88	171547401.5								
5167967.759	24617926.88	184495420.7								
			6633535.862	0	107975.5129	0	0	2223284.203	273003064.42	1289170022.4
		61668560.53	656274.3684	0	10682.32131	0	0	219955.7621	2701168.988	12754123.77
2683561.598	8192740.101		292599002.17	17337544.441	63066705.58	39171241.46	2133815.357	28143104.89	403211174.2	2915073198.2
43932406.08	88149495.6	786069140.7								

右续表2

矿产及能源开采C	化工C	居民服务C	水电气热供应C	其他服务业C	劳动	资本	城市高收入	城市中收入	城市低收入	农村中高收入
432622319.3										
	195405995.4									
		43932406.08								
			88149495.6							
				786069140.7						
							17581737.47	31479026.1	6250381.833	35202523.87
							0	0	0	0
							8507470.756	11693101.82	1794282.899	4632323.598
							5872855.298	8711188.468	1441229.996	2633921.348
							69246.38845	91762.96754	13443.46027	19191.33975
							0	0	0	0
							25285013.86	44850171.78	6452137.182	24783463.36

右续表 2

矿产及能源开采 C	化工 C	居民服务 C	水电气热供应 C	其他服务业 C	劳动	资本	城市高收入	城市中收入	城市低收入	农村中高收入
							12771752.47	15675944.45	1779668.535	5813237.257
							4281985.821	5674342.514	831302.6505	2334874.746
							3769566.721	4995302.086	731821.855	3949102.728
							7390958.096	8927058.032	1262387.096	4381999.171
							4572883.359	6224988.69	1219224.031	1854401.128
							47419502.7	57274936.07	8099324.546	39127698.23
					186034979.2	7175421.2				
					246527250.5	9508625				
					36116740.63	1393032.8				
					104001194.4	13162652				
					16824827.87	2637269				
						408454935				
42923933.06	32137887.72	3974918.168	3742975.971	144322275.93		12130000	19642575.89	17353117.32	0	15602035.79
4246585.477	3179491.662	393249.839	370303.1449	1427825.667			677753910.57	89785186.42	13153711.34	19792458.32
479792837.9	230723374.8	48300574.09	922627774.72	801929242.3	589504992.6	454461935	224919459.4	302736126.7	43028915.42	160127230.9

右续表3

农村中低收入	企业	政府	国外	直接税	进口税	储蓄-投资	存货变动	总计
								285309191.9
								7337544.441
								62948047.74
								39171241.46
								2133815.357
								25699864.93
								373206940.8
								773402052.1
								432622319.3
								195405995.4
								43932406.08
								88149495.6
								786060140.7
14126267.71		1641610.558	4741964.937			7727340.616	10460796.96	292599002.1
0		4974295.53	0			990230.1767	-218628.294	7337544.441
13127771.87		34085994.33	143255.0864			0	-3542661.92	63066705.58
852897.4054		18365806.01	0			0	-1794243.73	39171241.46
5024.358451		1902566.971	0			0	-83503.7439	2133815.357
0		0	947275.6428			4518575.809	197127.3698	28143104.89
7808284.298		0	71850754.65			1219875.291	12125134.16	403211174.2
1618746.709		0	118057965			395427989.1	1409991.167	915073198.2

右续表 3

农村中低收入	企业	政府	国外	直接税	进口税	储蓄-投资	存货变动	总计
611278.2022		0	26561549.98			3215874.751	5709209.264	479792837.9
1033888.615		0	21037633.28			0	4242311.604	230723374.8
1025144.155		521273.8868	8351594.361			0	1373699.617	48300574.09
436254.1282		0	547732.0718			0	1291087.416	92262774.72
9153705.777		129707452.7	57185386.78			23221114.28	-5799817.43	801929242.3
								589504992.6
	20136606.67	7860619.448	3711832.958					454461935
	31364829.4	10416626.53	4918795.26					224919459.4
	3272471.71	1526056.847	720613.4503					302736126.7
	39009227.24	2685871.909	1268285.272					43028915.42
	23115716.13	399525.2623	188658.2916					160127230.9
		12469500	-121411778.7					43165996.57
0	30827900		-60960.105	155705152.4	25959661			299512656.3
						25370502.43		265029482.3
		384722282.25	757766315.03					274526873.2
5181733.351	151785905.2		274526873.2	155705152	25959661	461691502		155705152.4
								25959661
								461691502.4
43165996.57	299512656.3	265029482.3					25370502	25370502.43

本篇附录 5　中国 2007 SAM 表

	农业 A	科研 A	教育 A	医疗 A	社保 A	生产资料制造 A	农产品加工 A	其他制造业 A	矿产及能源开采 A	化工 A
农业 A										
科研 A										
教育 A										
医疗 A										
社保 A										
生产资料制造 A										
农产品加工 A										
其他制造业 A										
矿产及能源开采 A										
化工 A										
居民服务 A										
水电气热供应 A										
其他服务业 A										
农业 C	68771565.47	555116.644	368428.2549	589299.7594	6069.749196	221770.4876	222079050	9461966.939	945865.8745	16453299.37
科研 C	3808277.231	2507496.689	787794.4945	243699.2987	5250.329093	281445.8773	2968216.168	17938841.59	6326744.84	3253863.19
教育 C	4771170.385	186700.1754	2510969.824	366698.1888	30594.75938	25613.42632	327903.751	898453.3763	737675.3556	192017.437
医疗 C	377397.3972	53986.20133	408323.1478	261893.1613	103888.6666	46056.3116	859541.9747	3224037.962	2298221.149	420757.5381
社保 C	75959.34997	7281.648886	19333.51511	9388.863614	706.0530482	3149.83297	63423.73808	118067.3691	92606.98598	31235.33965
生产资料制造 C	35765947.76	59233.86166	37379.557	5772.749166	39.86077832	8631265.549	423751.3136	100692.3285	375.1994621	1948436.621

续表

	农业 A	科研 A	教育 A	医疗 A	社保 A	生产资料制造 A	农产品加工 A	其他制造业 A	矿产及能源开采 A	化工 A
农产品加工 C	47910367. 14	1002171. 585	6821854. 558	4788028. 343	108479. 9587	822954. 4366	354808010	71389790. 71	22037324. 44	21693306. 45
其他制造业 C	3443345. 165	8819417. 96	12004859. 97	10953363. 24	145105. 965	6491586. 405	30860278. 71	69854098. 9	119314030. 5	19767266. 9
矿产及能源开采 C	6425354. 861	2008539. 243	3710521. 909	2178949. 967	91757. 43389	12314833. 68	23986086. 84	577688044. 4	724171042. 3	79431290. 38
化工 C	4359246. 223	2073934. 718	1865054. 992	39834992. 53	42042. 14357	11942634. 95	72140001. 23	126194099	47415189. 88	238620631. 2
居民服务 C	309771. 7977	7791. 982908	1042611. 873	267707. 6369	22310. 30131	2713. 143589	38934. 13918	174706. 9542	72580. 43706	27928. 12094
水电气热供应 C	4692237. 829	550905. 6912	4434870. 252	1891708. 175	74685. 60407	3320320. 682	17998299. 44	32459351. 39	83407835. 83	28515425. 6
其他服务业 C	25921621. 61	7004039. 302	23541857. 82	10365091. 12	666553. 4247	4987758. 723	81969562. 08	212836498	117472166. 6	45636483. 39
劳动	271816270	14856995. 44	57347538. 53	23547454. 72	2021115. 782	3831626. 006	84138554. 27	187098606. 8	125257581. 7	35261191. 03
资本	14297447. 67	10776822. 48	13886762. 07	10660613. 13	610619. 0873	6549061. 542	89968896. 4	219514832. 8	181057404. 1	58710740. 01
城市高收入										
城市中收入										
城市低收入										
农村中高收入										
农村中低收入										
企业										
政府										
国外										
直接税	-14571199. 34	1662422. 328	1830902. 638	1276334. 163	38676. 86166	1269300. 176	58186659. 53	54050222. 38	73814794. 22	15706032. 68
进口税										
储蓄-投资										
存货变动										
总计	486994780. 6	52132855. 94	130619063. 4	107240995	3967895. 98	60742091. 23	1040817169	2211689121	1504421440	565669905. 2

右续表1

居民服务A	水电气热供应A	其他服务业A	农业C	科研C	教育C	医疗C	社保C	生产资料制造C	农产品加工C	其他制造业C
			486994780.6							
				52133855.94						
					130619063.4					
						107240995				
							3967895.98			
								60742091.23		
									1040817169	
										2211689121
679531.3973	5712.902215	23302002.66								
25863.18747	2093228.033	3612927.748								
49664.8791	160451.2596	6940232.864								
23637.16509	533013.8152	1312703.373								
6201.056102	22661.43731	228472.7685								
45782.4706	0	1950928.437								
3514199.605	2482104.322	89928740.12								

右续表 1

居民服务 A	水电气热供应 A	其他服务业 A	农业 C	科研 C	教育 C	医疗 C	社保 C	生产资料制造 C	农产品加工 C	其他制造业 C
3055666.487	31053844.92	141112141.4								
1463632.398	58930055.89	87335520.23								
3099387.923	1620866.035	22454676.33								
1387286.273	13321.26596	3319547.84								
947322.5642	117310385.5	23723076.37								
7256494.872	27705810.79	312737374.3								
7784890.211	24354364.45	263156811.4								
14443843.18	59107039.68	495193795.6								
			22829063.05	6108691.127	464975.5362	197473.3225	0	2816172.735	38265016.81	350568713
1130775.639	12323229.65	103822257.8	2385765.406	638392.5584	48592.55705	20637.07216	0	294305.8799	3998909.336	36636400.98
			512209609	58879939.63	1311132631.5	107459105.4	3967895.98	63852569.84	1083081096	2598894235
44914179.31	337716090	1580131209								

右续表 2

矿产及能源开采C	化工C	居民服务C	水电气热供应C	其他服务业C	劳动	资本	城市高收入	城市中收入	城市低收入	农村中高收入
1504421440										
	5656699905. 2									
		44914179. 31								
			337716090							
				1580131209						
							18501769. 84	34459350. 48	7005914. 632	36749637. 67
							0	0	0	0
							11376982. 18	14555718. 59	2212726. 482	11623730. 56
							15286601. 56	23803966. 45	3907747. 941	2652640. 562
							43129. 46941	54117. 01265	7799. 616039	66991. 30376
							0	0	0	0
							61224740. 24	100557286. 2	15153315. 07	43054455. 32
							30615094. 56	39317013. 17	5328090. 115	13029462. 69

右续表 2

矿产及能源开采C	化工C	居民服务C	水电气热供应C	其他服务业C	劳动	资本	城市高收入	城市中收入	城市低收入	农村中高收入
							5279795.562	6624861.542	954808.3645	2380651.072
							7133799.67	8951186.56	1290090.026	4895409.885
							13133205.17	15363019.64	2055441.43	4107769.122
							8757789.542	12630954.53	2523972.565	4738189.83
							109291304.8	127847272.6	17104878.28	61997956.52
					379343506.5	7998081.279				
					475983999.3	10035650.14				
					68601207.89	1446388.371				
					148559943.8	7008335.069				
					279843342.88	1771924.351				
						1162750499				
						-16233000	54895072.43	45919991.9	0	39160735.67
167411223.4	86659320.2	1488784.781	176375.9771	48894036.84						
17495413.83	9056386.053	155586.3777	18432.28098	5109701.672			1438810225.7	180446917.4	26006917.27	177031490.1
1689328077	661385611.5	46558550.47	337910898.2	1634134948	1100473000	1174777878	479349510.8	610531656	83551701.79	401489120.3

右续表 3

企业	政府	国外	直接税	进口税	储蓄-投资	存货变动	总计
							486994780.6
							52132855.94
							130619063.4
							107240995
							3967895.98
							60742091.23
							1040817169
							2211689121
							1504421440
							565669905.2
							44914179.31
							337716090
							1580131209
	3416229.587	6659785.108			10671736.3	36461679.44	512209609
	14508701.87	260535.852			0	257053.2318	58879939.63
	74650480.32	258455.7129			0	426552.0387	131132631.5
	54413624.07	421455.9471			0	-3896540.88	107459105.4
	3146272.405	0			0	-45869.4851	3967895.98
	0	4852753.433			8484011.156	1546199.542	63852569.84
	0	1853969114.7			11827623.63	24378828.17	1083081096
	0	440489156.2			942802749.3	38043151.24	2598894235

右续表 3

企业	政府	国外	直接税	进口税	储蓄-投资	存货变动	总计
	0	116055876.7			9529349.156	-31836071.5	1689328077
	0	68634643.67			0	-2422195.25	661385611.5
	0	2136571.92			0	1963418.658	46558550.47
		651130.4674			0	-12037276.2	337910898.2
	2017773877.9	129592630.4			71043030.41	20600748.55	1634134948
							1100473000
							1174777878
60914519.53	2024040240.76	10853162.68					479349510.8
85497334.46	25396588	13618084.11					610531656
7881114.756	3660283.992	1962706.773					83551701.79
239556007.3	4143186.699	2221647.45					401489120.3
71373890.03	1031300.547	553000.962					102714458.8
1191277213	12469500	16057214.1					1191277213
30827900	570191805.9	-124826.814	323654408.7	75858524			570191805.9
		709646846.8					709646846.8
			323654408.7				323654408.7
				75858524			75858524
695226446.6	1513341519.7	-290904053			73439677.62		1127798377
1191277213	570191805.9	709646846.8	323654408.7	75858524	1127798378	73439677.62	73439677.62

本篇附录6　报表说明

基年经济描述

国民账户汇总

附表1　GDPBASE

		值	占 GDP 份额
吸收	ABSORP	GDPMP−进口−出口	
个人消费	PRVCON		
固定投资	FIXINV		
存货变动	DSTOCK		
政府消费	GOVCON		
出口	EXPORTS		VALUE/ GDPMP
进口	IMPORTS		
GDP（支出）	GDPMP	个人消费+固定投资+存货变动+政府消费 +出口+进口	
GDP（增加值）	GDPMP2	要素成本计算的 GDP+净间接税	
净间接税	NETITAX		
GDP（要素成本）	GDPFC2	税后增加值之和	

部门中要素份额

附表 2　FACTAB1

	劳动力	资本	总计
	LAB	CAP	TOTAL
产业部门	各部门要素收入占比		行求和 = 100
TOTAL			

附表 3　FACTAB2

	劳动力	资本	总计
	LAB	CAP	TOTAL
产业部门	部门要素收入对要素总收入占比		
TOTAL	列求和 = 100		

增加值和中间投入份额

附表 4　FACTAB3

	增加值	中间投入
产业部门	增加值/活动收入	累积中间投入/活动收入
总计		列求和

居民收入结构

附表 5　HHDTAB1

	支付部门	
各类居民		
总计		

各种收入在各类居民间的份额

附表 6　HHDTAB2

	支付部门	
各类居民		
总计		

仿真报告

宏观表

MACROTAB

	（本币）	基期	模拟方案
QABSTOT	实际吸收（基期价格本币）		
QHTOT	实际居民消费（基期价格本币）		
QINVTOT	实际投资（基期价格本币）		
QGTOT	实际政府消费（基期价格本币）		
QETOT	实际总出口（基期价格本币）		
QMTOT	实际总进口（基期价格本币）		
CPI	消费者价格指数（基期 100）		
名义 GDP 份额	投资		变化百分比
	私人储蓄		
	外国储蓄		
	贸易赤字		
	政府储蓄		
	关税收入		
	直接税收入		

居民收入

EHTAB

	基期	模拟方案
各类居民	人群总收入	新方案后人群总收入
总计		

人均收入

EHTABAVG

	基期	模拟方案
各类居民	人均收入	新方案后人均收入
总计		

居民收入变化%

EHTABP

	基期	模拟方案
各类居民	人群总收入	新方案后人群总收入变化百分比
总计		

本篇附录 7　模型程序源码

模型的文件结构		
文件名		**模型中的作用**
Main. gms	模型程序 运行主体部分	模型运行的核心文件
Part. gms		设置贸易弹性取值和进行税收计算
Model. gms		模型构建的主要文件
Equations. gms		模型方程声明与定义模块
Setdec. gms		设定账户
Adjustment. gms		为符合模型要求，对初始 SAM 进行一些微调
Baserepo. gms		基年数据的原始报告
Calibration. gms		模型校准模块
Saminput. gms		读取运行所需要的数据，构建 SAM 表；设定所需要的 参数值；构建模拟集合
Balance. inc	模型运行 所需包含文件	移除限值之外的小数据，检查行/列平衡，自动调用调 平程序
Repbase. inc		基年求解结果数据报告
Reploop. inc		循环定义报表参数
Repperc. inc		计算参数变化的百分比
Repsetup. inc		输出报表的设置
Repsum. inc		模拟报告的汇总
Varinit. inc		对模型中出现的变量进行初始化赋初值

续表

模型的文件结构		
文件名		模型中的作用
Simset. gms	模拟方案设定与输出部分	模拟需要的集合，定义实验参数，定义宏观系统约束与闭合，定义宏观要素市场的闭合
Simloop. gms		模拟参数的循环处理
Simmain. gms		运行模拟方案
Simdisp. gms		显示报表的结果
Simconf. gms		设定和配置模拟方案
Simcheck. gms		检查求解结果和报表中出现的错误

注：模型主体部分的程序代码参见上海财经大学图书馆网站（上海财经大学主页→图书馆→我与图书馆→内部信息网→学术交流→财政民生支出 CGE 模型程序源代码），网址：http://www.lib.shufe.edu.cn/dotnet/news/newcontent.aspx?ID=2006。

参 考 文 献

一、中文文献

1.《中国科技统计年鉴》，1996—2009 年。

2. 桑德拉·博拉斯基、李善同、何建武：《2006—2020 年中国经济前景分析》，卡内基基金会论文，2007 年，见 http://www. CarnegieEndowment. org/pubs。

3. 阿瑟·塞西尔·庇古：《福利经济学》，金镝译，华夏出版社 2007 年版。

4. 安东尼·B. 阿特金森、约瑟夫·E. 斯蒂格利茨：《公共经济学》，上海三联书店、上海人民出版社 1996 年版。

5. 安瓦·沙：《公共支出分析》，任敏、张宇译，清华大学出版社 2009 年版。

6. 巴曙松：《中国经济已悄然越过刘易斯拐点》，2011 年 5 月 5 日，见 http://www.chinanews.com。

7. 白雪梅、吕光明：《教育与收入不平等关系研究综述》，《经济学动态》2004 年第 4 期。

8. 柏杰：《国企下岗职工生活保障金来源研究——可计算一般均衡分析》，《北京大学学报（哲学社会科学版）》2001 年第 6 期，第 38 卷。

9. 柏龙彪：《我国教育不平等现状与对策研究》，《经济体制改革》2006 年第 4 期。

10. 保罗·萨缪尔森、威廉·诺德豪斯：《微观经济学》，萧琛译，人民邮电出版社 2008 年版。

11. 布坎南、马斯格雷夫：《公共财政与公共选择：两种截然对立的国家观》，中国财政经济出版社 2000 年版。

12. 蔡昉：《人口转变、人口红利与刘易斯转折点》，《经济研究》2010 年第 4 期。

13. 蔡昉：《为什么"奥肯定律"在中国失灵——再论经济增长与就业的关系》，《宏观经济研究》2007 年第 1 期。

14. 曾满超、丁小浩、阎凤娇、丁延庆：《效率、公平与充足——中国义务教育财政制度改革》，北京大学出版社 2010 年版。

15. 曾满超、丁延庆：《中国义务教育资源利用及配置不均衡研究》，《教育与经济》2005 年第 2 期。

16. 曾满超：《教育政策的经济分析》，人民教育出版社 2000 年版。

17. 柴效武：《高校学费制度研究》，经济管理出版社 2003 年版。

18. 陈卫民、李莹：《退休年龄对我国城镇职工养老金性别差异的影响分析》，《妇女研究论丛》2004 年第 1 期。

19. 陈昭：《风险投资运行机制与风险投资理论研究》，《学习与探索》2005 年第 4 期。

20. 陈中原：《中国教育平等初探》，广东教育出版社 2004 年版。

21. 陈仲常、吴永球：《财政支出、私人投资与就业增长》，《中国劳动经济学》2007 年第 1 期。

22. 程杰、王德文：《政府投资与就业关系的实证分析》，《中国人口与劳动问题报告——后金融危机时期的劳动力市场挑战》，社会科学文献出版社 2010 年版。

23. 楚尔鸣、鲁旭：《基于 SVAR 模型的政府投资挤出效应研究》，《宏观经济研究》2008 年第 8 期。

24. 丛树海：《公共支出分析》，上海财经大学出版社 1999 年版。

25. 丛树海：《行政和国防支出的公共提供》，《财经论丛》1994 年第

5 期。

26. 单豪杰:《中国资本存量 K 的再估算:1952—2006 年》,《数量经济技术经济研究》2008 年第 15 期。

27. 杜育红、孙志军:《中国欠发达地区的教育、收入与劳动力市场》,《管理世界》2003 年第 9 期。

28. 杜育红、孙志军等:《中国义务教育财政研究》,北京师范大学出版社 2009 年版。

29. 杜育红:《教育发展不平衡研究》,北京师范大学出版社 2000 年版。

30. 樊丽明、王东妮:《我国地方财政支出结构实证分析》,《改革》2001 年第 3 期。

31. 范登·德尔、韦尔瑟芬:《民主与福利经济学》,陈刚等译,中国社会科学出版社 1999 年版。

32. 方耀林:《社会阶层化与高等教育入学机会的差异性研究》,厦门大学高等教育科学研究所,1991 年。

33. 冯海波、陈旭佳:《公共医疗卫生支出财政均等化水平的实证考察——以广东省为样本的双变量泰尔指数分析》,《财贸经济》2009 年第 11 期。

34. 甘国华:《高等教育成本分担研究》,上海财经大学出版社 2007 年版。

35. 高庆波、潘锦裳:《中国企业职工养老保险制度转变前后性别利益的比较分析》,《妇女研究论丛》2007 年第 5 期。

36. 高如峰:《中国农村义务教育财政体制研究》,人民教育出版社 2005 年版。

37. 顾海晓:《我国义务教育资源公平配置的研究》,南京师范大学硕士学位论文,2003 年。

38. 郭庆旺、鲁昕、赵志耘:《公共经济学大辞典》,经济科学出版社 1999 年版。

39. 郭玉清:《资本积累、技术变迁与总量生产函数——基于中国

1980—2005 年经验数据的分析》,《南开经济研究》2006 年第 3 期。

40. 郭振友、陈瑛、张毓辉:《政府卫生补助受益归属分析》,《卫生软科学》2006 年第 2 期。

41. 郭振友、赵郁馨、张毓辉:《浙江省政府医疗机构补助的受益归属分析》,《中国卫生事业管理》2008 年第 2 期。

42. 哈维·S. 罗森、特德·盖亚:《财政学》,郭庆旺、赵志耘译,中国人民大学出版社 2009 年版。

43. 何立新、佐藤宏:《不同视角下的中国养老保险制度与收入再分配——基于年度分配和终身收入的经验分析》,《世界经济文汇》2008 年第 5 期。

44. 何立新:《中国城镇养老保险改革的收入分配效应》,《经济研究》2007 年第 3 期。

45. 贺菊煌:《我国资产的估算》,《数量经济与技术经济研究》1992 年第 8 期。

46. 胡英、蔡昉、都阳:《"十二五"时期的人口变化及未来人口发展趋势预测》,《中国人口与劳动问题报告——后金融危机时期的劳动力市场挑战》,社会科学文献出版社 2010 年版。

47. 胡宗义、张葆君、刘亦文:《人民币升值对中国钢铁行业影响的 CGE 研究》,《财经理论与实践》2009 年 3 月第 30 卷第 158 期。

48. 黄国平、张国初:《教育对就业的影响》,《数量经济技术经济研究》2003 年第 9 期。

49. 黄勇峰、任若恩、刘晓生:《中国制造业资本存量永续存盘法估计》,《经济学(季刊)》2002 年第 2 期。

50. 黄有光、张定胜:《高级微观经济学》,格致出版社、上海人民出版社 2008 年版。

51. 黄有光:《福利经济学》,中国友谊出版公司 1991 年版。

52. 黄有光:《福祉经济学——一个趋于更全面分析的尝试》,东北财经大学出版社 2005 年版。

53. 姜向阳、蒋宏凯、田力军:《国内外风险投资评估方法研究综述》,《价值工程》2006 年第 7 期。

54. 蒋洪、马国贤、赵海利:《公共高等教育利益归宿的分布及成因》,《财经研究》2002 年第 3 期。

55. 蒋洪等:《公共支出分析的基本方法》,中国财政经济出版社 2000 年版。

56. 蒋鸣和:《关于高校学生收费标准的分析》,《教育与经济》1998 年第 4 期。

57. 杰格迪什·巴格瓦蒂:《教育、阶级结构和收入平等》,《世界发展》1993 年第 5 期。

58. 金双华:《财政教育支出政策与收入分配》,《财贸经济》2003 年第 1 期。

59. 柯卉兵:《中国社会保障财政支出地区差异与转移支付问题研究》,《公共管理学报》2009 年第 12 期。

60. 赖德胜:《教育、劳动力市场与收入分配》,《经济研究》1998 年第 5 期。

61. 李春好:《种子期高科技风险投资机会的选择方法》,《科学学研究》2003 年第 2 期。

62. 李海涛:《中国教育不平等问题的统计研究》,浙江工商大学出版社 2008 年版。

63. 李娟:《养老金分配中性别差异的研究综述》,《兰州学刊》2007 年第 9 期。

64. 李丽、陈迅、汪德辉:《我国产业结构变动趋势预测:基于动态 CGE 模型的实证研究》,《经济科学》2009 年第 1 期。

65. 李鹏:《对我国行政支出之现状分析》,《财经研究》1997 年第 5 期。

66. 李仁君:《中国三次产业的资本存量测算》,《海南大学学报(人文社会科学版)》2010 年第 2 期。

67. 李善同、翟凡、徐林:《中国加入世界贸易组织对中国经济的影响——动态一般均衡分析》,《世界经济》2000 年第 2 期。

68. 李祥云:《税费改革前后义务教育公共支出利益归宿比较》,《华中师范大学学报》2008 年第 9 期。

69. 李祥云:《我国财政体制变迁中的义务教育财政制度改革》,北京大学出版社 2008 年版。

70. 李小敏、陈德棉:《风险投资制度创新分析——基于"种子期"投资的研究》,《科学管理研究》2007 年第 5 期。

71. 李永生:《高等教育成本个人该分担多少》,《中国高等教育》2000 年第 8 期。

72. 廖楚晖:《教育财政学》,北京大学出版社 2006 年版。

73. 林金霞:《资本存量测算研究》,西南财经大学硕士论文,2007 年。

74. 刘静静:《高新技术企业种子期的投资风险评价》,《经济师》2008 年第 3 期。

75. 刘穷志:《促进经济增长与社会公平的公共支出归宿机制研究——兼论中国公共支出均等化的政策选择》,《经济评论》2008 年第 5 期。

76. 刘穷志:《公共支出归宿:中国政府公共服务落实到贫困人口手中了吗?》,《管理世界》2007 年第 4 期。

77. 刘思峰、赵亮、王战营、林益:《风险投资评价的一种新方法》,《中国管理科学》2001 年第 4 期。

78. 刘洋:《我国政府支出适度规模估计及最优动态路径研究》,《管理学报》2009 年第 12 期。

79. 刘宇飞:《当代西方财政学》,北京大学出版社 2003 年版。

80. 卢自华:《中国转型期基本养老保险分配效应研究》,经济科学出版社 2010 年版。

81. 吕文杰:《我国城镇卫生筹资公平性研究——基于医疗保健支出累进度的测算》,《财经研究》2009 年第 2 期。

82. 马树才、孙长清:《经济增长与最优财政支出规模研究》,《统计研究》2005 年第 1 期。

83. 马栓友:《政府规模与经济增长——兼论中国财政的最优规模》,《世界经济》2000 年第 11 期。

84. 马跃渊、郭秀娥:《MCMC 收敛性诊断的方差比法及其应用》,《中国卫生统计》2004 年第 3 期。

85. 尼古拉斯·巴尔:《福利国家经济学》,郑秉文、穆怀中译,中国劳动社会保障出版社 2003 年版。

86. 彭浩然、申曙光:《改革前后我国养老保险制度的收入再分配效应比较研究》,《统计研究》2007 年第 2 期。

87. 彭思思、祝树金、谢锐:《国家积极财政科技投入对中国经济的影响》,《经济问题探索》2010 年第 1 期。

88. 平狄克、鲁宾费尔德:《计量经济模型与经济预测》,机械工业出版社 1999 年版。

89. 普拉丹:《公共支出分析的基本方法》,中国财政经济出版社 2000 年版。

90. 齐建国:《中国总量就业与科技进步的关系研究》,《数量经济技术经济研究》2002 年第 12 期。

91. 曲创、许真臻:《我国公共教育支出受益归宿的地区分布研究》,《山东大学学报》2009 年第 6 期。

92. 冉光和、曹跃群:《资本投入、技术进步与就业促进》,《数量经济技术经济研究》2007 年第 2 期。

93. 任若恩等:《中国代际核算体系的建立和对养老保险制度改革的研究》,《经济研究》2004 年第 9 期。

94. 桑贾伊·普拉丹:《公共支出分析的基本方法》,蒋洪等译,中国财政经济出版社 2000 年版。

95. 上海财经大学课题组:《公共支出评价》,经济科学出版社 2006 年版。

96. 沈跃骅:《财政支出受益的归宿研究》,《经济研究参考》1992 年第 7 期。

97. 孙辉、李宏瑾:《对中国各省资本存量的估计及典型性事实:1978—2008》,《广东金融学院学报》2010 年第 3 期。

98. 孙琳琳:《我国行业层次资本服务量的测算(1981—2000 年)》,《山西财经大学学报》2008 年第 4 期。

99. 孙群力:《中国地方政府最优规模的理论与实证研究》,《中南财经政法大学学报》2006 年第 4 期。

100. 谭志红:《我国普通高校招生制度公平性问题研究》,湖南师范大学硕士学位论文,2006 年。

101. 唐虎梅:《国家行政经费与国家财政支出关系研究(上)》,《财政研究》2002 年第 11 期。

102. 唐景霞、张毓辉、郭振友、赵郁馨:《浙江省医疗服务利用公平性分析》,《卫生经济研究》2005 年第 12 期。

103. 田国强:《中国经济发展中的深层次问题》,《学术月刊》2011 年第 3 期。

104. 王磊:《公共教育支出分析》,北京师范大学出版社 2004 年版。

105. 王德文、蔡昉、张国庆:《农村迁移劳动力就业与工资决定:教育与培训的重要性》,《经济学(季刊)》2008 年第 7 期。

106. 王桂新:《上海市物质资本存量估算:1978—2007》,《上海经济研究》2009 年第 8 期。

107. 王君斌、王文甫:《非完全竞争市场、技术冲击和中国劳动就业——动态新凯恩斯主义视角》,《管理世界》2010 年第 1 期。

108. 王俊:《我国制造业 R&D 资本存量的测算(1998—2005)》,《统计研究》2009 年第 4 期。

109. 王世波、王世良:《高新技术项目风险投资评价模型设计》,《企业经济》2006 年第 9 期。

110. 王文甫:《我国失业问题及其治理的财政政策》,《经济研究导刊》

2008 年第 4 期。

111. 王文甫：《政府支出、技术进步对劳动就业的效应分析》,《经济科学》2008 年第 3 期。

112. 王小鲁、樊纲：《中国经济增长的可持续性——跨世纪的回顾与展望》,经济科学出版社 2000 年版。

113. 王晓洁：《中国公共卫生支出均等化水平的实证分析——基于地区差别视角的量化分析》,《财贸经济》2009 年第 2 期。

114. 王晓军、康博威：《我国社会养老保险制度的收入再分配效应分析》,《统计研究》2009 年第 12 期。

115. 王志涛：《政府公共支出及其受益归宿研究的新进展》,《预测》2007 年第 1 期。

116. 邬志辉、于胜刚：《农村义务教育经费保障新机制》,北京大学出版社 2008 年版。

117. 吴春霞、郑小平：《农村义务教育及财政公平性研究》,中国农业出版社 2009 年版。

118. 吴方卫：《我国农业资本存量的估计》,《农业技术经济》1999 年第 6 期。

119. 吴湘玲：《我国区域基本养老保险协调发展研究》,武汉大学出版社 2006 年版。

120. 武广、冯文伟：《我国风险投资评估体系的建立》,《经济师》2008 年第 3 期。

121. 夏杰长：《论治理失业的财政政策》,中国社会科学院研究生院博士论文, 1999 年。

122. 谢夜香、陈芳：《我国行政管理支出规模的理论分析与实践探讨》,《财政研究》2008 年第 6 期。

123. 徐现祥、周舒元：《中国省区三次产业资本存量估计》,《统计研究》2007 年第 5 期。

124. 徐小刚：《行政性公共支出的理论及增长控制》,《财经论丛》2000

年第 2 期。

125. 薛俊波、王铮：《中国 17 部门资本存量的核算研究》，《统计研究》2007 年第 7 期。

126. 严永金：《均衡发展：发展基础教育的新策略》，华中师范大学硕士学位论文，2004 年。

127. 杨东平：《中国教育公平的理想与现实》，北京大学出版社 2006 年版。

128. 杨方方：《从缺位到归位——中国转型期社会保险中的政府责任》，商务印书馆 2006 年版。

129. 杨青青、潘杰义、李燕：《基于熵值法的城市竞争力评价》，《统计与决策》2008 年第 9 期。

130. 杨勇：《对中国服务业资本存量的估计：1952—2006》，《贵州财经学院学报》2008 年第 2 期。

131. 杨宇立：《公共财政框架内的行政支出变化趋势研究》，《上海经济研究》2009 年第 11 期。

132. 姚明霞：《福利经济学》，经济日报出版社 2005 年版。

133. 姚战琪、夏杰长：《资本深化、技术进步对中国就业效应的经验分析》，《世界经济》2005 年第 1 期。

134. 姚正海：《基于生命周期的高技术企业风险防范研究》，《经济问题》2008 年第 5 期。

135. 叶宗裕：《中国资本存量再估算：1952—2008》，《统计与信息论坛》2010 年第 7 期。

136. 尹碧波、周建军：《中国经济中的高增长与低就业——奥肯定律的中国经验检验》，《财经科学》2010 年第 1 期。

137. 尹航：《基于高新技术成果转化的风险投资项目评价体系研究》，博士论文，2007 年。

138. 尹利军、龙新民：《行政管理支出中存在的问题及其优化策略》，《改革与战略》2007 年第 11 期。

139. 尹庆双、奉莹:《金融危机背景下我国政府投资的就业效应分析》,《经济学动态》2010 年第 1 期。

140. 尹淑娅:《风险投资中的创业企业价值评估模型及其运用》,《中国软科学》1999 年第 6 期。

141. 于长革:《公共消费支出及其最优规模分析》,《财经研究》2004 年第 10 期。

142. 袁振国:《论中国教育政策的转变:对我国重点中学平等与效益的个案研究》,广东教育出版社 1999 年版。

143. 袁振丽、宫红霞:《高等教育收费对教育机会平等的影响》,《沈阳教育学院学报》2005 年第 7 期。

144. 詹姆斯·M. 布坎南:《公共物品的需求与供给》,马珺译,上海人民出版社 2009 年版。

145. 张军:《对中国资本存量 K 的再估计》,《经济研究》2003 年第 7 期。

146. 张雷宝:《中国行政支出膨胀的实证分析》,《财经论丛》2003 年第 4 期。

147. 张丽华、汪冲、杨树琪:《西部农村义务教育投入保障制度研究》,经济科学出版社 2009 年版。

148. 张明海:《增长和要素替代弹性——中国经济增长 1978—1999 年的实证研究》,《学术月刊》2002 年第 8 期。

149. 张淑锵、程宏宇:《就近入学与择校现象:教育机会平等问题浅析》,《教育理论与实践》2001 年第 1 期。

150. 张欣:《可计算一般均衡模型的基本原理与编程》,格致出版社、上海人民出版社 2010 年版。

151. 张馨、郝联峰:《我国公共产品最佳供应数量研究》,《管理世界》1997 年第 3 期。

152. 张馨:《论民生财政》,《财政研究》2009 年第 1 期。

153. 张杨波:《社会分层与农村学生受教育机会不平等》,《青年研究》

2002 年第 11 期。

154. 张玉林：《分级办学制度下的教育资源分配与城乡教育差距》，《中国农村观察》2003 年第 1 期。

155. 张长征等：《中国教育公平程度实证研究：1978—2004——基于教育基尼系数的测算与分析》，《清华大学教育研究》2006 年第 2 期。

156. 赵刚、叶德平：《种子期风险企业的风险评估及案例分析》，《科技创业》2007 年第 10 期。

157. 赵海利、赵海龙：《谁是我国初等教育公共支出的受益者?》，《经济社会体制比较》2007 年第 4 期。

158. 赵海利：《高等教育公共政策》，上海财经大学出版社 2003 年版。

159. 赵永、王劲峰：《经济分析 CGE 模型与应用》，中国经济出版社 2008 年版。

160. 郑玉歆、樊明太：《中国 CGE 模型及政策分析》，社会科学文献出版社 1999 年版。

161. 中国失业问题与财政政策研究课题组：《中国失业问题与财政政策研究》，《管理世界》2005 年第 6 期。

162. 钟正生、饶晓辉：《我国存在最优政府规模曲线吗》，《财贸研究》2006 年第 6 期。

163. 朱翠萍、蒋智华：《政府财政支出的就业效应与政策建议》，《云南财经大学学报》2010 年第 3 期。

164. 朱家存：《教育均衡发展政策研究》，中国社会科学出版社 2003 年版。

165. 朱璐璐、寇恩惠：《我国社会保障支出与城镇居民收入差距——以江苏省为例》，《上海财经大学学报》2010 年 6 月第 12 卷第 3 期。

166. 朱轶、熊思敏：《技术进步、产业结构变动对我国就业效应的经验研究》，《数量经济技术经济研究》2009 年第 5 期。

二、英文文献

1. Aaron, Henry and Martin McGuire, "Public Goods and Income Distribution", *Econometrica*, No.38, 1970.

2. Ajwad, Mohamed Ihsan and Quentin Wodon, "Do Local Governments Maximize Access Rates to Public Services Across Areas? A Test Based on Marginal Benefit Incidence Analysis", *The Quarterly Review of Economics and Finance*, No.47, 2007.

3. Aaron, H., M. McGuire, "Public Goods and Income Distribution", *Econometrica*, Vol.38, No.6, 1970.

4. Aaron, A., M. McGuire, "Reply to Geoffrey Brennan, The Distributional Implication of Public Goods", *Econometrica*, Vol.44, No.2, 1976.

5. Antràs, P., "Is the U.S. Aggregate Production Function Cobb-Douglas? New Estimates of the Elasticity of Substitution", *Contributions to Macroeconomics*, 4(1), 2004.

6. Arrow, K. and M. Kurz, *Public Investment, the Rate of Return, and Optimal Fiscal Policy*, Johns Hopkins University Press, 1970.

7. Arrow K.J., H.B.C., B.S. Minbas, R.M. Solow, "Capital-Labor Substitution and Economic Efficiency", *Review of Economics and Statistics*, 43(3), 1961.

8. Barro, R. J. and Charles J. R., "Macroeconomic Effects from Government Purchases and Taxes", NBER Working Paper, No.15369, 2009.

9. B. Decaluwe, A. Martens, "CGE Modeling and Developing Economies: A Concise Empirical Survey of 73 Applications to 26 Countries", *Journal of Policy Modeling*, No.4, 1988.

10. Bishop, Geoffrey A., "Income Redistribution in the Framework of National Income Accounts", *National Tax Journal*, No.19, 1966.

11. Bhattacharya, Jay and Darius Lakdawalla, "Does Medicare Benefit the Poor?", *Journal of Public Economics*, No.90, 2006.

12. Boskin, Michael J., Laurence J. Kotlikoff, Douglas Puffert and John Shoven, "Social Security: A Financial Appraisal across and within Generations", *National Tax Journal*, No.40, 1987.

13. Brennan, Geoffrey, "The Distributional Implications of Public Goods", *Econometrica*, 44(2), 1976.

14. Bruno DEBORGER, "Estimating the Welfare Implications of In-kind Government Programs", *Journal of Public Economics*, No.38, 1989.

15. Barro, R., "Government Spending in a Simple Model of Endogenous Growth", *Journal of Political Economy*, Vol.98, No.5, 1990.

16. Brennan, G., "The Distributional Implications of Public Goods", *Econometrica*, Vol.44, 1976.

17. Brown, J., *Public Sector Economics*, Basil Blackwell, 1990.

18. Caldwell, Steven, Farreault, Melissa, Grantman, Alla, Gokhale, Jagadeesh, Johnson, Thomas and Kotlikoff, Laurence J., "Social Security's Treatment of Postwar Americans", in James M. Poterba, (eds.), *Tax Policy and the Economy*, Vol.13, Cambridge, MA: MIT Press, 1999.

19. Carr J., "Government Size and Economic Growth: A New Framework and Some Evidence from Cross-Section and Time-Series Data", Comment, *The American Economic Review*, Vol.71, No.1, 1989.

20. Chambers, Robert G., "The Incidence of Agricultural Policies", *Journal of Public Economics*, No.57, 1995.

21. Chamberlain, Andrew and Gerald Prante, "Who Pays Taxes and Who Receives Government Spending? An Analysis of Federal, State and Local Tax and Spending Distributions, 1991 – 2004", *Tax Foundation Working Paper*, No.1, 2007.

22. Chobanov, D., and Mladenova, A., "What is the Optimum Size of

Government", www.ime.bg, 2009.

23. Chow, G. C., "Capital Formation and Economic Growth in China", *Quarterly Journal of Economics*, No.8, 1993.

24. Chumacero, R. A. and Schmip -Hebbel, K., "General Equilibrium Models: An Overview", Central Bank of Chile, 2005.

25. Clemens Breisinger, M. T., and James Thurlow, "Social Accounting Matrices and Multiplier Analysis: An Introduction with Exercises, in Food Security in Practice", International Food Policy Research Institute: Washington, D.C., 2009.

26. David ULPH, "On the Optimal Distribution of Income and Educational Expenditure", *Journal of Public Economics*, No.8, 1977.

27. David O'Connor, Fan Zhai, Kristin Aunan, Terje Berntsen and Haakon Vennemo, "Agricultural and Human Health Impacts of Climate Policy in China: A General Equilibrium Analysis with Special Reference to Guangdong", Technical Paper of the OCED Research Program on Responding to Local and Global Environmental Challenges.

28. Davoodi, Hamid, R., Tiongson, Erwin, R. and Sawitree, S. Asawanuchit, "How Useful are Benefit Incidence Analyses of Public Education and Health Spending?", IMF Working Paper, 2003.

29. Dean A. Shepherd, "Venture Capitalists' Assessment of New Venture Survival", *Management Science*, Vol.45, No.5, 1999.

30. Dean R. Leimer, "Cohort-Specific Measures of Lifetime Net Social Security Transfers", Social Security Administration, Office of Research and Statistics, Working Paper No.59, February 1994.

31. Deculuwe, B., A. Martens, M. Monette, "Macro Closures in Open Economy CGE Models: A Numerical Reappraisal", 1987.

32. Devarajan, Shantayanan and Shaikh I. Hossain, "The Combined Incidence of Taxes and Public Expenditures in the Philippines", *World Development*,

Vol.26, No.6, 1998.

33. Devarajan, S., Robinson, S., "The Influence of Computable General Equilibrium Models on Policy", TMD Discussion Paper 98, Washington: International Food Research Institute, 2002.

34. De Wulf, Luc, "Fiscal Incidence Studies in Developing Countries: Survey and Critique", Staff Papers, International Monetary Fund, Vol.22, No.1, 1975.

35. De Wulf, Luc, "Incidence of Budgetary Outlays: Where do we go from here?", *Public Finance*, No.36, 1981.

36. Devarajan, S., Swaroop, V., and Zou, H., "The Composition of Public Expenditure and Eeconomic Growth", *Journal of Monetary Economics*, Vol.37, 1996.

37. Diamond, P.A., "A framework for Social Security Analysis", *Journal of Public Economics*, 8(3), 1977.

38. Dixon, P. B. , P. B. R. , M. T. Rimmer, "CGE Models for Practical Policy Analysis: The Australian Experience , Policy Evaluation With Computable General Equilibrium Models", Wolfgang Wiegard Amedeo Fossati, Routledge, London, 2002.

39. Dixon, P. B. , B. R. Parmenter, J. Sutton, D. Vincent.Orani, *A Multisectoral Model of the Australian Economy*, Amsterdam: Nort-Holland, 1982.

40. Edward J. Balistreri, C.A.M., Eina Vivian Wong, "An Estimation of US Industry-level Capital-labor Substitution Elasticity: Support for Cobb-Douglas", *North American Journal of Economics and Finance*, No.14, 2003.

41. Essama-Nssah, B., "Building and Running General Equilibrium Models in Eviews", World Bank Policy Research Working Paper, 2004.

42. Ezaki, M.,*Computable General Equilibrium Approaches in Urban and Regional Policy Studies*, Hackensack, New Jersey: World Scientific, 2006.

43. Feldstein, Martin, "Facing the Social Security Crisis", *The Public In-*

terest, No.47, 1977.

44. Feldstein, Martin, "Social Security, Induced Retirement, and Aggregate Capital Accumulation", *Journal of Political Economy*, No.82, 1974.

45. Frank Harrigan, Peter, G. McGregor, "Neoclassical and Keynesian Perspectives of the Regional Macro-economy: A Computable General Equilibrium Approach", *Journal of Regional Science*, Volume 29, Issue 4, 1989.

46. Gafar, John, "The Benefit-incidence of Public Spending: the Caribbean Experience", *Journal of International Development*, No. 18, 2006.

47. Gasparini, Leonardo C. and Santiago M. Pinto, "Equality of Opportunity and Optimal Cash and In-kind Policies", *Journal of Public Economics*, No.90, 2006.

48. Gemmell, Norman, "The Incidence of Government Expenditure and Redistribution in the United Kingdom", *Econometrica*, 52(207), 1985.

49. Gillespie, W. Irwin, "The Effect of Public Expenditures on the Distribution of Income", in Richard A. Musgrave, *Essays in Fiscal Federalism*, Washington: DC, Brookings Institution, 1965.

50. Gillespie, W. Irwin and J. Brian Labelle, "A Pro-poor or Pro-rich Redistribution of Income?", *Nation Tax Journal*, 1980.

51. Gokhale, J., L. J. Kotlikoff, J. Sefton, M. Weale, "Simulating the Transmission of Wealth Inequality via Bequests", *Journal of Public Economics*, No.79, 2001.

52. Goldberg, Kalman and Robert C. Scott, "Fiscal Incidence: A Revision of Benefits Incidence Estimates", *Journal of Regional Science*, Vol. 21, No. 2, 1981.

53. Grand, L. J., "The Distribution of Public Expenditure: The Case of Health Care", *Econometrica*, 21, 1978.

54. Grossman, P. J., " The Optimal Size of Government", *Public Choice*, Vol.53, No.2. 1987.

55. Hamid R. Davoodi, Erwin R. Tiongson, and Sawitree S. Asawanuchit, "How Useful are Benefit Incidence Analyses of Public Education and Health Spending", IMF Working Paper, 2003.

56. Hans Lofgren, Rebecca Lee Harris, Sherman Robinson, "A Standard Computable Equilibrium (CGE) Model in GAMS", Microcomputers in Policy Research, No.5, International Food Policy Research Institute, 2002.

57. Hossain, Shaikh, I., "Making An Equitable and Efficient Education: The Chinese Experience", Policy Research Working Paper, No.2740, 1997.

58. Irma Adelman, Sherman Robinson, "Macroeconomic Adjustment and Income Distribution: Alternative Models Applied to Two Economies", *Journal of Development Economics*, Volume 29, Issue 1, 1988.

59. Jung, Hong-Sang and Eric Thorbecke, "The Impact of Public Education Expenditure on Human Capital, Growth, and Poverty in Tanzania and Zambia: A General Equilibrium Approach", *Journal of Policy Modeling*, No.25, 2003.

60. Kamps, C., "New Estimates of Government Net Capital Stocks for 22 OECD Countries 1960—2001", IMF Working Paper, Fiscal Affairs Department 39, 2004.

61. Kaplow, Louis, "Public Goods and the Distribution of Income", *European Economic Review*, No.50, 2006.

62. Karras, G., "The Optimal Government Size: Further International Evidence on the Productivity of Government Services", *Economic Inquiry*, Vol.34, No.2, 1996.

63. Kehoe, T.J., *Social Accounting Matrices and Applied General Equilibrium Models*, 1996.

64. Kmenta, J., "On Estimation of the CES Production Function", *International Economic Review*, No.8(2), 1967.

65. Lance Taylor, *Structuralism CGE Models, in Socially Relevant Policy Analysis: Structural Computable General Equilibrium Models for the Developing*

World, Cambridge: The MIT Press, 1990.

66. Lanjouw, Peter and Martin Ravallion, "Benefit Incidence, Public Spending Reforms, and the Timing of Program Capture", *The World Bank Economic Review*, Vol.13, No.2, 1999.

67. Lanjouw, P., M. Pradham, F. Saadah, H. Sayed and R. Sparrow, "Poverty, Education, and Health in Indonesia: Who Benefits from Public Spending?", Policy Research Working Paper, No.3408, The World Bank, 2001.

68. Le Grand, J., "The Distribution of Public Expenditure on Education", *Economitrica*, Vol.47, No.193, 1982.

69. Lewis, W.A., "Economic Development with Unlimited Supplies of Labor", *The Manchester School*, No.22, 1954.

70. MacMillan, J.C.R.Siegel, "Criteria Used by Venture Capitalist to Evaluate New Venture Proposal", *Journal of Business Venturing*, 2002.

71. Maital, S., "Public Goods and Income Distribution: Some Further Results", *Econometrica*, No.41, 1973.

72. Manasan, Rosario G., Janet S. Cuenca and Eden C. Villanueva, "Benefit Incidence of Public Spending on Education in the Philippines", Discussion Paper Series, No.9, 2007.

73. María Teresa Rubio Sanz, J.V.P., "SAM Multipliers and Inequality Measurement", *Applied Economics Letter*, No.10(7), 2003.

74. Mark Horridg, Glyn Wittwer, "The Economic Impacts of a Construction Project, Using Sino Term, a Multi-regional CGE Model of China", Center of Policy Studies, Monash University, Australia, General Working Paper No.G-64, 2007.

75. Markku Maula, Erkko Autio, Gordon Murray, "Corporate Venture Capitalists and Independent Venture Capitalists: What do They Know, Who do They Know and should Entrepreneurs Care?", *Venture Capital*, Vol.7, No.1, 2005.

76. McClellan, Mark and Jonathan Skinner, "The Incidence of Medicare",

Journal of Public Economics, No.90, 2006.

77. M. Dewatripont, G. Michel, "On Closure Rules, Homogeneity and Dynamics in Applied General Equilibrium Models", *Journal of Development Economics*, No.1, 1987.

78. Michael BRUNO, "Equality, Complementarity and the Incidence of Public Expenditures", *Journal of Public Economics*, No.6, 1976.

79. Mincer, J., *Schooling, Experience and Earning*, New York Columbia University Press, 1974.

80. Mincer, J., "Education and Unemployment", NBER Working Paper, No.3838, 1991.

81. Mincer, J., "Education and Unemployment of Women", NBER Working Paper, No.3837, 1991.

82. M. Kilkenny, S. Robinson, "Computable General Equilibrium Analysis of Agricultural Liberalization: Factor Mobility and Macro Closure", *Journal of Policy Modeling*, No.3, 1990.

83. Morisugi, Hisa and Eiji Ohno, "Proposal of a Benefit Incidence Matrix for Urban Development Projects", *Regional Science and Urban Economics*, No. 25, 1995.

84. Mun Tsang, "Financial Reform of Basic Education in China", *Economics of Education Review*, Vol.15, No.4, 1996.

85. Mun Tsang, "Intergovernmental Grants and the Financing of Compulsory Education in China", Paper Presented at the Seminar on Educational Reform in China, Held at Harvard Graduate School of Education, Cambridge, Massachusetts, 2001.

86. Musgrave, Richard A., *Public Finance in Theory and Practice*, New York McGraw-Hill, 1959.

87. Nekarda, C. J. and Ramey, V. A., "Industry Evidence on the Effects of Government Spending", *American Economic Journal: Macroeconomics*, No. 3,

2011.

88. O'Higgins, Michael and Patricia Ruggles, "The Distribution of Expenditures and Taxes among Households in the United Kingdom", *Review of Income and Wealth*, No.27,1981.

89. Okun, A.M., "Potential GNP: Its Measurement and Significance, Proceedings of the Business and Economics Statistics Section", *American Statistical Association*, 1962.

90. Oosterhaven, J. and Fan, T. , "Impact of International Tourism on the Chinese Economy", *International Journal of Tourism Research*, No.8, 2006.

91. Park, K. H., "Educational Expansion and Educational Inequality on Income Distribution", *Economics of Education on Review*, No.15, 1996.

92. Pianta,M. and Vivarelli M., *The Employment Impact of Innovation: Evidence and Policy*, Routledge, London, 2001.

93. Ravallion,M. and Chen,S., "China's Uneven Progress against Poverty", Policy Research Working Paper 2739, The World Bank, 2004.

94. Richard F. Garbaccio, "Price Reform and Structural Change in the Chinese Economy: Policy Simulations Using a CGE Model", *China Economic Review*, Volume 6, Number 1, 1995.

95. Robinson,S., "Macro Model and Multipliers: Leontief, Stone, Keynes, and CGE Models", http://www.ifpri.org/, 2003.

96. Roger Sorheim, "The Pre-investment Behavior of Business Angels: A Social Capital Approach",*Venture Capital*, No.103, 2003.

97. Romer, C., and Bernstein, J., "The Job Impact of the American Recovery and Reinvestment Plan", http://www.illinoisworknet.com, 2009.

98. Ruggles, Patricia and Michael O'Higgins, "The Distribution of Expenditures and Taxes among Households in the United States", *Review of Income and Wealth*, No.27, 1981.

99. Sahn,D. E. and S. D. Younger, " Expenditure Incidence in Africa: Mi-

croeconomic Evidence", *Fiscal Studies*, Vol.21, No.3, 2000.

100. Samuelson, P., "The Pure Theory of Public Expenditures", *Review of Economics and Statistics*, Vol.36, No.4, 1954.

101. Samuelson, P., "Diagrammatic Exposition of a Theory of Public Expenditure", *Review of Economics and Statistics*, Vol.37, No.4, 1955.

102. Schwab, Robert, M., "The Benefits of In-kind Government Programs", *Journal of Public Economics*, No.27, 1985.

103. Scully, G., "Optimal Taxation, Economic Growth and Income Inequality", *Public Choice*, Vol.115, 2003.

104. Selden, M. Thomas, and Michael J. Wasylenko, "Benefit Incidence Analysis in Developing Countries", Policy Research Public Economics Working Papers WPS 1015, Washington, D.C., World Bank, 1992.

105. Sen, A. K., "Neo-classical and Neo-Keynesian Theories of Distribution", *Economic Record*, No.39, 1963.

106. Shantayanan Devarajan, D.S.G., Jeffrey D. Lewis, Sherman Robinson, and Pekka Sinko, *Simple General Equilibrium Modeling*, 1997.

107. Shantong Li, Jianwu He, "A Three-regional Computable General Equilibrium(CGE) Model for China", Paper Prepared for the 15th International Input-Output Conference Beijing on June, 2005.

108. Shina Li, Adam, Blake. "Modeling Competition Levels in the Chinese Economy: The Economic Impact of the Beijing 2008 Olympic Games", Paper Presented at Eleventh Annual Conference on Global Economic Analysis, Helsinki, Finland, June, 2008.

109. Sumarto, Sudarno and Aaep Suryanadi, "Safety Nets or Safety Ropes? Dynamic Benefit Incidence of Two Crisis Programs in Indonesia", *World Development*, Vol.31, No.7, 2003.

110. Sun Lin, Nazrul Islam, "Economic Relationships of Shanghai with the Rest of China and the World: A CGE Analysis", The International Centre for the

Study of East Asian Development, Kitakyushu, Working Paper Series Vol. 20,2007.

111. Stigler,G. J., "Directors' Law of Public Income Redistribution", *Journal of Law and Economics*, Vol.13, 1970.

112. Thissen M., "A Classification of Empirical CGE Modeling", University of Groningen, Netherlands, http://som.eldoc.ub.rug.nl/,1998.

113. Tucker, Rufus S., "The Distribution of Government Burdens and Benefits", *American Economic Review*, Vol.43, No.2, 1953.

114. Tyzoon T. Tyebjee, Albert V. Bruno, "A Model of Venture Capitalist Investment Activity", *Management Science*, Vol.30, No.9, 1984.

115. Vance H. Fried and Robert D. Hisrich, "Toward a Model of Venture Capital Investment Decision Making", *Financial Management*, Vol.23, No.3, Venture Capital Special Issue, 1994.

116. Van de Walle, D.,"Assessing the Welfare Impacts of Public Spending", Policy Research Working Paper,No.1670, 1996.

117. Van de Walle, D., "Public Spending and the Poor: What We Know, What We Need to Know", Policy Research Working Paper, The World Bank E-library, 1998.

118. Wang Qiwen, L.S., Gao Ying, Principle,*Methods and Application of Social Accounting Matrix*, Beijing Tsinghua University Press, 2008.

119. Zheng Wang, X.J., Yongbing Zhu, Jing Wu, Yanxin Zhu, *CGE Technologies of Policy Simulation and Analysis of Economy Development*, Beijing Science Publishing House, 2010.

120. Watts, Harold W., "The Economics of Expenditure Incidence", in Fred Thompson and Mark T. Green, *Handbook of Public Finance*, Marcel Dekker, Inc., 1998.

121. World Bank, "China: Managing Public Expenditure for Better Results", Washington D. C., 2000.

122. Wulf, L. D., "Fiscal Incidence Studies in Developing Countries: Survey of Critique", *Staff Papers-International Monetary Fund*, Vol.22, No.1, 1975.

123. Xin Meng., "The Role of Education in Wage Determination in China's Rural Industrial Sector", *Education Economics*, No.3, 1995.

124. Xinshen Diao, Shenggen Fan, Xiaobo Zhang, "How China's WTO Accession Affects Rural Economy in the Less-developed Regions: A Multi-region, General Equilibrium Analysis", http://www.cgiar.org/ifpri/divs/tmd/dp.htm, 2002.

125. Xinshen Diao, Sherman Robinson, Agapi Somwaru, Francis Tuan, "Regional and National Perspectives of China's Integration into the WTO: A Computable General Equilibrium Inquiry", *Review of Urban & Regional Development Studies*, 2003.

126. Yan, M. and Wall, G., "Economic Perspectives on Tourism in China", *Tourism and Hospitality Research*, No.3, 2001.

127. Yan Wang, Dianqing Xu, Zhi Wang, Fan Zhai, "Options and Impact of China's Pension Reform: A Computable General Equilibrium Analysis", *Journal of Comparative Economics*, Vol.32, No.1, 2004.

128. Younger, Stephen D., "Benefit on the Margin: Observations on Marginal Benefit Incidence", *The World Bank Economic Review*, Vol.17, No.1, 2003.

后　记

　　呈现在读者面前的《收入分配与财政支出结构》一书，是根据国家社科基金重大课题（课题编号：08&ZD047）"调整国民收入分配和财政支出结构研究——基于财政支出利益归宿视角的分析"的研究成果整理而成。课题全面分析了我国国民收入分配和财政支出的利益归宿的现状，并提出了如何通过调整财政支出结构来调整我国的收入分配格局。我们选择了课题报告的前面三个部分独立成书，以飨读者。

　　该课题由上海财经大学丛树海教授担任首席专家，北京师范大学李实教授、上海财经大学蒋洪教授、刘兰娟教授、刘小兵教授和刘小川教授分别担任各子课题的负责人。本书所选取内容的撰写分工情况如下：

　　第一篇"我国国民收入分配的现状、趋势及目标模式"由李实教授和刘小川教授负责，主要执笔人有李实、罗楚亮、刘小川和丛树海。第二篇"财政支出利益归宿的实证研究"由蒋洪教授和刘小兵教授负责，主要执笔人有蒋洪、刘小兵、曾军平、邓淑莲、郑春荣、温娇秀、陶勇、李华、宋健敏、于洪、华锦阳、许建标、汪崇金和丛树海。第三篇"财政支出利益归宿的可计算一般均衡分析"由刘兰娟教授负责，主要执笔人有刘兰娟、董万好、王军、石季辉、徐鑫、董亮和丛树海。全书由丛树海教授总纂修订成书。

　　显然，本书是各位课题组成员共同劳动的成果，由于参与研究者较多，研究历时较长，文中引注和参考难免挂一漏万，对本书存在的不足之处和错误，由首席专家负责并欢迎广大读者批评指正！

丛树海
2013 年 9 月

责任编辑：吴焰东

封面设计：肖　辉

图书在版编目（CIP）数据

收入分配与财政支出结构/丛树海 等著. -北京：人民出版社，2014.7
ISBN 978 - 7 - 01 - 013520 - 5

Ⅰ.①收…　Ⅱ.①丛…　Ⅲ.①收入分配-研究-中国②财政支出-研究-中国
　Ⅳ.①F124.7②F812.45

中国版本图书馆 CIP 数据核字（2014）第 092932 号

收入分配与财政支出结构

SHOURU FENPEI YU CAIZHENG ZHICHU JIEGOU

丛树海　等著

人民出版社 出版发行

（100706　北京市东城区隆福寺街 99 号）

北京汇林印务有限公司印刷　新华书店经销

2014 年 7 月第 1 版　2014 年 7 月北京第 1 次印刷

开本：710 毫米×1000 毫米 1/16　印张：45

字数：670 千字

ISBN 978 - 7 - 01 - 013520 - 5　定价：99.00 元

邮购地址 100706　北京市东城区隆福寺街 99 号

人民东方图书销售中心　电话（010）65250042　65289539